# Collection « L'esprit économique »

fondée par Sophie Boutillier et Dimitri Uzunidis en 1996
dirigée par Sophie Boutillier, Blandine Laperche, Dimitri Uzunidis

Si l'apparence des choses se confondait avec leur réalité, toute réflexion, toute Science, toute recherche serait superflue. La collection « L'esprit économique » soulève le débat, textes et images à l'appui, sur la face cachée économique des faits sociaux : rapports de pouvoir, de production et d'échange, innovations organisationnelles, technologiques et financières, espaces globaux et microéconomiques de valorisation et de profit, pensées critiques et novatrices sur le monde en mouvement...
Ces ouvrages s'adressent aux étudiants, aux enseignants, aux chercheurs en sciences économiques, politiques, sociales, juridiques et de gestion, ainsi qu'aux experts d'entreprise et d'administration des institutions.

La collection est divisée en six séries :

Dans la série *Economie et Innovation* sont publiés des ouvrages d'économie industrielle, financière et du travail et de sociologie économique qui mettent l'accent sur les transformations économiques et sociales suite à l'introduction de nouvelles techniques et méthodes de production. L'innovation se confond avec la nouveauté marchande et touche le cœur même des rapports sociaux et de leurs représentations institutionnelles.

La série *Economie formelle* a pour objectif de promouvoir l'analyse des faits économiques contemporains en s'appuyant sur les approches critiques de l'économie telle qu'elle est enseignée et normalisée mondialement. Elle comprend des livres qui s'interrogent sur les choix des acteurs économiques dans une perspective macroéconomique, historique et prospective.

Dans la série *Le Monde en Question* sont publiés des ouvrages d'économie politique traitant des problèmes internationaux. Les économies nationales, le développement, les espaces élargis, ainsi que l'étude des ressorts fondamentaux de l'économie mondiale sont les sujets de prédilection dans le choix des publications.

**La série *Krisis* a été créée pour faciliter la lecture historique des problèmes économiques et sociaux d'aujourd'hui liés aux métamorphoses de l'organisation industrielle et du travail. Elle comprend la réédition d'ouvrages anciens, de compilations de textes autour des mêmes questions et des ouvrages d'histoire de la pensée et des faits économiques.**

La série *Clichés* a été créée pour fixer les impressions du monde économique. Les ouvrages contiennent photos et texte pour faire ressortir les caractéristiques d'une situation donnée. Le premier thème directeur est : mémoire et actualité du travail et de l'industrie ; le second : histoire et impacts économiques et sociaux des innovations.

La série *Cours Principaux* comprend des ouvrages simples, fondamentaux et/ou spécialisés qui s'adressent aux étudiants en licence et en master en économie, sociologie, droit, et gestion. Son principe de base est l'application du vieil adage chinois : « le plus long voyage commence par le premier pas ».

# Critique de la théorie contemporaine de la valeur

**5-7, rue de l'École-Polytechnique ; 75005 Paris**

http://www.editions-harmattan.fr/

ISBN : 978-2-336-46415-2
EAN : 9782336464152

Vincent Soyer

# Critique de la théorie contemporaine de la valeur

L'Harmattan

Du même auteur :
*L'économie de production monétaire* (avril/mai 2018)
*Le pouvoir d'achat du revenu monétaire : une brève révision* (octobre 2018)
*L'obstacle* (juillet 2019)
*Trois citations de Keynes* (novembre 2019)

*À mon grand ami Pierre Marion (1966 – 2023), naturaliste et professeur, érudit et cinéphile, qui s'est endormi avant la fin du film.*

*À Camille Barberet (1989 – 2012), que j'ai à peine connue.*

« En dehors de la Création et de la Destruction du monde, toutes les entreprises sont pareillement nulles. »

Emil Cioran, *Précis de décomposition* (1949), Gallimard, p. 104.

# Sommaire

# Avant-propos
## (*Goodbye Yellow Brick Road*)

Le jeune professeur, ayant soigneusement tracé au tableau les courbes d'offre et de demande sur le repère orthonormé adéquat, se recule lentement sur l'estrade, contemplant son œuvre, et finit par buter légèrement son fondement contre le petit bureau situé derrière lui. Il cherche la réponse à la question que vient de poser l'un de ses élèves.

« Mais, le prix, genre… On détermine le prix, et tout, sur le marché… Et, genre, c'est ça, la valeur ? »

La question aura pu paraître incongrue pour d'autres élèves, mais, nonobstant sa formulation typiquement « nouvelle génération », elle était en réalité très pertinente.

« Le prix d'une marchandise correspond-il à sa valeur ? reformule-t-il donc, en bon professeur qui se respecte. Très bonne question ! » ajoute-t-il pour récompenser l'élève curieux. Il hésite alors à renvoyer la balle à la classe, comme à son habitude, provoquant théoriquement – mais rarement, en fait – une émulation, par l'émission d'un « Qui peut répondre à cette question ? » bien senti, mais il se ravise. Là, devant les abscisses et les ordonnées, il tente d'analyser la situation : le prix $P^*$ de $Q^*$ est-il égal à la valeur de $Q^*$ ? Que l'on nommerait… $V^*$, par exemple. Oui, cela sonne bien, $V^*$. Mais si $P^*$ est toujours égal à $V^*$, pourquoi les différencier ? Ne parle-t-on pas de la même chose ?

Les élèves s'impatientent. « Ben oui, c'est ce que ça vaut. » ; « Ben non, tu peux le revendre, genre, plus cher, ou moins cher… » ; « Si, c'est pareil… Les deux bougent pareil, normalement. »

Plus il regarde le tableau, plus il se rend compte que la réponse à la question n'est pas sur le tableau. Il sait que la notion de valeur aura toujours été âprement débattue dans l'histoire de sa discipline, et ce qu'il pense réellement à ce sujet ne peut pas être prématurément exposé à des lycéens. Durant ses études, il avait connu certains étudiants confirmés ayant déjà du mal à réfléchir sur la question, réticents, il faut bien le dire, à trouver le moindre intérêt à cette interrogation ; devenus, depuis, banquiers ou professeurs, économistes ou chômeurs, nul doute qu'ils se fichent bien royalement, pour la plupart, de cette notion de « valeur » qui ne peut que leur rappeler, peut-être douloureusement, leurs cours universitaires portant sur la « valeur-travail » des classiques, sur la « valeur-utilité » des marginalistes néoclassiques, et tous les débats stériles concernant cette idée. Car tout cela n'est plus, aujourd'hui, qu'une simple idée périmée reposant dans de vieux livres que personne n'ouvre plus.

Seul compte le prix, produit d'une évaluation par la procédure de marché, issu d'une détermination on ne peut plus objective, et cela suffit pour l'analyse. Le prix est la référence ultime, connue de tous, clairement affichée, avec laquelle on compte et calcule ; par son expression monétaire, c'est à travers lui qu'est toujours perçue la valeur d'une marchandise.

Bien entendu, il y a la TVA, qui ne fait que traverser les entreprises, mais le prix hors taxes correspond bien à ce que l'on peut considérer comme étant la « valeur » de la marchandise. En effet, la somme de monnaie, pour le niveau du prix, s'échange contre la marchandise lors de son achat – car c'est ainsi qu'est toujours conçue la transaction monétaire, l'échange de monnaie contre une marchandise – et tout échange constitué est logiquement défini par l'équivalence de ses termes ; cette somme doit donc être équivalente à la marchandise achetée, comme elle doit aussi, inévitablement, être équivalente au travail effectué lorsqu'elle sert à payer un salaire. Le revenu en monnaie, dépensé pour le niveau du prix, a donc la même valeur que la marchandise, et cette valeur… Eh bien, le prix nous en donne, directement, l'expression monétaire.

N'est-ce pas du prix, multiplié par les quantités vendues respectives, que l'on tire la « valeur ajoutée » des entreprises, à savoir les salaires et les profits, s'ajoutant aux valeurs déjà produites, comptabilisées en consommations intermédiaires et en amortissement des investissements, par leurs fournisseurs ? La valeur finale, celle du bien finalement consommé, regroupe donc les salaires et les profits de tous les intervenants de la chaîne productive, et elle s'exprime clairement dans le prix. Dès lors que les profits intègrent, de manière additive, la valeur d'une marchandise au même titre que les salaires versés, la valeur et le prix de cette marchandise ne peuvent que se ressembler comme deux gouttes d'eau, puisque le prix se hausse précisément au niveau des salaires et des profits réalisés lors de la vente de la dite marchandise. Dans ces conditions, le recours, en économie, à la notion de « valeur », distincte du prix, n'est éminemment plus nécessaire, sauf à parler de valeurs patrimoniales, de valeurs boursières, soit l'emploi courant de ce terme dans les acceptions juridiques ou financières, mais qui se solderont toujours, *in fine*, par des transactions à certains prix… Il faut le reconnaître, au sens strictement économique du terme, la valeur n'est plus un concept utile dans nos économies contemporaines ; pourquoi en serait-elle toujours un concept de base ? La théorie contemporaine de la valeur, c'est la détermination du prix par le marché.

« Et c'est bien dommage » se dit-il tandis qu'il aperçoit un doigt ostensiblement levé, en quête d'attention.

« Oui, Camille ?

— Si tous les prix augmentent, est-ce que ce sont toutes les valeurs qui augmentent, ou est-ce que c'est la valeur de la monnaie qui diminue ? »

Cela faisait peu de temps qu'il enseignait dans ce lycée beaunois, et il y resterait encore moins, n'étant que remplaçant vacataire, de nature temporaire, mais il avait déjà remarqué l'acuité de la pensée de cette jeune élève, manifestement douée, qu'il avait rapidement qualifiée de « pas bête » dans le jargon ; l'une, parmi d'autres – le genre est, par expérience, majoritairement féminin –, dont le cahier est toujours impeccablement tenu, et dont l'intérêt pour la matière ne peut qu'apparoir, de sa façon d'être, de son comportement, ou de son seul regard.

La sonnerie. « Sauvé par le gong » a-t-il l'habitude de se répéter. Il envoie un sourire appuyé à Camille, lui faisant ainsi comprendre que sa question était, elle aussi, très pertinente, l'une des questions, en réalité, les plus importantes de la science économique. Avant de ranger ses affaires, elle lui répond par un même sourire bientôt emporté par le brouhaha des chaises reculées puis ramenées, la porte qui s'ouvre, les élèves dans le couloir. Il empoigne la brosse et commence à effacer, sur le tableau, la représentation graphique contemporaine de la codétermination du prix et de la quantité d'équilibre.

« La prochaine fois, je me ferai remplacer par Ricardo » se dit-il.

Quelques années plus tard, il apprendrait qu'elle aurait eu un parcours véritablement exceptionnel, aux niveaux scolaire, sportif et, même, humanitaire, et qu'elle serait déjà allée bien plus loin dans le monde qu'il ne saurait encore l'envisager pour lui-même. Il l'apprendrait la gorge nouée, écoutant, au hasard de sa playlist, *Goodbye Yellow Brick Road*, reconnaissant le visage de son ancienne élève, au regard songeur, sur le « carnet noir » qui lui serait consacré par le journal local.

On meurt jeune, paraît-il, parce que l'on n'aurait pas besoin de vivre plus longtemps pour prouver sa valeur. C'est à cette pensée quelque peu mystique qu'il s'accrocherait dorénavant, lorsqu'il écouterait à nouveau la chanson d'Elton John.

# Introduction

## Soleil vert, le Rapport Meadows et Jean-Baptiste Say

« […] car la folie existe chez les singes, particulièrement chez les intellectuels. »

Pierre Boulle, *La planète des singes* (1963), Julliard, p. 172.

Sorti en 1973, le film *Soleil vert* (*Soylent Green*) de Richard Fleisher dresse, avec une acuité remarquable, le sombre portrait d'un futur alors perçu comme possible, aujourd'hui comme seulement éventuel, mais qui se veut en réalité inévitable dès la première vision de l'édifiant générique d'ouverture.

Dans la mouvance d'un pessimisme à la Orwell, le film refuse, quant à l'évolution politique future, la proposition d'une progression des processus démocratiques, comme les années quatre-vingt et suivantes auront pu quelquefois en donner l'illusion, au profit d'un totalitarisme de fait, caractérisant une société d'ordre exacerbé et, en même temps, de corruption et de vols d'aubaine, dans un contexte de misère alimentaire que l'on devine avoir succédé à des famines anciennes. Mais alors que la dictature, dont le monde occidental avait douloureusement fait l'expérience une trentaine d'années auparavant, pouvait être expliquée par une certaine propension de la société à trouver, par ce mode de fonctionnement, une efficacité et un rendement certes liberticides mais rémunérateurs, elle est ici perçue comme provoquée ; elle serait une réponse sociale inéluctable au changement de l'environnement lui-même, sans doute climatique, engendrant à terme une forte raréfaction, voire une disparition, des ressources alimentaires pour une population, de fait, en surnombre.

## La planète des hommes

C'est que *Soleil vert*, dont l'histoire est censée se dérouler en 2022, soit cinquante ans après une partie de son tournage, décrit un monde qui, s'il n'est pas encore, comme nous le savons aujourd'hui, advenu à la date prévue, ne manquerait pas, selon les plus pessimistes, de ressembler au nôtre d'ici quelques dizaines d'années. L'accent, ici, n'est pas mis sur le manque d'énergie ou de combustible, mais sur le manque de nourriture lié à la disparition de la nature telle qu'on la connaît encore. Cela aurait sans doute débuté par une perte de biodiversité, mais la situation qui nous attendrait serait bien pire ; car il ne s'agirait pas seulement de se dire qu'il « va faire chaud », que l'on aura du mal à se rafraîchir sans climatisation et que l'on devra lutter contre les moustiques et les frelons asiatiques. Le film montre une situation qui peut encore, à l'heure actuelle, être considérée comme extrême, dans laquelle les cycles biologiques seraient tellement perturbés que l'on ne pourrait déjà plus pratiquer les activités vitales qui auront caractérisé l'histoire de l'humanité depuis, au bas mot, dix mille ans ; il montre un monde où l'élevage et l'agriculture seraient finalement devenus impossibles.

Dans *Soleil vert*, on ne mange déjà plus d'insectes, peut-être déjà disparus ; on en est au plancton, vanté, à grand renfort de publicités, par l'entreprise « Soylent », symbole d'un secteur privé qui n'aura jamais cessé de chercher, en toute circonstance, à réaliser des profits. Son produit est un plancton industrialisé, en plaquettes, dont le dernier en date est de couleur verte, comme issu d'un « greenwashing » de marketing ; la couleur de la nature, désormais disparue, dont les images restantes demeurent le privilège des aspirants à l'euthanasie, procédure à laquelle la population est ici fortement incitée. Une accélération logique, somme toute, de la lutte contre la surpopulation, mais une manifestation, surtout, du désespoir de l'humanité (ou de ce qu'il en reste) survivant dans un monde sans saveur, sans goût, où seule la couleur peut encore faire illusion. Comment ne pas ressentir, à nouveau, la joie de goûter à cette viande cuisinée, à cette pomme, à cette confiture de fraises, quand le cerveau est déjà, bien malgré lui, coutumier de ce retour forcé aux sources mêmes des chaînes alimentaires ? Car c'est de ce plancton que l'on doit maintenant, le plus souvent, se contenter, après avoir vécu dans le monde d'avant, dans l'abondance grâce au plancton d'avant, alors transformé en pétrole.

Alors, on ne mange plus que du plancton en plaquettes tandis que le confort moderne, l'eau courante, le savon, la douche et les femmes de joie, elles-mêmes considérées comme des meubles objets d'appropriation, demeurent l'apanage d'une frange aisée de la population, liée à l'entreprise centrale. Le constat est amer, car on aurait pu, face à une telle catastrophe, croire en une réorganisation humaniste, fruit d'une intelligence collective, en un système d'entraide, comme certains intellectuels contemporains le préconisent, et anticiper, béatement, une redistribution des richesses dans une diminution forcée des inégalités, les pénuries touchant tout le monde de manières plus ou moins comparables. Non, les inégalités ne disparaîtront pas, nous montre *Soleil vert* ; elles seront même décuplées, entre la grande masse qui n'aura presque plus rien et un petit nombre qui jouira, encore, de presque tout.

Mais la situation est encore pire, comme on l'apprend à la fin du film : le « soleil vert », la nouvelle plaquette proposée, n'est pas, en réalité, obtenu à partir de plancton, car « le plancton se meurt » dit le héros. La chaîne alimentaire est rompue à sa base, et la survie de ce qui reste de l'humanité ne consiste plus à prélever les éléments nutritifs dans l'environnement, mais dans l'humanité elle-même. Les hommes, à leur insu, mangent leurs parents, leurs grands-parents et, même, leurs enfants, selon les âges touchés par la mort, les dépouilles étant récupérées, transformées, recrachées par l'industrie sous forme de petites plaquettes vertes. L'homme se nourrissant de l'homme, il parvient à établir le procès, monstrueux, d'un modèle ultime de bio-recyclage. Derrière la métaphore, on peut y voir, comme beaucoup, le cannibalisme d'une société industrielle qui, poussée par le moteur du capitalisme, ne trouverait plus à se nourrir de ressources extérieures, désormais disparues, et finirait par se manger elle-même. Mythologiquement, c'est très fort.

*Soleil vert* est toujours, et il ne cessera de l'être, un film d'anticipation au sens littéral de ce terme. Il ne cesse d'anticiper l'avenir, car il anticipe d'emblée la fin de cet avenir. Ce n'est pas que ce qu'il montre serait déjà là ; la nature n'a pas encore totalement disparu, on ne mange pas encore de plancton, les rayons des grandes surfaces sont encore bien assortis... Mais la douce chaleur de l'été se mue, peu à peu, en sècheresse infernale couronnée d'incendies destructeurs. Les périodes de canicule, en effet, seraient appelées à s'étendre, augmentant leur fréquence et leur intensité. Les glaciers fondent, la végétation se déplace et les insectes, notamment les pollinisateurs, se raréfient, laissant d'autres espèces moins communes s'installer. On remarque les orages violents, les fortes crues, les pluies interminables, impactant les récoltes. On ressent, dans certaines files d'attente ou dans le niveau des prix, les tensions de l'appareil productif, les contraintes de l'énergie ; on commence à craindre des pénuries prochaines, en carburant, en électricité, en médicaments, en nourriture, en eau potable... Et l'on se dit que le personnage de Sol, le dernier rôle d'Edward G. Robinson, qui aura connu la fin d'un monde et, peut-être, la fin du monde, risque d'être prochainement interprété, bien malgré eux, par nos propres enfants. Nous signons tous pour le casting de notre époque. Là, c'est le casting du siècle.

### Au rapport

Il se trouve que la perspective, en forme de prospective, d'un effondrement prochain des activités fut établie aux débuts du tournage de *Soleil vert*, en 1972, avec la parution de l'ouvrage *The Limits To Growth* (Meadows & al., 1972), également connu sous l'appellation « Rapport Meadows ». Les auteurs se sont penchés sur l'évolution attendue, selon un modèle piloté par le simulateur « *World3* », des données futures concernant la croissance de la population et du capital industriel (ensemble des installations physiques nécessaires à la production), ainsi que des résultats de l'exploitation et de la croissance de ce capital (l'ensemble des biens produits, dont la nourriture), pour parvenir à décrire les évolutions probables des pollutions résultantes (des sols, des eaux et de l'atmosphère) et des stocks connus de ressources non renouvelables, notamment d'énergies fossiles, en fonction d'autres éléments d'analyse (natalité, pauvreté, productivité…). Un projet, donc, particulièrement ambitieux.

Ne disposant pas d'une éventuelle traduction existante, nous préférons reproduire ici quelques passages originaux. Ainsi, chacun se fera sa propre traduction. Il y aurait, en outre, une autre raison, mais nous y reviendrons. Les conclusions de ce rapport quelquefois indigeste nous sont données, et cela est plutôt sympathique, dès l'introduction.

« *Our conclusions are* :

1. *If the present growth trends in world population, industrialization, pollution, food production, and resource depletion continue unchanged, the limits to growth on this planet will be reached sometime within the next one hundred years. The most probable result will be a rather sudden and uncontrollable decline in both population and industrial capacity.*

2. *It is possible to alter these growth trends and to establish a condition of ecological and economic stability that is sustainable far into the future. The state of global equilibrium could be designed so that the basic material needs of each person on earth are satisfied* […]

3. *If the world's people decide to strive for this second outcome rather than the first, the sooner they begin working to attain it, the greater will be their chances of success.* »

(Meadows & al., 1972, pp. 23-24)

Très vite, les auteurs insistent sur la croissance de type exponentiel des éléments retenus, ce qui implique une augmentation dépendant du stock déjà accumulé, contrairement à une croissance qui ne serait que linéaire. La pollution, en particulier, est analysée en détails, dans les rejets de dioxyde de carbone, les déchets nucléaires ou encore l'importance croissante de certains éléments chimiques dans les milieux naturels. Sont ainsi évoquées l'influence des sulfates et autres substances sur la production de poissons dans le lac Ontario (p. 76), l'évolution de la teneur en oxygène de la Mer Baltique (p. 78), celle de la consommation de mercure aux États-Unis (p. 79), saupoudrées des rejets de plomb et de DDT dans l'environnement depuis les années quarante (p. 83), éléments qui se retrouvent, pour unc part, détectés dans la glace ou dans notre propre graisse (p. 84). Bien entendu, toute l'analyse se base sur le constat, indéniable, de la finitude du monde face à un accroissement général et accéléré de la population qui en épuise les ressources.

« *A FINITE WORLD*

*We have mentioned many difficult trade-offs in this chapter in the production of food, in the consumption of resources, and in the generation and clean-up of pollution. By now it should be clear that all of these trade-offs arise from one simple fact – the earth is finite. The closer any human activity comes to the limit of the earth's ability to support that activity, the more apparent and unresolvable the trade-offs become. When there is plenty of unused arable land, there can be more people and also more food per person. When all the land is already used, the trade-off between more people or more food per person becomes a choice between absolutes.* »

(Meadows & al., 1972, p. 86)

Les auteurs introduisent, pour convaincre, les notions de « capacité de charge » (« *carrying capacity* », pp. 91 et s.) et de « boucle de rétroaction » (« *feedback loop* », pp. 96 et s.) positive ou négative, concernant les évolutions qui se renforcent ou, au contraire, se compensent. Ces boucles, après avoir été peu à peu introduites par quelques flèches dans des schémas encore compréhensibles, nous explosent littéralement à la figure, il faut bien le dire, avec le schéma des pages 102-103 (« *Figure 26 The World Model* ») que nous ne saurions ici reproduire. Puis, viennent les différents scénari à propos du comportement prévu du modèle (« *World Model Behavior* », pp. 122 et s.) en fonction des hypothèses retenues concernant la population (tenant compte des taux de natalité et de mortalité), la productivité industrielle (production par tête), les services par tête, la nourriture par personne, la pollution et l'état des ressources non renouvelables. Et là, c'est le choc, sans ambiguïté ; car c'est l'effondrement (« *collapse* ») au niveau de l'ensemble des éléments (population, production, pollution…) par manque de ressources.

« *The behavior mode of the system shown in figure 35 is clearly that of overshoot and collapse. In this run the collapse occurs because of nonrenewable resource depletion.* […] *Population finally decreases when the death rate is driven upward by lack of food and health services.* »

(Meadows & al., 1972, p. 125)

C'est un peu là où, concernant la traduction, nous voulions en venir : même sans vraiment le comprendre, l'anglais a quelque chose de sérieux, de posé, d'officiel, et cela n'en est que plus effrayant. L'expression « *death rate* » (littéralement, *taux de* [*la*] *mort*), préférée à « *mortality rate* », impressionne. D'après les auteurs, toute résistance est inutile, car, même en doublant les ressources (p. 127), voire en les rendant « illimitées » par une hypothétique utilisation efficace de l'énergie nucléaire (p. 132), c'est alors la pollution qui nous rattrape, et l'effondrement, tout de même, a lieu. On tente alors de contrôler la pollution, en montrant au passage (p. 134) l'accroissement exponentiel des coûts de cette réduction, et c'est alors l'effondrement par manque de nourriture (p. 137). Oui, on avait oublié que la population continuait à croître sur une surface finie ; on tente alors d'augmenter la productivité agricole, et c'est à nouveau la pollution qui provoque l'effondrement (p. 138). On tente le contrôle des naissances pour stabiliser la population, mais rien n'y fait, comme le décrit la légende de la figure 42 (p. 140).

Magnanimes, les auteurs finissent alors par donner une date butoir : avant 2100, nous serons tous fixés.

« *Here we are utilizing a technological policy in every sector of the world model to circumvent in some way the various limits to growth. The model system is producing nuclear power, recycling resources, and mining the most remote reserves; withholding as many pollutants as possible; pushing yields from the land to undreamed-of heights; and producing only children who are actively wanted by their parents. The result is still an end to growth before the year 2100.* »

(Meadows & al., 1972, p. 141)

« *We have shown that in the world model the application of technology to apparent problems of resource depletion or pollution or food shortage has no impact on the essential problem, which is exponential growth in a finite and complex system. Our attempts to use even the most optimistic estimates of the benefits of technology in the model did not prevent the ultimate decline of population and industry, and in fact did not in any case postpone the collapse beyond the year 2100.* »

(Meadows & al., 1972, p. 145)

Le point rassurant, c'est que tout lecteur parcourant ces lignes dans les années 2020 (y compris leur auteur) ne sera plus, sans doute, directement concerné par cette année 2100, et peut-être pas, non plus, par l'effondrement annoncé. S'il a lieu avant cette date, celui-ci ne sera probablement qu'un spectacle télévisé de plus, nous distrayant encore un peu avant notre dernier souffle. Cependant, ainsi que nous l'évoquions précédemment, nos enfants et petits-enfants seront encore, pour la plupart, aux premières loges.

Finalement, les auteurs ne voient pas vraiment d'autres solutions que l'atteinte progressive d'un état d'équilibre global (pp. 170 et s.), comme une sorte d'état stationnaire, préconisant un niveau constant de la population et du capital industriel commandant la production. Les anciens épouvantails auraient donc vu juste ; parmi les références, on remarque Platon, Aristote, Stuart Mill et Malthus (p. 171).

« *We are by no means the first people in man's written history to propose some sort of nongrowing state for human society. A number of philosophers, economists, and biologists have discussed such a state and called it by many different names, with as many different meanings.* »

(Meadows & al., 1972, p. 170)

« *In a long-term equilibrium state, the relative levels of population and capital, and their relationships to fixed constraints such as land, fresh water, and mineral resources, would have to be set so that there would be enough food and material production to maintain everyone at (at least) a subsistence level.* »

(Meadows & al., 1972, pp. 178-179)

L'avenir, donc, ne serait pas rose. Dans leur révision ultérieure, quelques trente années plus tard (Meadows & al., 2004), les mêmes auteurs insisteront notamment sur le problème du manque de réaction au dépassement des limites. Ici, nous avons la traduction.

« La majorité des critiques pensent que notre préoccupation au sujet des limites résulte du fait que les combustibles fossiles et certaines autres ressources vont bientôt être épuisés. Notre approche des limites est en réalité plus subtile que cela. Nous sommes inquiets à l'idée que les politiques actuelles engendrent un dépassement et un effondrement planétaires, faute d'efforts efficaces pour anticiper les limites écologiques et y faire face. [...] Nous ne sommes pas parvenus, dans nos précédents ouvrages, à exprimer cette inquiétude de façon claire. Et nous n'avons pas réussi à faire accepter le concept de « dépassement » comme une préoccupation légitime dans le débat public. »

(Meadows & al., 2004, p. 32)

En d'autres termes, non seulement les préconisations pour atteindre un état stable n'ont pas été particulièrement suivies, mais la population concernée, manifestement, n'aurait elle-même pas encore pleinement pris conscience du problème. Sans trop se tromper, on peut avancer que les activités, notamment industrielles, n'auront jamais été aussi importantes. Ainsi, concernant les ressources non renouvelables, notamment les énergies fossiles, il est fort probable que l'on continue à puiser dans les stocks déjà bien entamés, même lorsque le désormais fameux « taux de retour énergétique » sera parvenu à l'unité, ou même à moins que l'unité. Car l'énergie utilisée pour obtenir un baril de pétrole, même si elle peut elle-même être exprimée en barils, demeure transparente, elle ne se présente pas directement sous cette forme ; autrement dit, tant que l'on aura besoin de carburant, on pompera du pétrole, même sans rentabilité énergétique.

## Collapsologie

Concernant précisément les limites des ressources naturelles, correspondant au scénario de base du Rapport Meadows, et comme nous allons bientôt insister sur une certaine interprétation de l'incapacité à percevoir ces limites, il est permis de considérer que ce que « *World3* » aura établi, un enfant aurait déjà pu l'affirmer si on le lui avait seulement demandé (mais on ne demande pas l'avis des enfants pour les choses sérieuses) : à force de taper dans le pot, on finit par racler les coins, et lorsque sa gourde est vide, Astérix n'a plus la force d'Obélix. Tous les jours, nous en faisons potentiellement l'expérience routière : lorsque le réservoir est vide, c'est la panne, et la voiture n'avance plus. Or, le réservoir mondial des ressources fossiles, en charbon, gaz ou pétrole, ne peut être rempli à nouveau, du moins au rythme auquel nous l'utilisons toujours, en quantités impressionnantes, dans les activités industrielles et les transports. Nous aurions néanmoins besoin de beaucoup d'énergie, non fossile bien entendu, afin de concevoir et mettre en place d'éventuels moyens pour enrayer le dérèglement global auquel nous sommes confrontés et, si possible, commencer à dépolluer un peu, sinon substantiellement, la planète.

« Le seul chemin à prendre pour se ménager un espace sans danger est donc de stopper net la production et la consommation d'énergies fossiles, ce qui mène à un effondrement économique et probablement politique et social, voire à la fin de la civilisation thermo-industrielle. Pour sauver le moteur de notre civilisation industrielle, il faut transgresser toujours plus de frontières, c'est-à-dire continuer à prospecter, creuser, produire et croître toujours plus vite. Cela mène inévitablement [...] au même résultat – un effondrement économique, à cela près qu'il pourrait être doublé d'un effondrement de l'espèce humaine, voire de presque toutes les espèces vivantes. »

(Servigne & Stevens, 2015, p. 129)

Là, c'est chaud. On ne peut pas dire que les deux sympathiques promoteurs de ce qu'ils auront eux-mêmes nommé « collapsologie », Pablo Servigne et Raphaël Stevens, soient véritablement optimistes sur ce qu'ils annoncent dans *Comment tout peut s'effondrer* (Servigne & Stevens, 2015), même s'ils tentent de proposer par ailleurs une vision un peu consolatrice par l'idée d'une probable entraide future. Si l'on se réfère au « scénario central » développé par Yves Cochet dans *Devant l'effondrement* (Cochet, 2019), aux *Cinq stades de l'effondrement* décrits par Dmitry Orlov (Orlov, 2013) ou à l'étude des conditions qui mènent les civilisations à s'effondrer, déjà proposée par Jared Diamond (Diamond, 2005), on ne peut que frémir. Là encore, comme dans le Rapport Meadows, cela fait beaucoup de fois le mot « effondrement ».

Il est sans doute vrai qu'un jour, on y arrivera, soit par une trop grande difficulté d'extraction, soit par un épuisement total de la ressource. Un jour, c'est certain, nous n'aurons plus de pétrole ; nous devrons donc avoir des idées. Sans pétrole, l'homme perdra-t-il la Lune ? La course aux étoiles est-elle d'ores et déjà terminée ? Le paradoxe de Fermi aurait ainsi trouvé une impitoyable explication dans cette hypothèse, parmi d'autres « grands filtres » : si les extraterrestres ne sont pas déjà là, c'est sans doute parce qu'ils n'en auront jamais eu l'énergie... Quel dommage, tout de même, pour l'humanité ! Arriver si proche, relativement à d'autres espèces, de la compréhension des phénomènes physiques et de la nature du cosmos, de l'espace et du temps, si proche de la maîtrise du vivant et, peut-être, de l'abolition de la mort, et retomber, comme un soufflet, à l'âge préindustriel ! Combien de civilisations, à jamais inaccessibles, bloquées dans leur recoin galactique local, auront subi ce terrible revers ? Et combien, faute d'avoir pu réguler leur climat ou d'être parties à temps, auront cuit à l'étuvée, pendant des millions d'années, fossilisées à leur tour et, peut-être, déjà extraites et introduites dans le réservoir des véhicules d'une nouvelle espèce dominante ?

Nuançons. À terme plus ou moins long, on peut raisonnablement penser qu'il y aura de moins en moins de pétrole et de ses dérivés, plastiques et autres ; et ce serait en soi une bonne nouvelle si l'on ne prévoyait, consciemment ou non, de continuer à puiser dans les stocks restants, surtout s'ils sont encore conséquents. Cependant, ce qui reste est bien plus difficile qu'avant à extraire, énergivore et de moins bonne qualité. L'extraction et le traitement chimique des métaux essentiels pour l'industrie sont par ailleurs des activités fortement polluantes ; avec la diminution de l'énergie disponible et l'injonction pressante à moins polluer, on peut aisément deviner que l'on ne pourra bientôt plus continuer ces extractions au même rythme qu'aujourd'hui. Les ressources concernées seront donc de plus en plus captées par certains, réservées à certaines activités, indisponibles à d'autres. Un rationnement, par les prix ou les quantités, se mettra en place ; et, comme dans un célèbre western, le monde se divisera en deux catégories : ceux qui en auront et ceux qui n'en auront pas.

Compte tenu de l'évolution climatique prévisible des trente ou cinquante années à venir, voire jusqu'au terme de ce siècle – mais serait-ce vraiment nécessaire d'aller au-delà ? Si ce n'est lui, ce sera le siècle suivant –, à moins que nous puissions faire croître de manière exponentielle les activités ne nécessitant aucune énergie fossile et ne rejetant aucun déchet nocif dans l'environnement (ce qui paraît pour le moins difficile, voire inenvisageable à l'heure actuelle), nous allons devoir réduire, de gré ou de force, les activités industrielles. Nous allons devoir réduire l'extraction et l'utilisation des énergies fossiles et des métaux ; nous allons devoir réduire la production en volume et le transport des volumes produits, réduire notre consommation globale en véhicules, en électroménagers, en vêtements, en nourritures transformées, pour se concentrer sur l'essentiel, en circuits courts, cantonnés dans le local, proches du poulailler, les bougies à portée de mains.

Ce ne sera peut-être pas *Soleil vert*, mais il est possible que le futur se mue en passé retrouvé, le passé que nous avions fui, celui de l'insalubrité, de l'insécurité, des disettes… Nous allons devoir vivre comme au Moyen Âge dans des conditions pires qu'au Moyen Âge. Nous aurons les sources d'énergies renouvelables des Gaulois et des Incas, en étant bien plus nombreux avec des ressources bien moindres et bien plus polluées, en supportant des conditions climatiques et épidémiologiques bien plus difficiles. Et si l'on anticipe un effondrement (encore ce mot !) rapide et systémique de nos sociétés, commençant par la rupture des rouages les plus fragiles (crises financières, pénuries de toutes sortes…), les choses échappant à la puissance publique, celle-ci échouant à maintenir l'ordre républicain (ou un autre) dans une Europe submergée par des millions de réfugiés, ce n'est pas à la permaculture qu'il faudrait se préparer, mais à la barbarie.

Un autre scénario peut encore être envisagé, la pénurie progressive de ressources étant organisée, accompagnée, les États arrivant à maintenir sinon une légitimité, du moins une autorité sur leur territoire pendant la descente inexorable vers la privation de ce qui constitue, pour l'instant, notre confort moderne. Le danger, alors, ne se trouverait pas dans des conséquences apocalyptiques volontiers évoquées, mais plutôt dans un glissement graduel vers une sorte de fascisme larvé, avec l'emploi de forces armées conséquentes pour maintenir, coûte que coûte, l'ordre public nécessaire. Cette perspective, moins effrayante que la précédente, ne peut néanmoins que susciter une forte inquiétude.

Ou alors…

— On continue comme ça, on vit comme on en a l'habitude… On verra bien ce qui se passera. On trouvera sûrement quelque chose, une technologie quelconque, une nouvelle source d'énergie, qui sait, bleue, verte… Sinon, bah, on s'adaptera. On a toujours réussi à s'adapter, c'est ce qui fait qu'on en est là. Non, il ne faut pas s'inquiéter. Votre « soleil vert », là, c'est n'importe quoi ; c'est de la propagande. Réduire l'activité économique ? Vous n'y pensez pas ?! On panique déjà quand la croissance ne fait que ralentir… Vous avez vu le marasme, pendant les confinements ? Allons, on ne peut pas diminuer le niveau de vie des gens comme ça ! Et puis, si on le fait et pas les autres, même pas les plus gros pollueurs, non seulement ça ne sert à rien, mais on va finir par se faire bouffer. Ce serait nous affaiblir que de diminuer l'activité, que de ne pas continuer à chercher la croissance… Et le chômage, hein ? Et l'inflation ? Et les retraites ? Vous y pensez, à votre pouvoir d'achat ? Vous y pensez, à l'épargne de vos parents, aux études de vos enfants ? Non, on ne peut pas ralentir, au contraire ! Il faut massivement investir, dans l'armée par exemple ; dans la sécurité, la défense, car nous sommes menacés, vous ne le voyez pas ? Quand ce n'est pas de l'intérieur, c'est par les russes, les chinois, les arabes, sans parler des africains… « Si tu veux la paix, prépare la guerre », c'est bien connu. Quoi, le réchauffement ? Bon, d'accord, il fait plus chaud pendant plus longtemps… Et alors ? On fait deux récoltes au lieu d'une ; qui s'en plaindra ? Et puis, si les courants marins s'arrêtent, comme dans le film, là, où ils brûlent des livres pour se réchauffer, la baisse des températures le compensera bien, votre réchauffement !

« Ainsi, du fait même que nous suivons de plus en plus cette voie non durable, les problèmes mondiaux d'environnement seront bel et bien résolus du vivant de nos enfants. La seule question est de savoir si la solution ne sera pas trop désagréable, parce que nous l'aurons choisie, ou désagréable, parce qu'elle se règlera sans que nous l'ayons choisie par la guerre, le génocide, la famine, les épidémies et l'effondrement des sociétés. Autant de phénomènes endémiques au cours de l'histoire de l'humanité, mais dont la fréquence augmente avec la dégradation de l'environnement, la pression démographique, ainsi que la pauvreté et l'instabilité politique qui en résultent. »

(Diamond, 2005, p. 756)

Sans aller dans ces extrêmes, car nous sommes loin, en vérité, de prôner une décroissance tous azimuts, l'important serait déjà de retrouver une certaine souveraineté, notamment alimentaire. Si décroissance il y a, il est vraisemblable que nous finissions par la subir sans véritablement l'avoir choisie. Une chose, toutefois, est certaine ; nous savons tous – ou presque – ce qu'il conviendrait de ne pas faire : la guerre.

### La faute à qui ?

Et maintenant, une question célèbre : comment en est-on arrivé là ? Ce survol, en préambule, du Rapport Meadows, suivi de quelques spéculations délirantes, se voulait suffisamment préoccupant pour nous permettre d'attribuer, sans susciter la panique, une certaine gravité à la situation. Car la faute, en forme de péché originel, en serait volontiers attribuée, de nos jours, à la pensée économique elle-même et à l'un de ses représentants en particulier.

Si l'on devait accabler l'économie, on pourrait avancer, par exemple, que celle-ci échouerait à déterminer un prix de l'énergie et des matières tenant suffisamment compte des effets externes néfastes issus de leur exploitation, ainsi que des limites réelles des ressources. Celles-ci se sont formées par des processus exclusivement physiques, mises « gratuitement », pourrait-on dire, à la disposition de l'homme, comme tous les éléments de la table de Mendeleïev, et l'on aurait puisé sans vergogne dans le stock, comme dans une corne d'abondance. Il est de bon ton, aujourd'hui, de considérer que le fautif serait, précisément, un économiste, l'un de ceux qui ne comprennent rien, comme toujours, à la physique et aux sciences dures en général.

« Ainsi, nous avons toujours puisé sans compter dans des ressources naturelles imaginées, sinon infinies, du moins immensément grandes.

Cette fausse représentation du monde physique est à l'origine de l'infirmité originelle de la pensée économique, héritée de la première révolution industrielle, et clairement exprimée par Jean-Baptiste Say en 1803 dans son Traité d'économie politique : « Les ressources naturelles sont inépuisables, car sans cela nous ne les obtiendrions pas gratuitement. Ne pouvant être ni multipliées ni épuisées, elles ne sont pas l'objet des sciences économiques. » »

(Lehoucq, Le Monde, 2018)

Ayant écrit ce qui nous apparaît aujourd'hui, à juste titre, comme une énormité, Jean-Baptiste Say aurait ainsi influencé des générations d'économistes et, par ricochet, l'organisation ultérieure de l'exploitation des ressources naturelles. Sa pensée, cette « fausse représentation du monde physique », source de « l'infirmité originelle de la pensée économique » selon l'astrophysicien Roland Lehoucq, serait manifestement la cause identifiée, clairement désignée, de notre malheur. Le propos est, somme toute, assez grave venant d'un scientifique, un « homme qui pense » ; c'est dire en effet que les économistes, affublés d'une pensée par essence « infirme », seraient rien de moins que des handicapés mentaux.

« Si nous considérons que nous sommes dans une économie aux possibilités infinies, c'est un peu à cause de lui et de ses semblables : Jean-Baptiste Say (1767-1832). Il y a 2 siècles, il fait partie des premières personnes qui ont commencé à théoriser l'économie. Voici ce qu'il dit : Les ressources naturelles sont inépuisables, car sans cela nous ne les obtiendrions pas gratuitement. Ne pouvant être multipliées, ni épuisées, elles ne sont pas l'objet des sciences économiques. »

(Jancovici & Blain, 2021, p. 84)

Les auteurs de cette belle bande dessinée, *Le monde sans fin*, remarquable de pédagogie, claire, marrante, un peu lourde – au niveau du poids – mais bien dessinée, bien conçue et bien réfléchie, ont donc repris l'argument précédent, avec la citation de Say. Notre but n'est évidemment pas de critiquer, ici, le propos théorique et technique tenu dans cet ouvrage, tant l'analyse de Jean-Marc Jancovici, ingénieur polytechnicien, illustrée d'excellente manière par Christophe Blain, est limpide et, dans l'ensemble, peu contestable. Cet ouvrage, sans aucun doute, mérite de figurer dans tous les CDI de France.

On remarque, toutefois, que Jancovici (l'auteur du texte) a oublié un « ni » dans la citation de Say, tout en ajoutant une virgule ; du moins, par rapport à la version proposée par Lehoucq. Ainsi, « Ne pouvant être ni multipliées ni épuisées » est devenu « Ne pouvant être multipliées, ni épuisées ». Oui, c'est assez curieux, et l'on se dit que l'un d'entre eux, forcément, aura su reprendre la bonne formulation…

Poursuivons un peu la lecture de cette bande dessinée, très didactique.

« Les économistes d'alors considèrent que ce qui est rare, donc qui a vraiment de la valeur, c'est le travail humain. Notre pensée économique fonctionne toujours de cette façon. Les ressources sont infinies… On s'en fout. Seul ceci nous intéresse. »

(Jancovici & Blain, 2021, p. 85)

Et le petit personnage rigolo de l'entrepreneur de pointer du doigt la seule machinerie intéressante, celle qui fournit les biens de consommation et l'argent qui va avec, tandis que Jancovici glisse, dans la bouche du personnage de Jean-Baptiste Say lui-même, ces paroles :

« Je me contente de regarder la limitation venant des hommes. Le reste, on s'en fout. Les ressources sont infinies… On s'en fout, dis-je ! »

(Jancovici & Blain, 2021, p. 85)

Là, on se déchaîne un peu, c'est le moins que l'on puisse dire, sur ce pauvre Jean-Baptiste, mais il est clair que la citation proposée, celle des « ressources inépuisables », ne plaide pas en sa faveur. Avec le recul, on se dit que Say devait être bien stupide pour avoir osé écrire une pareille affirmation. Que celle-ci soit relayée ou non par des scientifiques, le citoyen lambda n'aurait nullement besoin de références académiques pour en juger de l'ineptie. Toutefois, aucun ingénieur confirmé n'accepterait que l'on professe des formules spécieuses résumant laconiquement son propre domaine de compétence. Il serait faux, par exemple, de rendre Rudolf Diesel responsable d'une extraction effrénée de pétrole pour nourrir ses moteurs alors que celui à combustion interne qu'il avait inventé était initialement conçu pour fonctionner à l'huile végétale. De même, il est faux de prétendre que « les économistes d'alors – et d'aujourd'hui, puisque « notre pensée économique fonctionne toujours de cette façon » – considèrent que ce qui est rare, donc qui a vraiment de la valeur, c'est le travail humain ».

### Raccourcis de la pensée

Ce n'est pas, en effet, parce que le travail serait la seule chose rare qu'il aurait, de ce fait, de la valeur ; voilà bien un bel exemple de raccourci de la pensée, car la rareté, chez les économistes classiques – Karl Marx mis à part – et surtout chez les néoclassiques, est un déterminant presque évident, comme une donnée, de la valeur de toutes les marchandises, en particulier de la monnaie métallique, et non de la seule quantité de travail. Si les valeurs relatives, chez « les économistes d'alors » (classiques, comme Adam Smith et David Ricardo), sont effectivement fondées sur les quantités relatives de travail, la rareté est d'emblée prise en compte par ces quantités nécessaires à l'obtention des choses, la quantité de travail étant alors le principal déterminant, comme dans le célèbre exemple smithien du daim et du castor. Le propos classique n'est donc pas : « Seul le travail est rare, donc seul le travail a de la valeur », mais plutôt : « Une chose a de la valeur parce qu'il faut du travail pour l'obtenir, et plus elle est rare, plus elle nécessite du travail ».

La rareté apparaît en outre comme une donnée originelle de l'état de la production physique, par le niveau des rendements agricoles notamment ; elle est ainsi combattue par les efforts accrus et les procédés techniques visant à augmenter la productivité. C'est d'ailleurs sur la différence de fertilité des terres (donc de rendement pour une même quantité de travail investie) que Ricardo fonde sa théorie de la rente, qui n'est que le reflet de la rareté des ressources, en l'occurrence la terre cultivable. Loin d'être une caractéristique du seul travail, la rareté est perçue comme l'une des causes de la valeur des marchandises, une fois leur utilité reconnue. Cette dernière, comme un prérequis, demeure essentielle, mais elle ne détermine que la valeur d'usage, or c'est la valeur d'échange qui est ici traitée, et celle-ci ne proviendrait, selon Ricardo, que de l'influence conjuguée de la rareté et du travail. Ricardo relèvera même une catégorie de biens dont la valeur serait entièrement déterminée par la seule rareté et n'aurait, de ce fait, aucun rapport avec la quantité de travail mise en œuvre.

« Les choses, une fois qu'elles sont reconnues utiles par elles-mêmes, tirent leur valeur échangeable de deux sources, de leur rareté, et de la quantité de travail nécessaire pour les acquérir.

Il y a des choses dont la valeur ne dépend que de leur rareté. [...] Tels sont les tableaux précieux, les statues, les livres et les médailles rares, les vins d'une qualité exquise, qu'on ne peut tirer que de certains terroirs très peu étendus, et dont il n'y a par conséquent qu'une quantité très bornée, enfin, une foule d'autres objets de même nature, dont la valeur est entièrement indépendante de la quantité de travail qui a été nécessaire à leur production première. Cette valeur dépend uniquement de la fortune, des goûts et du caprice de ceux qui ont envie de posséder de tels objets. »

(Ricardo, 1817, p. 14)

Ricardo, ici, considère cette catégorie particulière – apparaissant comme une exception – des biens non reproductibles, mais les exemples qu'il prend correspondent, d'évidence, à des biens d'occasion, même s'ils sont uniques en leur genre : déjà vendus et encore revendus, leur prix (que Ricardo nomme ici « valeur ») demeure en effet entièrement indépendant de « la quantité de travail qui a été nécessaire à leur production première » ; or, c'est bien de cette quantité de travail qu'ils auront, originellement, tiré leur valeur tout aussi première, quels que puissent être leurs prix successifs ultérieurs. La référence au travail, à l'activité humaine nécessaire pour obtenir une chose, demeure indispensable pour prendre en compte la rareté de la dite chose dans la détermination économique de sa valeur. Nous l'avons dit, « plus elle est rare, plus elle nécessite du travail », mais le travail requis ne dépend pas que de la quantité disponible ; ce n'est pas comme si l'on déterminait la valeur relative du daim en castors en relevant que, du seul fait qu'il y aurait deux fois plus de castors que de daims, un daim vaudrait deux castors, raisonnement inévitablement fondé sur le présupposé *ad hoc* suivant : la valeur de l'ensemble des daims serait égale à celle de l'ensemble des castors, proposition qui resterait encore à démontrer, quelle que soit la rareté relative des uns par rapport aux autres. On voit que la valeur ne peut se permettre d'être déterminée par le seul rapport quantitatif des éléments des ensembles en présence.

C'est donc une erreur profonde de faire découler la valeur, chez les économistes classiques, de la seule rareté et, en particulier, de celle du seul travail. Quelle en serait, d'ailleurs, la quantité disponible ? Quelle en serait la mesure, avant même que de le payer à sa valeur, avant même que les hommes se mettent – effectivement – à travailler ? Par ailleurs, Jean-Baptiste Say considère moins la rareté que l'utilité comme fondement de la valeur des marchandises, c'est-à-dire, selon lui, de leur prix, déterminé sur les marchés par la rencontre de l'offre et de la demande. Quant à la quantité de travail, elle ne s'identifie, par le montant des salaires, qu'à une part du coût de production, dont Say considère la nécessité de récupération, lors des ventes, comme la condition nécessaire de la viabilité d'une exploitation. En ce sens, la vision de cet auteur paraît bien plus moderne, proche des pratiques courantes des entreprises, que les analyses classiques de son temps, et insister sur le rôle de la rareté et du travail chez Say, c'est bien mal connaître ses écrits. D'ailleurs, et nous aurons l'occasion de développer cette idée *infra*, la quantité de travail nécessaire pour réaliser une marchandise correspond le plus souvent, dans la plupart des théories économiques (sauf chez Marx), à une valeur exprimée dans les seuls salaires, et les salaires ne représentent toujours (même pour Marx) qu'une partie de la valeur totale d'une marchandise. Une bonne part de la « critique », ici proposée, de la conception contemporaine de la formation et de la répartition de la valeur portera notamment sur ces deux considérations fondamentales : l'assimilation de la valeur au prix, et la place des salaires comme une part de cette valeur. On ne saurait néanmoins prétendre que les économistes auraient purement et simplement ignoré la rareté des éléments matériels (et non, encore une fois, celle du seul travail).

Ce n'est donc pas parce que le travail serait soi-disant la seule rareté qu'il serait la seule chose valorisée ; c'est tout simplement que l'économie et son unité de mesure, la monnaie, n'auront jamais contribué à mesurer quoi que ce soit d'autre que des revenus. Dans *Le monde sans fin*, Jancovici prête précisément à « un économiste contemporain » les paroles suivantes :

« Notre vision économique est toujours la même que celle de Say. Seules les transactions entre êtres humains comptent. Les humains peuvent se faire payer – pour sa force de travail (travailleur) – parce qu'il autorise l'usage de ce qu'il possède (rentier). »

(Jancovici & Blain, p. 86).

Sans trop pousser la critique à ce stade, il serait bon de remarquer que la vision économique dont il est question n'est pas à proprement parler « celle de Say », mais bien celle à laquelle nul économiste n'échappe. « Seules les transactions entre êtres humains comptent » ; auriez-vous un contre-exemple ? Entre qui, sur la planète, voudriez-vous que s'effectuent des transactions économiques, si ce n'est entre êtres humains ? Ni la terre en surface, ni le sous-sol, ni l'atmosphère, ni les plantes, ni les animaux ne sont, et ne peuvent être, les agents des transactions économiques, pas plus, d'ailleurs, que les machines, l'internet ou les râpes à fromage. Car l'objet de l'économie n'a rien d'un objet physique.

On peut relever, en outre, une apparente contradiction entre le fait que le travail seul aurait « vraiment » de la valeur et la seconde proposition, à savoir les deux raisons pour lesquelles on procède à des paiements, l'une pour l'achat de la force de travail (notez la référence à Marx), l'autre pour la location de ce qu'un autre possède. Manifestement, la chose possédée aurait, elle aussi, de la valeur, et sa location, permettant de l'utiliser, en engendrerait également une, de même nature. On voit immédiatement le problème auquel est confrontée la conception du travail comme seule source de la valeur, étant donné que la chose en question résulte elle-même, très probablement, de l'utilisation d'outils, ne serait-ce que pour travailler les matières dont elle est faite, sauf à lever la contradiction en supposant que la valeur proviendrait non seulement du travail nécessaire pour la façonner en dernier lieu, mais aussi du travail indirect pour obtenir les outils ou machines éventuellement utilisés à ce stade. Nous verrons, avec Adam Smith, l'intérêt de poursuivre l'analyse en cette profondeur, mais on comprend déjà que l'interrogation concernant une valeur fondée sur le travail consiste à voir, comme par transparence, l'activité humaine cachée dans le passé des choses, une certaine mesure, quantitativement définie, de travail comme cause de leur état présent.

## L'économie n'a rien à voir avec la physique

Il semble nécessaire de préciser ici que la « quantité de travail » dont parlent les économistes, le travail comme facteur de production de valeur, n'a rien à voir avec la quantité de « travail », exprimée en joules, dont parlent les physiciens ; elle n'a strictement rien à voir avec la quantité d'énergie dépensée par le travailleur. Elle n'a d'ailleurs, contrairement à ce que l'on pourrait penser, aucun lien non plus avec le temps pendant lequel le travail est effectué. Néanmoins, diriez-vous, on parle bien de salaires « horaires », mais il n'aura échappé à personne qu'il existe de nombreux salaires horaires différents, et que leur variabilité, d'une entreprise, d'une époque ou d'un pays à l'autre, est la règle, pour la simple raison que la correspondance ainsi établie entre une durée et un nombre d'unités monétaires n'est absolument pas imposée par la nature des choses, elle n'est toujours que contractuelle et négociée, ou autoritairement fixée. Par ailleurs, et il ne serait pas interdit de l'imaginer pour un bon roman, dans un monde où le travail serait rémunéré en fonction des joules directement dépensés, les échelles de valeur seraient radicalement inversées, les besognes les plus gourmandes en termes musculaires étant mieux payées que les activités intellectuelles, le professeur de sport gagnant plus que le professeur d'histoire, eux-mêmes gagnant bien moins que le manœuvre du chantier d'à côté, tandis que le PDG ferait la manche à la sortie de sa propre usine. Gageons que ce type de société, où les esclaves seraient rois et les actionnaires vagabonds, ne verra jamais le jour.

L'économie n'a rien à voir avec la physique, comme Jancovici le sait et le dit pourtant si bien dans ses conférences : on ne paie pas les atomes d'une chemise, on ne paie, pour reprendre l'une de ses expressions, « que des revenus et des rentes » (pour les salaires et les profits), car on ne paie qu'avec un revenu global qui se divise lui-même, ainsi qu'on le conçoit couramment, en salaires et en profits, reprenant la répartition traditionnelle de la valeur ajoutée, la valeur mesurée par le PIB. Allons au bout de la proposition : l'économie n'a, strictement, rien à voir avec la physique, que ce soit avec l'énergie, la matière, l'espace ou le temps. Elle n'a aucun rapport avec l'état physique du monde, qui n'est que circonstanciel, car elle est avant tout conceptuelle ; l'expression « économie physique » ne saurait ainsi convenir, même sous la plume de Meadows et al. :

« Nous mettons l'accent sur *l'économie physique*, c'est-à-dire sur les éléments concrets qui se heurtent aux limites de notre planète, et non sur *l'économie monétaire* qui est une invention sociale indépendante des lois physiques. »

(Meadows & al., 2004, p. 80)

Qualifier l'économie de physique, c'est la considérer comme une sorte de « science des flux appliquée aux stocks disponibles », plus proche d'une gestion des stocks que de l'économie monétaire. Ces deux derniers termes sont, à notre sens, indissociables, car la notion de valeur qui caractérise la pensée économique ne saurait, en réalité, être définie comme une essence, une propriété intrinsèque, au même titre que la masse ou la densité, des objets concernés en tant que marchandises finales. De ce point de vue, la valeur économique n'aurait, en fait, rien à voir avec ses prétendus déterminants, la rareté relative des choses, l'utilité que les hommes peuvent en retirer, ou encore la quantité d'énergie dépensée pour les obtenir. Faire découler la valeur de la rareté ou de l'utilité, quelles qu'en soient les unités de mesure adoptées, c'est faire, au fond, une pétition de principe ; c'est d'emblée considérer des causes physiques à une entité qui ne l'est pas. Ainsi, faire reposer la valeur sur l'activité physique, comme dépense d'énergie et mesurée comme telle, relève d'une superficialité de la pensée vite remise en cause. À l'instar de la valeur, l'activité en question, nécessairement, est économique dans son expression même : comptable et monétaire, elle est portée à l'actif ou au passif, selon leur rôle respectif, des agents économiques en présence.

Au risque de déflorer la suite de notre propos, mais n'est-ce pas celui d'une introduction un peu profonde, nous dirions que la valeur d'une chose ne saurait non plus être engendrée par le seul procédé marchand, la détermination de son prix sur un marché (ce serait là l'erreur fondamentale, commise par la plupart des économistes, des classiques aux contemporains), car la chose en question, la marchandise, arrive en fait sur ce marché avec une valeur préexistante, en l'occurrence son coût de production. De même, la valeur ne naît pas *ex nihilo*, comme on l'entend souvent, c'est-à-dire déconnectée du processus de production, par la création d'une « chose monétaire » qui aurait d'emblée une valeur attachée, intrinsèque de par sa nature bancaire, ou seulement reconnue comme institution sociale ; là aussi, la nécessité d'une conception démiurgique à l'origine de la valeur, consacrant le banquier comme créateur d'un actif net, d'une monnaie à pouvoir d'achat positif, par un « simple jeu d'écriture » (comme si la seule simplicité du procédé devait convaincre de la validité de son résultat), ne montre en définitive que l'échec manifeste à définir clairement l'opération de création économique de la valeur. Car, oui, la différence, irréductible, entre la valeur et l'énergie repose notamment sur cette considération qui sera ici immédiatement comprise par tous les physiciens : la valeur est créée et détruite de manière nette, ce qui n'est, jusqu'à preuve du contraire, pas le cas de l'énergie.

### Références

Si l'économie n'a rien à voir avec la physique, on ne saurait alors reprocher à l'économie de ne pas faire ce qu'elle ne peut faire en aucun cas, et la raréfaction des ressources fossiles étant celle d'un stock physique d'une énergie elle-même définie par Jancovici comme un « flux physique » (Jancovici & Blain, 2021, p. 18), il semblerait pertinent de considérer que c'était aux physiciens, en particulier les ingénieurs concevant les moyens d'exploitation de ces ressources, d'être particulièrement avisés d'y prêter attention. Rappelons que des écoles d'ingénieurs furent fondées à l'époque de Say, et encore après, et le moins que l'on puisse dire, c'est qu'il ne s'en est pas trouvé beaucoup, en deux siècles d'excellence, pour mettre au point les procédés qui auraient pu faire fléchir, si cela eut été possible, la consommation d'énergie fossile constatée pendant ces deux siècles. Tous, ou presque, se sont employés à trouver les moyens les plus efficaces pour consommer, en définitive, de plus en plus d'énergie, les moyens les plus efficaces pour produire le plus de marchandises possibles, sans se préoccuper, bien souvent, de l'état physique des ressources nécessaires. Eux aussi ont bel et bien cru au monde sans fin des ressources inépuisables, dont les plus belles pages s'inscrivent comme glorieuses, jusqu'aux exploits techniques les plus fous, comme accélérer les particules ou poser le pied sur la Lune. Développer le tourisme spatial, construire une base sur Mars, coloniser Titan et finir par se faire la guerre des étoiles tout en guérissant des maladies et repoussant la mort, n'est-ce pas là le futur que l'on nous a vendu, en couverture de tous les magazines de vulgarisation scientifique consacrés à la science, à la vie, au ciel et à l'espace ? N'était-ce pas là un futur basé sur des ressources énergétiques inépuisables ? Et l'on voudrait que, près de deux siècles auparavant, un simple économiste à la pensée infirme, assistant au décollage industriel du monde, ait soudainement pris conscience, sans spécialement pratiquer le bouddhisme, du caractère illusoire de ce que l'on imagine volontiers, aujourd'hui, comme encore possible ?

Rendre Jean-Baptiste Say fautif de la catastrophe qui s'annonce, car « c'est un peu à cause de lui et de ses semblables » (Jancovici & Blain, 2021, p. 84), c'est aussi, tout de même, donner beaucoup d'importance à ses écrits auxquels plus grand monde, d'ailleurs, ne se réfère ; c'est même prêter aux économistes en général, et à Say en particulier, une capacité de persuasion démesurée. Serait-ce parce que les économistes classiques, avec Say comme chef de file, considéraient l'environnement immuable que les hommes auraient tenu cette assertion pour vraie, n'éprouvant dès lors aucunement le besoin de réfléchir aux conséquences de leurs activités sur l'environnement ?

« Peut-être que si on avait conçu un modèle économique en écoutant Dupin plutôt que Say, nous fonctionnerions différemment... »

(Jancovici & Blain, 2021, p. 88)

Est-ce donc cela ? « Il a dit ça et, depuis, on l'a cru... » ? Rappelons que Say aura aussi proposé ce que des générations d'économistes appelleront la « loi de Say » ; une loi que de nombreux auteurs, notamment keynésiens, n'auront pas hésité à critiquer. Les écrits de Say, en réalité, n'auront jamais unanimement convaincu, pas même les auteurs du siècle auquel ils furent publiés, en particulier Ricardo et Marx, ainsi que Léon Walras, comme nous aurons l'occasion de le vérifier *infra*.

Mais… Dupin ? Charles Dupin ? Celui qui « poursuit ses recherches mathématiques […] et applique ces découvertes à la construction des vaisseaux de guerre et à la conception des fortifications. » ? Celui qui, « Également délégué colonial, c'est-à-dire représentant des colons français pour défendre leurs intérêts auprès des pouvoirs publics de la métropole, […] se montra pro-esclavagiste, étant le principal interprète des adversaires de l'émancipation, usant de son influence, de sa présence dans de nombreux autres comités et de sa réputation de scientifique et transformant la défense de l'esclavage en défense des colonies. » ? Celui qui « est l'auteur, en 1838, d'une brochure intitulée *Défense des intérêts coloniaux confiés au Conseil des délégués pendant la législature de 1833 à 1838* dans laquelle il vante la situation des esclaves dans les colonies françaises en l'opposant au sort des Noirs libres des colonies anglaises, en présentant, à grand renfort de statistiques, une moindre mortalité infantile chez ceux qu'il appelle les « non-libres » pour ne pas avoir à utiliser le terme « esclave », ce qui est, selon lui, une « nouvelle preuve de la douceur et des bons soins que les maîtres prodiguent aux mères ainsi qu'à leurs enfants esclaves. » » ? (Wikipedia, page de Charles Dupin). En ce cas, effectivement, « nous fonctionnerions différemment… ».

C'est un peu, en quelque sorte, se défausser que de rendre Say coupable, quand il aura fallu à la plupart de ses accusateurs actuels d'avoir eux-mêmes été profondément sensibilisés aux problèmes environnementaux et à la question climatique, dans leur domaine de recherche, par des articles ou des ouvrages, par les médias, par un ministre de l'écologie ou, simplement, par le constat du réchauffement ou de la fonte des glaces. Ça aide, la « chasse au Gaspi », pour se faire une idée de l'importance du carburant et de l'énergie dans les sociétés ; ça aide, le « trou de la couche d'ozone », pour se faire une idée de l'importance de l'atmosphère dans l'environnement ; ça aide, la « chanson pour l'Éthiopie », pour se faire une idée de l'importance des inégalités mondiales et de l'avancée du désert… Certainement, Say et « ses semblables » ne pouvaient pas avoir été sensibilisés de la sorte, encore moins par la lecture du Rapport Meadows.

« Nous avons contribué à accentuer la prise de conscience et les préoccupations environnementales alors que le mouvement pour la défense de la nature n'en était qu'à ses débuts. De nombreux étudiants, après avoir lu *The Limits to Growth*, ont modifié leurs objectifs professionnels et ont orienté leurs études autour de l'environnement et du développement durable. Nos livres se sont donc révélés fort utiles. »

(Meadows & al., 2004, pp. 31-32)

De fait, il est fort probable que, du temps de Say, du temps des énergies encore essentiellement renouvelables comme l'eau, le vent, le bois, la force animale et l'huile de coude, nous verrions, bien entendu, les mines déjà construites pour l'extraction des minerais déjà découverts, mais pas encore très nombreuses, pas encore très profondes… D'ailleurs, c'est ce qui est ici décrit :

« À l'époque, nous avons plein d'espace, les États-Unis sont à peine au début de leur colonisation… La Russie est immense… On ne sait même pas jusqu'où va l'océan… On ne se pose pas de problèmes de ressources… »

(Jancovici & Blain, 2021, p. 84)

Et, surtout, pas d'automobiles, pas de cargos, pas d'avions… Retirons alors de notre esprit toute la connaissance des deux siècles qui suivirent, et nul doute que très peu d'entre nous auraient l'idée de penser à autre chose qu'une relative abondance de ressources à propos desquelles « on ne se pose pas de problèmes ». Toutefois, et malgré ces quelques nuances tendant à minimiser, un peu, l'énormité de la citation de Say, il faut reconnaître que ce qu'il écrit paraît, étonnamment, forcément faux.

## Incompréhensible

Concentrons-nous sur le sens de la première phrase, telle que la rapportent Lehoucq et Jancovici :

« Les ressources naturelles sont inépuisables, car sans cela nous ne les obtiendrions pas gratuitement. »

Il y a ici, manifestement, l'affirmation d'un lien de causalité : inépuisables, les ressources naturelles seraient « gratuites », c'est-à-dire engendrées par les processus physiques du cosmos (Big Bang, étoiles) pour les éléments de base, par les processus thermochimiques de la Terre pour les éléments fossiles, et non par le travail de l'homme. Ce lien entre la gratuité et le caractère inépuisable est une conséquence de la causalité traditionnelle entre la rareté et la valeur : si une chose était disponible en quantité infinie, elle n'aurait aucune valeur et serait ainsi gratuite. Encore faudrait-il qu'aucun travail ne fût nécessaire pour se la procurer. Néanmoins, le caractère inépuisable dépendrait plutôt de la nature renouvelable du stock dans lequel on puise. Or, même si elles peuvent être considérées comme gratuites dans le sens indiqué, les ressources non renouvelables, quel que puisse être leur prix lié à l'activité nécessaire pour les obtenir, sont forcément épuisables, puisque, par définition, leur stock ne se renouvelle pas (dans les limites de temps des civilisations humaines). La Terre est une planète limitée, les éléments qui la composent sont donc inévitablement limités. Comment Say pouvait-il ignorer une telle chose ?

On peut émettre, à ce stade, une hypothèse « moderne » : il eut été possible de considérer une sorte d'abondance pérenne, en ce qui concerne les éléments fossiles, s'il était advenu que notre Système solaire et, *a fortiori*, d'autres systèmes stellaires de la Galaxie (mais ils sont immensément loin) eussent comporté en leur sein plusieurs planètes ayant déjà abrité la vie carbonée, ne serait-ce que sous formes de planctons ou de fougères, avec océans et dynamique tectonique. La perspective d'une extraction possible de charbon, gaz et pétrole (puisque les mêmes causes y eurent produit les mêmes effets) aurait ainsi pu rendre tangible, à l'échelle des civilisations, l'illusion d'un caractère inépuisable de ce type de ressources. On voit que, pour soutenir cet aspect inépuisable des ressources en matières, il faut soit être complètement idiot, soit penser à l'infini de l'espace ; penser, par exemple, à des planètes et satellites exploitables, comme Mars, Europe ou Titan, ou à des astéroïdes à notre portée (?!), ou encore à la Lune (notamment pour l'hélium 3, qu'elle aurait en quantité, utilisable pour la fusion nucléaire) et, dans le cas des éléments fossiles, être persuadé que la vie végétale extraterrestre existe ou, du moins, aura existé, d'une manière ou d'une autre… Bien entendu, Say n'aura pas retenu cette hypothèse.

« Il semblerait que la richesse ne peut venir que du dehors. Mais au dehors, d'où viendrait-elle ? Encore du dehors. Il faudrait donc, en la cherchant de dehors en dehors, et en supposant les mines épuisées, sortir de notre globe ; ce qui est absurde. »

(Say, 1841, p. 67)

La seconde phrase paraît, elle aussi, très étonnante (nous reprenons ici la formulation de Lehoucq, que nous jugeons plus correcte au niveau des deux « ni ») :

« Ne pouvant être ni multipliées ni épuisées, elles ne sont pas l'objet des sciences économiques. »

Si les ressources naturelles sont inépuisables (proposition de la première phrase), elles sont d'emblée comme infinies. Il ne serait alors question de les multiplier ; pourquoi les multiplierait-on, d'ailleurs, puisqu'elles sont inépuisables ? Ensuite, le fait qu'elles ne soient pas l'objet des « sciences économiques », en tant que corpus disciplinaire regroupant les écrits et ouvrages divers de plusieurs auteurs successifs étudiant les phénomènes de production et de consommation des denrées valorisées (définition non exhaustive mais à peu près pertinente), paraît également très discutable, puisque les premières doctrines en ces termes, mercantilisme et physiocratie, basaient précisément les sources de valeur dans des ressources naturelles, les métaux précieux pour la première, la terre pour la seconde. On sait par ailleurs le rôle déterminant de la terre et des rendements agricoles chez Smith, Ricardo ou Malthus, pour ne citer qu'eux. Ricardo applique d'ailleurs directement, dans un chapitre des *Principes de l'économie politique et de l'impôt* (Ricardo, 1817, chapitre III), son explication de la rente agricole au profit foncier des mines, et « Ce principe étant précisément le même que celui que nous avons posé par rapport à la terre, il serait inutile de nous y arrêter davantage. » (Ricardo, 1817, p. 60). Ce chapitre débute d'ailleurs par une considération des plus limpides :

« On obtient les métaux, ainsi que tous les autres objets, par le travail. La nature les produit, à la vérité ; mais c'est le travail de l'homme qui les arrache du sein de la terre, et qui les prépare pour notre usage. »

(Ricardo, 1817, p. 60)

Alors, on ne comprend pas, finalement, ce que Say voulait vraiment dire en affirmant que les ressources naturelles « ne sont pas l'objet des sciences économiques », en tant que discipline de recherche sur les causes de la valeur et de sa répartition, même sans connaître l'ouvrage de Ricardo, postérieur au *Traité d'économie politique* dans lequel il aurait écrit cette phrase. On ne comprend pas, surtout, pourquoi les ressources naturelles lui paraissaient « inépuisables » alors que la logique élémentaire ne peut que dicter, à tous, le contraire.

## Honte à toi, Jean-Baptiste Say !

Et c'est ainsi que, lors d'une conférence à l'École Polytechnique, en l'an de grâce 2021, Jean-Marc Jancovici propose, au bout d'une heure environ, une image du portrait de Jean-Baptiste Say, l'idiot, le stupide, le méchant Jean-Baptiste Say, avec le titre suivant :

« Si nous sommes ici, c'est un peu à cause de lui… »

(Jancovici, conférence à l'École Polytechnique, 27/09/2021)

Sous le portrait, bien entendu, nous avons la fameuse citation des ressources inépuisables.

Et c'est la honte posthume pour Jean-Baptiste Say, car ce que les futurs polytechniciens, ce jour-là, retiendront de cet économiste, c'est ce qu'ils auront vu sur cette image. C'est cette citation stupide, « les ressources naturelles sont inépuisables » ; mais comment peut-on écrire une telle ânerie ? C'est cet ignoble économiste qui semble dire que l'on peut extraire sans vergogne, piller à l'envi, toutes les ressources de la Terre ! Et c'est la honte, même, pour les économistes en général, car cette discipline est ici totalement discréditée par l'ingénieur-conseil. Ce dernier poursuit ainsi :

« Si vous voulez rentrer par l'économie dans ce problème, vous êtes sûrs de faire fausse route, parce que l'économie ne vous dit rien sur la façon de regarder le problème physique, il est en-dehors. Donc si vous voulez regarder le problème physique, il faut s'attaquer au problème physique. »

(Jancovici, conférence à l'École Polytechnique, 27/09/2021)

On ne peut que donner raison à « Janco », car le problème est effectivement principalement physique, et l'on aurait apprécié, redisons-le, que les personnes concernées, physiciens ou ingénieurs, s'en fussent préoccupées plus tôt. Toutefois, si Jancovici considère le problème de manière exclusivement physique, c'est qu'il s'accorde, en définitive, avec la conclusion de Say : « l'économie ne vous dit rien sur la façon de regarder le problème physique », et le problème, ce sont les ressources naturelles, leur état fossile et l'impact de leur exploitation sur l'environnement. En d'autres termes, les ressources naturelles ne sont pas l'objet des sciences économiques… Précisons notre pensée : si Jancovici s'était opposé à Say sur ce point, il aurait dit quelque chose comme : « Jean-Baptiste Say se trompe, les ressources naturelles sont bien l'objet des sciences économiques, et il faut aborder le problème économiquement »… Mais il reconnaît, au contraire, que le problème ne peut être que physique, non économique ; il est donc en accord, sur ce point, avec le fait que le problème ne concerne pas les sciences économiques, pour une raison simple : il concerne les sciences physiques. De fait, cette petite réflexion tendrait à réhabiliter Say, puisqu'une partie de la citation est finalement reprise, sans contester outre mesure, par un ingénieur. Maigre consolation. Car la citation entière, sur l'image projetée (dont l'autorisation de reproduction nous a été refusée), semble bien justifier l'accusation portée par Jancovici, entièrement résumée dans le titre qui la précède.

« Si nous sommes ici, c'est un peu à cause de lui…

[Portrait de Jean-Baptiste Say]

Les ressources naturelles sont inépuisables, car sans cela, nous ne les obtiendrions pas gratuitement. Ne pouvant ni être multipliées ni épuisées, elles ne sont pas l'objet des sciences économiques.

Traité d'économie politique ? (1803) »

(Jancovici, conférence à l'École Polytechnique, 27/09/2021)

**La source**

On constate que le « ni » qui avait disparu dans la bande dessinée est finalement réapparu, mais pas à la même place que chez Lehoucq ; il est maintenant situé avant le verbe « être ». Et la virgule après « multipliées », toujours dans la bande dessinée, a disparu, comme chez Lehoucq ; et puis, il y a maintenant une virgule après « car sans cela ». Cela fait donc, formellement, trois versions différentes de la même citation. Mais tout cela, ce sont des détails ; cela modifie-t-il son sens ? Cela change-t-il le fait, manifestement admis, que Jean-Baptiste Say est et restera, à jamais, un idiot congénital, un abruti de première, le symbole de l'économiste qui n'aura jamais rien compris à la réalité du monde physique ? *A priori*, non.

Tout de même, aucun auteur n'aimerait, et ce serait compréhensible, que l'on manipulât son texte, changeant des virgules à tort et à travers, oubliant des mots ou modifiant leur place. Il peut toujours y avoir des soucis de traduction, mais là, il s'agit bien d'un auteur français.

Tiens, qu'est-ce que… Que fait ce point d'interrogation, dans la source de la citation ?

« Traité d'économie politique ? (1803) »

Curieux, n'est-ce pas ? Jean-Marc Jancovici n'aurait pas vérifié la provenance de cette citation ; ne serait-elle pas de source sûre ? Pourtant, la source doit forcément être la bonne ; pour preuve, Roland Lehoucq, dans l'article du Monde, fait référence au même ouvrage, le livre le plus connu de Jean-Baptiste Say, le *Traité d'économie politique*, dans lequel se trouve formulée, au chapitre XV, la fameuse loi des débouchés, dite « loi de Say ». Et Roland Lehoucq est astrophysicien, ce n'est pas n'importe qui, et Le Monde est un journal sérieux, ce n'est pas n'importe quoi. On peut tout de même faire confiance aux scientifiques, aux vrais, ceux qui manient les équations et les statistiques avec dextérité, ceux qui sont en prise avec le réel, ceux qui creusent dans le dur, ceux qui passent à la télévision et qui font des conférences sur YouTube. En plus, astrophysicien, c'est encore plus fort que physicien, parce que sa science embrasse tout le cosmos ! Il en sait, des choses, Roland Lehoucq ; il connaît, par exemple, l'énergie qu'il faudrait pour faire voler le Millenium Falcon, ou celle nécessaire au fonctionnement d'un vrai sabre laser… Ça doit être génial de regarder *L'Empire contre-attaque* avec Roland Lehoucq ! Toutefois, un astrophysicien est-il le mieux qualifié pour rapporter, et critiquer vertement, les propos d'un économiste ?

Tout de même, c'est curieux, ce point d'interrogation.

Et l'on pourra lire en long et en large le *Traité d'économie politique* de Jean-Baptiste Say, on n'y trouvera jamais cette citation. La source indiquée n'est pas la bonne. Oh, la citation est bien de Say lui-même, à une nuance près, une nuance qui a son importance : Say ne parle pas de « ressources », mais de « richesses » naturelles. La citation exacte se trouve dans l'ouvrage intitulé *Cours complet d'économie politique pratique*, publié pour la première fois en 1828. Dans la seconde édition de 1840, publiée par son fils Horace Say, la citation se trouve à la page 68.

« D'un autre côté, les richesses naturelles sont inépuisables, car, sans cela, nous ne les obtiendrions pas gratuitement. Ne pouvant être ni multipliées ni épuisées, elles ne sont pas l'objet des sciences économiques. »

(Say, 1840, p. 68)

Ah, enfin ! Nous avons ici la bonne citation, avec tous les mots et toutes les virgules à leur place, tirée de la bonne source. Nous allons pouvoir, dès lors, replacer cette citation dans son contexte et comprendre ainsi pourquoi Say considérait les richesses – et non les ressources – naturelles comme inépuisables.

### Les mots ont un sens

Changer un mot pour un autre, même si les deux admettent un air de ressemblance, ce n'est pas anodin. Or, il se trouve que remplacer le terme « richesse » par celui de « ressource », c'est faire un contre-sens par rapport au propos de Say. Une ressource fait l'objet d'une utilisation, d'une transformation pour en faire autre chose, d'une exploitation, tandis que ce n'est pas forcément le cas d'une richesse. C'est précisément la distinction que Say effectue, en utilisant seulement ce dernier terme ; il est ainsi amené à le qualifier différemment, selon le sens retenu. C'est pourquoi il distingue, au chapitre premier du *Cours complet*, intitulé « *De nos besoins et de nos biens* » (Say, 1840, pp. 65 et s.), les « richesses naturelles » des « richesses sociales ».

L'orthographe de certains mots a été préservée, bien qu'ils ne s'écrivent plus de la sorte aujourd'hui, pour respecter scrupuleusement le texte original. De même, les mots en italique sont ainsi reproduits, et les retours à la ligne sont également respectés.

« De cette vue générale de nos besoins, passons à l'examen des moyens que nous avons de les satisfaire.

Ces moyens consistent dans l'emploi, dans l'usage que nous fesons, de différentes choses que nous nommons des *biens* ou des *richesses*.

Ces richesses sont de deux sortes qu'il convient de distinguer avec soin.

Les unes nous sont données gratuitement et avec profusion par la nature, comme l'air que nous respirons, la lumière du jour, l'eau qui nous désaltère, et une foule d'autres choses dont l'usage nous est devenu tellement familier, que nous en jouissons souvent sans y penser. On peut les nommer des *richesses naturelles.* Elles appartiennent à tout le monde : aux pauvres comme aux riches, et ne sont appelées des richesses que dans un sens général et philosophique.

C'est dans la même catégorie qu'il convient de placer les biens personnels que nous ne devons qu'à la munificence de la nature ou à des accidens heureux, tels qu'une bonne santé, un heureux caractère, l'amour de nos proches et plusieurs avantages moraux, qui, sans être absolument gratuits, n'ont aucune valeur rigoureusement assignable, tels que la considération publique, la confiance qu'on inspire.

Les autres biens sont le fruit d'un concours de moyens qui ne sont pas gratuits. Nous sommes forcés d'acheter, pour ainsi dire, ces derniers biens par des travaux, des économies, des privations ; en un mot, par de véritables sacrifices. De ce nombre sont les alimens qu'on ne peut se procurer sans culture, les vêlemens qu'on ne peut avoir sans que quelqu'un les ait préparés, les maisons qui n'existent qu'après qu'on les a construites. Pour jouir de ces biens il faut les avoir créés, ou bien les avoir acquis par un échange, où nous donnons aux hommes qui les ont créés d'autres biens du même genre.

On ne peut pas séparer de ces biens l'idée de la propriété. Ils n'existeraient pas si la possession exclusive n'en était assurée à celui qui les a acquis de l'une ou de l'autre de ces manières ; c'est-à-dire, par la création ou par l'échange. Quel motif aurait-il pour faire le sacrifice sans lequel on ne saurait les obtenir, s'il ne pouvait ensuite en disposer selon sa volonté ?

D'un autre côté, la propriété suppose une société quelconque, des conventions, des lois. On peut en conséquence nommer les richesses ainsi acquises, des *richesses sociales.*

Elles ne se rencontrent en effet qu'avec l'état social. Elles sont fondées sur le droit de *posséder*, qui est un droit reconnu et garanti par la société, par la communauté. Elles ne peuvent être évaluées que par *l'échange*, au moyen duquel leur valeur est constatée ; or, l'échange suppose encore l'état de société : l'homme isolé ne saurait conclure aucune espèce de marché.

J'ajouterai qu'elles peuvent seules devenir l'objet d'une étude scientifique, car elles seules sont appréciables rigoureusement ; seules elles suivent, dans leur formation, leur distribution dans la société, et leur consommation, des règles invariables, où les mêmes causes sont toujours suivies des mêmes effets. »

(Say, 1840, pp. 65-67)

Ainsi, les richesses naturelles, au sens de Say, « sont données gratuitement et avec profusion par la nature », elles « appartiennent à tout le monde : aux pauvres comme aux riches ». Les exemples donnés, « l'air que nous respirons, la lumière du jour, l'eau qui nous désaltère », ainsi que les « biens personnels » qu'il « convient de placer dans la même catégorie », celle des richesses naturelles, donc, « un heureux caractère, l'amour de nos proches, la considération publique, la confiance qu'on inspire », n'évoquent pas particulièrement des ressources minières. Par opposition, les richesses sociales ne peuvent être obtenues sans un sacrifice quelconque ; il convient de les réaliser, de les fabriquer, de les construire, ce qui nécessite, constamment, un effort, un travail. Il faut donc, pour en obtenir une, la réaliser soi-même, ou bien se départir d'une autre richesse sociale contre celle que l'on désire, par l'échange, acte requérant l'immersion dans une société. Elles sont « le fruit d'un concours de moyens qui ne sont pas gratuits ». Les richesses sociales ne peuvent être séparées de « l'idée de la propriété ».

L'expression « richesse sociale » (au singulier), désignant l'ensemble des richesses utiles et rares, sera notamment reprise par Léon Walras dans ses *Éléments d'économie politique pure* (Walras, 1874), en opposition aux choses pouvant être considérées comme illimitées, néanmoins utiles. Celles-ci, pour Walras, ne font pas partie de la seule richesse sociale à prendre en compte.

« J'appelle *richesse sociale* l'ensemble des choses matérielles ou immatérielles (car la matérialité ou l'immatérialité des choses n'importe ici en aucune manière) qui sont *rares*, c'est-à-dire qui, d'une part, nous sont *utiles*, et qui, d'autre part, n'existent à notre disposition qu'*en quantité limitée*. [...]

Il y a dans le monde un certain nombre d'utilités qui, lorsqu'elles ne manquent pas totalement, existent à notre disposition en quantité illimitée. Ainsi l'air atmosphérique, la lumière et la chaleur du soleil quand le soleil est levé, l'eau au bord des lacs, des fleuves et des rivières se rencontrent en telle quantité qu'il n'en peut manquer à personne, chacun en prenant même tant qu'il en veut. Ces choses, qui sont utiles, généralement ne sont pas rares et ne font pas partie de la richesse sociale ; exceptionnellement elles peuvent le devenir et faire alors partie de cette richesse. [...]

Les choses utiles limitées en quantité sont *appropriables*. Les choses inutiles échappent à l'appropriation : personne ne songe à s'approprier des choses qui ne peuvent servir à aucun usage. Les choses utiles mais qui existent en quantité illimitée ne sont pas davantage appropriables. »

(Walras, 1874, pp. 45-46)

Ainsi, Walras refusera à l'air et à la lumière du jour ce que Say leur avait volontiers accordé, leur qualification de richesse. Néanmoins, et Walras en convient, certaines choses naturelles et utiles peuvent bien intégrer la catégorie des richesses appropriables, ce que Say décrit lui-même à propos de la terre cultivable.

« Les terres cultivables sembleraient devoir être comprises parmi les richesses naturelles, puisqu'elles ne sont pas de création humaine, et que la nature les donne gratuitement à l'homme ; mais comme cette richesse naturelle n'est pas fugitive, ainsi que l'air de l'atmosphère, ou l'eau de la mer ; comme un champ est un espace fixe et circonscrit, que certains hommes ont pu s'approprier à l'exclusion de tous les autres qui ont donné leur consentement à cette appropriation, la terre qui était un bien naturel et gratuit, est devenue une richesse sociale dont l'usage a dû se payer. »

(Say, 1840, p. 67)

Autrement dit, une richesse naturelle peut devenir une richesse sociale à partir du moment où elle devient l'objet d'une appropriation reconnue comme telle par la société.

« De même, quoique l'eau soit une richesse naturelle, du moment qu'un cours d'eau, une chute qui fait tourner un moulin, est devenue la chose d'un propriétaire, qui s'attribue exclusivement le service qu'on en peut tirer, ce cours d'eau a cessé d'être une richesse naturelle : il n'est plus permis au premier venu d'en disposer gratuitement, il est devenu une richesse sociale ; mais, sous cette forme, il est susceptible de rendre plus de services, même aux non-propriétaires, que s'il était resté une richesse naturelle. Le saut du Niagara aux États-Unis, qui est peut-être la plus belle chute d'eau du monde entier, et qui n'est la propriété de personne, ne sert à personne, tandis que la chute d'un ruisseau à Louviers, en même temps qu'elle est la propriété d'un manufacturier, contribue à faire vivre plusieurs centaines d'ouvriers qui n'en sont pas propriétaires. »

(Say, 1840, p. 68)

La définition d'une richesse naturelle se précise : un cours d'eau sauvage, non approprié – donc non exploité – par quiconque, est une richesse naturelle, car il est « permis au premier venu d'en disposer gratuitement ». Et l'on comprend bien que ce n'est pas forcément par le prélèvement, même libre, d'une partie de cette richesse que l'on en dispose, comme boire dans le cours d'eau ; cela peut être seulement, l'exemple du « saut du Niagara » en atteste, par la seule appréciation de la beauté de cette richesse « qui n'est la propriété de personne, ne sert à personne ». On retrouve ici le caractère abstrait de ce type de richesse, leur « sens général et philosophique », caractérisant déjà les premiers exemples donnés.

Ainsi, admirer le coucher du Soleil, assis sur une dune, au bord de l'océan… Voilà une autre situation dans laquelle nous « jouissons souvent sans y penser » de richesses naturelles. La voûte céleste, monsieur Lehoucq, la voûte céleste et ses étoiles filantes, ses planètes, ses comètes, ses éclipses ; la beauté de Jupiter et de Saturne, la beauté des nébuleuses et des galaxies ! Oui, monsieur Lehoucq, vous les connaissez bien, ces richesses-là, et vous le savez bien, qu'elles sont inépuisables, sauf à se les approprier, à empêcher les hommes de lever les yeux au ciel et à réserver un droit de regard, ou à supprimer la possibilité de les regarder d'une manière ou d'une autre… Certaines seront toujours là, presque éternellement, quand le Soleil et la Terre auront disparu depuis longtemps ; et vous ne voudriez sûrement pas, monsieur Lehoucq, que ces richesses naturelles, le spectacle du cosmos, deviennent l'objet des sciences économiques !

Les richesses appropriées, qui n'appartiennent pas à tout le monde, pour lesquelles « il n'est plus permis au premier venu d'en disposer gratuitement » et qui font l'objet d'une exploitation, d'une utilisation, comme « une chute qui fait tourner un moulin », comme une ressource énergétique, en somme… Ce sont des richesses sociales.

Et c'est ici qu'apparaît la fameuse citation, enchâssée dans son contexte immédiat :

« En supposant que les hommes pussent créer des richesses naturelles, ils n'auraient aucun motif pour s'en donner la peine ; on peut faire artificiellement de l'air respirable ; mais ce n'est que comme une expérience de chimie ; car, si nous en fesions pour notre usage, il nous faudrait payer ce que la nature nous offre gratuitement. D'un autre côté, les richesses naturelles sont inépuisables, car, sans cela, nous ne les obtiendrions pas gratuitement. Ne pouvant être ni multipliées ni épuisées, elles ne sont pas l'objet des sciences économiques. Lorsque je parlerai dans ce cours, de richesses sans autre désignation, ce sera donc toujours de richesses sociales dont il sera question. »

(Say, 1840, p. 68)

Et lorsque Say parlera, en particulier, de richesses minières, en métaux ou en combustibles, ce sera, effectivement, « de richesses sociales dont il sera question ». Dans cette citation, remise dans son contexte, on comprend bien que l'air que nous respirons demeure une richesse naturelle, selon Say, tant qu'il ne fait pas l'objet d'une restriction ou d'une appropriation, ce qui pourrait éventuellement se produire si l'air immédiatement accessible devenait irrespirable, attribuant une rareté à l'air pur, forçant peut-être à en fabriquer artificiellement et à le vendre, transformant l'expérience de chimie en recherche appliquée. L'air respirable deviendrait alors une richesse sociale, car son utilisation et son exploitation le transformeraient en ressource non gratuite, comme c'est le cas pour l'eau potable : il aurait un coût de production, et il aurait un prix pour amortir ce coût. À ce propos, que trouve-t-on rapidement sur l'internet, lorsque l'on y recherche la définition d'un bien économique ?

« Il est également convenu que chaque bien économique constitue un marché propre, c'est-à-dire qu'il existe une demande et une offre pour ce bien équilibrée par un prix strictement supérieur à 0. Les biens économiques s'opposent en ce sens aux biens libres, que l'on trouve gratuitement et en abondance (comme le soleil, l'air, l'eau dans certaines régions). En réalité les biens libres ne répondent pas aux forces du marché [...] Mais un jour ils peuvent devenir biens de consommation et répondre à la logique d'un marché, à titre d'exemple pessimiste, l'air s'il devient trop pollué. »

(Wikipedia, définition d'un bien économique)

Il ne fallait donc pas chercher bien longtemps pour comprendre que Say, dans la fameuse citation, parlait clairement de « biens libres ». Le contre-sens est alors patent, car les ressources dont parlent Lehoucq et Jancovici sont sans conteste, pour Say, des richesses sociales ; et il est évident, comme on peut facilement l'anticiper, que, pour lui comme pour d'autres, ces richesses ne sont nullement inépuisables.

### Relisez mieux

Au chapitre VII du *Cours Complet*, intitulé « *Des pêcheries et des mines* » (Say, 1840, pp. 258 et s.), Say est particulièrement conscient de l'importance croissante du charbon, l'autre petit nom de la houille, comme ressource énergétique indispensable à l'industrie.

« Le premier et le plus important des minéraux que nous tirons actuellement du sein de la terre, n'est cependant ni l'argent, ni le fer ; c'est la houille ; et son importance, ne cessera d'aller en croissant. La chaleur est le plus puissant des agens dans les arts. Sans elle, nulle production, nulle civilisation n'est possible. Outre que, sans chauffer nos demeures et nos ateliers, je ne sais pas trop comment nous supporterions les hivers dans nos latitudes au-dessus du 45e degré, le combustible est encore nécessaire pour préparer presque tous nos alimens ; et, si l'on pensait que l'espèce humaine pût à toute rigueur subsister de végétaux et de viandes crus, je ferais remarquer que, pour faire pousser ces végétaux avec une abondance qui suffise aux besoins d'une société un peu nombreuse, il faut des outils aratoires, et que ces outils ne peuvent être fabriqués sans modifier les métaux par le moyen du feu. Comment, sans amollir le fer et le transformer en acier, ferait-on les ciseaux pour tondre les brebis ? Comment fabriquerait-on les rouets pour filer leurs toisons, les métiers pour tisser, les aiguilles pour coudre même de grossiers vètemens ? Il n'est aucun art industriel où l'on puisse se passer complètement de feu, et par conséquent de combustible. »

(Say, 1840, pp. 261-262)

Dites-nous, monsieur Jancovici, avec quel passage de cette citation vous seriez éventuellement en désaccord... Mais l'économiste français poursuit, à propos du bois, cette fois-ci.

« Quand le monde était neuf, il était presque entièrement couvert de bois. Il suffisait (du moment qu'on a su faire du feu) de casser des branches d'arbres pour l'entretenir. Mais le bois ne se reproduit pas aussi facilement qu'il se consume. Aussi voyons-nous les pays se dépeupler de forêts, à mesure qu'ils se peuplent d'habitans. Les plus anciennement civilisés sont les plus dépouillés. Sur les bords de l'Euphrate, il n'y a d'arbres que dans les jardins. En Égypte, on se sert de fiente de chameau desséchée pour faire du feu. La Grèce, l'Italie et l'Espagne, quoique moins anciennement civilisées que l'Orient, le sont plus anciennement que les autres états de l'Europe, et ont par cette raison beaucoup plus épuisé leurs forêts dans tous les lieux accessibles.

Nous savons par les historiens que notre Gaule était couverte de bois lorsque les Romains en firent l'invasion. Il en était de même de l'Angleterre, de l'Allemagne. Les États-Unis, qui ne formaient naguère qu'une seule forêt, abattent chaque jour des multitudes d'arbres et les remplacent par du blé. C'est une loi de la civilisation de faire disparaître les bois. »

(Say, 1840, p. 262)

Ne croirait-on pas lire un extrait d'une certaine bande dessinée ? Mais le clou du spectacle, l'apogée, la citation qui tue, c'est ce passage qui suit immédiatement le précédent :

« Heureusement que la nature a mis en réserve, longtemps avant la formation de l'homme, d'immenses provisions de combustibles dans les mines de houille, comme si elle avait prévu que l'homme, une fois en possession de son domaine, détruirait plus de matières à brûler, qu'elle n'en pourrait reproduire. Mais enfin ces dépôts, quoique riches, ont des limites. Nous creusons, nous minons, et tantôt une fois, tantôt une autre, nous atteignons le terme des filons. Nous en découvrirons d'autres que nous épuiserons à leur tour. Déjà nos voisins, dans les houillères de Newcastle, vont chercher jusque sous la mer, les charbons de terre, qui, voguant ensuite sur sa surface, vont féconder les usines de Londres et les distilleries de la Jamaïque. Les foyers, les forges, les manufactures en absorbent d'effrayantes quantités ; et, quoiqu'on ait calculé par la puissance des mines, qu'elles contiennent encore du combustible pour plusieurs générations, même en supposant, comme il est probable, une consommation progressivement croissante, que deviendront les générations suivantes quand les mines seront épuisées ? Car elles le seront inévitablement un jour. On en découvrira d'autres qui seront épuisées à leur tour : que deviendront alors nos descendans ? Il y a des gens qui craignent que le monde ne finisse par le feu ; on doit plutôt craindre qu'il ne finisse faute de feu. »

(Say, 1840, pp. 262-263)

Lire et relire cette citation, comme nous incitons fortement le lecteur à le faire, convainc que non seulement Jean-Baptiste Say n'a jamais prétendu que les ressources en énergies fossiles, ici en charbon, étaient inépuisables, mais que, au contraire, il se souciait grandement des conséquences d'une diminution prochaine et quasi certaine, même à plusieurs générations dans l'avenir, du stock restant. Il évoque même, dans la dernière phrase, la fin du monde par manque d'énergie ! Qu'on en juge par ces quelques extraits, dignes d'un tract des plus ardents collapsologues d'aujourd'hui :

« Mais enfin ces dépôts, quoique riches, ont des limites. »

« Nous atteignons le terme des filons. »

« Nous en découvrirons d'autres que nous épuiserons à leur tour. »

« Les manufactures en absorbent d'effrayantes quantités. »

« Que deviendront les générations suivantes quand les mines seront épuisées ? Car elles le seront inévitablement un jour. »

« On en découvrira d'autres qui seront épuisées à leur tour : que deviendront alors nos descendans ? »

On notera les expressions en doublon, presque identiques, signe de l'importance accordée par leur auteur à leur sens :

« Nous en découvrirons d'autres que nous épuiserons à leur tour. »

« On en découvrira d'autres qui seront épuisées à leur tour. »

« Que deviendront les générations suivantes ? »

« Que deviendront alors nos descendans ? »

Voilà donc ce qu'écrivait, au XIX$^{ème}$ siècle, Jean-Baptiste Say. Et, deux siècles plus tard…

« Ainsi, nous avons toujours puisé sans compter dans des ressources naturelles imaginées, sinon infinies, du moins immensément grandes.

Cette fausse représentation du monde physique est à l'origine de l'infirmité originelle de la pensée économique, héritée de la première révolution industrielle, et clairement exprimée par Jean-Baptiste Say […] »

(Roland Lehoucq, Le Monde, 2018)

« Si nous considérons que nous sommes dans une économie aux possibilités infinies, c'est un peu à cause de lui et de ses semblables : Jean-Baptiste Say […] »

(Jean-Marc Jancovici, *Le monde sans fin*, 2021)

En réalité, messieurs, vous ne connaissez pas les écrits de Jean-Baptiste Say. Si vous aviez vraiment lu le *Traité d'économie politique*, l'édition de référence de 1841 étant disponible sur l'internet, vous auriez notamment relevé ce passage :

« On voudra savoir peut-être quel serait le terme d'une production croissante et où des produits, chaque jour plus considérables, s'échangeraient constamment les uns contre les autres ; car enfin ce n'est que dans les quantités abstraites qu'il y a des progressions infinies, et dans la pratique la nature des choses met des bornes à tous les excès. »

(Say, 1841, p. 147)

Ou, encore, celui-ci :

« Or, si c'est uniquement la valeur de la matière qui fait la richesse, il n'est nullement nécessaire de tirer de nouvelles matières du sein de la nature, pour créer de nouvelles richesses ; il suffit de donner une nouvelle valeur aux matières qu'on a déjà, comme lorsque l'on transforme de la laine en drap. »

(Say, 1841, p. 61)

Ainsi, messieurs les scientifiques durs, si Jean-Baptiste Say ne méritait pas *a priori* votre attention, il ne méritait pas non plus votre diffamation. Lequel aura singé l'autre ? Vous savez, désormais, ce qu'il vous reste à faire. La citation des pages 262-263 du *Cours complet d'économie politique pratique, ouvrage destiné à mettre sous les yeux des hommes d'État, des propriétaires fonciers, et des capitalistes, des savans, des agriculteurs, des manufacturiers, des négocians, et en général de tous les citoyens* devrait figurer en bonne place dans vos prochains écrits, avec la mention suivante : « Si nous en sommes là, c'est un peu parce que nous ne l'avons pas bien lu. »

## Plantation

Il ne s'agit pas, ici, de prendre la défense intégrale des écrits de Jean-Baptiste Say. La dénonciation qu'il esquisse, par exemple, du système colonial basé sur l'esclavage, dans le chapitre VI du même ouvrage, intitulé « *De la culture du sucre et de l'esclavage des nègres* » (Say, 1840, pp. 248 et s.), paraîtra pour le moins maladroite, typique d'une mentalité enclavée dans la vision de son siècle. On y trouve néanmoins quelques citations fortes, comme « L'inactivité de l'esprit est chez les maîtres la conséquence de celle du corps ; le fouet à la main, on est dispensé d'intelligence. » (*Ibid.*, p. 251), ou encore « Il ne s'agit pas uniquement de savoir à quel prix on peut faire travailler un homme ; mais à quel prix on peut le faire travailler sans blesser la justice et l'humanité. » (*Ibid.*, p. 253). L'esclavage, dans le *Traité d'économie politique*, doit être placé « au premier rang » des « moyens violens d'exploitation » (Say, 1841, p. 226) tandis que l'auteur déplore qu'il faille encore, pour beaucoup, trouver de bonnes raisons pécuniaires pour justifier de son abolition.

« Des écrivains philanthropes ont cru ne pouvoir mieux détourner les hommes de cette odieuse pratique qu'en prouvant qu'elle est contraire à leurs intérêts. »

(Say, 1841, p. 226)

Rien que pour cela, il valait sans doute mieux ne pas concevoir un modèle économique en écoutant Dupin…

Par ailleurs, même si son approche de la valeur, essentiellement fondée sur la notion d'utilité et assimilée au prix déterminé sur le marché, ne correspond pas à notre propre vision des choses, et si certaines de ses propositions peuvent encore heurter le sens commun depuis qu'elles furent formulées – essentiellement par Keynes dans la *General Theory* (Keynes, 1936) – de cette manière lapidaire, gravée dans le marbre des livres d'économie, « l'offre crée sa propre demande », résumant ainsi sa loi pour la postérité, Say demeure un auteur agréable à lire, toujours soucieux de baser ses raisonnements sur l'observation et le bon sens (le sien, bien entendu).

Nous terminerons cette introduction, cela s'impose, par un passage extrait – vraiment – du *Traité d'économie politique*. Sa lecture, et c'est réel, a participé à notre propre décision de mettre en pratique ce que préconisait Al Gore, en 2006, dans *Une vérité qui dérange* : nous avons planté des arbres. À bon lecteur…

« Les arbres ont cet avantage que leur production est due presque entièrement au travail de la nature, celui de l'homme se bornant à l'acte de la plantation. Mais planter ne suffit pas : il faut n'être pas tourmenté du désir d'abattre. Alors cette tige, maigre et frêle dans l'origine, se nourrit peu à peu des sucs précieux de la terre et de l'atmosphère ; sans que l'agriculture s'en mêle, son tronc s'enfle et se durcit, sa taille s'élève, ses vastes rameaux se balancent dans l'air. L'arbre ne demande à l'homme que d'en être oublié pendant quelques années ; et pour récompense [...], parvenu à l'âge de la force, il livre à la charpente, à la menuiserie, au charronnage, à nos foyers, le trésor de son bois.

De tout temps, la plantation et le respect des arbres ont été fortement recommandés par les meilleurs esprits. L'historien de Cyrus met au nombre des titres de gloire de ce prince, d'avoir planté toute l'Asie-Mineure. [...] Sully, qui avait tant de vues économiques, a planté, dans presque toutes les provinces de France, un très-grand nombre d'arbres : j'en ai vu plusieurs auxquels la vénération publique attachait encore son nom, et ils me rappelaient ce mot d'Addison, qui, chaque fois qu'il voyait une plantation, s'écriait : *Un homme utile a passé par-là.* »

(Say, 1841, p. 132)

# Chapitre 1

## Le paradoxe de la veste de laine ou la valeur nécessaire

« S'il suffisait des paradoxes d'un insensé pour nous empêcher de nous livrer à une étude quelconque, quelle est l'étude que nous pourrions entreprendre ? »

Jean-Baptiste Say, *Cours complet d'économie politique pratique* (1840), Guillaumin, p. 40.

L'expression « théorie contemporaine de la valeur » ne fait pas référence à une théorie établie, comme à un « modèle standard » de l'économie, analogue à celui des physiciens, à propos duquel une part importante de la communauté scientifique, ayant autorité en cette matière, voudrait bien s'accorder. Il s'agit plutôt d'une représentation d'ensemble, issue d'observations directes et indirectes ; une « vision des choses », plus ou moins claire et explicite, en grande partie traditionnelle, sous-tendant la conception habituellement entendue de la formation et de la répartition de la valeur économique des marchandises. Cette représentation peut être résumée de la manière suivante, en trois points :

- La valeur d'une marchandise se forme lors de la vente de cette dernière, et elle correspond monétairement à son prix.
- La valeur de l'ensemble des marchandises vendues est ensuite répartie en deux catégories fondamentales de revenu, les salaires et les profits, la première ne représentant d'emblée qu'une partie de cette valeur.
- Pour représenter la valeur et permettre ainsi la réalisation des transactions, elles-mêmes considérées comme des échanges, la création littérale d'une valeur nette est envisagée, celle de la monnaie, s'ajoutant à la masse valorisée – par les prix – des marchandises. La rencontre entre cette dernière et la masse monétaire, procédant de fait à l'opération de mesure des valeurs lors de leur formation, s'effectue par les transactions opérées sur les marchés.

Les deux premières propositions peuvent être nuancées en considérant l'existence, préalable à la vente, du coût de production, dont les salaires font partie. Dans ce cas, la vente permet à la fois la récupération du coût et la formation de profits, la valeur étant finalement obtenue, d'un point de vue calculatoire, par l'addition de ces derniers aux salaires. La distinction entre l'obtention des parts à partir du tout et l'obtention du tout par l'ajout des parts n'est pas toujours clairement perçue par les économistes contemporains.

Concernant les transactions, on peut qualifier de « directes » leurs observations, en particulier les paiements effectués en contrepartie des marchandises. L'échange entre la monnaie et les biens produits est, pour ainsi dire, observable *de visu*, du moins concernant la monnaie formée de pièces et de billets, et l'on suppose que, d'évidence, il doit en aller de même pour sa forme scripturale ; la somme approvisionnant le compte bancaire, à son crédit, serait échangée contre la marchandise achetée, et l'opération de débit/crédit caractérisant le paiement, le débit du payeur et le crédit du payé, signifierait encore, au seul niveau bancaire, cette même opération d'échange. D'une manière similaire, la réalisation d'un chiffre d'affaire supérieur aux coûts de production et la répartition de la valeur ajoutée, après la vente, en salaires et en profits, sont aussi des phénomènes couramment observés par les (grandes) entreprises au sein du système productif.

Par contre, une procédure comme la « création monétaire », effectuée par les banques dites de second rang (par rapport à la Banque centrale), ne saurait susciter, chez la plupart des agents non bancaires, autre chose qu'une sorte de résignation devant le fait accompli. Si la monnaie existe et circule, elle doit bien être fournie, et puisque les économistes le disent, les banques doivent bien pouvoir la créer. Mais l'incompréhension et la perplexité dominent, car l'observation du fait demeure, en tout état de cause, « indirecte » et, faute d'analyse à la portée de tous du phénomène, la création monétaire est reléguée au rang de mystère connu des seuls spécialistes en ce domaine. La perplexité dont nous parlons pourrait être exprimée ainsi : en créant de la monnaie, les banques créent-elles de la valeur ? C'est ici une question profonde qui traverse le cerveau reptilien de tout agent quémandant un prêt bancaire, car l'idée de pouvoir créer *ex nihilo* (littéralement, à partir du néant) de nombreux euros, par un « simple jeu d'écriture », en quelques clics dirait-on aujourd'hui, ne cadre pas vraiment avec le fait qu'il lui faille, par ailleurs, véritablement travailler, ou faire travailler, pour gagner des euros similaires, cela afin d'obtenir concrètement les marchandises qu'il pourrait acheter. En d'autres termes, même si la plupart des ménages n'éprouvent manifestement aucun besoin de disposer d'une théorie de la valeur opérationnelle pour faire leurs courses ou exercer leur activité professionnelle, on peut dire que la notion (ou le concept) de valeur continue certainement de travailler les esprits en profondeur.

En un sens exclusivement économique (sans parler, donc, des approches sociologiques, psychologiques, etc.), la valeur provient couramment de sources plurielles, comme éclatées ; un métal a de la valeur parce qu'il est rare, parce qu'il coûte à produire, parce qu'on en a besoin – parce qu'il est utile –, parce que, finalement, il est offert et demandé à une certaine quantité pour un certain prix… La valeur semble, même, attachée aux marchandises, en fonction de leur constitution physique, leur performance, leur ancienneté, amenant à considérer, concernant les biens d'occasion, une valeur pérenne intrinsèque, une valeur qui augmente ou diminue lorsqu'un tel bien est revendu ; il aura, alors, « pris » ou « perdu » de la valeur.

S'interroger sur l'origine, ou la source, de cette valeur, c'est chercher un ou plusieurs éléments explicatifs de sa constitution, que l'on pense naturellement trouver, en premier lieu, dans les éléments qui permettent d'obtenir les choses qui en sont affublées, et le travail s'est rapidement présenté comme premier candidat ; mais rappelons-le, ainsi que nous l'avons dit précédemment, la mesure éventuelle du travail, en économie, n'a pas du tout la prétention d'exprimer, ainsi que le font les joules, une grandeur de la transformation des éléments engendrée par une activité physique, fusse-t-elle celle d'un travailleur. Une telle grandeur ne ferait qu'établir la seule mesure physique de l'activité exercée, sans correspondance particulière avec le résultat obtenu, or c'est là qu'intervient l'originalité de la mesure en économie, la mesure, disons-le tout de suite, en monnaie : celle-ci établit non seulement la correspondance susdite, directe, univoque, mais quelles que soient les activités exercées, elle exprime aussi la possibilité logique d'obtenir le résultat, quel qu'il soit, d'une activité de même mesure.

On voit que l'aspect physique des activités précisément effectuées, comme la quantité d'énergie dépensée, ainsi que l'aspect physique des résultats obtenus sont comme gommés, ils ne sont pas représentés par cette mesure, étant non pertinents, hors du sujet, « *irrelevant* » disent les anglo-saxons. Il ne s'agit pas de mesurer des phénomènes physiques, mais une participation à l'ensemble des activités pareillement mesurées, donnant naissance, par la production, à un résultat global sous forme d'objets et services obtenus ; car ces marchandises devront être partagées, réparties au sein de la population consommatrice, l'ensemble des ménages, qui en aura l'usage. C'est de cette répartition, initialement analysée comme composée d'échanges, qu'une théorie de la valeur doit rendre compte, en rendant « valeur » une activité monétairement mesurée, en rendant légitime l'accession à son résultat en fonction de la mesure ainsi établie.

### « Produire, certes. Mais avec quoi ? »

Le rôle du travail, néanmoins, s'est toujours considérablement amoindri dans l'analyse, s'arrêtant au niveau de la seule participation à une production nécessitant manifestement d'autres éléments en sus, comme la terre, les matières premières, les outils, les bâtiments, etc., soit l'ensemble du capital technique qu'il est toujours nécessaire d'acheter ou de louer pour entreprendre. En outre, les profits apparaissent comme supplémentaires au sein de la valeur réalisée lors des ventes ; ils sont une part de la valeur, « ajoutée », aux côtés des salaires, au coût de ce capital technique engagé. Ils ne correspondent donc pas, manifestement, à une valeur qui découlerait du travail (déjà exprimée par les salaires) ; ils proviennent ainsi de la productivité attribuée à un second facteur, et cela ne peut être que le capital.

Malgré la tentative de Karl Marx, que nous verrons au chapitre suivant, d'expliciter la répartition, dès sa production, d'une valeur qui trouverait sa seule et unique source dans le travail, ce dernier finit par être abandonné comme déterminant, au sens fort du terme, de la valeur ; l'utilité et la rareté lui sont préférées, en particulier par Léon Walras, définissant, nous l'avons vu, l'ensemble des choses utiles et rares comme constituant la richesse sociale, véritable objet, selon lui, de l'économie comme science. Walras identifie précisément, au sein de cette richesse sociale, trois éléments indispensables qui, par leur collaboration ou usages combinés, permettent la production des marchandises.

« Sans aucune exception peut-être, pour produire quoi que ce soit, il faut de la terre, ne fût-ce que pour supporter le travailleur, des facultés personnelles et un outil quelconque qui est du capital. La collaboration de la terre, de l'homme et du capital est donc l'essence même de la production économique. »

(Walras, 1874, pp. 279-280)

Cette représentation de la production issue d'une combinaison de plusieurs facteurs, eux-mêmes éléments de l'ensemble des choses utiles et rares (dont les travailleurs), constitue les bases fondamentales de l'analyse dite néoclassique. De fait, celle-ci irrigue encore toute la pensée contemporaine dominante, et malgré les analyses monétaires poussées par John Maynard Keynes dans la conception d'un revenu global mesuré en « unités de salaire », le travail demeure encore à la seule place que l'on aura pu, en définitive, lui donner, celle d'un facteur de production parmi d'autres, certes indispensable, mais circonscrit ; il est comme la farine pour la pâte, un ingrédient essentiel, mais il n'est qu'un ingrédient, inévitablement combiné à l'ensemble des moyens techniques utilisés par les travailleurs. Autrement dit, le capital définit l'autre facteur déterminant de la production, comme le résume ici Denis Clerc dans un best-seller « conçu pour s'adresser au plus grand nombre » (Clerc, 1994, 4ème de couverture).

« Produire, certes. Mais avec quoi ? Avec du travail d'abord : il s'agit là de l'élément de base, indispensable. Même pour cueillir les mûres ou les champignons, pour collecter les ressources que la nature met à notre disposition, il faut une dépense de travail. Mais reconnaissons que le travail seul est d'une efficacité limitée : abattre un tronc d'arbre armé de ses seules dents, ou labourer la terre avec ses ongles n'est pas la méthode la plus rapide pour parvenir à ses fins. L'homme a besoin d'outils pour accroître l'efficacité de son travail. Pour reprendre la terminologie consacrée, il lui faut des *moyens de production* ou encore du *capital.* »

(Clerc, 1994, p. 29)

Aujourd'hui, et il se trouve que le *Rapport Meadows, 30 ans après* (Meadows & al., 2004) l'exprime clairement, le travail ne serait plus qu'un simple « cofacteur », comme une marchandise consommée de manière intermédiaire et, combinée avec d'autres éléments, utilisée dans la fabrication et l'obtention concrète des marchandises au sein du grand « capital industriel ».

« Le *capital industriel* renvoie ici à tout ce qui est matériel, c'est-à-dire aux machines et aux usines qui produisent les biens manufacturés. (Avec la contribution, bien entendu, du travail, de l'énergie, des matériaux, de la terre, de l'eau, de la technologie, de la finance, de l'administration et des services fournis par la planète à travers ses écosystèmes naturels et ses flux biogéochimiques. Mais nous reviendrons à ces cofacteurs de production dans le prochain chapitre.) »

(Meadows & al., 2004, pp. 80-81)

Il se peut que les conséquences théoriques de cette conception échappent à certains auteurs. Dès que les machines et les usines « produisent les biens manufacturés », dès que le capital technique, plus généralement, est considéré comme un facteur de production, alors on dit deux choses : une marchandise quelconque, pour peu qu'elle entre dans ce procès, devient facteur de production ; et si l'on classe ainsi, dans cette catégorie, les machines, les usines et tous les intrants matériels, qui sont bien des marchandises, alors le travail, aussi facteur de production, ne saurait échapper à cette classification sans demeurer, seul, comme un intrus dans la catégorie. Rien ne s'oppose, dans cette conception, à ce que le travail soit lui-même considéré comme étant une marchandise, puisque toutes les marchandises peuvent être des facteurs de production. Rien ne s'oppose, donc, à ce que le travail devienne lui-même, en quelque sorte, un capital, sa différence d'avec les autres intrants étant alors dissoute : il est facteur de production, et il serait bien marchandise, comme le capital ; sa productivité serait donc de même nature que celle du capital. D'ailleurs, ne parle-t-on pas, à propos de ce qu'il est convenu d'appeler ressources humaines, de « capital humain » ?

L'amalgame n'est pas nouveau, et il provient sans doute de la classification toute particulière opérée par Walras qui, dans un souci louable de précision, décide pourtant de ne pas mettre le travail sur le même plan que le capital.

« Les éléments producteurs sont au nombre de trois. Lorsqu'ils en font l'énumération, les auteurs disent le plus souvent : la *terre*, le *travail* et le *capital.* Mais ces énonciations ne sont pas assez rigoureuses pour servir de bases à des déductions rationnelles. Le *travail* est le service des facultés personnelles ou des *personnes* ; il faut donc ranger à côté de lui non la terre et le capital, mais la *rente* ou le service des *terres* et le *profit* ou le service des *capitaux.* »

(Walras, 1874, pp. 264-265)

On le voit, outre la considération de trois éléments essentiels, le travail n'est pas, pour Walras, un véritable « facteur » ; ce sont les personnes, les travailleurs, qui peuvent être ainsi considérées, et le travail est le service fourni par ces personnes. Walras propose ainsi la distinction entre, d'une part, les éléments qui rendent des services et, d'autre part, les services rendus, entre les capitaux et les revenus de ces capitaux, le critère retenu étant la durabilité des éléments, ou leur faculté à être plusieurs fois utilisés. Il s'agit d'une classification que l'auteur reprend à son père, Auguste Walras, qui reprenait déjà l'expression « richesse sociale » ; gageons que ce dernier aura bien lu les écrits de Jean-Baptiste Say.

« J'appelle, comme le fait mon père dans sa *Théorie de la richesse sociale* (1849), *capital fixe* ou *capital* en général tout bien durable, toute espèce de la richesse sociale qui ne se consomme point ou qui ne se consomme qu'à la longue, toute utilité limitée en quantité qui survit au premier usage qu'on en fait, en un mot, qui sert plus d'une fois : une maison, un meuble. Et j'appelle *capital circulant* ou *revenu* tout bien fongible, toute espèce de la richesse sociale qui se consomme immédiatement, toute chose rare qui ne subsiste plus après le premier service qu'elle rend, bref, qui ne sert qu'une fois : du pain, de la viande. [...] J'ajoute que si certaines espèces de la richesse sociale sont naturellement des capitaux, et certaines autres naturellement des revenus, il y en a aussi, en grand nombre, qui sont ou des capitaux ou des revenus selon l'usage auquel on les emploie ou le service qu'on leur demande. Tels sont les arbres qui sont des capitaux lorsqu'ils portent des fruits et qui sont des revenus lorsqu'on les abat pour en faire du bois à brûler ou à ouvrer. [...] Toujours est-il que, soit par nature, soit par destination, toute espèce de la richesse sociale ou sert plus d'une fois ou ne sert qu'une fois, et qu'elle est, en conséquence, ou un capital ou un revenu. »

(Walras, 1874, p. 265)

Cette distinction, suivant l'usage, répété ou non, des choses composant la richesse sociale, est séduisante et parle à la représentation populaire des « valeurs ». La profusion des exemples donnés par Walras introduit l'idée que tout, les matériaux, les terres, les objets, les plantes, les animaux et, même, les hommes (les « personnes »), peut être intégré dans ce grand ensemble qu'est la richesse sociale, en tant que capital ou en tant que revenu, tandis qu'il introduit une articulation importante entre ces deux catégories, comme un lien naturel de parenté.

« Il est de l'essence des capitaux de donner naissance aux revenus ; et il est de l'essence des revenus de naître directement ou indirectement des capitaux. Voici comment. Les capitaux, par définition, survivent au premier usage qu'on en fait ; on en fait donc plusieurs usages successifs ; la succession de ces usages est évidemment une succession de revenus. Une terre fait pousser tous les ans nos moissons ; une maison nous abrite hiver comme été contre les intempéries de l'air ; cette fécondité de la terre, cet abri de la maison constituent le revenu annuel de l'une et de l'autre. Un ouvrier travaille tous les jours [...] ; un avocat, un médecin donnent journellement des consultations ; ce travail, ces consultations sont les revenus journaliers de ces travailleurs. De même pour les revenus des machines, instruments, outils, meubles et vêtements. Beaucoup d'écrivains sont demeurés dans l'obscurité et la confusion faute de considérer ainsi séparément les capitaux et leurs revenus. »

(Walras, 1874, pp. 266-267)

Ainsi, Walras projette sa lumière sur la véritable nature des choses, et il en illuminera plus d'un. N'est-ce pas, ici, le bon sens ? L'abri de la maison, n'est-ce pas « ce que fait » la maison ? N'est-elle pas, donc, à mettre sur le même plan que la terre, avec ses récoltes, sur le même plan que l'ouvrier ou l'avocat, avec leur travail, sur le plan de ce qui rend, manifestement, un service ?

« Pour les distinguer, nous donnerons à ces revenus consistant dans l'usage même de capitaux le nom de *services*. Il y en a de deux sortes. Il y a ceux qui sont absorbés tels quels par la consommation soit privée soit publique : tels sont l'abri de la maison, les consultations de l'avocat, du médecin, l'usage des meubles, vêtements. Nous les appellerons services *consommables*. Et il y a ceux qui sont transformés par l'agriculture, l'industrie, le commerce en revenus ou en capitaux, c'est-à-dire en *produits* : tels sont la fécondité de la terre, le travail de l'ouvrier, l'usage des machines, instruments, outils. Nous les appellerons services *producteurs.* »

(Walras, 1874, p. 267)

Il est remarquable de constater à quel point un auteur comme Walras puisse encore influencer, sans même, peut-être, qu'ils s'en rendent compte, certains des plus grands esprits du XXI$^{ème}$ siècle.

« En vérité, toutes ces formes de patrimoine sont utiles et productives et correspondent aux deux grandes fonctions économiques du capital. Si l'on oublie un instant son rôle comme réserve de valeur, le capital est utile d'une part pour se loger (c'est-à-dire pour produire des « services de logement », dont la valeur est mesurée par la valeur locative des habitations), et d'autre part comme facteur de production pour les entreprises et administrations produisant d'autres biens et services (et qui ont besoin de bâtiments, bureaux, machines, équipements, etc., pour réaliser ces productions). »

(Piketty, 2013, p. 85)

Le parallèle est éloquent, et ce ne serait pas étonnant si l'on en croit la page internet consacrée à Walras par le site « citeco.fr », sous le titre « *1874 Léon Walras publie ses Éléments d'économie politique pure* ».

« Cet ouvrage de Walras est, avec ceux de Stanley Jevons et de Carl Menger, fondateur de la théorie économique moderne. Il est le premier à avoir essayé de modéliser une économie pour expliquer comment se forment les prix. Il a travaillé sur l'équilibre général, à savoir l'analyse de l'état d'équilibre d'une économie prise dans son ensemble, avec tous les marchés de biens et services équilibrés. Par la suite, Alfred Marshall et surtout Kenneth Arrow et Gérard Debreu conféreront à cette analyse un cadre mathématique formel et démontreront l'existence de l'équilibre général. »

(citeco.fr)

Il se peut que la plupart des économistes, en particulier néoclassiques, soient bien tentés d'assimiler Walras à un petit Einstein, tant son rôle fut déterminant pour la fondation de l'économie mathématisée, de la « théorie économique moderne », sous-entendue véritablement scientifique, dont la représentation par l'équilibre « général » (comme la relativité chez l'autre) aurait été clairement démontrée par de talentueux mathématiciens. Nous ne nous prononcerons pas sur ces calculs, sans doute profonds, arides, hors de portée de l'entendement commun ; mais la pertinence d'un calcul, aussi juste soit-il, dépend de celle des prémisses du raisonnement que l'on tient. Nous noterons seulement que cette conception de la catégorisation des capitaux et des revenus se retrouve couramment chez les économistes contemporains, ne serait-ce que par la considération, rarement discutée, de l'existence des « revenus du capital » ; comme chez Walras, le capital serait bien le générateur, tel un géniteur, de ces revenus, en tant que facteur de leur production. Mais Walras va encore plus loin, comme nous l'avons annoncé : il n'hésite pas, compte tenu de sa définition du capital à usages multiples, à considérer les personnes comme des capitaux, à côté de la terre et du capital proprement dit.

« Ainsi les terres survivent toutes au premier usage qu'on en fait, et la succession des usages qu'on en fait constitue leur revenu. L'agrément de la promenade et de la vue est le revenu du parc et du jardin ; la puissance productive est le revenu de la terre qui produit ; l'emplacement offert aux constructions est le revenu du terrain bâti ; la facilité offerte à la circulation est le revenu de la rue et de la route. Voilà donc une première catégorie de capitaux, les *capitaux fonciers* ou *terres*, prêts à fournir leurs revenus, les *revenus* ou *services fonciers*, que nous appellerons aussi les *rentes*.

Nous rangerons dans la seconde catégorie les personnes ; [...] les cochers, cuisiniers, valets et femmes de chambre ; les fonctionnaires publics qui sont au service de l'État, tels que les administrateurs, juges, militaires ; les ouvriers et ouvrières de l'agriculture, de l'industrie et du commerce ; les hommes adonnés aux professions libérales tels que les avocats, médecins, artistes. Toutes ces personnes sont bien des capitaux. [...] le forgeron qui vient de terminer sa journée en fera encore plusieurs autres ; l'avocat qui sort de l'audience y reviendra souvent pour plaider encore. Ainsi les personnes subsistent toutes après le premier service qu'elles rendent, et la série des services qu'elles rendent constitue leur revenu. [...] la tâche effectuée par l'artisan, le plaidoyer prononcé par l'avocat sont les revenus de ces personnes. Voilà donc une seconde catégorie de capitaux, les *capitaux personnels* ou *personnes*, prêts à fournir leurs revenus, les *revenus* ou *services personnels*, que nous appellerons aussi les *travaux*.

Nous rangerons à présent dans la troisième catégorie toutes les autres valeurs qui sont des valeurs capitales et qui ne sont ni des terres ni des personnes : les maisons d'habitation, soit de ville, soit de campagne, et les édifices publics ; les bâtiments d'exploitation, les usines, les ateliers, les magasins, les constructions de toute nature [...] ; les arbres et plantes de toute sorte ; les animaux ; les meubles, vêtements, tableaux, statues, voitures, bijoux ; les machines, instruments, outils. Nous supposons que tous ces objets sont non point des revenus, mais des capitaux productifs eux-mêmes de revenus. La maison qui m'abrite peut m'abriter longtemps encore ; [...] la locomotive et les wagons qui ont amené aujourd'hui les voyageurs et les marchandises de la ville voisine conduiront demain dans cette ville d'autres voyageurs et d'autres marchandises sur la même voie ferrée. D'ailleurs, l'abri fourni par la maison, [...] le transport opéré par la locomotive et les wagons sont les revenus de ces capitaux. Voilà donc une troisième catégorie de capitaux, les *capitaux mobiliers* ou *capitaux* proprement dits, prêts à fournir leurs revenus, les *revenus* ou *services mobiliers*, que nous appellerons aussi les *profits.* »

(Walras, 1874, pp. 268-269)

On ne peut que remarquer la classification toute matérielle, presque sensible, que propose ici Walras. La distinction des trois catégories de capitaux ne repose que sur leur nature, la nature de la terre en tant que sol, la nature des personnes en tant qu'êtres humains, et la nature, par défaut, de tout ce qui reste, et qui n'est ni l'un ni l'autre ; ce qui est, autrement dit, « non terrien » et « non humain ». Dans ces conditions, le reste de l'Univers pourrait bien être considéré comme un capital.

Walras lui-même reprochera à Say « qui, dans l'ordre historique, est, après Adam Smith, le nom le plus illustre de l'économie politique » (Walras, 1874, p. 29) de n'avoir pu finalement décrire qu'une « simple exposition », à la manière des sciences naturelles, de l'économie politique.

« Tandis qu'à en croire A. Smith, toute l'économie politique serait un *art* plutôt qu'une *science*, selon J.-B. Say, toute la science serait une science *naturelle.* Il semble, d'après lui, que les richesses *se forment, se distribuent* et *se consomment* sinon toutes seules, au moins d'une *manière* en quelque sorte indépendante de la volonté de l'homme, et que toute l'économie politique consiste dans la *simple exposition* de cette manière. »

(Walras, 1874, p. 30)

On peut cependant noter, dans ses *Éléments*, une tendance tout à fait similaire, peut-être encore plus marquée, car Walras insiste beaucoup sur la distinction entre le naturel et l'artificiel au sujet des capitaux qu'il décrit. Rappelons que, chez lui, les capitaux donnent – naturellement – naissance aux revenus.

« Ainsi rectifiées, les dénominations courantes peuvent être admises comme fondées sur la nature des choses.

Les terres sont des capitaux *naturels* et non artificiels ou produits ; elles sont aussi des capitaux *inconsommables* qui ne se détruisent pas par l'usage ni ne périssent pas par accident. [...]

Les personnes sont, elles aussi, des capitaux *naturels* ; mais elles sont des capitaux *consommables*, c'est-à-dire destructibles par l'usage et périssables par accident. Elles disparaissent ; mais elles reparaissent ensuite de la génération reproductive. [...]

Les capitaux proprement dits sont des capitaux *artificiels* ou *produits* et des capitaux *consommables.* »

(Walras, 1874, pp. 269-271)

Mieux vaut passer sur l'aspect clinique de cette catégorisation des personnes, « capitaux naturels ». Car Walras, surtout, construit ses catégories sur l'usage, final ou répété, ultime ou non, de ce qu'il nomme revenus ou capitaux. Ce faisant, il se rend coupable d'une énorme confusion, une confusion jusqu'alors évitée par la plupart des économistes qui l'auront précédé.

## La grande confusion

« Il faut observer que le mot *valeur* a deux significations différentes ; quelquefois il signifie l'utilité d'un objet particulier, et quelquefois il signifie la faculté que donne la possession de cet objet d'en acheter d'autres marchandises. On peut appeler l'une, *Valeur en usage*, et l'autre, *Valeur en échange*. »

(Smith, 1776, p. 96)

On connaît le fameux paradoxe – celui de l'eau et du diamant – qui suit immédiatement ce passage extrait des *Recherches sur la nature et les causes de la richesse des nations* (Smith, 1776), ouvrage publié quasiment un siècle avant celui de Walras. La valeur à prendre en compte, bien entendu, c'est la « valeur en échange » ou valeur échangeable, ou encore, et nous l'appellerons ainsi, valeur d'échange. La « valeur en usage », ou valeur d'usage, n'est toujours qu'un attribut intrinsèque, attachée aux particularités matérielles et physiques de la chose, saupoudrée de la subjectivité propre à l'utilisateur ; elle n'intéresserait, pourrait-on dire, que l'ingénieur ou le psychologue ; elle n'est pas ce qui intéresse l'économiste. S'interroger sur l'origine, ou la source, de la valeur, c'est chercher l'élément explicatif des rapports d'échange, tels qu'ils sont manifestement observés. C'est chercher le fondement des échanges, dans leur forme brute (les trocs) et, par extension, leur forme monétaire ; le fondement, autrement dit, des achats et des ventes, des transactions avec la monnaie – dont le statut, lié aux fonctions déjà reconnues par Aristote, est alors questionné –, non le point commun aux utilités concrètes des choses. D'ailleurs, que dit Walras à propos de la monnaie ?

« Nous mettons ici la monnaie à part, en dehors des capitaux et des revenus, parce qu'elle joue dans la production un rôle mixte. Au point de vue de la société, la monnaie est un capital ; car elle sert plus d'une fois à faire des paiements. Au point de vue des individus, elle est un revenu ; car elle ne sert qu'une fois, vu qu'on ne l'a plus dès qu'on s'en est une fois servi pour payer. »

(Walras, 1874, p. 277)

Il appert de ce passage que le critère de classification, retenu par Walras père et fils, ne semble finalement pas opérationnel concernant ce qui pourrait être considéré comme le plus important concept de l'économie. La monnaie ne peut être définitivement rangée dans l'une ou l'autre catégorie, car ce n'est toujours qu'en tant qu'intermédiaire subsistant, autrement dit en tant que capital (« elle sert plus d'une fois »), qu'elle représente, à chaque transaction, un revenu à usage unique pour chaque payé qui la reçoit et chaque payeur qui l'utilise. Même si Walras est également amené à considérer le concept abstrait et intéressant de numéraire, on voit que la prise en compte de la seule valeur d'usage ne renseigne pas plus sur la nature de la monnaie (considérée ici comme une marchandise) que ne le ferait la seule observation des échanges auxquels elle participe. D'ailleurs, à la lecture du passage suivant, quelques lignes plus loin, on comprend que la circulation monétaire ne constituera pas un élément déterminant de son approche.

« La monnaie interviendra dans les échanges. À chaque instant une partie de la monnaie de circulation sera absorbée par l'épargne, et une partie de la monnaie d'épargne sera rejetée dans la circulation par le crédit. Si l'on fait abstraction du fait de l'épargne, on peut faire abstraction de la monnaie d'épargne. Nous verrons tout à l'heure qu'on peut faire également abstraction de la monnaie de circulation. »

(Walras, 1874, p. 278)

Toutefois, la distinction élémentaire entre les deux sortes de valeur, d'usage et d'échange, était, au siècle de Walras, bien connue de tous les auteurs, même par ce naturaliste de Say, au point qu'il n'était déjà plus la peine, selon ce dernier, de préciser de quelle valeur on devait se préoccuper. Say résout ici, à sa manière, le paradoxe de Smith.

« C'est la nécessité de constater la valeur des choses par un échange, ou du moins par la possibilité que l'on a de les échanger, si l'on en a le désir, contre une certaine quantité d'autres choses, qui a fait donner à la valeur sociale qu'elles ont, à la seule valeur dont il puisse être question en économie politique, le nom de *valeur échangeable*. C'est ainsi que la désigne le célèbre auteur des *Recherches sur la nature et les causes de la Richesse des nations*, Adam Smith ; et comme le mot *échangeable* est toujours indispensable et compris dans les valeurs qui sont l'objet de cette étude, il est inutile de le répéter en toute occasion ; il est toujours sous-entendu.

Tout le monde reconnaît que les choses ont quelquefois une valeur d'utilité fort différente de la valeur d'échange qui est en elles ; que l'eau commune, par exemple, n'a presque aucune valeur, quoique fort nécessaire ; tandis qu'un diamant a une valeur d'échange considérable, quoiqu'il serve peu. Mais il est évident que la valeur de l'eau fait partie de nos richesses naturelles, qui ne sont pas du domaine de l'économie politique et que la valeur du diamant fait partie de nos richesses sociales, les seules qui soient du ressort de cette science. »

(Say, 1840, pp. 70-71)

L'aspect social de la valeur d'échange est, entre autres considérations, ce qui la distingue de la – simple – valeur d'usage, ce qui confère à la chose dont on parle le statut de marchandise ; ceci n'aura pas échappé, notamment, à Marx.

« Une chose peut être utile et produit du travail humain, sans être marchandise. Quiconque, par son produit, satisfait ses propres besoins, ne crée qu'une valeur d'usage personnelle. Pour produire des marchandises, il doit non seulement produire des valeurs d'usage, mais des valeurs d'usage pour d'autres, des valeurs d'usage sociales. »

(Marx, 1872, p. 16)

« Une chose peut être utile et être le produit du travail humain, sans être une marchandise. Celui qui satisfait son besoin par le produit de son travail crée certes de la valeur d'usage, mais pas de marchandise. Pour produire de la marchandise, il faut non seulement qu'il produise de la valeur d'usage, mais que ce soit de la valeur d'usage pour d'autres, de la valeur d'usage sociale. »

(Marx, 1993, p. 46)

Nous disposons ici de deux traductions du *Capital* de Marx, originellement paru en 1867, celle de Joseph Roy (Marx, 1872) et celle – la quatrième édition – dirigée par Jean-Pierre Lefebvre (Marx, 1993) ; il serait, nous le pensons, dommage de nous en priver. Lire deux expressions quelquefois sensiblement différentes de la même idée permet toujours de mieux la comprendre. La répétition du propos semblera quelquefois redondante ; cependant, ces deux traductions méritent d'être lues et, pour certains passages, précisément comparées. Nous prendrons donc, désormais, la liberté de citer, consécutivement, les deux versions, laissant le lecteur libre de choisir l'une ou l'autre (celle de Roy précédant toujours celle de Lefebvre).

Précisément, c'est sans doute avec l'édition de 1872 que Walras, lisant le passage suivant, a dû tomber de sa chaise.

« La valeur d'usage des marchandises une fois mise de côté, il ne leur reste plus qu'une qualité, celle d'être des produits du travail. Mais déjà le produit du travail lui-même est métamorphosé à notre insu. Si nous faisons abstraction de sa valeur d'usage, tous les éléments matériels et formels qui lui donnaient cette valeur disparaissent à la fois. Ce n'est plus, par exemple, une table [...] ou un objet utile quelconque ; ce n'est pas non plus le produit du travail du tourneur, du maçon, de n'importe quel travail productif déterminé. Avec les caractères utiles particuliers des produits du travail disparaissent en même temps, et le caractère utile des travaux qui y sont contenus, et les formes concrètes diverses qui distinguent une espèce de travail d'une autre espèce. Il ne reste donc plus que le caractère commun de ces travaux ; ils sont tous ramenés au même travail humain, à une dépense de force humaine de travail, sans égard à la forme particulière sous laquelle cette force a été dépensée. »

(Marx, 1872, p. 14)

« Si l'on fait maintenant abstraction de la valeur d'usage du corps des marchandises, il ne leur reste plus qu'une seule propriété : celle d'être des produits du travail. Mais, même dans ce cas, ce produit du travail s'est déjà transformé dans nos mains. En faisant abstraction de sa valeur d'usage, nous faisons du même coup abstraction des composantes corporelles et des formes qui en font une valeur d'usage. Il cesse d'être table [...] ou quelque autre chose utile que ce soit. Tous ses caractères sensibles sont effacés. Il cesse également d'être le produit du travail du menuisier, du maçon, du fileur, bref, d'un quelconque travail productif déterminé. En même temps que les caractères utiles des produits du travail, disparaissent ceux des travaux présents dans ces produits, et par là même les différentes formes concrètes de ces travaux, qui cessent d'être distincts les uns des autres, mais se confondent tous ensemble, se réduisent à du travail humain identique, à du travail humain abstrait. »

(Marx, 1993, pp. 42-43)

Distinguer le travail concret, spécifique et individuel, de son *alter ego* abstrait, défini de manière sociale, relève bien pour Marx de la nécessaire distinction entre la valeur d'échange, considérée comme la véritable valeur à prendre en compte, et la valeur d'usage.

« Tout travail est d'un côté dépense, dans le sens physiologique, de force humaine, et à ce titre de travail humain égal, il forme la valeur des marchandises. De l'autre côté, tout travail est dépense de la force humaine sous telle, ou telle forme productive, déterminée par un but particulier, et à ce titre de travail concret et utile, il produit des valeurs d'usage ou utilités. »

(Marx, 1872, p. 18)

« Tout travail est pour une part dépense de force de travail humaine au sens physiologique, et c'est en cette qualité de travail humain identique, ou encore de travail abstraitement humain, qu'il constitue la valeur marchande. D'un autre côté, tout travail est dépense de force de travail humaine sous une forme particulière déterminée par une finalité, et c'est en cette qualité de travail utile concret qu'il produit des valeurs d'usage. »

(Marx, 1993, p. 53)

En d'autres termes, Walras n'aura su effectuer l'abstraction nécessaire des formes particulières et concrètes des marchandises, l'abstraction, donc, de leur élément commun en tant que processus générateur (même si Marx retient tout de même le « sens physiologique » du travail abstrait). Il aura ainsi construit les bases naturelles d'une conception séduisante où tout est capital et/ou revenu, où le capital produit des revenus par définition, où les personnes sont elles-mêmes des capitaux produisant des revenus ; mais la classification ainsi proposée des choses selon leur nature – habillée en économie pour l'occasion à l'aide des termes de « capital » et de « revenu » – ne peut que relever de leur valeur d'usage, entièrement basée sur une utilité spécifique, liée à l'utilisateur, retirée de leur utilisation concrète. Or, c'est précisément ce que l'économie, pour tous ceux qui prétendent à sa scientificité, doit abolir dans toute représentation qui se voudrait cohérente, car ces propriétés ne sont d'aucune aide lorsqu'il s'agit d'effectuer des comparaisons entre les capitaux et les revenus, justifiant ainsi la possibilité de leurs échanges.

« Quand on parle de gens qui consomment des capitaux, on entend qu'ils échangent d'abord leurs capitaux contre des revenus, et qu'ils consomment ces revenus. De même, pour capitaliser des revenus, il faut les échanger contre des capitaux. »

(Walras, 1874, p. 266)

Mais Walras aurait dû mieux lire Say, qui avertissait déjà d'une impossible comparaison des capitaux ou des revenus, de deux nations, mais aussi – pour une même nation – de deux époques différentes.

« Lors donc que l'on évalue les capitaux ou les revenus de l'Angleterre en onces d'or ou d'argent, et que l'on évalue de même les capitaux ou les revenus de la France, pour les comparer, on compare deux choses qui ont en commun le même nom, les mêmes propriétés physiques, mais non au même degré, la seule qualité qui en fasse des richesses : la qualité de pouvoir acquérir un objet, de pouvoir l'acheter. Il est impossible de comparer les richesses de deux époques ou de deux pays différens, parce qu'elles n'ont point de mesure commune. C'est la *quadrature du cercle* de l'économie politique. Les auteurs qui croient la tenir, ne tiennent rien. Les documens qu'ils rassemblent seraient aussi exacts et aussi authentiques qu'ils le sont peu, qu'ils n'apprendraient encore rien. C'est en pure perte qu'on prend beaucoup de peine et qu'on noircit beaucoup de papier à ce sujet. »

(Say, 1840, p. 75)

Et, du papier, Walras en aura noirci. « L'agrément de la promenade et de la vue est le revenu du parc et du jardin » (Walras, 1874, p. 268) ; est-ce une plaisanterie ? Say lui-même aurait ici reconnu un bel exemple de richesse naturelle hors champ économique. À vrai dire, la plaisanterie est à peine meilleure que celle de Piketty, considérant le capital utile « pour produire des « services de logement », dont la valeur est mesurée par la valeur locative des habitations » (Piketty, 2013, p. 85) ; soit, en termes walrasiens : « l'abri fourni par la maison, [...] [etc.] sont les revenus de ces capitaux » (Walras, 1874, p. 269). Ce serait drôle, de fait, si la conception de Walras ne demeurait un pan incontournable de la « théorie économique moderne ». Or l'illusion, au XXIème siècle comme à tous les siècles, débute bien ici, par la considération des intrants matériels qui semblent participer à la production, qui semblent, comme l'écrit Walras, « prêts à fournir leurs revenus » (*Ibid.*), leurs services producteurs ; mais l'économie ne doit, une fois de plus, pas être confondue avec la physique. Si les éléments naturels ou les équipements artificiels ont effectivement des conséquences physiques sur la fabrication des objets, leur apport en termes de valeur avait déjà, en son temps, été réfuté par Ricardo, critiquant ici vertement la vision de Say à laquelle, d'ailleurs, ressemble étonnamment la présentation, chez Meadows & al., du « capital industriel ».

« En contradiction avec l'opinion d'Adam Smith, M. Say [...] parle de la valeur que les agents naturels, tels que la lumière du soleil, l'air, la pression de l'atmosphère, donnent aux choses, en remplaçant souvent le travail de l'homme, et quelquefois en travaillant à la production en communauté avec lui. Mais ces agents naturels, quoiqu'ils ajoutent beaucoup à la *valeur d'utilité* n'augmentent jamais la valeur échangeable d'une chose, et c'est celle dont parle ici M. Say. Aussitôt qu'au moyen de machines, [...] nous forçons les agents naturels à faire l'ouvrage que l'homme faisait auparavant, la valeur échangeable de cet ouvrage tombe en conséquence. [...] M. Say méconnaît toujours la différence qui existe entre la valeur d'échange et la valeur d'utilité. »

(Ricardo, 1817, pp. 227-228).

Fondée sur le travail, ce dernier n'émanant que de l'homme, la valeur d'échange ne saurait être alimentée par un prétendu travail de la nature ou de la machine, car cet apport ou ce remplacement n'aurait pour effet que d'économiser le – véritable – travail nécessaire, donc de baisser cette valeur bien que les richesses, entendez les quantités de marchandises obtenues, puissent être maintenues ou augmentées. Ce point est important pour Ricardo, insistant sur le fait que les termes « valeur » et « richesse » ne sont nullement synonymes, et il importe aussi pour la suite de notre propos concernant la vision contemporaine de la valeur. On parle en effet, assez facilement, d'une « création de richesses » attribuée notamment aux entreprises, évoquant ainsi la fabrication des marchandises, dont le terme « production » a lui-même l'air d'être synonyme, voyant dans l'abondance atteinte des choses disponibles une valeur globale augmentée. Mais si la valeur est relative au travail nécessaire pour obtenir les richesses en question, elle ne peut que relater leurs conditions d'obtention, aisées ou difficiles, non les quantités finalement obtenues.

« C'est pourquoi l'on pourrait dire de deux pays qui posséderaient une quantité égale de toutes les choses nécessaires, utiles ou agréables à la vie, qu'ils sont également riches ; mais la valeur de leurs richesses respectives dépendra de la facilité ou difficulté comparative avec laquelle ces richesses sont produites. »

(Ricardo, 1817, p. 221)

On ne saurait être plus clair concernant, là encore, la différence entre la valeur d'usage, qui, si elle devait être « comptabilisée », devrait compter l'utilité procurée par l'usage de toutes les marchandises disponibles et serait d'autant plus grande que le seraient les quantités produites, et la valeur d'échange qui devrait, pour Ricardo, relater les comparaisons en quantités de « travail incorporé », déterminées par les conditions de production, quelles que puissent être les quantités obtenues de marchandises ou leurs caractéristiques matérielles et fonctionnelles. Si la théorie dépendait de cette pure apparence, d'aucuns seraient fondés à prétendre que « l'économie a changé » ou que « nous ne sommes plus au XIX$^{ème}$ siècle ». Si cela était le cas, la lecture d'ouvrages des siècles passés serait profondément inutile ; or, elle ne l'est pas, nous ayant permis de vérifier que la « théorie économique moderne » relevait, comme déguisée, de celle de Walras ; du XIX$^{ème}$ siècle, donc.

### Le grand déclassement

Du point de vue de l'analyse contemporaine, deux facteurs sont finalement retenus pour mener à bien la production qui apparaît, en accord avec la pensée néoclassique, comme une « coproduction » par leur combinaison productive : le travail et le capital. Dans ce cadre, leur revenu respectif est d'emblée conçu comme une part de la valeur totale produite. Et ce qui semble encore aujourd'hui le plus important, c'est sans conteste le capital : les capacités financières, en premier lieu, soit l'argent nécessaire pour acheter (ou louer) les biens de production et payer les salaires des travailleurs qui les utilisent. Les deux paiements, constituant des coûts de production, sont mis sur le même plan ; dans les mêmes équations, pour être plus précis. Puis, vient la vente des marchandises résultantes, objets ou services, en contrepartie de sommes de monnaie apportant des revenus en sus, les profits, au sein de ce qui n'est plus déterminé que par une simple apposition d'étiquettes, grandement suffisante pour l'objectif poursuivi ; le prix, déterminé sur le marché, par une loi de surcroît, ne suffit-il pas à exprimer, en monnaie, la valeur d'une marchandise ? Si, dans la question « ça vaut combien ? », on entend une interrogation sur le montant d'une valeur anticipée ou espérée de revente, c'est toujours le prix payé lors de la transaction effective qui finit, au bout du compte, par l'exprimer. Smith lui-même le reconnaissait volontiers, les transactions sont la plupart du temps effectuées en monnaie. C'est d'abord, ainsi, la mesure en travail qui devient caduque, face aux mesures directement exprimables en marchandises ; puis, « en argent », s'exprime la mesure monétaire, le prix en monnaie de ces marchandises.

« D'ailleurs, chaque marchandise est plus fréquemment échangée et, par conséquent, comparée, avec d'autres marchandises qu'avec du travail. Il est donc plus naturel d'estimer sa valeur échangeable par la quantité de quelque autre denrée que par celle du travail qu'elle peut acheter. [...]

Mais quand les échanges ne se font plus immédiatement, et que l'argent est devenu l'instrument général du commerce, chaque marchandise particulière est plus souvent échangée contre de l'argent que contre toute autre marchandise. [...] De là vient qu'on estime plus souvent la valeur échangeable de chaque marchandise par la quantité d'Argent, que par la quantité de Travail ou de toute autre Marchandise qu'on pourrait avoir en échange. »

(Smith, 1776, p. 101)

« Ainsi quand je vous dirai : *Je viens de voir un cheval de 600 francs*, vous vous formerez plus aisément une idée de la valeur de cet animal, que si je vous disais : *Je viens de voir un cheval qui vaut 30 hectolitres de froment* ; quoiqu'au cours actuel, ces deux choses signifient la même chose. »

(Say, 1840, p. 77)

La mesure en monnaie s'avère plus parlante, en effet, que la mesure en termes d'autres marchandises, elle-même plus parlante, en vérité, que des comparaisons, le plus souvent hasardeuses, avec des quantités de travail bien souvent réduites à des durées consacrées au métier, à du temps de travail. S'arc-bouter sur une telle mesure, c'est une vaine entreprise selon René Pupin qui, caustique, s'attaque ici à la conception de Marx et, à travers elle, celle de tous les économistes adeptes de la « valeur-travail ».

« Ainsi, tandis que la valeur des marchandises est faite de quatre éléments (1), visibles au grand jour de l'objectivité, Karl Marx ne voit qu'une substance unique, le travail et qu'une mesure pour cette substance, le temps de travail. Avec une telle unité de mesure, l'objet le plus cher, ne sera ni le plus beau, ni le mieux fait, ni le plus utile ou le plus rare, contrairement à ce que vous pouvez penser, mais celui sur lequel on se sera attardé le plus longtemps. [...]

Interrogez cent acheteurs des mille et une choses utiles dont la somme représente « le coût de la vie ». Demandez-leur si, allant chez le boucher, le boulanger, l'épicier ; chez le tailleur, la modiste ou le cordonnier ; chez leur médecin ou leur pharmacien ; demandez-leur s'ils se sont enquis du « temps de travail » affecté à la marchandise qu'ils vont acquérir. Non ? Vraiment pas ? Vous n'y avez pas songé ? Mais alors vous n'êtes que des enfants puisque vous ne vous souciez même pas de l'unique chose qui fait le juste prix de vos acquisitions. Et vous promenez ainsi votre belle insouciance de magasin en magasin d'un bout de l'année à l'autre, payant et décaissant sans contrôle ! [...] Mais nous inclinons à croire que l'acheteur pense surtout à ses besoins, à ses goûts, à ses convenances, qu'il recherche des produits de qualité plus que « des heures de travail » et qu'il est excusable, après tout, de régler ses dépenses sur de tels objectifs. »

(Pupin, 1943, pp. 275-276)

Nous reviendrons *infra* sur les « quatre éléments » de la valeur, évoqués par Pupin, qui constituent, de fait, des éléments du prix, ainsi que sur la note 1, dans la première phrase, que nous avons conservée. La critique de Pupin, en réalité, ne porte pas véritablement, car Marx ne propose nullement d'utiliser directement le temps de travail comme mesure de la valeur, mais indirectement, par son expression en monnaie, l'or ou l'argent nécessitant, comme toute marchandise, un certain temps de travail pour leur obtention. Le passage suivant se trouve uniquement dans la traduction de Roy.

« Partout les valeurs des marchandises les plus diverses sont indistinctement exprimées en monnaie, c'est-à-dire dans une certaine masse d'or ou d'argent. Par cela même, les différents genres de travail, représentés par ces valeurs, ont été réduits, dans des proportions différentes, à des sommes déterminées d'une seule et même espèce de travail ordinaire, le travail qui produit l'or ou l'argent. »

(Marx, 1872, p. 84)

On ne peut s'empêcher de penser, ici, à ce passage extrait des *Principes* de Ricardo :

« Le franc n'est une mesure de valeur, que pour une certaine quantité de métal dont sont faits les francs, à moins que les francs et la chose qu'on doit mesurer ne puissent être rapportés à quelque mesure commune aux deux. Or, je crois qu'on peut effectivement trouver ce terme de comparaison, car les francs et la marchandise déterminée étant le résultat de la même somme de travail, le travail peut être considéré comme une mesure commune servant à déterminer leur valeur réelle et relative. »

(Ricardo, 1817, pp. 226-227)

Là où Ricardo relève la nécessité, pour une possible comparaison entre la monnaie et les choses, de passer par le truchement de la quantité de travail commune aux deux, cette quantité nécessaire à l'obtention même de la monnaie (comme quantité d'or ou d'argent) peut bien servir de référence, selon Marx, à l'expression de toutes les valeurs. Une façon, peut-être, de prendre comme établie l'expression commune de la valeur des marchandises en une certaine quantité de monnaie, par le biais du travail qui en est à l'origine.

Face à toute autre quantité, de travail notamment, le prix en monnaie s'impose, donc, dans l'expression de la valeur. N'est-ce pas du chiffre d'affaire, obtenu du prix et des quantités vendues, que l'on tire la valeur ajoutée ? Cette valeur que l'entreprise aura, par son personnel et son capital, contribuée à créer, s'ajoute à toutes les autres pour former l'agrégat du PIB, la valeur produite dans le pays ; une valeur qui n'est, au fond, que le prix d'une seule grosse marchandise composite, le prix du seul « produit global ». On voit que le déclassement subi par le travail concerne, aussi bien, la notion même de valeur, au profit du concept de prix ; car les notions économiques sont désormais définies selon l'utilité retirée de l'usage. Ce déclassement semble ainsi toucher d'autres termes, comme la « production », couramment assimilée au seul processus de fabrication, et la « consommation », devenue quasiment synonyme d'ingestion. Tout cela manque un peu de classe. Si l'on devait étaler ces deux phénomènes dans le temps, le processus de production devrait aussi compter la conception, sans oublier le transport, pour se terminer au moins lors de la mise en rayon, voire au moment de la vente ; la consommation prendrait alors le relais, jusqu'à sa fameuse date limite... Dès lors, le statut de « production de valeur » paraît désormais sinon abscons, du moins abstrait ; mais pourquoi invoquer, encore, la valeur ? Nous avons les prix, et nous savons les ramener, tenant compte de l'inflation, à une expression « réelle », une expression monétaire qui reflèterait déjà la réalité de ce que valent les marchandises concernées, de ce que valent, même, les travaux effectués, le travail étant lui-même relégué au rang de marchandise, acheté qu'il est par les salaires sur le marché du travail.

Nous n'aurions aujourd'hui, manifestement, nul besoin de cette notion ancienne, obsolète, de « valeur ». Au mieux, ce terme n'aurait désormais plus qu'une place à tenir, celle d'un synonyme, insipide, du prix. Cette place lui aurait d'ailleurs été réservée dès le début, l'observateur n'ayant à sa disposition, depuis bien longtemps, que l'expression des prix, c'est-à-dire des rapports d'échange avec la monnaie, pour jauger du niveau des valeurs relatives des marchandises ; et la valeur se révèlerait, en définitive, composée, une partie seulement, les salaires, allant payer le travail directement fourni.

### Le premier prix

Or, le raisonnement consistant à considérer, presque de manière magnanime, le travail comme un « élément de base, indispensable » pour produire, nécessaire mais « d'une efficacité limitée », comme l'écrit Denis Clerc (Clerc, 1994, p. 29), n'est pas suffisant pour remettre en cause l'insistance d'un auteur comme Smith sur l'importance du travail dans la production. S'il est effectivement possible de « cueillir les mûres ou les champignons » (*Ibid.*) à la main, ou encore de chanter *a capella*, il faut bien comprendre que le travail à considérer n'est pas uniquement celui directement effectué, car visible ou observable, que l'on pourrait, par la pensée, dissocier d'une utilisation de l'outil, comme on imagine quelqu'un « abattre un tronc d'arbre armé de ses seules dents » (*Ibid.*). Bien évidemment, sous le biais de cet exemple, l'image mentale qui se forme, complètement délirante, va nous dire que le travail comme seule activité physique ne suffit pas, et qu'il faudrait autre chose, comme une scie ou une tronçonneuse… Mais on oublie alors que, sans travail, la scie et la tronçonneuse n'existent pas ; sans travail, les outils et les machines ne servent à rien, car ce n'est que lorsqu'ils sont utilisés qu'ils s'avèrent véritablement utiles. Toute machine qui semble, tel un robot, fonctionner seule réclame du travail, non seulement pour la mettre en route, la paramétrer selon les circonstances, l'arrêter, l'entretenir ou la réparer, mais surtout pour, originellement, la concevoir et la construire. C'est peut-être de ce constat que, malgré le fait qu'une partie seulement de la valeur lui soit restituée pour sa contribution, le travail apparaît toujours, pour Smith, comme la source fondamentale, ontologique, de cette valeur, comme le « premier prix » qu'il aura fallu payer, à chaque stade de production, et qu'il faudra sans doute toujours payer. La quantité de travail, ainsi, devrait par elle-même, hormis le prix, constituer le principal déterminant des rapports d'échange observés, donc des valeurs relatives.

« Le travail a été le premier prix, la monnaie payée pour l'achat primitif de toutes choses. Ce n'est point avec de l'or ou de l'argent, c'est avec du travail que toutes les richesses du monde ont été achetées originairement ; et leur valeur pour ceux qui les possèdent et qui cherchent à les échanger contre de nouvelles productions, est précisément égale à la quantité de travail qu'elles les mettent en état d'acheter ou de commander. »

(Smith, 1776, p. 100)

Si l'on souhaite fonder le rapport d'échange entre deux marchandises différentes – aux mesures physiques inévitablement hétérogènes – sur l'égalité des quantités respectives de travail nécessaires à leur obtention, cette égalisation ne doit pas seulement être supposée ; elle doit être établie. Or, pour établir une égalité de quantités, celles-ci doivent être précisément mesurées. C'est bien l'imprécision de cette mesure qui oblige Smith à ne faire que supposer l'égalité des quantités de travail que les marchandises échangées sont censées contenir.

« Elles contiennent la valeur d'une certaine quantité de travail, que nous échangeons pour ce qui est supposé alors contenir la valeur d'une quantité égale de travail. »

(Smith, 1776, pp. 99-100)

En effet, le travail semble ne pas aisément se laisser mesurer lorsque l'on doit tenir compte de ses spécificités manifestes. On devine que la mesure en unités de temps, comme le salaire peut être horaire, journalier, hebdomadaire ou mensuel, pourrait être privilégiée, ainsi que le fera Marx ; même un salaire à la tâche peut, à la limite, se résoudre en une durée moyenne, les bons travailleurs, agricoles notamment, connaissant assez bien le temps moyen qu'une tâche nécessite, tâchant précisément de l'effectuer en une moindre durée que celui-là. L'approximation est manifestement permise, et Smith reconnaît clairement qu'il ne peut s'agir ici d'une mesure exacte permettant de différencier deux quantités de travail.

« Il est souvent difficile de fixer la proportion entre deux différentes quantités de travail. Cette proportion ne se détermine pas toujours seulement par le temps qu'on a mis à deux différentes sortes d'ouvrages. Il faut aussi tenir compte des différents degrés de fatigue qu'on a endurés et de l'habileté qu'il a fallu déployer. [...] Or, il n'est pas aisé de trouver une mesure exacte applicable au travail ou au talent. »

(Smith, 1776, p. 100)

Il faut ici réaliser la hauteur à laquelle tente de se hisser la pensée de Smith, pour qui la quantité de travail est une « notion abstraite », « ni aussi commune ni aussi évidente » (*Ibid.*, p. 101) que la quantité d'une certaine denrée, une notion posée, postulée diront beaucoup, comme une sorte de conviction profonde. Une même quantité de travail, par exemple la journée, doit – ou devrait – toujours, selon Smith, avoir la même valeur, une valeur étalon sur laquelle on peut compter pour mesurer objectivement les valeurs.

« Des quantités égales de travail doivent être, dans tous les temps et dans tous les lieux, d'une valeur égale pour le travailleur. Dans son état habituel de santé, de force et d'activité, et d'après le degré ordinaire d'habileté ou de dextérité qu'il peut avoir, il faut toujours qu'il sacrifie la même portion de son repos, de sa liberté, de son bonheur. Quelle que soit la quantité de denrées qu'il reçoive en récompense de son travail, le prix qu'il paye est toujours le même. Ce prix, à la vérité, peut acheter tantôt une plus grande, tantôt une moindre quantité de ces denrées ; mais c'est la valeur de celles-ci qui varie, et non celle du travail qui les achète. »

(Smith, 1776, p. 102)

Pour le travailleur, semble dire Smith, une journée de labeur, c'est toujours, invariablement, une journée de labeur ; « le prix qu'il paye est toujours le même », les mêmes sacrifices, la même peine. C'est le même travail, en somme, malgré les particularités, ainsi gommées, des différentes tâches. Étonnant paradoxe chez un auteur pour qui leur spécialisation est si déterminante. Cette égalité, largement abstraite, des travaux se trouve théorisée, comme on le sait, principalement chez Marx. Celui-ci reprend, et ce n'est pas une surprise, la position de Ricardo concernant la nécessaire recherche d'un élément commun aux marchandises, afin de fonder leur commensurabilité et, surtout, d'expliquer leurs rapports observés dans les échanges.

« Prenons encore deux marchandises, soit du froment et du fer. Quel que soit leur rapport d'échange, il peut toujours être représenté par une équation dans laquelle une quantité donnée de froment est réputée égale à une quantité quelconque de fer, par exemple : 1 quarteron de froment = a kilogramme de fer. Que signifie cette équation ? C'est que dans deux objets différents, dans 1 quarteron de froment et dans a kilogramme de fer, il existe quelque chose de commun. Les deux objets sont donc égaux à un *troisième* qui par lui-même n'est ni l'un ni l'autre. Chacun des deux doit, en tant que valeur d'échange, être réductible au troisième, indépendamment de l'autre. »

(Marx, 1872, p. 14)

« Prenons encore deux marchandises, disons du blé et du fer. Quel que soit leur rapport d'échange, il est toujours exposable dans une équation où un quantum donné de blé est posé égal à un quelconque quantum de fer, disons 1 quarter de blé = a quintal de fer. Que dit cette équation ? Qu'il existe quelque chose de commun et de même dimension dans deux choses différentes, dans 1 quarter de blé tout comme dans a quintal de fer. Les deux choses sont donc égales à une troisième, qui n'est en soi ni l'une ni l'autre. Chacune des deux, dans la mesure où elle est valeur d'échange, doit donc être réductible à cette troisième. »

(Marx, 1993, pp. 41-42)

Ce « quelque chose de commun », bien entendu, c'est le travail « abstrait », non directement relié aux tâches concrètes caractérisant les valeurs d'usage. Sans doute cette vision doit-elle logiquement émerger, même pour nos esprits contemporains, lorsque le travail demeure le point commun entre un ouvrier, un comptable et un footballeur, car le critère de la pénibilité attachée à l'exercice purement physique, s'il peut être pris en compte par ailleurs, ne saurait être retenu pour comparer les quantités de travail fournies dans ces métiers. Nous avons vu que Marx considérait encore l'aspect physiologique du travail abstrait, comme une dépense d'énergie corporelle, mais l'abstraction, pour être entière, se doit d'être radicale. Au mieux, et suivant Smith, on pourrait dire que l'ouvrier, le comptable et le footballeur travaillent « tout autant », d'un travail dont la « valeur propre » demeurerait invariable, en tant qu'activité professionnelle consacrée à autre chose qu'à rester oisif, et ce ne serait que par une mesure économique socialement déterminée que ces travaux pourraient être rapprochés, et leurs résultats, en tant que produits, comparés.

« Ainsi, le travail, ne variant jamais dans sa valeur propre, est la seule mesure réelle et définitive qui puisse servir, dans tous les temps et dans tous les lieux, à apprécier et à comparer la valeur de toutes les marchandises. »

(Smith, 1776, p. 102)

Apprécier la valeur des marchandises est une chose, fonder cette dernière sur celle du travail en est une autre. Marx précisera en note, tout en reconnaissant l'héritage smithien, la confusion faite ici entre la valeur en travail d'une marchandise et la valeur du travail lui-même, sur laquelle reposerait la première ; car le travail, pour Marx, n'est pas une marchandise.

« D'un côté, A. Smith confond ici (ce qu'il ne fait pas toujours) la détermination de la valeur de la marchandise par le *quantum de travail* dépensé dans sa production avec la détermination de sa valeur par la *valeur du travail*, et cherche par conséquent à prouver que d'égales quantités de travail ont toujours la même valeur. D'un autre côté, il pressent, il est vrai, que tout travail n'est qu'une *dépense de force humaine de travail*, en tant qu'il se représente dans la valeur de la marchandise ; mais il comprend cette dépense exclusivement comme abnégation, comme sacrifice de repos, de liberté et de bonheur, et non en même temps comme affirmation normale de la vie. »

(Marx, 1872, note 1, p. 18)

« D'une part, Smith confond ici (ce qui n'est pas le cas partout) la détermination de la valeur par le quantum de travail dépensé dans la production de la marchandise et la détermination des valeurs des marchandises par la valeur du travail, ce qui l'amène à tenter de prouver que des quantités égales de travail ont constamment la même valeur. D'un autre côté, il a l'intuition que dans la mesure où le travail s'expose dans la valeur des marchandises, il ne vaut que comme dépense de travail, mais il persiste à concevoir cette dépense uniquement comme sacrifice de repos, de liberté et de bonheur, et non pas également comme activité vitale normale. »

(Marx, 1993, note 16, p. 53)

Marx n'a pas tort : si le travail, par sa quantité dûment mesurée, « est la seule mesure réelle et définitive qui puisse servir, dans tous les temps et dans tous les lieux, à apprécier et à comparer la valeur » (Smith, 1776, p. 102), il est vain de chercher à « prouver que d'égales quantités de travail ont toujours la même valeur » (Trad. Roy), « prouver que des quantités égales de travail ont constamment la même valeur » (Trad. Lefebvre), puisque, si deux quantités de travail sont égales, les valeurs ainsi mesurées le sont par définition. Considérant, contrairement à Marx, le travail comme étant une marchandise susceptible d'avoir une valeur, Say avait déjà pointé une faiblesse, selon lui, des propos de Smith.

« N'en déplaise à Smith, de ce qu'une certaine quantité de travail a toujours la même valeur pour celui qui fournit ce travail, il ne s'ensuit pas qu'elle ait toujours la même valeur échangeable. De même que toute autre marchandise, le travail peut être plus ou moins offert, plus ou moins recherché ; et sa valeur, qui, ainsi que toute valeur, se fixe par le débat contradictoire qui s'élève entre le vendeur et l'acheteur, varie selon les circonstances. »

(Say, 1841, p. 283)

Say ne peut accepter de voir décrétée invariable la valeur du travail comme marchandise ; cela constitue, en effet, une pétition de principe, une proposition théoriquement faible et, manifestement, démentie par les faits. Say observe simplement, ainsi que le fait Ricardo, les différents niveaux de salaires, et Ricardo évacue le problème en se référant, curieusement, à une fixation sur le marché, qu'il dit suffisamment précise, d'une « valeur qualitative » des différents travaux.

« Cependant, quoique je considère le travail comme la source de toute valeur, et sa quantité relative comme la mesure qui règle presque exclusivement la valeur relative des marchandises, il ne faut pas croire que je n'aie pas fait attention aux différentes espèces de travail et à la difficulté de comparer celui d'une heure ou d'un jour consacré à un certain genre d'industrie, avec un travail de la même durée consacré à une autre production. La valeur qualitative de chaque espèce de travail est bientôt fixée sur le marché, [...] avec assez de précision pour satisfaire aux nécessités de la pratique : elle dépend beaucoup de la dextérité comparative de l'ouvrier, et de l'activité avec laquelle il a travaillé. L'échelle comparative une fois établie, elle n'est sujette qu'à peu de variations. Si la journée d'un ouvrier en bijouterie vaut plus que celle d'un ouvrier ordinaire, cette proportion reconnue et déterminée depuis longtemps conserve sa place dans l'échelle des valeurs. »

(Ricardo, 1817, p. 21)

On notera que « l'échelle comparative » dont parle Ricardo n'est rien d'autre, au fond, qu'une échelle des salaires, où « la valeur qualitative de chaque espèce de travail est bientôt fixée sur le marché » ; car c'est bien par la différence de salaires que l'on sait que « la journée d'un ouvrier en bijouterie vaut plus que celle d'un ouvrier ordinaire », et si ce n'était qu'une question de dextérité ou de zèle à la tâche, il serait possible d'en exiger de plus grands à l'ouvrier ordinaire. Or, les compétences, les qualifications et la productivité individuelle sont précisément jaugées et monétairement exprimées dans le niveau du salaire, négocié, accepté, fixé, comme l'écrit Say, « par le débat contradictoire qui s'élève entre le vendeur et l'acheteur », entre l'ouvrier employé et l'entrepreneur employeur. D'ailleurs, dans ses exemples basés la plupart du temps sur des situations particulières d'entrepreneurs indépendants, Ricardo adopte à de nombreuses reprises la mesure monétaire des salaires pour exprimer la quantité de travail sans que cette expression, précise-t-il, n'en soit une de la valeur elle-même. Celle-ci demeure, pour lui, résolument relative ; ce qui compte, ce sont toujours les rapports, non les niveaux nominaux, des salaires monétaires. Ce point lui apparaît suffisamment important pour qu'il se sente obligé de s'en justifier.

« Je n'ai pas dit, et il est essentiel de se le rappeler, que par cela seul que le travail consacré à une marchandise s'élève à 1000 liv. st. et celui consacré à une autre marchandise à 2000 liv. st., la valeur de ces deux objets doive être nécessairement de 1000 liv. st. et de 2000 liv. st. : j'ai dit simplement que cette valeur serait dans le rapport de 1 à 2, et que ces marchandises s'échangeraient d'après ce rapport. Il importe fort peu à la vérité de notre théorie, que l'un de ces produits se vende à raison de

1100 liv. st. ou de 1500 liv. st., l'autre à raison de 2200 liv. st. ou de 3000 liv. st. [...] ce que j'affirme seulement, c'est que leur valeur relative se règle sur les quantités relatives de travail consacrées à leur production. »

(Ricardo, 1817, p. 40)

Si la mesure par les salaires ne fournit pas, selon Ricardo, une mesure directe de la valeur, elle ne fournit pas non plus, toujours selon Ricardo, une mesure correcte de la quantité de travail : la variation des salaires, en effet, ne reflète pas forcément une variation de cette quantité.

« Il n'est pas de variations dans les salaires de l'ouvrier qui puissent influer sur la valeur relative des marchandises, car, en supposant même qu'ils s'élèvent, il ne s'ensuit pas que ces objets doivent exiger plus de travail. Seulement, ce travail se paiera plus cher, et les mêmes motifs qui ont engagé le chasseur et le pêcheur à hausser le prix du gibier et du poisson, détermineront le propriétaire d'une mine à élever la valeur de son or. Ces motifs agissant avec la même force sur tous les trois, [...] la valeur relative du gibier, du poisson et de l'or n'auront éprouvé aucun changement. Les salaires pourraient monter de 20 pour cent, les profits diminuant par conséquent dans une proportion plus ou moins grande, sans causer le moindre changement dans la valeur relative de ces marchandises. »

(Ricardo, 1817, p 27)

Ricardo considère ici une hausse uniforme des salaires, « agissant avec la même force sur tous les trois », ce qu'il ne fait que supposer ; dans le cas contraire, il faudrait que le chasseur, le pêcheur et le propriétaire de la mine fussent « *price takers* », subissant une fixation extérieure du prix de leur marchandise, pour répercuter respectivement des augmentations différentes de salaires sans appliquer leur taux de profit habituel (puisque les prix relatifs ne sont pas censés changer).

Pour Ricardo, une augmentation des salaires ne signifie pas que la marchandise nécessite une plus grande quantité de travail. Ce raisonnement provient, manifestement, d'un certain attachement à une quantité concrète, physique, de travail, qu'il conviendrait de mesurer ; de ce point de vue, le détachement effectué par Smith en direction d'un travail abstrait paraît plus avancé que ce que propose l'analyse de Ricardo. Celui-ci se méfie de la mesure monétaire, il refuse de considérer qu'il s'agirait d'une mesure expressément valable de la valeur. Pourtant, on voit qu'il exprime lui-même les valeurs en monnaie, au moins révélées par les prix ou, d'un point de vue relatif, leurs rapports, car comment, pour le propriétaire de la mine, « élever la valeur de son or », si ce n'est en procédant de la même manière que le chasseur et le pêcheur décidant de « hausser le prix du gibier et du poisson » ? Par ailleurs, Ricardo exprime, aussi bien, le travail en monnaie, il assimile lui-même des quantités de travail à des niveaux de salaires monétaires (« le travail consacré à une marchandise s'élève à 1000 liv. st. », *op. cit.*) ; mais si la monnaie est une unité de mesure, et si l'on mesure le travail avec, alors le travail est, tautologiquement, mesuré par elle. Que dire d'une unité de mesure si, lorsque la grandeur mesurée en cette unité augmente, ce qu'elle est censée mesurer n'augmente pas en réalité ? En outre, même si la quantité de travail ne varie pas, la variation des salaires exprimera toujours celle du coût monétaire assumé pour payer le travail nécessaire.

### Le cauchemar des valeurs relatives

Chez Ricardo, comme chez d'autres auteurs classiques, la considération de la monnaie comme une marchandise, s'échangeant contre le travail – autre marchandise – dans le paiement des salaires, fausse le jeu de leur mesure réciproque. Si la valeur de la monnaie varie, les salaires, payés en monnaie, varieront sans que la valeur du travail n'ait été modifiée. Cette situation est le symptôme d'une incohérence profonde au niveau de l'état des valeurs relatives, uniquement dérivé des échanges observés, et c'est l'occasion d'une critique véhémente que Ricardo, d'après ses « propres vues sur la matière », adresse à Say.

« D'après M. Say, si donc la difficulté de produire du drap venait à doubler, et si, par conséquent, le drap s'échangeait contre une quantité de marchandises deux fois plus grande, il doublerait de valeur : cela est incontestable. Mais dans le cas où la production de ces marchandises se trouverait facilitée sans que celle du drap devînt plus coûteuse, et où, par conséquent, le drap s'échangerait encore contre une quantité de marchandises double, M. Say soutiendrait encore que la valeur du drap a doublé ; tandis que, d'après mes propres vues sur la matière, il devrait dire que le drap a conservé sa valeur première, et que ces marchandises ont baissé de moitié. »

(Ricardo, 1817, p. 223)

Ricardo, ici, semble se contredire, du moins avec la définition qu'il donne de la valeur d'une marchandise, exprimée dès le début de la section première du chapitre premier de ses *Principes* :

« La valeur d'une marchandise, ou la quantité de toute autre marchandise contre laquelle elle s'échange, dépend de la quantité relative de travail nécessaire pour la produire et non de la rémunération plus ou moins forte accordée à l'ouvrier. »

(Ricardo, 1817, p. 13)

On retrouve l'indépendance de la valeur vis-à-vis du niveau des salaires, seuls leurs rapports étant pertinents, mais le début de la phrase trahit une position ambigüe : si la valeur d'une marchandise correspond à « la quantité de toute autre marchandise contre laquelle elle s'échange », Ricardo tombe d'emblée dans la confusion qu'il dénonce par la suite, comme on l'a vu, entre la valeur et la richesse ; Say aurait alors eu raison d'affirmer que la valeur du drap eût été doublée, puisque « par conséquent, le drap s'échangerait encore contre une quantité de marchandises double », répondant ainsi à cette définition de Ricardo, comme ce dernier aurait également eu raison d'écrire que c'était la valeur des autres marchandises qui eût été divisée par deux, car les deux affirmations veulent dire la même chose à partir du moment où l'on considère des valeurs relatives et non absolues.

« À vrai dire, dans l'état actuel de nos connaissances, nous n'avons aucun moyen de savoir la quantité absolue de chaleur qui se trouve dans un corps : nous ne connaissons que *des rapports*. Cependant nous étudions les phénomènes de la chaleur ; nous en expliquons un grand nombre ; nous en prévoyons les résultats, et nous retirons de nombreux services dans les arts de ce que nous savons sur ce point. Pourquoi, de la même manière, ne retirerions-nous pas de grands services de ce que nous apprendrons sur la valeur des choses, bien qu'elle ne soit que relative et non absolue ? »

(Say, 1840, p. 73)

La considération de la valeur d'échange comme étant une propriété essentiellement relative est notoirement problématique. Considérons deux marchandises, A et B ; l'une s'exprimera en unités de l'autre et réciproquement, et les deux expressions, 1 A pour 2 B ou 1 B pour la moitié de A, exprimeront le même rapport d'échange, la même valeur relative, le même « prix relatif ». Tout se passe comme si l'on n'avait pas deux valeurs distinctes, mais une sorte d'état des positions relatives, révélé par les rapports d'échange. Dans cette conception, l'économiste se trouve dans la situation où, de A et de B, il ne connaît qu'un rapport de mesures, non des mesures absolues, et ce rapport est sujet à variations. Il faut mesurer, si l'on peut dire, la chose : il est comme un physicien ne connaissant que le rapport entre la masse du proton et celle de l'électron, non les masses elles-mêmes, et ce rapport ne serait pas une constante, bien au contraire ; tout le jeu consisterait à expliquer, dans ces conditions, les variations de ce rapport et, plus, les variations de tous les rapports possibles entre toutes les entités présentes… Scientifiquement, c'est un véritable cauchemar.

Selon Ricardo, la seule observation des rapports d'échange pourrait suffire à déterminer, de deux marchandises dont la valeur relative varie, à laquelle cette variation, véritablement, incombe. Il suffirait de prendre en comparaison la valeur d'une marchandise tierce, ou d'un panier, dirions-nous aujourd'hui, d'autres marchandises en référence.

« Deux marchandises varient, je suppose, dans leur valeur relative, et nous désirons savoir celle qui a subi cette variation, cette transformation. En comparant l'une d'elles avec des souliers, des bas, des chapeaux, du fer, du sucre et toutes les autres marchandises, on trouve que sa valeur échangeable est restée la même. En comparant l'autre avec les mêmes objets nous trouvons, au contraire, que sa valeur échangeable a varié par rapport à tous les autres : cela seul nous autorise suffisamment à dire que la variation porte sur cette marchandise déterminée et non sur tous les autres objets avec lesquels on l'a comparée. »

(Ricardo, 1817, p. 18)

Ricardo poursuit en considérant que la connaissance des conditions de production, comme l'état de la productivité, fournirait à la fois la cause et la confirmation de cette détermination.

« Si, en pénétrant plus avant dans toutes les circonstances relatives à la production de ces différents objets, nous reconnaissons qu'il faut la même quantité de travail et de capital pour produire des souliers, des bas, des chapeaux, du fer, du sucre, etc. ; mais que la production de telle marchandise désignée est devenue moins coûteuse et moins lente, la probabilité se change en certitude. On peut dire alors hardiment que la variation de valeur retombe uniquement sur cette marchandise, et on découvre ainsi la cause de cette variation. »

(Ricardo, 1817, pp. 18-19)

Sans cette connaissance, en réalité, le critère du nombre ne suffit pas, car si la « marchandise désignée », à l'issue des comparaisons que l'on aurait pu faire avec d'autres, est le drap de la citation *supra* (cf. p. 83), Ricardo devrait soutenir, selon ce seul critère, que « la variation porte sur cette marchandise déterminée et non sur tous les autres objets avec lesquels on l'a comparée », non que « le drap a conservé sa valeur première, et que ces marchandises ont baissé de moitié ». Sans cette connaissance, sans savoir que « la production de ces marchandises se trouverait facilitée sans que celle du drap devînt plus coûteuse », la conclusion de Ricardo ne peut être, à l'évidence, soutenue.

En réalité, les définitions alternatives de la valeur, proposées par Ricardo, ne sont pas compatibles. Comme sous l'emprise d'un démon facétieux, les valeurs relatives, c'est-à-dire les rapports dans les échanges, se conservent lors même que les valeurs absolues, les quantités nécessaires de travail, sont cependant modifiées, lorsque ces dernières le sont de manière proportionnelle. Ricardo tombe ainsi dans le piège qu'il s'est lui-même tendu.

« Si une machine perfectionnée donnait le moyen de faire deux paires de bas, au lieu d'une, sans employer plus de travail, on donnerait double quantité de bas en échange d'une aune de drap. Si une pareille amélioration avait lieu dans la fabrication du drap, les bas et le drap s'échangeraient dans les mêmes proportions qu'auparavant ; mais ils auraient tous les deux baissé de valeur, puisqu'il faudrait en donner double quantité en les échangeant contre des chapeaux, de l'or ou d'autres marchandises en général [...] Que l'amélioration s'étende à la production de l'or et de toute autre denrée, et les anciennes proportions seront de nouveau rétablies. Il y aura double quantité de produits annuels et par conséquent la richesse nationale sera doublée ; mais elle n'aura point augmenté de valeur. »

(Ricardo, 1817, pp. 221-222)

La perspective d'une amélioration progressive en productivité, faisant par hypothèse successivement tomber, une par une, les valeurs unitaires « intrinsèques » en travail incorporé, modifiant leurs rapports et, ainsi, les valeurs relatives, jusqu'à la toute dernière qui, par sa propre baisse, rétablirait soudainement les « anciennes proportions », est une expérience de pensée qui demeure, il faut bien l'avouer, assez déconcertante. Il est néanmoins certain, comme l'écrit Ricardo, que la richesse nationale « n'aura point augmenté de valeur », puisque, par hypothèse, l'amélioration en question se fait « sans employer plus de travail » ; la richesse globale, bien que doublée en quantité, voit donc sa valeur totale en travail maintenue, les valeurs unitaires, par marchandise, étant de fait divisées par deux. Toutefois, on ne saurait définir la valeur d'une marchandise comme étant, à la fois, une quantité unitaire de travail, résultat d'une division, qui diminue, avec l'augmentation de la productivité, lorsque la quantité de marchandises augmente, et « la quantité de toute autre marchandise contre laquelle elle s'échange », qui augmente, une fois les « anciennes proportions » rétablies, lorsque la quantité globale de marchandises augmente. Les deux définitions de la valeur simultanément données par Ricardo, l'une relative, l'autre absolue, apparaissent contradictoires. Cette problématique est ici résumée par Marx, qui a manifestement bien lu Ricardo.

« Les quantités de travail nécessaires à la production de la toile et de l'habit changent-elles simultanément, dans le même sens et dans la même proportion ? Dans ce cas, *20 mètres de toile = 1 habit* comme auparavant, quels que soient leurs changements de valeur. On découvre ces changements par comparaison avec une troisième marchandise dont la valeur reste la même. Si les valeurs de toutes les marchandises augmentaient ou diminuaient simultanément et dans la même proportion, leurs valeurs relatives n'éprouveraient aucune variation. [...] dans un même temps de travail il serait maintenant livré en général une quantité de marchandises plus ou moins grande qu'auparavant. »

(Marx, 1872, p. 21)

« Les quanta de travail nécessaires à la production de la toile et de l'habit peuvent varier simultanément, dans le même sens et les mêmes proportions. Dans ce cas, on a toujours 20 aunes de toile = 1 habit, quelles que soient les modifications intervenues dans leurs valeurs. On découvre leur changement de valeur dès qu'on les compare à une troisième marchandise dont la valeur est restée constante. Si les valeurs de toutes les marchandises s'élevaient ou baissaient simultanément dans les mêmes proportions, leurs valeurs relatives resteraient inchangées. [...] désormais il serait produit en général, dans le même temps de travail, un quantum de marchandise plus important, ou moins important qu'auparavant. »

(Marx, 1993, p. 62)

Cette indétermination, en réalité, rejaillit sur l'expression monétaire de l'ensemble des valeurs, c'est-à-dire les prix. Lorsqu'une marchandise voit son prix augmenter, est-on bien sûr que sa valeur augmente ? Et si tous les prix augmentent, s'agit-il d'une augmentation de toutes les valeurs, ou bien n'est-ce là que la diminution d'une seule, celle de la monnaie ? À cette dernière question, qu'une jeune lycéenne aurait un jour posée à son professeur, la réponse fournie par le critère des comparaisons, avancé par Ricardo, est immédiate : c'est logiquement la valeur de la monnaie, soit l'objet dont la « valeur échangeable a varié par rapport à tous les autres » (cf. *supra*, p. 85), qui doit avoir diminué. D'ailleurs, si l'on adopte un point de vue que l'on pourrait qualifier de macroéconomique, considérant seulement deux marchandises, le produit global et la monnaie, une augmentation de l'expression du produit en monnaie coïncide nécessairement avec une diminution de l'expression de la monnaie en produit, à savoir la valeur relative de la monnaie, et cela coïncide aussi, nécessairement, avec une augmentation de la valeur relative du produit ; le critère du nombre révèle alors son insuffisance, lorsqu'il n'y a que deux marchandises en présence. En outre, dans le cas limite où toutes les valeurs unitaires en travail incorporé (en fonction, donc, de l'inverse de la productivité) varieraient d'une même amplitude, sauf celle de la monnaie, faisant ainsi varier, pour une même quantité de marchandises, la valeur du produit global, on observerait de même une variation uniforme des prix sans que les valeurs relatives observées dans les échanges (autres que monétaires) ne soient pour autant modifiées, les rapports de prix, ou prix relatifs, demeurant inchangés. Et si l'on imprimait, encore, une même variation à la valeur de la monnaie, on se retrouverait avec les mêmes prix monétaires et, toujours, les mêmes valeurs relatives, alors que les valeurs unitaires auraient censé avoir varié par hypothèse. C'est cette idée, sans doute, que Marx exprime dans la citation suivante, sans parler expressément, il est vrai, des rapports entre la monnaie et les autres marchandises ; mais comme la monnaie, chez Marx, est aussi une marchandise…

« Les changements réels dans la grandeur de la valeur ne se reflètent point, comme on le voit, ni clairement ni complètement dans leur expression relative. La valeur relative d'une marchandise peut changer, bien que sa valeur reste constante ; elle peut rester constante, bien que sa valeur change, et enfin des changements dans la quantité de valeur et dans son expression relative peuvent être simultanés sans correspondre exactement. »

(Marx, 1872, p. 21)

« Les changements réels de la grandeur de valeur ne se reflètent donc ni de manière univoque, ni de manière exhaustive dans leur expression relative ou dans la grandeur de la valeur relative. La valeur relative d'une marchandise peut changer alors que sa valeur reste constante. Sa valeur relative peut rester constante alors que sa valeur change, et enfin, il n'est pas du tout nécessaire qu'il y ait coïncidence entre des changements simultanés dans leur grandeur de valeur et dans l'expression relative de cette grandeur de valeur. »

(Marx, 1993, p. 62)

Bref, le cauchemar continue. Say lui-même avait pourtant osé prévenir les éventuels auteurs qui s'attaqueraient au problème.

« Relativement à la valeur d'échange, je dois vous faire remarquer deux circonstances qui ne manqueraient pas de se présenter plus tard à votre esprit, et qui alors pourraient à vos yeux jeter du louche sur certaines démonstrations. […]

La valeur d'une chose est une quantité positive, mais elle ne l'est que pour un instant donné. Sa nature est d'être perpétuellement variable, de changer d'un lieu à l'autre, d'un temps à l'autre. Rien ne peut la fixer invariablement, parce qu'elle est fondée, ainsi que vous le verrez plus tard, sur des besoins et des moyens de production qui varient à chaque minute. Cette variabilité complique les phénomènes de l'économie politique ; elle les rend souvent fort difficiles à observer et à résoudre. Je ne saurais y porter remède : il n'est pas en notre pouvoir de changer la nature des choses. [...]

La seconde circonstance à remarquer relativement à la valeur des choses, est l'impossibilité d'apprécier sa grandeur *absolue*. Elle n'est jamais que *comparative*. Quand je dis qu'une maison que je désigne, vaut 50 mille francs, je n'affirme autre chose sinon que la valeur de cette maison est égale à celle d'une somme de 50 mille francs ; mais qu'est-ce que la valeur de cette somme ? Ce n'est point une valeur existante par elle-même et abstraction faite de toute comparaison. La valeur d'un franc, de 5 francs, de 50 mille francs, se compose de toutes les choses que l'on peut avoir pour ces différentes sommes. Si l'on peut, en les donnant en échange, avoir une *plus grande* quantité de blé, de sucre, etc., elles valent *plus* relativement à ces denrées ; si l'on peut en avoir moins, elles valent *moins* ; car la valeur d'une somme d'argent, comme toutes les autres valeurs, se mesure par la quantité des choses que l'on peut obtenir en échange. »

(Say, 1840, pp. 72-73)

C'est donc de la nature même de la valeur d'échange que d'être relative, et l'on ne saurait, bien entendu, changer la nature des choses. Toutefois, considérant une monnaie-marchandise et connaissant les conditions précises de sa production, comme on peut connaître celles de l'or, Ricardo avait bien proposé une porte de sortie.

« Si je trouve qu'une once d'or s'échange pour une quantité moindre de marchandise, et que, cependant, la découverte de mines nouvelles et plus fertiles ou l'emploi de machines plus parfaites permet d'obtenir une quantité déterminée d'or avec moins de travail, je suis autorisé à dire que les causes des variations de la valeur de l'or, relativement à celle des autres marchandises, sont à la fois, une économie de main-d'œuvre et une plus grande facilité de production. »

(Ricardo, 1817, p. 19)

Compte tenu de sa vision de la monnaie-marchandise, Ricardo se refuse à voir dans le prix monétaire d'une marchandise quelconque une mesure considérée comme absolue de sa valeur, et pour cause : un tel prix ne peut être que l'expression d'un rapport, forcément relatif, avec la monnaie comme autre marchandise, avec ses propres conditions de production. Néanmoins, si aucune nouvelle mine d'or plus fertile n'est découverte, et que le niveau de la productivité dans cette production se maintient, les rapports d'échange des marchandises avec l'or, soit leur prix monétaire lorsque l'or est la monnaie, demeurent, et de loin, l'expression privilégiée des valeurs. Dans ce contexte, la pensée retombe irrémédiablement sur ce constat : la valeur, c'est le prix ; le prix « de marché », le prix « réel », le prix « naturel », la « forme prix », le « fait de l'échange » ; mais c'est le prix tout de même, et cette considération ne cessera de s'imposer par la suite. Or, le prix est une mesure fâcheuse qui admet, par sa structure, un inconvénient majeur.

Chez la plupart des auteurs, le prix comporte plusieurs parties dont l'une ne provient pas du travail effectué, mesuré ou non par les salaires ; les profits, manifestement, viennent récompenser la contribution du capital utilisé dans la production. Une partie de la valeur lui est ainsi dévolue, en pratique distribuée aux propriétaires de ce capital. Quant aux salaires en monnaie, s'ils ne sont pas considérés comme une mesure objective de la quantité de travail, ils ne peuvent que demeurer reliés, inévitablement, à ce « cofacteur », les profits étant déjà reliés, en tant que revenus, au leur. C'est ainsi que le salaire sera défini, chez les interprètes de la pensée néoclassique, comme le niveau de rémunération correspondant à la productivité marginale du seul travail, réservant le profit en récompense de celle du capital. Dans cette conception multifactorielle de la valeur, dont hérite clairement la pensée économique contemporaine, le travail effectué correspond bien toujours aux salaires, tandis que la valeur, assimilée au prix, s'avère supérieure à ces derniers ; en accord avec une conception microéconomique, elle comporte, en sus, le coût du capital employé et les profits réalisés dans la vente. Ces derniers représentent, de fait, une partie de la valeur non produite par le travail.

C'est pourquoi le passage dont nous allons parler à présent, concernant une certaine veste de laine, est d'une importance grandement sous-estimée.

## Le miracle de la main invisible

Dès le premier chapitre de ses *Recherches sur la nature et les causes de la richesse des nations*, Adam Smith tente de définir une quantité totale de travail comme déterminant, au moins en partie, de la valeur d'une marchandise. Cette recherche, et c'est le plus étonnant, relève d'une entreprise intellectuelle effectuée au-delà des apparences, au-delà d'une vision brute qui se contenterait d'une observation superficielle. C'est en effet le seul moyen d'échapper aux « obstacles épistémologiques », décrits par Gaston Bachelard (Bachelard, 1938), dont la conception de l'échange en économie est, selon nous, un exemple type. La vision de la production comme une combinaison de plusieurs facteurs en est un autre, et chercher le travail dans le capital, comme certains chercheront, inutilement selon nous, le capital dans le travail (par exemple, les biens de consommation, de subsistance et autres, vus comme des biens de production de la force de travail), est une tentative de résolution très importante, une intellection qu'il est nécessaire de saluer, malgré l'abstraction un peu aride de la réflexion que ce procès engendre.

Smith, nous l'avons vu, est alors incité à considérer le travailleur comme une sorte d'entité abstraite, au point où ce dernier deviendrait une unité de mesure, l'unité de mesure de la quantité de travail. Celle-ci, au fond, pourrait bien être mesurée en un nombre de travailleurs « moyens » ; et c'est la question qu'il pose, le problème qu'il soumet à son lecteur : quel est le nombre de travailleurs nécessaires pour obtenir une veste de laine ? La tentative est avortée, certes, car la mesure obtenue demeure imprécise, mais il s'agit du fondement de l'individuation, pourrait-on dire, de l'économie, dans le sens où la vision économique se sépare de la vision physique. Le processus s'opère, avons-nous dit, par une résolution, comme la résolution analogue volontiers accomplie par quelqu'un comme monsieur Jancovici lui-même : toutes les marchandises, des barils de pétrole aux moules à gaufres, résultent de dépenses d'énergies, si bien que toutes les transformations physiques dont elles sont le résultat peuvent être mesurées en énergie dépensée.

Aussi curieux que cela puisse paraître, Smith propose, à peu près, le même raisonnement concernant les éléments matériels, les matières premières, les outils, les machines, etc., utilisés comme intrants dans la production. Ces moyens, pour la plupart indispensables, bien entendu, aux travaux directement effectués, relèvent eux-mêmes d'un travail nécessaire antérieur comme caractéristique économique commune. Le travail à mesurer compte ainsi celui du travailleur qui utilise l'outil, et il compte aussi celui du travailleur qui aura fabriqué ce même outil (en utilisant un autre outil…). Tous les travaux qui furent, le long de la chaîne productive, nécessaires à l'obtention de la marchandise finale se trouveraient rassemblés, « cristallisés » pourra dire Marx, dans une quantité totale homogène. La vision économique d'un objet consisterait à voir, par-delà l'obstacle de son apparence matérielle, la totalité du travail humain nécessaire à son obtention.

La démarche, apparemment simple, est lourde de conséquences dans une conception qui ferait du capital un facteur de production à part entière, certes combiné au travail mais non réductible à ce dernier ; car c'est peut-être là que se forge une interrogation, sans doute venue, par la suite, dans l'esprit de Marx. Et si l'intégralité du capital se résolvait en travail ?

« Observez, dans un pays civilisé et florissant, ce qu'est le mobilier d'un simple journalier ou du dernier des manœuvres, et vous verrez que le nombre des gens dont l'industrie a concouru pour une part quelconque à lui fournir ce mobilier, est au-delà de tout calcul possible. La veste de laine, par exemple, qui couvre ce journalier, toute grossière qu'elle paraît, est le produit du travail réuni d'une innombrable multitude d'ouvriers. Le berger, celui qui a trié la laine, celui qui l'a peignée ou cardée, le teinturier, le fileur, le tisserand, le foulonnier, [...] tous ont mis une portion de leur industrie à l'achèvement de cette œuvre grossière. Combien, d'ailleurs, n'y a-t-il pas eu de marchands et de voituriers employés à transporter la matière à ces divers ouvriers, qui souvent demeurent dans des endroits distants les uns des autres ! Que de commerce et de navigation mis en mouvement ! [...] Quelle variété de travail aussi pour produire les outils du moindre de ces ouvriers ! Sans parler des machines les plus compliquées, comme le vaisseau du commerçant, le moulin du foulonnier ou même le métier du tisserand, considérons seulement quelle multitude de travaux exige une des machines les plus simples, les ciseaux avec lesquels le berger a coupé la laine. Il faut que le mineur, le constructeur du fourneau où le minerai a été fondu, le bûcheron qui a coupé le bois de la charpente, le charbonnier qui a cuit le charbon consommé à la fonte, [...] les ouvriers qui ont construit le fourneau, la construction du moulin de la forge, le forgeron, le coutelier, aient tous contribué, par la réunion de leur industrie, à la production de cet outil. Si nous voulions examiner de même chacune des autres parties de l'habillement de ce même journalier, ou chacun des meubles de son ménage, la grosse chemise de toile qu'il porte sur la peau, les souliers qui chaussent ses pieds, le lit sur lequel il repose et toutes les différentes parties dont ce meuble est composé ; [...] si nous songions aux nombreux outils qui ont été nécessaires aux ouvriers employés à produire ces diverses commodités ; si nous examinions en détail toutes ces choses, si nous considérions la variété et la quantité de travaux que suppose chacune d'elles, nous sentirions que, sans l'aide et le concours de plusieurs milliers de personnes, le plus petit particulier, dans un pays civilisé, ne pourrait être vêtu et meublé même selon ce que nous regardons assez mal à propos comme la manière la plus simple et la plus commune. [...] entre le mobilier d'un prince d'Europe et celui d'un paysan laborieux et rangé, il n'y a peut-être pas autant de différence qu'entre les meubles de ce dernier et ceux de tel roi d'Afrique qui règne sur dix mille sauvages nus, et qui dispose en maître absolu de leur liberté et de leur vie. »

(Smith, 1776, pp. 78-79)

Le propos de Smith, ici, n'est pas tant de discourir sur un problème philosophique que de souligner les caractéristiques d'un pays « civilisé et florissant », montrant que régner sur des entrepreneurs et travailleurs libres vaut mieux que sur des sauvages réduits en esclavage. La libre entreprise et le commerce permettraient ainsi de réunir, sans même l'organiser, le « concours de plusieurs milliers de personnes » pour fournir le moindre des objets nécessaires à la vie « d'un simple journalier ou du dernier des manœuvres ». De là, on tire volontiers, encore aujourd'hui, une leçon d'humilité et de libéralisme, notamment dispensée par Milton Friedman qui, face à la caméra, reprend l'exemple du crayon de Leonard Read (Read, 1958) et insiste sur la « magie du système de prix » (Friedman, 1980), véritable miracle du marché, permettant d'obtenir à un prix dérisoire ce qu'aucun homme ne saurait manifestement fabriquer seul. Nous reproduisons ici quelques extraits du texte de Read.

« Moi, le crayon, aussi simple que je paraisse, je mérite votre émerveillement et votre respect, une affirmation que je vais essayer de prouver. En fait, [...] si vous pouvez prendre conscience du caractère miraculeux que je symbolise, vous pourrez sauver la liberté que l'humanité est si malheureusement en train de perdre. J'ai une profonde leçon à enseigner. Et je peux l'enseigner mieux qu'une automobile, un avion ou un lave-vaisselle parce que — eh bien, parce que je suis en apparence si simple.

Simple ? Et pourtant, *pas une seule personne à la surface de cette terre ne sait comment me fabriquer*. Ceci semble invraisemblable, non ? Particulièrement quand on se rend compte qu'on produit chaque année un demi-milliard de mes semblables aux États-Unis. [...]

En fait, des millions d'êtres humains participent à ma création, et aucun d'entre eux n'en connaît plus que quelques autres. [...]

Il y a quelque chose d'encore plus étonnant : c'est l'absence d'un esprit supérieur, de quelqu'un qui dicte ou dirige énergiquement les innombrables actions qui conduisent à mon existence. On ne peut pas trouver trace d'une telle personne. À la place, nous trouvons le travail de la Main Invisible. C'est le mystère auquel je me référais plus tôt. [...]

Moi, le crayon, je suis une combinaison de miracles : un arbre, du zinc, du cuivre, du graphite, etc. Mais, à ces miracles qui existent dans la Nature, s'ajoute un miracle encore plus extraordinaire : la configuration des énergies créatrices humaines — des millions de tout petits savoir-faire se réunissant naturellement et spontanément en réponse à la nécessité et au désir humains et en l'absence de tout esprit organisateur ! »

(Read, 1958, Institut Coppet)

L'allusion à Smith, ici, est directe ; le texte n'en est presque qu'une citation, et une réponse au questionnement de Smith est ici donnée, tout aussi imprécise, sur le dénombrement : le travail de « millions d'êtres humains » serait nécessaire pour obtenir un seul crayon. La réflexion sur le sujet s'est ainsi emparée de cet exemple, renvoyant à celui de la veste de laine, pour montrer une sorte de coopération non consciente, celle de l'ensemble des métiers et des talents, agissant au bénéfice de tous.

« Cette histoire montre que des hommes libres travaillant dans la poursuite de leur légitime intérêt agissent davantage pour le bénéfice de la société que n'importe quelle stratégie économique planifiée et centralisée. »

(Institut Coppet, présentation du texte de Read)

Ce n'est finalement pas tant le travail comme labeur individuel qui est ici valorisé, mais la réunion des travaux, la « configuration des énergies créatrices humaines » ; dans le cadre de la division du travail, cette synergie est source de multiplication des produits. De divisé, le travail se retrouve en quelque sorte réuni dans son résultat final incarné, et la profusion de ces résultats, objets et services de toutes sortes, ne provient, pour ainsi dire, pas vraiment du travail de l'homme. « À la place, nous trouvons le travail de la Main Invisible. » (Read, *op. cit.*). Nous savions que la « main invisible » constituait encore un refuge explicatif bien utile, quasiment irréfutable de par son propre qualificatif, même si on ne la voit pas ; mais de là à soutenir qu'elle travaille… On peut souligner l'insistance, typiquement américaine, sur l'aspect merveilleux et miraculeux du mécanisme à l'œuvre ; la présentation du livre de Read sur le site Amazon est, sur ce point, édifiante.

« Dans « Moi, Crayon », Leonard E. Read illustre avec splendeur l'interconnectivité merveilleuse du marché mondial, dans cet essai classique raconté du point de vue d'un simple crayon – un objet utilisé pratiquement par tous, mais que personne ne peut fabriquer seul. Des centaines de milliers d'Américains de tous âges continuent d'apprécier cette explication simple et belle du miracle de la « main invisible » en suivant la production d'un crayon ordinaire. »

(Amazon, présentation du livre de Read)

L'explication simple et belle d'un miracle, c'est cela, le tour de force de Read et Friedman, suivant les pas de Smith. On est loin, très loin, de l'esprit scientifique correctement formé selon Bachelard.

## Le paradoxe causal (l'imagination effrayée)

La question, toutefois, demeure posée : peut-on déterminer – précisément – la quantité de travail nécessaire à la fabrication d'une marchandise quelconque, *a fortiori* de plusieurs, tenant compte du travail indirect, passé, à l'origine des outils utilisés, eux-mêmes étant des marchandises issues, antérieurement, de l'utilisation d'autres outils ? Ce serait d'emblée, selon Smith, peine perdue ; la « multitude d'ouvriers », concernant l'ensemble d'un mobilier, est proprement « innombrable », « au-delà de tout calcul possible » (Smith, *op. cit.*). Même pour une « œuvre grossière » comme une simple veste de laine (que dire, alors, d'un outil de production perfectionné ou d'un véhicule), le calcul semble vain. Nous pouvons citer quelques passages du texte écrit par Horace Say, dont Read se serait également inspiré (au point que le site de l'Institut Coppet, qui le présente, l'aura intitulé « *Moi, l'épingle* »), dans lequel Say reproche à Smith de ne pas être remonté assez loin dans la chaîne causale, non de la veste de laine mais, en guise d'allusion, d'une épingle. Il assimile d'ailleurs, sans doute avec raison, cette remontée à celle de l'esprit d'analyse lui-même.

« Si Smith avait fait remonter plus haut son esprit d'analyse, il aurait pu montrer que bien d'autres opérations partielles s'étaient réparties entre différents travailleurs pour amener à sa perfection ce petit produit de l'industrie humaine, dont la valeur est si minime, et qu'on appelle une épingle. Il aurait pu appeler l'attention sur le travail du mineur, qui amène à la surface du sol le minerai de cuivre, sur celui d'un mineur d'origine et de mœurs différentes, qui, dans une autre partie du monde peut-être, a dû extraire le minerai d'étain, nécessaire pour les alliages et pour le blanchiment de l'épingle. [...] il a fallu de plus les transporter par eau et par terre jusqu'à la porte de la fabrique d'épingles. Combien d'opérations diverses partagées entre un nombre infini de travailleurs, n'a pas nécessité la construction seule du navire employé au transport de l'étain, d'un port de l'Inde en Angleterre ! [...] L'imagination s'effraye de l'étendue des recherches qu'il faudrait faire pour montrer ainsi tous les travaux qui ont été nécessaires pour amener à sa perfection le moindre des produits quelconques, dans l'une des branches de l'industrie manufacturière de nos sociétés modernes. »

(Say, 1852, Institut Coppet)

Effectivement, l'imagination peut bien « s'effrayer » lorsque l'on considère, comme ici, « un nombre infini de travailleurs » à l'origine d'un seul navire de transport. La fascination l'emporte, comme elle avait emporté un autre auteur contemporain de Say, Frédéric Bastiat, qui effectua, lui aussi, sa propre remontée causale et analytique.

« Prenons un homme appartenant à une classe modeste de la société, un menuisier de village, par exemple, et observons tous les services qu'il rend à la société et tous ceux qu'il en reçoit ; nous ne tarderons pas à être frappés de l'énorme disproportion apparente. [...]

D'abord, tous les jours, en se levant il s'habille, et il n'a personnellement fait aucune des nombreuses pièces de son vêtement. Or, pour que ces vêtements, tout simples qu'ils sont, soient à sa disposition, il faut qu'une énorme quantité de travail, d'industrie, de transports, d'inventions ingénieuses, ait été accomplie. [...]

Ensuite il déjeune. Pour que le pain qu'il mange lui arrive tous les matins, il faut que des terres aient été défrichées, closes, labourées, fumées, ensemencées ; il faut que les récoltes aient été préservées avec soin du pillage ; il faut qu'une certaine sécurité ait régné au milieu d'une innombrable multitude ; [...] il faut que le fer, l'acier, le bois, la pierre aient été convertis par le travail en instruments de travail ; que certains hommes se soient emparés de la force des animaux, d'autres du poids d'une chute d'eau, etc. ; toutes choses dont chacune, prise isolément, suppose une masse incalculable de travail mise en jeu, non-seulement dans l'espace, mais dans le temps.

Cet homme [...] enverra son fils à l'école, pour y recevoir une instruction qui, quoique bornée, n'en suppose pas moins des recherches, des études antérieures, des connaissances dont l'imagination est effrayée.

Il sort : il trouve une rue pavée et éclairée. [...]

Il est impossible de ne pas être frappé de la disproportion, véritablement incommensurable, qui existe entre les satisfactions que cet homme puise dans la société et celles qu'il pourrait se donner, s'il était réduit à ses propres forces. J'ose dire que, dans une seule journée, il consomme des choses qu'il ne pourrait produire lui-même en dix siècles. »

(Bastiat, 1850, Institut Coppet)

On voit que, chez les deux auteurs, l'imagination en est « effrayée » ; la belle expression est parlante, car on est là, tout de même, face à une réalité troublante : des millions d'objets fabriqués, chacun nécessitant l'activité de millions de personnes sans que le nombre exact ne puisse en être révélé, parviennent à satisfaire au mieux les besoins de tout le monde, cela sans organisation consciente globale. On comprend la fascination des auteurs pour le « marché libre », la « main invisible », la fascination, même, de Smith qui, en réfléchissant sur la provenance de la veste de laine, ne s'attendait peut-être pas à ce que le travail soit autant divisé pour chaque marchandise sur laquelle se portait sa réflexion. Car la division du travail à l'origine d'une marchandise particulière correspond, par définition, au fait que celle-ci soit le résultat de plusieurs travailleurs ; et le paradoxe apparaît dès lors que l'on tient compte, pour la fabrication de la veste de laine, du travail indirect nécessaire à son obtention, en remontant ainsi, jusqu'où ? La question est importante, car c'est au bout de cette chaîne causale que l'on trouve les expressions « multitude » ou « millions » concernant le nombre de personnes impliquées.

La société entière semble avoir été convoquée pour réaliser cette fameuse veste, or sa valeur, censée être fonction de la quantité de travail nécessaire, est loin d'être immense. C'est cet aspect, comme un signe magique pour Friedman, d'un crayon comme d'une veste nécessitant autant de travail et, néanmoins, porteur d'une valeur économique exprimée, en monnaie, par un prix le plus souvent dérisoire, qui apparaît paradoxal. Doit-on, sur la mesure en nombre de travailleurs, être plus précis ? À cette question, la réponse de Ricardo débute par une énumération semblable et se termine, subtilement, de manière cinglante.

« En estimant, par exemple, la valeur échangeable des bas de coton, nous verrons qu'elle dépend de la totalité du travail nécessaire pour les fabriquer et les porter au marché. Il y a d'abord le travail nécessaire à la culture de la terre où l'on a récolté le coton brut ; puis celui qui a servi à le transporter dans le pays où l'on doit fabriquer les bas, – ce qui comprend une partie du travail employé à la construction du navire qui doit porter le coton […] ; puis, vient le travail du fileur et du tisserand, et une partie de celui de l'ingénieur, du serrurier, du charpentier, qui ont construit les bâtiments et les machines ; enfin les services du détaillant et de plusieurs autres personnes qu'il serait inutile d'énumérer. »

(Ricardo, 1817, p. 24)

S'il est « inutile d'énumérer », outre les corps de métier cités, « plusieurs autres personnes » ayant participé à l'élaboration des bas de coton, c'est que l'énumération, ou la seule tentative de dénombrement, de tous les travailleurs impliqués est, en fin de compte, inutile. Ricardo considère, en effet, non le nombre de travailleurs, mais le temps de travail comme mesure satisfaisante de sa quantité, même en gommant de manière assez rapide, comme on l'a vu, les distinctions qualitatives des différentes sortes de travail. Cependant, une fois la fameuse « échelle comparative » établie, le temps de travail dépend du nombre, et il revient au même de compter un nombre d'heures de travail effectuées par une personne et un nombre de personnes travaillant pendant une heure : la quantité de travail serait la même, exprimée en deux unités différentes de mesure.

C'est donc bien l'enchaînement causal qui trouble le jeu, comme un physicien remonte de l'effet à la cause, jusqu'à une hypothétique cause première. Ainsi que le fait Smith, nous pourrions remonter chaque branche de production, pour le minerai, le bois utilisé, le moulin... De même, posons que, pour avoir de la laine, il faut des moutons, des hommes pour les élever, des pâturages ; il faudrait donc invoquer l'activité nécessaire des générations précédentes... Là encore, où s'arrêter ? Du seul point de vue physique et causal, de fil en aiguille, on en arrive au Big Bang ; une boutade, bien entendu, car ce qui retient l'attention de Smith, c'est le travail requis, effectué le long de la chaîne productive, mais où doit-on s'arrêter dans la remontée des activités effectuées ? Faut-il atteindre, dans une branche particulière de production, un stade de travail où aucun outil ne serait utilisé ? C'est là où la pensée bute, où la réflexion se perd, au pied de l'arbre généalogique en travail de chaque marchandise finale, face à l'ampleur d'une tâche impossible, « au-delà de tout calcul possible ». Et c'est là où, de notre point de vue, l'analyse économique a toute sa place. C'est là où la notion de valeur est nécessaire.

L'analyse proposée ici ne s'avère pas particulièrement technique ou difficile ; elle nécessite toutefois quelques développements indispensables à sa compréhension. Nous faisons nôtre la considération suivante des Meadows concernant leur propre « vision du monde » : « On n'a pas besoin de la décrire à qui la partage, et il est difficile de la décrire aux autres. » (Meadows & al., 2004, p. 40). C'est pourquoi nous ne ferons que tenter de démêler, sans prétendre entièrement résoudre, l'aspect paradoxal du texte de Smith, en insistant sur deux considérations particulières que nous allons expliciter. La première, la « partition infinitésimale », ne nécessite pas forcément l'intervention de la notion de valeur ni de la mesure monétaire, même si le recours à la mesure du prix permet de mieux l'appréhender. La seconde, par contre, requiert une plongée dans le prix en monnaie et la reconnaissance de ce que peut être, selon nous, la nature de la valeur ; il s'agit de la « destruction des parties ». Que le lecteur se rassure, ce n'est pas douloureux.

### La partition infinitésimale

Cette considération tourne autour d'une idée très simple : la quantité d'un intrant, dans la production, se répercute sur l'ensemble des unités produites. On a ainsi une quantité unitaire d'intrant ; c'est le cas du prix d'achat d'un équipement quelconque, lorsqu'il est comptabilisé comme un coût, répercuté par parties dans les prix unitaires de tous les produits (même si l'équipement en question ne sert pas directement à fabriquer tous les produits). Que la quantité mesurée, à propos d'un outil, soit celle du travail nécessaire ou d'autre chose, dès que l'on conçoit une transmission de cette quantité aux nombreux résultats de l'utilisation de cet outil, on ne doit toujours considérer que la transmission d'une partie, une portion seulement, de la quantité initiale pour un seul de ces résultats : selon le nombre obtenu, la quantité initiale en sera divisée d'autant. On retrouve cette idée, concernant la quantité de travail, chez les deux grands auteurs classiques (nous accentuons).

Dans le passage de Smith (*op. cit.*) :

- « et vous verrez que le nombre des gens dont l'industrie a concouru *pour une part quelconque* à lui fournir ce mobilier »

- « tous ont mis *une portion* de leur industrie à l'achèvement de cette œuvre grossière. »

Dans l'extrait de Ricardo (*op. cit.*) :

- « ce qui comprend *une partie* du travail employé à la construction du navire »

- « et *une partie* de celui de l'ingénieur, du serrurier, du charpentier, qui ont construit les bâtiments et les machines »

Il va de soi qu'avec la même paire de ciseaux, le berger peut couper la laine servant à confectionner plusieurs vestes, des centaines sans doute, et le fourneau aura non seulement servi à la fabrication de milliers de ciseaux, mais encore à bien d'autres choses. Rapporter les constructions entières du fourneau, du moulin et de la charpente à la seule paire de ciseaux et, *a fortiori*, à une seule veste de laine, constitue manifestement un biais cognitif propre à provoquer l'extase devant la seule idée d'une énorme cause nécessaire à une conséquence proprement insignifiante.

Si l'absence d'un « esprit organisateur », soulignée dans le texte de Read, provoque l'étonnement, sa présence serait à coup sûr jugée fort inappropriée s'il s'agissait de fabriquer un bateau pour transporter un seul crayon, comme un fourneau pour obtenir une seule paire de ciseaux à laine. Là est le biais cognitif : on a littéralement l'impression, à la lecture du texte de Smith, qu'une seule veste requiert, sans que l'on en ait conscience, une énorme quantité de travail, la construction du fourneau rien que pour elle ; comme si, pour avoir une souris, il faudrait une montagne pour l'accoucher… Mais la montagne en question accoucherait, sans nul doute, de plusieurs millions de souris. Ainsi, le fourneau pouvant vraisemblablement être mis à contribution pour fabriquer des millions d'articles, dont des centaines de milliers de paires de ciseaux, le travail nécessaire à la construction de ce fourneau sera littéralement divisé par un nombre de cet ordre, pour n'en obtenir que la part respective supportée par chaque article, en fonction du nombre obtenu. La partition infinitésimale ne fait qu'exprimer ce calcul simple : si, avec une unité de A, l'on obtient 10 unités de B, et si chaque unité de B permet d'obtenir 10 unités de C, il est clair qu'une unité de C ne contiendra au mieux qu'un centième de ce que pourrait éventuellement lui transmettre l'unité de A. En multipliant les unités et les stades d'obtention, on arrive vite à des portions unitaires réellement infinitésimales, dans chaque unité finalement obtenue, de ce qui leur est transmis des premières le long du processus.

Compte tenu de ce qui précède, nous pouvons à présent convoquer la grandeur du prix monétaire comme témoin de l'autre grandeur qui nous intéresse, la quantité de travail ; cela afin de mettre à distance l'aspect physique ou matériel de la transmission dont nous parlons. La recherche, dans le travail total nécessaire à la veste, de la part occupée par le travail nécessaire au fourneau est en effet rendue floue par le fait qu'aucune partie matérielle du fourneau ne se retrouve dans les ciseaux, et qu'aucune partie matérielle des ciseaux ne se retrouve dans la veste. Il n'y a rien de tangible sur quoi s'appuyer pour déterminer cette part, notamment par l'hétérogénéité irréductible des choses en présence, et même lorsque cela est le cas, pour des matières premières ou des ingrédients, leur présence économique dans le produit final n'a rien à voir, encore une fois, avec leur présence physique : si la farine occupe, en proportion, la même place que le beurre dans un quatre-quarts, il est fort probable que cette proportion ne corresponde pas à sa place économique dans le gâteau, car les expressions numériques pertinentes à prendre en compte, au sens littéral du terme (c'est-à-dire au niveau comptable), ne peuvent être que les prix respectifs des ingrédients.

Lorsque l'on décèle, dans la veste, une quantité de travail nécessaire à la paire de ciseaux, le passage de cette quantité de l'une à l'autre, d'évidence, n'est pas une opération du Saint-Esprit ; il relève encore moins de l'alchimie. L'activité nécessaire à la fabrication du fourneau, en tant qu'activité physique de travailleurs, demeure passée depuis belle lurette, et il ne s'agit pas de la convoquer à nouveau ; on ne ferait ainsi qu'effectuer à nouveau une activité similaire. Mais il est une trace, un écrit de cette activité, même si cette mesure peut être considérée comme imparfaite, comme on l'a vu, par les auteurs : les salaires versés. Or, ces salaires comptent comme une partie des prix, autres données objectives pour l'analyse. Celle-ci, pour être un tant soit peu valable, doit donc s'emparer des données économiques à disposition, et si l'on considère qu'une quantité économique doit passer de la matière première au produit fini, comme de l'outil au résultat de son utilisation, c'est bien le prix de cette matière première ou de cet outil qui doit être retenu comme dimension quantitative, en tant que coût de production enregistré pour celui qui le paie, car ce prix doit toujours être récupéré dans la vente du résultat final. C'est bien dans la répercussion du prix d'achat, en tant que coût de production, et dans sa récupération par parties, que l'on peut considérer une réelle transmission économique, quantitativement mesurée, de ce qui est utilisé pour produire au produit obtenu ; or, il est établi que ces parties, dans le prix final de chaque produit ou article, sont d'autant plus faibles que le nombre d'articles obtenu est grand.

Le prix, par son paiement comme coût et sa répercussion dans les ventes, permet ainsi la compréhension des chaînes causales concernant le travail indirect transmis d'une marchandise à l'autre. Le fait que la veste de laine nécessite une énorme quantité de travail est ainsi formellement démenti par une observation simple : son prix de vente n'est pas énorme, tandis qu'il devrait l'être si cette hypothèse était vraie. La magie à la Friedman du prix dérisoire s'explique alors simplement par le fait que le prix de la veste ne contient pas l'entièreté de celui des ciseaux, encore moins celle de celui du fourneau ; il n'en contient, nous l'avons dit, qu'une très faible partie de chacun. En remontant dans les branches causales physiquement représentées par les outils, équipements et matières utilisés, on ne peut, en réalité, que toujours creuser dans le prix – déjà faible – de la veste pour ne trouver que des parties de plus en plus petites du nombre en monnaie qui le définit. Ce faisant, on n'ajoute en rien du travail supplémentaire par rapport au travail total nécessaire à cette veste, déjà représenté, d'une manière ou d'une autre, au sein de son prix.

Ainsi, le travail nécessaire au fourneau se retrouve bien « dans » l'ensemble de tous les ciseaux fabriqués, par le truchement de l'inclusion, d'une part, des salaires (payés pour sa fabrication) dans son prix et, d'autre part, de son prix dans le prix de l'ensemble des ciseaux (dans le cas, bien restrictif, où l'on ne ferait que fabriquer des ciseaux grâce au fourneau) ; le prix d'une seule paire, celle achetée par le berger, n'en contiendra ainsi qu'une faible partie, en fonction du nombre de paires de ciseaux obtenues grâce au fourneau. Dès que l'on évoque la nécessité de millions de travailleurs, c'est bien pour un résultat conséquent, des millions de marchandises obtenues par ce travail, et c'est par ce nombre que, précisément, le travail total est divisé. La prise en compte de ce facteur diviseur, le nombre de ciseaux et, *a fortiori*, de vestes par fourneau, par moulin, par charpente, ou encore, si l'on veut, le nombre de crayons transportés par bateau (sur la durée d'exploitation du bateau), contribue sans conteste à diminuer considérablement l'apport causal de chacune des activités nécessaires aux équipements utilisés, à chaque palier remonté de la chaîne productive. Cet apport est en effet représenté par un nombre d'unités monétaires de plus en plus petit, éventuellement infinitésimal, intégrant toujours le seul prix de la marchandise finale, celui d'une veste ou celui d'un crayon.

### La destruction des parties

Non seulement la part du prix de chaque outil utilisé, au sein de celui de la veste, peut être rendue très faible, de manière extrême, en fonction du nombre, mais aussi et surtout, cette part peut déjà être détruite au point de ne plus intégrer le prix du résultat final. Autrement dit, et cela, exprimé sans ambages, est peut-être difficile à concevoir, il se peut que la paire de ciseaux, même physiquement nécessaire à l'élaboration de la veste de laine, ne puisse plus être considérée comme une cause économique de cette veste, parce qu'aucune partie de son prix – donc, le lecteur l'aura compris, de la quantité de travail qui lui fut nécessaire – ne se retrouve dans le prix de cette dernière. L'explication est simple : à partir d'une certaine quantité de laine, donc d'un certain nombre de vestes finalement réalisées, le prix d'achat des ciseaux aura été récupéré dans le prix de toute la laine alors déjà vendue par le berger. En d'autres termes, les ciseaux auront bel et bien été vendus par le berger aux acheteurs de sa laine, sans que ces derniers n'en aient, bien entendu, vu la couleur ; la nouvelle laine, coupée avec la même paire, n'intègrera désormais, dans son prix, plus aucune part du prix des ciseaux (ce qui permet au berger, pour un même prix, d'augmenter son revenu ou, pour un même revenu, de diminuer le prix de sa laine). Dès lors, on est tout à fait en droit de conclure qu'à ce moment, la laine coupée ne nécessite plus aucune part du travail qui fut nécessaire à l'obtention des ciseaux.

Les biens de production durables, couramment appelés « capitaux fixe » dans la discipline, ont bien souvent la faculté, par leur robustesse et un entretien adapté, de pouvoir être exploités au-delà de leur durée comptable d'amortissement prévue. Tel viticulteur utilisera encore, pour rentrer sa vendange, une remorque achetée trente ans auparavant, dont le prix d'achat aura été récupéré, en une dizaine d'années seulement, dans la vente de son vin. La remorque « sert » encore, physiquement, mais elle n'a plus, formellement, d'existence économique au sein du prix du vin. C'est là, indiscutablement, une preuve de l'incohérence fondamentale de l'approche de la valeur par l'utilité retirée de l'usage. On dit alors que la remorque est « amortie », considérant par là qu'elle aurait fini par rapporter, dans son utilisation, autant que ce qu'elle aura coûté, mais le revenu gagné, plus prosaïquement, correspond à sa vente, signant la disparition finale de son coût : elle aura fini, en effet, par être intégralement revendue aux acheteurs du vin, jusqu'aux consommateurs finals. Nous verrons plus précisément, dans un chapitre ultérieur, ce mécanisme d'amortissement par la compensation du coût, menant à sa disparition définitive.

De même, il n'est pas interdit de considérer que le fourneau, le moulin ou la charpente aient tous vu leur prix, en tant que coût de production assumé par les clients, déjà amorti dans la vente préalable des marchandises qu'ils auraient déjà servi à fabriquer, et que le prix des ciseaux utilisés par le berger n'intégrait plus, de fait, une quelconque part du leur ; ainsi, la laine ne nécessiterait plus aucune part du travail nécessaire à tout cela, et la veste de laine, en définitive, ne requerrait en grande partie que le travail de son dernier vendeur, celui de l'artisan qui la termine et qui la vend, voire celui du commerçant qui l'écoule. Or, c'est ici l'amortissement final, celui du coût total assumé par le dernier vendeur, lorsque celui-ci récupère, dans la vente, les dépenses qu'il a engagées. S'interroger alors sur le travail nécessaire à cette veste, comme à tous les objets achetés de manière finale (c'est-à-dire non expressément utilisés, au sein d'une comptabilité d'entreprise, pour la production d'autre chose), c'est finalement s'interroger sur une entité qui n'existe plus, la vente finale correspondant à la destruction littérale de l'expression économique, précisément, du travail nécessaire. Celui-ci, n'ayant physiquement existé que pour une certaine durée, n'aura été que prolongé dans le temps par son expression économique, comme suspendu en l'attente de sa disparition finale.

Il n'est donc pas nécessaire de remonter plus avant dans les chaînes causales. Si l'on considère la quantité de travail d'un point de vue économique, représentée par des coûts – et des revenus, perçus par les travailleurs – successifs, c'est-à-dire des valeurs comptables créées et périodiquement amorties, le paradoxe de la veste de laine s'évanouit, comme s'évanouit, lors de son achat final, la quantité de travail nécessaire à sa confection. La notion de valeur, expressément représentée par les concepts de revenu et de coût, permet ainsi de dissiper le paradoxe relevé par Smith : la partition infinitésimale et, surtout, la destruction par amortissement de parties de ce coût grâce à la récupération de revenus correspondants, permettent de réduire considérablement, jusqu'au moment de la vente finale, la quantité de travail au sein des prix non encore amortis, et le travail nécessaire à la fabrication du crayon de Read comme de la veste de Smith se retrouve toujours entièrement dans leur prix. Cette quantité résiduelle de travail n'a donc rien d'extraordinaire, et si le prix du crayon est jugé dérisoire, il n'est pas interdit de la considérer elle-même comme telle.

Bien évidemment, tout seul et sans outil, on serait bien incapable de fabriquer un tel crayon, une telle veste, mais c'est ici l'avantage de la division du travail dans un certain environnement technique, social et culturel. Esseulé comme Robinson, il est bien entendu impossible de retrouver tous les savoirs, de reproduire les technologies, de « tout faire », mais la quantité de travail sur laquelle on s'interroge n'est pas celle qui pourrait être fournie par Superman, elle est celle réellement effectuée par les travailleurs, mesurée par les revenus monétaires versés, restant à amortir en tant que coûts supportés, concernant la marchandise finale.

La conception d'une destruction pourrait sembler radicale, trop extrême, concernant le travail ou la valeur monétaire, lors de la vente d'une marchandise. L'esprit est tellement habitué à ne voir qu'une circulation des valeurs, à travers celle des formes divisionnaires ou fiduciaires de la monnaie (qui ne sont que des supports physiques de relations financières), ou bien le déplacement, d'un patrimoine à l'autre, des valeurs estimées des marchandises existantes, que l'idée même d'une destruction heurte sensiblement le sens commun. Néanmoins, comme on conçoit relativement bien qu'une valeur puisse apparaître, par le travail notamment, comme on accepte, assez facilement et, nous le verrons, trop rapidement, qu'un actif net puisse faire l'objet d'une création monétaire, il faut, de même, pouvoir concevoir qu'une valeur puisse littéralement disparaître. Or, il s'agit là d'un point essentiel de désaccord avec la conception contemporaine de la valeur, celle qui voit la valeur d'une marchandise apparaître lors de sa vente finale ; la valeur, comme on l'imagine, sera alors progressivement détruite au fur et à mesure de la dégradation matérielle, elle-même progressive, de la marchandise concernée, ou elle sera encore augmentée, pense-t-on, en fonction de la rareté constatée ou de la demande d'occasion qui s'y appliquerait.

L'analyse qui précède nous inciterait plutôt à considérer l'évolution inverse, celle d'une valeur qui se construit progressivement au fur et à mesure des transactions interentreprises, où chaque client reprend, en en payant le prix, le coût de ses fournisseurs, faisant ainsi perdurer les parties non encore amorties de la valeur totale, jusqu'à son amortissement final, lors de la vente à un agent non producteur, c'est-à-dire à un consommateur, membre de l'ensemble des ménages. On voit la dimension légitime à laquelle, selon nous, devrait accéder (ou revenir, l'ayant progressivement perdue) la notion de consommation, à savoir la « consommation de valeur », à l'instar de la « production de valeur » ; car il s'agit bien, économiquement, de consommer non des yaourts, mais de la valeur, et celle-ci, après avoir été produite, donc créée, est enfin consommée, donc détruite.

### Les deux parties – difficilement – distinctes du prix

La partie destructible, ou amortissable, du prix d'une marchandise correspond *a priori* à son coût de production, du moins celui de son dernier vendeur dans la chaîne productive, et c'est une première représentation, presque immédiate, qui s'impose alors : le prix, en tant que montant demandé et affiché, comporterait deux parties analytiquement identifiables, car le revenu drainé pour ce montant doit, d'une part, amortir le coût de production et, d'autre part, fournir un profit en sus. C'est cette distinction qui permet à certains distributeurs ou vendeurs finals de proposer des articles « à prix coûtant », sous-entendu avec une marge profitable réduite, voire nulle pour ces vendeurs. Mais si l'expression provient de la considération de la nullité de leur profit direct, on peut aisément douter de la même nullité concernant celui de leurs fournisseurs qui, et c'est une nécessité, fait logiquement partie de leur coût répercuté.

Avant d'aborder cette question, précisons que la distinction entre le coût de production et le profit n'a pas toujours été évidente, l'entreprise étant souvent considérée sous l'angle d'une activité indépendante, comme celle d'un artisan, d'un maraîcher, d'un patron d'une petite fabrique, d'un commerçant, etc. Pour ce type d'activité libérale, ce qui est souvent dénommé « profit » correspond à une marge bénéficiaire en réalité bien légitime, correspondant au revenu de l'indépendant, à sa propre rémunération : tiré des ventes, il s'agit néanmoins d'un revenu du travail, l'indépendant en question étant alors lui-même un travailleur ; ce revenu compte ainsi comme partie des coûts de production en travail et, de ce fait, fut d'emblée analysé, à l'instar du salaire, comme une part directe de la production obtenue. On retrouve ce raisonnement chez Jean-Baptiste Say, notant qu'un ouvrier agricole, concourant à la production de la récolte, en reçoit une partie sous la forme d'un salaire en monnaie.

« Qu'est-ce que le salaire de l'ouvrier ? C'est la part qu'il obtient dans une production à laquelle il concourt. »

(Say, 1840, p. 51)

Pour Say, le propriétaire d'un bien loué, comme un terrain, est dans la même position : il concourt à la production et reçoit alors une rente, un loyer, un fermage dans le cas d'un terrain agricole ; il s'agit, encore, d'une partie de la récolte (ou de son équivalent monétaire), compte tenu de son prix de vente. Le propriétaire et le capitaliste, selon Say, sont donc également des participants actifs à la production et peuvent, de ce fait, également être qualifiés de producteurs.

« Le propriétaire d'un bien fonds, produit indirectement par le moyen des facultés productives de son fonds ; le propriétaire d'un capital produit par le moyen de son capital ; de même que l'industrieux par le moyen de ses facultés industrielles. Vous ne serez donc pas surpris, messieurs, si je range les propriétaires fonciers et les capitalistes dans la classe des producteurs. En cette occasion, comme toujours, j'ai soin de préciser mes expressions, pour qu'on ne puisse pas se méprendre sur mon sens. »

(Say, 1840, p. 111)

Dès lors, le profit, ou bénéfice, de l'entrepreneur fait *ipso facto* partie, selon Say, des coûts (ou frais) de production.

« Si le travail de l'entrepreneur est indispensable, et s'il est nécessairement payé dans toute entreprise qui se soutient, il faut considérer son bénéfice comme un des frais de l'entreprise, comme une des dépenses *indispensables* pour qu'un produit soit créé.

Veuillez donc vous rappeler, messieurs, que, lorsque je vous parlerai des frais de production d'un produit quel qu'il soit, j'entends y comprendre le profit de l'entrepreneur, aussi bien que celui de ses ouvriers, aussi bien que l'intérêt de son capital, aussi bien que le loyer de son terrain, si son entreprise l'oblige à louer un terrain. »

(Say, 1840, p. 118)

D'emblée, le prix de vente étant destiné à rapporter un revenu correspondant à toutes ces parties, il ne fait que correspondre au coût de production de la marchandise, un coût par définition « élargi » aux profits attendus, nécessaires pour entreprendre. Dans ce cadre, où le prix et le coût se confondent, nulle place ne subsiste pour un écart entre ces deux grandeurs et la valeur : celle-ci correspond forcément à l'une des deux, et si les deux sont identiques, alors les trois sont confondues. Il s'agit là d'un point sensible des analyses alors menées, un point qui ne manque pas de susciter l'incompréhension entre les auteurs, comme Ricardo le relève lui-même, évoquant Malthus, dans la note en bas de page concernant la citation, vue *supra*, des valeurs relatives (cf. pp. 81-82).

« M. Malthus remarque au sujet de cette doctrine : « Nous pouvons, arbitrairement, appeler le travail employé à la production d'une marchandise sa valeur réelle, mais en nous exprimant ainsi nous donnons aux mots un sens différent de celui que leur donne l'usage ; nous établissons aussitôt une confusion entre le *coût* et la *valeur*, dont la distinction est très importante ; et il nous est presque impossible d'expliquer clairement ce qu'est le principal stimulant de la production de la richesse, explication qui dépend en réalité de cette distinction. » [...]

M. Malthus semble croire que ma doctrine implique que le coût et la valeur d'une marchandise sont une même chose – oui, s'il entend par coût, « coût de production », profits inclus. Ce n'est pas ce qu'il veut dire dans le passage ci-dessus. Il ne m'a donc pas compris. »

(Ricardo, 1817, note 14, pp. 40-41)

Nonobstant le ton de Ricardo, un brin condescendant dans la dernière expression qui aurait pu, dans un premier jet, s'écrire « Il n'a pas compris la vérité que je détiens », on note que la question de la différence entre le coût et la valeur est soulevée par Malthus, et la réponse de Ricardo ne peut, à ce stade, être pleinement satisfaisante. On voit qu'il considère lui-même cette différence, les profits, comme faisant partie, « inclus », des coûts de production. Dès lors, comme nous le disions, la différence entre la valeur (identifiée au prix par Malthus) et le coût s'évanouit, et la définition du profit comme type original de revenu, comme « principal stimulant de la production de la richesse », *dixit* Malthus, ne peut que s'amoindrir. Or, il ne peut s'agir ici des « profits » dont parle Smith, car, du point de vue des revenus, celui-ci exprime fortement, au contraire, une différence de nature, qui lui paraît fondamentale, entre les salaires, ou tout autre type de rémunération d'une activité laborieuse, et les profits.

Certes, en tant que parts de la valeur, les salaires et les profits partagent cette même nature de revenu ; c'est donc qu'ils auraient la même source, pour Smith, en l'espèce le seul travail. Cependant, la perception des profits au sens de Smith ne vient pas récompenser, comme chez Say, l'activité d'un entrepreneur indépendant, d'un artisan, d'un agriculteur ou d'un petit patron, car ce qu'ils perçoivent est alors relié à une activité, précisément ; et les percepteurs de profits dont parlent Smith ne fournissent aucune activité particulière pour les obtenir, sinon ce ne serait pas, précisément, des profits. Ce n'est pas de son activité, quelle qu'elle soit, que l'actionnaire retire le dividende qu'il perçoit, car cette perception dépend non de son travail, mais de la propriété d'un capital utilisé dans une production vendue. Cela suffit à tracer, au sein de la valeur, une frontière analytique précise entre ces deux parties distinctes, correspondant aux deux types distingués de revenu.

« Ainsi, la valeur que les ouvriers ajoutent à la matière se résout alors en deux parties, dont l'une paye leurs salaires, et l'autre les profits que fait l'entrepreneur sur la somme des fonds qui lui ont servi à avancer ces salaires et la matière à travailler. Il n'aurait pas d'intérêt à employer ces ouvriers, s'il n'attendait pas de la vente de leur ouvrage quelque chose de plus que le remplacement de son capital, et [...] si ses profits n'étaient pas en rapport avec l'étendue du capital employé.

Les Profits, dira-t-on peut-être, ne sont autre chose qu'un nom différent donné aux salaires d'une espèce particulière de travail, le travail d'inspection et de direction. Ils sont cependant d'une nature absolument différente des salaires ; ils se règlent sur des principes entièrement différents, et ne sont nullement en rapport avec la quantité et la nature de ce prétendu travail d'inspection et de direction. Ils se règlent en entier sur la valeur du capital employé, et ils sont plus ou moins forts, à proportion de l'étendue de ce capital. »

(Smith, 1776, p. 118)

Le qualificatif « prétendu », attribué au travail d'inspection et de direction, ne doit pas, selon nous, faire penser que ce travail, au fond, n'existerait pas ; il est certain, au contraire, que cette activité de cadre est aujourd'hui parfaitement reconnue et répandue. Ce que dit Smith, néanmoins, est implacable : les profits « ne sont nullement en rapport avec la quantité et la nature » de cette activité, car si travail d'inspection et de direction il y a, sa rémunération, quel que soit son montant, ne peut être que de l'ordre du salaire ; l'inspecteur et/ou le dirigeant perçoivent alors, par définition, un revenu du travail intégrant les coûts à amortir de l'entreprise qui les rémunère. Le profit, précisément, est logiquement d'un autre ordre, puisqu'il demeure *in fine* perçu de par la seule qualité de propriétaire possédée par l'agent (un ménage) bénéficiaire de sa redistribution, un agent qui, par définition là aussi, n'aura pas activement participé à la production des marchandises dont la vente aura permis de gagner ce profit. Or, ce versement final ne peut logiquement s'effectuer que si le revenu concerné, tiré des ventes, ne vient amortir aucun coût de production chez l'entreprise concernée ; c'est pourquoi celle-ci peut décider, au lieu de le redistribuer, de l'investir dans l'achat de biens de production, amortissant alors les coûts des entreprises les produisant.

Le profit ne peut donc, en aucun cas, correspondre à la rémunération d'un travail, et la distinction des deux types de revenu, « du travail » (salaire) et « du capital » (profit), peut alors être fondée sur un seul critère décisif : le travail ou non de celui qui perçoit le revenu en question, déterminant, de manière générale, la nouvelle production ou le simple transfert de ce revenu. Il va de soi, en outre, qu'un travailleur peut très bien cumuler, comme c'est le cas aujourd'hui en participations ou intéressements, ces deux types de revenu ; du moins, rien ne l'interdit en théorie. Il serait néanmoins fautif, du point de vue de leur origine, d'assimiler le revenu perçu en profit avec celui perçu en salaire, même si, portés au crédit d'un même compte, ils s'additionnent.

Il est intéressant de constater, dans la citation précédente, à quel point Smith anticipe la conception des « profits inclus dans les coûts », exprimée par Ricardo et Say, au bas mot, quelques quarante et soixante années plus tard respectivement, et à quel point il rejette, de manière prémonitoire, cette interprétation. La perception des profits ne correspond pas, pour Smith, à une récupération d'un « coût de production obligé », inévitable pour entreprendre ; les profits, pour Smith, ne font pas, et ne peuvent pas faire, partie des coûts de production ; ce serait, en quelque sorte, un non-sens, car c'est précisément parce qu'ils n'en font pas partie, parce qu'ils représentent, hors du coût, « quelque chose de plus », quelque chose de profitable, qu'ils se permettent d'exister, obtenus dans la différence, pour chaque marchandise, entre le prix et le coût de celle-ci.

Cette différence profitable, Walras ne l'appellera pas « profit », si l'on se rappelle que ce terme, chez lui, désigne, au pluriel, les « *revenus* ou *services mobiliers* » (c'est-à-dire les usages) des « *capitaux mobiliers* ou *capitaux* proprement dits » (Walras, 1874, p. 269). Les profits sont ici des services, que l'on peut qualifier de « réels », fournis par les capitaux, à l'instar des « services de logement » fournis par les habitations, et lorsqu'ils sont combinés aux services, tout aussi réels, des terres et des personnes (les revenus respectivement appelés rentes et travaux), ils sont les « services producteurs » fournis par ces capitaux. Le profit est donc, chez Walras, une entité bien réelle, non monétaire ; c'est un effet, celui de l'usage des capitaux, comme la rente est l'effet de l'usage de la terre, et le travail, l'effet de l'usage des personnes. Or, il s'agit là d'éléments tous nécessaires à l'élaboration matérielle des produits. C'est sur le marché de ces services que leur prix respectif est débattu, et qu'ils sont vendus – il s'agit plutôt, pour Walras, d'une location – par leur détenteur, à la figure emblématique de « l'entrepreneur ». Celui-ci vend, en retour, les produits sur le marché qui leur est consacré.

« Appelons *propriétaire foncier* le détenteur des terres, quel qu'il soit, *travailleur* le détenteur des facultés personnelles, *capitaliste* le détenteur des capitaux proprement dits. Et maintenant, appelons *entrepreneur* un quatrième personnage entièrement distinct des précédents et dont le rôle propre est de prendre à bail la terre du propriétaire foncier, les facultés personnelles du travailleur et le capital du capitaliste, et d'associer, dans l'agriculture, l'industrie ou le commerce, les trois services producteurs. [...] Cela posé, comme conséquence de cette première conception du rôle de l'entrepreneur, il nous faut concevoir deux marchés distincts.

L'un est le *marché des services*. Là se rencontrent les propriétaires fonciers, travailleurs et capitalistes comme vendeurs et les entrepreneurs comme acheteurs de services producteurs, c'est-à-dire de rente, de travail et de profit. [...] Ces services producteurs s'échangent suivant le mécanisme de la libre concurrence avec intervention de numéraire. [...]

Le prix courant à forfait, ainsi débattu, de la rente en numéraire s'appellera, pour nous, le *fermage*.

Le prix courant à forfait du travail en numéraire s'appellera le *salaire*.

Le prix courant à forfait du profit en numéraire s'appellera l'*intérêt*. [...] L'autre marché est le *marché des produits*. Là se rencontrent les entrepreneurs comme vendeurs et les propriétaires fonciers, travailleurs et capitalistes comme acheteurs de produits. Ces produits s'échangent, eux aussi, suivant le mécanisme de la libre concurrence avec intervention de numéraire. [...] Le prix courant de chaque produit est celui pour lequel l'offre et la demande effectives sont égales. »

(Walras, 1874, pp. 280-282)

On perçoit la construction théorique ambitieuse de Walras, intégrant la conception du marché des services, omise par d'autres, sans laquelle la détermination de leur prix lui semble inévitablement vaine.

« Nous verrons plus tard les efforts infructueux faits par les économistes français ou anglais pour déterminer le fermage, le salaire et l'intérêt, c'est-à-dire le prix des services producteurs, sans marché de ces services. »

(Walras, 1874, p. 282)

On constate surtout que le profit, chez Walras, n'a pas du tout la même signification que chez Smith, il n'est pas « quelque chose de plus », comme élément profitable retiré du prix de vente ; il est au contraire une partie (réelle) du coût de production, l'intérêt – son prix – étant un constituant du « prix des services producteurs ». Si différence profitable il y a, chez Walras, elle s'appelle « bénéfice », et elle n'échoit pas au capitaliste, qui obtient déjà l'intérêt, mais à l'entrepreneur.

« Et d'abord, une erreur qui obscurcit, surtout chez ceux de l'école anglaise, toute la théorie de l'intérêt, c'est la confusion des deux rôles de capitaliste et d'entrepreneur. Sous prétexte qu'il est difficile, en réalité, d'être entrepreneur sans être en même temps capitaliste, ils ne distinguent pas ces deux fonctions l'une de l'autre. C'est pourquoi le terme de *profit*, employé par eux, signifie à la fois l'*intérêt* du capital et le *bénéfice* de l'entreprise.

Cette confusion est fâcheuse. [...]

Pour ce qui est de la part du profit constituant le bénéfice de l'entreprise, l'école anglaise ne voit pas qu'elle est corrélative de la perte possible, qu'elle est aléatoire, qu'elle dépend de circonstances exceptionnelles et non pas normales et que, théoriquement, elle doit être négligée. »

(Walras, 1874, p. 645)

Walras définit en effet « l'état d'équilibre de la production » comme celui où « le prix de vente des produits est égal à leur prix de revient en services producteurs » (Walras, 1874, p. 283). Le bénéfice, ou la différence positive entre le prix de vente et le prix de revient (ou coût de production), n'en demeure pas moins possible, ainsi que la perte, son inverse, lorsque le prix de vente est inférieur au coût ; ces différences doivent même être extrêmement fréquentes, puisque, selon ses propres mots, Walras considère que l'état d'équilibre en question, « idéal et non réel », n'arrive jamais.

« Cet état d'équilibre de la production est, comme l'état d'équilibre de l'échange, un état idéal et non réel. Il n'arrive jamais que le prix de vente des produits soit absolument égal à leur prix de revient en services producteurs, pas plus qu'il n'arrive jamais que l'offre et la demande effectives des services producteurs ou des produits soient absolument égales. Mais c'est l'état normal en ce sens que c'est celui vers lequel les choses tendent d'elles-mêmes sous le régime de la libre concurrence appliqué à la production comme à l'échange. »

(Walras, 1874, p. 283)

On doit donc en conclure que le bénéfice et la perte possibles pour l'entrepreneur, sauf à ce que nous soyons dans un état imaginaire et théorique de l'économie, ne doivent pas être négligés. C'est bien en ce sens, celui d'une différence entre le prix de vente et le coût de production, que l'on concevra, n'en déplaise à Walras, la catégorie des « profits », intégrant tout à la fois le bénéfice de l'entrepreneur, l'intérêt du capitaliste et le fermage du propriétaire terrien. Il nous semble en effet que le versement de bénéfices, sous forme de dividendes, aux propriétaires d'une entreprise (qui remplacent ici l'entrepreneur) ne rentre pas dans les coûts de production ; il est une dépense de répartition, le transfert d'un résultat net issu de la vente effective des marchandises. Or, le versement de fermages et d'intérêts relève de la même catégorie, car ils ne sont toujours perçus que par des personnes ; dans l'analyse de Walras, ils ne peuvent donc être que transférés. Rappelons la citation suivante :

« Appelons *propriétaire foncier* le détenteur des terres, quel qu'il soit, *travailleur* le détenteur des facultés personnelles, *capitaliste* le détenteur des capitaux proprement dits. »

(Walras, 1874, p. 280)

Il est entendu que, chez Walras, les terres, les personnes (que l'on identifie, logiquement, aux travailleurs) et les capitaux proprement dits sont mis sur le même plan, en tant qu'éléments producteurs. Or, le fermage, prix en numéraire de la rente, c'est-à-dire du service réel produit par les terres, ne peut être perçu, d'évidence, par ces terres elles-mêmes ; il le sera d'une personne, leur détenteur, le propriétaire foncier. De même, l'intérêt, prix en numéraire du profit, c'est-à-dire du service réel produit par les capitaux, ne peut être perçu par ces capitaux eux-mêmes, mais bien par une personne, leur détenteur, le capitaliste. Mais qui est le détenteur, ou propriétaire, des personnes ? Walras parle ainsi du travailleur détenteur des « facultés personnelles », mais il s'agit d'un pis-aller : c'est bien la personne elle-même, en tant que travailleur, qui perçoit le salaire, c'est-à-dire le prix du service qu'il aura fourni, et personne d'autre ; or, cela n'est pas le cas du propriétaire foncier et du capitaliste, qui perçoivent le prix de services qu'ils n'auront pas fournis, n'étant pas eux-mêmes l'objet d'un usage productif. Autrement dit, les fermages et les intérêts sont comme prélevés à leurs – impossibles – destinataires logiques, les terres et les capitaux mobiliers, pour être transférés à des personnes qui, à défaut d'être elles-mêmes des éléments producteurs, sont leurs propriétaires. Un raisonnement similaire peut être tenu concernant le bénéfice perçu par l'entrepreneur, et là, c'est encore plus simple, puisque, par hypothèse, l'entrepreneur n'a aucun lien de propriété avec les éléments producteurs dont il combine l'usage, et il n'est pas lui-même un élément producteur. Son propre usage n'est donc pas concerné dans la production, il ne fournit aucun service réel ; le bénéfice qu'il perçoit ne saurait donc correspondre au prix en numéraire d'un service rendu, inexistant chez Walras, par l'entrepreneur.

« Il est bien certain que, dans la réalité des choses, un même individu peut cumuler deux ou trois des rôles ci-dessus définis, ou même les cumuler tous les quatre, et que la diversité de ces combinaisons engendre la diversité des modes d'entreprise ; mais il l'est aussi qu'il remplit alors deux, trois ou quatre rôles distincts. Au point de vue scientifique, nous devons donc distinguer ces rôles, et éviter soit l'erreur des économistes anglais qui identifient l'entrepreneur et le capitaliste, soit celle d'un certain nombre d'économistes français qui font de l'entrepreneur un travailleur en le considérant comme spécialement chargé du travail de la direction de l'entreprise. »

(Walras, 1874, pp. 280-281)

N'étant ni un capital, ni un travailleur, ni, bien entendu, une terre, l'entrepreneur perçoit néanmoins, sous réserve d'une différence positive entre le prix et le coût, un revenu, le bénéfice. Cela suffit, en vérité, pour prétendre qu'il perçoit là un revenu fourni par un autre, par un élément lui-même producteur, qu'il soit terre, travailleur ou capital proprement dit. Il y aurait donc une différence à faire, ici, entre les revenus directement perçus par ceux qui les ont fournis, et ce ne peut être, en monnaie, que les salaires, et les revenus indirectement perçus, transférés, en fermages, intérêts et bénéfices. Néanmoins, diriez-vous, les personnes, ainsi que les terres, sont aussi considérées, dans une acception générale, comme des « capitaux au sens large » par Walras ; chez lui, tout est virtuellement capital, et tous les capitaux, c'est de leur essence, fournissent des services par leur usage. Cette considération remet-elle en cause le raisonnement précédent ? Concevons, alors, ceci : l'ensemble des capitaux dont on fait l'usage, dont les travailleurs en tant que personnes, fournissent des services ; il n'en reste pas moins que seules les personnes, travailleurs ou non, percevront l'ensemble des revenus en numéraire, et que les fermages et les intérêts seront perçus par des personnes dont l'usage (en tant que capitaux), comme pour l'entrepreneur, n'aura pas été impliqué dans la production.

Cette distinction des revenus, au niveau de leur destination, ne peut cependant se révéler pleinement opérationnelle dans la théorie de Walras, car celle-ci contient toujours, et elle la comprendra encore longtemps, l'idée que les terres et les capitaux, et tous les outils, machines et autres équipements, génèrent véritablement des services par leur usage, des services producteurs de produits (de marchandises), en collaboration avec les services des travailleurs, et génèrent donc des revenus exprimés en numéraire, nous dirions maintenant des revenus monétaires. C'est pourquoi ces revenus sont légitimement, au sein de sa propre construction théorique, considérés par Walras comme des revenus additionnels aux salaires, intégrant ainsi le prix de revient des services producteurs. Cependant, la partie bénéfice captée dans les ventes par l'entrepreneur ne peut en aucun cas, même chez Walras, être considérée comme faisant partie de ce prix de revient ; elle est bien « quelque chose de plus », un élément profitable retiré de la différence entre le prix de vente et le coût de production, et c'est précisément, pour l'entrepreneur, l'élément déterminant, l'élément moteur, de la combinaison des services producteurs pour réaliser des produits proposés à la vente.

« Remarquons encore que nous trouvons ici, dans le désir d'éviter des pertes et de faire des bénéfices, la raison déterminante de demande des services producteurs et d'offre des produits par les entrepreneurs, comme nous avons déjà, dans le désir d'obtenir la satisfaction maxima des besoins, la raison déterminante d'offre des services producteurs et de demande des produits par les propriétaires fonciers, travailleurs et capitalistes. »

(Walras, 1874, p. 284)

C'est donc bien cette composante « extra » du prix, additionnelle aux coûts, qui intrigue, et que l'on désignera, nonobstant sa restriction walrasienne, par le terme « profit ». C'est aussi à cette composante, comme nous allons bientôt le voir, que Marx finit par identifier la plus-value, ou survaleur, qu'il recherche au début du *Capital*, mais celle-ci est bien perçue, en ses propres termes, par le capitaliste, dont le rôle demeure largement fusionné avec l'entrepreneur. Ce dernier terme est assez peu utilisé par Marx (par rapport à « capitaliste »), d'ailleurs souvent relié au précédent, comme « capitaliste entrepreneur ». En effet, si ce dernier entreprend une production, ce ne serait pas, comme chez Walras, en vertu d'un rôle abstrait de combineur d'éléments, préjugeant de l'utilité des produits obtenus, mais toujours pour atteindre un objectif bien prosaïque, à savoir réaliser une plus-value monétaire. Pour Marx, celui qui paie, de sa poche, des salaires et des moyens de production, et qui lance ainsi de l'argent dans la circulation, est toujours un capitaliste, voire le capital en personne.

« C'est comme représentant, comme support conscient de ce mouvement que le possesseur d'argent devient capitaliste. Sa personne, ou plutôt sa poche, est le point de départ de l'argent et son point de retour. Le contenu objectif de la circulation A-M-A', c'est-à-dire la plus-value qu'enfante la valeur, tel est son but subjectif, intime. Ce n'est qu'autant que l'appropriation toujours croissante de la richesse abstraite est le seul motif déterminant de ses opérations, qu'il fonctionne comme capitaliste ou, si l'on veut, comme capital personnifié, doué de conscience et de volonté. »

(Marx, 1872, p. 64)

« C'est comme porteur conscient de ce mouvement que le possesseur d'argent devient capitaliste. Sa personne ou plutôt sa poche est à la fois le point de départ et le point de retour de l'argent. Le contenu objectif de cette circulation – la valorisation de la valeur – est son but subjectif et capitaliste ou capital personnifié, doué de volonté et de conscience, c'est seulement dans la mesure où l'appropriation croissante de la richesse abstraite est l'unique motivation active de ses opérations qu'il fonctionne. »

(Marx, 1993, p. 172)

On retrouve tout de même un point qui peut apparaître commun entre Marx et Walras : pour ces deux auteurs, le travail correspond à un usage, celui des travailleurs pour Walras, celui de leur force de travail pour Marx. En outre, pour Walras, le travailleur est un capital (en tant que personne), donc de même nature que d'autres capitaux issus d'une production, c'est-à-dire de marchandises, et la force de travail, pour Marx, est aussi une marchandise, possédée par le travailleur. Mais le parallèle, pour l'instant du moins, s'arrête là, car le salaire correspond *ipso facto* au travail chez Walras (il en est le prix en numéraire), tandis que Marx considère le salaire comme étant le prix de la seule force de travail, non du travail – l'usage de cette force – lui-même : le travail génère en effet, pour Marx, une valeur supérieure à celle de la force de travail, la valeur intégrale de la marchandise.

En tout état de cause, la différence, que l'on retrouve peu ou prou chez tous les grands auteurs, couramment acceptée dans la vision contemporaine par cette formulation générique de « différence entre le prix de vente et le coût de production », cette partie de la valeur, correspondant à une partie du prix, peut être considérée comme constituant ce que l'on nomme les « profits ». En ce sens, l'expression de Ricardo, « « coût de production », profits inclus » (Ricardo, *op. cit.*, cf. p. 107), ne peut que demeurer une *contradictio in adjecto*, une proposition incompréhensible. S'ils étaient des coûts, selon l'acception proposée par Smith, les profits ne seraient pas des profits, et si le prix était entièrement composé de coûts, les profits seraient nuls. Ce serait, dirait Walras en désignant la nullité des bénéfices, l'état d'équilibre de la production.

Ainsi, le prix de vente d'une marchandise doit comporter, et nous en conviendrons pour la suite, deux parties distinctes, le coût de production et les profits. Un petit schéma, d'une simplicité enfantine, peut être dessiné, pour fixer les idées.

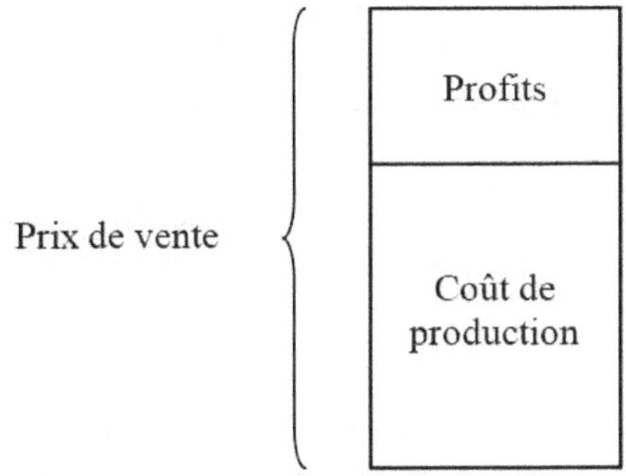

On suppose, sans donner de mesure précise, que la partie *Coût de production* est plus importante que la partie *Profits*, ce qui est le cas, sauf exceptions, pour la plupart des prix de vente des produits finals. Il sera possible, cependant, de revenir sur cette considération, à la lumière de ce qui va suivre.

## Les deux parties du coût, donc les trois parties – *a priori* – du prix

Mais la confusion est grande, encore, à propos de la notion de coût de production, ou prix de revient. On retrouve en effet, ne serait-ce que dans ces expressions alternatives, la confusion entre prix et coût, précisément liée au fait que l'on utilise des matières, des outils et des équipements lors de la production : le prix d'un bien de production est immanquablement enregistré comme un coût pour son acheteur. Jean Fourastié, dans un petit livre bien connu répondant enfin, par son titre, à une question que beaucoup se posent (*Pourquoi nous travaillons*, Fourastié, 1959), s'en sort en nommant « prix de revient » le coût unitaire de production (le coût d'une unité produite), soit la partie du « coût de revient » – global – attribuable (par une simple division) à une unité produite (ou à une marchandise si l'unité en question se présente comme telle). En définitive, le prix de revient est toujours un coût de revient, car il est une partie – la partie unitaire, en fonction du nombre d'unités obtenues – du coût de revient global, jusqu'à utiliser une expression pour l'autre. Fourastié propose une décomposition assez exhaustive du prix de revient, actuellement toujours valable, qui permet d'identifier, en définitive, deux parties fondamentales au sein même du coût de production.

« La notion de prix de revient est une notion clef de la science économique. On appelle donc *prix de revient* le coût de revient de l'unité de production (c'est-à-dire de l'unité de marchandise produite et destinée à la vente). Les principaux éléments du prix ou du coût de revient dans une entreprise sont les suivants :

— *salaires* payés aux travailleurs salariés, commissions et autres rémunérations payées au personnel, charges sociales et autres accessoires de salaires ;

— *impôts* payés à l'État ;

— *prix d'achat* des matières premières, de l'énergie consommée, des pièces semi-ouvrées et des autres éléments achetés par l'entreprise et absorbés dans la production ;

— dépenses relatives aux *investissements*, c'est-à-dire aux machines et aux installations nécessaires à la production : ce poste comprend les intérêts des capitaux immobilisés, c'est-à-dire le prix payé pour la disposition de ce pouvoir d'achat qu'est l'argent investi dans l'entreprise ; il comprend aussi et surtout les *amortissements*, c'est-à-dire les annuités nécessaires au paiement des producteurs des biens de productions utilisés. »

(Fourastié, 1959, pp. 38-39)

C'est donc avec cette « notion clef » de prix de revient que nous trouvons cette injonction, cette obligation structurelle de l'activité d'entreprise : récupérer le coût total de production dans la vente de tout ou partie des marchandises produites.

« L'entreprise doit donc récupérer par la vente de sa production au moins le coût de revient ; sinon son stock de monnaie s'épuise et elle ne peut continuer à produire. C'est là, nous l'avons déjà dit, la sanction fondamentale du système de libre entreprise. »

(Fourastié, 1959, p. 39)

On comprend que, si les coûts constituant les parties du coût de revient global peuvent être, sur le papier, différenciés par destination en salaires ou en investissements, l'ensemble des revenus dépensés, formant ce coût global, ne doit plus être divisé que par un seul nombre : celui des unités produites. Autrement dit, on ne peut connaître, des salaires ou des investissements, ou encore des matières premières, des impôts ou des dépenses publicitaires, laquelle de ces parties du coût global la vente d'une unité particulière va précisément permettre de récupérer. C'est pourquoi l'on retrouve, comme en miniature, la structure du coût global dans le coût de chaque unité : chaque marchandise « fait sa part », pourrait-on dire, et la partie du revenu perçu lors de sa vente, correspondant à son coût – unitaire, donc – de production, peut elle-même être considérée comme divisée en autant de parts telles que décrites par Fourastié.

On peut cependant douter, pour qui s'intéresse à la valeur liée au coût, de l'attribution du poste « impôts payés à l'État » comme faisant véritablement partie, d'un point de vue analytique, du coût de production de la marchandise considérée. La partie bien connue de la TVA, par exemple, ne fait que traverser les entreprises, qui la collectent pour payer une grande part du coût d'autres marchandises, en l'occurrence les services publics rendus par l'État. Le mode de prélèvement des revenus n'a ici que peu d'importance, qu'il s'agisse d'une taxe par produit vendu ou d'un impôt forfaitaire adressé à l'entreprise, il s'agit toujours du paiement, répercuté sur ses prix de vente et, donc, *in fine* effectué par ses clients, du coût d'autres marchandises, non des siennes. Il serait inexact, selon nous, de conserver cette partie « impôts, taxes, etc. » pour partie intégrante du coût d'une marchandise.

Par ailleurs, Fourastié distingue les consommations intermédiaires des dépenses d'investissements, distinction traditionnelle et compréhensible étant donnée l'importance de l'investissement et de ses conséquences. Cependant, en ce qui concerne la partie du coût de production qui leur est attribuable, leur différence n'est, du point de vue des revenus et de leur récupération, que formelle : aussi bien les consommations intermédiaires d'un exercice comptable, une année en général, sont amorties par parties, à chaque unité vendue, aussi bien les investissements sont amortis, eux aussi, par parties, à chaque unité vendue et sur plusieurs exercices. Autrement dit, sur plusieurs années d'amortissement d'un investissement, il est tout à fait possible de calquer le montant correspondant des consommations intermédiaires, et l'on aura le coût total en biens de production des unités produites pour ces années. La différence, donc, entre les consommations intermédiaires, c'est-à-dire les dépenses en matières premières, énergies, et autres éléments « absorbés dans la production », et les dépenses en investissements, en « machines » et « installations » qu'il faut payer annuellement (si l'entreprise a emprunté, ce que suggère Fourastié par « les annuités nécessaires »), n'est, sur une durée totale d'amortissement, qu'une affaire de division supplémentaire. Économiquement, dans les deux cas, il s'agit de récupérer, d'amortir dans les ventes, le prix des biens de production, que ces derniers soient catégorisés, du point de vue de leur utilisation, comme durables ou non. Cette dernière distinction n'est pas directement liée à la durée de leur usage, mais à un critère comptable : un « bien non durable », dont l'achat est une consommation intermédiaire, ne l'est que par rapport à l'exercice comptable correspondant à l'année ; dès que l'utilisation court sur plusieurs exercices, on parle de « bien durable », dont l'achat est un investissement, car la récupération de son coût peut en être autant divisée.

Le lecteur aura compris que l'aspect physique de ces biens, matières premières, énergie, équipements, etc., se sera évanoui dès lors qu'ils auront, tous, été enregistrés en tant que revenus dépensés, en tant que coûts en monnaie à répercuter dans le prix des marchandises à vendre. Pour l'analyse fondamentale du coût, la distinction proposée ne paraît donc pas pertinente, et nous indiquerons, plus simplement, le *Coût des biens de production.* De même, les précisions concernant le poste « salaires » et « autres rémunérations, charges sociales », etc., nous semblent inutiles, considérant notamment le salaire brut comme déterminant ; nous regrouperons tout cela dans le terme générique de *Salaires*.

Il est donc permis de distinguer analytiquement, au sein du coût de production, deux grandes catégories de dépenses manifestement hétérogènes : le paiement des salaires et celui des biens de production. Ces deux sortes de dépense sont fondamentales ; elles sont nécessaires et complémentaires, les salaires étant payés à ceux qui utilisent, par leur travail, les biens de production achetés, afin de réaliser les marchandises résultantes. La présence de ces deux catégories au sein du coût de production est donc inévitable. En conséquence, le prix peut lui-même être décomposé en trois parties distinctes. Là encore, un petit schéma peut intervenir.

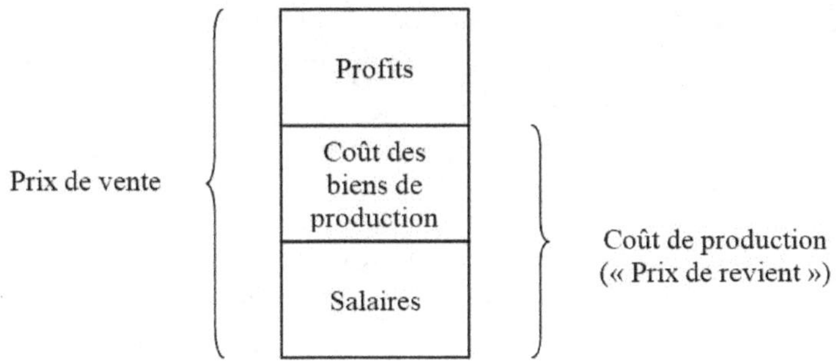


On notera d'ailleurs, concernant la partie *Coût des biens de production* du prix, la précision de Fourastié : « ce poste comprend les intérêts des capitaux immobilisés » (*op. cit.*) ; proposition étonnante, puisque ces intérêts, dans le même passage, correspondent au « prix payé pour la disposition de ce pouvoir d'achat qu'est l'argent investi dans l'entreprise » (*op. cit.*). Ils ne correspondent donc pas, formellement, à une partie du prix payé pour l'achat direct des biens de production, en réalité entièrement représenté par « les amortissements, c'est-à-dire les annuités nécessaires au paiement des producteurs des biens de productions utilisés » (*op. cit.*), mais plutôt à une sorte de « location de l'argent » nécessaire (sauf à considérer l'argent lui-même comme un bien de production). Il semblerait qu'au sein du coût de production se cachent des profits que même un esprit acéré ne serait pas immédiatement parvenu à percevoir ; l'intérêt, comme nous avons pu le suggérer au sujet de la théorie de Walras, nous semble bien à ranger dans la catégorie des revenus de transfert : même s'il apparaît comme un coût, de par sa dépense par l'entreprise, il ne peut correspondre à l'usage direct des biens de production, puisqu'il permettra à son percepteur, le créancier, d'accéder à l'usage direct d'autres biens, en particulier de consommation. Autrement dit, à l'instar des taxes, l'intérêt apparaît au sein du prix, par sa répercussion, comme un canal de redistribution d'un revenu non consommé, épargné et finalement transféré, dans la dépense effectuée par l'acheteur de la marchandise finale ; il n'apparaît donc pas, bien qu'étant une partie de son prix, et bien qu'étant effectivement payé par l'entreprise, comme un constituant fondamental du coût de production de la marchandise.

Mais l'idée de profits cachés demeure intéressante, et c'est précisément le point sur lequel insiste alors Fourastié, dans le paragraphe situé entre les deux citations précédentes, à la page 39 de son petit livre. Ce paragraphe est la preuve que Fourastié eut, alors qu'il rédigeait ces lignes, un éclair de génie. Il n'aura pas, cependant, creusé la question plus avant ; c'est précisément ce que nous proposons de faire à présent, à la lumière, éclatante, de cet extrait.

### La structure fractale du prix

« Il est clair, étant donné la définition, que le prix de revient ne comprend aucun profit, aucun bénéfice *pour l'entreprise* qui le calcule. Mais il est non moins clair que le prix de revient d'une entreprise A comprend dans son poste « prix d'achat » des profits ou bénéfices acquis à d'autres entreprises, dès lors qu'elle a acheté à d'autres entreprises B, C, D… des matières premières ou semi-ouvrées à un prix d'achat supérieur au prix de revient de ces entreprises. »

(Fourastié, 1959, p. 39)

Le déclic initial qui enclenche le mécanisme de la formation des profits est ici clairement énoncé : cette formation intervient lorsque le prix de vente est supérieur au prix de revient, les profits étant constitués de la différence entre les deux (cela correspond à nos schémas précédents). Nous reviendrons *infra*, au deuxième chapitre, sur le mécanisme lui-même, dont Fourastié donne une version intéressante, mais l'important, ici, est la reconnaissance suivante : le poste *Coût des biens de production* est lui-même constitué de plusieurs prix de vente, établis par les fournisseurs de ces biens ; il n'est lui-même, au fond, qu'un grand prix de vente, celui de l'ensemble des biens de production utilisés. Il est donc, lui aussi, constitué des trois parties du prix que nous avons identifiées, se référant à la structure de production au stade des fournisseurs : salaires, coût des biens de production et profits. Il y a donc bien des profits qui « se cachent » dans cette partie qui apparaît comme un coût, les profits des fournisseurs, de même qu'il y a des salaires, versés par ces mêmes fournisseurs, et leur poste concernant leurs propres biens de production contiendra, à son tour, des profits, des salaires, et un poste de biens de production… Nous sommes ainsi portés à voir, ici, une structure reconnue comme gigogne, que nous qualifions volontiers de « fractale », concernant cette partie *Coût des biens de production* : lorsque l'on s'en approche, comme par l'effet d'un « zoom fractal », et que l'on s'y plonge, on se retrouve dans un prix de même structure, contenant aussi cette partie où l'on peut à nouveau plonger dans un autre prix, et ainsi de suite, comme autant de terriers où poursuivre le lapin blanc que de prix à répercuter d'outils et d'équipements.

La tentation est grande, alors, de réarranger, réorganiser ces parties pour y voir plus clair, et c'est ce que fit, peut-être sans le vouloir, René Pupin dans sa petite critique de la théorie de Marx (Pupin, 1943). Sa présentation, bien que désuète, des composantes du prix (qu'il assimile à la valeur) correspond à une vision encore couramment répandue, notamment par l'expression « Travail de la machine », ou encore par l'idée que les profits, et c'est le risque pris par l'entrepreneur, peuvent être amenés à disparaître, contrairement aux autres éléments du prix.

« Quiconque a étudié avec quelque sérieux les prix et la valeur d'échange, ne peut ignorer que celle-ci et ceux-là se composent de quatre éléments objectifs du seul côté de la production :

1° Le Travail humain ; 2° le Travail de la machine ; 3° les Impôts ; 4° le Profit.

[…] on retrouve toujours, dans toute marchandise, ces quatre éléments, en temps normal, ou les trois premiers, en temps de crise, quand le bénéfice disparaît. Dans toute vente, la valeur, ou prix de vente de la marchandise est partagée entre trois ou quatre parties prenantes : l'ouvrier, la machine, l'État et le chef d'entreprise (ce dernier étant le seul qui soit parfois exclu du partage dans le cas de crise, ou de pertes accidentelles ; mauvaises créances, mévente, etc.…).

Si le mot « salaire » de la machine n'est pas entendu par tous, nous le remplacerons par un vocable plus courant « amortissement » qui figure dans tous les bilans. »

(Pupin, 1943, p. 275)

Là encore, comme pour Fourastié, nous rejetterons la partie fiscale évoquée, certes élément du prix de vente TTC, mais non élément de la valeur propre de la marchandise concernée. Quant au « Travail de la machine », Pupin précise lui-même qu'il parle d'amortissement, à savoir une récupération correspondant à la compensation de « l'usure des matériels et des machines (ou leur désaffectation) infiniment plus rapide que celle de l'homme » (*Ibid.*), ce qui constitue largement une représentation matérielle causale, d'ailleurs discutable, comme on l'a vu en évoquant la durée importante d'utilisation de certains biens de production, de la récupération du prix d'achat de ces biens dans le prix de vente de la marchandise finale. On retrouve donc les trois parties du prix sur lesquelles nous insistons, concernant directement la marchandise, et Pupin affirme ici une considération importante, dont nous verrons les implications *infra* : « Dans toute vente, la valeur, ou prix de vente de la marchandise est partagée entre trois ou quatre parties prenantes » (*op. cit.*). Nous venons de préciser qu'il s'agirait plutôt de trois, mais est-ce bien le cas ?

Une fois de plus, la lecture d'une note en bas de page révèle un aspect important de l'analyse. Pupin y effectue une « manipulation » analytique extrêmement intéressante, à laquelle il ne semble pas, cependant, accorder grande importance. La note concernée intervient, nous l'avions annoncé, dans la première phrase d'une citation précédemment reproduite : « Ainsi, tandis que la valeur des marchandises est faite de quatre éléments (1), visibles au grand jour de l'objectivité [...] » (*Ibid.*). Et Pupin de préciser les quatre éléments concernés :

« (1) Salaire, Impôt, Amortissement, Profit. Nous ne citons pas les matières premières parce que leur valeur est faite aussi bien de ces mêmes éléments. »

(Pupin, 1943, note 1, p. 275)

Nous retrouvons l'idée de la décomposition du prix d'un bien de production, celui des matières premières en l'occurrence, en ses quatre mêmes éléments, ou parties, que ceux du prix de la marchandise ; mais pourquoi Pupin prend-il la peine de préciser qu'il ne cite pas les matières premières en plus de ces éléments fondamentaux ? Les dépenses les concernant sont logiquement déjà incluses dans l'élément « Amortissement », comprenant d'emblée l'ensemble des coûts de tous les biens de production, ou alors ce n'est pas la peine de distinguer un tel élément des trois autres si les matières premières, et pourquoi pas l'énergie, les produits semi-finis ou encore les services, peuvent en être exclus. Peut-être Pupin s'est-il laissé emporter par le début de son argumentation, parlant de « Travail de la machine », se disant qu'il n'évoquait là, à l'instar de Fourastié, que l'amortissement d'équipements durables, et qu'il fallait bien évoquer les consommations intermédiaires, les « matières premières » qui parlent à l'artisan, à l'agriculteur, au petit patron, comme le mot « machine » parle à l'homme de la rue. Alors,

Pupin précise : « Nous ne citons pas les matières premières parce que leur valeur est faite aussi bien de ces mêmes éléments. » Mais ce n'est, d'évidence, pas la bonne raison, car la valeur (le prix, pour Pupin) de tous les biens de production est faite, par définition, de ces mêmes éléments. Ce critère n'est donc pas opérationnel pour justifier que l'on ne cite pas les matières premières plutôt qu'autre chose, puisqu'il est commun à tous. Pupin aurait dû écrire, si l'on peut se permettre une telle correction, qu'il ne citait pas les matières premières « parce que leur valeur, par ailleurs faite aussi bien de ces mêmes éléments, est déjà comptée dans l'élément « Amortissement » ».

### La manipulation de Pupin

De toutes les manières, il fallait que les matières premières soient déjà incluses dans un ou plusieurs éléments, et c'est là l'interprétation, selon nous, la plus plausible : par la pensée, Pupin aura extrait le prix des matières premières de l'élément « Amortissement » (*Coût des biens de production*, dans notre notation), considérant une différence, comme Fourastié, entre les matières « absorbées », non durables, (mais il aurait aussi pu parler de l'énergie, etc.), traditionnellement rangées dans la catégorie « capital circulant », et les « installations », pérennes, durables, rangées dans la catégorie « capital fixe ». Mais il fallait, bien sûr, réintégrer ce prix dans le prix total de la marchandise pour conserver l'intégrité de ce dernier. Or, comme le prix des matières premières, à l'instar de tous, est composé des quatre éléments précisés, son éclatement littéral lui permet de rejoindre, comme saucissonné, tous les éléments du prix total sans le modifier. C'est, en somme, la seule manière de réintégrer le prix des matières premières si l'on choisit de ne pas le faire dans l'élément dont on l'a tiré : on ne peut le remettre intégralement dans aucun autre élément du prix total (ce n'est – seulement – ni un salaire, ni un impôt, ni un profit), mais on peut le réintégrer par parties : prendre sa partie « salaires » et l'intégrer dans l'élément *Salaires* du prix total, de même pour les parties « profits », « impôts » et « amortissement », qui rejoignent leurs éléments respectifs ; et c'est là que la situation est intéressante.

Effectuons cette « manipulation » (ou réarrangement) à partir de notre schéma précédent, où le prix total est composé de trois parties.

*La manipulation de Pupin*

*Extraction*

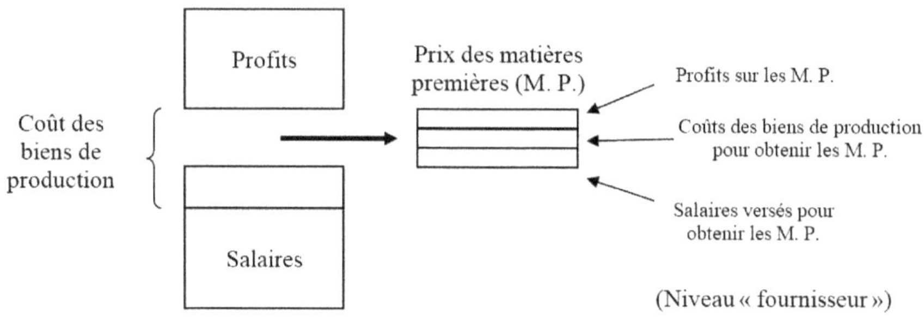


*Réintégration par parties*

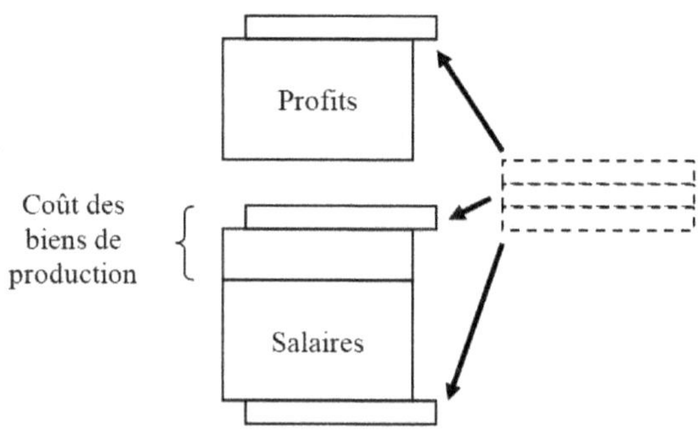


*Résultat*

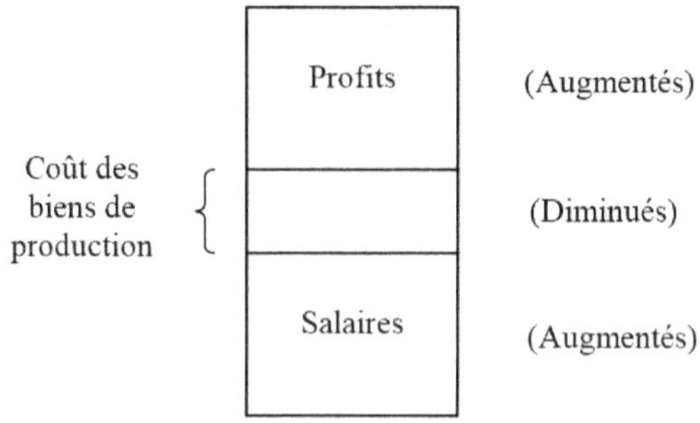

Le mécanisme procède à la réduction de la partie *Coût des biens de production*, tandis que les parties « salaires » et « profits » du prix des matières premières s'agrègent aux parties correspondantes, *Salaires* et *Profits*, du prix de la marchandise, les augmentant respectivement. N'est-ce pas là, précisément, ce qui aiderait à résoudre le problème de Smith, à savoir ramener au premier plan, pourrait-on dire, le travail nécessaire à un bien de production, en l'occurrence les matières premières, par l'intégration des salaires versés à cette occasion dans un « ensemble de salaires » les comprenant, en sus des salaires directs pour la marchandise ? Toutefois, cette manipulation ne peut faire l'économie d'une semblable intégration de la partie « profits » des matières premières, tandis que le coût des biens de production nécessaires à leur élaboration, assumé par leur fournisseur, demeure au même niveau. Suite à ce réarrangement, les salaires et les profits concernant les matières premières auront été comme « avancés », ils auront sauté un palier pour arriver au niveau de la production de l'entreprise concernée. Comment interpréter, formellement, ce résultat ?

À première vue, si la partie *Salaires* du prix de la marchandise contient aussi les salaires versés pour obtenir les matières premières, on serait en mesure de dire que l'entreprise qui vend la marchandise fabrique aussi les matières premières ; c'est alors elle qui verserait les salaires correspondants, non ses fournisseurs, et sa propre marchandise serait, en fait, une matière première. De même, si les profits sur les matières premières sont intégrés dans la partie *Profits* du prix de sa marchandise, ils ne définissent alors plus les profits des fournisseurs de ces matières, mais les siens. La distinction, sur plusieurs niveaux, des salaires versés et des profits réalisés, désormais gommée par cette manipulation, demeure basée sur la considération particulière du poste *Coût des biens de production* : les salaires et les profits qui pourraient en être extraits ne concernent pas directement l'entreprise, mais ses fournisseurs. Or, cet aspect s'avère totalement transparent, non seulement pour l'acheteur de la marchandise qui ne peut, et cela ne changerait rien à sa dépense, connaître les éléments que son revenu permet d'amortir ou de réaliser chez tel ou tel fournisseur, mais aussi et surtout pour le revenu dépensé lui-même : que ce dernier amortisse un coût formé au niveau de l'entreprise finale ou bien au niveau de ses fournisseurs, de leurs propres fournisseurs et ainsi de suite, cela ne fait, en définitive, aucune différence, pour la raison suivante : les revenus monétaires sont homogènes.

Exprimés dans la même unité, les revenus se fondent par agrégation, ce qui permet théoriquement d'obtenir un revenu monétaire global, concernant l'ensemble des revenus perçus, quels que soient les secteurs considérés. L'homogénéité donnée aux revenus par la monnaie vainc la distinction sectorielle des clients et des fournisseurs, et cette distinction s'évanouit d'ailleurs soudainement au niveau de la vente finale de la marchandise : le consommateur, pour ainsi dire, « paie tout », en ne payant toujours que le prix : il paie la partie *Salaires*, la partie *Coût des biens de production*, la partie *Profits* ; et si l'une de ces parties, suite à un quelconque réarrangement, se met à réduire au profit d'une autre, peu lui chaut, puisque le prix payé demeure le même.

Par la vente de ses marchandises, l'entreprise récupère le coût de ses biens de production ; et, puisque ce coût, à son niveau comptable, est aussi un prix de vente au niveau de ses fournisseurs, elle récupère ainsi toutes les parties de ce prix pour leur compte. Autrement dit, elle vend, littéralement, les marchandises de ses fournisseurs dans le prix des siennes : la vente de la marchandise finale signe également la vente finale des marchandises qui auront permis de l'obtenir, que celles-ci soient « circulantes », absorbées dans le processus de production, ou « fixées », installées dans les ateliers de fabrication. De fait, les transactions interentreprises ne sont pas des achats finals, car l'achat de l'ensemble des marchandises ne peut s'effectuer que lors des seuls achats des marchandises finales. Les biens de production sont achetés lors de l'achat des biens de consommation.

S'adressant à une entreprise particulière, l'acheteur s'adresse en même temps à d'autres vendeurs, formant chaîne, comme à une file d'attente, clients et fournisseurs les uns des autres, invisibles pour l'acheteur, transparents ; et le revenu dépensé, nous l'avons dit, ne peut faire *a priori* de distinction entre les différents éléments du prix, car c'est lui, en définitive, qui se retrouve découpé, en fonction des parties constitutives de ce prix. Si l'on se réfère à notre petit schéma de base, le revenu est d'emblée coupé en trois, et la partie *Coût des biens de production* contient d'autres prix, donc d'autres parties de même nature, et cela, de manière « fractale ». Que ce soit par la profondeur agrégée des terriers ou par la hauteur de l'échelle à remonter, c'est bien par cet aspect des choses que l'imagination peut s'effrayer, et c'est bien ce qui nous intéresse dans la manipulation de Pupin : comblons les terriers, replions l'échelle, groupons tous les salaires dans les *Salaires* et tous les profits dans les *Profits* ; du point de vue du revenu dépensé par l'acheteur final, cela ne fait aucune différence.

Faisons donc « remonter » les salaires et les profits concernant les fournisseurs directs de l'entreprise au niveau des salaires et des profits de l'entreprise elle-même. Alors, la partie *Coût des biens de production* ne contiendra plus que la partie du même nom concernant ces fournisseurs, les prix qu'ils auront eux-mêmes payés pour l'achat de leurs propres biens de production. Réitérant, éventuellement plusieurs fois, l'opération (ce qui devient, en ce qui nous concerne, difficile à imaginer), on peut logiquement affirmer que la partie *Salaires* du prix de la marchandise finale ne cesse de grossir, ainsi que la partie *Profits*, la partie résiduelle des biens de production étant progressivement grignotée. Que doit-on en conclure ? La suite est-elle infinie ? Trouvera-t-on toujours, dans les parties « coût des biens de production » successives, des éléments « salaires » et « profits » à retirer, aussi minimes soient-ils ? Il est néanmoins certain que les parties qui grossissent ne sauraient le faire indéfiniment sans percer la limite fixée par le niveau du prix lui-même.

C'est ici qu'intervient la « destruction des parties » dont nous avons parlé. Au sein de la chaîne des fournisseurs et des clients, certains auront déjà vu leurs biens de production entièrement payés, amortis, par leurs ventes antérieures de marchandises, à l'instar de la paire de ciseaux de Smith, dont le coût aura été récupéré par le berger dans la vente d'une certaine quantité de laine. Autrement dit, le prix de leurs marchandises actuelles, elles-mêmes utilisées comme biens de production par leurs clients, ne contiendra désormais que des salaires et des profits, aucune autre partie n'étant destinée à amortir ce qui l'aura déjà été. Cela signifie que les extractions successives vont finir, tôt ou tard, par s'arrêter, extrayant le prix d'un bien de production, le séparant en salaires et en profits, et constatant qu'aucun autre prix interne ne subsiste, comme pris en sandwich, entre les deux. Car c'est bien parce que la partie « coût des biens de production » est toujours composée, outre d'une éventuelle partie similaire, de salaires et de profits que l'on peut effectuer cette manipulation ; une telle partie sans ces derniers constituants ne saurait exister, et le dernier prix sur lequel on tombe ne comporte logiquement que des salaires et des profits.

### Les deux parties fondamentales du prix

Le réarrangement est désormais terminé. La partie *Salaires* comprend l'ensemble des salaires restant à amortir, ceux versés par l'entreprise considérée, et ceux versés par tous les fournisseurs de la chaîne productive. De même, la partie *Profits* comprend l'ensemble des profits attendus par tous ces intervenants. La partie *Coût des biens de production* a été réduite, pour finir par être dissoute. La manipulation de Pupin révèle alors clairement la structure fondamentale du prix, la structure fondamentale de tout prix.

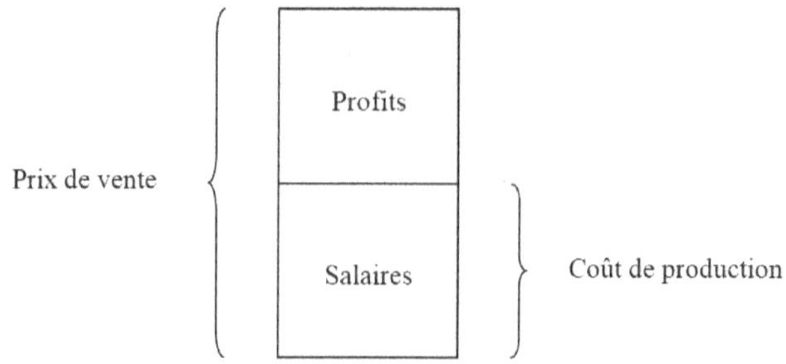


Le coût de production, le « prix de revient » de Fourastié, semblait composé d'autant de parties distinctes que de catégories identifiées de dépense : deux, en premier lieu, les salaires et le coût des biens de production, puis trois, en scindant ce coût selon le type de capital, circulant ou fixe, puis d'autres encore, en distinguant les biens matériels des services, les intérêts des seuls amortissements... Eh bien, non. Le coût de production est entièrement et uniquement composé de salaires. Il peut, si l'on veut, être vu comme un salaire unique, un agrégat. Les salaires sont les seuls coûts de production.

D'aucuns diront, sans doute : « Oui, d'un certain point de vue, spécifiquement macroéconomique, il est éventuellement permis de réduire les coûts de production aux seuls salaires ; mais du point de vue microéconomique, ces coûts apparaissent toujours pluriels. » Effectivement, car la microéconomie est basée sur les observations directes ; la macroéconomie, elle, est basée sur l'analyse. Mais l'argument est pris en défaut, en vérité, car la manipulation de Pupin, qui n'est, rappelons-le, qu'un réarrangement interne, n'est pas une analyse macroéconomique en cette acception, le prix qui la subit pouvant aussi bien être le prix du produit global, celui de l'ensemble des marchandises, que n'importe quel prix unitaire, microéconomique donc, de n'importe quelle marchandise au sein de cet ensemble. Quel qu'il soit, du plus petit au plus élevé, le prix ne contient toujours que deux parties fondamentales, et le coût de production n'est toujours composé que de salaires.

À ceux qui chercheraient encore une partie « autre », arguant de la présence de taxes quelquefois importantes dans certains prix (du carburant notamment), nous réitérons la proposition suivante : le prix dont nous parlons, celui d'une marchandise – ou d'un ensemble de marchandises – quelconque, reflétant manifestement sa valeur, s'entend logiquement hors taxes ; considérer celles-ci comme partie intégrante de la valeur serait soutenir qu'aucune organisation productive ne paie les marchandises à leur entière valeur, puisque seul le montant hors taxes est finalement réglé aux fournisseurs par les entreprises clientes. Seuls les ménages, comme consommateurs finals, paient *in fine* toutes les taxes (ainsi, d'ailleurs, que les impôts directs et les cotisations payés par les entreprises, que celles-ci ne manquent pas de répercuter dans leurs prix), parce que seuls les ménages bénéficient *in fine* des services rendus par l'État. D'ailleurs, si l'on devait pénétrer la structure intime de ces taxes, que trouverions-nous ?

Comme toute organisation productive, l'État doit récupérer en recettes les revenus nécessaires pour les opposer à ses dépenses, ces dernières constituant le coût de production des services publics. Si l'État prélève des revenus, ce n'est pas pour éventuellement effectuer des dépenses par la suite, mais bien pour amortir les dépenses qu'il effectue nécessairement ; il vend, littéralement, les services publics à l'ensemble des ménages, les impôts, taxes, amendes et autres recettes étant ses modes de facturation. La partie « taxes » (TVA et autres) du prix d'une marchandise vendue par le secteur privé correspond donc à une partie d'un autre prix hors taxes, celui des services publics. Nous trouverions ainsi, sans nul doute, une partie « salaires » analogue, constituée de traitements de fonctionnaires et assimilés, ainsi qu'une partie « coût des biens de production », à savoir le prix payé par l'État pour acquérir ou louer les équipements et fournitures nécessaires (en investissements et consommations intermédiaires). Si l'État accuse un déficit récurrent, aucune partie « profits » ne saurait être décelée au niveau des ventes (forcées) qu'il pratique ; le prix, toutefois, des biens de production utilisés contient immanquablement cette partie, ces biens étant vendus par des entreprises privées : l'État répercute ainsi dans ses prélèvements le montant des revenus réalisés en profits par ses fournisseurs, c'est par lui qu'ils passent, pourrait-on dire. Le lecteur l'aura compris, la partie « coût des biens de production » candidate à sa déconstruction et reconstruction, par la même procédure d'extraction et de réintégration, révèle la même structure fondamentale pour les taxes que pour n'importe quel autre prix. En outre, les salaires et les profits, ainsi identifiés, pourraient encore être analytiquement agrégés aux catégories de revenus de même nature, présentes dans le prix hors taxes ; nous obtiendrions alors un prix TTC inévitablement composé, lui aussi, de salaires et de profits.

Là où le texte de Smith incitait à rechercher une quantité de travail au sein des intrants directs, outils et équipements utilisés dans la production, soit ce que l'on nomme le capital comme facteur, on montre ainsi qu'il est possible d'opérer, par cette manipulation, une sorte de réduction de ce capital, en s'attaquant à la partie composée du coût des biens de production. De cette partie, on ne parvient alors qu'à tirer, invariablement, des salaires et des profits se partageant, à des proportions diverses, l'entièreté du prix. L'espoir de réduire entièrement le capital en travail, si l'on avait pu montrer que la partie concernée, par exemple, se résolvait entièrement en salaires, est alors déçu. Cependant, la reconnaissance des salaires comme étant les seuls coûts de production demeure une avancée majeure dans l'analyse. Cela signifie, ni plus ni moins, que les salaires sont les seuls revenus formés, par leur versement aux travailleurs, lors de la production.

Développer dès à présent la portée de cette proposition serait prématuré, mais s'il était établi que la formation des profits (nous évoquerons en particulier la plus-value de Marx), en tant que revenus supplémentaires, ne pouvait pas intervenir dans un processus ultérieur à la production, le principe même de cette formation serait sérieusement questionné, sauf à considérer que les salaires, bien qu'étant les seuls revenus versés lors de la production, ne représenteraient pas l'entièreté de la valeur produite par le travail. C'est la position de Marx, pour qui les salaires correspondent au prix d'une marchandise particulière, la force de travail ; conception hautement critiquable, à laquelle le chapitre suivant est largement consacré. Toutefois, selon Marx, le travail est le seul facteur de production, la seule source de la valeur, et la productivité, même accrue par les équipements, demeure celle du seul travail. Cette dernière proposition, disons-le immédiatement, recueille notre assentiment, mais il en faut plus pour transformer ce qui peut encore apparaître comme une simple hypothèse, marxiste de surcroît (ce qui n'arrange pas sa communication), en une véritable conclusion analytique, d'autant que la réduction du prix en ses deux parties distinctes, salaires et profits, semble plaider en sa défaveur. De ce point de vue, la représentation contemporaine, assise sur la vision néoclassique, semble mieux intégrer la présence de ces deux types de revenu au sein du prix, composant ainsi la valeur produite.

Il est en effet plus simple et, *a priori*, plus cohérent de considérer directement une productivité globale, celle de la combinaison productive des deux facteurs conjoints, travail et capital, dont les salaires ne représentent qu'une part, celle attribuée à la contribution du seul travail. Chaque type de revenu récompense ainsi son facteur dédié, son « cofacteur », parce que, précisément, il en provient ; la somme des salaires, revenus du travail, et des profits, revenus du capital, donne le revenu global. Il n'est donc pas étonnant que le prix du produit global, donc la mesure numérique en monnaie du canal duquel on tire les revenus rétribuant les facteurs de production, soit lui-même composé de ces deux types de revenu. La mise en évidence de cette structure « bipolaire » du prix devrait ainsi recueillir la chaude approbation de nombreux économistes contemporains, puisqu'elle prouve que la valeur – pour autant qu'on l'assimile à ce prix – serait elle-même formée de ces deux parties irréductibles, correspondant à deux sources distinctes.

Cette structure au niveau global, nous l'avons dit, se retrouve identiquement au niveau « local », au niveau de tout prix, du plus faible au plus élevé. Tous les prix, et c'est analytiquement indéniable, n'ont toujours que deux parties fondamentales, deux composantes distinctes, les salaires et les profits.

*Prix = Salaires + Profits*

Cette structure du prix correspond à la vision courante, par observations directes, pourrait-on dire, de la combinaison productive des deux facteurs, travail et capital. C'est pourquoi cette combinaison semble constituer une représentation correcte de la détermination de la valeur globale ; les deux revenus, valeurs ajoutées par les facteurs, forment ainsi la valeur du produit par leur somme.

*Valeur = Revenus du Travail + Revenus du Capital = Salaires + Profits*

Le prix du produit global correspond bien, dans cette conception, à sa valeur, comme le montre la réunion des deux égalités précédentes.

*Prix = Valeur*

## La valeur nécessaire

On sait que, selon la vision ricardienne, les valeurs, même inconnues, peuvent être conçues comme différentes des prix, à partir du moment où les rapports relatifs entre prix respectent les mêmes rapports entre valeurs. C'est pourquoi l'on a pu parler, dans la conception marxiste notamment, de la « transformation des valeurs en prix », à savoir la détermination, sur les marchés, de prix en monnaie qui respecteraient les rapports de valeurs, que l'on entende, par ce terme, une quantité de travail, un ensemble de coûts, ou tout autre chose. Mais si les valeurs se « transforment » en prix, c'est bien qu'elles « deviennent » des prix, et ce ne serait que sous cette apparence monétaire, manifestement, que les valeurs, désormais, se présentent. L'expression « *Prix = Valeur* » n'est donc pas seulement entendue comme une simple égalité numérique ; elle relate une relation de causalité, la valeur étant le fondement du prix. Il ne suffit pas, en effet, de déterminer un niveau numérique sur un graphique, au croisement de deux courbes, pour déterminer un prix, car il faut fonder ce dernier sur une grandeur liée à la production, une grandeur elle-même produite, celle-ci se retrouvant alors, au sein de ce prix, numériquement représentée. Le prix, en effet, n'est qu'un signal d'appel, une indication ferme du revenu demandé, d'un montant suffisant – et, souvent, plus que suffisant – pour amortir le coût de production. La notion de valeur ne peut donc pas, aujourd'hui comme hier, être balayée d'un revers de main au seul motif qu'il n'y aurait toujours que des prix, même en parlant du « prix du travail », et que ceux-là suffisent pour les calculs mathématiques et statistiques ; ils ne suffisent pas, certainement, pour l'analyse.

Nous avons pu constater, avec Walras, à quel point une représentation basée sur la seule observation des phénomènes, rendant manifeste l'apparente participation des marchandises, voire de l'environnement lui-même, à la production, pouvait se fourvoyer et manquer ainsi son but premier : expliquer, non la valeur d'usage, mais la valeur d'échange. Or, si le passage de Smith concernant la distinction entre ces deux sortes de valeur s'avère relativement bref, il n'en est pas moins fondamental pour comprendre que la production économique de la valeur globale ne correspond pas à la fabrication matérielle des marchandises, et que consommer un yaourt ne signifie pas le manger, mais plutôt détruire cette partie, qui le représente, de la valeur produite.

La nécessité de penser la valeur peut encore être montrée en évoquant la répartition. Le partage du prix en salaires et en profits doit correspondre à celui d'une valeur comptable, épousant la mesure du prix par sa dépense ; la scission de cette valeur consacre sa répartition, c'est-à-dire son partage entre deux catégories de titulaires, et cela n'est pas qu'une opération mathématique appliquée à une grandeur numérique, car il s'agit *in fine* de la partition en deux catégories conjointes de l'ensemble même des marchandises initialement proposées à la vente. La concrétisation, en termes de biens et services « réels » auxquels les ménages titulaires concernés, compte tenu des revenus répartis, peuvent alors prétendre, montre à quel point la frontière installée dans le prix, séparant ses parties, rejaillit sur la répartition de l'ensemble de ces richesses. Le prix contient structurellement, en son sein, un instrument de répartition, un instrument de rationnement, donc, d'une catégorie de ménages au profit d'une autre. Autrement dit, compte tenu de la présence de la partie *Profits*, soit une partie qui ne correspond pas à un coût de production répercuté, la hausse des prix ne signifie peut-être pas, comme on le pense souvent, une « baisse du pouvoir d'achat » pour tout le monde.

Nous avons dit que le revenu dépensé, pour la mesure du prix, se partageait en salaires et en profits, les deux parties logiques que l'on a pu mettre en évidence. Cependant, dans le monde des cofacteurs, la valeur correspond à l'agrégation de ces deux revenus qui, provenant de deux sources distinctes, pourraient très bien être conçus comme radicalement différents en leur nature ; leur homogénéité, nécessaire à leur addition, ne serait alors assurée que par leur expression monétaire commune. Toutefois, même correspondant à une somme, la valeur pourrait bien entièrement apparaître « d'un coup » si les deux grandeurs dont elle procède apparaissaient elles-mêmes, simultanément, de la même manière. Cependant, cette répartition des revenus selon leur provenance, cloisonnés et retournant à leur facteur source, est en fait présupposée dès la production, puisqu'assise sur la distinction initiale des facteurs de production de ces mêmes revenus. Si les profits, semble-t-il, n'apparaissent en tant que revenus que lors des ventes, le fait de considérer les salaires déjà payés, avancés, par les entrepreneurs, comme ne représentant d'emblée qu'une part de la valeur totale signifie au fond, dès leur paiement, la détermination de cette partie des richesses expressément réservée aux salariés, soit la réservation, d'une certaine manière, de l'autre partie à d'autres.

Il est entendu, dans cette vision, que la valeur apparaît dans la « circulation », c'est-à-dire au moment des échanges (ou, plus exactement, lors des ventes finales), ce qui colle avec un découpage quasi immédiat du revenu dépensé pour le prix : il apparaît, et il est tout de suite partagé en salaires et en profits. C'est ainsi que la consommation, bien que dépense de revenu, « formerait » des revenus. Cette considération est précisément accentuée lorsque les salaires sont issus d'avances, donc d'un capital financier préalable ; chacun sait, n'est-ce pas, qu'il faut de l'argent pour les payer... Les salaires ne seraient donc pas véritablement générés lors de leur paiement, mais simplement transférés, de la poche du patron payeur au salarié payé ; que devient, dans ce cas, la partie « salaires » de la valeur qui, correspondant au prix, est censée être générée tout entière dans les ventes ? N'est-elle pas, finalement, constituée des salaires initialement payés, que l'on retrouverait par leur dépense ? Seule la partie « profits », qui apparaît en sus, serait alors véritablement générée ; ce serait la partie, en définitive, véritablement produite « *ex nihilo* », ne semblant provenir d'aucun capital financier préalable (même si elle est considérée comme produite par le capital comme facteur de production).

Dans cette représentation, ce sont des profits que découle logiquement le capital financier (mué en revenu pour l'occasion) utilisé pour payer les salaires, ceci afin d'éviter une circularité dans le raisonnement, car il faut bien qu'un revenu soit produit pour exister, et si les salaires ne sont que des revenus existants transférés, même récupérés par la suite, il reste à expliquer leur provenance initiale, leur génération en tant que revenus ; et c'est, tout naturellement, la partie « profits », la seule générée, qui en est à l'origine. Alors, le travail n'est plus un véritable facteur de production, au sens économique de l'expression. Bien entendu, il se révèle toujours nécessaire pour toute production en termes matériels, mais les seuls revenus « frais », nouveaux, générés en plus du coût salarial, sont de la nature des profits ; c'est dire que le travail ne produit aucun revenu de la sorte. Il ne reste plus qu'à attribuer aux salaires une place subalterne ; ils sont une sorte de mal nécessaire, dans le sens où l'on doit puiser, constamment, dans les revenus du capital pour payer sinon l'entièreté, du moins chaque augmentation de leur masse (dont une partie « tourne », tel un fonds de roulement, étant périodiquement récupérée). En définitive, cela fait des profits l'alpha et l'oméga des revenus, d'où la légitimité des entreprises qui « créent de la valeur », l'importance des milliardaires qui « créent des emplois », et l'idée de prélever dans les profits pour payer les salaires.

Le tableau dressé par cette conception fait clairement la part belle au capital.

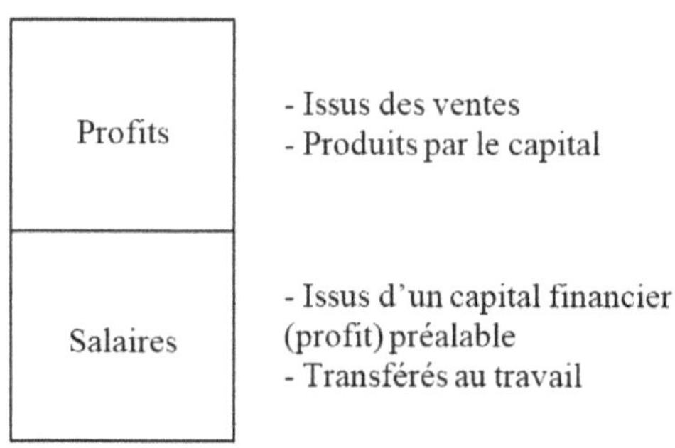


Le fait que le travail puisse produire des revenus ne résiste pas, en effet, à l'examen peu poussé, superficiel, malheureusement si fréquent, basé sur l'observation et l'évidence du bon sens : si les salaires étaient produits, entendez « créés », par le travail, pourquoi devrait-on notoirement débourser ou emprunter des revenus pour les payer ? Alors que le produit des ventes (et le mot « produit » n'est sans doute pas un hasard) arrive tel quel, contenant directement les profits qui, manifestement, sont bien liés au capital utilisé (puisque dépendants de la productivité induite par ce capital). On voit que l'observation brute semble confirmer le fait que le paiement des salaires n'est qu'un simple transfert, non une nouvelle formation, de revenus. Les seuls revenus véritablement nouveaux, que l'on additionne aux salaires (aux coûts, mais on a vu que les seuls coûts sont les salaires) dans toutes les bonnes comptabilités, apparaissent ainsi lors des ventes, comme par enchantement, et ce sont les profits.

Mais l'observation ne suffit pas. Le bon sens non plus, lorsqu'il est, en réalité, à contre-sens. L'expression « comme par enchantement » est significative, et c'est tout l'objet de cette critique de la théorie contemporaine que nous proposons ici. Or, la seule manière – la seule – de contrer cette représentation, que l'on pourrait aisément titrer « *L'économie selon Harry Potter* », serait de montrer que les revenus, reconnus, en première analyse, comme salaires et profits dans le prix, n'apparaissent pas dans la circulation, mais dans la production. Et le mot « production », là non plus, n'est pas un hasard. En d'autres termes, plus classiques :

> « La circulation ou l'échange de marchandises ne crée aucune valeur. » (Marx, 1872, p. 69)
>
> « La circulation ou l'échange de marchandises ne crée pas de valeur. » (Marx, 1993, p. 184)

Qui a dit que la valeur, en économie, n'était plus nécessaire ?

# Chapitre 2

## La formation des profits ou la valeur illusoire

« Affirmer une théorie est une chose ; la démontrer en est une autre. »
Léon Walras, *Éléments d'économie politique pure* (1874), Economica, 1988, p. 650.

Nous avons vu que Smith identifiait l'unique élément commun, nécessaire à l'obtention de toutes les marchandises, au travail effectué. Une traduction de cette proposition, en termes plus compréhensibles, pourrait s'énoncer ainsi : que l'on achète un téléphone portable ou un avion de combat, l'argent dépensé ne paiera pas ces choses en tant que phénomènes physiques, mais le travail qui se sera révélé nécessaire à leur conception, leur fabrication, leur transport, etc., n'étant par eux-mêmes, à l'endroit et au moment de leur vente, que la manifestation matérielle du résultat de ce travail. Smith aura ainsi cherché à mettre en évidence, sans précisément la calculer, une quantité totale de travail tenant compte de celles nécessaires à l'obtention de matières, d'outils et d'équipements utilisés pour obtenir une marchandise finale quelconque, par exemple, une veste de laine. Dans cette optique, il est alors indispensable d'expliciter, à celle-là, une sorte de transmission de ces quantités de travail, donc de ces valeurs formant, par agrégation, la valeur finale totale ; ce fut notamment l'un des projets de Marx. Bien entendu, il convient d'éviter d'invoquer, en cette matière, toute argumentation un tant soit peu métaphysique, comme une interprétation trop littérale du terme « cristallisation » aura pu laisser penser.

« Le maître d'école ne peut produire une plus-value que s'il produit de la valeur. La production ne se limite donc pas aux biens réels mais comprend aussi les services « immatériels ». Dès lors, il est évident que la valeur n'est pas une « *cristallisation* » du travail humain. D'ailleurs, la conception à la fois matérielle et métaphysique de la valeur ne serait pas acceptable même si l'économie ne produisait que des biens réels. Il faut trouver une autre conception de la valeur qui soit générale et éloignée de toute idée d'incorporation ou de matérialisation. »

(Schmitt & Cencini, 1977, p. 67)

Il est permis d'avancer deux hypothèses. En premier lieu, une telle entreprise requiert une certaine comptabilisation, quelle qu'elle soit, des quantités de travail que l'on serait ainsi en mesure d'agréger. En second lieu, ce qui peut être considéré comme transmis d'un point de vue strictement économique (et qui, pour le coup, fait l'objet d'une comptabilisation certaine), c'est bien le prix des moyens de production, répercuté dans celui de la marchandise finale. Cette répercussion correspond à une intégration littérale, ce dernier prix étant composé, outre des salaires payés et des profits attendus par son vendeur, des prix de tous les moyens de production qui s'y rapportent, en fonction, bien entendu, du nombre de marchandises obtenues pour une certaine quantité d'intrants.

La répercussion de ces prix constitue une obligation économique : c'est par ce mécanisme que les intrants, dont la valeur fait pleinement partie de celle des marchandises qu'ils incorporent, sont finalement vendus aux consommateurs finals, et si le dernier vendeur ne répercutait pas leur prix, il ne ferait qu'acter leur achat pour son propre compte, les consommant lui-même en lieu et place de ses acheteurs. Ainsi, d'une manière ou d'une autre, la quantité totale de travail nécessaire à une marchandise quelconque se retrouve « dans » son prix, elle correspond à une partie de ce prix, inévitablement exprimée en un nombre d'unités monétaires. D'où le paradoxe : si une marchandise semble nécessiter pour elle-même une énorme quantité de travail, son prix unitaire demeure fini, circonscrit ; il est même relativement faible pour la plupart des marchandises, s'agissant de biens en grande quantité.

Nous avons proposé une manière, sinon de résoudre, du moins de comprendre ce paradoxe, avec la « partition infinitésimale » et la « destruction des parties » : le prix d'un intrant fixé en entreprise, celui d'un outil ou d'un équipement durable (appelé capital fixe), est autant divisé pour chaque unité produite qu'il y a, précisément, d'unités produites, d'où la recherche, dans le choix de l'investissement, d'une certaine « productivité » de l'intrant afin de bénéficier de cet effet d'échelle de la production. Ce même prix étant en outre comptabilisé comme un coût, la vente de ce que l'on obtient correspond à l'amortissement de ce coût, donc à sa destruction comptable. L'analyse des parties constitutives du prix aboutit par ailleurs à trois composantes, semble-t-il distinctes, dont l'une, le coût des biens de production, se résout en les deux autres ; le prix ne contient ainsi toujours que deux parties fondamentales, les salaires et les profits.

On précise ainsi de manière clarifiée et, de fait, éclairante, la notion de « transmission » des valeurs par la répercussion du prix des moyens de production dans celui de la marchandise obtenue ; car répercuter un prix, c'est non seulement répercuter un coût de production, à savoir des salaires, mais c'est aussi – et quelquefois surtout – répercuter des profits, ceux réalisés par les fournisseurs de ces moyens.

**Questions posées**

La valeur, assimilée au prix, fait constamment l'objet, et c'est une idée forte de toute théorie économique, d'une répartition entre salaires et profits. Or, il n'y a que deux moments distincts possibles pour la formation et/ou la répartition de la valeur d'une marchandise, la « production » (de l'élaboration jusqu'à la mise en vente) et la « circulation » (la vente finale, vue comme un échange avec la monnaie, et, par extension, l'ensemble des ventes ultérieures, dites d'occasion, aussi vues comme des échanges avec la monnaie). Deux questions principales, alors, surgissent :

- Quand et comment se forme cette valeur ?
- Quand et comment cette valeur est-elle répartie ?

Ces questions, bien entendu, en appellent d'autres, subsidiaires mais inévitablement posées :

- La valeur apparaît-elle tout entière, en premier lieu, pour ensuite être scindée en ses deux composantes ? Sa répartition constituerait alors un moment ultérieur à sa formation.
- La valeur est-elle répartie au moment même de sa formation, ses deux composantes apparaissant simultanément, mais de manière distincte ? La valeur ne serait alors pas une entité homogène, mais une somme de deux composantes, suffisamment différentes en leur nature (ou en raison de leur source respective) pour permettre de les distinguer d'emblée.
- L'une des deux composantes de la valeur apparaît-elle avant l'autre, cette dernière s'ajoutant à la première ? La répartition serait alors d'emblée obtenue dès la formation de la première composante.

La considération de la contrainte évoquée, celle des deux seuls moments possibles, permet de préciser les questions ainsi posées : si la répartition de la valeur est postérieure à sa formation, cette répartition doit se situer lors de la circulation, la valeur étant formée lors de la production. De même lorsque l'on conçoit la formation d'une partie seulement de la valeur, suivie de l'autre composante ; la première doit se former lors de la production, l'autre dans la circulation. Par contre, si la valeur se répartit en même temps que sa formation, les deux moments successifs seraient à considérer.

Est-il possible, par ailleurs, de réduire le flou qui semble émerger de ces moments, du fait de leur durée temporelle non nulle ? La production, telle qu'on l'envisage, s'étale en effet dans le temps, elle « prend du temps » (en particulier du temps de travail), de même que les échanges successifs auxquels la marchandise participe, de sa première vente aux ventes ultérieures. Toutefois, lorsque l'on s'interroge sur l'émergence économique de la valeur, est-il logique d'assimiler ce processus à celui de la fabrication matérielle ? Quel que soit le moment retenu, est-il cohérent de concevoir, pour sa formation, une apparition progressive de la valeur, une durée pendant laquelle la valeur commencerait à apparaître, sans en être tout à fait une, suivie d'un instant d'achèvement ? De même, lorsque l'on retient les échanges comme constituants structurels de la circulation, est-il logique de retenir les moments se déroulant entre ces échanges – durant lesquels, donc, aucun échange n'est effectué – comme constitutifs du processus actif de répartition (ou de formation) de la valeur ? Par exemple, pour Say, l'instant de l'échange n'est qu'un « détail d'exécution », et le temps pendant lequel la marchandise est en rayon compte comme élément primordial de la circulation.

« À prendre ces derniers mots dans leur sens rigoureux, une marchandise ne serait dans la circulation qu'au moment où elle passe des mains du vendeur à celles de l'acheteur. Ce temps est un instant, ou du moins peut être considéré comme instantané. Il ne change rien aux conditions de l'échange, puisqu'il est postérieur à la conclusion du marché. Ce n'est qu'un détail d'exécution. L'essentiel est dans la disposition où est le possesseur de la marchandise de la vendre. Une marchandise est dans la circulation chaque fois qu'elle cherche un acheteur ; et elle cherche un acheteur, souvent même avec beaucoup d'activité, sans changer de place. »

(Say, 1841, p. 319)

Comme souvent, l'humour parle volontiers chez Say, mais on ne saurait concevoir, tant que la marchandise (ou plutôt son vendeur) « cherche un acheteur, souvent même avec beaucoup d'activité, sans changer de place », aucune modification en terme de formation ou de répartition concernant sa valeur : l'instant de l'échange, même s'il ne dure qu'un instant, le « détail d'exécution », même s'il n'est qu'un détail, s'avère logiquement essentiel pour effectuer, constater, comptabiliser la transaction, afin de mettre un terme, précisément, à la circulation de la marchandise, ou bien lui permettre, éventuellement, de retourner par la suite dans cette position d'attente ; de retourner, comme Say le pense, dans la circulation, en tant que bien d'occasion.

« Quant à ce qui est déjà vendu au consommateur, c'est une marchandise qui est placée, qui est retirée de la circulation, et qui ne fait plus partie de la quantité offerte. Mais tout ce qui est mis pour la première fois, ou remis en vente, entre ou rentre dans la circulation. Sous ce rapport, une marchandise est dans la circulation, quoiqu'elle ne change pas de place ; il suffit que son possesseur offre de la vendre. Toutes les denrées et toutes les marchandises qui garnissent les marchés, les magasins de vente et les boutiques, sont dans la circulation. »

(Say, 1840, p. 367)

Chez Marx, la conception de la circulation s'avère totalement différente. Les échanges, qu'ils concernent directement des marchandises (notés M-M) ou, surtout, des marchandises et la monnaie (ou l'argent, mais c'est souvent de l'or pour Marx, donc une marchandise aussi), qu'il note M-A (ou A-M), sont bel et bien les éléments de base constitutifs de la circulation. Les durées entre les échanges successifs n'ont que peu d'importance, seules comptent les formes particulières de la succession possible de ces échanges (que Marx note M-A-M et A-M-A). Ce faisant, il inaugure une position bien plus cohérente quant à l'explication des phénomènes de formation et de répartition de la valeur. Say reconnait que l'échange, observable dans la vente d'une marchandise en contrepartie d'une somme de monnaie, doit être un processus logiquement instantané, et Marx fait de ces instants les points nodaux du squelette des formes de la circulation qu'il propose, afin de tenter d'expliquer, au début du *Capital*, la formation de la plus-value.

## La formation de la valeur

Le travail, c'est entendu, forme, ou encore, par un terme éventuellement trop radical, « crée » de la valeur, et l'on parle volontiers (ou l'on en reparle, peut-être ?) de la « valeur-travail » ; mais on constate aussi qu'une valeur supplémentaire, formant les profits, est encore réalisable et, dans la plupart des cas, effectivement réalisée lors des ventes, permettant d'investir, de croître encore, de gagner encore. En d'autres termes, si le travail crée « de la valeur », il ne créerait pas « toute la valeur », en intégralité, une valeur complémentaire, de nature comparable, attendant de voir le jour dans la circulation. On a là tout le problème de Marx, tenté d'expliciter, à l'opposé de cette vision, l'existence d'une plus-value tout en affirmant le travail comme seule source de la valeur. Précisément, quel est le principe, selon Marx, de la formation de valeur ? Et d'abord, qu'est-ce que la valeur ?

« Nous connaissons maintenant la substance de la valeur : c'est le travail. Nous connaissons la mesure de sa quantité : c'est la durée du travail. »

(Marx, 1872, p. 15)

Ce passage, absent du texte principal de la quatrième édition, est précisé et traduit en note par Lefebvre, avec des syntagmes accentués.

« Nous connaissons maintenant la *substance* de la valeur. C'est le *travail.* Nous connaissons la *mesure de sa grandeur.* C'est le *temps de travail.* »

(Marx, 1993, note 11, p. 46)

Pour Marx, la valeur est le travail lui-même, mesuré par une durée comme multiple d'un intervalle de temps défini (l'heure, par exemple) passé à réaliser quelque chose ; la valeur est un quantum de travail comme « coagulé ». Cette considération permet d'affirmer que toute valeur, y compris une éventuelle plus-value (en tant que valeur elle-même), ne saurait provenir, en tout état de cause, que du travail et non d'un autre hypothétique facteur.

« S'il est d'une importance décisive pour l'entendement de la valeur en général de ne voir en elle qu'une simple coagulation de temps de travail, que du travail réalisé, il est d'une égale importance pour l'entendement de la plus-value de la comprendre comme une simple coagulation de temps de travail extra, comme du surtravail réalisé. »

(Marx, 1872, p. 93)

« Autant il est décisif pour la connaissance de la valeur en général de la saisir comme pure coagulation de temps de travail, comme pur travail objectivé, autant il est décisif de saisir la survaleur comme pure coagulation de temps de travail en surplus, comme pur surtravail objectivé. »

(Marx, 1993, pp. 242-243)

« Il est utile de souligner le fait que la plus-value ne peut en aucun cas être considérée comme le produit d'un facteur autre que le travail. L'hypothèse de la pluralité des facteurs de production (terre, capital, travail,...) est à juste titre rejetée par Marx. »

(Schmitt & Cencini, 1977, p. 15)

On voit que le terme « valeur » peut être considéré comme un synonyme de « travail effectivement réalisé », et cela, pendant un certain temps. La citation précédente de Marx révèle ainsi le nœud du problème auquel on pourra toujours, comme nous le verrons *infra*, le confronter : pour un certain temps de travail ainsi coagulé, quel principe permet d'en déterminer la fraction non rémunérée par les salaires ? Mais poursuivons, pour l'instant, l'explication de la formation de valeur dans l'ouvrage de Marx.

« L'ouvrier communique une valeur nouvelle à l'objet du travail par l'addition d'une nouvelle dose de travail, quel qu'en soit le caractère utile. D'autre part, nous retrouvons les valeurs des moyens de production consommés comme élément dans la valeur du produit, par exemple la valeur du coton et des broches dans celle des filés. Les valeurs des moyens de production sont donc conservées par leur transmission au produit. »

(Marx, 1872, p. 85)

« L'ouvrier ajoute une nouvelle valeur à l'objet du travail par l'ajout d'un quantum déterminé de travail, quel que soient le contenu, le but et le caractère technique déterminés de son travail. D'un autre côté, nous retrouvons les valeurs des moyens de production consommés comme composantes de la valeur du produit, par exemple les valeurs du coton et des broches dans la valeur du fil. La valeur des moyens de production est donc conservée par son transfert sur le produit. »

(Marx, 1993, p. 224)

Le travail communique ainsi à son résultat une valeur certaine, et cette valeur s'ajoute à celle des moyens de production utilisés ; la valeur apparaît ainsi comme une conséquence directe du travail effectué, « quel qu'en soit le caractère utile » (Trad. Roy), « quel que soient le contenu, le but et le caractère technique déterminés de son travail » (Trad. Lefebvre). On se dit alors que Marx aura bien retenu la leçon de Smith : ne pas confondre la « valeur » qui nous occupe, la valeur d'échange, basée, qui plus est, sur une abstraction du travail considéré, avec la valeur d'usage dont l'utilité, liée à l'aspect concret de l'activité effectuée, est une caractéristique.

## Le travail et son double

Néanmoins, Marx insiste à plusieurs reprises sur le caractère utile ou concret du travail effectué, nécessaire pour expliquer, lui semble-t-il, la « transmission » (Trad. Roy), le « transfert » (Trad. Lefebvre), de la valeur des moyens de productions constituant une partie de la valeur du produit. Il en conclut, ainsi, au caractère double du travail, ce dernier ajoutant une nouvelle valeur à celle, initiale, des moyens de production et, dans le même temps (de travail), transmettant, par conservation, cette dernière au produit final.

« L'ouvrier ne travaille pas doublement dans le même temps, une fois pour ajouter une nouvelle valeur au coton, et l'autre fois pour en conserver l'ancienne, ou, ce qui revient absolument au même, pour transmettre au produit, aux filés, la valeur des broches qu'il use et celle du coton qu'il façonne. C'est par la simple addition d'une nouvelle valeur qu'il maintient l'ancienne. Mais comme l'addition d'une valeur nouvelle à l'objet du travail et la conservation des valeurs anciennes dans le produit sont deux résultats tout à fait différents que l'ouvrier obtient dans le même temps, ce double effet ne peut évidemment résulter que du caractère double de son travail. »

(Marx, 1872, p. 85)

« L'ouvrier ne travaille pas deux fois dans le même temps, une fois pour ajouter par son travail une valeur au coton, et la deuxième fois pour lui conserver son ancienne valeur, ou, ce qui revient au même, pour transférer sur le produit, le fil, la valeur du coton qu'il travaille et des broches avec lesquelles il le travaille. C'est simplement en ajoutant une nouvelle valeur qu'il conserve l'ancienne valeur. Mais comme l'ajout de nouvelle valeur à l'objet du travail et la conservation des anciennes valeurs dans le produit sont deux résultats tout à fait différents que l'ouvrier obtient dans le même temps, bien qu'il ne travaille qu'une fois dans le même temps, ce caractère double du résultat ne peut s'expliquer manifestement que par le caractère double de son travail lui-même. »

(Marx, 1993, p. 224)

On pourrait immédiatement penser que le travailleur n'aurait pas spécialement besoin de travailler pour maintenir la valeur des moyens de production, celle-ci étant d'emblée comptabilisée comme coût supplémentaire aux salaires versés, intégrant de fait la valeur finale du produit, mais Marx trouve en l'utilité du travail concret le principe de transmission de cette valeur, tandis que l'ajout simple d'une nouvelle valeur se définit toujours par un travail abstrait. D'une certaine manière, et c'est assez étonnant, la distinction entre valeur d'usage et valeur d'échange semble être ici le fondement de la distinction entre la seule transmission et la création nette d'une valeur ajoutée.

« Le travailleur conserve donc la valeur des moyens de production consommés, il la transmet au produit comme partie constituante de sa valeur, non parce qu'il ajoute du travail en général, mais par le caractère utile, par la forme productive de ce travail additionnel. [...]

C'est donc en vertu de sa propriété générale, abstraite, comme dépense de force vitale humaine, que le travail du fileur ajoute une valeur nouvelle aux valeurs du coton et des broches, et c'est en vertu de sa propriété concrète, particulière, de sa propriété utile comme filage, qu'il transmet la valeur de ces moyens de production au produit et la conserve ainsi dans celui-ci. De là le double caractère de son résultat dans le même espace de temps.

Par une simple addition, par une quantité nouvelle de travail, une nouvelle valeur est ajoutée ; par la qualité du travail ajouté les anciennes valeurs des moyens de production sont conservées dans le produit. »

(Marx, 1872, p. 86)

« L'ouvrier conserve donc les valeurs des moyens de production consommés, ou les transfère au produit comme parties constitutives de sa valeur, non par un ajout de travail en général, mais par le caractère utile particulier, par la forme spécifiquement productive de ce travail supplémentaire. [...]

C'est donc en vertu de sa propriété universelle abstraite de dépense de force de travail humaine que le travail du fileur ajoute une nouvelle valeur aux valeurs du coton et des broches, et c'est en vertu de sa propriété utile, particulière, concrète, de procès de filage qu'il transfère au produit et conserve ainsi dans le produit la valeur de ces moyens de production. D'où le caractère double de son résultat en un point donné du temps.

C'est par l'ajout purement quantitatif de travail qu'une nouvelle valeur est ajoutée, et par la qualité du travail ajouté que les anciennes valeurs des moyens de production sont conservées dans le produit. »

(Marx, 1993, pp. 225-226)

Marx est persuasif, mais son explication demeure assez faible. On comprend bien qu'une transmission intégrale de la valeur des moyens de production suppose, d'un point de vue concret, une utilisation normale de ces moyens, par une intégration correcte des matières, un travail d'une certaine qualité, etc. (comme Marx le souligne par endroits) ; mais du point de vue de leur valeur, il est certain qu'elle se constitue toujours, comme celle qui leur est ajoutée par ce nouveau travail, de quanta de travaux abstraits. On ne comprend pas, alors, l'insistance de Marx sur l'aspect concret du travail pour expliquer le seul maintien de leur valeur abstraite comme constituant d'une autre valeur tout aussi abstraite. La considération de l'utilité nécessaire, de la marchandise ou du travail qui la réalise, est contradictoire avec le fait que ni l'utilité seule, ni le travail seul, ni l'une avec l'autre, ne sont suffisants pour obtenir une marchandise.

« Une chose peut être utile et produit du travail humain, sans être marchandise. Quiconque, par son produit, satisfait ses propres besoins, ne crée qu'une valeur d'usage personnelle. Pour produire des marchandises, il doit non seulement produire des valeurs d'usage, mais des valeurs d'usage pour d'autres, des valeurs d'usage sociales. Enfin, aucun objet ne peut être une valeur s'il n'est une chose utile. S'il est inutile, le travail qu'il renferme est dépensé inutilement et conséquemment ne crée pas de valeur. »

(Marx, 1872, p. 16)

« Une chose peut être utile et être le produit du travail humain, sans être une marchandise. Celui qui satisfait son besoin par le produit de son travail crée certes de la valeur d'usage, mais pas de marchandise. Pour produire de la marchandise, il faut non seulement qu'il produise de la valeur d'usage, mais que ce soit de la valeur d'usage pour d'autres, de la valeur d'usage sociale. [Et pas seulement de la valeur d'usage pour d'autres en général. Le paysan du Moyen Âge produisait le blé de l'impôt pour le seigneur féodal, le blé de la dîme pour les curés. Mais le fait d'avoir été produits pour d'autres ne faisait pas pour autant du blé de la dîme, ni de l'autre, des marchandises. Pour devenir marchandise, il faut que le produit soit transmis par la voie de l'échange à celui qui s'en sert comme valeur d'usage.] Aucune chose finalement ne peut être valeur sans être objet d'usage. Si elle n'a pas d'utilité, c'est que le travail qu'elle contient est sans utilité, ne compte pas comme travail et ne constitue donc pas de valeur. »

(Marx, 1993, p. 46)

Le passage entre crochets est de Friedrich Engels, dans la quatrième édition, qui précise :

« J'ajoute cette parenthèse, parce qu'on pense très souvent, en l'absence de cette précision, que chez Marx, tout produit consommé par un autre que son producteur est une marchandise. »

(Engels in Marx, 1993, note 11a, p. 46)

Il est vrai que le seul caractère « social » d'une valeur d'usage n'en fait pas automatiquement une valeur d'échange, et la précision d'Engels n'est pas inutile. Néanmoins, dans le cadre du marché, « tout produit consommé par un autre que son producteur » est logiquement « transmis par la voie de l'échange à celui qui s'en sert comme valeur d'usage » : il est en effet, dans ce cadre, forcément parvenu à son consommateur final par la voie d'au moins un échange ; il devrait donc amplement mériter, d'après la remarque d'Engels, le statut de marchandise. Surtout, l'absence d'utilité ne devrait pas être retenue pour justifier de l'absence d'une valeur d'échange, puisque l'utilité est liée à la valeur d'usage. Sans doute que, pour Marx, une marchandise doive forcément être utile, puisqu'il faut bien qu'elle puisse participer, après sa production, aux échanges eux-mêmes, qu'elle puisse être vendue et, donc, valorisée.

« L'aptitude de celle-ci [la force de travail], à faire des filés ou des bottes, n'était qu'une *conditio sine qua non*, car le travail doit être dépensé sous une forme utile pour produire de la valeur. »

(Marx, 1872, p. 82)

« La particularité utile qu'elle [la force de travail] a de fabriquer des filés ou des chaussures n'était qu'une condition *sine qua non*, tenant au fait que le travail doit être dépensé sous une forme utile pour former de la valeur. »

(Marx, 1993, p. 217)

Ainsi vendue, la marchandise acquiert, dans l'échange, l'expression objective de son existence sociale même.

« C'est seulement dans leur échange que les produits du travail acquièrent comme valeurs une existence sociale identique et uniforme, distincte de leur existence matérielle et multiforme comme objets d'utilité. »

(Marx, 1872, p. 29)

« C'est seulement au sein de leur échange que les produits du travail acquièrent une objectivité de valeur socialement identique, distincte de leur objectivité d'usage et de sa diversité sensible. »

(Marx, 1993, p. 84)

Si l'on identifie l'expression d'une « existence sociale identique et uniforme » (Trad. Roy) ou d'une « objectivité de valeur socialement identique » (Trad. Lefebvre) à la forme monétaire de la valeur des marchandises, cette conception s'avère certainement critiquable. Il suffit pour cela de considérer le sort des marchandises qui se révèlent finalement invendues : n'ayant pas été achetées, elles auront été considérées comme inutiles par les consommateurs, ce qui se défend, mais elles n'auraient ainsi, selon Marx, pas été valorisées ; elles n'auraient pas légitimement acquis, par leur participation manquée aux échanges potentiels, leur valeur exprimée en monnaie, et cela aurait *ipso facto* pour résultat le retrait de leur statut de marchandises. Cependant, les invendus ont bel et bien une valeur comptable, c'est indéniable, en l'espèce leur coût de production respectif, et c'est bien pour cela que toute entreprise, les ayant dûment payés, redoute ces coûts : leur subsistance s'impute en effet sur les profits formés dans les ventes réalisées.

C'est donc, selon Marx, par le travail, et par lui seul, que l'on ajoute une nouvelle valeur – correspondant au travail effectué – à une valeur existante, celle des moyens de production. Il faut croire que celle-ci aura émergé de la même manière, par un travail antérieur. Le résultat, la marchandise comme produit du travail, comprend donc cette valeur initiale et, en sus, la valeur ajoutée par le travail supplémentaire. Le détour théorique par le caractère concret et utile du travail, par la considération, donc, de la valeur d'usage des moyens de production pour expliquer cet ajout, n'apparaît pas déterminant pour la suite de l'analyse (malgré les longs développements que Marx lui consacre), à partir du moment où il n'est pas question, ici, de l'apparition d'une valeur qui dépendrait non du travail, mais de la seule utilité. Dans un autre exemple, le cuir a plus de valeur lorsqu'il est sous forme de bottes, non parce qu'il est plus utile sous cette forme (ce serait confondre la valeur d'usage et la valeur d'échange, et là, Marx ne se gêne pas pour critiquer vertement

Condillac sur ce point), mais parce qu'il n'acquiert pas cette forme utile par l'opération du Saint-Esprit : un travail est nécessaire, qui s'ajoute au travail nécessaire à l'obtention du cuir brut.

« Le producteur peut bien, par son travail, créer des valeurs, mais non point des valeurs qui s'accroissent par leur propre vertu. Il peut élever la valeur d'une marchandise en ajoutant par un nouveau travail une valeur nouvelle à une valeur présente, en faisant, par exemple, avec du cuir des bottes. La même matière vaut maintenant davantage parce qu'elle a absorbé plus de travail. Les bottes ont donc plus de valeur que le cuir ; mais la valeur du cuir est restée ce qu'elle était, elle ne s'est point ajouté une plus-value pendant la fabrication des bottes. »

(Marx, 1872, p. 70)

« Par son travail, le possesseur de marchandises peut former des valeurs, mais pas des valeurs qui se valorisent. Il peut augmenter la valeur d'une marchandise en ajoutant à une valeur existante, par un nouveau travail, une nouvelle valeur, par exemple en faisant des bottes avec du cuir. La même matière aura alors plus de valeur, parce qu'elle contiendra un plus grand quantum de travail. Du coup, la botte a plus de valeur que le cuir, mais la valeur du cuir est restée ce qu'elle était. Elle ne s'est pas valorisée, elle n'a pas pris une survaleur pendant la fabrication des bottes. »

(Marx, 1993, p. 186)

La valeur du cuir (moyen de production), comme Marx le précise bien, n'augmente aucunement du fait de sa transformation (quelle que soit, par ailleurs, l'utilité associée au cuir), car c'est la valeur des bottes qui est ici pertinente : celle-ci intègre la valeur découlant de deux travaux consécutifs, le travail nécessaire à l'obtention du cuir brut et, en plus, le travail pour en faire des bottes. Le « quantum de travail » à prendre en compte est donc plus grand, et toute valeur qui s'accroît le fait par l'ajout légitime, à cette valeur existante, d'une autre valeur correspondant bien, elle aussi, à un autre travail de même nature fondamentale, ce qui permet de les mesurer et de les agréger de manière homogène ; c'est-à-dire, chez Marx, en temps de travail.

« Les moyens de production fonctionnent maintenant comme simples moyens d'absorption de travail et ne représentent eux-mêmes que la quantité de travail réalisé en eux. Que le travail soit contenu dans les moyens de production ou qu'il soit ajouté par la force de travail, on ne le compte désormais que d'après sa durée ; il est de tant d'heures, de tant de jours, et ainsi de suite. »

(Marx, 1872, p. 83)

« De même, les marchandises qui entrent dans le procès de travail ne valent plus comme facteurs matériels, déterminés en fonction de la fin en vue de laquelle la force de travail agit. Elles ne comptent plus que comme quanta déterminés de travail objectivé. Qu'il soit contenu dans les moyens de production ou ajouté par la force de travail, le travail ne compte plus que par sa mesure en temps. Il s'élève à tant d'heures, tant de journées, etc. »

(Marx, 1993, p. 220)

### La transformation de l'argent en capital

Nous l'avons dit, Marx est catégorique sur la relation d'identité entre le travail et la valeur, c'est-à-dire, à moins d'envisager un travail instantané, celle entre la valeur et le temps de travail, si bien que seul le travail en action pendant un certain temps (qui lui sert de mesure), ou l'usage de la force de travail sur une certaine durée, est susceptible de créer de la valeur. Mais la partie réalisée en « plus-value » (Trad. Roy) ou « survaleur » (Trad. Lefebvre), perçue sous forme d'argent (en monnaie-marchandise) lors des ventes, formera néanmoins du capital supplémentaire. Cette « transformation de l'argent en capital » est le cœur explicatif de l'ouvrage de Marx, et la formation de la plus-value en est bien la condition.

Marx nomme « capital avancé » (noté C) le coût total de production, composé du coût des moyens de production (« capital constant », noté *c*) et de celui de la force de travail (« capital variable », noté *v*), ce dernier correspondant aux salaires. À l'issue du procès de production, une plus-value apparaît en sus du capital avancé : C devient alors C', supérieur à C, et la valeur du produit s'est augmentée du montant de la plus-value. Nous n'avons pas gardé l'exemple que Marx intègre dans son propos, pour ne pas alourdir la citation suivante.

« La plus-value que le capital avancé C a engendrée dans le cours de la production se présente d'abord comme excédant de la valeur du produit sur la valeur de ses éléments.

Le capital C se décompose en deux parties : une somme d'argent *c* (capital constant), qui est dépensée pour les moyens de production, et une autre somme d'argent *v* (capital variable), qui est dépensée en force de travail. À l'origine, donc, $C = c + v$ […] L'opération productive terminée, on a pour résultat une marchandise dont la valeur $= c + v + p$, (*p* étant la plus-value) […]

Le capital primitif C s'est transformé en C' […] La valeur des éléments de production étant égale à la valeur du capital avancé, c'est une vraie tautologie de dire que l'excédant de la valeur du produit sur la valeur de ses éléments est égale au surcroît du capital avancé, ou à la plus-value produite. »

(Marx, 1872, p. 91)

« La survaleur que le capital avancé C a engendrée dans le procès de production, ou la valorisation de la valeur-capital C avancée, se présente d'abord comme excédent de la valeur du produit par rapport à la somme de valeur de ses éléments de production.

Le capital C se divise en deux parties, une somme d'argent c qui est dépensée pour les moyens de production, et une autre somme d'argent v qui est dépensée pour la force de travail ; c représente la portion de valeur transformée en capital constant, v la portion de valeur transformée en capital variable. Donc, à l'origine, C = c + v [...] À la fin du procès de production, on a une marchandise dont la valeur = c + v + s, où s est la survaleur [...]

Le capital de départ C s'est transformé en C' [...] La valeur des éléments de production étant égale à la valeur du capital avancé, c'est une véritable tautologie de dire que l'excédent de la valeur des produits par rapport à la valeur de ses éléments de production est égal à la valorisation du capital avancé, ou encore égal à la survaleur produite. »

(Marx, 1993, p. 237)

Suite à la formation de la plus-value, le capital initialement engagé s'est donc accru ; il pourra alors constituer un plus grand capital avancé dans une autre production, parce que la plus-value qui s'ajoute à C forme une partie du capital résultant C'. En d'autres termes, la plus-value est la source d'existence d'une partie du capital finalement récupéré. En outre, le procès de production pourrait être initialement constitué uniquement de capital variable ; dans ce cas, le capital avancé C ne serait composé que de ce type de capital, et comme le capital variable est toujours la seule source de la valeur et, donc, de la plus-value, se constituerait aussi un nouveau capital C' supérieur à C de tout le montant de la plus-value réalisée. La plus-value est ainsi conçue comme indépendante du capital constant.

« Si le capital constant *c* égalait zéro, en d'autres termes s'il y avait des branches d'industrie où le capitaliste n'aurait à employer aucun moyen de production créé par le travail, ni matière première, ni matières auxiliaires, ni instruments, mais seulement la force de travail et des matériaux fournis par la nature, aucune portion constante de valeur ne pourrait être transmise au produit. Cet élément de la valeur du produit [...] serait éliminé, mais la valeur produite [...] serait tout aussi grande que si *c* représentait une valeur incommensurable. Nous aurions $C = 0 + v = v$ et

C' (le capital accru de la plus-value) = $v + p$ ; C' – C, après comme avant = $p$. »

(Marx, 1872, p. 92)

« Si c, le capital constant, était = 0, en d'autres termes, s'il y avait des branches d'industrie où le capitaliste n'eût pas à employer de moyens de production eux-mêmes produits, ni matériau brut, ni matières auxiliaires, ni instruments de travail, mais seulement des matières disponibles à l'état naturel et de la force de travail, il n'y aurait aucune part de valeur constante à transférer au produit. Cet élément de la valeur du produit [...] serait éliminé, mais le produit-valeur [...] demeurerait tout aussi grand que si c représentait une somme de valeur considérable. Nous aurions : C = 0 + v = v, et C', le capital valorisé, = v + s, C' – C étant toujours = s. »

(Marx, 1993, pp. 238-239)

Marx évoque alors, de manière surprenante, l'exemple avec un capital constant non nul, la production formant néanmoins une plus-value nulle malgré la présence d'un capital variable rémunérant l'usage d'une force de travail.

« Si, au contraire, $p$ égalait zéro, en d'autres termes si la force de travail, dont la valeur est avancée dans le capital variable, ne produisait que son équivalent, alors C = $c + v$ et C' (la valeur du produit) = $c + v + 0$ ; par conséquent C = C'. Le capital avancé ne se serait point accru. »

(Marx, 1872, p. 92)

« Inversement, si s était = 0, ou, en d'autres termes, si la force de travail dont la valeur est avancée dans le capital variable n'avait produit qu'un équivalent, on aurait alors C = c + v, et C' (la valeur du produit) = c + v + 0, par conséquent C = C'. Le capital avancé ne se serait pas valorisé. »

(Marx, 1993, p. 239)

Non seulement Marx ne soutient pas l'impossibilité de cet exemple, ce qui aurait été logique compte tenu de la capacité affirmée, ou peut-être encore seulement supposée, de la force de travail à former une valeur supérieure au capital variable engagé (d'où la plus-value par différence d'avec les salaires), mais nous verrons qu'il l'envisage dans une situation précise, que nous décrirons *infra*. Quoi qu'il en soit, la plus-value n'étant issue que de la force de travail payée par le capital variable, la présence ou non de capital constant n'est pas déterminante de sa formation ; la plus-value ne provient en aucun cas du seul capital constant, du fait que cette valeur (celle des moyens de production) ne soit que transmise au produit. Marx en tire, et c'est important, les deux « valeurs » susceptibles d'être engendrées dans tout procès de production : le capital variable (mesuré par les salaires) et la plus-value. Si cette dernière, d'aventure, était nulle, la seule valeur formée correspondrait donc aux salaires.

« On sait que la valeur du capital constant ne fait que réapparaître dans le produit. La valeur réellement nouvelle, engendrée dans le cours de la production même, est donc différente de la valeur du produit obtenu. Elle n'est pas, comme il semblerait au premier coup d'œil, $c + v + p$ [...] mais $v + p$. »

(Marx, 1872, pp. 91-92)

« Le produit de valeur réellement nouveau engendré dans le procès est donc différent de la valeur du produit obtenue par le procès ; elle n'est donc pas, comme il semble de prime abord, c + v + s [...] mais v + s. »

(Marx, 1993, p. 238)

### Les formes de la circulation et la plus-value

Selon Marx, la plus-value correspond, en tant que valeur, à une partie du temps total de travail effectué par l'ouvrier dans la production ; le capital variable, en effet, ne rémunèrerait pas l'intégralité de ce travail. La plus-value serait ainsi la cause, de par sa formation par le travail correspondant, de la différence constatée entre la valeur du produit sur le marché (son prix) et le capital avancé. Toutefois, lorsqu'il propose l'exemple des bottes en cuir, le propos de Marx n'est pas tant d'expliciter la formation de valeur par le seul travail que de montrer, par un contre-exemple, qu'une plus-value positive explicitement obtenue sans le concours du travail ne saurait provenir du procès de production, celui-ci étant en dehors de la sphère de la circulation. L'argument paraît curieux, d'autant que Marx adopte, au début du *Capital*, une position étonnante ; il commence en effet par affirmer qu'une telle valeur, dont il fournit alors la dénomination, qui ne serait pas, rappelons-le, une partie précise du travail effectué (ce qui est une contradiction), peut se former dans la circulation, lors de la vente des marchandises. Non seulement elle le peut, mais elle le doit, car l'argent doit se transformer, dans la circulation, en capital.

« Cet excédant ou ce surcroît, je l'appelle *plus value* (en anglais *surplus value*). Non seulement donc la valeur avancée se conserve dans la circulation ; mais elle y change encore sa grandeur, y ajoute un plus, se fait valoir davantage, et c'est ce mouvement qui la transforme en capital. »

(Marx, 1872, p. 63)

« Cet incrément, l'excédent qui dépasse la valeur primitive, je l'appelle : survaleur (surplus value). Par conséquent, non seulement la valeur avancée primitivement se conserve dans la circulation, mais elle y change la grandeur de sa valeur, elle s'ajoute une survaleur, ou encore elle se valorise. Et c'est ce mouvement qui la transforme en capital. »

(Marx, 1993, p. 170)

La voie suivie par Marx paraît bien dangereuse ; le voilà engagé à montrer que la plus-value ne proviendrait pas du travail, mais de la seule circulation. Marx se concentre ainsi sur les formes qu'il identifie de cette circulation et, plus précisément, sur l'une de ces formes.

« L'argent en tant qu'argent et l'argent en tant que capital ne se distinguent de prime abord que par leurs différentes formes de circulation. La forme immédiate de la circulation des marchandises est M-A-M, transformation de la marchandise en argent et retransformation de l'argent en marchandise, vendre pour acheter. Mais à côté de cette forme nous en trouvons une autre, tout à fait distincte, la forme A-M-A transformation de l'argent en marchandise et retransformation de la marchandise en argent, acheter pour vendre. Tout argent qui dans son mouvement décrit ce dernier cercle, se transforme en capital, devient capital et est déjà par destination capital.

[...] Comme la circulation simple, [la circulation A-M-A] parcourt deux phases opposées. Dans la première phase A-M, achat, l'argent est transformé en marchandise. Dans la seconde M-A, vente, la marchandise est transformée en argent. L'ensemble de ces deux phases s'exprime par le mouvement qui échange monnaie contre marchandise et de nouveau la même marchandise contre de la monnaie, achète pour vendre, ou bien, si on néglige les différences formelles d'achat et de vente, achète avec de l'argent la marchandise et avec la marchandise l'argent. Ce mouvement aboutit à l'échange d'argent contre argent, A-A. »

(Marx, 1872, pp. 61-62)

« L'argent en tant qu'argent et l'argent en tant que capital ne se distinguent d'abord que par leur forme de circulation différente.

La forme immédiate de la circulation des marchandises est M-A-M, transformation de marchandise en argent et retransformation d'argent en marchandise : vendre pour acheter. Mais nous trouvons à côté de cette forme une deuxième forme spécifiquement différente, la forme A-M-A, transformation d'argent en marchandise et retransformation de marchandise en argent : acheter pour vendre. L'argent qui décrit dans son mouvement cette dernière circulation se transforme en capital, devient capital, est déjà par sa destination capital.

[...] Tout comme la circulation simple, [la circulation A-M-A] parcourt deux phases opposées. Dans la première phase, A-M, l'achat, l'argent est converti en marchandise. Dans la deuxième phase, M-A, la vente, la marchandise est reconvertie en argent. Mais l'unité des deux phases est un mouvement global unique qui échange de l'argent contre de la marchandise, puis rééchange cette même marchandise contre de l'argent, achète de la marchandise pour la vendre ou encore, si on laisse de côté les différences formelles entre achat et vente, qui achète de la marchandise avec l'argent et avec la marchandise de l'argent. Le résultat [...] est un échange d'argent contre argent, A-A. »

(Marx, 1993, p. 166)

On voit bien la similarité de nature, que Marx réaffirme ici, entre la monnaie et la marchandise : l'achat d'une marchandise avec de la monnaie correspond conceptuellement à une vente de monnaie contre une marchandise. Dès lors, si lui-même peut se permettre de « négliger » (Trad. Roy) ou « laisser de côté » (Trad. Lefebvre) les « différences formelles » entre l'achat et la vente, c'est-à-dire entre A-M et M-A, on ne voit pas très bien comment Marx pourrait s'appuyer sur ces différences pour montrer la spécificité d'une forme de circulation par rapport à l'autre. On notera que la « forme immédiate de la circulation », la forme M-A-M, s'apparente clairement à la description traditionnellement présentée pour souligner, de la monnaie, la fonction d'intermédiaire au sein de l'échange : « vendre pour acheter » aboutit nécessairement, dans un « mouvement » similaire de contraction des phases successives M-A et A-M, à l'échange complet M-M, que l'on pourrait qualifier de « réel ». Chacune des phases, c'est-à-dire chaque transaction mettant en scène une marchandise et la monnaie, s'avère alors intrinsèquement incomplète, n'étant toujours qu'une moitié d'un acte d'échange réel, comme l'indiquait déjà Say.

« En vous parlant d'échanges et de valeurs, je me suis servi de sommes d'argent pour désigner un des deux termes de l'échange ; je dois pourtant vous prévenir que les ventes et les achats, c'est-à-dire les échanges où le numéraire entre comme l'un des termes, ne sont pas l'objet essentiel des transactions sociales. Lorsque nous vendons une chose qui a une valeur, dans quel but acquérons-nous ces pièces d'or ou d'argent qu'on nous donne en paiement ? Est-ce pour les enfiler en guise d'ornemens et en faire des guirlandes comme on le fait, dit-on, en certains pays ? Probablement que non. C'est pour en acheter quelque autre chose, quelque autre bien. Si nous transmettons cette somme à une autre personne, cette personne l'emploiera au lieu de nous ; mais à quoi l'emploiera-t-elle ? Toujours à un achat quelconque. [...]

Que concluerons-nous de là ? C'est qu'une vente n'est que la moitié d'un échange, n'est qu'une opération qui n'est pas terminée. C'est *vendre et acheter* qui forme une opération complète ; or, vendre et acheter, qu'est-ce, sinon échanger ce qu'on vend contre ce qu'on achète ? »

(Say, 1840, pp. 75-76)

Il est certain qu'à ce stade de la réflexion, les phases simples M-A et A-M ne peuvent toujours qu'être considérées, comme chez Say, comme des actes incomplets ; la monnaie n'est ici qu'un intermédiaire, et la seule transaction M-A, la vente pour l'un et l'achat pour l'autre, n'apparaît toujours, compte tenu de l'intentionnalité soulignée par Marx, que comme une position d'attente, en suspens : l'un a vendu, l'autre a acheté, et chacun n'attend qu'une chose, effectuer la transaction inverse pour réaliser la forme complète. L'importance de chaque phase est donc gommée, puisqu'elles n'ont d'utilité que conjuguées. On comprend alors que, pour Marx, l'idée de poursuivre l'une des phases, par exemple M-A, par le résultat final (M) de l'autre, en imbriquant les deux, lui permet de proposer une direction, une intentionnalité (« vendre *pour* acheter ») dans cette série, celle-ci étant formée de deux actes successifs, et de tenter de montrer comment, par l'inversion de la forme obtenue, donc celle de l'intention du protagoniste, le résultat final de la forme A-M-A permettrait de réaliser cette création de valeur.

Le projet de Marx est peut-être ici plus profond, car si l'on demeure dans le cadre des échanges entre équivalents, les transactions M-A et A-M formant successivement comme une longue chaîne circulatoire, on pourrait presque voir la monnaie circuler tandis que les marchandises circuleraient en sens inverse ; et il n'y aurait que cela à voir : des échanges… Mais point de création nette, point de production de valeur nette et, notamment, pas de formation de capital au sens où compte l'entendre Marx. On peut voir, ici, la limite de la conception néoclassique d'une économie décrite comme une succession d'échanges, ceux-ci apparaissant inévitablement stériles en cette affaire. C'est donc la création de la valeur qui est en jeu, celle d'une valeur monétaire qui interviendrait dans la circulation. Marx voit bien que, dans le résultat M-M de la forme de circulation « immédiate » ou « simple », la création objective de valeur, entendue comme valeur d'échange, s'avère impossible, de par l'équivalence de ses termes. L'aspect réel de ces derniers ne peut toujours former, et c'est le cas pour les deux échangistes, qu'une valeur d'usage satisfaisante pour chacun. C'est pourquoi Marx se concentre sur la forme A-M-A, la seule capable, selon lui, d'engendrer cette valeur en plus, cette « plus-value », et de réaliser, donc, le procès de transformation de l'argent en capital.

« La circulation simple – vendre pour acheter – ne sert que de moyen d'atteindre un but situé en dehors d'elle-même, c'est-à-dire l'appropriation de valeurs d'usage, de choses propres à satisfaire des besoins déterminés. La circulation de l'argent comme capital possède au contraire son but en elle-même ; car ce n'est que par ce mouvement toujours renouvelé que la valeur continue à se faire valoir. Le mouvement du capital n'a donc pas de limites. »

(Marx, 1872, p. 63)

« La circulation simple des marchandises – la vente en vue de l'achat – sert de moyen pour une fin située hors de la circulation, à savoir l'appropriation de valeurs d'usage, la satisfaction de besoins. Par contre, la circulation de l'argent considéré comme capital est une fin en soi, puisque la valorisation de la valeur n'existe qu'au sein de ce mouvement sans cesse recommencé. Le mouvement du capital n'a donc ni fin ni mesure. »

(Marx, 1993, pp. 171-172)

C'est dire l'importance de la plus-value comme élément explicatif de l'existence du capital. Toutefois, Marx n'a toujours pas, à ce stade, montré que l'échange complet A-A pouvait être moins stérile, en termes de valeur, que l'échange M-M.

### L'équivalence en question

L'auteur du *Capital* propose alors en exemple une situation simple, donc facile à comprendre, de type commercial : acheter pour revendre plus cher (sans ajout de travail ; mais c'est sous-entendu… non ?)

« Si j'achète pour 100 l. st. 2000 livres de coton, et qu'ensuite je vende ces 2000 livres de coton pour 110 l. st., j'ai en définitive échangé 100 l. st. contre 110 liv. st., monnaie contre monnaie. »

(Marx, 1872, p. 62)

« Quand pour 100 £ j'achète 2000 livres de coton et que je revends ces 2000 livres de coton pour 110 £, j'ai, en fin de compte, échangé 100 £ contre 110 £, de l'argent contre de l'argent. »

(Marx, 1993, p. 166)

Marx précise alors, en guise de justification, que si la somme finale était quantitativement la même que la somme initiale, cette forme de circulation apparaîtrait pour le moins étonnante, n'apportant rien de particulier à celui qui l'initierait ; la circulation pourrait même, si l'on généralisait l'argument, être compromise.

« Il va sans dire que la circulation A-M-A serait un procédé bizarre, si l'on voulait par un semblable détour échanger des sommes d'argent équivalentes, 100 l. st., par exemple, contre 100 l. st. Mieux vaudrait encore la méthode du thésauriseur qui garde solidement ses 100 l. st. au lieu de les exposer aux risques de la circulation. »

(Marx, 1872, p. 62)

« Or il est bien évident que le procès de circulation A-M-A serait insipide et vide, si par le moyen de ce détour, on voulait échanger la même valeur monétaire contre la même valeur monétaire, par exemple 100 £ contre 100 £. La méthode du thésauriseur qui garde précieusement ses 100 £ au lieu de les livrer à la circulation demeurerait dans ce cas incomparablement plus simple et plus sûre. »

(Marx, 1993, pp. 166-167)

Ce passage révèle un point important, inévitable, du processus décrit par Marx : les deux sommes d'argent de son exemple, et lui-même le reconnaît, ne sont pas « équivalentes » (Trad. Roy), elles ne sont pas « la même valeur monétaire » (Trad. Lefebvre), car seule leur dimension quantitative, leur mesure monétaire donc, permet de les différencier ; et il se trouve que l'une est formellement plus grande que l'autre, comme un enfant pourrait clairement le voir. Marx reprend donc son argument et en tire la définition de la plus-value :

« Échanger 100 l. st. contre du coton et de nouveau le même coton contre 100 l. st., c'est-à-dire échanger par un détour argent contre argent, idem contre idem, une telle opération semble aussi sotte qu'inutile. Une somme d'argent, en tant qu'elle représente de la valeur, ne peut se distinguer d'une autre somme que par sa quantité. Le mouvement A-M-A ne tire sa raison d'être d'aucune différence qualitative de ses extrêmes, car ils sont argent tous deux, mais seulement de leur différence quantitative. [...] Le coton acheté 100 l. st. est revendu 100 + 10 ou 110 l. st. La forme complète de ce mouvement est donc A-M-A' dans laquelle A' = A + ΔA, c'est-à-dire égale à la somme primitivement avancée plus un excédant. Cet excédant ou ce surcroît, je l'appelle *plus value* (en anglais *surplus value*). »

(Marx, 1872, p. 63)

« Échanger d'abord 100 £ contre du coton, puis rééchanger ce même coton contre 100 £, échanger donc, en faisant un détour, de l'argent contre de l'argent, le même contre le même, semble être une opération aussi dénuée de sens qu'insipide. Une somme d'argent ne peut en général, se distinguer d'une autre somme d'argent que par sa grandeur. De ce fait, le procès A-M-A n'est pas redevable de son contenu à une différence qualitative de ses extrêmes, car tous deux sont de l'argent, mais seulement à leur différence quantitative. [...] Le coton acheté à 100 £ est revendu par exemple à 100 + 10 £, soit 110 £. La forme complète de ce procès est donc A-M-A', où A' est = A + ΔA, c'est-à-dire égal à la somme avancée à l'origine, plus un incrément. Cet incrément, l'excédent qui dépasse la valeur primitive, je l'appelle : survaleur (surplus value). »

(Marx, 1993, pp. 169-170)

Donc, d'après Marx, la succession des phases A-M et M-A, qui se résout dans l'échange complet A-A, peut avoir comme résultat l'échange complet A-A'. Dans ce cas, on aurait bien un « échange », dans le sens où l'acheteur-vendeur aurait bien échangé une certaine somme d'argent contre une autre – quantitativement différente – somme d'argent. Tout le problème, bien évidemment, c'est ce « ΔA », cet « excédant » (Trad. Roy), cet « incrément » (Trad. Lefebvre) qui dépasse la « valeur primitivement avancée ». Marx botte alors en touche de manière magistrale : la transformation, en effet, de cette plus-value en capital se fond dans le capital final.

« La valeur primitivement avancée se distingue bien, il est vrai, pour un instant, de la plus-value qui s'ajoute à elle dans la circulation ; mais cette distinction s'évanouit aussitôt. Ce qui, finalement, sort de la circulation, ce n'est pas d'un côté la valeur première de 100 l. st., et de l'autre la plus-value de 10 l. st. ; c'est une valeur de 110 l. st., laquelle se trouve dans la même forme et les mêmes conditions que les 100 premières l. st., prête à recommencer le même jeu. Le dernier terme de chaque cercle A-M-A, acheter pour vendre, est le premier terme d'une nouvelle circulation du même genre. »

(Marx, 1872, p. 63)

« Certes, la valeur primitivement avancée de 100 £ se distingue un instant de la survaleur de 10 £ qui s'ajoute à elle, mais cette différence se redissout tout aussitôt. À la fin du procès, il ne sort pas d'un côté la valeur originale de 100 £, et de l'autre la survaleur de 10 £. Ce qui sort du procès, c'est une valeur de 110 £ qui se trouve dans la même forme adéquate que les 100 £ d'origine pour entamer le procès de valorisation. L'argent, à la fin du mouvement, en ressort comme son commencement. La fin de chaque circuit singulier où s'accomplit l'achat en vue de la vente constitue ainsi de lui-même le commencement d'un nouveau circuit. »

(Marx, 1993, p. 171)

Il faut bien l'avouer, Marx ne fait ici qu'affirmer l'addition possible, étant homogènes, des livres sterling, soit l'addition de 10 à 100 pour obtenir 110. Et Marx de réaffirmer la singularité de la forme de circulation A-M-A' : tel un fantôme, la même valeur prendrait tour à tour les formes marchandise et argent, produit et monnaie, dans ce mouvement circulatoire. Marx avait d'ailleurs bien prévenu son lecteur, par cette hypothèse :

« Dans un but de simplification, nous supposons que l'or est la marchandise qui remplit les fonctions de monnaie. »

(Marx, 1872, p. 39)

« Pour simplifier, je supposerai tout au long de cet ouvrage que l'or est la marchandise-monnaie. »

(Marx, 1993, p. 107)

Si l'on peut se permettre de simplifier les choses à ce point, c'est qu'elles ne valent pas la peine d'être considérées comme compliquées. L'or est une marchandise, et il se trouve, *dixit* Marx, qu'il est historiquement utilisé, par ses propriétés et qualités spécifiques, comme monnaie. Celle-ci, donc, étant bien une marchandise, la valeur n'aurait pas de mal à revêtir alternativement l'apparence phénoménale de l'une comme de l'autre. Le capital ainsi formé est donc alternativement, lui aussi, monnaie et produit, argent et marchandise.

« Dans la circulation A-M-A', [...] marchandise et argent ne fonctionnent l'une et l'autre que comme des formes différentes de la valeur elle-même, de manière que l'un en est la forme générale, l'autre la forme particulière, et, pour ainsi dire, dissimulée. La valeur passe constamment d'une forme à l'autre sans se perdre dans ce mouvement. Si l'on s'arrête soit à l'une soit à l'autre de ces formes, dans lesquelles elle se manifeste tour à tour, on arrive aux deux définitions : le capital est argent, le capital est marchandise. »

(Marx, 1872, p. 64)

« [...] dans la circulation A-M-A, l'un et l'autre, la marchandise et l'argent, ne fonctionnent que comme modes d'existence différents de la valeur elle-même, l'argent comme son mode d'existence général, la marchandise comme son mode d'existence particulier, son simple déguisement, pour ainsi dire. La valeur passe constamment d'une forme dans l'autre, sans se perdre elle-même dans ce mouvement, et elle se transforme ainsi en un sujet automate. Si l'on fixe les formes phénoménales particulières que prend tour à tour la valeur qui se valorise dans le circuit de son existence, on obtient alors les explications suivantes : le capital est argent, le capital est marchandise. »

(Marx, 1993, p. 173)

Cependant, cela ne règle pas la question fondamentale à ce stade : en parcourant, comme le prétend Marx, les deux formes alternatives, marchandise et argent, comment la valeur en question réussit-elle à s'auto-augmenter, à se valoriser ? Car, on dira ce que l'on voudra, 110 l. st., ce n'est pas 100 l. st. D'où viennent les dix en sus ? Nous connaissons sa réponse ultérieure, par le truchement de la force de travail, mais ici, Marx n'en est pas encore là. Il poursuit au contraire son argumentation en décrivant le comportement de la valeur en des termes plutôt étranges, au point où l'on ne sait pas vraiment s'il plaisante ou non, au point où l'on se demande si son livre de chevet n'était pas *Les Aventures d'Alice au pays des merveilles* (1865)… Ou bien était-ce, simplement, *La Bible* ? Ou encore les deux.

« Mais en fait la valeur se présente ici comme une substance automatique, douée d'une vie propre qui tout en échangeant ses formes sans cesse, change aussi de grandeur, et spontanément, en tant que valeur mère, produit une pousse nouvelle, une plus-value, et finalement s'accroît par sa propre vertu. En un mot, la valeur semble avoir acquis la propriété occulte d'enfanter de la valeur parce qu'elle est valeur, de faire des petits ou du moins de pondre des œufs d'or.

Comme la valeur, devenue capital, subit des changements continuels d'aspect et de grandeur, il lui faut avant tout une forme propre au moyen de laquelle son identité avec elle-même soit constatée. […] C'est sous la forme argent qu'elle commence, termine, et recommence son procédé de génération spontanée. […]

Maintenant la valeur se présente tout à coup comme une substance motrice d'elle-même, et pour laquelle marchandise et argent ne sont que de pures formes. […] Elle distingue en soi sa valeur primitive de sa plus-value, de la même façon que Dieu distingue en sa personne le père et le fils, et que tous les deux ne font qu'un et sont du même âge, car ce n'est que par la plus-value de 10 l. st. que les 100 premières l. st. avancées deviennent capital ; et dès que cela est accompli, dès que le fils a été engendré par le père et réciproquement, toute différence s'évanouit et il n'y a plus qu'un seul être : 110 liv. sterling. »

(Marx, 1872, pp. 64-65)

« Mais en fait la valeur devient ici le sujet d'un procès dans lequel, à travers le changement constant des formes argent et marchandise, elle modifie sa grandeur elle-même, se détache en tant que survaleur d'elle-même en tant que valeur initiale, se valorise elle-même. Car le mouvement dans lequel elle s'ajoute de la survaleur est son propre mouvement, sa valorisation, donc une autovalorisation. Elle a reçu cette qualité occulte de poser de la valeur parce qu'elle est valeur. Elle fait des petits vivants – ou, pour le moins, elle pond des œufs d'or.

En tant que sujet globalement dominant d'un tel procès, […] tout en se conservant et s'étirant dans ce mouvement, la valeur a besoin avant tout d'une forme autonome grâce à laquelle on constate son identité avec elle-même. Et cette forme, elle ne la possède que dans l'argent. C'est donc lui qui constitue le point de départ et le point final de tout procès de valorisation. [...]

Si dans la circulation simple, la valeur des marchandises reçoit, tout au plus, face à leur valeur d'usage, la forme autonome de monnaie, ici elle se présente soudain comme une substance en procès, une substance qui se met en mouvement par elle-même, et pour laquelle marchandise et monnaie ne sont que de simples formes. [...] En tant que valeur originelle elle se distingue d'elle-même en tant que survaleur, comme Dieu le père se distingue de lui-même en tant que Dieu le fils, l'un et l'autre ayant le même âge et ne formant en fait qu'une seule personne, car c'est seulement au moyen des 10 £ que les 100 £ avancées deviennent du capital ; une fois qu'elles le sont devenues, que le fils est engendré et que par lui l'est le père, leur différence s'évanouit de nouveau et tous deux ne sont qu'un : 110. »

(Marx, 1993, pp. 173-175)

La raison – la plus cohérente – invoquée dans cette citation, « car ce n'est que par la plus-value de 10 l. st. que les 100 premières l. st. avancées deviennent capital » (Trad. Roy), « car c'est seulement au moyen des 10 £ que les 100 £ avancées deviennent du capital » (Trad. Lefebvre), ne convainc pas : que la plus-value soit finalement réalisée ou non dans la revente du coton, les 100 l. st. initialement payées pour l'acheter définissent toujours un capital avancé qu'il est nécessaire de récupérer au terme du processus. Pour le reste, nous avions pourtant bien précisé qu'une explication métaphysique n'était pas recevable... Une explication fantastique encore moins.

### Le paradoxe

Reprenons l'exemple du cuir transformé en bottes. Celui-ci, nous l'avons dit, permet à Marx de montrer qu'en dehors de la circulation, lors de la production, la plus-value ne peut apparaître comme une véritable survaleur, entendez une valeur en plus des valeurs formées par le seul travail. Marx commence par poser la question :

« Mais celle-ci peut-elle naître en dehors de la circulation qui, après tout, est la somme totale des rapports réciproques des producteurs-échangistes ? »

(Marx, 1872, p. 70)

« Mais la survaleur peut-elle provenir d'ailleurs que de la circulation ? La circulation est la somme de toutes les relations marchandes qu'ont entre eux les possesseurs de marchandises. »

(Marx, 1993, pp. 185-186)

Il donne alors l'exemple des bottes, puis il conclut :

« Il paraît donc tout à fait impossible qu'en dehors de la circulation, sans entrer en contact avec d'autres échangistes, le producteur-échangiste puisse faire valoir la valeur, ou lui communiquer la propriété d'engendrer une plus-value. Mais sans cela, pas de transformation de son argent ou de sa marchandise en capital. »

(Marx, 1872, p. 70)

« Il est donc impossible qu'en dehors de la sphère de la circulation le producteur de marchandises valorise de la valeur et, par conséquent, convertisse de l'argent ou de la marchandise en capital, s'il n'entre pas en contact avec d'autres possesseurs de marchandises. »

(Marx, 1993, p. 186)

Le problème, d'évidence, est que Marx débute, quelques lignes plus tôt, ce même paragraphe par l'affirmation suivante :

« Il a été démontré que la somme des valeurs jetée dans la circulation n'y peut s'augmenter, et que, par conséquent, en dehors d'elle, il doit se passer quelque chose qui rende possible la formation d'une plus-value. »

(Marx, 1872, p. 70)

« On a pu voir que la survaleur ne pouvait provenir de la circulation, qu'il fallait donc que lorsque celle-ci se forme, quelque chose se déroule dans son dos, qui ne soit pas visible dans la circulation proprement dite. »

(Marx, 1993, p. 185)

Ainsi, Marx soutient que la plus-value, la survaleur, ne peut naître en dehors de la circulation ; elle ne peut pas *a priori* provenir de la seule production, lieu de formation de la simple valeur, après avoir précisément lui-même établi, et c'est une proposition fondamentale, que la circulation ne pouvait engendrer, comme nous allons le voir, cette fameuse plus-value. D'où le paradoxe (encore un), magistralement exposé ici par Marx, se concluant par le fameux « *Hic Rhodus, hic salta* ! ».

« La transformation de l'argent en capital doit être expliquée en prenant pour base les lois immanentes de la circulation des marchandises, de telle sorte que l'échange d'équivalents serve de point de départ. Notre possesseur d'argent, qui n'est encore capitaliste qu'à l'état de chrysalide, doit d'abord acheter des marchandises à leur juste valeur, puis les vendre ce qu'elles valent, et cependant, à la fin retirer plus de valeur qu'il n'en avait avancé. La métamorphose de l'homme aux écus en capitaliste doit se passer dans la sphère de la circulation et en même temps doit ne point s'y passer. Telles sont les conditions du problème. *Hic Rhodus, hic salta !* »

(Marx, 1872, p. 70)

« Le capital ne peut donc pas naître de la circulation, et il ne peut pas plus ne pas en provenir. Il faut, à la fois, qu'il provienne et qu'il ne provienne pas d'elle. [Phrases absentes dans Marx, 1872] [...]

Il faut développer la transformation de l'argent en capital sur la base des lois immanentes à l'échange des marchandises, de sorte que l'échange d'équivalents soit valablement tenu pour le point de départ. Notre possesseur d'argent qui n'est plus présent que comme chenille capitaliste est forcé d'acheter les marchandises à leur prix, de les vendre à leur prix et néanmoins de retirer à la fin du procès plus de valeur qu'il n'en avait lancé [*sic*] au départ. Sa métamorphose en papillon doit se produire à la fois nécessairement dans la sphère de la circulation et tout aussi ne pas s'y produire nécessairement. Telles sont les conditions du problème. *Hic Rhodus, hic salta !* »

(Marx, 1993, pp. 186-187)

Marx apporte en note une précision importante :

« [...] la formation du capital doit être possible lors même que le prix des marchandises est égal à leur valeur. Elle ne peut pas être expliquée par une différence, par un écart entre ces valeurs et ces prix. Si ceux-ci diffèrent de celles-là, il faut les y ramener, c'est-à-dire faire abstraction de cette circonstance comme de quelque chose de purement accidentel, afin de pouvoir observer le phénomène de la formation du capital dans son intégrité, sur la base de l'échange des marchandises, sans être troublé par des incidents qui ne font que compliquer le problème. »

(Marx, 1872, note 1, p. 70)

« [...] la formation de capital doit nécessairement être possible même quand le prix des marchandises est égal à la valeur des marchandises. Elle ne peut être expliquée par un écart entre le prix des marchandises et leur valeur. Quand les prix s'écartent vraiment des valeurs, il faut d'abord les ramener à ces dernières, c'est-à-dire faire abstraction de cette contingence, pour avoir sous les yeux, dans toute sa pureté, le phénomène de la formation de capital sur la base de l'échange des marchandises, et ne pas être troublé au cours de l'observation par des facteurs secondaires gênants et étrangers au déroulement même du processus. »

(Marx, 1993, note 37, pp. 186-187)

On voit que Marx considère les éventuels transferts par les différences entre prix et valeurs dans les échanges (entre non-équivalents) comme des évènements marginaux, fournissant une explication elle-même marginale de la répartition. Ces transferts d'argent ne font que découler, selon lui, d'une pratique malhonnête qui n'est pas du ressort de l'économique, mais de la « chrématistique » d'Aristote :

utiliser le commerce pour « faire de l'argent » à des fins mercantiles. Cette conception ne saurait, pour Marx, suffire à expliquer la transformation de l'argent en capital, la formation de la véritable plus-value. Celle-ci doit pouvoir s'expliquer dans le cadre d'échanges non distordus, entre équivalents, ce qui la généraliserait à tous les cas.

### Entre équivalents, point de plus-value

Marx n'en démord pas : une plus-value, générée on ne sait trop comment, doit émerger d'une manière ou d'une autre dans le cadre des échanges entre équivalents. L'échange entre non-équivalents, en effet, lui apparaît clairement anormal, presque impur ; il contrevient directement à la loi régissant les échanges et, à ce titre, il est considéré, dans les deux traductions, comme une « infraction » à cette loi.

« Des marchandises peuvent bien être vendues à des prix qui s'écartent de leurs valeurs ; mais cet écart apparaît comme une infraction de la loi de l'échange. Dans sa forme normale, l'échange des marchandises est un échange d'équivalents, et ne peut être par conséquent un moyen de bénéficier. »

(Marx, 1872, p. 67)

« On peut certes vendre des marchandises à des prix qui s'écartent de leur valeur, mais cet écart apparaît comme une infraction à la loi de l'échange de marchandises. Dans sa configuration la plus pure celui-ci est un échange d'équivalents, donc pas un moyen de s'enrichir en valeur. »

(Marx, 1993, p. 178)

Pourtant, Marx affirmait lui-même, rappelons-nous, la non-équivalence entre les deux sommes consécutives de la séquence A-M-A', les 100 l. st. payées (A) et les 110 l. st. reçues (A'). Il n'y a qu'à voir leur mesure respective, puisque c'est par leur expression numérique, précisément, qu'elles peuvent être distinguées. Il y aurait donc forcément, dans l'un ou l'autre moment de la séquence A-M-A', que ce soit dans l'achat A-M ou la vente ultérieure M-A' (ou les deux), une non-équivalence manifeste, un achat en-dessous de la valeur de M et/ou une vente au-dessus de cette valeur. L'idée d'un transfert de revenu, à l'issue de cette double transaction, vient en effet immédiatement à l'esprit dans l'exemple de Marx, et le gain réalisé par l'acheteur-revendeur de coton, situé « au milieu » des trois protagonistes de l'affaire, correspond ni plus ni moins à une perte pour le vendeur initial et/ou l'acheteur final : l'ensemble des deux, pour reprendre les chiffres de l'exemple, aura bien vendu 2000 livres de coton pour 100 l. st. et aura bien racheté cette même marchandise pour 110 l. st., ce qui rend cet ensemble débiteur net pour la différence ; il enregistre donc, parallèlement au gain du revendeur, une perte de 10 l. st., une « moins-value », partagée ou non par les deux protagonistes selon le degré de non-équivalence de chaque échange. Un raisonnement similaire peut se tenir au niveau d'un intervenant sur un marché, et c'est peut-être ce que Marx avait en tête : acheter 2000 livres de coton pour 100 l. st. un jour, parce que le prix de marché est à ce cours (le prix de vente, chez Marx, est déterminé par le marché), puis le revendre le lendemain, le cours ayant grimpé à 110 l. st. ; car comment le revendre à 110 si le prix de marché, auquel on a bien réussi à l'acheter, est toujours de 100 ?

Cependant, cette représentation d'un transfert de revenu généré par la non-équivalence ne signifierait aucune plus-value nette, car à celle-ci répondrait toujours l'existence d'une moins-value égale. C'est pourquoi Marx s'accroche au cadre des échanges entre équivalents ; il s'expose alors à la reconnaissance de l'impossibilité même de l'existence de cette plus-value, dans la production comme dans la circulation, et cela lui fournit le défi même qu'il se propose d'élucider : expliquer la transformation de l'argent en capital, c'est-à-dire la formation de la plus-value, en respectant « les lois immanentes » de la circulation, « de telle sorte que l'échange d'équivalents serve de point de départ » (Trad. Roy), « de sorte que l'échange d'équivalents soit valablement tenu pour le point de départ » (Trad. Lefebvre). Or, cela ne signifie pas forcément que Marx aurait coûte que coûte cherché à extraire une plus-value dans une série d'échanges entre équivalents ; plus prosaïquement, il s'agit du point de départ du raisonnement. Supposons donc, comme lui, des échanges entre équivalents.

« Tant que des marchandises, ou des marchandises et de l'argent de valeur égale, c'est-à-dire des équivalents, sont échangés, il est évident que personne ne tire de la circulation plus de valeur qu'il n'y en met. Alors aucune formation de plus-value ne peut avoir lieu. »

(Marx, 1872, p. 68)

« Quand on échange des marchandises, ou des marchandises et de l'argent de même valeur d'échange, donc des équivalents, personne, visiblement, ne tire de la circulation plus d'argent qu'il n'y en a lancé. Il n'y a alors aucune formation de survaleur. »

(Marx, 1993, p. 180)

L'argument est clair : si les échanges M-M, M-A (ou A-M) et A-A sont des échanges entre équivalents, cela signifie que les valeurs en présence dans l'échange considéré, M ou A, sont égales par définition. Dès lors, les séquences M-A-M et A-M-A ne peuvent toujours se dérouler que dans l'égalité des valeurs présentes, et la forme de circulation A-M-A', ou la somme A' serait supérieure à A, ne saurait se réaliser sans briser l'équivalence d'au moins l'un des échanges qui la composent. En d'autres termes, la forme A-M-A' ne peut se réaliser, en respectant la loi de l'équivalence dans les échanges, que si A' = A, puisque l'équivalence préserve précisément intactes les valeurs à l'issue des échanges. La plus-value qui naîtrait de la différence entre A' et A est donc nécessairement nulle. L'ordre de succession des échanges, M-A puis A-M ou *vice versa*, n'a aucune influence sur cette conclusion, puisque les formes de circulation retenues par Marx, M-A-M et A-M-A, ne peuvent alors être distinguées de manière strictement objective ; leur inversion, en particulier, ne saurait modifier la nécessaire nullité de la différence entre A' et A. Soutenir le contraire serait verser, d'après Marx lui-même, dans la magie.

« La forme de circulation par laquelle l'argent se métamorphose en capital contredit toutes les lois développées jusqu'ici sur la nature de la marchandise, de la valeur, de l'argent et de la circulation elle-même. Ce qui distingue la circulation du capital de la circulation simple, c'est l'ordre de succession inverse des deux mêmes phases opposées, vente et achat. Comment cette différence purement formelle pourrait-elle opérer dans la nature même de ces phénomènes un changement aussi magique ? »

(Marx, 1872, p. 66)

« La forme de circulation dans laquelle l'argent se déploie en capital contredit toutes les lois développées antérieurement sur la nature de la marchandise, de la valeur, de l'argent et de la circulation elle-même. Ce qui la différencie de la circulation simple des marchandises, c'est l'ordre de succession inversé des deux mêmes procès opposés, vente et achat. Et par quelle magie cette différence purement formelle renverserait-elle la nature de ces procès ? »

(Marx, 1993, p. 175)

En effet, on se demande bien comment Marx va pouvoir nous convaincre de l'effet réel d'une telle inversion sur la formation de valeur, compte tenu du fait qu'il ne définit pas une distinction fondamentale de nature entre les deux « phases » (Trad. Roy) ou « procès » (Trad. Lefebvre) auxquels on est ici confronté ; car la preuve en est faite, sauf à concevoir des valeurs mouvantes, changeantes, engendrant par génération spontanée ou autres types de reproduction dignes de Lewis Carroll : les échanges entre équivalents ne sauraient former, dans leur réalisation, aucune valeur, donc aucune plus-value. Marx en est tout à fait conscient, témoin la citation que nous avons déjà vue, dans les termes de Roy, que nous rappelons ici : « Il va sans dire que la circulation A-M-A serait un procédé bizarre, si l'on voulait par un semblable détour échanger des sommes d'argent équivalentes » (Marx, 1872, p. 62). Donc, si plus-value il y a dans la circulation, elle doit nécessairement se former lorsque les échanges ne sont pas entre équivalents.

### Et entre non-équivalents ?

« Mais quoique la circulation sous sa forme pure n'admette d'échange qu'entre équivalents, on sait bien que dans la réalité les choses se passent rien moins que purement. Supposons donc qu'il y ait échange entre non-équivalents. »

(Marx, 1872, p. 68)

« Mais c'est dans sa forme pure que le procès de circulation des marchandises entraîne un échange d'équivalents, alors que dans la réalité, les choses ne se passent pas de manière pure. Supposons donc un échange de non-équivalents. »

(Marx, 1993, p. 180)

On y vient. L'échange entre non-équivalents est-il susceptible de générer la plus-value dont parle Marx ? Celui-ci rappelle alors le contexte de la circulation, où les échangistes, sauf la forme particulière de leur marchandise, se trouvent dans des situations analogues.

« Dans tous les cas il n'y a sur le marché qu'échangiste en face d'échangiste et la puissance qu'exercent ces personnages les uns sur les autres n'est que la puissance de leurs marchandises. La différence matérielle qui existe entre ces dernières est le motif matériel de l'échange et place les échangistes en un rapport de dépendance réciproque les uns avec les autres, en ce sens qu'aucun d'eux n'a entre les mains l'objet dont il a besoin et que chacun d'eux possède l'objet des besoins d'autrui. [...] De même les échangistes ne se distinguent entre eux qu'à ce seul point de vue : les uns sont vendeurs, possesseurs de marchandises, les autres acheteurs, possesseurs d'argent. »

(Marx, 1872, p. 68)

« En tous les cas, il n'y a face à face sur le marché des marchandises que possesseurs de marchandises et possesseurs de marchandises, et le pouvoir qu'exercent l'une sur l'autre ces personnes n'est que le pouvoir de leurs marchandises. C'est la différence dans la matière des marchandises qui est le motif matériel de l'échange et qui rend les possesseurs de marchandises mutuellement dépendants les uns des autres dans la mesure où aucun ne détient l'objet de son propre besoin, mais où chacun détient l'objet du besoin de l'autre. [...] Et ainsi, les possesseurs de marchandises ne se distinguent que comme vendeurs, possesseurs de marchandises, et acheteurs, possesseurs d'argent. »

(Marx, 1993, p. 180)

Il est toutefois entendu que, pour qu'il y ait circulation, chaque intervenant ne doit pas se cantonner à un seul échange, mais au moins à deux consécutifs, réalisant ainsi alternativement les formes M-A-M et A-M-A : les vendeurs deviennent ainsi acheteurs, et réciproquement, comme Marx est amené à le rappeler par la suite.

« Force nous est donc de rester dans les limites de l'échange des marchandises où les vendeurs sont acheteurs, et les acheteurs vendeurs. »

(Marx, 1872, p. 69)

« Restons donc dans les limites de l'échange de marchandises où les vendeurs sont acheteurs et les acheteurs, vendeurs. »

(Marx, 1993, p. 183)

Cet échange possible des rôles demeure plutôt curieux dans une situation où l'inversion des phases, ou procès, évoquée par Marx semblait déterminante pour expliquer la plus-value. Si les protagonistes peuvent réaliser alternativement les deux phases opposées, on ne peut plus justifier, de manière généralisée, cette fameuse transformation de l'argent en capital par la réalisation de la plus-value pour certains et pas pour d'autres. On entrevoit la contradiction : un gain initialement réalisé dans une première phase finirait par être effacé par une perte ultérieure, dans une seconde phase. Suivons bien le raisonnement de Marx :

« Admettons maintenant que, par on ne sait quel privilège mystérieux, il soit donné au vendeur de vendre sa marchandise au-dessus de sa valeur, 110 par exemple quand elle ne vaut que 100, c'est-à-dire avec un enchérissement de 10 p. 100. Le vendeur encaisse donc une plus-value de 10. Mais après avoir été vendeur il devient acheteur. Un troisième échangiste se présente à lui comme vendeur et jouit à son tour du privilège de vendre la marchandise 10 p. 100 trop cher. Notre homme a donc gagné 10 d'un côté pour perdre 10 de l'autre. [...] tous les échangistes se vendent réciproquement leurs marchandises 10 p. 100 au-dessus de leur valeur, ce qui est la même chose que s'ils les vendaient à leur valeur réelle. Une semblable hausse générale des prix produit le même effet que si les valeurs des marchandises, au lieu d'être estimées en or, l'étaient, par exemple, en argent. Leurs noms monétaires c'est-à-dire leurs prix nominaux s'élèveraient, mais leurs rapports de valeur resteraient les mêmes. »

(Marx, 1872, p. 68)

« Posons maintenant que par quelque privilège inexpliqué il soit donné au vendeur de vendre la marchandise au-dessus de sa valeur, à 110 quand elle en vaut 100, donc avec une augmentation nominale du prix de 10 %. Le vendeur encaisse donc une survaleur de 10. Mais après avoir été vendeur, il devient acheteur. Vient maintenant à sa rencontre un troisième possesseur de marchandises, en qualité de vendeur, qui jouit à son tour du privilège de vendre la marchandise 10 % trop cher. Notre homme a gagné 10 en tant que vendeur pour perdre 10 en tant qu'acheteur. [...] tous les possesseurs de marchandises se vendent leur marchandise 10 % au-dessus de sa valeur, ce qui est strictement la même chose que s'ils vendaient leur marchandise à sa valeur. Cette hausse générale du prix nominal des marchandises produit le même effet que si les valeurs des marchandises étaient, par exemple, estimées en argent au lieu de l'être en or. Les noms monétaires, c'est-à-dire les prix des marchandises gonfleraient, mais leurs rapports de valeur resteraient inchangés. »

(Marx, 1993, pp. 180-181)

« [...] et les anciennes proportions seront de nouveau rétablies. »

(Ricardo, 1817, p. 222)

### Exemple tronqué (1)

Ainsi, Marx commence par envisager un seul vendeur qui aurait le « privilège » de vendre sa marchandise à un prix supérieur à sa valeur, et il en tire la conséquence logique : un gain est réalisé, « Le vendeur encaisse donc une plus-value de 10 » (Trad. Roy), « Le vendeur encaisse donc une survaleur de 10 » (Trad. Lefebvre), et ce gain correspond automatiquement à une perte d'autant pour l'acheteur, puisque ce même vendeur, lorsqu'il occupe à son tour la position d'acheteur, enregistre lui-même cette perte. Il y a indéniablement, lors de cette première vente, un transfert net de valeur de l'un à l'autre, ce qui prouve qu'une seule opération d'échange entre non-équivalents suffit à l'entraîner.

Si M est équivalent à A, et si M est vendu contre une somme A' supérieure à A, alors la différence (A' – A) est inéluctablement transférée de l'acheteur au vendeur.

*La vente de M au-dessus de sa valeur*

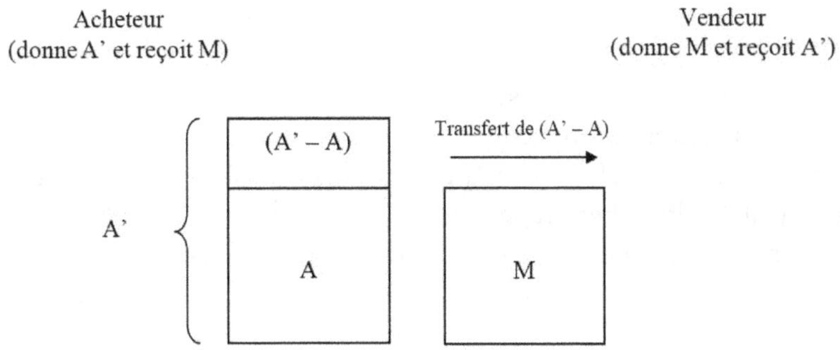


On pourrait décomposer cette opération en deux : un échange entre équivalents, pour M-A (ou A-M suivant le rôle tenu), et un transfert pur, « en échange de rien », pour (A' – A). C'est dire que l'opération d'échange, formellement, ne peut toujours être définie qu'entre équivalents, car tout ce qui « dépasse » ne fait logiquement pas partie de cette opération. Mais le problème analytique concernant la distinction des deux formes de circulation, A-M-A et M-A-M, est maintenant posé, car elles sont toutes deux strictement composées du même élément fondamental, l'échange M-A ou, indifféremment si l'on écarte la subjectivité des échanges, A-M (car c'est bien le même échange). Cette distinction, en effet, n'est logiquement pas nécessaire pour tenter de montrer la plus-value, car un seul échange entre non-équivalents suffit à la faire apparaître. Si donc une plus-value est constatée au sortir de la forme A-M-A, qui compte deux échanges de même nature, c'est qu'au moins un échange l'aura générée dans cette forme, A-M ou M-A ; et la proposition est identique si une plus-value se révèle après la forme inverse M-A-M, puisque les échanges M-A et A-M sont objectivement identiques.

Précisément, Marx lui-même insiste sur la subjectivité des positions alternativement prises par les protagonistes, et la distinction des formes de circulation tiendrait peut-être plus de la description générale d'une structure économique et sociale caractérisée par la distinction, que l'on pourrait qualifier d'irréductible, entre la figure du travailleur et celle du capitaliste, compte tenu des achats et des ventes qu'ils réalisent en fonction de leur situation : le capitaliste achète (des biens de production et la force de travail) pour vendre (les marchandises résultantes du procès de production), réalisant la forme A-M-A', tandis que le travailleur vend (sa force de travail) pour acheter (les moyens de subsistance), réalisant ainsi la forme M-A-M. La distinction des formes serait alors censée fournir une explication de la formation des profits au bénéfice du premier, et non du second. Cependant, nombreux sont les entrepreneurs qui affirmeraient, au contraire, qu'ils vendent pour acheter, conditionnant leurs investissements ou le versement ultérieur de salaires aux ventes antérieurement réalisées ; et l'on trouverait, de même, beaucoup de travailleurs déclarant avoir acheté une voiture pour pouvoir aller travailler, donc vendre leur force de travail.

Revenons à l'exemple, tronqué, de Marx. Celui-ci introduit en effet une autre hypothèse, celle d'un autre vendeur, celui-là même à qui « notre homme » (le premier vendeur, protagoniste central) va maintenant acheter une marchandise (pour la même somme d'argent), qui « jouit à son tour du privilège de vendre la marchandise 10 % trop cher » (Trad. Lefebvre). Il est certain, dans ces conditions, que la transaction entraînera le transfert inverse pour le protagoniste central, mais non pour le premier acheteur ni pour le dernier vendeur : la perte pour le premier et le gain pour le second demeurent, pour eux, bel et bien nets. Enfin, Marx généralise la situation, ce qui est encore une troisième hypothèse, arguant que tous les participants vendent et achètent les marchandises à un prix supérieur, du même taux, à leur valeur, ce qui est « la même chose » que la situation où toutes les valeurs (y compris celle de la monnaie) auraient elles-mêmes augmenté du même taux. Marx réitère son propos avec une situation curieusement inversée, et c'est toujours « la même chose » : « tout reste dans le même état » (Trad. Roy) ; « Une fois de plus, donc, rien de changé » (Trad. Lefebvre). Il en tire alors une conclusion concernant la formation de la plus-value.

« Supposons, au contraire, que ce soit le privilège de l'acheteur de payer les marchandises au-dessous de leur valeur. Il n'est pas même nécessaire ici de rappeler que l'acheteur redevient vendeur. Il était vendeur avant de devenir acheteur. Il a perdu déjà 10 p. 100 dans sa vente ; qu'il gagne 10 p. 100 dans son achat et tout reste dans le même état.

La formation d'une plus-value, et conséquemment la transformation de l'argent en capital, ne peuvent donc provenir, ni de ce que les vendeurs vendent les marchandises au-dessus de ce qu'elles valent, ni de ce que les acheteurs les achètent au-dessous. »

(Marx, 1872, p. 68)

« Admettons à l'inverse, que ce soit le privilège de l'acheteur d'acheter les marchandises en-dessous de leur valeur. Il n'est même pas nécessaire de rappeler ici que l'acheteur redevient vendeur. Il était vendeur avant de devenir acheteur. Il a déjà perdu 10 % en tant que vendeur avant de gagner 10 % en tant qu'acheteur. Une fois de plus, donc, rien de changé.

La formation de survaleur et, partant, la transformation d'argent en capital ne peut donc être expliquée ni par le fait que les vendeurs vendent les marchandises au-dessus de leur valeur, ni par le fait que les acheteurs les achètent au-dessous de leur valeur. »

(Marx, 1993, p. 181)

Outre le fait qu'une économie où les vendeurs perdent et les acheteurs gagnent ne ressemble pas tout à fait à ce que l'on observe généralement, ce qui ne ferait que souligner le côté invraisemblable, ou purement spéculatif, de cette situation inversée, on peut noter que l'acheteur ne réalise pas véritablement, ici, de gain monétaire ; il s'agirait plutôt d'une dépense évitée, le gain n'étant toujours, pour l'acheteur, qu'une partie non payée de la marchandise, le vendeur n'en recevant aucune contrepartie en monnaie. On considère donc, comme précédemment, une équivalence entre M et A, mais cette fois-ci, la somme A' dépensée par l'acheteur est inférieure à A. Il en résulte, contrairement à ce que l'on pourrait d'emblée penser, que ce qui est transféré à l'acheteur n'est pas la somme (A – A'), formant une moins-value monétaire pour le vendeur, mais bien une partie « réelle » de M (de sa valeur) équivalente à (M – A').

*L'achat de M au-dessous de sa valeur*

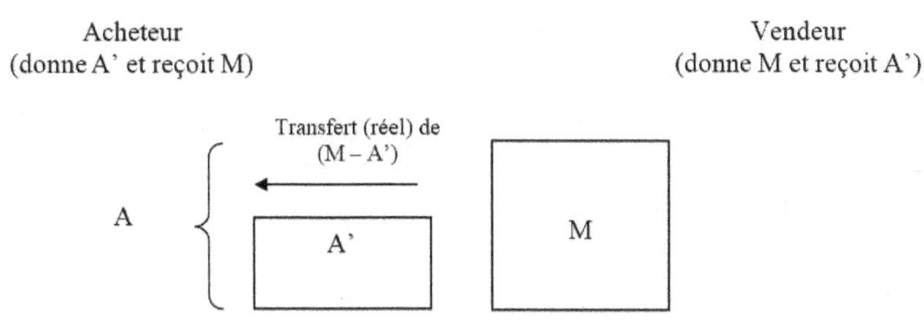


L'acheteur devenant par la suite vendeur, il revendra par hypothèse la marchandise pour la même somme A'. Le vendeur, lui aussi, achètera pour la même somme (même si la marchandise vaut plus) ; le gain et, corrélativement, la perte consécutive, n'étant pas comptabilisés comme dépenses effectives, ne peuvent alors être exprimés qu'en termes réels, en une partie de la valeur de la marchandise qui n'est jamais payée, qui, du coup, n'apparaît pas en termes monétaires. Dans ces conditions, on se demande comment les intervenants parviennent à déterminer les grandeurs M ou A, puisque celles-ci ne sont jamais, contrairement à l'échange précédent, échangées au moins l'une pour l'autre. On entrevoit ici la nécessité de recourir à un autre critère que le seul échange, par la somme de monnaie qui y participe, pour déterminer une valeur monétaire non incidente susceptible de servir de référence. En tout état de cause, la première situation où les transactions se font à des prix au-dessus des valeurs engendre des gains et des pertes monétaires qui, par définition, ne peuvent exister lorsque les transactions se font à des prix en-deçà de ces valeurs. La seconde situation n'est donc pas l'exact inverse de la première.

Toutefois, la conclusion de Marx est très claire : la plus-value, en tant que valeur « ajoutée », celle qui permet la transformation de l'argent en capital, ne peut provenir de la seule circulation, car dans le cadre général qu'il s'est lui-même choisi, les gains et les pertes se compensent ou s'évanouissent logiquement, pour une raison simple : la procédure d'augmentation (ou de diminution) généralisée, dans la même proportion, des expressions monétaires (les prix) de l'ensemble des valeurs rétablit *ipso facto*, comme chez Ricardo, l'équivalence entre les marchandises. Si « tout reste dans le même état » et qu'il n'y a toujours « rien de changé », c'est bien que l'on se trouve toujours dans la situation d'échanges entre équivalents, et l'on a déjà prouvé qu'aucune plus-value ne saurait apparaître dans ce cadre, ni par transfert, ni par génération spontanée. La généralisation de Marx n'apporte donc rien à son argumentation, d'autant qu'elle est amenée par cette troisième hypothèse qui, outre la référence à Ricardo, ne peut qu'apparaître largement *ad hoc*. Par contre, lorsque Marx en reste à son hypothèse première, celle d'un seul vendeur qui aurait le fameux privilège, il ne peut que constater le transfert net, le gain pour l'un et la perte pour l'autre, d'une partie correspondante de la valeur.

Par ailleurs, si l'une des marchandises, dans la généralisation qu'il propose, ne voit pas sa valeur varier dans la même proportion que celle des autres, le *statu quo* qu'il avance ne peut être soutenu ; surtout s'il s'agit de la force de travail, dont la valeur, chez Marx, correspond à celle des biens achetés par les travailleurs.

« Le raisonnement de Marx n'est pas correct. En réalité, pour que l'augmentation des prix de 10 % n'ait aucune répercussion sur la répartition du produit en salaires et en profits, il faudrait qu'elle intervienne à tous les niveaux, y compris sur le marché du travail. Il est évident que si l'on augmente proportionnellement les salaires et les prix de vente, la répartition du produit entre travailleurs et capitalistes ne subit aucune modification. [...] Si l'ensemble des capitalistes vend les produits à un prix supérieur aux coûts de production définis sur le marché du travail, la répartition entre profits et salaires se modifie. »

(Schmitt & Cencini, 1977, p. 65)

Cette description que fait Marx d'un marché composé de vendeurs-acheteurs alternatifs semble en effet gommer la force de sa conception générale. Il n'est pas du tout certain, dans ce cadre théorique, que les travailleurs puissent un jour, à leur tour, occuper les positions de capitalistes entrepreneurs (l'inverse étant plus probable), à moins qu'ils réalisent finalement, eux aussi, la forme A-M-A, par un échange supplémentaire M-A (en revendant, par exemple, les biens de subsistance qu'ils auront achetés). Bien entendu, cet argument peut être considéré comme prématuré, compte tenu de la place du discours qui nous occupe, situé au début de l'ouvrage de Marx. Son lecteur, ici, n'est pas censé connaître la suite de l'analyse. Néanmoins, l'autre distinction, que Marx reprend, entre « producteurs » et « consommateurs », ne le convainc pas le moins du monde, les producteurs devenant, eux aussi, alternativement consommateurs et *vice versa.* La situation d'échangistes purs, d'acheteurs-vendeurs, ne serait donc ici que « déguisée » (Trad. Roy), « masquée » (Trad. Lefebvre), et le *statu quo* d'être, par Marx, réaffirmé.

« Producteurs et consommateurs ne se présentent les uns aux autres dans la circulation que comme vendeurs et acheteurs. Soutenir que la plus-value résulte, pour les producteurs, de ce que les consommateurs payent les marchandises plus cher qu'elles ne valent, c'est vouloir déguiser cette proposition : les échangistes ont, en tant que vendeurs, le privilège de vendre trop cher. Le vendeur a produit lui-même la marchandise [...] mais l'acheteur lui aussi, a produit la marchandise convertie en argent, ou il tient la place de son producteur. Il y a donc aux deux pôles des producteurs ; ce qui les distingue, c'est que l'un achète et que l'autre vend. Que le possesseur de marchandises, sous le nom de producteur, vende les marchandises plus qu'elles ne valent, et que, sous le nom de consommateur, il les paye trop cher, cela ne fait pas faire un pas à la question. »

(Marx, 1872, pp. 68-69)

« Dans la circulation, producteurs et consommateurs se font face uniquement en tant que vendeurs et acheteurs. Affirmer que pour le producteur la survaleur provient du fait que les consommateurs payent la marchandise au-dessus de sa valeur, c'est tout simplement masquer cette proposition élémentaire que le possesseur de marchandises possède en tant que vendeur le privilège de vendre trop cher. Le vendeur a produit lui-même la marchandise, [...] mais l'acheteur n'en a pas moins produit lui-même la marchandise représentée dans son argent, ou bien il est le représentant de son producteur. On a donc un producteur face à un producteur. Ce qui les distingue, c'est que l'un achète et que l'autre vend. Que, sous le nom de producteur, le possesseur de marchandises vende la marchandise au-dessus de sa valeur et que, sous le nom de consommateur, il la paye trop cher, cela ne nous fait pas avancer d'un pas. »

(Marx, 1993, p. 182)

A l'appui de son raisonnement, Marx cite en note une phrase de Ramsay :

« « L'idée de profits payés par les consommateurs est tout à fait absurde. Quels sont les consommateurs ? » (G. Ramsay : *An Essay on the Distribution of Wealth*. Edinburgh, 1836, p. 184.) »

(Marx, 1872, note 1, p. 69)

« « L'idée que les profits sont payés par les consommateurs est sûrement tout à fait absurde. Qui sont les consommateurs ? » (G. RAMSAY, *An Essay on the Distribution of Wealth*. Edimbourg 1836, p. 183). »

(Marx, 1993, note 28, p. 182)

L'interprétation de cette dernière interrogation, à laquelle se réfère Marx, est pour le moins délicate. Si l'objectif est de montrer que tout le monde, à un moment ou à un autre, se retrouve dans la position de consommateur, alors dire que les profits seraient « payés par les consommateurs » n'apparaît pas véritablement absurde, mais relèverait plutôt d'une proposition redondante dès lors que l'on met en évidence que ce n'est qu'en tant que consommateur que l'on paie les profits. Or, c'est bien cette idée sous-jacente qui est avancée lorsque l'on considère que les capitalistes seraient eux-mêmes touchés, en tant que consommateurs, par les marges bénéficiaires pratiquées par les entreprises. Si le but, au contraire, est de montrer que ce ne sont pas les consommateurs qui paient les profits, les questions à retourner à Ramsay auraient pu être les suivantes : qui paie les profits, si ce ne sont les consommateurs ? Pourquoi, dans ce cas, mettre en vente et attendre la consommation pour voir se réaliser les profits ?

L'idée de Marx était peut-être, ici, de souligner que si les achats de consommation réalisent bien les profits sous forme monétaire, ils ne seraient pas nécessaires pour déterminer le montant de ces profits, ainsi que la part qu'ils prennent dans la valeur, détermination qui a lieu, d'après Marx, lors de la production.

### Exemple tronqué (2)

Finalement, et c'est peu dire, Marx aborde enfin la description de la situation des échanges entre non-équivalents ; et c'est là le point culminant de la démonstration. Marx, en effet, établit l'impossibilité d'une augmentation de la valeur globale, donc l'inexistence d'une quelconque valeur supplémentaire malgré les transferts engendrés par les échanges. C'est l'évidence même. Mais il montre, du même coup, la conséquence logique de ces transferts : la modification de la « distribution » (Trad. Roy) des « valeurs circulantes », c'est-à-dire de leur « répartition » (Trad. Lefebvre). Cependant, son exemple, comme le précédent, est tronqué.

« Force nous est donc de rester dans les limites de l'échange des marchandises où les vendeurs sont acheteurs, et les acheteurs vendeurs. [...] A vend à B du vin dont la valeur est de 40 l. st., et obtient en échange du blé pour une valeur de 50 l. st. Il a donc fait avec de l'argent plus d'argent, et transformé sa marchandise en capital. Examinons la chose de plus près. Avant l'échange nous avions pour 40 l. st. de vin dans la main de A, et pour 50 l. st. de blé dans la main de B, une valeur totale de 90 l. st. Après l'échange, nous avons encore la même valeur totale. [...] il n'y a de changé que sa distribution entre A et B. Le même changement aurait eu lieu si A avait volé sans phrase à B 10 l. st. Il est évident qu'aucun changement dans la distribution des valeurs circulantes ne peut augmenter leur somme, pas plus qu'un juif n'augmente dans un pays la masse des métaux précieux, en vendant pour une guinée un liard de la reine Anne. La classe entière des capitalistes d'un pays ne peut pas bénéficier sur elle-même. »

(Marx, 1872, p. 69)

« Restons donc dans les limites de l'échange de marchandises où les vendeurs sont acheteurs et les acheteurs, vendeurs. [...]

A vend du vin pour une valeur de 40 £ à B et acquiert dans l'échange pour une valeur de 50 £ de céréales. A a transformé ses 40 £ en 50 £, a fait plus d'argent à partir de moins d'argent, et a transformé sa marchandise en capital. Voyons cela de plus près. Avant l'échange, nous avons pour 40 £ de vin entre les mains de A et pour 50 £ de céréales entre les mains de B, soit une valeur globale de 90 £. [...] sa répartition entre A et B a changé. D'un côté apparaît comme survaleur ce qui de l'autre est une moins-valeur, apparaît d'un côté comme un plus ce qui de l'autre apparaît comme un moins. Le même changement se serait produit si sans le déguisement de la forme de l'échange, A avait directement volé 10 £ à B. Il est évident que la somme des valeurs circulantes ne peut être augmentée par aucun changement dans leur répartition, pas plus qu'un Juif n'augmente la masse des métaux précieux dans un pays en vendant pour une guinée un farthing de l'époque de la reine Anne. L'ensemble de la classe des capitalistes d'un pays ne peut pas se flouer elle-même. »

(Marx, 1993, p. 183)

Nous ne pouvons que déplorer, après un abominable pogrom désormais historique, la présence, dans cette citation, d'une référence antisémite (ce qui, chez Marx, ne doit pas surprendre). Nous avons néanmoins conservé le propos, car celui-ci est explicite : vendre pour une guinée ce qui ne vaut, selon les traductions, qu'un liard (un quart de sou) ou qu'un farthing (un quart de penny) n'augmente en rien les valeurs en présence, et leur différence est immanquablement transférée de l'acheteur au vendeur. Nous reviendrons *infra*, par ailleurs, sur une signification possible de la dernière phrase. Cependant, lorsqu'il expose les données du problème, la formulation de Marx paraît clairement incorrecte, compte tenu de ce qu'il avance précédemment concernant la formation du capital. Reprenons le passage :

« A vend à B du vin dont la valeur est de 40 l. st., et obtient en échange du blé pour une valeur de 50 l. st. Il a donc fait avec de l'argent plus d'argent, et transformé sa marchandise en capital. » (Trad. Roy)

« A vend du vin pour une valeur de 40 £ à B et acquiert dans l'échange pour une valeur de 50 £ de céréales. A a transformé ses 40 £ en 50 £, a fait plus d'argent à partir de moins d'argent, et a transformé sa marchandise en capital. » (Trad. Lefebvre)

On remarque immédiatement que Marx ne décrit pas, comme on aurait pu le penser, la forme A-M-A pour réaliser ici la plus-value ; il semble au contraire prendre la forme simple, la forme M-A-M, vendre pour acheter : « A vend du vin »… Mais, en fait, il ne décrit même pas une forme de circulation ; cet exemple est totalement différent des précédents, car il s'agit ici d'un échange M-M : du vin contre du blé, définis comme non-équivalents. Les formulations « dont la valeur est de 40 l. st. » (Trad. Roy) ou « pour une valeur de 40 £ » (Trad. Lefebvre) ne doivent pas leurrer : aucune livre sterling n'apparaît dans cet échange, car il s'agit ici de l'expression en monnaie de la valeur des marchandises en présence, non des sommes de monnaie elles-mêmes. D'ailleurs, si la monnaie étaient présente, et que l'échange vin/blé était réalisé en deux fois, par son intermédiaire, l'opération serait impossible : A vendrait du vin à B et recevrait 40 l. st., et avec ces 40 l. st., A réussirait à acheter du blé à B pour 50 l. st. ? Et depuis quand, lorsque l'on vend moins cher que l'on achète, l'on gagne ? Car ici, en termes monétaires, ce serait plutôt B qui, par la vente qu'il réalise (si A trouvait, peut-être en empruntant, 10 l. st. de plus que les 40 qu'il aurait gagnées par sa vente à B), gagnerait 50 l. st., alors que A n'en aurait gagné que 40. Le « gain » de A ne peut donc ici se réaliser sous la forme monétaire, car aucune somme d'argent n'est ici indiquée comme faisant partie de la transaction ; il ne peut être que réel, dans l'échange direct de marchandises dont la valeur serait posée et prédéterminée (du vin qui vaut 40 contre du blé qui vaut 50), tout en étant inconnue des protagonistes (sinon, ils ne procèderaient pas à l'échange).

Marx n'est donc pas fondé à prétendre que A aurait fait « plus d'argent à partir de moins d'argent », puisqu'il n'est point, ici, question d'argent. C'est pourquoi Marx prétend que A aurait « transformé sa marchandise en capital », au lieu de reprendre la formulation dont il parlait auparavant, celle de la transformation « de l'argent en capital ». Cette inversion explicative – car nous ne savons trop comment la nommer autrement – est pour le moins déroutante. On peut, en outre, se demander en quoi cette « transformation » serait différente d'un simple acte délictuel, dès lors que Marx lui-même reconnaît que le transfert de valeur peut se comparer, selon ses propres mots, à un vol caractérisé.

Cela dit, lorsque Marx examine la chose « de plus près », il prend au contraire du recul (encore une inversion) et formule le raisonnement, tout à fait juste, concernant l'effet d'un transfert au niveau global. La somme des valeurs circulantes ne compte en effet pas un atome, ou plutôt une unité de valeur, de plus qu'auparavant, car ce qui ne fait que circuler, en économie, n'augmente pas, de ce simple fait, sa propre masse ; et c'est bien ce raisonnement qui fournit une première conclusion fondamentale : les échanges, qu'ils soient ou non entre équivalents, ne forment aucune valeur supplémentaire.

« Qu'on se tourne et retourne comme on voudra, les choses restent au même point. Échange-t-on des équivalents ? Il ne se produit point de plus-value ; il ne s'en produit pas non plus si on échange des non-équivalents (2). La circulation ou l'échange des marchandises ne crée aucune valeur. »

(Marx, 1872, p. 69)

« De quelque manière qu'on s'y prenne, le résultat reste le même. L'échange d'équivalents ne fait pas naître de survaleur et l'échange de non-équivalents ne fait pas naître non plus de survaleur (31). La circulation ou l'échange de marchandises ne crée pas de valeur. »

(Marx, 1993, p. 184)

Et là, coupure pub et pause café. Car la note 2 inscrite par Marx en référence (la note 31 pour la traduction de la quatrième édition) est tout simplement énorme.

**Ce pilleur invétéré de Say**

« « L'échange qui se fait de deux valeurs égales n'augmente ni ne diminue la masse des valeurs subsistantes dans la société. L'échange de deux valeurs inégales… ne change rien non plus à la somme des valeurs sociales, bien qu'il ajoute à la fortune de l'un ce qu'il ôte de la fortune de l'autre. » (J. B. Say, l. c. t. I [*sic*], p. 434, 435.). Say qui ne s'inquiète point naturellement des conséquences de cette proposition, l'emprunte presque mot pour mot aux physiocrates. On peut juger par l'exemple suivant de quelle manière il augmenta sa propre valeur en pillant les écrits de ces économistes passés de mode […] L'aphorisme le plus célèbre de J. B. Say : « On n'achète des produits qu'avec des produits » possède dans l'original physiocrate la forme suivante : « Les productions ne se payent qu'avec des productions » (Le Trosne, l. c. p. 899.). »

(Marx, 1872, note 2, p. 69)

« « L'échange qui se fait de deux valeurs égales n'augmente ni ne diminue la masse des valeurs existantes dans la société. L'échange de deux valeurs inégales… ne change rien non plus à la somme des valeurs sociales, bien qu'il ajoute à la fortune de l'un ce qu'il ôte de l'autre. » (J.-B. SAY, Traité d'économie politique, troisième édition, 1817, tome II, pp. 443 et suiv.). Say, bien entendu insoucieux des conséquences de cette proposition, la reprend presque mot pour mot aux physiocrates. L'exemple suivant montre comment il a augmenté sa propre « valeur » en pillant leurs écrits, qui étaient totalement tombés dans l'oubli […] La phrase « la plus célèbre » de Monsieur Say « On n'achète des produits qu'avec des produits », est formulée dans l'original physiocrate sous la forme suivante : « Les productions ne se payent qu'avec des productions » (LE TROSNE, ouv. cft, p. 899). »

(Marx, 1993, note 31, p. 184)

La différence entre les expressions « valeurs subsistantes » et « valeurs existantes », dans la citation même de Say, paraît étonnante ; la citation aura sans doute été traduite à partir de l'allemand original de Marx (qui en aura lui-même fait une traduction). De même, les sources indiquées ne concordent pas entièrement selon les deux traductions. Nous ne disposons pas, pour vérifier, de l'édition de 1817 du *Traité* de Say, et ce passage semble manquer dans celle de 1841. Nous avons toutefois trouvé une citation semblable dans l'édition de 1826, mais avant cela, nous ne pouvons que sourire jaune en lisant cette note de Marx, qui ne respire pas, loin s'en faut, l'humilité. Les termes employés ne sont pas flatteurs, Marx considérant Say comme, par nature, inconscient des conséquences de ce qu'il écrivait, l'accusant de n'être qu'un vulgaire plagiaire, un pilleur, comme s'il avait été, par lui-même, incapable d'une telle réflexion. On retrouve une allusion semblable chez Walras, lorsque ce dernier reproche à Say le point de vue trop naturaliste de ses descriptions.

« Ce point de vue naturaliste était, du reste, emprunté par J.-B. Say aux physiocrates et inspiré par la formule : *Laissez faire, laissez passer* qui résumait leur doctrine en matière de production industrielle et commerciale. »

(Walras, 1874, p. 30)

Le moins que l'on puisse dire, c'est que si l'emprunt de cette formule, aux physiocrates d'après Walras, devait être reproché à Say, il s'en trouverait beaucoup, tout au long du siècle suivant, qui risqueraient bien d'essuyer la même accusation, se réclamant d'ailleurs, pour la plupart, de la doctrine walrasienne. Say aurait été sans doute surpris de recevoir cette critique de la part de quelqu'un qui considère la richesse sociale comme un ensemble de valeurs d'usage et, nous le verrons, la valeur d'échange comme un « fait naturel ».

Mais revenons à la citation indiquée par Marx. Ce dernier prétend que Say aurait repris cette proposition, celle de l'échange de valeurs égales ou inégales, « presque mot pour mot » aux mêmes physiocrates, mais c'est bien lui qui, chronologiquement, reprend presque mot pour mot la proposition de Say, tandis qu'il demeure incapable de fournir celle – originale et physiocratique – dont il parle, illustrant finalement ses dires par la formulation d'une autre proposition, celle, controversée, de la « loi de Say ». Ce qu'avance Marx n'est donc pas ici démontré. Il est probable, certes, que Say fut inspiré, et c'est heureux, par d'autres auteurs précédents, comme la plupart des auteurs le sont, à vrai dire ; Marx lui-même se réfère à ses propres lectures, mais les références qu'il indique, tenant des propos semblables, dans les notes suivantes, celles de Wayland (1853 chez Roy, 1843 chez Lefebvre) et d'Opdyke (1851), sont toutes postérieures à l'édition de 1817 du *Traité* de Say, et encore postérieures à celle de 1826 :

« L'échange qui se fait de deux valeurs égales n'augmente ni ne diminue la somme des valeurs (des richesses) existantes dans la société. L'échange de deux valeurs inégales (c'est-à-dire l'échange où l'un des échangistes dupe l'autre) ne change rien non plus à la somme des valeurs sociales, bien qu'il ajoute à la fortune de l'un ce qu'il ôte à la fortune de l'autre. Les deux objets échangés n'en ont ni plus ni moins de valeur qu'auparavant. L'échange de deux produits, ou de deux *fonds productifs*, sous quelque rapport qu'on le considère, n'est donc point une production. »

(Say, 1826, pp. 284-285)

Say, avec son insouciance et ses phrases qu'il pille on ne sait où, va même plus loin que Marx dans ses conclusions. Celles de Marx, en effet, sont ici de deux ordres, dont nous avons souligné le premier : la circulation des valeurs, équivalentes ou non, n'engendre par elle-même aucune valeur supplémentaire. Déjà, le raisonnement de Marx est ici pris en défaut par rapport à sa prétention de montrer la formation d'une plus-value dans une forme particulière de circulation. La seconde conclusion de Marx, concernant les échanges entre non-équivalents, est la suivante : ils sont la marque d'un vol manifeste, la plus-value n'étant ici qu'une valeur transférée, et Marx de reprendre à son compte les termes révélateurs de Franklin, « fraude », « duperie » (Trad. Roy), « escroquerie » (Trad. Lefebvre). Ce type d'échange représenterait l'environnement privilégié, par la forme de circulation A-M-A', de la constitution – malhonnête, cela va sans dire – du capital commercial.

« La forme A-M-A', acheter pour vendre plus cher, se révèle le plus distinctement dans le mouvement du capital commercial. [...] Mais comme il est impossible d'expliquer par la circulation elle-même la transformation de l'argent en capital, la formation d'une plus-value, le capital commercial paraît impossible dès que l'échange se fait entre équivalents. Il ne semble pouvoir dériver que du double bénéfice conquis sur les producteurs de marchandises dans leur qualité d'acheteurs et de vendeurs, par le commerçant qui s'interpose entre eux comme intermédiaire parasite. C'est dans ce sens que Franklin dit : « La guerre n'est que brigandage, le commerce que fraude et duperie. » »

(Marx, 1872, p. 69)

« Dans le capital commercial proprement dit, la forme A-M-A', acheter en vue de vendre plus cher, apparaît dans toute sa pureté. [...] Mais comme il est impossible d'expliquer la transformation d'argent en capital, la formation de survaleur, à partir de la circulation proprement dite, le capital commercial apparaît impossible dès lors qu'on échange des équivalents, et n'est donc dérivable que de la duperie bilatérale des producteurs de marchandises, acheteurs et vendeurs, par le marchand qui s'insinue entre eux comme un parasite. C'est en ce sens que Franklin dit : « La guerre est pillage, le commerce est escroquerie. » »

(Marx, 1993, p. 184)

Sur la même réflexion, les conclusions de Say sont très semblables, mais plus complètes si l'on se réfère à la citation de 1826 : comme chez Marx, l'ensemble des valeurs existantes n'est nullement modifié, à la hausse comme à la baisse, mais l'échange entre non-équivalents, s'il est aussi qualifié de duperie, « ajoute à la fortune de l'un ce qu'il ôte à la fortune de l'autre » (Say, *op. cit.*). Say formule ainsi, de manière concise, une proposition dont Marx, pour le coup, refusera de saisir l'importance : la répartition est tout à fait possible dans la circulation. Les échanges entre non-équivalents ont pour résultats des transferts nets de valeur et, de ce fait, répartissent les valeurs existantes. Mais Say, nous l'avons dit, va encore plus loin, avec la dernière phrase de ce passage : « L'échange de deux produits [...] n'est donc point une production » (Say, *op. cit.*). Autrement dit, puisque, d'un échange quelconque, aucune valeur n'émerge, alors aucun échange ne peut produire, au sens de créer, une nouvelle valeur. La conclusion en est double : l'échange ne peut être considéré comme étant un procès de production de valeur, comme l'écrit Say ; ce qui implique la réciproque : la production de valeur n'est pas un échange. Voilà bien une proposition analytique toujours digne d'être méditée par bon nombre d'économistes contemporains.

Au lieu de critiquer la citation de Say, Marx aurait dû s'en saisir pour montrer que le seul paiement des salaires, qu'il définit comme un échange – entre équivalents, qui plus est – entre la monnaie et la force de travail, ne serait pas suffisant, dans sa conception, pour produire la valeur, donc pour déterminer la mesure monétaire de la valeur produite. C'est en effet l'usage de la force de travail, le travail vivant en action, qui produit la valeur chez Marx. C'est pourquoi la force de travail ne serait pas une marchandise comme les autres, elle aurait un pouvoir exclusif, celui de produire de la valeur par son usage ; c'est aussi pourquoi la valeur correspond, chez Marx, au travail total, et non au seul montant des salaires payés (le capital variable), égal à la seule valeur de la force de travail sollicitée (ainsi qu'à une partie seulement de l'ensemble des marchandises, les moyens de subsistance).

### Impression circulaire

Les échanges entre équivalents représentent, nous l'avons dit, le point de départ du raisonnement, non son arrivée, et Marx montre lui-même que l'équivalence n'est pas un critère décisif concernant la production ou non de valeur dans les échanges. À aucun moment, Marx ne prouve la non-existence des échanges entre non-équivalents, il en constate et déplore même la présence, formant d'après lui, toujours par duperie, le capital commercial et le capital usuraire. Cependant, si la circulation et les marchandises qui y participent semblent rendre acceptables des transferts indus de valeur pour former le capital commercial, la réduction de la forme de circulation indirecte A-M-A' (celle-là même qui devait prouver la plus-value par la différence positive entre A' et A) à la forme directe

A-A', par le paiement d'intérêt, demeure pour lui une pratique « inexplicable ».

« Ce que nous venons de dire du capital commercial est encore plus vrai du capital usuraire. Quant au premier, les deux extrêmes, c'est-à-dire l'argent jeté sur le marché et l'argent qui en revient plus ou moins accru, ont du moins pour intermédiaire l'achat et la vente, le mouvement même de la circulation. Pour le second, la forme A-M-A' se résume sans moyen terme dans les extrêmes A-A', argent qui s'échange contre plus d'argent, ce qui est en contradiction avec sa nature et inexplicable au point de vue de la circulation des marchandises. »

(Marx, 1872, pp. 69-70)

« Ce qui est vrai du capital commercial, l'est davantage encore du capital usuraire. Dans le capital commercial, les extrêmes, l'argent lancé sur le marché et l'argent multiplié soustrait du marché ont au moins pour médiation l'achat et la vente, le mouvement de la circulation. Dans le capital usuraire, la forme A-M-A' est réduite aux extrêmes non médiatisés A-A', argent qui s'échange contre plus d'argent, forme qui contredit la nature de la monnaie et qui est donc inexplicable du point de vue de l'échange des marchandises. »

(Marx, 1993, p. 185)

Après tout ce que Marx vient de soutenir, concernant l'impossible création d'une valeur dans la circulation, il semble alors littéralement, pourrait-on dire, noyer le poisson en continuant de prétendre, comme si cela avait été dûment établi, qu'il y aurait bien de « l'argent qui en revient plus ou moins accru » (Trad. Roy), de « l'argent multiplié soustrait du marché » (Trad. Lefebvre). Mais alors, ce n'est pas simplement la forme concentrée A-A', révélant nettement le transfert usuraire d'intérêts pour la différence, sur laquelle Marx semble bloquer, mais bien la plus-value elle-même qui, manifestement, se révèle inexplicable dans la seule circulation. Cependant, Marx demeure catégorique : une plus-value doit se former.

« Il a été démontré que la somme des valeurs jetée dans la circulation n'y peut s'augmenter, et que, par conséquent, en dehors d'elle, il doit se passer quelque chose qui rende possible la formation d'une plus-value. »

(Marx, 1872, p. 70)

« On a pu voir que la survaleur ne pouvait provenir de la circulation, qu'il fallait donc que lorsque celle-ci se forme, quelque chose se déroule dans son dos, qui ne soit pas visible dans la circulation proprement dite. »

(Marx, 1993, p. 185)

Or, c'est ici que Marx montre, avec l'exemple des bottes en cuir, que seul le travail peut former de la valeur, et qu'une plus-value indépendante du travail ne saurait émerger du procès de production. Nous reprenons sa propre conclusion :

« Il paraît donc tout à fait impossible qu'en dehors de la circulation, sans entrer en contact avec d'autres échangistes, le producteur-échangiste puisse faire valoir la valeur, ou lui communiquer la propriété d'engendrer une plus-value. Mais sans cela, pas de transformation de son argent ou de sa marchandise en capital. »

(Marx, 1872, p. 70)

« Il est donc impossible qu'en dehors de la sphère de la circulation le producteur de marchandises valorise de la valeur et, par conséquent, convertisse de l'argent ou de la marchandise en capital, s'il n'entre pas en contact avec d'autres possesseurs de marchandises. »

(Marx, 1993, p. 186)

Une impression de déjà-vu s'empare sans doute du lecteur ; la circularité des propositions de Marx, dans laquelle il s'est lui-même enfermé, n'en est que plus manifeste. Rappelons l'importance donnée à l'analyse des deux formes de la circulation que Marx identifie, M-A-M et A-M-A, et la singularité de cette dernière, par la plus-value qu'elle engendrerait et la transformation, en conséquence, de l'argent en capital. Or, au terme de son raisonnement, Marx ne réussit qu'à prouver ce que Say savait déjà : la circulation, par elle-même, ne saurait engendrer une telle plus-value. Si cette dernière s'avère impossible, aussi bien dans la circulation qu'en dehors, c'est peut-être parce que la plus-value, en tant que survaleur indépendante du travail, ne saurait exister. La « transformation de l'argent en capital », loin d'apparaître comme une conclusion analytique, semble soudain n'être qu'une hypothèse érigée, dès l'origine, en postulat. Mais Marx, dans le même temps, se refuse à considérer que le gain des capitalistes ne soit toujours qu'une histoire de duperie ; il se refuse, en d'autres termes, à admettre que les marges réalisées dans les transactions commerciales soient toutes fondées sur la non-équivalence de leurs termes. Ainsi, pour résoudre son propre paradoxe (car c'est bien lui qui parle de survaleur), Marx sortira forcément de ce cadre.

Le passage suivant, notablement absent de l'édition de 1872, a été rajouté dans la quatrième édition :

« Si l'on ne veut pas expliquer la valorisation du capital commercial à partir de la simple escroquerie dont sont victimes les producteurs de marchandises, il faut alors une longue série d'éléments intermédiaires qui font encore totalement défaut pour l'instant, puisque la circulation des marchandises et ses moments simples constituent notre unique préalable. »

(Marx, 1993, pp. 184-185)

Les éléments intermédiaires en question peuvent être résumés en un point : la distinction entre le travail, source de la valeur totale (réalisée au prix de marché lors de la vente), et la force de travail, marchandise échangée contre la monnaie (achetée lors du paiement des salaires). La différence, c'est la plus-value. Autrement dit, Marx prétend ainsi résoudre le paradoxe : la plus-value ne peut être une valeur directement transférée, volée en tant que telle aux travailleurs, parce qu'elle n'est pas une valeur du tout, en termes monétaires, au moment de la production ; les salaires correspondent en effet à la valeur de la seule force de travail, soit l'expression en monnaie du capital variable précisément encore non augmenté (après sa récupération) de la plus-value monétaire future. Celle-ci est finalement réalisée dans la circulation, mais là encore, le vendeur ne vole pas l'acheteur, puisque la marchandise, dont la valeur est issue du travail effectué (supérieure à celle de la force mise à contribution), est échangée contre une somme de monnaie équivalente.

Il va sans dire que ces considérations tombent sous les critiques, dont l'impossible monétisation, comme l'auront démontré Bernard Schmitt et Alvaro Cencini, de la plus-value. Le lecteur intéressé, pour plus de précisions, pourra se reporter aux deux remarquables ouvrages de ces auteurs consacrés à Marx. Ce dernier écrit, en effet :

« Le capital n'est donc pas seulement, comme dit Adam Smith, le pouvoir de disposer du travail d'autrui ; mais il est essentiellement le pouvoir de disposer d'un *travail non payé*. Toute plus-value, quelle qu'en soit la forme particulière – profit, intérêt, rente, etc., – est en substance la matérialisation d'un travail non payé. Tout le secret de la faculté prolifique du capital, est dans ce simple fait qu'il dispose d'une certaine somme de travail d'autrui qu'il ne paye pas. »

(Marx, 1872, p. 230)

« Le capital n'est donc pas seulement un commandement exercé sur du travail, comme le dit A. Smith. Il est essentiellement commandement sur du travail non payé. Toute survaleur, sous quelque figure particulière, profit, intérêt, rente, etc. qu'elle se cristallise ultérieurement, est en sa substance matérialisation de temps de travail non payé. Le secret de l'autovalorisation du capital se dénoue en ce point, dans le fait qu'il dispose d'un quantum déterminé de travail d'autrui non payé. »

(Marx, 1993, p. 598)

Ce à quoi Schmitt et Cencini répondent :

« Répétons que pour vendre un produit dont la valeur est ($v + pl$) il faut l'offrir contre *deux* revenus, un revenu égal à $v$ (le salaire) et un revenu égal à $pl$ (le profit). *Or, d'où vient le profit dont la dépense permettra la réalisation du profit ?* »

(Schmitt & Cencini, 1977, p. 45)

C'est bien le fait, sous la plume de Marx, que la plus-value ne soit pas payée sous forme de salaires, qu'elle corresponde, ainsi, à un « travail non payé », qui est censé expliquer son existence. Or, si la plus-value n'est pas définie monétairement comme revenu versé lors de la production, et comment pourrait-elle l'être sans constituer elle-même un coût, donc une partie du capital avancé (ce qui l'annihilerait sur le champ en tant que valeur supplémentaire à ce capital), elle ne pourra pas, d'évidence, être ultérieurement dépensée lors de la circulation, en tant que revenu monétaire, puisque la circulation ne saurait, à elle seule, la générer. La partie profits ne pourra donc être monétairement réalisée dans les ventes. Cette critique, décisive, semblerait presque trop simple pour un marxiste convaincu, mais il faut souligner qu'elle peut aussi bien s'adresser à tous ceux qui pensent que les profits pourraient bien provenir, sans problème logique particulier, de la seule circulation, de l'intensification des échanges, du commerce international, etc., le paiement des salaires ne parvenant pas, par hypothèse, à exprimer l'intégralité de la valeur ; dans ce cadre, il faudrait impérativement attendre les ventes pour obtenir le reste de la valeur totale (les profits). Autrement dit, cette critique peut s'adresser directement à d'autres courants de pensée, largement répandus, concevant encore la formation de la « valeur ajoutée » dans les seules ventes. En réfléchissant bien, cela fait beaucoup de monde.

### La plus-value doit provenir du seul travail

Il est temps, désormais, d'être clair. Il n'y a pas, et il n'y a jamais eu, de plus-value comme valeur supplémentaire ajoutée à la valeur totale produite par le travail. Une telle valeur contrevient au principe, fondement de la théorie de Marx, de l'unicité du facteur de production de valeur, à savoir le travail. Puisque toute valeur existante, dans cette conception, est identiquement du temps de travail, toute « valeur » qui n'en serait pas ne saurait être considérée comme telle sans tomber dans la contradiction. La plus-value comme mystérieusement générée d'une valeur auto-réplicative n'aura été qu'un délire, un rêve d'Alice ; une telle entité ne provient pas plus d'une substance mouvante et bourgeonnante que d'échangistes en plein frai. La « plus-value », si l'on parle bien ici de cette somme de monnaie transférée, de l'acheteur au vendeur, en échange de rien puisque dépassant la valeur de la marchandise achetée, est logiquement liée aux échanges entre non-équivalents ; elle n'est que le résultat d'un transfert, elle est un gain pour l'un et, inéluctablement, une perte pour l'autre. Elle définit, autrement dit, un changement de répartition de la valeur existante.

Marx, nous le savons, rejettera cette explication de la répartition, préférant situer cette dernière au « moment 1 », lors même de la production : la répartition de la valeur, en salaires d'une part et en profits d'autre part, proviendrait de la correspondance d'emblée établie entre les salaires (le capital variable) et une partie seulement du travail effectué, donc de la valeur totale. La plus-value, dans ce cadre, est forcément l'autre partie, produite comme la première par le travail, pour deux raisons : elle ne peut émerger, lors de la production, comme valeur indépendante du travail (c'est l'exemple des bottes en cuir), et elle ne peut être générée lors de la circulation (qui n'augmente pas la somme des valeurs circulantes). Elle ne peut, dans cette logique, correspondre à la différence entre le prix et la valeur, ce qui la situerait précisément en-dehors de la valeur, comme supplémentaire ; la plus-value doit correspondre à une partie de la valeur totale, cette dernière étant intégralement créée par le travail.

« Étant donné que le facteur capital n'est pas productif de valeur, la plus-value ne peut être que le produit du travail. *Ainsi la plus-value est-elle une partie de la valeur totale produite par le travail.* »

(Schmitt & Cencini, 1977, p. 15)

Chez Marx, seul le travail est source de valeur ; dans ce cadre, la conception d'une survaleur, ou valeur supplémentaire, non issue du travail, est tout simplement illusoire. Ainsi, d'aucuns auront vu cette contradiction chez Marx, lorsqu'il décrit l'accumulation du capital par l'ajout, à la récupération du capital avancé, de la plus-value réalisée pour former un capital accru. Marx parle en effet, à ce moment, de « revenu provenant du capital ».

« Comme incrément périodique de la valeur avancée, la plus-value acquiert la forme d'un *revenu* provenant du capital. »

(Marx, 1872, p. 247)

« En tant qu'incrément périodique de la valeur capital, ou que fruit périodique du processus capital, la survaleur prend la forme d'un revenu provenant du capital. »

(Marx, 1993, p. 636)

Il est clair, cependant, qu'il faut ici voir un revenu « tiré » du capital, comme indirectement obtenu, dans les ventes, de l'utilisation d'un capital dans un processus productif, non véritablement « généré » par lui, comme seul le travail est capable de le faire. Marx indique, en note, une citation de Sismondi, qui fait bien du travail d'autrui l'origine de ce « revenu provenant du capital ». Son lecteur, ayant bondi à la phrase précédente, se trouve alors rassuré.

« [...] Mais dans l'ordre social, la richesse a acquis la propriété de se reproduire par le travail d'autrui, et sans que son propriétaire y concoure. La richesse, comme le travail, et par le travail, donne un fruit annuel qui peut être détruit chaque année sans que le riche en devienne plus pauvre. Ce fruit est le *revenu* qui naît du capital. (Sismondi, Nouveaux principes d'Economie politique. Paris, 1819, t. 1, pp. 81, 82). »

(Marx, 1872, note 1, p. 247 ; Marx, 1993, note 1, p. 636)

De même, lorsque le verbe « produire » est attribué au capitaliste, il est à prendre au sens le plus faible, comme Marx le précise en termes plus idoines.

« Le capitaliste qui produit la plus-value, c'est-à-dire qui extrait directement de l'ouvrier du travail non payé et fixé dans des marchandises [...] »

(Marx, 1872, p. 246)

« Le capitaliste qui produit la survaleur, c'est-à-dire pompe directement aux ouvriers du travail non payé qu'il fixe en marchandises [...] »

(Marx, 1993, p. 633)

Marx appliquera, comme on le sait, la distinction du travail et de sa force à la distinction correspondante au niveau de la valeur : il y a la valeur totale, toujours produite par le seul travail, et sa partie rémunérée, les salaires, correspondant à la valeur de la force de travail. Cette distinction analytique repose, chez Marx, sur une séparation plus globale et objective des protagonistes.

« Il fallait encore que l'homme aux écus trouvât sur le marché d'autres hommes, libres, mais forcés à vendre volontairement leur force de travail, parce que d'autre chose à vendre ils n'avaient miette. La séparation entre produit et producteur, entre une catégorie de personnes nanties de toutes les choses qu'il faut au travail pour se réaliser, et une autre catégorie de personnes dont tout l'avoir se bornait à leur propre force de travail, tel était le point de départ de la production capitaliste. »

(Marx, 1872, p. 249)

« Il fallait d'abord quelqu'un qui possède de la valeur ou de l'argent, et quelqu'un qui possède de la substance créatrice de valeur ; un possesseur de moyens de subsistances et de moyens de production, et un possesseur de force de travail (et de rien d'autre) ; et il fallait qu'ils se trouvent l'un en face de l'autre, l'un en tant qu'acheteur, l'autre en tant que vendeur.

C'est la séparation entre le produit du travail et le travail lui-même, entre les conditions objectives du travail et la force de travail subjective, qui était donc la base effective, le point de départ du procès de production capitaliste. »

(Marx, 1993, p. 640)

Si une partie de la valeur produite est payée en salaires, l'autre partie, la plus-value, n'est pas rémunérée. Elle est cette partie de la valeur créée par le travail non payé, que Marx nomme « surtravail » (ou « travail extra »), réalisée en sollicitant simplement, pourrait-on dire, le travailleur plus longtemps sans le payer plus.

« La production de plus-value n'est donc autre chose que la production de valeur, prolongée au-delà d'un certain point. Si le procès de travail ne dure que jusqu'au point où la valeur de la force de travail payée par le capital est remplacée par un équivalent nouveau, il y a simple production de valeur ; quand il dépasse cette limite, il y a production de plus-value. »

(Marx, 1872, p. 83)

« Si nous comparons maintenant le procès de formation de valeur et le procès de valorisation, nous voyons que le procès de valorisation n'est rien d'autre qu'un procès de formation de valeur prolongé au-delà d'un certain point. Si ce dernier ne dure que jusqu'au point où la valeur de la force de travail payée par le capital est remplacée par un nouvel équivalent, il demeure un procès de formation de valeur simple. S'il se prolonge au-delà de ce point, il devient procès de valorisation. »

(Marx, 1993, p. 219)

« Ainsi est-il suffisant d'utiliser la force de travail au-delà du temps nécessaire à la production des biens-salaire [*sic*] pour obtenir une plus-value. »

(Schmitt & Cencini, 1977, p. 20)

L'expression « biens-salaires » (à laquelle nous préférons attribuer une terminaison au pluriel) peut avantageusement, dans une optique macroéconomique surtout, servir à désigner les biens achetés par la dépense des salaires. Il s'agit, dans l'acception classique, des moyens de subsistance achetés par les salariés, formant une partie de l'ensemble des biens. Il va de soi que cette notion doit aujourd'hui être entendue comme élargie, les marchandises considérées comme « indispensables pour pouvoir travailler » n'étant plus, et heureusement, restreintes aux seuls produits alimentaires ou vestimentaires. Dans la même optique, l'autre partie des biens, achetée par la dépense des profits, définit les « biens-profits ». Leur somme représente, en quelque sorte, le pendant physique de la valeur, le « produit global » en marchandises (ou en richesses).

Ainsi, selon Marx, pour former la plus-value sur chaque marchandise (dont dérivent les profits sur l'ensemble), il suffit de faire travailler plus longtemps que le temps nécessaire à la seule production des biens-salaires (dont la consommation reproduit la force de travail utilisée). Les travailleurs produisent alors, *ipso facto*, des biens-profits. Si l'on voulait paraphraser une proposition politique célèbre, la plus-value, c'est travailler plus pour gagner autant. Et si l'on souhaitait prolonger la polémique, on pourrait avancer que, pour toute la partie « salaires », les travailleurs sont bien des salariés, mais pour la partie « profits », ils sont des bénévoles qui s'ignorent, des esclaves inconscients.

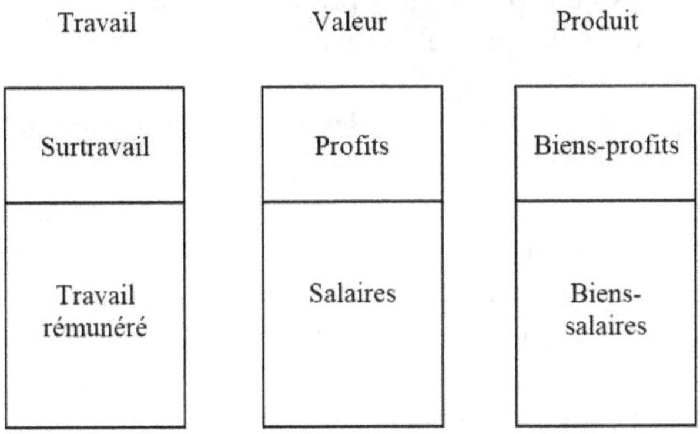


Le problème de la monétisation de la plus-value, donc des profits, souligné par Schmitt et Cencini, apparaît immédiatement sur ce schéma : correspondant à un surtravail non rémunéré, la plus-value ne peut être établie qu'en termes réels. Les profits ne peuvent donc pas se présenter sous une forme monétaire pour acheter, dans la circulation, les biens-profits.

### Valeur journalière et valeur de la journée

Dans *Le Capital*, Marx consacre, à partir de témoignages de médecins et d'observateurs officiels de l'industrie anglaise, de nombreuses pages à décrire les conditions déplorables et misérables des travailleurs de son siècle, souvent très jeunes, toujours issus d'une même population perpétuellement indigente, pressurisés par l'appétit de capitalistes les obligeant à travailler le plus longtemps possible, imprégnés des produits chimiques utilisés, souillés des matériaux nocifs qu'ils manipulent jusqu'à l'épuisement, victimes de maladies que l'on qualifierait aujourd'hui de professionnelles. En voici un court extrait, particulièrement frappant, qui mériterait d'être lu à certains collégiens d'aujourd'hui.

« La moitié des travailleurs sont des enfants au-dessous de 13 ans et des adolescents au-dessous de 18. Cette industrie est tellement insalubre et répugnante, et par cela même tellement décriée, qu'il n'y a que la partie la plus misérable de la classe ouvrière qui lui fournisse des enfants, « des enfants déguenillés ; à moitié morts de faim et corrompus. » [...] il y en avait deux cent soixante-dix au-dessous de 18 ans, quarante au-dessous de 10, douze de 8 ans et cinq de 6 ans seulement. La journée de travail varie entre douze, quatorze et quinze heures ; on travaille la nuit ; les repas irréguliers se prennent la plupart du temps dans le local de la fabrique empoisonné par le phosphore. – Dante trouverait les tortures de son enfer dépassées par celles de ces manufactures. »

(Marx, 1872, p. 106)

« La moitié des ouvriers sont des enfants de moins de 13 ans et des adolescents de moins de 18 ans. L'insalubrité et le caractère répugnant de cette manufacture ont si mauvaise réputation qu'il n'y a que la partie la plus misérable de la classe ouvrière, les veuves à moitié mortes de faim, etc. qui y envoient leurs enfants, « des enfants en loques, crevant de faim, n'ayant jamais reçu aucun soin ni aucune éducation ». [...] 270 avaient moins de 18 ans, 40 moins de 10 ans, 10 n'avaient que 8 ans, et 5 n'en avaient que 6. Journée de travail oscillant entre douze, quatorze et quinze heures, travail de nuit, repas pris irrégulièrement, le plus souvent à même les salles de travail, qui empestent le phosphore. Dante verrait ses pires Enfers imaginaires dépassés par cette manufacture. »

(Marx, 1993, p. 275)

Ces passages, souvent bouleversants, outre le fait qu'ils soient susceptibles d'emporter la conviction du lecteur sensible, semblent conforter la position de Marx sur l'explication qu'il propose : la formation de la plus-value dite « absolue », par l'allongement du temps de travail total pour la journée au-delà de ce qui est nécessaire pour reproduire la force de travail, lui paraît pertinente pour critiquer ce mode particulièrement délétère de la production capitaliste. Il nous appartient, ici, d'examiner cette explication sans verser dans un sentimentalisme appuyé.

« La journée de travail n'est donc pas une grandeur constante, mais une grandeur variable. Une de ses parties est bien déterminée par le temps de travail qu'exige la reproduction continue de l'ouvrier lui-même ; mais sa grandeur totale varie suivant la longueur ou la durée du surtravail. La journée de travail est donc déterminable ; mais, par elle-même, elle est indéterminée. »

(Marx, 1872, pp. 99-100)

« La journée de travail n'est donc pas une grandeur constante, mais une grandeur variable. Une de ses parties est certes déterminée par le temps de travail requis pour la reproduction permanente de l'ouvrier lui-même, mais sa grandeur globale change selon la longueur ou la durée du surtravail. La journée de travail est donc déterminable, mais elle est en soi indéterminée. »

(Marx, 1993, p. 258)

Ainsi, la valeur de la force de travail à reproduire pour la journée (dite « valeur journalière ») étant donnée, établissant ainsi une expression en monnaie d'un certain temps déterminé de travail, la durée du travail véritablement effectué durant cette journée peut être allongée au-delà. Quelques pages plus tôt, Marx prenait un exemple.

« Regardons-y de plus près. La valeur journalière de la force de travail revient à 3 sh. parce qu'il faut une demi-journée de travail pour produire quotidiennement cette force, c'est-à-dire que les subsistances nécessaires pour l'entretien journalier de l'ouvrier coûtent une demi-journée de travail. Mais le travail passé que la force de travail recèle et le travail actuel qu'elle peut exécuter, [...] ce sont là deux choses tout à fait différentes. Les frais de la force en déterminent la valeur d'échange, la dépense de la force en constitue la valeur d'usage. Si une demi-journée de travail suffit pour faire vivre l'ouvrier pendant 24 heures, il ne s'en suit pas qu'il ne puisse travailler une journée tout entière. La valeur que la force de travail possède et la valeur qu'elle peut créer, diffèrent donc de grandeur. C'est cette différence de valeur que le capitaliste avait en vue, lorsqu'il acheta la force de travail. »

(Marx, 1872, p. 82)

« Regardons-y de plus près. La valeur journalière de la force de travail s'élevait à 3 shillings, parce qu'une demi-journée de travail était objectivée en elle, c'est-à-dire parce que les moyens de subsistance nécessaires pour produire chaque jour la force de travail coûtaient une demi-journée de travail. Mais le travail passé que contient la force de travail et le travail vivant qu'elle peut fournir [...] sont deux grandeurs tout à fait différentes. La première détermine sa valeur d'échange, l'autre constitue sa valeur d'usage. Qu'il faille une demi-journée de travail pour maintenir le travailleur en vie pendant 24 heures ne l'empêche aucunement de travailler pendant une journée entière. La valeur de la force de travail et sa valorisation dans le procès de travail sont donc deux choses différentes. C'est cette différence de valeur que le capitaliste avait en vue en achetant la force de travail. »

(Marx, 1993, p. 217)

Les données du problème, n'en déplaise à Marx, sont loin d'être claires. Regardons-y de plus près, comme il l'écrit lui-même. L'usage de la force de travail pendant une journée entière pourrait n'être payé que 3 shillings, parce que ces 3 shillings représentent la valeur des moyens de subsistance nécessaires pour la reproduire d'un jour à l'autre. Le travailleur, en effet, achète ces marchandises à leur valeur en dépensant 3 shillings par jour ; c'est donc ici la « valeur journalière » de sa force de travail. Il reste à savoir si le salaire est de 3 shillings parce qu'il est réglé sur la valeur des produits achetés par le travailleur, ou si cette valeur est de 3 shillings parce que le travailleur, percevant ce salaire, ne peut dépenser, au mieux, que cette somme. Toujours est-il que ces 3 shillings correspondent aussi, de manière « objective » si l'on reprend le terme utilisé par Lefebvre, à une demi-journée seulement (6 heures) de travail, non parce qu'il faudrait ce temps pour produire les moyens de subsistance, mais parce que 6 heures de travail sont nécessaires pour produire la quantité d'or, comme monnaie, mesurée par 3 shillings.

« Lors de la vente de la force de travail, il a été sous-entendu que sa valeur journalière = 3 sh., – somme d'or dans laquelle 6 heures de travail sont incorporées – et que, par conséquent, il faut travailler 6 heures pour produire la somme moyenne de subsistances nécessaires à l'entretien quotidien du travailleur. »

(Marx, 1872, p. 81)

« Quand nous avons exposé la vente de la force de travail, nous avons admis que sa valeur quotidienne était de 3 shillings, dans lesquels étaient incorporées 6 heures de travail : il faut donc cette même quantité de travail pour produire la somme moyenne des moyens de subsistance quotidiens du travailleur. »

(Marx, 1993, p. 214)

On voit que la détermination de la valeur des moyens de subsistance, en temps de travail, est une conséquence – non une cause – de l'expression monétaire de ce temps (donc de celle de la valeur de la force de travail), expression en réalité déterminée par les conditions de production de l'or, la monnaie-marchandise. On a bien, ici, la proposition sous-entendue ou admise, comme officielle, de l'équivalence entre la somme de 3 shillings et 6 heures de travail, et c'est de cette équivalence que l'on déduit la valeur des moyens de subsistance. Cette expression du temps de travail en shillings tient donc lieu de définition, à la fois de la valeur de l'or utilisé pour payer les salaires, et de celle, déduite, des produits nécessaires à la reproduction de la force de travail, donc la valeur journalière de cette force. Or, il s'agit là de l'expression d'une valeur horaire en monnaie précisément définie, et lorsque celle-ci est respectée, la valeur produite par le travail effectué pendant une journée, soit 12 heures, devrait logiquement correspondre à 6 shillings. D'emblée, on anticipe le hiatus, causé par cette double définition de la valeur journalière, celle de la force de travail, ou bien celle d'une journée de travail.

« L'homme aux écus a payé la valeur journalière de la force de travail ; son usage pendant le jour, le travail d'une journée entière lui appartient donc. Que l'entretien journalier de cette force ne coûte qu'une demi-journée de travail, bien qu'elle puisse opérer ou travailler pendant la journée entière, c'est-à-dire que la valeur créée par son usage pendant un jour soit le double de sa propre valeur journalière, c'est là une chance particulièrement heureuse pour l'acheteur, mais qui ne lèse en rien le droit du vendeur. »

(Marx, 1872, p. 83)

« Le possesseur d'argent a payé la valeur journalière de la force de travail ; c'est donc à lui qu'appartient son usage pendant cette journée, à lui qu'appartient la journée de travail. L'entretien quotidien de la force de travail ne coûte qu'une demi-journée de travail alors que la force de travail peut agir, travailler une journée entière, et que, par conséquent, la valeur créée par son usage durant une journée est le double de sa propre valeur journalière : cette réalité est une chance toute particulière pour l'acheteur, mais ne constitue en aucune façon un tort causé au vendeur. »

(Marx, 1993, p. 218)

On a donc bien, d'un côté, une valeur de 3 shillings versée pour une journée entière (12 heures) de travail, concernant la marchandise ici produite, déterminée par la valeur journalière de la force de travail, elle-même correspondant à la valeur des moyens de subsistance, et, de l'autre, une valeur de 3 shillings définie par une demi-journée (6 heures) de travail, définition issue de la production de l'or comme monnaie, correspondant aussi à la valeur des moyens de subsistance, donc, aussi, à la valeur journalière de la force de travail. Marx poursuit en affirmant cette même dernière équivalence lors du procès de production auquel, précisément, les travailleurs sont affectés, le filage du coton.

« Pendant la durée du filage le coton absorbe donc 6 heures de travail. Le même temps de travail est fixé dans une somme d'or de 3 sh. »

(Marx, 1872, p. 81)

« Pendant la durée du procès de filage le coton absorbe donc 6 heures de travail. Or le même temps de travail est représenté par une quantité d'or de 3 shillings. »

(Marx, 1993, p. 214)

Avec 3 shillings versés en salaires (capital variable) pour une demi-journée (6 heures) de travail, un capitaliste entrepreneur produit 10 livres de filés, qu'il vend 15 shillings sur le marché. C'est ici, alors, que Marx décrit la situation, que nous avions annoncée, d'une plus-value nulle. Pour le capitaliste, le désappointement est grand lorsqu'il constate qu'il vend ses filés pour un prix égal à leur coût, c'est-à-dire au montant de son capital avancé, ne réalisant ainsi aucune plus-value.

« Notre capitaliste reste ébahi. La valeur du produit égale la valeur du capital avancé. La valeur avancée n'a pas fait de petits ; elle n'a point enfanté de plus-value et l'argent, par conséquent, ne s'est *pas métamorphosé en capital*. Le prix de 10 liv. de filés est de 15 sh. et 15 sh. ont été dépensés sur le marché pour les éléments constitutifs du produit, ou [...] pour les facteurs du procès de travail, 10 sh. pour le coton, 2 sh. pour l'usure des broches, et 3 sh. pour la force de travail. Il ne sert de rien que la valeur des filés soit enflée, car elle n'est que la somme des valeurs distribuées auparavant sur ces facteurs, et en les additionnant on ne les multiplie pas. [...] Il n'y a rien d'étrange dans ce résultat. La valeur d'une livre de filés revient à 1 sh. 6 d. et au marché notre capitaliste aurait à payer 15 sh. pour 10 liv. de filés. »

(Marx, 1872, p. 81)

« Notre capitaliste en reste bouche bée ! La valeur du produit est égale à la valeur du capital avancé. La valeur avancée ne s'est pas valorisée, elle n'a pas créé de survaleur, l'argent ne s'est donc pas transformé en capital. Le prix des 10 livres de fil est de 15 shillings, et il a dépensé 15 shillings sur le marché pour acheter les éléments constitutifs du produit ou [...] les facteurs du procès de travail : 10 shillings pour le coton, 2 shillings pour l'usure des broches, et 3 shillings pour la force de travail. Le gonflement de valeur des filés ne résout rien, puisque leur valeur propre n'est que la somme des valeurs précédemment réparties entre le coton, les broches et la force de travail : jamais une survaleur ne peut ni ne pourra sortir d'une telle addition simple de valeurs préexistantes. [...] Ce résultat n'a en soi rien d'étrange. La valeur d'une livre de filés est de 1 shilling 6 pence, et notre capitaliste devrait donc débourser 15 shillings pour s'en procurer 10 livres sur le marché. »

(Marx, 1993, pp. 214-215)

Contrairement à ce que Marx prétend, le résultat apparaît, de fait, assez étrange, mais non au niveau du calcul proprement dit. Un indice ?

« Il jure qu'on ne l'y rattrapera plus ; à l'avenir il achètera sur le marché des marchandises toutes faites au lieu de les fabriquer lui-même. Mais si tous ses compères capitalistes font de même, comment trouver des marchandises sur le marché ? Pourtant il ne peut manger son argent. »

(Marx, 1872, p. 82)

« Le voici qui menace : on ne l'y reprendra plus. À l'avenir il achètera la marchandise toute faite sur le marché au lieu de la fabriquer lui-même. Mais si tous les capitalistes, ses frères, en font autant, où trouvera-t-il des marchandises sur le marché ? Et il ne peut pas se nourrir d'argent ! »

(Marx, 1993, p. 215)

Le problème n'est pas vraiment dans la boutade finale, le capitaliste étant obligé de manger son argent sous prétexte qu'il n'y aurait plus de marchandises produites ; d'autant qu'il s'agirait bien ici de pièces métalliques, non de papier. La question que nous poserions serait plutôt celle-ci : pourquoi redouter que ses « compères capitalistes » fussent amenés à en faire autant, donc à ne plus fabriquer de marchandises, si ce n'était pour la même raison, à savoir qu'ils ne réaliseraient pas, eux non plus, au prix de marché de 15 shillings pour 10 livres de filés, de plus-value ? Comment se fait-il qu'un tel prix, forcément égal aux coûts tels qu'ils sont définis, puisse alors se former sur le marché ?

« Or, valeur d'un article veut dire, non sa valeur individuelle, mais sa valeur sociale, et celle-ci est déterminée par le temps de travail qu'il coûte, non dans un cas particulier, mais en moyenne. »

(Marx, 1872, p. 137)

« Or la valeur réelle d'une marchandise n'est pas sa valeur individuelle mais sa valeur sociale, ce qui veut dire qu'elle n'est pas mesurée par le temps de travail que la marchandise coûte effectivement au producteur dans un cas particulier, mais par le temps de travail requis socialement pour sa production. »

(Marx, 1993, p. 357)

Lorsqu'un prix, en tant que « valeur sociale » considérée comme acceptable et viable pour tous les intervenants sur ce marché, se fixe effectivement à un tel niveau pour une telle quantité, c'est qu'à ce prix, les autres vendeurs seraient déjà bien capables de réaliser une plus-value compte tenu de leur propre « valeur individuelle » : ils auraient, eux, des coûts de production déjà moindres, dans l'une ou l'autre de leurs dépenses, et notre capitaliste, s'il achetait comme « ses frères » les mêmes intrants sur les mêmes marchés, en payant la force de travail au même taux horaire, ne devrait alors pas se retrouver dans la funeste situation imaginée par Marx.

Rappelons que, pour Marx, le capitaliste cumule le rôle théorique, à la Walras, de l'entrepreneur, et son revenu ne saurait être assimilé à l'intérêt apparaissant, chez Walras, comme une partie des coûts. Autrement dit, le capitaliste walrasien ne craint rien, même lorsque le prix de vente est égal au prix de revient, alors que, chez Marx, son revenu dépend de leur différence. Manifestement, la situation redoutée ici correspond, pour les capitalistes producteurs de filés, à « l'état d'équilibre de la production ».

## L'état d'équilibre de la production chez Marx

« L'état d'équilibre de la production, contenant implicitement l'état d'équilibre de l'échange, est à présent facile à définir. C'est celui, d'abord, où l'offre et la demande effectives des services producteurs sont égales, et où il y a prix courant stationnaire, sur le marché de ces services. C'est celui, ensuite, où l'offre et la demande effectives des produits sont égales, et où il y a prix courant stationnaire, sur le marché des produits. C'est celui, enfin, où le prix de vente des produits est égal à leur prix de revient en services producteurs. Les deux premières conditions se rapportent à l'équilibre de l'échange ; la troisième est relative à l'équilibre de la production. »

(Walras, 1874, p. 283)

Si l'on devait interpréter, du point de vue de Walras, la situation précédemment décrite par Marx, on dirait sans doute que le marché du travail, en tant que service producteur, représenté par l'achat de la force de travail à son prix convenu, correspondant à une même valeur en or (3 shillings la demi-journée), est à l'équilibre ; de même pour les capitaux : les prix des matériaux utilisés, coton et broches, déterminés sur leurs marchés respectifs, sont supposés en équilibre pour ces marchandises. Le marché des filés est aussi logiquement à l'équilibre, puisque ces derniers sont effectivement proposés et vendus à un tel prix (d'équilibre), 15 shillings pour 10 livres. Les deux premières conditions walrasienne sont donc remplies, et les deux marchés, celui des services producteurs et celui des produits, concernant cette industrie, sont à l'équilibre. Or, le capitaliste marxien constate lui-même que la troisième condition l'est aussi : « Le prix de 10 liv. de filés est de 15 sh. et 15 sh. ont été dépensés sur le marché pour les éléments constitutifs du produit » (Trad. Roy) ; « Le prix des 10 livres de fil est de 15 shillings, et il a dépensé 15 shillings sur le marché pour acheter les éléments constitutifs du produit » (Trad. Lefebvre). Autrement dit, « l'état d'équilibre de la production » est arrivé ; c'est la situation où la mise en œuvre d'une production coûte autant que ce que rapporte, à son prix, la vente du produit obtenu. Mais la production, alors, « ne vaut pas le coût » d'être entreprise, car elle ne rapporte rien de profitable, au capitaliste de Marx comme à l'entrepreneur de Walras.

Il est alors intéressant de noter que, pour Marx, la valeur des filés « n'est que la somme des valeurs distribuées auparavant sur ces facteurs, et en les additionnant on ne les multiplie pas. » (Trad. Roy) ; « leur valeur propre n'est que la somme des valeurs précédemment réparties entre le coton, les broches et la force de travail : jamais une survaleur ne peut ni ne pourra sortir d'une telle addition simple de valeurs préexistantes. » (Trad. Lefebvre). Si Marx entend ici, par valeur des filés, la valeur individuelle particulière des filés produits par le capitaliste, il l'obtient alors par la simple somme des coûts supportés, en coton, broches et force de travail, ces coûts étant déjà déterminés (« valeurs préexistantes »). Ce faisant, il égalise la valeur de la marchandise à son coût de production, sans égard au prix déterminé par ailleurs. Ce point est important, car, comme on le sait, Marx identifie d'habitude la valeur au prix, c'est-à-dire à la valeur sociale, non au coût, et c'est précisément la différence entre les deux qui est déterminante. Si, par contre, il évoque ici cette valeur sociale des filés en général, c'est-à-dire le prix, déterminé sur le marché, de la livre de filés, peut-on affirmer que cette valeur correspondrait toujours à la somme de coûts d'ores et déjà déterminés ? Pour Walras, la question se pose.

« Il est certain, comme les économistes l'ont reconnu, et comme, on voudra bien le croire, cela ne m'a pas échappé non plus complètement à moi-même, qu'à un certain état normal et idéal, le prix de vente des marchandises est égal à leur prix de revient. À cet état, qui est l'état d'équilibre de l'échange et de la production, une bouteille de vin qui se vend 5 F a coûté à produire 2 F de fermages, 2 F de salaires et 1 F d'intérêts. Reste à savoir si c'est parce qu'on a payé 2 F de fermages, 2 F de salaires et 1 F d'intérêts que cette bouteille de vin se vend 5 F, ou si ce ne serait pas plutôt parce que cette bouteille de vin se vend 5 F qu'on paie 2 F de fermages, 2 F de salaires et 1 F d'intérêts. Reste à savoir [...] si c'est, comme on le dit, le prix des services producteurs qui détermine le prix des produits, ou si ce ne serait pas plutôt le prix des produits, déterminé, comme nous l'avons vu, en vertu de la loi de l'offre et de la demande, qui détermine le prix des services producteurs en vertu de la loi des frais de production ou du prix de revient. »

(Walras, 1874, p. 264)

On devine le sens de causalité vers lequel penche Walras, manifestement l'inverse de celui de Marx. Walras considère bien un degré supplémentaire de liberté possédé par le prix, déterminé de manière quasi autonome, par rapport aux coûts (ou frais) de production ; le bénéfice, ou la perte, de l'entrepreneur en découle directement. Or, si la causalité allait des coûts au prix, une telle liberté serait pour lui inenvisageable, c'est pourquoi il défend, ici, l'idée de l'influence du prix des produits sur le prix des services et, plus précisément, un mécanisme d'ajustement « inter-marchés » où la différence entre le prix et les coûts rejaillit sur la demande en services exprimée par les entrepreneurs, d'où une variation du prix de ces services.

« Le prix de vente des produits se détermine sur le marché des produits, en raison de leur utilité et de leur quantité ; il n'y a pas d'autres conditions à considérer ; ce sont des conditions nécessaires et suffisantes. Peu importe que ces produits aient coûté plus ou moins que ce prix de vente en frais de production. S'ils ont coûté plus, tant pis pour les entrepreneurs : c'est une perte qu'ils subissent ; s'ils ont coûté moins, tant mieux pour eux : c'est un bénéfice qu'ils réalisent. Bien loin que ce soit le prix de revient des produits en services producteurs qui détermine leur prix de vente, c'est plutôt leur prix de vente qui détermine leur prix de revient en services producteurs. [...] le prix des services producteurs s'établit, sur le marché de ces services, en raison de l'offre qui en est faite par les propriétaires fonciers, travailleurs et capitalistes et de la demande qui en est faite par les entrepreneurs. Et cette demande, de quoi dépend-elle ? Précisément du prix des produits. Pour les produits qui ont coûté plus que le prix de vente en frais de production, la demande des entrepreneurs se réduit et le prix des services producteurs s'abaisse. Pour les produits qui ont coûté moins, la demande des entrepreneurs s'accroît et le prix des services producteurs s'élève. Tel est l'enchaînement des phénomènes, et il est inexact de le concevoir d'une autre manière. »

(Walras, 1874, p. 612)

Malgré le ton catégorique de la dernière phrase, Walras avait lui-même conçu, lors de la définition de l'état d'équilibre de la production, un autre type d'enchaînement, par la variation de l'offre, cette fois, des entrepreneurs sur le marché des produits, d'où une variation de leur prix. Dans les deux cas, toutefois, il s'agit d'un mécanisme aboutissant à réduire l'écart entre le prix et les coûts de production.

« Sous ce régime, en effet, si, dans certaines entreprises, le prix de vente des produits est supérieur à leur prix de revient en services producteurs, d'où résulte un *bénéfice*, les entrepreneurs affluent ou développent leur production, ce qui augmente la quantité des produits, en fait baisser le prix et réduit l'écart ; et si, dans certaines entreprises, le prix de revient des produits en services producteurs est supérieur à leur prix de vente, d'où résulte une *perte*, les entrepreneurs se détournent ou restreignent leur production, ce qui diminue la quantité des produits, en fait hausser le prix et réduit encore l'écart. »

(Walras, 1874, pp. 283-284)

Toutefois, les situations, éventuellement alternatives, de bénéfice et de perte n'apparaissent pas symétriques pour les entrepreneurs, puisqu'ils ne chercheraient sans doute pas à réduire, dans la première, cet écart entre le prix et les coûts, tandis qu'ils seraient fortement incités à le faire dans la seconde. On note que cette réduction se produit, selon Walras, soit par une hausse des coûts, soit par une baisse du prix, ou encore par les deux variations qui peuvent être conjuguées, puisque celles-ci proviennent de la variation des quantités demandées de services et/ou offertes de produits, exprimées par les entrepreneurs. Les deux mécanismes étant aussi valables l'un que l'autre, selon « les lois du marché », on ne saurait trop vite crier, ici, à la contradiction interne.

### Le secret du tour

C'est donc à partir de cette situation d'équilibre entre le capital avancé et le prix de vente que Marx entreprend d'expliquer la formation de la plus-value. Poursuivons l'exemple de la production de filés, avec ce célèbre passage :

« Notre capitaliste a prévu le cas, et c'est ce qui le fait rire. L'ouvrier trouve donc dans l'atelier les moyens de production nécessaires pour une journée de travail non pas de six mais de douze heures. Puisque 10 livres de coton avaient absorbé six heures de travail et se transformaient en 10 livres de filés, 20 livres de coton absorberont 12 heures de travail et se transformeront en 20 livres de filés. [...] Les 20 livres de filés contiennent cinq journées de travail dont quatre étaient réalisées dans le coton et les broches consommés, une absorbée par le coton pendant l'opération du filage. Or l'expression monétaire de cinq journées de travail est 30 sh. Tel est donc le prix des 20 livres de filés. La livre de filés coûte après comme avant 1 sh. 6 d. Mais la somme de valeur des marchandises employées dans l'opération ne dépassait pas 27 sh. et la valeur des filés atteint 30 sh. [...] Les 27 sh. avancés se sont donc transformés en 30 sh. Ils ont enfanté une plus-value de 3 sh. Le tour est fait. L'argent s'est métamorphosé en capital.

Le problème est résolu dans tous ses termes. La loi des échanges a été rigoureusement observée, équivalent contre équivalent. Sur le marché, le capitaliste achète à sa juste valeur chaque marchandise – coton, broches, force de travail. Puis il fait ce que fait tout autre acheteur, il consomme leur valeur d'usage. La consommation de la force de travail [...] rend un produit de 20 livres de filés, valant 30 sh. Alors le capitaliste qui avait quitté le marché comme acheteur y revient comme vendeur. Il vend les filés à 1 sh. 6 d. la livre, pas un liard au-dessus ou au-dessous de leur valeur et cependant il retire de la circulation 3 sh. de plus qu'il n'y avait mis. Cette transformation de son argent en capital se passe dans la sphère de la circulation, et ne s'y passe pas. [...] C'est là sur le marché, que se vend la force de travail, pour être exploitée dans la sphère de la production, où elle devient source de plus-value, et tout est ainsi pour le mieux dans le meilleur des mondes possibles. »

(Marx, 1872, p. 83)

« Notre capitaliste avait prévu ce « cas qui le fait rire ». Et le travailleur trouve dans l'atelier les moyens de production nécessaires non pour un procès de travail de 6 heures seulement, mais pour un travail de 12 heures. Si 10 livres de coton absorbent 6 heures de travail et se transforment en 10 livres de filés, 20 livres de coton absorberont 12 heures de travail et se transformeront en 20 livres de filés. [...] Dans les 20 livres de filés, il y a maintenant cinq journées de travail objectivées : quatre journées dans la masse de coton et de broches consommée, et une journée absorbée par le coton pendant le procès de filage. Or l'expression monétaire de cinq journées de travail est 30 shillings (soit 1 livre sterling 10 shillings). C'est donc le prix des 20 livres de filés. Le prix de la livre de filés est toujours de 1 shilling 6 pence. Mais, alors que la somme des valeurs des marchandises introduites dans le procès de production s'élève à 27 shillings, la valeur des filés, elle, s'élève à 30 shillings. [...] 27 shillings se sont ainsi transformés en 30 shillings. Ils ont laissé une survaleur de 3 shillings. Le tour a enfin marché : l'argent est transformé en capital.

Le problème est résolu dans toutes ses données, et les lois de l'échange marchand ne sont violées en aucune façon. On a échangé équivalent contre équivalent. Le capitaliste en tant qu'acheteur a payé chaque marchandise à sa valeur : coton, broches, force de travail. Après quoi il a fait ce que fait tout acheteur de marchandises : il en a consommé la valeur d'usage. Le procès de consommation de la force de travail [...] a fourni un produit de 20 livres de filés d'une valeur de 30 shillings. Le capitaliste retourne alors sur le marché, où après avoir été acheteur il devient vendeur de marchandises. Il vend la livre de filés 1 shilling 6 pence, pas un liard au-dessus ni au-dessous de sa valeur. Et pourtant il retire de la circulation 3 shillings de plus que ce qu'il y avait lancé au départ. Tout ce cycle, cette transformation de son argent en capital, a lieu dans la sphère de la circulation, et en même temps il a lieu hors d'elle. [...] Hors de la circulation, parce que celle-ci ne fait qu'introduire le procès de valorisation, qui se déroule dans la sphère de la production. Ainsi « tout est pour le mieux dans le meilleur des mondes possibles ». »

(Marx, 1993, pp. 218-219)

Le lecteur était prévenu : Marx n'en démord pas, et son exemple numérique lui permet de montrer, contre toute logique précédente (notamment de ses propres démonstrations), l'apparition d'une véritable plus-value de 3 shillings, consacrant la transformation de l'argent en capital, à la fois dans la circulation et en dehors, comme annoncé : « Le tour est fait. L'argent s'est métamorphosé en capital. » (Trad. Roy) ; « Le tour a enfin marché : l'argent est transformé en capital. » (Trad. Lefebvre). C'est à croire que le tour en question n'est qu'un tour de magie.

Pour commencer, si l'ouvrier « trouve dans l'atelier » les moyens de production nécessaires pour un travail de 12 heures au lieu de 6, il dirait sans doute la chose suivante, en termes suffisamment cordiaux, à son patron rigolard : « Si vous souhaitez que je m'adonne au filage de coton pendant toute la journée, j'entends bien être rémunéré au prix convenu pour ce temps de travail, afin de ne pas percevoir, en échange, une quantité d'or qui n'incorporerait qu'une demi-journée de travail. Il faudra donc me payer 6 shillings pour la journée entière ». Chez Say aussi, il y a des incohérences, mais, cachées derrière un bon sens de bonne foi, elles demeurent difficiles à décortiquer. Ici, l'incohérence saute aux yeux, dans la confusion entre la « valeur journalière » de la force de travail et le « salaire journalier » de même montant, payé pour la journée de travail, quel que soit le nombre d'heures que celle-ci soit susceptible de contenir. Cette position ne tient pas, car il faut savoir si l'on travaille une demi-journée ou une journée entière pour ce salaire ; une « journée de 6 heures », ce n'est pas une « journée de 12 heures », et si les travailleurs sont finalement payés 3 shillings pour 12 heures de travail, on ne saurait soutenir dans le même temps que ces 3 shillings correspondent à 6 heures de travail. Or, c'est bien ce que Marx prétend, car la différence générant la plus-value est précisément fondée sur la différence entre la valeur produite par les 12 heures travaillées, soit 6 shillings, et le salaire de 3 shillings versé pour ces 12 heures. Ce dernier rapport définit un salaire horaire que Marx nomme « prix du travail ».

« Le prix moyen du travail s'obtient en divisant la valeur journalière moyenne que possède la force de travail par le nombre d'heures que compte en moyenne la journée de travail.

La valeur journalière de la force de travail est-elle par exemple de trois francs, valeur produite en six heures, et la journée de travail de douze heures, le prix d'une heure est alors égal à 3 F/12 = 25 centimes. Le prix ainsi trouvé de l'heure de travail sert d'unité de mesure pour le prix du travail.

[...] le salaire journalier, le salaire hebdomadaire, etc., peuvent rester les mêmes, quoique le prix du travail tombe constamment. Si la journée de travail est de dix heures et la valeur journalière de la force de travail de trois francs, alors l'heure de travail est payée à 30 centimes. Ce prix tombe à 25 c. dès que la journée de travail s'élève à douze heures et à 20 c. dès qu'elle s'élève à quinze heures. Le salaire journalier ou hebdomadaire reste malgré cela invariable. Inversement ce salaire peut s'élever quoique le prix du travail reste constant ou même tombe. »

(Marx, 1872, p. 235)

« Le prix moyen du travail s'obtient en divisant la valeur quotidienne moyenne de la force de travail par le nombre d'heures de la journée de travail moyenne. Si, par exemple, la valeur journalière de la force de travail est de 3 sh., le produit de valeur de 6 sh. et la journée de travail de 12 heures, le prix d'une heure de travail sera de 3 sh/12 = 3 pence. Le prix de l'heure de travail ainsi obtenu sert d'unité de mesure pour le prix du travail.

[...] le salaire journalier, hebdomadaire, etc. peut rester le même malgré une diminution constante du prix du travail. Avec une journée de travail usuelle de 10 heures et une valeur journalière de la force de travail de 3 sh., le prix de l'heure de travail se montait à 3 pence 3/5 ; il tombe à 3 pence dès que la journée de travail monte à 12 heures, et à 2 pence 2/5 dès qu'elle en atteint 15. Et pourtant, le salaire journalier ou hebdomadaire reste inchangé. Inversement, le salaire journalier ou hebdomadaire peut augmenter bien que le prix du travail reste constant, voire diminue. »

(Marx, 1993, p. 609)

La valeur journalière de la force de travail, ici, fixe le salaire journalier, les 3 shillings (ou les 3 francs) comptés en capital variable. Le prix du travail, ou salaire horaire, est alors déduit du rapport entre le salaire et le nombre d'heures de travail effectuées dans la journée, quel que soit ce nombre. On comprend alors que ce prix, dépendant uniquement des heures travaillées à son dénominateur, diminue avec l'allongement de la durée du travail. Remarquons que Marx envisage plusieurs cas, notamment où ce serait le prix du travail qui apparaîtrait comme fixé, le salaire journalier dépendant alors du nombre d'heures travaillées.

« Si la journée de travail est de dix heures et la valeur journalière de la force de travail de 3 francs, le prix d'une heure de travail sera de 30 centimes. L'ouvrier travaille-t-il douze heures par suite d'un surcroît d'occupation, le prix du travail restant le même, son salaire quotidien s'élève alors à 3 francs 60, sans que le prix du travail varie. [...]

En général on obtient cette loi : donnée la quantité du travail quotidien ou hebdomadaire, le salaire quotidien ou hebdomadaire dépend du prix du travail, lequel varie lui-même soit avec la valeur de la force ouvrière soit avec ses prix de marché.

Est-ce au contraire le prix du travail qui est donné, alors le salaire à la journée ou à la semaine dépend de la quantité du travail quotidien ou hebdomadaire. »

(Marx, 1872, pp. 235-236)

« Avec une journée de travail de 10 heures et une valeur journalière de la force de travail de 3 sh., le prix d'une heure de travail est de 3 pence 3/5. Si on l'occupe davantage et que le travailleur travaille 12 heures, le prix du travail restant constant, son salaire journalier passera à 3 sh. 7 pence 1/5 sans variation dans le prix du travail. [...]

Mais la loi générale qui en résulte est la suivante : à quantité de travail journalier, hebdomadaire, etc. donnée, le salaire journalier ou hebdomadaire dépend du prix du travail, lequel varie lui-même soit avec la valeur de la force du travail soit avec les écarts entre le prix de celle-ci et sa valeur. Si, au contraire, le prix du travail est donné, le salaire journalier ou hebdomadaire dépend de la quantité du travail journalier ou hebdomadaire. »

(Marx, 1993, pp. 609-610)

On notera que si le prix du travail, comme salaire horaire, est fixé, le salaire journalier peut ne plus correspondre, en fonction des heures travaillées, à la valeur journalière de la force de travail qui, elle, demeure déterminée par celle des moyens de subsistance ; à moins que cette valeur journalière admette elle-même une dépendance vis-à-vis de la durée du travail. C'est ce qu'envisage Marx.

« Si dans la fraction

$$\frac{\text{Valeur journalière de la force de travail}}{\text{Journée de travail}}$$

le dénominateur augmente, le numérateur augmente plus rapidement encore. La valeur de la force de travail, en raison de son usure, croît avec la durée de sa fonction et même en proportion plus rapide que l'incrément de cette durée.

[...] où le salaire au temps prédomine, sans limitation légale de la journée, il est passé peu à peu en habitude de compter comme normale (« *normal working day* », « *the day's work* », « *the régular hours of work* »), une partie de la journée qui ne dure qu'un certain nombre d'heures, par exemple, dix. Au delà, commence le temps de travail supplémentaire (*overtime*), lequel, en prenant l'heure pour unité de mesure, est mieux payé (*extra pay*), quoique souvent dans une proportion ridiculement petite. »

(Marx, 1872, pp. 236-237)

« Quand, dans la fraction

$$\frac{\text{Valeur journalière de la force de travail}}{\text{Journée de travail}}$$

le dénominateur croît, le numérateur croît encore plus vite. L'usure de la force de travail, et par suite sa valeur, croît avec la durée de son fonctionnement et proportionnellement plus vite que l'incrément de sa durée de fonctionnement. C'est pourquoi [...] où le salaire au temps est dominant, sans qu'il y ait des bornes légales au temps de travail, l'habitude s'est peu à peu instaurée de façon tout à fait naturelle de ne considérer la journée de travail comme normale que jusqu'à un certain point, par exemple jusqu'à la dixième heure (« *normal working day* », « *the day's work* », « *the regular hours of work* »). Au-delà de cette limite, le temps de travail constitue du temps supplémentaire (*overtime*) et, l'heure étant prise comme unité de référence, il est mieux payé (*extra pay*), bien que ce soit souvent dans une proportion ridicule. »

(Marx, 1993, p. 612)

La formulation de Marx apparaît bien plus comme une considération d'ordre physiologique ou naturel que comme une loi économique, et cette relation de proportionnalité entre l'accroissement de la valeur de la force de travail et l'incrément en heures de travail aurait mérité d'être précisée, du moins autrement qu'au doigt mouillé, ou par la seule habitude constatée de la fixation d'une limite séparative unique provoquant l'accroissement susdit, ne fournissant, au demeurant, qu'une variation jugée ridicule par rapport au salaire initial. On comprend toutefois qu'il s'agit ici de considérer, pour la valeur journalière de la force de travail, une quantité supplémentaire de moyens de subsistance quotidiens pour la reproduire compte tenu de son usure supplémentaire due à son usage prolongé. Cette valeur dépend donc toujours de celle des moyens de subsistance consommés par le travailleur. Toutefois, le secret du tour n'en est plus un dès lors que le prix du travail, observé dans la nouvelle situation de production de filés, n'est plus du tout le même qu'auparavant et ne correspond plus à l'équivalence établie par l'expression monétaire de la valeur produite par le travail. Cette expression, nous l'avons vu, aboutit à l'équilibre du coût et du prix, et elle s'établit, comme une référence officielle (issue des conditions de production de l'or), à 3 shillings pour 6 heures de travail. Si nos calculs sont bons, cela correspond à 6 shillings pour 12 heures. Ainsi, Marx a tort lorsqu'il prétend que payer le travailleur (vendeur de sa force de travail) 3 shillings pour 12 heures de travail effectif « ne lèse en rien le droit du vendeur » (*op. cit.*, Trad. Roy), « ne constitue en aucune façon un tort causé au vendeur » (*op. cit.*, Trad. Lefebvre). En réalité, le vendeur en question (le travailleur) vend simplement sa marchandise (sa force de travail) deux fois moins cher que ce qui est, par hypothèse, prévu et officiellement admis.

Dans ces conditions, la distinction entre le travail et sa force devient subitement inutile, car en fait, Marx n'aurait eu nul besoin, ici, de recourir au concept de force de travail et à ses déterminants pour faire émerger cette « plus-value ». En réalité, que fait-il ? Il double les intrants : la journée de travail de 6 heures devient une journée de 12 heures, 10 livres de coton deviennent 20 livres, de même avec les broches, etc. Dès lors, le résultat de la production est lui-même doublé : 20 livres de filés sont produits contre 10 auparavant. Le tout, coton, broches (quatre journées) et travail (une journée), représente 5 journées de travail, soit 30 shillings selon l'équivalence convenue (6 shillings par jour). Seulement, voilà : la journée de travail de 12 heures est payée, comme auparavant, 3 shillings au lieu de 6. Le salaire journalier, égal à la valeur journalière de la force de travail, demeure constant, tandis que les heures travaillées doublent ; le prix du travail, salaire horaire tel qu'il est défini par Marx, est alors divisé par deux. Les travailleurs sont maintenant rémunérés 3 shillings pour 12 heures, sous prétexte que ces 3 shillings leur suffisent toujours (puisqu'ils leur suffisaient bien jusqu'à présent) à reproduire leur force de travail pour le lendemain ; mais la prise en compte de ces valeurs, celle de la force de travail, celle des moyens de subsistance et celle, même, de l'or donné en échange dans le paiement des salaires, tout cela n'a aucun rapport avec ce qui se passe ici.

### Plus-value absolue et plus-value relative

Marx prétend, en effet, que la plus-value est produite lorsque le travail est prolongé au-delà de la durée nécessaire à la reproduction de la force de travail. Ce serait donc parce que 6 heures de travail non payées (surtravail) auront été ajoutées aux 6 heures payées que la plus-value de 3 shillings, d'après l'équivalence officielle, aurait été produite. Cependant, Marx aurait pu, aussi bien, ne rien doubler, ne pas doubler le temps de travail, ne pas doubler la quantité de coton ni le nombre de broches, ne pas doubler le nombre obtenu de filés, et réaliser, non le même montant de plus-value, mais le même taux de plus-value ; il suffit en effet de diviser directement le prix du travail par deux. Toutes choses égales par ailleurs, 10 livres de filés se vendant 15 shillings, les 6 heures de travail n'étant plus payée que 1 shilling et demi au lieu de trois, le capitaliste réalise automatiquement une plus-value de 1 shilling et demi, soit la somme correspondant aux salaires non payés.

La plus-value résulte donc, ici, de la seule diminution du salaire horaire, du prix du travail. Elle est cependant déguisée, et Marx s'y connait en déguisement, par le doublement des heures de travail pour le même salaire, ce qui ne change rien à l'affaire ; doit-on comprendre que ce doublement serait indispensable pour conserver, avec ce nouveau prix du travail, le niveau des salaires à 3 shillings, la valeur journalière de la force de travail ? Ou n'est-ce là, finalement, qu'une façon maladroite de tenter de montrer que le travail non rémunéré serait soit-disant capable de produire de la valeur ? La réponse, d'une certaine manière, est apportée par le concept de plus-value « relative ».

« Je nomme *plus-value absolue* la plus-value produite par la simple prolongation de la journée de travail, et *plus-value relative* la plus-value qui provient au contraire de l'abréviation du temps de travail nécessaire et du changement correspondant dans la grandeur relative des deux parties dont se compose la journée. »

(Marx, 1872, p. 136)

« J'appelle survaleur absolue la survaleur produite par allongement de la journée de travail ; et survaleur relative, par contre, la survaleur issue du raccourcissement du temps de travail nécessaire et d'un changement corrélatif dans le rapport quantitatif des deux composantes de la journée de travail. »

(Marx, 1993, p. 354)

L'idée est simple : modifier la répartition, au sein d'une journée de travail donnée, entre la part du travail rémunéré et celle du surtravail.

« Le raccourcissement du travail nécessaire correspondrait ainsi à la prolongation du surtravail, ou bien une partie du temps que jusqu'ici l'ouvrier consomme en réalité pour lui-même, se transformerait en temps de travail pour le capitaliste. Les limites de la journée ne seraient pas changées, mais sa division en travail nécessaire et surtravail. »

(Marx, 1872, p. 135)

« À l'allongement du surtravail correspondrait le raccourcissement du travail nécessaire ; autrement dit, une partie du temps de travail que le travailleur dépensait jusqu'alors en fait pour lui-même se transformerait en temps de travail pour le capitaliste. Ce qui changerait, ce ne serait pas la longueur de la journée de travail, mais sa partition en travail nécessaire et surtravail. »

(Marx, 1993, p. 352)

Autrement dit, il s'agit, au sein de la somme ($v + p$), correspondant à la valeur du travail total effectué, d'agrandir $p$ en diminuant $v$. Et comment réalise-t-on une telle opération ? La réponse est évidente : il faut diminuer le capital variable, diminuer les salaires versés. Marx l'écrit lui-même, avec un autre exemple numérique.

« Assurément, au lieu de 5 sh., le capitaliste peut ne payer à l'ouvrier que 4 sh. 6. d. ou moins encore. [...] et la plus-value (s'élèverait) de 1 sh. à 1 sh. 6 d. Ce résultat ne serait cependant obtenu qu'en abaissant le salaire de l'ouvrier au-dessous de la valeur de sa force de travail. »

(Marx, 1872, p. 136)

« Il se peut certes que le capitaliste paie au travailleur 4 sh. 6 d. seulement, au lieu de 5 sh., ou encore moins. [...] la survaleur elle-même augmenterait, passant de 1 sh. à 1 sh. 6 d. Cependant, ce résultat ne serait atteint que par une réduction du salaire du travailleur au-dessous de la valeur de sa force de travail. »

(Marx, 1993, p. 353)

Il n'est pas étonnant, en réalité, que la diminution des salaires soit la seule solution pour obtenir la plus-value relative, comme la plus-value absolue : les deux méthodes sont en effet, contrairement à ce que semble penser Marx, tout à fait équivalentes. Il décrit lui-même plusieurs situations possibles, concernant les rapports entre la plus-value et la valeur de la force de travail, en fonction de trois facteurs.

« Nous avons vu que le rapport de grandeur entre la plus-value et le prix de la force de travail est déterminé par trois facteurs : 1° la durée du travail ou sa grandeur extensive ; 2° son degré d'intensité, suivant lequel différentes quantités de travail sont dépensées dans le même temps ; 3° son degré de productivité, suivant lequel la même quantité de travail rend dans le même temps différentes quantités de produits. Des combinaisons très diverses auront évidemment lieu [...] Ces combinaisons seront encore multipliées, si le changement simultané dans la grandeur de différents facteurs ne se fait pas dans le même sens – l'un peut augmenter tandis que l'autre diminue – ou pas dans la même mesure – l'un peut augmenter plus vite que l'autre, etc. Nous n'examinerons ici que les combinaisons principales. »

(Marx, 1872, p. 224)

« Ceci étant supposé, il est apparu que les grandeurs relatives du prix de la force de travail et de la survaleur étaient déterminées par trois facteurs : 1. la longueur de la journée de travail ou grandeur extensive du travail ; 2. l'intensité normale, ou grandeur intensive, du travail qui fait qu'en un temps déterminé tel quantum déterminé de travail est dépensé ; 3. enfin la force productive du travail, qui fait qu'en fonction du degré de développement des conditions de production, le même quantum de travail fournira dans le même temps un quantum plus ou moins important de produits. On voit les combinaisons très différentes qui sont possibles [...] Ces combinaisons sont encore multipliées par le fait que dans la variation simultanée de différents facteurs, l'ampleur et le sens de la variation peuvent être différents. Nous nous contenterons ci-dessous d'exposer les combinaisons principales. »

(Marx, 1993, pp. 581-582)

Pour être tout à fait honnête, le concept d'intensité, qui conduit Marx à penser qu'un travail plus intense qu'un autre génère plus de valeur (lorsqu'il examine les cas où l'intensité varie), ne nous convainc pas outre mesure ; c'est sans doute que nous n'avons pas bien saisi la subtilité de la chose. Si la valeur est un quantum de travail correspondant à un temps de travail donné, on ne voit pas bien comment différentes quantités de travail pourraient être « dépensées dans le même temps » (Trad. Roy), tandis que la définition « qui fait qu'en un temps déterminé tel quantum déterminé de travail est dépensé » (Trad. Lefebvre) n'apparaît au mieux que redondante par rapport à la définition temporelle de la valeur elle-même, sauf à considérer, ce qui serait contradictoire, qu'en un temps donné, différents quanta de travail pourraient être effectués tout en considérant ces quanta comme déjà déterminés par le temps durant lequel le travail s'exerce. Quoi qu'il en soit, dans les deux cas qui nous occupent, ce facteur d'intensité est considéré constant par Marx lui-même ; il n'agit donc pas sur un raisonnement qui ne prend en compte, ici, que la durée et la productivité.

Lorsque la durée du travail est fixée et que la productivité varie, Marx en tire les propositions suivantes :

« *1° La journée de travail d'une grandeur donnée produit toujours la même valeur, quelles que soient les variations dans la productivité du travail.*

Si une heure de travail d'intensité normale produit une valeur d'un demi-franc, une journée de douze heures ne produira jamais qu'une valeur de six francs. Si la productivité du travail augmente ou diminue, la même journée fournira plus ou moins de produits et la valeur de six francs se distribuera ainsi sur plus ou moins de marchandises.

*2° La plus-value et la valeur de la force de travail varient en sens inverse l'une de l'autre. La plus-value varie dans le même sens que la productivité du travail, mais la valeur de la force de travail en sens opposé.*

[…] des deux parties d'une grandeur constante aucune ne peut augmenter sans que l'autre diminue, et aucune diminuer sans que l'autre augmente. »

(Marx, 1872, p. 224)

« Premièrement : la journée de travail de grandeur donnée s'exprime toujours dans le même produit de valeur, quand bien même il y aurait changement dans la productivité du travail, et avec elle dans la masse de produits et donc dans le prix de la marchandise individuelle.

Le produit de valeur d'une journée de travail de douze heures est par exemple de 6 sh., bien que la masse des valeurs d'usage produites varie avec la force productive du travail et que cette valeur de 6 sh. se répartisse donc sur plus ou moins de marchandises.

Deuxièmement : valeur de la force de travail et survaleur en sens inverse l'une de l'autre. Un changement dans la force productive du travail, augmentation ou diminution, agit en sens inverse sur la valeur de la force de travail et dans le même sens sur la survaleur. »

(Marx, 1993, p. 582)

On reconnaît ici la formation d'une plus-value relative, et même si Marx ne le mentionne pas, la diminution des salaires, elle-même relative aux unités produites, est ici sous-entendue pour expliquer la hausse de la plus-value $p$ au sein de $(v + p)$. En effet, si la productivité physique permet de répartir cette valeur sur une plus grande quantité de marchandises, comme le reconnaît Marx, la valeur en question demeure inchangée : « la valeur de six francs se distribuera ainsi sur plus ou moins de marchandises » (Trad. Roy) ; « que cette valeur de 6 sh. se répartisse donc sur plus ou moins de marchandises » (Trad. Lefebvre). On retrouve ici la distinction ricardienne entre la valeur produite et les richesses obtenues. Certes, la hausse de la productivité fait diminuer le coût unitaire d'une marchandise (celle-là étant l'inverse de celui-ci), morcellant le capital variable total (les salaires versés) en autant de parties que d'unités produites obtenues. Si le prix unitaire, lui-même structuré en une somme $(v + p)$ applicable à une marchandise, demeure constant, la plus-value unitaire $p$ augmente inéluctablement par la diminution de $v$ (unitaire aussi) en regard. Cette hausse de plus-value, effectivement, ne provient pas d'une baisse formelle des salaires, du moment qu'ils sont définis par rapport au temps – inchangé – de travail ; il est certain, cependant, que les salaires par unité produite diminuent. Si les travailleurs étaient payés en fonction du nombre de ces unités (comme dans le cas de cueilleurs saisonniers), le capital variable suivrait la productivité physique par tête (rapport entre les unités produites et le nombre de travailleurs) ; la productivité économique (rapport entre les unités produites et le capital variable) demeurerait alors constante, et la plus-value unitaire ne pourrait augmenter.

Toutefois, dans la traduction de Lefebvre, Marx formule la phrase suivante (nous accentuons) : « [...] la journée de travail de grandeur donnée s'exprime toujours dans le même produit de valeur [...] et avec elle dans la masse de produits *et donc dans le prix de la marchandise individuelle.* » (Trad. Lefebvre). On peut ici comprendre que le prix unitaire ($v + p$) accuserait sans doute une baisse, de par la répercussion de celle du coût unitaire $v$ obtenue par la hausse de la productivité. Dans ces conditions, la plus-value unitaire $p$ ne saurait non plus augmenter, à moins de diminuer explicitement les salaires ; car la hausse d'une plus-value relative $p$ au sein d'une valeur produite ($v + p$) posée comme constante ne peut toujours se faire que par le réarrangement interne à cette somme, autrement dit, par une diminution de $v$. L'argumentation s'affaiblit alors, puisque cette hausse de plus-value n'est pas formellement dépendante de la seule hausse de la productivité physique pour un même temps de travail ; la diminution des salaires, en effet, aboutit à un résultat identique, soit une baisse du coût unitaire des marchandises, tout en conservant la même quantité produite dans le même temps.

Dans le cas de la plus-value absolue, avec une productivité fixe et une durée variable (en augmentation, de préférence), l'allongement de la durée du travail ne se fait toujours que par un allongement de celle du surtravail, la durée concernant la reproduction de la force de travail étant donnée. Autrement dit, concernant la valeur totale produite, la somme ($v + p$) augmente, selon Marx, par la seule augmentation de $p$, car $v$ est donné. Dès lors, la part de $v$ dans ($v + p$) diminue.

« S'il y a *prolongation de la journée*, soit de douze heures à quatorze, et que les heures additionnelles soient annexées au surtravail, la plus-value s'élève de trois francs à quatre. Elle grandit absolument et relativement, tandis que la force de travail, bien que sa valeur nominale reste la même, perd en valeur relative. »

(Marx, 1872, p. 227)

« Si la journée de travail est allongée de 2 heures et que le prix de la force de travail demeure inchangé, la grandeur relative de la survaleur s'accroîtra en même temps que sa grandeur absolue. Bien que la grandeur de valeur de la force de travail demeure inchangée absolument, elle baisse relativement. »

(Marx, 1993, p. 589)

Ici, les deux heures de travail supplémentaires sont censées accroître la somme globale ($v + p$), si bien que Marx lui-même ne saurait dire comment se répartit une telle hausse sur chaque composante sans fixer l'une d'elle.

« Comme, dans nos données, la somme de valeur quotidiennement produite augmente avec la durée du travail quotidien, les deux parties de cette somme croissante – la plus-value et l'équivalent de la force de travail – peuvent croître simultanément d'une quantité égale ou inégale. »

(Marx, 1872, p. 227)

« Comme le produit de valeur dans lequel s'exprime la journée de travail croît avec la prolongation de celle-ci, le prix de la force de travail et la survaleur peuvent croître simultanément, que l'incrément soit ou ne soit pas le même pour l'une et l'autre. »

(Marx, 1993, p. 589)

Il semblerait, à lire ces lignes, qu'aucune diminution des salaires, comme nous le prétendions, n'intervienne dans cette hausse de plus-value absolue, et que celle-ci provienne directement de la prolongation du travail quotidien, entièrement dévolue au surtravail. Le capital variable, en effet, n'est pas modifié par hypothèse. Cependant, comme précédemment, sa diminution est relative, car il s'agit de celle du prix du travail (salaire horaire) si l'on prend en compte l'entièreté des heures travaillées. Or, c'est précisément ce que Marx ne fait pas : au sens propre du mot, les deux heures supplémentaires n'étant pas rémunérées, elles ne sont pas comptabilisées comme telles. L'allongement de la journée de travail, à partir du moment où celui-là n'est pas pris en compte (par un paiement), engendre en effet un gain net « en nature », en nombre de marchandises produites par travailleur dans la même journée, et l'on ne saurait ainsi trouver une quelconque hausse de valeur globale de cette journée sous prétexte que l'on y travaille plus longtemps, car au soir, on ne compterait toujours que des marchandises en plus pour un même capital variable avancé ; soit une hausse, *de facto*, de la productivité du travail. La plus-value, ici, n'a donc pas plus de raison d'être augmentée de manière absolue que lorsqu'elle n'est que relative, et si le capital variable demeure inchangé, la valeur globale produite ne varie pas non plus. Néanmoins, il y a bien une baisse, comme nous le disions, du salaire horaire lorsqu'il est rapporté à toutes les heures désormais effectuées ; car travailler plus et gagner autant, c'est toujours équivalent à travailler autant et gagner moins, puisque pour travailler plus, il faut déjà commencer par travailler autant, donc commencer par gagner moins pour le même temps.

Marx évoque, par ailleurs, des limites possibles à la réalisation de la plus-value. Lorsque la durée totale du travail augmente (plus-value absolue), la limite donnée, cela n'étonnera pas, pourrait être qualifiée de naturelle à partir du nombre maximal d'heures que compterait la journée, conjugué à l'état physiologique de travailleurs bientôt à bout de force. On retrouve ce type de limite pour la plus-value relative, dans la grandeur minimale, cette fois, de la valeur de la force de travail, qui est très souvent fixée comme une donnée chez Marx : en diminuant les salaires en-dessous de cette valeur, les travailleurs, ne recevant dans la dépense des salaires qu'une part des moyens de subsistance nécessaires, auraient des difficultés à la reproduire, ou la reproduiraient de manière « défectueuse » (Trad. Roy) ou « amoindrie » (Trad. Lefebvre), ce qui pourrait se traduire par un surtravail, lui aussi, de moindre qualité.

« Avec les 4 sh. 6 d. qu'il produit en neuf heures, il disposerait de 1/10 de moins qu'auparavant pour ses moyens de subsistance, et, par conséquent, ne reproduirait sa propre force que d'une manière défectueuse. Le surtravail serait prolongé, grâce à une transgression de sa limite normale, par un vol commis sur le temps de travail nécessaire.

Or, quoique cette pratique joue un rôle des plus importants dans le mouvement réel du salaire, elle n'a aucune place ici où l'on suppose que toutes les marchandises, et par conséquent aussi la force de travail, sont achetées et vendues à leur juste valeur. [...] le temps de travail nécessaire à l'entretien de l'ouvrier ne peut pas être abrégé en abaissant son salaire au-dessous de la valeur de sa force, mais seulement en réduisant cette valeur même. Les limites de la journée étant données, la prolongation du surtravail doit résulter de la contraction du temps de travail nécessaire et non la contraction du travail nécessaire de l'expansion du surtravail. »

(Marx, 1872, p. 136)

« Avec les 4 sh. 6 d. qu'il produit en 9 heures, il dispose de 1/10 de moins qu'auparavant en moyens de subsistance et il n'y a ainsi qu'une reproduction amoindrie de sa force de travail. Le surtravail serait ici seulement allongé par dépassement de ses limites normales, son domaine étendu par atteinte usurpatoire au domaine du temps de travail nécessaire. Malgré le rôle important que joue cette méthode dans le mouvement réel du salaire, elle est ici exclue par notre hypothèse que les marchandises, donc aussi la force de travail, sont achetées et vendues à leur entière valeur. [...] il n'est pas possible que le temps de travail nécessaire à la production de la force de travail ou à la reproduction de sa valeur diminue du fait d'une baisse du salaire du travailleur au-dessous de la valeur de sa force de travail ; cela n'est possible que si cette valeur elle-même baisse. Pour une longueur donnée de la journée de travail, l'allongement du surtravail doit nécessairement découler du raccourcissement du temps de travail nécessaire et non, à l'inverse, le raccourcissement du temps de travail nécessaire du rallongement du surtravail. »

(Marx, 1993, p. 353)

On voit que ce n'est pas par bonté d'âme, mais bien par une exigence liée à ses hypothèses, que Marx considère les salaires comme incompressibles en-dessous de la valeur de la force de travail. L'hypothèse de l'achat des marchandises à leur « juste valeur » (Trad. Roy) ou « entière valeur » (Trad. Lefebvre) renvoie aux échanges entre équivalents. Or, la force de travail est précisément équivalente aux moyens de subsistance.

« Comme la force de travail équivaut à une somme déterminée de moyens de subsistance, sa valeur change donc avec leur valeur, c'est-à-dire proportionnellement au temps de travail nécessaire à leur production. »

(Marx, 1872, p. 73)

« La valeur de la force de travail se résout dans la valeur d'une somme déterminée de moyens de subsistance. Elle varie donc également avec la valeur de ces moyens de subsistance, c'est-à-dire avec la grandeur du temps de travail nécessaire à leur production. »

(Marx, 1993, p. 193)

La valeur des moyens de subsistance détermine ainsi une sorte de valeur plancher de la force de travail, donc des salaires payés. Marx est donc obligé de concevoir, pour permettre une diminution des salaires et la réalisation d'une plus-value relative, une diminution de la valeur des moyens de subsistance par une hausse de la productivité dans ce secteur, afin d'entraîner la même diminution de valeur pour la force de travail, ce qui permettrait, tout en la payant à sa valeur, de la payer moins cher.

« Dans notre exemple, pour que le travail nécessaire diminue de 1/10, descende de dix à neuf heures, et que par cela même le surtravail monte de deux à trois heures, il faut que la valeur de la force de travail tombe réellement de 1/10.

Une baisse de 1/10 suppose que la même masse de subsistances produite d'abord en dix heures, n'en nécessite plus que neuf, chose impossible sans que le travail ne gagne en force productive. »

(Marx, 1872, p. 136)

« Dans notre exemple, la valeur de la force de travail doit réellement baisser de 1/10 pour que le temps de travail nécessaire diminue de 1/10 c'est-à-dire passe de 10 à 9 heures, et pour qu'ainsi le surtravail s'allonge, en passant de 2 à 3 heures.

Cependant, une telle baisse de 1/10 de la valeur de la force de travail implique de son côté que la même masse de moyens de subsistance qui auparavant était produite en 10 heures, le soit dorénavant en 9. Or ceci est impossible sans une augmentation de la force productive du travail. »

(Marx, 1993, p. 353)

Ici, Marx considère qu'une hausse de la productivité dans le secteur des biens de subsistance se traduirait par une baisse de leur valeur, de par la diminution de leur coût unitaire, répercutée dans leur prix. Cependant, la valeur de la force de travail diminuerait de la même manière, étant précisément réglée sur la valeur de ces biens, et les travailleurs filant le coton ne pourraient pas en acheter plus pour autant, car le capitaliste qui les emploie répercuterait cette diminution en baissant le niveau de leur salaire. La recherche d'une plus-value relative est impitoyable.

### La plus-value est de transfert

Quoi qu'il en soit, une diminution des salaires versés correspond toujours à une diminution du coût de production ; avec un prix de vente fixé, comme les autres valeurs finalement, la plus-value, absolue ou relative, en découle directement. Pour reprendre l'exemple des filés, la plus-value correspond peut-être à la différence entre leur valeur sociale (leur prix de vente) et celle de la force de travail, pour autant que cette force soit véritablement mise en évidence (car Marx l'invente, la suppose et la pose), mais elle est surtout déterminée par la différence entre leur prix et leur coût de production. Autrement dit, pour un même prix de vente, ce n'est pas tant qu'il y a une valeur en plus, mais plutôt un coût en moins : si des salaires sont indûment retranchés du coût de production, la plus-value apparaît, quelle que soit la valeur de la force de travail. Ce n'est donc pas dans l'unique fait de pouvoir travailler plus pour le même salaire (ce qui serait la qualité particulière, vantée par Marx, de la force de travail) qu'il y a formation de plus-value, puisque celle-ci apparaît aussi bien lorsque l'on travaille autant en étant payé moins.

« Quand on suppose le cas où une économie est obtenue sur des frais de production, pour avoir une occasion d'expliquer comment une semblable économie entraîne une baisse dans le prix courant du produit, on ne prétend affirmer autre chose, sinon que si ce cas arrivait, telles en seraient les conséquences. »

(Say, 1840, p. 14)

C'est à croire que Marx tenait vraiment à faire mentir Say. Selon ce dernier, une diminution des coûts de production doit être répercutée dans le prix de vente, mais c'est justement parce que, dans l'exemple de Marx, la diminution du salaire horaire n'est pas répercutée que la plus-value est réalisée. On reste coi, en vérité, devant la stratégie de ce capitaliste que Marx prend en exemple ; en termes plus modernes, nous dirions que celui-ci a tout simplement réussi à diviser par deux le coût du travail. Or, redisons-le, le recours à la valeur de la force de travail pour justifier cette procédure n'est d'aucune manière pertinente, car ce qui compte, c'est que la marchandise soit finalement vendue à un prix supérieur à son coût de production. Sur ce point, Marx et Walras auraient pu s'accorder. Le transfert de revenu, pour le montant de la plus-value réalisée, est ainsi démontré : l'acheteur paie les filés 3 shillings de plus que leur coût, les 3 shillings, précisément, qui n'ont pas été versés dans les salaires. Les travailleurs peuvent s'estimer, en tout état de cause, spoliés, car s'ils avaient reçu ces 3 shillings en étant par la suite victimes d'un vol de la même somme, la situation aurait été la même. Cependant, ils n'ont pas, de fait, reçu cette somme ; elle ne peut donc provenir d'un prélèvement dans leur revenu. La seule source possible de ces 3 shillings restant dans la poche du capitaliste, c'est la bourse de l'acheteur.

La difficulté, une fois de plus, est dans la conception de la valeur et son identification au prix. La plus-value correspond clairement à un transfert, de l'acheteur au vendeur, de la différence entre le prix et le coût de production de la marchandise. Cependant, et malgré l'obtention d'une valeur par la simple somme des coûts, à laquelle il procède lui-même, Marx considère que la valeur de la marchandise doive toujours correspondre à son prix, dont la plus-value définit une partie qui s'ajoute au coût. Or, lorsque l'on met en évidence le transfert net d'une valeur préexistante chez l'acheteur, comme Marx lui-même s'est efforcé de nous le démontrer, c'est que l'on se situe dans le cadre des échanges entre non-équivalents. C'est donc que la marchandise achetée et la somme de monnaie donnée en échange, les 20 filés et les 30 shillings dans l'exemple de Marx (après doublement), ne sont pas des équivalents. Autrement dit, le prix de 30 shillings ne correspond pas à la valeur des 20 filés. C'est précisément ce que Marx refuse de constater, car il voit, dans la vente des filés, un échange entre équivalents : 30 shillings en échange de 20 livres de filés, parce que « l'expression monétaire de cinq journées de travail est 30 sh. Tel est donc le prix des 20 livres de filés » (Marx, 1872, p. 83) ; « l'expression monétaire de cinq journées de travail est 30 shillings (soit 1 livre sterling 10 shillings). C'est donc le prix des 20 livres de filés. » (Marx, 1993, p. 218).

Ayant été obtenues par cinq journées de travail en tout, les livres de filés ont *ipso facto*, chez Marx, une valeur de 30 shillings, la journée de travail étant payée 6 shillings, et ces 30 shillings correspondent à leur prix. À ce stade, il n'y a pas d'incohérence manifeste, car le prix serait alors entièrement justifié par un coût de production égal. Mais lorsque l'on modifie à ce point le salaire horaire, lorsque, sur ces cinq journées de travail, une partie, 6 heures exactement, soit 3 shillings, n'est pas payée, lorsque l'on modifie, autrement dit, la monétisation du travail, seule source admissible de valeur, comment peut-on en déduire que rien n'aurait changé, et que, après avoir montré qu'une plus-value se formait dans cette opération, la valeur des filés demeurerait égale à elle-même, égale à 30 shillings ?

À la suite immédiate des phrases précédentes (cf. pp. 201-202), on aura lu ceci :

« La livre de filés coûte après comme avant 1 sh. 6 d. Mais la somme de valeur des marchandises employées dans l'opération ne dépassait pas 27 sh. et la valeur des filés atteint 30 sh. »

(Marx, 1872, p. 83)

« Le prix de la livre de filés est toujours de 1 shilling 6 pence. Mais, alors que la somme des valeurs des marchandises introduites dans le procès de production s'élève à 27 shillings, la valeur des filés, elle, s'élève à 30 shillings. »

(Marx, 1993, p. 218)

Dans la traduction de Lefebvre, Marx écrit : « Le prix de la livre de filés est toujours de 1 shilling 6 pence. ». C'est tout à fait exact, car les 20 livres de filés se vendent toujours au même prix, leur valeur sociale, soit 30 shillings. Mais, traduit par Roy, il écrit : « La livre de filés coûte après comme avant 1 sh. 6 d. ». Là, on ne parle pas du prix, mais du coût de production, et cette proposition est manifestement fausse : la livre de filés ne peut coûter la même somme « après comme avant », puisque, par hypothèse, les travailleurs auront travaillé le double du temps sans que le temps supplémentaire ne soit compté dans leur rémunération ; par hypothèse, le coût unitaire de production aura diminué par la baisse du salaire horaire. Le prix de la livre de filés, qui n'aura pas varié, ne peut donc plus correspondre à son coût de production. De fait, le prix des filés ne correspond plus à leur « valeur », si l'on identifie, ce que nous jugeons nécessaire, ce terme aux dépenses engagées pour leur production. Une chose, toutefois, est certaine : les 30 shillings ne sont pas équivalents aux filés ; c'est impossible, car sinon, il n'y aurait pas de transfert de valeur. Or, le transfert est démontré, la plus-value ne pouvant se former autrement sans verser dans la magie, ou dans le fantastique.

La valeur des filés correspond forcément à leur coût de production. Elle est de 27 shillings, parce que c'est la seule valeur qui soit dûment apparue grâce au paiement de ces coûts. Leur diminution, même relative, n'engendre donc pas de survaleur, bien au contraire ; elle définit une économie de coût, une baisse de valeur. C'est cette valeur en baisse, passant au-dessous du prix de vente, qui entraîne le transfert de valeur pour la différence. Et cette dernière n'est effectivement pas d'un liard ; elle est de 3 shillings, la somme, précisément, qui n'a pas été versée aux travailleurs ; la somme, donc, retranchée du coût de production des filés, retranchée, car non perçue en salaires, de leur valeur.

## Raccourcis et circularité chez Walras

C'est donc par cette entorse à l'équilibre de l'échange conçu entre la durée du travail et les shillings, par cette distorsion du salaire horaire pourtant déterminé par la valeur de la monnaie-marchandise, que Marx révèle la « plus-value », qui n'est autre que la différence entre le prix et le coût de production. Cette différence définissant un transfert net de valeur, de l'acheteur au vendeur, la valeur du produit acheté ne peut toujours qu'être identifiée aux seuls coûts de production de ce produit. Une telle entorse, du côté de Walras, est non seulement possible, mais elle peut même être considérée comme très probable, puisque l'état d'équilibre, nous l'avons vu (cf. p. 111), est pour lui comme un état « idéal et non réel » (Walras, 1874, p. 283), comme une situation limite, d'un point de vue mathématique. C'est clairement, en réalité, un état exceptionnel, bien qu'il soit « normal en ce sens que c'est celui vers lequel les choses tendent d'elles-mêmes » (*Ibid.*). Cependant, « Il n'arrive jamais que le prix de vente des produits soit absolument égal à leur prix de revient en services producteurs, pas plus qu'il n'arrive jamais que l'offre et la demande effectives des services producteurs ou des produits soient absolument égales. » (*Ibid.*). Et c'est heureux, pourrait-on dire, pour les entrepreneurs et, *a fortiori*, l'économie entière, puisque, comme nous l'avons déjà suggéré, sans cette possibilité d'un écart de prix entre les deux marchés, et malgré les mécanismes qui tendraient à leur égalisation, les entrepreneurs n'auraient aucun intérêt à entreprendre, à être véritablement, en un mot, entrepreneurs. Et c'est là, dans un passage assez déroutant, que l'on pourra déceler, tant que l'on voudra, des contradictions dirimantes chez Walras.

« Remarquons enfin qu'à l'état d'équilibre de l'échange et de la production, on peut, comme nous l'avons dit, faire abstraction sinon du numéraire au moins de la monnaie, les propriétaires fonciers, travailleurs et capitalistes recevant et les entrepreneurs donnant une certaine quantité de produits sous le nom de fermages, salaires et intérêts, en échange d'une certaine quantité de services producteurs sous le nom de rentes, travaux et profits. On peut même, à cet état, faire abstraction de l'intervention des entrepreneurs, et considérer non seulement les services producteurs comme s'échangeant contre des produits [...], mais considérer même les services producteurs comme s'échangeant en fin de compte les uns contre les autres. Bastiat dit bien, lui aussi, qu'en dernière analyse, on échange des services contre des services [...]

Ainsi, à l'état d'équilibre de la production, les entrepreneurs ne font ni bénéfice, ni perte. Ils subsistent alors non comme entrepreneurs, mais comme propriétaires fonciers, travailleurs ou capitalistes dans leurs propres entreprises ou dans d'autres. »

(Walras, 1874, p. 284)

On peut comprendre l'éventuelle fascination des lecteurs des *Éléments*, frappés par ces raccourcis que Walras établit en se plaçant au niveau des seuls échanges réels de services producteurs. Il commence par évacuer la monnaie qui, en tant que pur instrument d'intermédiation, ne fait que permettre de réaliser les échanges prévus, en conservant toutefois, peut-être bien malgré lui, le numéraire, marchandise de référence (qui n'est pas forcément celle utilisée comme monnaie intermédiaire) pour l'expression des prix en une unité commune. Mais il dissout ensuite, littéralement, le rôle même de l'entrepreneur, en le prenant lui-même, pourrait-on dire, comme un intermédiaire, non indispensable donc, entre le marché des services et le marché des produits, considérant ainsi « les services producteurs comme s'échangeant contre des produits et les produits comme s'échangeant contre des services producteurs ». Enfin, c'est le coup de grâce : il évacue les produits, comme eux-mêmes des intermédiaires, et ne conserve que les seuls services « s'échangeant en fin de compte les uns contre les autres ». D'emblée, on serait en droit de formuler une autre conclusion : si l'on évacue, au lieu des produits, les services, ce sont alors les produits qui s'échangeraient les uns contre les autres... Mais cette vision fut sans doute jugée trop proche de la loi de Say pour être retenue, nonobstant le fait que les échanges entre produits, *a fortiori* si l'on considère la monnaie comme l'un d'eux, aura toujours été le phénomène de base retenu par la plupart des auteurs. Néanmoins, si l'on évacue, comme le fait Walras, les produits, on évacue alors leur marché spécifique, considéré comme distinct de celui des services. Cette distinction, rappelons-le, est une conséquence du rôle de l'entrepreneur.

« Cela posé, comme conséquence de cette première conception du rôle de l'entrepreneur, il nous faut concevoir deux marchés distincts.

L'un est le *marché des services*. [...]

L'autre marché est le *marché des produits*. »

(Walras, 1874, pp. 281-282)

L'entrepreneur étant dissous, la distinction des deux marchés subit le même sort. Remarquons que l'on aurait pu tout autant supprimer, au lieu de l'entrepreneur, les figures des propriétaires fonciers, travailleurs et capitalistes, car eux aussi interviennent sur les deux marchés, dans un rapport d'inversion des achats face aux entrepreneurs. Cela provient de l'imbrication même des deux marchés, spécifiée par Walras.

« Toutefois, et pour être distincts, les deux marchés n'en sont pas moins étroitement reliés l'un à l'autre ; car c'est avec la monnaie qu'ils ont reçue, sur le premier, de leur services producteurs que les propriétaires fonciers, travailleurs et capitalistes consommateurs vont sur le second acheter des produits ; et c'est avec la monnaie qu'ils ont reçue, sur le second, de leurs produits que les entrepreneurs producteurs vont sur le premier acheter des services producteurs. »

(Walras, 1874, p. 283)

On constate ici toute la circularité du modèle construit par Walras, et c'est paradoxalement la prise en compte de la monnaie purement circulante qui le montre : les achats de produits effectués par les propriétaires fonciers, les travailleurs et les capitalistes (en tant que consommateurs de produits) sont logiquement du même montant global que les achats de services producteurs effectués par les entrepreneurs. C'est précisément ce qui permet à Walras d'évacuer la monnaie, et de rendre ainsi concevable la représentation des seuls échanges, entre équivalents, entre les produits et les services producteurs, puisque le raccourci effectué établit *de facto* leur équivalence globale. Que signifie, en effet, le passage (nous accentuons) « les propriétaires fonciers, travailleurs et capitalistes recevant et les entrepreneurs donnant *une certaine quantité de produits sous le nom de fermages, salaires et intérêts*, en échange d'une certaine quantité de services producteurs sous le nom de rentes, travaux et profits » (Walras, 1874, p. 284, *op. cit.*), sinon que le prix respectif en numéraire (fermages, salaires et intérêts) des services producteurs (rentes, travaux et profits) sont les autres noms des produits eux-mêmes ?

« Le prix courant à forfait, ainsi débattu, de la rente en numéraire s'appellera, pour nous, le *fermage*.

Le prix courant à forfait du travail en numéraire s'appellera le *salaire*.

Le prix courant à forfait du profit en numéraire s'appellera l'*intérêt*. »

(Walras, 1874, p. 281)

Si, donc, les produits s'identifient aux prix des services producteurs, on ne s'étonnera pas que les produits respectifs de ces services aient la même valeur que ces services mêmes. Déjà, l'étonnement est grand dans le fait d'identifier des produits à des prix. En outre, le principe de détermination du prix de revient des services producteurs par le prix des produits est ainsi remis en cause, car ces produits, par construction, ou plutôt par identification, sont logiquement égaux à la somme des prix des services producteurs qui en sont à l'origine. C'est précisément pourquoi Walras se permet d'en supprimer l'une des dénominations, les produits se cachant sous le nom des prix des services producteurs. Les valeurs sur le marché des produits étant égales, puisqu'identiques, à celles constatées sur le marché des services, on ne peut formellement en inférer une causalité unidirectionnelle ; l'interprétation contemporaine de l'équilibre général s'oriente ainsi volontiers vers une « codétermination » des valeurs. Cependant, de cette grande roue de la circulation des services et des produits, ou des seuls services en circulation, on ne tire de valeur que celle des services déjà présents, le modèle en étant comme initialement doté. La production, chez Walras, ne peut être conçue que comme une production de valeurs d'usages, or ces nouveaux produits réels ne sont que les effets de services existants dont la valeur d'échange correspond, elle aussi, à des produits existants, et dont on ne saurait tirer celle des nouveaux produits.

« Seuls les revenus nouveaux peuvent acheter les produits nouveaux ; d'où le cercle qui emprisonne la pensée micro-économique ; la co-détermination se transforme en vice du raisonnement : la somme des revenus dépensés donne la somme des prix réalisés, et la somme des prix réalisés est le fonds dans lequel les revenus sont puisés. »

(Schmitt, 1984, pp. 379-380)

Il ne resterait alors plus qu'un enseignement suffisamment valable à tirer de la théorie de Walras : la valeur d'un produit correspond, nécessairement, à son coût de production ; elle ne s'augmente pas par le bénéfice, et la perte ne la réduit pas. En effet, la réalisation d'un bénéfice, pour l'entrepreneur, correspond à l'inverse de la situation caractérisée par la réalisation d'une perte. C'est dire que, lorsqu'un entrepreneur supporte une perte, l'acheteur réalise inévitablement un gain en termes réels, l'entrepreneur payant alors à sa place une partie des coûts de production du produit vendu à perte. Symétriquement, donc, le bénéfice correspond à une perte du même montant pour l'acheteur, cette fois-ci en termes monétaires, une partie du revenu qu'il dépense étant détournée au profit de l'entrepreneur. Autrement dit, le bénéfice est bien un revenu transféré, et ce ne peut être que du fait, là encore, de la non-équivalence entre le produit vendu et la somme reçue. Et lorsqu'arrive, théoriquement, l'état d'équilibre de la production, celui « où le prix de vente des produits est égal à leur prix de revient en services producteurs » (Walras, 1874, p. 283, *op. cit.*), la valeur des produits est, comme toujours, égale à leur coût de production, mais le prix de vente, cette fois-ci, est égal à ce coût : le produit vendu et la somme reçue par l'entrepreneur sont donc équivalents.

« Ainsi, à l'état d'équilibre de la production, les entrepreneurs ne font ni bénéfice, ni perte. »

(Walras, 1874, p. 284)

### Atomes crochus (1) : le coût de production et la valeur

Chez Marx, il n'y a, pour reprendre l'expression de Walras, qu'un seul « service producteur » ; c'est le travail, usage de la force de travail. Walras, lui, en compte trois : le travail, usage du travailleur ; la rente, usage de la terre ; le profit, usage du capital. On note qu'il s'agit, pour les deux auteurs, de l'usage d'une « chose » existante, mais l'analyse nécessaire pour parvenir à expliquer la valeur d'échange nécessiterait la considération d'une abstraction totale, non seulement celle dérivée de l'usage concret d'une chose elle-même abstraite. Par ailleurs, la terminologie toute particulière employée par Walras fausse le jeu, car la partie de la valeur que nous retenons, comme elle l'est couramment, pour définir les « profits » correspondant à la plus-value chez Marx, ne peut être distinguée de son autre partie que comme une différence entre le prix et le coût, différence que Walras nomme bénéfice. Or, le « profit » au sens de Walras, dont le prix est l'intérêt, fait partie du prix de revient en services producteurs, c'est-à-dire du coût de production. Toutefois, ce n'est pas sur cette seule question de vocabulaire que l'on pourrait se permettre de considérer sa théorie comme non valable pour l'analyse.

Nous avons vu que la valeur d'un produit correspond logiquement, chez Walras, à son coût de production, sans quoi la différence entre le prix et le coût ne pourrait être transférée en bénéfice. Ce coût de production, ou prix de revient des services producteurs, est égal à la somme des prix respectifs payés pour ces services, les fermages, salaires et intérêts. Cette situation peut être représentée par le schéma suivant :

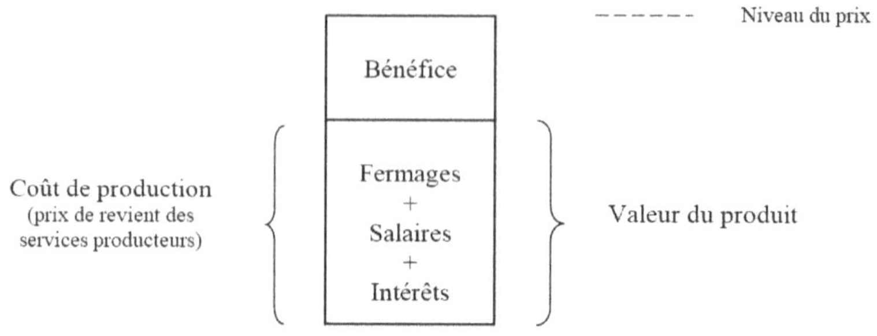


Contrairement à ce que prétend Walras, il est formellement impossible que ce soit le niveau du prix du produit qui détermine son coût de production, que ce soit, en ses propres termes, « parce que cette bouteille de vin se vend 5 F qu'on paie 2 F de fermages, 2 F de salaires et 1 F d'intérêts » (Walras, 1874, p. 264, *op. cit.*), car si cela était, et les termes mêmes de Walras le prouvent, le prix ne pourrait que déterminer un coût de production égal à son propre niveau, et le bénéfice (ou la perte) serait toujours nul. Autrement dit, la différence entre le prix de vente et le coût de production n'est possible que si le prix, déterminé par ailleurs, est comparé à un coût qui n'en dépend pas. En outre, le prix seul ne pourrait clairement déterminer les parts respectives qui reviennent aux trois services producteurs. Toutefois, ce n'est pas la causalité strictement inverse qui devrait être privilégiée, le coût déterminant le prix, puisque leur éventuel écart, là non plus, ne saurait apparaître. Le prix doit donc être déterminé de manière indépendante, le coût étant donné, pour faire émerger leur différence. La valeur demeure définie par le coût du produit en services producteurs, et l'éventuel écart avec le prix est logiquement transféré du fait de la non-équivalence entre le produit et la somme de monnaie dépensée pour le montant du prix ; s'ils sont équivalents, le bénéfice est nul.

Or, c'est aussi le cas, forcément, chez Marx : la valeur d'un produit doit correspondre à son coût de production, sans quoi la différence entre le prix et le coût ne pourrait pas être transférée en plus-value. Cependant, Marx refuse d'identifier la valeur au seul coût de production, parce que la plus-value, qui s'ajoute à ce coût, doit faire partie de la valeur totale du produit ; égale à la différence entre le prix et le coût de production, elle est censée provenir de la différence entre la valeur du produit et celle du capital avancé.

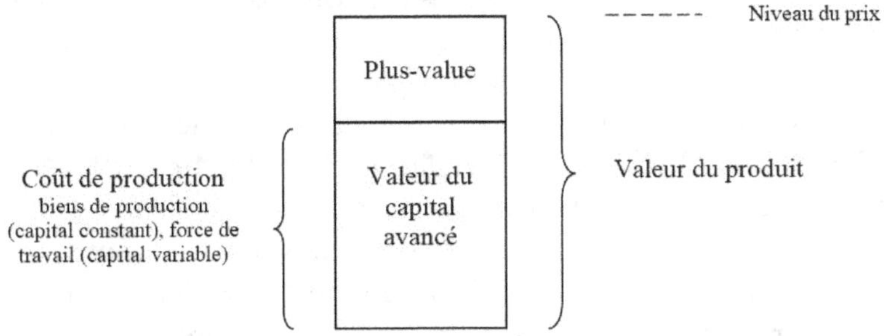


Le coût de production étant donné, lorsque le prix s'établit à ce même niveau, le prix ramène avec lui la valeur du produit, qui s'égalise à celle du capital avancé. La plus-value est alors nulle. C'est la situation où les 10 livres de filés se vendent 15 shillings sur le marché alors qu'ils ont coûté également 15 shillings pour leur production.

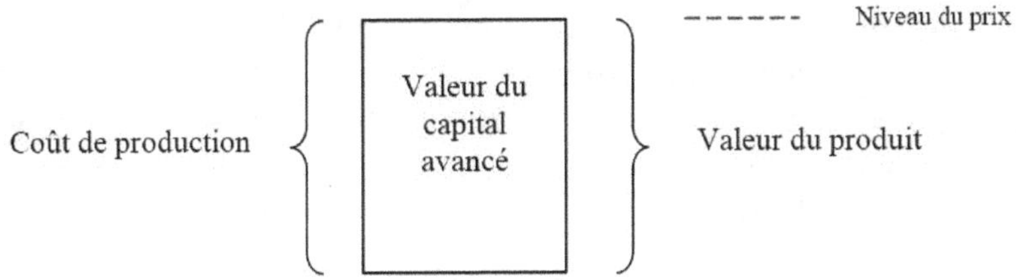


Rappelons, pour mémoire, la citation :

« Notre capitaliste reste ébahi. La valeur du produit égale la valeur du capital avancé. La valeur avancée n'a pas fait de petits ; elle n'a point enfanté de plus-value et l'argent, par conséquent, ne s'est *pas métamorphosé en capital*. Le prix de 10 liv. de filés est de 15 sh. et 15 sh. ont été dépensés sur le marché pour les éléments constitutifs du produit, ou [...] pour les facteurs du procès de travail, 10 sh. pour le coton, 2 sh. pour l'usure des broches, et 3 sh. pour la force de travail. Il ne sert de rien que la valeur des filés soit enflée, car elle n'est que la somme des valeurs distribuées auparavant sur ces facteurs, et en les additionnant on ne les multiplie pas. [...] Il n'y a rien d'étrange dans ce résultat. La valeur d'une livre de filés revient à 1 sh. 6 d. et au marché notre capitaliste aurait à payer 15 sh. pour 10 liv. de filés. »

(Marx, 1872, p. 81)

« Notre capitaliste en reste bouche bée ! La valeur du produit est égale à la valeur du capital avancé. La valeur avancée ne s'est pas valorisée, elle n'a pas créé de survaleur, l'argent ne s'est donc pas transformé en capital. Le prix des 10 livres de fil est de 15 shillings, et il a dépensé 15 shillings sur le marché pour acheter les éléments constitutifs du produit ou [...] les facteurs du procès de travail : 10 shillings pour le coton, 2 shillings pour l'usure des broches, et 3 shillings pour la force de travail. Le gonflement de valeur des filés ne résout rien, puisque leur valeur propre n'est que la somme des valeurs précédemment réparties entre le coton, les broches et la force de travail : jamais une survaleur ne peut ni ne pourra sortir d'une telle addition simple de valeurs préexistantes. [...] Ce résultat n'a en soi rien d'étrange. La valeur d'une livre de filés est de 1 shilling 6 pence, et notre capitaliste devrait donc débourser 15 shillings pour s'en procurer 10 livres sur le marché. »

(Marx, 1993, pp. 214-215)

Ce qui est étrange, là encore, c'est que Marx expose la situation comme si l'égalité entre la valeur du produit et celle du capital avancé était purement circonstancielle : il se trouve que, sur le marché, le prix est égal au coût, et la valeur du produit, que l'on attendait plus grande, comme « enflée » ou « gonflée » par le procès de production, se retrouve donc égale à la valeur du capital avancé. Les deux sommes égales de 15 shillings, celle avancée dans le capital pour produire et celle perçue lors de la vente, sont comme égalisées par hasard, par surprise même, compte tenu de la réaction du capitaliste. Autrement dit, la valeur du produit aurait très bien pu être différente, plus élevée que celle du capital avancé, pour peu que le prix soit plus élevé qu'il ne l'est. Or, cette considération est une erreur.

En premier lieu, Marx prouve ici, mot pour mot, que l'usage de la force de travail ne produit aucune valeur en plus de son propre prix. Il y a bien, ici, un procès de travail, l'usage d'une force de travail payée 3 shillings, mais cet usage ne fait pas gonfler, comme l'espérait le capitaliste, la valeur du produit, qui demeure « la somme des valeurs distribuées auparavant sur ces facteurs, et en les additionnant on ne les multiplie pas. » (Trad. Roy) ; « la somme des valeurs précédemment réparties entre le coton, les broches et la force de travail : jamais une survaleur ne peut ni ne pourra sortir d'une telle addition simple de valeurs préexistantes. » (Trad. Lefebvre). La valeur du produit est donc égale à la valeur du capital avancé, non parce que le prix se trouverait, par hasard, égal à cette dernière, mais parce que le travail, ou l'usage de la force de travail, ne peut fondamentalement pas créer de valeur en plus du prix de cette force de travail, une valeur qui s'ajouterait, donc, à la valeur du capital avancé. Marx le dit lui-même : la valeur obtenue ne saurait différer de la somme des valeurs. Comment relier, d'ailleurs, un écart entre le prix du produit et cette somme avec la seule force de travail ? Comment expliquer que, par le travail, un écart se creuse entre le prix, « valeur sociale » déterminée par le marché, et le coût, « valeur individuelle » du capital avancé ? Nous connaissons assez la réponse de Marx, mais ce n'est pas, contrairement à ce qu'il prétend, parce que la force de travail aurait la capacité particulière de générer, par son usage, plus de valeur qu'elle ne coûte ; c'est au contraire parce que le capitaliste a la capacité de diminuer le prix de la force de travail, diminuant ainsi le capital avancé, créant ainsi l'écart avec le prix du produit, non par augmentation, mais par diminution de sa valeur.

En second lieu, et Marx est explicite, la somme de 15 shillings correspond à la valeur des « éléments constitutifs du produit » : elle est expliquée par la somme des prix respectifs des « facteurs du procès de travail » : « 15 sh. ont été dépensés [...], 10 sh. pour le coton, 2 sh. pour l'usure des broches, et 3 sh. pour la force de travail. » (Trad. Roy) ; « il a dépensé 15 shillings [...] : 10 shillings pour le coton, 2 shillings pour l'usure des broches, et 3 shillings pour la force de travail. » (Trad. Lefebvre). Autrement dit, la valeur du produit est constituée de la valeur des facteurs du procès de travail. Elle ne peut donc en être différente, puisqu'elle en est la résultante, par constitution. Or, qu'est-ce que la valeur des facteurs du procès de travail, sinon la valeur du capital avancé ? Nous pouvons répéter la conclusion, encore plus fortement : la valeur du produit est donc égale à la valeur du capital avancé, non parce que le prix se trouverait, par hasard, égal à cette dernière, mais parce que la valeur du produit est constituée, de manière organique, tautologique, de la valeur du capital avancé. Et le fait que la force de travail, en réalité, ne puisse pas, par son usage, produire une once de valeur supplémentaire à celle de ce capital condamne irrémédiablement la valeur du produit à demeurer égale à elle-même, à celle du capital avancé, au coût de production. Les valeurs du coton, des broches et de la force de travail (les salaires) jouent ici le même rôle que les fermages, salaires et intérêts chez Walras : ils sont les éléments constitutifs de la valeur du produit. Le niveau du prix n'y est pour rien, et, comme pour Walras, quel que soit ce niveau, Marx ne peut empêcher la valeur du produit d'être égal à son coût de production, parce qu'elle est ce coût, par définition.

### Atomes crochus (2) : le niveau du prix

Qu'en est-il, justement, du niveau du prix ? Là encore, un point commun peut être relevé entre les deux auteurs, car la fixation du prix, même si son niveau semble justifié, dans l'exemple précédent, par la somme des coûts, ne peut découler de cette seule considération, sinon, encore une fois, le prix ne pourrait se révéler, comme c'est le cas la plupart du temps, différent du coût de production. Chez les deux auteurs, le prix (la « forme prix » chez Marx) est déterminé par le marché, de manière indépendante du coût de production ; il est, dans ce cas, l'expression de la valeur relative, la traduction, en la forme monétaire, du rapport d'échange constaté entre la marchandise considérée et la monnaie.

« L'expression de valeur relative simple d'une marchandise, de la toile, par exemple, dans la marchandise qui fonctionne déjà comme monnaie, par exemple, l'or, est forme prix. La forme prix de la toile est donc :

20 mètres de toile = 2 onces d'or,

ou, si 2 liv. sterling sont le nom de monnaie de 2 onces d'or,

20 mètres de toile = 2 liv. sterling. »

(Marx, 1872, p. 27)

« L'expression de valeur relative simple d'une marchandise, de la toile, par exemple, dans la marchandise fonctionnant déjà comme monnaie, l'or par exemple, est une forme-prix. La « forme-prix » de la toile est donc :

20 aunes de toile = 2 onces d'or

ou encore, si le nom de 2 onces d'or est, en numéraire, 2 £ :

20 aunes de toile = 2 £. »

(Marx, 1993, pp. 80-81)

On voit que Marx part de l'expression simple, simpliste même, d'un échange entre une certaine quantité d'une marchandise et une certaine quantité d'or, étant établi que ce métal « fonctionne » déjà comme monnaie, il en a les fonctions en tant que monnaie-marchandise. Nous écrivons « simpliste », car, par la première équation, Marx égalise ici des choux et des carottes. Walras ne commettra pas cette erreur, égalisant, quant à lui, des valeurs et non directement des choses concrètes. L'expression proprement dite du prix de la toile en monnaie-numéraire, c'est-à-dire en livre sterling comme unité de compte, n'est déduite que d'un changement de nom de la quantité d'or échangée : 2 onces d'or peuvent être dénommées, sans problème apparent, 2 livres sterling.

Il est important de noter que la relation d'équivalence ici décrite provient d'un échange constaté, ou qui pourrait l'être (c'est-à-dire possible ou, du moins, vraisemblable), dont la justification provient, chez Marx, de la présence, concernant la toile et l'or, du même quantum de travail abstrait. Walras, pour sa part, considère la faculté, attribuée aux marchandises, de s'échanger entre elles, comme une « propriété spéciale » caractérisant le « fait de la valeur d'échange ». Celui-ci découle de la rareté, modifiable par la production, des choses utiles composant la richesse sociale.

« Les choses rares étant une fois appropriées (et celles-là seules le sont, et toutes celles-là le sont), il s'établit entre toutes ces choses un rapport consistant en ceci que, indépendamment de l'utilité directe qui lui est propre, chacune d'elles acquiert, comme une propriété spéciale, la faculté de s'échanger contre chacune des autres dans telle ou telle proportion déterminée. Si l'on possède quelqu'une de ces choses rares, on peut, en la cédant, obtenir en échange quelque autre chose rare dont on manque. Si on ne la possède pas, on ne peut l'obtenir qu'à la condition de céder en échange quelque autre chose rare dont on est pourvu. [...] Tel est le fait de la *valeur d'échange* qui, comme le fait de la propriété, ne porte que sur la richesse sociale et porte sur toute la richesse sociale. »

(Walras, 1874, p. 48)

Pour Walras, les échanges auxquels participent les choses appropriées ne sont pas véritablement objets de questionnement, mais plutôt des faits d'observation, indéniablement objectifs.

« Nous avons vu *a priori* comment les choses rares une fois appropriées acquéraient une valeur d'échange. Il n'y a qu'à ouvrir les yeux pour constater *a posteriori*, parmi les faits généraux, le fait de l'échange. »

(Walras, 1874, p. 49)

Le fait de l'échange relève ainsi, pour Walras, du simple constat, il peut même être considéré comme un « fait naturel » ; Say n'aurait pas dit mieux.

« Prenons le marché au blé, et supposons qu'à un moment donné, on y voie 5 hectolitres de blé s'échanger contre 120 F ou contre 600 grammes d'argent au titre de 9/10, on dira : — « *Le blé vaut 24 F l'hectolitre.* » Voilà le fait de la valeur d'échange.

Le blé vaut 24 F l'hectolitre. Remarquons d'abord que ce fait a le caractère d'un fait *naturel*. Cette valeur du blé en argent, ou ce prix du blé, ne résulte ni de la volonté du vendeur, ni de la volonté de l'acheteur, ni d'un accord entre les deux. Le vendeur voudrait bien vendre plus cher ; il ne le peut, parce que le blé *ne vaut pas plus* [...] L'acheteur ne demanderait pas mieux que d'acheter à meilleur marché ; cela lui est impossible, parce que le blé *ne vaut pas moins* [...]

Le fait de la valeur d'échange prend donc, une fois établi, le caractère d'un fait naturel, naturel dans son origine, naturel dans sa manifestation et sa manière d'être. Si le blé et si l'argent ont *de la valeur*, c'est parce qu'ils sont rares, c'est-à-dire utiles et limités en quantité, deux circonstances naturelles. Et si le blé et si l'argent ont *telle valeur* l'un par rapport à l'autre, c'est qu'ils sont respectivement plus ou moins rares, c'est-à-dire plus ou moins utiles et plus ou moins limités en quantité, encore deux circonstances naturelles, les mêmes que ci-dessus. »

(Walras, 1874, p. 50)

Il est notable de constater, encore aujourd'hui, que l'interprétation de la formation des données que sont les prix consiste toujours à les prendre, précisément, comme « données » par le marché, par la seule puissance de la loi de l'offre et de la demande, indépendamment de toute volonté des intervenants, comme s'ils étaient tous « *price takers* » ; les prix semblent comme des petites bêtes qui montent, puis redescendent. Le marché, en tant que cadre des échanges respectant des valeurs ainsi naturellement fixées, en deviendrait presque lui-même naturel ; et l'on ne peut rien, une fois de plus, contre la nature des choses. Les données s'imposent, et leur traitement, mathématique et statistique, constitue l'alpha et l'oméga de la (fameuse) « théorie économique moderne ». L'impulsion vient de Walras lui-même.

« Le blé vaut 24 F l'hectolitre. Remarquons en outre le caractère *mathématique* de ce fait. La valeur du blé en argent, ou le prix du blé, était hier de 22 ou 23 F ; elle était tout à l'heure de 23,50 F ou 23,75 F ; elle sera un peu plus tard de 24,25 F ou 24, 50 F ; elle sera demain de 25 ou 26 F ; mais aujourd'hui, et pour l'instant, elle est de 24 F, *ni plus ni moins*. Ce fait a tellement le caractère d'un fait mathématique que je vais immédiatement l'exprimer par une équation et, en cela, lui donner son expression véritable. »

(Walras, 1874, p. 51)

Nous en venons donc, comme pour Marx précédemment, à la détermination de l'expression monétaire de la valeur d'une marchandise, en particulier en l'unité de compte spécifiée, le franc pour Walras. On notera la similitude des raisonnements.

« Soient par conséquent $Vb$ la valeur d'échange de 1 hectolitre de blé, $Va$ la valeur d'échange de 1 gramme d'argent au titre de 9/10. Nous avons, en recourant aux notations ordinaires des mathématiques, l'équation

$$5\ Vb = 600\ Va$$

ou, en divisant par 5 de part et d'autre,

[1] $$Vb = 120\ Va$$

Si l'on est convenu [...] de choisir pour unité de mesure de la valeur non pas la valeur d'échange de 1 gramme d'argent, mais la valeur d'échange de 5 grammes d'argent au titre de 9/10 sous le nom de *franc*, c'est-à-dire si l'on a posé

5 *Va* = 1 *franc*,

alors il vient

[2] *Vb* = 24 *francs.*

Mais, sous la forme [1] ou sous la forme [2], l'équation n'en est pas moins la traduction exacte de cette phrase, et je dirai l'expression scientifique de ce fait : — « *Le blé vaut 24 F l'hectolitre.* » »

(Walras, 1874, p. 52)

Walras égalise, mathématiquement, la valeur d'échange d'une certaine quantité de blé avec celle d'une certaine quantité d'argent, ces quantités étant mesurées par des hectolitres d'un côté et des grammes de l'autre. L'hétérogénéité des mesures, bien entendu, est gommée par le fait que ce sont bien les valeurs, affublées de leur multiple respectif, qui sont égalisées, non les quantités elles-mêmes. Walras ne commet pas ici l'erreur grossière de Marx. L'erreur, fondamentale, est plus subtile, bien qu'elle saute aux yeux. Avant de l'exposer, considérons les remarques suivantes, que l'on peut adresser aux deux auteurs :

- Walras, en particulier, fait bien dériver l'expression de la valeur d'échange du blé en argent de l'observation même d'un tel échange : si la valeur du blé en argent est ce qu'elle est, c'est parce qu'un échange est constaté sur le marché entre les quantités susdites. De même pour Marx, qui constate l'échange entre les mètres de toile et les onces d'or. Cependant, si l'on égalise mathématiquement la valeur de 5 hectolitres de blé avec celle de 600 grammes d'argent, on égalise automatiquement la valeur de 50 hectolitres de blé avec celle de 6 kilogrammes d'argent, et ainsi de suite. De même chez Marx : si la valeur de 20 mètres de toile est égalisée à celle de 2 onces d'or, celle de 200 mètres sera égalisée à celle de 20 onces. Tous les échanges possibles, multiples de l'échange constaté, sont-ils pour autant réalisés ?

- Si 5 hectolitres de blé valent 600 grammes d'argent, la valeur de 10 hectolitres de blé peut bien être égalisée à celle de 5 hectolitres de blé plus celle de 600 grammes d'argent. Autrement dit, si 1 chou vaut 2 carottes, 2 choux vaudront 1 chou + 2 carottes. De même chez Marx : 40 mètres de toile vaudront 20 mètres de toile plus 2 onces d'or. Cet échange peut-il être réalisé, voire réalisable ? Est-il possible ou, simplement, vraisemblable, bien qu'étant déterminé mathématiquement par les mêmes équations ?

- Si l'on exprime, ainsi que le fait Walras, la valeur du blé en celle de l'argent, on réduit par définition la valeur d'échange du blé à la simple expression d'une quantité d'une autre marchandise spécifique, l'argent ; de même chez Marx, où la toile est simplement égalisée à une quantité d'or. Mais la valeur d'échange, et ce serait bien là sa principale caractéristique, peut potentiellement être égalisée à celle de toute autre quantité d'autres marchandises, des millions probablement, s'agissant de celles du blé ou de la toile. L'équation de Walras, autrement dit, ne révèle pas « toute » la valeur d'échange du blé, mais seulement celle du blé en argent ; l'équation de Marx, elle aussi, ne révèle pas « toute » la valeur d'échange de la toile, seulement celle de la toile en or.

- L'équation de Walras, exprimant la valeur du blé en argent, révèle *ipso facto* la valeur de l'argent en blé : elle formule l'égalité de deux valeurs, non la détermination d'une seule, celle du blé. En d'autres termes, il s'agit d'une codétermination de deux valeurs d'échange, puisqu'il s'agit de l'expression d'un prix relatif d'une valeur en une autre et réciproquement. De même chez Marx, bien entendu, où la valeur de 2 onces d'or est égale à celle de 20 mètres de toile.

Précisément, le lien avec les autres marchandises, toutes les autres, ne peut être fait qu'avec l'expression en monnaie, la vraie, l'unité de compte : l'expression en livres sterling chez Marx, l'expression en francs chez Walras. C'est ici, et cela crève les yeux, que les deux auteurs commettent une pétition de principe, homogénéisant du même coup les valeurs. Marx pose, comme un simple changement de nom, que deux unités de mesure de la valeur, soit 2 livres sterling, « sont le nom de monnaie de 2 onces d'or » (Trad. Roy) ; « si le nom de 2 onces d'or est, en numéraire, 2 £ » (Trad. Lefebvre). Autrement dit, la livre sterling est l'autre nom, alternativement à son expression en toile, de la valeur d'échange d'une once d'or. De même pour Walras, qui pose que l'unité de mesure de la valeur, « sous le nom de franc », sera la valeur d'échange de 5 grammes d'argent, et il écrit l'égalité entre cette valeur et le franc, qui se surajoute, donc, à son expression en blé, constatée par l'échange. Ce faisant, les deux auteurs en déduisent la valeur en monnaie de la marchandise considérée, de la toile en livres sterling et du blé en francs. Mais l'hypothèse *ad hoc* consistant à poser la valeur de l'or en livres sterling n'explique en rien pourquoi les 20 mètres de toile en valent 2, puisque les valeurs de la toile et de l'or sont en réalité codéterminées. Marx aurait très bien pu poser comme étalon, puisque c'est finalement ce qu'il fait avec l'or, la valeur de 10 mètres de toiles, la baptiser « livre sterling », et égaliser directement 20 mètres de toiles à 2 livres sterling. Il en aurait immédiatement déduit, ainsi, la valeur en livres sterling de l'or. De même chez Walras, où l'hypothèse, tout aussi *ad hoc*, consistant à poser la valeur de l'argent en francs n'explique en rien pourquoi l'hectolitre de blé en vaut 24, puisque les valeurs du blé et de l'argent sont codéterminées. Walras, comme pour Marx, aurait très bien pu poser comme étalon, comme il le fait avec l'argent, la valeur de 1/24ème d'hectolitre de blé, l'appeler « franc », et égaliser directement 1 hectolitre de blé à 24 francs. Il en aurait immédiatement déduit, de même, la valeur en francs de l'argent.

On ne peut s'empêcher de penser que le résultat des « démonstrations » est ici, pour les deux auteurs, bien présent dès le début de leur raisonnement. Chez Marx, l'or fonctionne déjà comme monnaie-marchandise, et la livre sterling est déjà utilisée comme unité de compte, déjà égalisée à – car définie par – une once d'or. Il n'y a donc déjà plus de questions à se poser quant à la détermination, en un nombre d'unités de compte abstraites, en livres sterling ou en shillings, de l'expression monétaire d'une marchandise. Chez Walras, l'impression est encore plus nette : « [...] supposons qu'à un moment donné, on y voie 5 hectolitres de blé s'échanger contre 120 F ou contre 600 grammes d'argent [...] » (Walras, 1874, p. 50, *op. cit.*). De fait, il pose d'emblée l'équivalence de 600 grammes d'argent et de 120 francs, alors que l'échange qu'il propose concerne bien deux marchandises, de l'argent (le métal) contre du blé. Comment le lien entre les 600 grammes d'argent et les 120 francs (puisque ce n'est qu'un autre nom) est-il établi ? Il l'est, en réalité, par Walras lui-même, deux pages plus loin : « [...] c'est-à-dire si l'on a posé 5 *Va* = 1 *franc* [...] » (Walras, 1874, p. 52).

« Le prix est défini *par* et *dans* l'acte de transaction, à l'Équilibre uniquement. Mais un tel prix paraît mystérieux, « parachuté », surtout pour un Walras qui refuse toute théorie ricardienne. »

(Fradin, 1976, p. 38)

On voit bien, en effet, que la relation entre l'argent et les francs est prise et acceptée comme telle ; simplement posée, elle n'aurait pas à être expliquée outre mesure. Walras aurait-il ici – car il ne le fait pas toujours – confondu le métal et la monnaie, prenant l'argent comme une monnaie-marchandise ? En posant cette relation, et compte tenu du rapport d'échange constaté entre l'argent et le blé, il pose *de facto* la valeur du blé en francs. Il pose, en réalité, toutes les valeurs, et passe à côté, nécessairement, de ce qu'il s'agit d'expliquer.

Car expliquer pourquoi la valeur de 5 hectolitres de blé est de 120 francs, c'est expliquer pourquoi l'on pourrait effectivement échanger, sur la base de cette mesure, 5 hectolitres de blé contre toute autre quantité d'une marchandise quelconque dont la valeur serait, elle aussi, exprimée par 120 francs ; si c'est le cas pour 600 grammes d'argent, un échange peut alors être logiquement conçu, entre équivalents, entre cette quantité de blé et cette quantité d'argent. En aucune façon, cependant, l'échange d'une quantité quelconque de blé contre une quantité quelconque d'argent ne peut déterminer, par lui-même, l'expression de ces deux marchandises par un nombre de francs, quel qu'il soit. De même, en aucune façon l'échange d'une certaine quantité de toile contre une certaine quantité d'or ne peut déterminer, par lui-même, l'expression en livres sterling de ces deux marchandises. L'explication est simple : il y a bien deux expressions, en monnaie, différentes à trouver, une pour chaque marchandise échangée, tandis que le constat de l'échange ne donne toujours qu'une seule expression fondamentale, sous deux apparences réciproques, celle de l'une en l'autre et *vice versa*. En conséquence, l'échange ne peut expliquer et justifier, par lui-même, pourquoi ces deux marchandises sont équivalentes ; car l'échange n'est toujours, en réalité, qu'une conséquence, non une cause, de cette équivalence. Autrement dit, la possibilité même de leur échange est une conséquence de la mesure commune, en francs ou en livres sterling, des marchandises, et si l'on se propose d'expliquer la valeur en monnaie de l'hectolitre de blé, ou de celle du mètre de toile, on ne devrait pas avoir besoin de convoquer une autre marchandise qui a déjà la sienne à se faire expliquer, même s'il s'agit, numériquement, de la même valeur.

« S'il y a rapport quantitatif dans l'échange, il ne concerne pas les quantités des biens échangés, mais une certaine mesure réelle des biens qui implique la conceptualisation de la notion de bien. [...]

Ce dont parlent les économistes n'est pas d'un rapport de quantités, mais d'une relation d'équivalence de l'échange. Ils ne peuvent établir une telle relation d'équivalence qu'en plaçant les objets économiques comme éléments d'un même ensemble, construit à partir de la relation d'équivalence. [...]

*Le rapport quantitatif ne saurait définir l'échange, c'est l'inverse qui est vrai.* »

(Fradin, 1976, pp. 17-18)

Le rapport, dans l'échange observé, des quantités physiques de l'un des objets en l'autre ne peut être qu'une résultante logique, au niveau du seul ensemble hétérogène de ces objets, d'une équivalence construite sur un autre ensemble d'emblée homogène ; un ensemble nécessairement abstrait, conceptuel, extérieur au monde physique.

« Il est en effet possible de démontrer que toute relation d'équivalence est un principe général d'abstraction, qui consiste à établir comme abstrait nouveau les classes d'équivalence ou éléments d'un certain ensemble quotient E par une relation d'équivalence donnée.

Pour la relation d'équivalence de la valeur, l'opération d'abstraction consiste à remplacer un objet préalable, posé empiriquement, « l'objet physique », par un autre objet, abstrait du premier, « la valeur ».

Soit donc E un ensemble de base posé empiriquement et R une relation d'équivalence sur E qui engendre les classes d'équivalence C(1), …, C(n), …

[…] c'est empiriquement que l'on affirme que ce sont des classes d'objets de E. Une analyse rigoureuse montre que ce résultat est contradictoire. Le seul moyen de sortir de cette contradiction est alors de poser les classes comme abstraits nouveaux. Et l'ensemble des classes d'équivalence, soit F, est un nouvel ensemble, abstrait de E, et qui n'a pas la dimension logique de E. […] Pour ce qui concerne le problème de la valeur, cela signifie que l'ensemble F des valeurs est un nouvel ensemble, et que c'est la notion « d'ensemble des objets physiques » sur lequel on a cru construire la relation R, qui est auto-contradictoire.

Pour comparer les biens, pour réaliser leur mesure réelle-valeur [*sic*], il faut les homogénéiser. Il faut donc d'abord s'abstraire du monde physique pour construire un monde économique.

Et cela les néoclassiques le refusent. »

(Fradin, 1976, pp. 26-27)

L'analyse proposée par Jacques Fradin dans *Les fondements logiques de la théorie néoclassique de l'échange* (Fradin, 1976) demeure l'une des plus précises, mathématiquement et conceptuellement parlant, concernant les erreurs fondamentales commises par les auteurs néoclassiques et marginalistes ; en premier lieu, l'absence d'abstraction. Leur regard se porte constamment sur les échanges physiques concrets, sur les quantités, de mesures hétérogènes, échangées les unes pour les autres, et ce sont les échanges eux-mêmes qui déterminent les valeurs relatives, simplement voilées par les prix, leur expression monétaire commune. Or, l'abstraction qui leur fait défaut aurait déjà pu être trouvée dans celle du travail lui-même, proposée par Marx, après Smith. Lorsque l'on évoque, ainsi que le fait Marx, une même quantité commune de travail social abstrait à l'origine de deux marchandises, 20 mètres de toile et 2 onces d'or, c'est bien que l'on déduit, de cette même mesure, leur équivalence, et la possibilité, en conséquence, de leur échange.

« Lorsque deux marchandises quelconques *a* et *b* s'échangent entre elles, l'échange a lieu dans le respect de leurs mesures. La marchandise *a* est mesurée par le travail social qui la produit. La mesure de *b* est déterminée de la même façon. Néanmoins, les deux mesures s'effectuent indépendamment l'une de l'autre. C'est seulement après leur détermination que les valeurs d'échange de *a* et de *b* sont rapportées l'une à l'autre. »

(Schmitt & Cencini, 1977, p. 18)

Cette mesure en travail abstrait ne peut, d'évidence, être trouvée dans la seule expression des prix monétaires constatés, sans plus d'explication. De fait, la procédure indiquée, que ce soit par Marx ou Walras, ne peut être prise pour une procédure de détermination des valeurs, car celles-ci ne sont pas, comme nous le savons, déterminées par les prix, mais par les coûts de production. Le prix, en réalité, peut bien être fixé arbitrairement, même autoritairement, sur la base du calcul simple d'un coût unitaire augmenté d'une marge espérée, ou par un mécanisme d'ajustement, à la Walras, de nombres en numéraire criés à l'enchère sur un marché, ou encore par un changement capricieux d'étiquettes, etc. Le prix est une donnée largement contractuelle, négociée, bien souvent à terme pour ce qui concerne les quantités industrielles, non au comptant ; et puis, le prix, commercialement parlant, est toujours « libre ». C'est dire que son niveau n'est jamais déterminé de manière absolue, ne serait-ce que pour permettre sa variation, indispensable dans tout jeu de concurrence. Il est, en quelque sorte, conçu pour varier ; il ne peut donc être considéré comme une donnée suffisamment solide à laquelle la valeur pourrait s'accrocher. Quel qu'il soit, il n'aura même aucune influence sur la détermination de la valeur de la marchandise à laquelle il se rapporte, celle-ci arrivant déjà sur le marché avec sa « valeur propre », celle, pour Marx, du capital avancé pour sa production, celle, pour Walras, des services producteurs qui en sont à l'origine.

Cette valeur fournit, bien entendu, un prix plancher en-dessous duquel le prix de vente n'aurait rien à faire, c'est pourquoi le prix affiché, et c'est toujours le cas pour un entrepreneur se nourrissant d'un bénéfice attendu, peut être non seulement différent, mais se doit d'être supérieur à cette valeur, impliquant alors une non-équivalence, en cas de vente, entre le revenu dépensé et la marchandise achetée. Ainsi, le niveau du prix ne détermine pas la valeur de la marchandise, mais seulement sa différence d'avec celle-ci, d'où le transfert de cette différence, en revenu monétaire, de l'acheteur au vendeur. La valeur, elle, est déterminée par le paiement monétaire des coûts de production ; c'est cette opération qui pose les classes d'équivalence, pour reprendre les termes de Fradin, comme « abstraits nouveaux » et qui construit, paiement par paiement, les éléments de l'ensemble des biens économiques, l'ensemble d'emblée homogène des valeurs réelles et monétaires.

### Atomes crochus (3) : les salaires, part de la valeur

Il existe, enfin, un troisième point commun entre la conception de Marx et celle de Walras : la considération des salaires comme une partie de la valeur totale. Le constat est immédiat chez Walras, le travail n'étant qu'un service producteur parmi d'autres, et sa rémunération, le salaire, ne constitue par définition qu'une part du coût de production définissant la valeur. De même chez Marx, bien que le travail soit le seul facteur de production : les salaires ne représentent qu'une partie de la valeur, car la plus-value doit intégrer cette valeur en sus du coût salarial. En outre, si l'on se situe dans le cadre, privilégié par Marx, des échanges entre équivalents, les salaires doivent toujours correspondre à la seule valeur d'une partie seulement de l'ensemble des marchandises, la partie qu'ils permettent précisément d'acheter.

« En effet, des marchandises que le travailleur reproduit constamment, une partie lui fait retour constamment sous forme de salaire. [...] La classe capitaliste donne régulièrement sous forme monnaie à la classe ouvrière des mandats sur une partie des produits que celle-ci a confectionnés et que celle-là s'est appropriés. La classe ouvrière rend aussi constamment ces mandats à la classe capitaliste pour en retirer la quote-part qui lui revient de son propre produit. »

(Marx, 1872, p. 248)

« Le salaire est une partie du produit constamment reproduit par l'ouvrier lui-même, qui lui revient constamment sous la forme du salaire. [...] La classe capitaliste donne constamment à la classe ouvrière, sous la forme-argent, des assignations sur une partie du produit que cette dernière a produit et que la première s'est approprié. Assignations que l'ouvrier restitue tout aussi constamment à la classe capitaliste, lui retirant ce faisant la partie de son propre produit qui lui échoit à lui. »

(Marx, 1993, pp. 636-637)

Ce serait là, d'après Marx, une preuve par l'absurde : si les salaires correspondaient à l'intégralité de la valeur, les salariés seraient capables d'acheter l'intégralité du produit. Ainsi, quel que soit le nom que l'on donne à l'autre, les salaires ne sont toujours qu'une partie de la valeur produite, parce qu'ils sont la valeur des seuls biens-salaires (biens de subsistance). La valeur totale est ainsi, comme le prix, scindée en deux parties ; les profits peuvent donc être ajoutés aux salaires initialement payés, puisqu'il y a d'emblée, pourrait-on dire, de la place pour eux.

Depuis Walras, la vision néoclassique aura réduit, et ce n'est pas plus mal, le nombre de services producteurs à deux, en intégrant, comme il est aujourd'hui coutumier de le faire, la terre au capital. On aurait pu s'attendre à ce que le capital, avec le travail, détermine sa partie dans le coût, donc la valeur, le bénéfice n'étant que la répartition d'une valeur existante, mais le capital est aussi censé être à l'origine de ce bénéfice global qui s'ajoute aux coûts, désormais appelé « profits » (ce qui, nous le savons, ne correspond pas à l'appellation originelle de Walras). Cette représentation s'accommode mal, en réalité, de celle, canonique, de la valeur constituée de deux parties, les seuls salaires comme coûts de production et les profits : le capital n'entre alors plus dans le coût (formé des seuls salaires), mais il détermine directement la partie « profits » de la valeur. Les deux facteurs, travail et capital, permettent ainsi d'expliquer les deux types de revenu, et légitiment leur perception par leurs titulaires respectifs, celle des salaires en contrepartie du travail effectué, celle des profits en contrepartie des investissements dans l'appareil de production. Ils garantissent ainsi la validité de la procédure agrégative des profits aux salaires, sous-jacente au sein du calcul officiel du PIB. Enfin, les deux facteurs correspondent à la structure bipolaire du prix que la manipulation de Pupin permet de mettre en évidence ; et puis, c'est une explication plus simple.

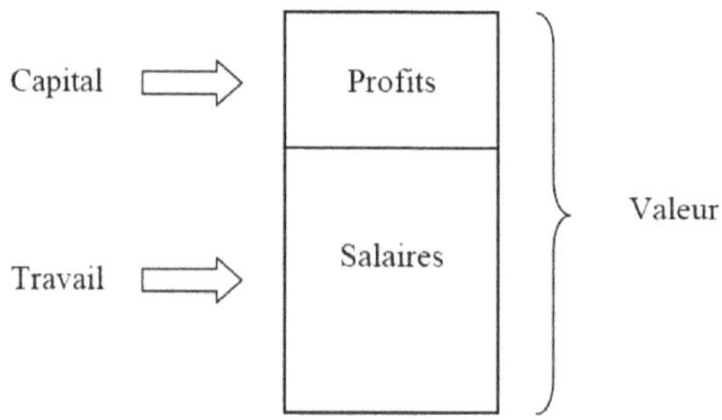


La théorie néoclassique, issue de l'analyse de Walras, attribue les salaires à la productivité du travail. En un sens, c'est tout à fait exact : le travail, en tant que facteur de production, est bien le générateur des revenus que sont les salaires. Ceux-ci, chez Walras, correspondent à l'expression en numéraire du travail lui-même, qui est un service, ou revenu, réel. Le salaire, à proprement parler, mesure le travail, comme le fermage mesure la rente et l'intérêt mesure le profit ; la relation d'équivalence (*Travail* = *Salaires*) peut ainsi être établie. Mais la valeur, prix de revient des trois services, correspond toujours à la somme des trois mesures, si bien que la relation (*Travail* = *Salaires*) demeure ainsi numériquement inférieure à la valeur.

(*Travail* = *Salaires*) < *Valeur*

La justification fondamentale qui sous-tend cette conception peut être énoncée ainsi : le travail n'est pas le seul facteur de production, et les salaires ne représentent qu'une partie du coût de production.

Chez Marx, au contraire, le travail est bien le seul facteur de production de la valeur totale : les deux parties de la valeur proviennent, non de deux sources différentes, mais du seul travail. La relation d'équivalence (*Travail = Valeur*) peut ainsi être établie. Le travail se hisse donc au niveau de la valeur entière, mais les salaires demeurent à leur place originelle : ils ne définissent toujours qu'une partie de la valeur.

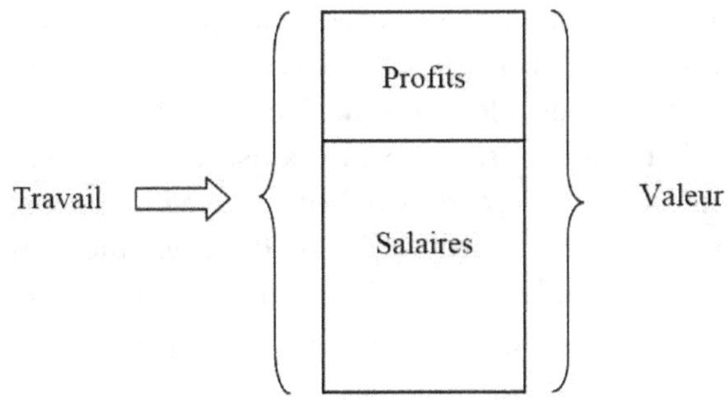


Le salaire, en tant que prix de la force de travail, définit en outre, contrairement, là aussi, à la conception de Walras, le seul et unique coût de production (le capital avancé). En effet, le travail demeure omniprésent dans tous les éléments constitutifs du produit, la valeur des intrants matériels (coton, broches) comme biens de production (capital constant) relevant elle-même du travail qui en est à l'origine. Le travail, par l'usage antérieur de sa force dans l'obtention du coton, des broches, puis par l'usage de la force payée par le capitaliste, est toujours, comme dans l'exemple des bottes en cuir, le seul élément véritablement productif des filés obtenus, et le prix payé pour cette force globale de travail, les salaires, est donc la seule composante de leur coût de production. Cependant, chez Marx, le salaire n'est pas la mesure du travail, mais de la force de travail, étant son prix, et cette marchandise spéciale a précisément la particularité de générer par son usage, le travail, une valeur plus grande que son prix, d'où la plus-value qui s'ajoute, dans la valeur totale du produit, aux salaires versés. Les salaires demeurent ainsi numériquement inférieurs à la relation (*Travail = Valeur*).

*Salaires* < (*Travail = Valeur*)

La justification fondamentale qui sous-tend cette conception peut être énoncée ainsi : le salaire ne mesure pas le travail, mais la valeur de la force de travail.

On notera ici, au contraire des atomes crochus précédents, que la justification issue de la théorie de Walras est précisément niée par celle de Marx, et réciproquement. Dans les deux conceptions, toutefois, l'idée que les salaires pourraient représenter l'intégralité de la valeur est exclue. Qu'ils soient ou non organiquement reliés au travail, les salaires sont constamment inférieurs à la valeur. Comprenons bien qu'il s'agit ici de la considération théorique fondamentale qui sous-tend toute la conception contemporaine de la valeur. C'est cette représentation structurelle qui fait la valeur à l'image du prix, composée de deux parties, de deux sortes de revenu, les salaires et les profits, et qui justifie leur attribution à deux facteurs différents, donc les rémunérations correspondantes aux intéressés. Les deux composantes sont ainsi constamment présentes, conjointement, au sein du « revenu national », valeur du produit global. Cette représentation est aujourd'hui prise comme une simple donnée, une définition de préambule, qu'il suffit de rappeler à son lecteur.

« Rappelons en effet que le revenu comprend toujours deux composantes, d'une part les revenus du travail (salaires, traitements, primes, bonus, revenus du travail non salarié, etc., et autres revenus rémunérant le travail, quelle que soit leur forme juridique précise), et d'autre part les revenus du capital (loyers, dividendes, intérêts, bénéfices, plus-values, royalties, etc., et autres revenus obtenus du simple fait de la détention d'un capital terrien, immobilier, financier, industriel, etc., quelle que soit là aussi leur forme légale). »

(Piketty, 2013, p. 42)

Cette représentation permet à Thomas Piketty de considérer la relation suivante, bien connue des économistes, qu'il récapitule ici.

« Récapitulons. Au niveau des comptes d'une entreprise comme d'un pays pris dans son ensemble ou de la planète tout entière, la production et les revenus qui en sont issus peuvent se décomposer comme la somme des revenus du capital et du travail :

*Revenu national = revenus du capital + revenus du travail* »

(Piketty, 2013, p. 82).

On relèvera la place prise par les « revenus du capital » dans l'équation : en premier. D'aucuns auront pu voir chez Piketty une parenté marxiste, mais ce n'est sûrement pas du côté des facteurs de production considérés que l'on pourrait l'établir, nonobstant l'emploi, dans la citation suivante, de l'expression « force de travail ». Le capital est bien, ici, l'un de ces facteurs, ce qui n'est pas du tout le cas chez Marx.

## Le capital, facteur de production ?

« Mais qu'est-ce que le capital ? [...]

Tout d'abord, tout au long de ce livre, quand nous parlons de « capital », sans autre précision, nous excluons toujours ce que les économistes appellent souvent – et à notre sens assez improprement – le « capital humain », c'est- à- dire la force de travail, les qualifications, la formation, les capacités individuelles. [...] le capital est défini comme l'ensemble des actifs non humains qui peuvent être possédés et échangés sur un marché. Le capital comprend notamment l'ensemble du capital immobilier (immeubles, maisons) utilisé pour le logement et du capital financier et professionnel (bâtiments, équipements, machines, brevets, etc.) utilisé par les entreprises et les administrations. »

(Piketty, 2013, p. 82)

Ainsi posée, la définition ne peut que se retourner, car alors, le travail, cofacteur de production à côté du – ou combiné au – capital, ne peut qu'être aussi un ensemble d'actifs, l'ensemble des « actifs humains », puisque c'est dans cette acception que se conçoit l'activité des facteurs en tant que générateurs de revenus. Bien entendu, la confusion est entretenue par le double sens du mot « actifs », financiers d'une part, et désignant aussi, d'autre part, les membres de la population active. C'est pourquoi la précaution de la qualification de « non humains » (qui renvoie à la distinction des capitaux, effectuée par Walras, cf. pp. 64-65) ne porte pas, car c'est dire que la différence entre le travail et le capital résiderait uniquement dans leur seule nature phénoménale, humaine pour le premier, non humaine pour le second. S'il s'agit là de la seule différence que Piketty ait su entrevoir, alors cet auteur n'aura pas véritablement saisi le concept de valeur.

Les « actifs » dont il parle, mobiliers, immobiliers ou financiers, sont soit des réalisations matérielles (bâtiments, machines, équipements...) ou des intrants vivants (animaux, plantes, certains ingrédients...), soit des titres à ces moyens de production, de propriété ou de prêt, ouvrant des droits aux détenteurs. Or, comment ces moyens, ou ces titres à ces moyens, pourraient-ils être considérés comme « actifs » à l'instar de la population active ? Qu'ils soient non humains, c'est une évidence ; qu'ils soient actifs, cela reste à démontrer. Du point de vue économique, ce n'est pas le mouton qui produit la laine comme marchandise, mais le berger, au moyen du mouton. Le cas des chevaux de trait et autres bêtes de somme est similaire ; ils sont les moyens, certes vivants (mais ce n'est pas là une question de vie ou de mort), utilisés pour parvenir à l'obtention d'une marchandise finale à vendre. Du reste, ils sont eux-mêmes des marchandises, admettant un certain coût de production et proposés à la vente pour un certain prix. Quant à l'activité des choses inertes, celle-ci paraît plus que suspecte. Le « travail de la machine », pour reprendre l'expression de Pupin, serait-il toujours à ce point ancré dans les esprits ? La machine, pour reprendre ce terme générique, est aussi une marchandise, achetée pour être utilisée comme on a prévu qu'elle le soit. Son « aide » pour réaliser une tâche ne peut ainsi relever de sa propre activité, même si elle bouge quand on la branche ; l'énergie nécessaire est une autre marchandise, facturée en sus, et la machine elle-même demeure inactive, comme le révèle clairement toute coupure d'électricité.

Comment voir, dans l'usage du marteau, autre chose que l'activité de celui qui l'utilise pour planter le clou ? Comment voir, sans être franchement abusé par l'apparence, l'activité du marteau lui-même, la « productivité du marteau », même combinée à celle de son utilisateur ? Serait-ce uniquement du fait que, sans marteau, celui-ci mettrait certainement plus de temps à effectuer cette tâche ? Mais alors, la productivité humaine ne saurait dépasser celle de l'homme nu, puisque chaque moyen, chaque outil, chaque vêtement, même, qu'il utilise serait susceptible de lui ajouter la sienne propre, contribuant ainsi au résultat observé ; le clou serait ainsi planté, par ordre d'efficacité décroissante, par le marteau, l'homme nu, mais aussi les vêtements portés par ce dernier (qui serait, sinon, moins à l'aise et moins protégé), ainsi que la chose, planche ou autre, sur laquelle le clou est planté, sans oublier le clou lui-même (qui est, d'évidence, indispensable), ou encore l'établi, fixé au sol, ce dernier contribuant à résister aux coups portés… Une fois de plus, la physique s'invite, par la seule description matérielle de l'acte, dans le discours sur la production économique, certifiant l'existence d'une « productivité globale des facteurs » ; mais comment ne pas voir que, par ces moyens, c'est bien l'homme – et lui seul – qui devient plus productif ?

Si les outils sont utiles, c'est bien parce que l'homme les utilise (et non l'inverse), par son activité personnelle ou professionnelle, de manière finale ou productive ; l'activité n'est donc jamais de leur côté, car eux ne peuvent toujours qu'être utilisés, de manière éminemment passive. Si le crayon écrit, si l'imprimante imprime, si l'aspirateur aspire, ce n'est toujours que pour décrire non pas leur activité, encore moins leur travail, mais leur fonctionnement ; ce ne sont là que les moyens dont nous nous sommes dotés pour réaliser – nous-même – ces tâches à notre convenance. Le crayon, comme le stylo ou le clavier d'ordinateur, permet d'écrire, et c'est bien nous, alors, qui écrivons avec. Le degré de complexité de l'outil, que celui-ci soit un os ou, l'image suivante, un satellite artificiel, même doté d'une prétendue intelligence ainsi qualifiée, ne modifie en rien cette hiérarchie ; l'outil demeure, pour le meilleur et pour le pire, utilisé par la seule activité humaine. Concevoir les choses autrement serait confondre la fiction et la réalité, confusion bien plus énorme que celle consistant à ne pas distinguer la valeur d'échange de la valeur d'usage. D'ailleurs, comment des objets matériels, utilisés ou non, pourraient-ils créer de la valeur ? Autrement dit, comment pourraient-ils former des revenus ? Car, au bout du compte, il ne s'agit pas d'évoquer la seule activité physique, mais d'expliciter l'activité au sens économique ; or, que serait l'activité économique, si ce n'était la production des revenus ? Rappelons la citation de Piketty, que nous avions reproduite au chapitre précédent.

« En vérité, toutes ces formes de patrimoine sont utiles et productives et correspondent aux deux grandes fonctions économiques du capital. Si l'on oublie un instant son rôle comme réserve de valeur, le capital est utile d'une part pour se loger (c'est-à-dire pour produire des « services de logement », dont la valeur est mesurée par la valeur locative des habitations), et d'autre part comme facteur de production pour les entreprises et administrations produisant d'autres biens et services (et qui ont besoin de bâtiments, bureaux, machines, équipements, etc., pour réaliser ces productions). »

(Piketty, 2013, p. 85)

Très clairement, la valeur d'usage est à l'honneur. L'usage d'un objet, son caractère utile, suffirait à engendrer une valeur, et l'on reconnaîtrait sa nature de facteur de production à son utilité dans la réalisation d'autres objets ou services. On ne peut, ici, que s'interroger. Se peut-il que Piketty croie vraiment à la production de « services de logement » de la part des habitations, comme Walras supposait qu'une maison produit l'abri ? Se peut-il que Piketty croie vraiment que le locataire, en payant son loyer, achète un tel service considéré comme une marchandise produite par la maison ou l'appartement qu'il habite ? Car ce ne serait, d'évidence, pas du travail – ici inexistant – du bailleur que cette marchandise pourrait résulter. Dans ce cas, il serait en contradiction avec lui-même, quelques pages plus loin.

« Par exemple, au début des années 2010, un grand appartement parisien d'une valeur de 1 million d'euros se loue souvent pour à peine plus de 2500 euros par mois, soit 30000 euros de valeur locative annuelle, ce qui correspond à un rendement annuel de seulement 3 % par an du point de vue du propriétaire. Cela représente tout de même une somme considérable à débourser pour un locataire ne disposant que du revenu de son travail (on lui souhaite un salaire élevé), et un revenu appréciable pour le détenteur. »

(Piketty, 2013, p. 96)

Piketty admet ici, implicitement (mais la dernière phrase est tout de même explicite), que le revenu payé au titre d'un loyer est bien prélevé sur le salaire du locataire, ce qui, *a priori*, n'étonnera aucun locataire. Ce revenu n'est donc pas produit – c'est-à-dire littéralement engendré – par le grand appartement parisien lui-même, donc par le « capital » qu'il représente (le million d'euros, qui n'est en fait qu'un prix estimé de revente d'occasion, sans égard au coût de production de l'appartement), mais bien par le travail rémunéré, en l'occurrence celui du locataire. Du reste, le revenu proviendra du salaire d'autres travailleurs si le locataire ne travaille pas et perçoit lui-même des revenus de transfert. En outre, le revenu « appréciable » pour le bailleur est manifestement perçu de manière nette par ce dernier, c'est-à-dire qu'il ne couvre pas spécifiquement des frais qu'il aurait engagés pour le mois, susceptibles de fournir une valeur déterminée à un service rendu quelconque. En d'autres termes, il s'agit bien d'un revenu simplement transféré à cette occasion, du locataire au bailleur, non de l'achat d'un « service de logement » comme marchandise à vendre, qui plus est produite (comment ?) par un objet matériel.

Le bailleur, en réalité, achète l'appartement comme bien final, même s'il peut considérer cet achat comme un « investissement » compte tenu de l'objectif poursuivi (le cas est similaire lorsque l'on considère les gains « générés » par l'achat d'une voiture, quand celle-ci « conduit » son utilisateur à son lieu de travail). D'un point de vue comptable, il se propose, en premier lieu, de simplement récupérer sa dépense en louant l'appartement, ce qui nécessite en général plusieurs années (d'où l'assimilation de l'opération d'achat initial à un investissement, amorti sur plusieurs exercices) ; littéralement, il revend ainsi progressivement l'appartement à ses locataires successifs, il en récupère ainsi le prix d'achat et amortit son coût tout en en conservant la propriété. Ceci lui permet, une fois le coût totalement amorti, de trouver alors les loyers perçus pleinement « appréciables ».

Bien entendu, le propriétaire bailleur peut toujours effectuer une opération mathématique, en l'occurrence une division : rapporter, sur une année, les loyers perçus à la valeur estimée (ou au prix d'achat) de l'appartement en tant que capital, et en déduire, comme le fait Piketty, un « rendement annuel » de ce capital. On voit bien l'image qui se profile, les loyers étant issus, du seul point de vue de son propriétaire, de l'occupation de l'appartement ; mais le calcul d'un tel rendement annuel ne saurait fonder analytiquement la production du loyer comme revenu supplémentaire, soit-disant « produit » par le capital loué. Ainsi, pour peu que l'on considère un rendement suffisamment stable sur une période donnée, la même formule peut aussi bien permettre d'estimer le capital lui-même par le rapport entre le loyer et le rendement appliqué, comme on peut obtenir le montant du loyer à partir de l'application d'un tel rendement sur le capital considéré. Autrement dit, une simple formule mathématique ne préjuge pas de la détermination, au sens causal, de la relation qu'elle établit entre ses termes.

Toutefois, ce qu'un bâtiment, vu comme un immeuble neutre, ne saurait produire, une machine intégrée au sein d'un processus de production peut-elle le faire ? Autrement dit, peut-on considérer le capital employé comme véritablement productif, même combiné au travail, expliquant la totalité du produit obtenu ? Selon John Maynard Keynes, dans un extrait de la *General Theory* (Keynes, 1936), on ne saurait véritablement parler de productivité du capital, en particulier des titres financiers qui le représentent, les gains réalisés devant plutôt être considérés comme des rendements liés à sa rareté, relativement indépendants de sa productivité physique.

« *It is much preferable to speak of capital as having a yield over the course of its life in excess of its original cost, than as being productive. For the only reason why an asset offers a prospect of yielding during its life services having an aggregate value greater than its initial supply price is because it is scarce ; and it is kept scarce because of the competition of the rate of interest on money. If capital becomes less scarce, the excess yield will diminish, without its having become less productive – at least in the physical sense.* »

(Keynes, 1936, p. 213)

Calculer un rendement à partir d'un dividende issu d'une action, d'un intérêt issu d'une obligation, ou d'un loyer issu d'un bail locatif, en rapportant ce revenu à la valeur du capital de départ, n'est toujours qu'un calcul intéressé ; mais ce n'est là, en aucun cas, une preuve que ce revenu proviendrait effectivement du capital lui-même. Cependant, qu'en est-il de la productivité physique du capital ? Une machine plus performante n'augmente-t-elle pas la productivité d'une entreprise, au niveau des seules quantités obtenues ?

« Aucune théorie n'a pu établir la productivité du capital. On la pose ; et il est facile de l'introduire dans des équations ou dans des fonctions. Mais c'est complètement illogique et aucune « axiomatique » ne peut admettre les incohérences. [...] Le capital ne produit strictement rien, pas plus que les ressources naturelles, qui sont seulement transformées. Le capital est purement instrumental. Peu de productions modernes pourraient sortir des mains nues de l'homme. Partout le capital est indispensable. Il n'est donc même pas sensé de se demander quel est l'apport spécifique de l'instrument employé : ainsi, la production de l'ordinateur tout entier serait compromise si l'homme ne disposait que de ses mains. [...] Mais quelle est la fraction de l'ordinateur que l'on peut attribuer au travail humain, la partie complémentaire étant l'œuvre du capital, technologique et instrumental ? En fait, les rapports hommes-machines sont ancillaires. Le travail ne produirait rien sans les machines ; il produit tout au moyen des machines. [...] L'erreur formelle consistant à mettre travail et capital au même rang dans « la fonction de production » tient fondamentalement au fait que le travail est conçu comme une marchandise : rendant le travail (plus) efficace, le capital est donc « co-producteur ». »

(Schmitt, 1984, pp. 564-565)

Tout est dit, ou presque. Reprenons l'exemple : une entreprise fabrique des ordinateurs avec des ouvriers et des équipements de pointe, matières premières, machines, outils, etc. Quelle est la productivité du capital ? Sans tous ces équipements, cette tâche serait impossible ; mais sans les ouvriers, il n'est pas douteux qu'il en serait de même. Schmitt pose la question, fondamentale : « Mais quelle est la fraction de l'ordinateur que l'on peut attribuer au travail humain, la partie complémentaire étant l'œuvre du capital, technologique et instrumental ? » Or, le produit physique, l'ordinateur, ne peut être que le résultat d'une productivité non fractionnable ; la question, en soi, n'a donc aucun sens : « Il n'est donc même pas sensé de se demander quel est l'apport spécifique de l'instrument employé ».

L'unique productivité, nous l'avons dit, est celle du seul travail. Les équipements, les outils, les composants des ordinateurs, l'entièreté, même, des bâtiments et ateliers ne sont toujours que des marchandises. Or, l'activité économique n'est pas celle des marchandises, mais celle des hommes. Les « actifs non humains » n'existent pas ; seuls les hommes peuvent être actifs au sens économique, par leur travail et, surtout, la rémunération de leur travail. Et puisque c'est leur travail que certaines marchandises, comme les machines, rendent efficace, c'est bien la seule productivité du travail qu'elles permettent d'augmenter. « Le travail ne produirait rien sans les machines ; il produit tout au moyen des machines. » Tout est dit, vraiment.

Il est certain que l'on pourrait, là encore, calculer un « rendement » attribué à ce capital technique, en rapportant les profits réalisés dans la vente des ordinateurs à la valeur estimée (tenant compte des amortissements) des équipements utilisés pour les produire. Est-ce pour autant la preuve que les profits seraient des revenus issus précisément de la productivité de ces équipements ? Car si l'on peut encore être bluffé par l'aspect physique de leur contribution à la production matérielle, on aura bien compris que la question centrale concerne bien la production de valeur, au sens smithien, ricardien, marxien, de valeur d'échange, non de valeur d'usage. Précisément, penser que les objets, la terre ou la matière elle-même, qu'ils soient utilisés ou non dans un processus productif, puissent générer de la valeur en cette acception, c'est confondre, une fois de plus, les deux ; c'est retourner, littéralement, au Moyen Âge de la pensée économique, en faisant fi de tous les écrits d'auteurs qui auront, depuis, réfléchi sur ces sujets. Si la différence entre les deux sortes de valeur n'est sans doute, à lire Piketty, pas encore bien assimilée, c'est peut-être que l'on confond toujours la fabrication matérielle avec la production de valeur. Or, il s'agit là d'un saut conceptuel que beaucoup d'économistes n'auront pas encore effectué. S'il est certain que les objets se voient affublés d'une valeur comptable en tant que marchandises, il serait déraisonnable de leur attribuer la capacité d'en former une semblable, de penser, même, qu'il s'agirait là d'une composante intrinsèque de leur existence matérielle, comme si cette valeur pouvait encore leur être attachée après leur achat final ; car le destin de la valeur, ainsi que nous le verrons au chapitre suivant, est de disparaître.

Il est nécessaire de bien comprendre ce que signifie la proposition suivante : « Le travail est un facteur de production ». C'est que le salaire, mesure monétaire du travail, « revenu du travail » pour le ménage qui le perçoit, constitue *de facto* un coût de production pour l'entreprise. Or, le cas des profits est différent, puisqu'ils ne correspondent pas, en réalité, à la mesure monétaire du capital technique considéré comme un intrant, indépendant du travail, dans la production. En d'autres termes, le paiement des salaires définit les « revenus du travail » comme constituant un coût de production, alors que l'achat du capital technique nécessaire ne définit pas les profits de la sorte. Piketty lui-même ne saurait considérer, au sein du revenu national, les « revenus du capital » comme faisant partie des coûts de production du produit global : de par leur propre définition, les profits s'ajoutent aux coûts. Dès lors, tout économiste acceptant l'équation qu'il retient ne peut que considérer la proposition suivante : les revenus du travail sont les seuls coûts de production, tandis que les revenus du capital n'en sont pas. La valeur ajoutée calculée par chaque entreprise, à laquelle cette équation fait référence (le revenu national étant obtenu par la somme de toutes les valeurs ajoutées), est ainsi composée de deux parties distinctes, une partie

« coût » et une partie qui ne l'est pas ; cela seul devrait interroger sur la pertinence de leur addition.

Toutefois, cette valeur ajoutée définit la seule valeur produite sur chaque entreprise, étant entendu que les achats en biens de production y sont défalqués, parce que les consommations intermédiaires et les amortissements d'investissements (nous parlons ici de la valeur ajoutée nette de toute dépense en biens de production) ne correspondent pas à des valeurs produites par l'entreprise considérée, mais à d'autres valeurs, ajoutées par d'autres entreprises à celle de leurs propres intrants ; et celles-ci ne sont aussi composées, inévitablement, que de salaires comme coûts et de profits réalisés. Comment concevoir, alors, à partir du moment où chaque entreprise ne génère pour son propre compte que des salaires comme coûts de production, que l'achat du capital technique utilisé puisse tout de même constituer, quelque part ou dans une autre dimension, un coût de production à part entière, indépendant des salaires ? Or, s'il ne représente pas un coût de production, comment le capital peut-il être un facteur de production ?

### Le travail, seul facteur de production

Le travail est le seul facteur de production. La proposition, pourtant, n'est pas nouvelle, comme on a pu le voir chez Marx ; elle est même reprise, et c'est bien son point commun notable avec ce dernier, par Keynes.

« *I sympathise, therefore, with the pre-classical doctrine that everything is produced by labour, aided by what used to be called art and is now called technique, by natural resources which are free or cost a rent according to their scarcity or abundance, and by the results of past labour, embodied in assets, which also command a price according to their scarcity or abundance. It is preferable to regard labour, including, of course, the personal services of the entrepreneur and his assistants, as the sole factor of production, operating in a given environment of technique, natural resources, capital equipment and effective demand.* »

(Keynes, 1936, pp. 213-214)

Dans le contexte de court terme où se concentre sa pensée, Keynes regarde le « *capital equipment* » comme un élément, parmi d'autres, d'un « environnement donné » (« *given environnement* »), dans lequel opère le travail, seul facteur de production (« *sole factor of production* »). Dans ce cadre, seule l'unité de salaire (que Keynes nomme *wage unit*), expression monétaire d'une « *unit of labour as the sole physical unit* », est susceptible de mesurer une valeur générée lors de la production. Et si cette valeur est toujours produite par le travail dans le court terme, on ne voit pas bien comment elle pourrait être augmentée par un autre facteur sur le long terme.

Lors de la production, ce sont nécessairement des coûts qui se forment en monnaie, par des paiements dûment constatés. Mais ce ne sont que ces coûts qui se forment ainsi, la production étant précisément définie par leur paiement ; c'est ce que nous apprend, de manière positive, la théorie de Walras. Or, ni le capital, ni ses revenus supposés, les profits, ne peuvent faire partie de ces coûts. La manipulation de Pupin, nous le savons, certifie que les coûts de production ne sont toujours constitués que de salaires, et c'est ce que nous apprend, de manière tout aussi positive, la théorie de Marx : seuls les salaires sont payés et, donc, produits en tant que revenus. Cela signifie que seule la partie *Salaires* de la valeur peut apparaître lors de la production. Dans ce cas, il ne reste plus qu'une solution pour qu'une partie *Profits* puisse s'y ajouter : celle-ci doit apparaître après, lors de la circulation.

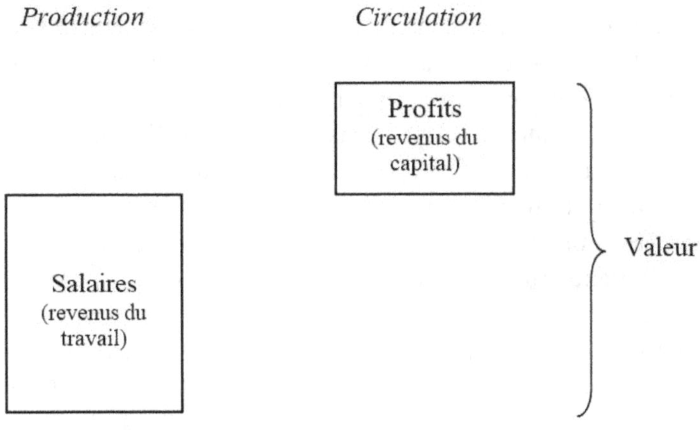


Il s'agit sans doute de la représentation la plus partagée au sein de la « communauté scientifique », si tant est qu'une telle communauté existe en économie. Les salaires, seuls coûts de production, verraient d'autres revenus s'ajouter à eux, lors de la vente des marchandises. Cette représentation est toutefois encore compatible avec la conception de Marx, pour qui les salaires sont également la seule partie de la valeur formée en rémunérations lors de la production. Autrement dit, une partie de la valeur est déjà déterminée, en l'occurrence les salaires, invariablement inférieure à la valeur ; et même si une autre partie devait émerger par la suite, la répartition serait d'ores et déjà établie, voire présupposée. Néanmoins, les salaires étant les seuls revenus générés par la production, nous retrouvons la contrainte à laquelle la pensée néoclassique des « cofacteurs » est soumise : si les profits sont produits par le capital, ils ne peuvent l'être que dans un moment ultérieur, celui de la circulation.

C'est ici qu'intervient, nous l'avons vu, la démonstration de Marx (sans doute inspiré, même s'il eut du mal à l'avouer, par Say) : la circulation n'engendre par elle-même aucune valeur supplémentaire. Aucune « survaleur » ne surgit, ni du travail ni du capital, lors de la vente finale des marchandises ; les profits réalisés, par les transactions entre non-équivalents, se rapportent à des revenus qui existent déjà, seulement transférés à ces occasions (nous préciserons *infra* le rôle des ventes réalisées par les indépendants, qui produisent non pas des profits, mais les revenus du propre travail de ces derniers, c'est-à-dire des revenus salariaux). Autrement dit, les profits ne peuvent être produits en sus des salaires, ni dans la production (qui ne produit que des coûts en salaires) ni dans la circulation (qui ne saurait produire quoi que ce soit). Le capital, s'il produit encore dans l'esprit de la plupart des économistes, ne peut donc produire les profits, car il ne saurait produire ce qui ne peut l'être.

D'après l'équation rappelée par Piketty, que l'on pourrait sans peine retrouver à des millions d'exemplaires dans tous les manuels d'économie depuis fort longtemps, des revenus provenant du capital s'ajouteraient à ceux du travail pour former le revenu national. Or, les revenus du travail, les salaires, définissent les seuls coûts de production ; ils définissent donc les seuls revenus produits, les seuls revenus existants, parce que seuls les revenus formés en tant que coûts par la production peuvent exister en tant que tels, et les « revenus du capital », les profits, ne font pas partie des coûts. D'où la contradiction interne : pour être produits, ces revenus devraient faire partie des coûts ; pour exister, ils devraient être des revenus du travail. Et s'ils existent ainsi, c'est qu'ils ne sont pas des revenus du capital.

Si ce n'est déjà fait, ce serait à faire : prévenir monsieur Piketty. Le capital ne produit aucune valeur, aucun revenu. Les revenus du capital n'existent pas.

## La force fantôme

L'autre option, nous l'avons dit, pour justifier la conception selon laquelle les salaires, ou revenus du travail, ne forment qu'une partie de la valeur (bien que le travail, ici, en soit l'unique origine), est de considérer que le salaire n'est pas la mesure du travail. C'est l'optique de Marx. Pour bien la comprendre, revenons à Walras : le travailleur, en tant que personne, fournit un travail. Pour Walras, ce travail est un « revenu », un service producteur réel, qui s'apparente toujours à un usage, l'usage du travailleur. Ce service est loué à l'entrepreneur, au prix en numéraire correspondant au salaire. Le salaire est donc la mesure de l'usage de la personne qui travaille, il est la mesure, *ipso facto*, sinon du travail (ou « revenu ») effectué, du moins de sa valeur. Or, pour Marx, le travail ne correspond pas d'emblée à l'usage du travailleur, mais à celui de sa force de travail, si bien que le paiement du salaire ne correspond pas à l'achat (ou la location) du travail effectué, mais à celui de la seule force de travail. Le salaire n'est donc pas la mesure du travail total effectué, mais celle, sinon de la force de travail elle-même, du moins de la valeur de cette force. Le capital variable à payer étant déterminé par la valeur de la force de travail, il convient d'examiner ce qui détermine cette valeur.

La question de la partition de la valeur produite, c'est-à-dire de la répartition entre le capital variable $v$, les salaires, et la plus-value $p$ dans la somme $(v + p)$, est souvent présentée chez Marx comme d'emblée résolue, l'auteur posant habituellement deux paramètres, cette somme (correspondant à une durée de travail pour la journée) et le capital variable ; il en déduit ainsi le surtravail et la plus-value. Toutefois, lorsque l'on considère que les salaires ne sont pas la mesure de l'intégralité du travail effectué, on ne saurait d'emblée les faire correspondre à une partie seulement de ce travail sans commettre, d'évidence, une pétition de principe : la relation d'équivalence entre les salaires et cette partie doit être objectivement fondée, non simplement justifiée par la nécessité de réserver, au sein de ce travail, la partie complémentaire pour la plus-value. Or, cela revient à rejeter catégoriquement toute relation directe entre les salaires et le travail effectué ; car c'est tout ou rien : soit les salaires le mesurent intégralement, comme chez Walras, soit ils ne le mesurent pas du tout. Or, chez Marx, ils doivent n'en mesurer qu'une partie.

La seule solution consiste alors à sortir du chapeau un autre objet de mesure, une autre chose, à laquelle correspondront les salaires, qui entretiendra elle-même, par sa valeur, cette relation d'équivalence avec la partie concernée du travail effectué. Cette autre chose, Marx la nomme « force de travail ». Les salaires, lors de leur paiement, vont donc mesurer la « valeur » de cette force, voire (car c'est équivalent pour Marx) la force elle-même « en tant que valeur » (Trad. Roy) ou « dans la mesure où elle est valeur » (Trad. Lefebvre). Mais avant d'indiquer les passages concernés, remarquons immédiatement que cette valeur, comme toutes, doit logiquement correspondre, tout de même, à un travail quelconque.

La valeur, rappelons-nous, est toujours, chez Marx, un quantum de travail, un certain temps de travail « coagulé ». Marx ne peut donc empêcher qu'en mesurant la valeur de la force de travail, ou la force elle-même comme valeur, les salaires mesurent *ipso facto* un temps de travail, et rien d'autre ; un temps de travail qui aurait forcément comme conséquence la production de cette force comme marchandise. Or, peut-on vraiment considérer la force de travail comme une marchandise ainsi produite ?

« La force de travail est-elle une marchandise ? La question peut surprendre car on a l'habitude de lire dans Marx ou sur Marx que la force de travail est devenue avec le capitalisme une marchandise comme les autres, et qu'elle est vendue par le salarié au capitaliste. [...] Si l'on met de côté le cas des petits producteurs indépendants qui utilisent leur force de travail pour leur propre compte, la force de travail salariée est-elle vraiment une marchandise comme toutes les autres ?

On pourrait répondre positivement sans hésitation à cette question si la force de travail était produite. Parce qu'en effet il ne suffit pas qu'une chose soit vendue pour qu'elle soit une marchandise. Il faut qu'elle ait été produite avant d'être vendue. [...]

Or, s'agissant de la force de travail, si l'on peut en première approximation dire qu'elle est vendue, il est beaucoup plus difficile de démontrer qu'elle est produite en série selon des normes standards, *capitalistement* [*sic*]. En effet, les biens consommés par le salarié sont, lors de leur fabrication, l'occasion d'une production de plus-value, ils contiennent donc une plus-value, mais lorsqu'ils sont utilisés comme matière première pour « produire » la force de travail, il n'y a aucun travail générateur de plus-value. Ces matières premières transmettent leur propre valeur sans création de surplus nouveau. [...] la « production » de la force de travail n'est pas une vraie production au sens capitaliste : il n'y a pas de valeur ajoutée et de ce fait, la « valeur » de la force de travail ne peut être transformée en prix de production. Pour cette raison, certains auteurs ont proposé de considérer la force de travail comme une sorte de ressource naturelle qui aurait un prix mais pas une valeur dans le sens de réductible à une quantité de travail incorporé.

On parle certes de reproduction de la force de travail. Comment pourrait-elle être reproduite si elle n'est pas produite ? »

(Harribey, 2013, pp. 36-37)

La question posée est pertinente. Jean-Marie Harribey constate ici, parlant des « biens consommés par le salarié » (comme moyens de subsistance), que « lorsqu'ils sont utilisés comme matière première pour « produire » la force de travail, il n'y a aucun travail générateur de plus-value. » Encore faudrait-il que l'existence d'une telle production fût établie, car la vision des moyens de subsistance comme « matière première » consommée productivement par les travailleurs pour reproduire leur force ne peut, effectivement, être soutenue : cette consommation est logiquement finale (et non intermédiaire), elle ne nécessite aucun travail particulier (de surcroît non mesuré car non rémunéré) ; autrement dit, elle n'est pas productive. Le travail étant ici inexistant, aucune valeur, sans même parler de plus-value, ne saurait émerger de la consommation finale ; ce serait confondre la consommation avec la production. Or, cette distinction n'est pas toujours claire chez Marx ; qu'entend-il, précisément, par « reproduction de la force de travail » ?

« En tant que valeur, la force de travail représente le quantum de travail social réalisé en elle. Mais elle n'existe en fait que comme puissance ou faculté de l'individu vivant. L'individu étant donné, il produit sa force vitale en se reproduisant ou en se conservant lui-même. »

(Marx, 1872, p. 73)

« Dans la mesure où elle est valeur, la force de travail proprement dite ne représente qu'un quantum déterminé de travail social moyen objectivé en elle. La force de travail existe uniquement comme une disposition de l'individu vivant. Sa production présuppose donc l'existence de ce dernier. L'existence de l'individu étant donnée, la production de la force de travail consiste en sa propre reproduction de lui-même ou encore en sa conservation. »

(Marx, 1993, p. 192)

En tant que « puissance », « faculté » ou « disposition » de l'individu vivant, la force de travail dérive de la seule existence de ce dernier, et sa conservation se confond avec celle de l'individu lui-même. Dès lors, c'est bien la reproduction, de jour en jour, de la personne elle-même, de l'individu vivant, qui entraîne *de facto* la reproduction de sa force de travail. Autrement dit, la distinction entre le travail walrasien et le travail marxien, entre l'usage de la personne et l'usage de la force de la personne, s'estompe fortement. Le concept de force, au milieu de cette dernière expression, paraît soudainement redondant, et Marx lui-même n'hésite pas à lui substituer, comme objet concerné par la reproduction, le travailleur lui-même. Cette reproduction, selon les deux traductions dont nous disposons, est l'effet ou la condition de la production capitaliste.

« La seule continuité ou répétition périodique du procès de production capitaliste en reproduit et perpétue donc la base, le travailleur dans la qualité de salarié. »

(Marx, 1872, p. 249)

« Cette reproduction ou perpétuation constante de l'ouvrier est la condition *sine qua non* de la production capitaliste. »

(Marx, 1993, p. 641)

Selon les propres termes de Marx, la « consommation individuelle » des moyens de subsistance doit être nettement distinguée de la « consommation productive » du travailleur.

« La consommation du travailleur est double. Dans l'acte de production *il consomme par son travail* des moyens de production afin de les convertir en produits d'une valeur supérieure à celle du capital avancé. Voilà sa *consommation productive* qui est en même temps consommation de sa force par le capitaliste auquel elle appartient. Mais l'argent donné pour l'achat de cette force est dépensé par le travailleur en moyens de subsistance, et c'est ce qui forme sa *consommation individuelle.* [...] Dans la première il agit comme force motrice du capital et appartient au capitaliste ; dans la seconde il s'appartient à lui-même et accomplit des fonctions vitales en dehors du procès de production. Le résultat de l'une, c'est la vie du capital ; le résultat de l'autre, c'est la vie de l'ouvrier lui-même. »

(Marx, 1872, pp. 249-250)

« La consommation de l'ouvrier est de deux sortes. Dans la production proprement dite, il consomme par son travail des moyens de production et les transforme en produits d'une valeur supérieure à celle du capital avancé. C'est sa consommation productive. Celle-ci est simultanément consommation de sa force de travail par le capitaliste qui l'a achetée. D'un autre côté, l'ouvrier emploie en moyens de subsistance l'argent payé pour l'achat de la force de travail : c'est sa consommation individuelle. [...] Dans la première, il agit comme force motrice du capital et appartient au capitaliste ; dans la seconde, il s'appartient à lui-même et accomplit des fonctions vitales du procès de production. Le résultat de l'une est la vie du capitaliste, celui de l'autre, la vie de l'ouvrier lui-même. »

(Marx, 1993, p. 641)

On notera la différence de traduction : par sa consommation individuelle, le travailleur « accomplit des fonctions vitales en dehors du procès de production » (Trad. Roy), « accomplit des fonctions vitales du procès de production » (Trad. Lefebvre). Or, tout est là : la consommation individuelle est-elle un acte productif, sinon de la force de travail comme marchandise, du moins comme élément permissif du travail effectué ?

Marx souligne lui-même la différence d'avec la consommation productive : « Dans l'acte de production *il consomme par son travail* des moyens de production [...] Voilà sa *consommation productive* qui est en même temps consommation de sa force par le capitaliste auquel elle appartient » (Trad. Roy) ; « Dans la production proprement dite, il consomme par son travail des moyens de production [...] C'est sa consommation productive. Celle-ci est simultanément consommation de sa force de travail par le capitaliste qui l'a achetée » (Trad. Lefebvre). Alors que la consommation productive des moyens de production amoindrit et use la force de travail, la consommation individuelle la restaure. C'est précisément dans la nécessité de cet entretien, du travailleur comme de sa force, que la consommation individuelle est considérée par Marx comme un élément indispensable, non simplement accessoire, au procès de production. Si l'on prend du recul, et que l'on regarde les choses froidement, ainsi que le fait Marx, les travailleurs sont comme des bêtes de somme. Le passage suivant, glaçant sous certains aspects, montre bien l'inévitable confusion entre la force reproduite et le corps régénéré du travailleur.

« [...] des exemples nombreux, il est vrai, nous ont montré l'ouvrier obligé à faire de sa consommation individuelle un simple incident du procès de production. Alors les vivres qui entretiennent sa force jouent le même rôle que l'eau et le charbon donnés en pâture à la machine à vapeur. Ils ne lui servent qu'à produire, ou bien sa consommation individuelle se confond avec sa consommation productive. Mais cela apparaissait comme un abus dont la production capitaliste saurait se passer à la rigueur. [...] Le capital aliéné contre la force de travail est échangé par la classe ouvrière contre des subsistances dont la consommation sert à reproduire les muscles, nerfs, os, cerveaux, etc., des travailleurs existants et à en former de nouveaux. Dans les limites du strict nécessaire la consommation individuelle de la classe ouvrière est donc la transformation des subsistances qu'elle achète par la vente de sa force de travail, en nouvelle force de travail, en nouvelle matière à exploiter par le capital. C'est la production et la reproduction [...] [du] travailleur lui-même. La consommation individuelle de l'ouvrier qu'elle ait lieu au dedans ou au dehors de l'atelier, forme donc un élément de la reproduction du capital, de même que le nettoyage des machines, qu'il ait lieu pendant le procès de travail ou dans les intervalles d'interruption.

Il est vrai que le travailleur fait sa consommation individuelle pour sa propre satisfaction [...] Mais les bêtes de somme aussi aiment à manger, et qui a jamais prétendu que leur alimentation en soit moins l'affaire du fermier ? Le capitaliste n'a pas besoin d'y veiller ; il peut s'en fier hardiment aux instincts de conservation et de propagation du travailleur libre. »

(Marx, 1872, p. 250)

« […] nous avons eu l'occasion de voir que l'ouvrier est souvent contraint de faire de sa consommation individuelle un simple élément incident du procès de production.

Il s'alimente alors en moyens de subsistance pour maintenir en marche sa force de travail, comme on alimente une machine à vapeur en charbon et en eau ou comme on lubrifie un rouage. Ses moyens de consommation ne sont alors que les moyens de consommation d'un moyen de production, sa consommation individuelle est directement consommation productive. Toutefois, ceci apparaît comme un abus inessentiel au procès de production capitaliste. […] Le capital aliéné dans l'échange contre de la force de travail est transformé en moyens de subsistance dont la consommation sert à reproduire les muscles, les nerfs, les os, le cerveau des ouvriers qu'il a déjà et à engendrer de nouveaux ouvriers. À l'intérieur même des limites de ce qui est absolument nécessaire, la consommation individuelle de la classe ouvrière est donc la retransformation des moyens de subsistance que le capital a aliénés contre de la force de travail, en une force de travail que le capital peut réexploiter. Elle est production et reproduction […] [de] l'ouvrier lui-même. La consommation individuelle de l'ouvrier demeure donc un moment de la production et de la reproduction du capital, que cette consommation ait lieu à l'intérieur ou en dehors de l'atelier, de la fabrique, etc., à l'intérieur ou en dehors du procès de travail, tout comme le nettoyage de la machine peut se faire pendant le procès de travail ou à certains moments déterminés pendant lesquels il s'interrompt. Peu importe que l'ouvrier accomplisse sa consommation individuelle pour lui-même […] Les bêtes de somme aiment bien ce qu'elles mangent, mais leur consommation n'en demeure pas moins un élément nécessaire du procès de production. La conservation et la reproduction constante de la classe ouvrière demeurent une condition constante de la reproduction du capital. Le capitaliste n'a pas de souci à se faire : il peut faire confiance à l'instinct de conservation et à l'instinct sexuel des ouvriers. »

(Marx, 1993, pp. 641-642)

La consommation individuelle de moyens de subsistance permet de reproduire les travailleurs eux-mêmes, dans tous les sens du terme ; le paiement des salaires trouverait ici sa profonde justification, permettant cette consommation et, ainsi, la reproduction du capital : « La consommation individuelle de l'ouvrier qu'elle ait lieu au dedans ou au dehors de l'atelier, forme donc un élément de la reproduction du capital » (Trad. Roy) ; « La consommation individuelle de l'ouvrier demeure donc un moment de la production et de la reproduction du capital, que cette consommation ait lieu à l'intérieur ou en dehors de l'atelier » (Trad. Lefebvre). Selon nous, cette dernière proposition est discutable. Si la consommation individuelle, traduite en alimentation régénérative, est peut-être une condition de la reproduction du capital, elle est surtout un élément indispensable à la perpétuation de la population en général, dès lors que l'on considère une telle population comme étant essentiellement salariée. Dire que la consommation fait partie du système, en permettant une production ultérieure, est oblitérer le fait qu'elle ne peut concerner qu'un produit antérieur. Quoi qu'il en soit, aussi cynique soit-elle, cette description ne fait toujours qu'éloigner l'idée d'une force de travail comme marchandise produite par le travailleur. En effet, la « matière à exploiter par le capital », en laquelle la consommation individuelle transforme les moyens de subsistance, n'est toujours constituée que de muscles, de nerfs, d'os ou de cerveaux ; autrement dit, c'est bien « le travailleur lui-même » (Trad. Roy), « l'ouvrier lui-même » (Trad. Lefebvre) qui est régénéré, « reproduit » par la consommation des moyens de subsistance, non sa force comme marchandise distincte. En outre, si une telle production existait, elle nécessiterait elle-même un travail, donc l'usage, encore, d'une autre force, etc.

En réalité, il n'y a pas, à proprement parler, de processus de production enclenché par le travailleur, une fois de retour chez lui, lorsqu'il consomme les moyens de subsistance ; les bêtes de somme ne travaillent pas deux fois, dont une pour s'alimenter. En outre, le sommeil du travailleur peut aussi bien être considéré comme réparateur ; devrait-on en conclure que l'ouvrier travaille lorsqu'il dort, pour régénérer sa force ? Dans ce cas, concernant la reproduction même de cette population de travailleurs, Marx aurait oublié de prendre en compte un véritable travail, non rémunéré de surcroît : celui de la parturiente.

Nous l'avons dit, les moyens de subsistance ne peuvent être considérés comme intrants d'une production, car ils sont des biens de consommation finale, comme le sont les biens achetés par les capitalistes eux-mêmes pour leur propre consommation individuelle ; celle-ci devrait-elle être, aussi, considérée comme un élément de la reproduction du capital ? En tout état de cause, et Marx le précise en opérant cette distinction, la consommation individuelle des travailleurs – ou des capitalistes – n'est pas directement productive, elle ne nécessite aucun travail descriptible en termes d'usage d'une force ou d'un autre facteur. Il n'est donc pas étonnant de constater, avec Harribey, qu'il n'y a « aucun travail générateur de plus-value », puisqu'il n'y a ici aucun travail susceptible d'être générateur d'une valeur quelconque.

La vision de la force de travail comme une marchandise spécifique, issue d'un travail consistant à consommer des biens de manière finale, est foncièrement erronée. La « reproduction » de la force de travail, en réalité, ne peut être considérée comme une production économique, car cette force n'est reproduite que pour autant que l'individu soit lui-même conservé. Or, cela ne nécessite, répétons-le, aucun travail particulier de sa part, seulement une consommation de produits ; on ne saurait ainsi supposer que son employeur le paierait, en définitive, pour cela et non pour fabriquer des filés. La force de travail n'a d'ailleurs aucune raison d'avoir sa valeur propre, distincte et opposable à celle des autres marchandises, car la conservation de l'individu vivant dont elle tire sa reproduction nécessite en effet, bien entendu, une consommation de marchandises qui, elles, ont bien une valeur : le quantum de travail nécessaire à leur production.

« Pour son entretien ou pour sa conservation il a besoin d'une certaine somme de moyens de subsistance. Le temps de travail nécessaire à la production de la force de travail se résout donc dans le temps de travail nécessaire à la production de ces moyens de subsistance ; ou bien la force de travail a juste la valeur des moyens de subsistance nécessaires à celui qui la met en jeu. »

(Marx, 1872, p. 73)

« Pour se conserver, l'individu vivant a besoin d'une certaine somme de moyens de subsistance. Le temps de travail nécessaire à la production de la force de travail se résout donc dans le temps de travail nécessaire à la production de ces moyens de subsistance, ou encore la valeur de la force de travail est la valeur des moyens de subsistance nécessaires à la conservation de celui qui la possède. »

(Marx, 1993, p. 192)

Marx est-il suffisamment clair ? Alors que l'on s'attendait à ce qu'une certaine quantité de travail corresponde à la valeur d'une certaine marchandise, la force de travail détenue par l'individu, et que cette quantité de travail soit bien fournie par cet individu pour l'obtenir, nous n'avons, en fait, rien de tout cela : l'individu ne travaille pas spécialement pour produire cette force, et le travail qu'il fournit en tant que travailleur participe, non à la valeur de sa force, mais à celle du résultat direct (par exemple, des filés) de son travail. Autrement dit, le « travail incorporé » dans la force de travail est inexistant ; or sa mesure, en tant que valeur, ou la mesure de sa « valeur » en tant qu'attribut, ne peut toujours qu'être celle d'un travail.

Il faudrait ainsi plutôt comprendre que l'on n'eût plus le droit de considérer, ici, la présence de deux valeurs distinctes, celle de la force de travail d'une part, celle des moyens de subsistance d'autre part, et de supposer simplement l'égalité de leurs mesures respectives. C'est peut-être encore ce que l'on entendrait par la phrase « la force de travail a juste la valeur des moyens de subsistance nécessaires à celui qui la met en jeu. » (Trad. Roy) ; mais la traduction suivante est plus explicite : « la valeur de la force de travail est la valeur des moyens de subsistance nécessaires à la conservation de celui qui la possède. » (Trad. Lefebvre). Autrement dit, la force de travail n'a de valeur que celle des moyens de subsistance : elle intègre directement, pour ce qui est jugé nécessaire à sa reproduction, le quantum de travail nécessaire à la production de ces marchandises mêmes.

« Qui dit puissance de travail ne fait point abstraction des moyens de subsistance nécessaires à son entretien ; leur valeur est au contraire exprimée par la sienne. »

(Marx, 1872, p. 74)

« Qui dit puissance de travail ne fait pas abstraction des vivres nécessaires à sa subsistance. Au contraire, la valeur de ces moyens de subsistance est exprimée dans sa valeur. »

(Marx, 1993, p. 195)

La valeur des moyens de subsistance s'exprime, *dixit* Marx, dans celle de la force de travail. La valeur de la force de travail, ou la force elle-même en tant que valeur, serait donc, dans une relation forte d'identité, celle-là même des moyens de subsistance. Elle ne pourrait, en réalité, être la valeur d'autre chose, même pas d'elle-même en tant que marchandise autonome, puisque seul le travail nécessaire à la production de ces biens – leur valeur – apparaît indispensable pour conserver l'existence de l'individu qui les consomme, et c'est précisément à cette seule condition que la force de travail peut se maintenir.

« Il résulte de ce qui précède que la mesure de la force de travail est identiquement la mesure qui s'établit dans le procès de production entre le travail et les biens-salaire, moyens de subsistance des travailleurs. »

(Schmitt & Cencini, 1977, p. 25)

Autrement dit, le travail nécessaire à la reproduction de la force de travail ne serait autre que le travail nécessaire à la production des moyens de subsistance. On ne saurait inférer de cette dernière proposition une interprétation trop littérale, par exemple dans l'expression générique suivante : « Le capitaliste n'achète pas le travail, mais la force de travail à sa valeur ». Une telle interprétation signifierait qu'en payant les salaires, le producteur de filés ne paierait pas le travail directement effectué dans son atelier, parce qu'il paie la force de travail des travailleurs qu'il emploie, mais qu'en payant cette force, il paierait quand même du travail, celui nécessaire à d'autres marchandises ; il paierait, à travers la force de travail, le travail nécessaire à la production des moyens de subsistance. Or si, en payant des salaires dans une fabrique de filés, on paie le travail nécessaire à la production d'autres marchandises, fussent-elles indispensables, qui paie le travail nécessaire à la production des filés ? Ce ne serait même pas le tisserand, en tant qu'acheteur de fils pour son industrie, mais l'employeur de celui qui les achète, ce dernier étant un travailleur qui se les procure, donc, comme biens finals de subsistance. Mais alors, quelles marchandises, sans doute encore plus indispensables, le travail payé par le capitaliste producteur de moyens de subsistance aura-t-il servi à produire ? En outre, le fait que ces marchandises soient ou non de subsistance importerait peu ; il s'agirait toujours d'autres, quelles qu'elles soient, car on ne saurait raisonnablement préjuger de la nature précise des marchandises que le travailleur choisira d'intégrer, par ses achats, dans son panier de consommation.

Abandonnant cette logique tortueuse, nous nous en tiendrons à l'équivalence établie par Marx entre la valeur des moyens de subsistance et cette partie de la valeur totale produite correspondant au capital variable. Autrement dit, on peut toujours penser que le capitaliste ne paierait effectivement, par les salaires versés, qu'une partie du travail effectué, donc une partie de la valeur finale des filés, et que cette partie serait jugée nécessaire pour la survie du travailleur, donc la poursuite de la production. Admettons-le, puisqu'il faut bien suivre la logique de Marx pour espérer le comprendre. Si la valeur perçue en salaires (le capital variable, versé en or) est par la suite échangée, entre équivalents, contre les moyens de subsistance par les travailleurs lorsqu'ils consomment, il est alors logique de considérer que la valeur de ces moyens est égale à la valeur de cette partie nécessaire du travail total. Toutefois, pour la cohérence de son analyse, Marx est amené à établir un lien de causalité entre les deux, un sens fort de détermination, au centre duquel se trouve, précisément, la force de travail.

« La valeur de ces subsistances détermine la valeur journalière de sa force, et la valeur de celle-ci détermine la durée quotidienne de son travail nécessaire. »

(Marx, 1872, pp. 135-136)

« Avec la valeur de ces moyens de subsistance est donnée la valeur de sa force de travail, et avec la valeur de sa force de travail est donnée la grandeur de son temps de travail nécessaire. »

(Marx, 1993, p. 352)

La force de travail devait s'interposer, rappelons-nous, entre les salaires et ce temps de travail nécessaire, afin de déterminer ce dernier, mais sa valeur ne fait, d'après Marx, que refléter celle des moyens de subsistance. En d'autres termes, la force de travail est devenue tellement transparente qu'elle s'évapore ; la détermination proposée par Marx, en effet, peut très bien s'exprimer sans elle, par une contraction des phrases, pourrait-on dire, dans les deux traductions :

- *La valeur de ces subsistances détermine* [...] *la durée quotidienne de son travail nécessaire.*

- *Avec la valeur de ces moyens de subsistance est donnée* [...] *la grandeur de son temps de travail nécessaire.*

Est-ce devenu incompréhensible, sans le concept de force de travail ? Cette contraction serait toutefois encore possible à entendre, même par Marx, car les termes de la détermination sont considérés comme équivalents, et la proposition ainsi défendue ne touche pas le cœur explicatif de la théorie. Celui-ci est entièrement lové, en effet, dans la seule considération de deux durées différentes de travail, celle du travail effectué (la journée) et celle de ce travail nécessaire, intégré dans la première. Or, cette différence de durée repose entièrement sur la distinction entre le travail et la force de travail.

### Apparences et mystifications

Selon Marx, le salaire ne saurait être rapporté directement au travail effectué, sous-entendu à son entièreté, car ce serait considérer le travail comme une marchandise affublée, comme toutes les marchandises, d'une valeur dépendant elle-même du travail. La « tautologie absurde » (Trad. Roy) ou « inepte » (Trad. Lefebvre) qui en découle serait toutefois masquée, à dessein, sous la « surface de la société bourgeoise ».

« À la surface de la société bourgeoise la rétribution du travailleur se représente comme le salaire du travail [...] Le travail lui-même est donc traité comme une marchandise dont les prix courants oscillent au-dessus ou au-dessous de sa *valeur*.

Mais qu'est-ce que la valeur ? La forme objective du travail social dépensé dans la production d'une marchandise. Et comment mesurer la grandeur de valeur d'une marchandise ? Par la quantité de travail qu'elle contient. Comment dès lors déterminer, par exemple, la valeur d'une journée de travail de douze heures ? Par les douze heures de travail contenues dans la journée de douze heures, ce qui est une tautologie absurde. »

(Marx, 1872, p. 231)

« À la surface de la société bourgeoise, le salaire de l'ouvrier apparaît comme prix du travail [...] On parle ici de la valeur du travail et on appellera l'expression-argent de celle-ci prix nécessaire [...] du travail. Par ailleurs, on parle de prix de marché du travail, c'est-à-dire de prix oscillant au-dessus ou en dessous de son prix nécessaire.

Mais qu'est-ce que la valeur d'une marchandise ? C'est la forme objective du travail social dépensé pour sa production. Et comment mesurons-nous la grandeur de sa valeur ? Par la grandeur du travail qu'elle contient. Donc, par quoi serait déterminée, par exemple, la valeur d'une journée de travail de 12 heures ? Par les 12 heures de travail contenues dans une journée de travail de 12 heures, ce qui est une tautologie inepte. »

(Marx, 1993, p. 599)

Pour Marx, la notion de « valeur du travail » est contradictoire, car ce serait considérer que le travailleur pourrait être en capacité de vendre son travail à cette valeur, comme on vend une marchandise. Cette notion serait donc à ranger au plus vite dans le tiroir des expressions « irrationnelles » (Trad. Roy) ou « imaginaires » (Trad. Lefebvre). Ce que le travailleur vend, car il doit bien vendre quelque chose, « c'est lui-même » (Trad. Roy) ; c'est sa force de travail.

« Ce qui sur le marché fait directement vis-à-vis au capitaliste, ce n'est pas le travail, mais le travailleur. Ce que celui-ci vend, c'est lui-même, sa force de travail. Dès qu'il commence à mettre cette force en mouvement, à travailler, or, dès que son travail existe, ce travail a déjà cessé de lui appartenir et ne peut plus désormais être vendu par lui. Le travail est la substance et la mesure inhérente des valeurs, mais il n'a lui-même aucune valeur.

Dans l'expression : *valeur du travail*, l'idée de valeur est complètement éteinte. C'est une expression irrationnelle telle que par exemple *valeur de la terre*. »

(Marx, 1872, p. 232)

« En réalité ce qui, sur le marché des marchandises, vient se présenter directement face au possesseur d'argent, ce n'est pas le travail, mais le travailleur. Ce que ce dernier vend, c'est sa force de travail. Dès l'instant où son travail commence réellement, il a déjà cessé de lui appartenir, et donc ne peut plus être vendu par lui. Le travail est la substance et la mesure immanente des valeurs, mais lui-même n'a pas de valeur.

Dans l'expression « valeur du travail », le concept de valeur est non seulement complètement effacé, mais transformé en son contraire. C'est une expression imaginaire, comme, par exemple, valeur de la terre. »

(Marx, 1993, p. 601)

Marx reproche alors aux économistes précédents d'avoir ignoré cette réalité, ou de ne pas s'en être aperçus plus tôt, fourvoyés qu'ils étaient dans la recherche chimérique, par son prix comme marchandise, de la valeur du travail ; et c'est par le recours à une certaine détermination, mettant en jeu la valeur des moyens de subsistance, que, sans même s'en rendre compte, l'analyse mettait au jour, pour qui savait la voir, la véritable marchandise vendue par le travailleur. Au passage, Marx confirme ici la relation univoque, sinon l'identité, entre l'individu et sa force, la reproduction de cette dernière dépendant de la conservation du travailleur en tant que tel : « pour l'entretien et la reproduction du travailleur » (Trad. Roy) ; « produire ou reproduire le travailleur lui-même » (Trad. Lefebvre).

« L'économie classique croyait avoir de cette façon remonté des prix accidentels du travail à sa valeur réelle. Puis elle détermina cette valeur par la valeur des subsistances nécessaires pour l'entretien et la reproduction du travailleur. À son insu elle changeait ainsi de terrain, en substituant à la valeur du travail, jusque-là l'objet apparent de ses recherches, la valeur de la force de travail, force qui n'existe que dans la personnalité du travailleur et se distingue de sa fonction, le travail, tout comme une machine se distingue de ses opérations. »

(Marx, 1872, p. 232)

« Et c'est ainsi que l'économie politique croyait parvenir à la valeur du travail, à travers ses prix aléatoires. Comme pour les autres marchandises, cette valeur était ensuite déterminée aussi par les coûts de production. Mais quels sont les coûts de production… de l'ouvrier, quels sont les frais qu'il faut faire pour produire ou reproduire le travailleur lui-même ? Pour l'économie politique cette question s'est inconsciemment substituée à la question initiale […] Ce qu'elle appelle donc valeur du travail (*value of labour*) est en réalité la valeur de la force de travail qui existe en la personne du travailleur et qui est aussi différente de sa fonction, le travail, qu'une machine l'est des opérations qu'elle effectue. »

(Marx, 1993, pp. 602-603)

Marx entend ainsi montrer que la confusion entre la valeur du travail et celle de la force de travail amène à penser que le salaire paierait l'intégralité du travail effectué ; et cela, précisément, est l'illusion qu'il dénonce ici. Il met en garde, alors, contre l'interprétation consistant à considérer le paiement du salaire comme celui du travail à sa valeur.

« Mettons que la force de travail ait une valeur journalière de trois francs, et que la journée de travail soit de douze heures. En confondant maintenant la valeur de la force avec la valeur de sa fonction, le travail qu'elle fait, on obtient cette formule : *Le travail de douze heures a une valeur de trois francs.* [...] Dans notre exemple, il faut six heures par jour pour produire une valeur de trois francs, c'est-à-dire la valeur journalière de la force de travail, mais comme celle-ci fonctionne pendant douze heures, elle rapporte quotidiennement une valeur de six francs. On arrive ainsi au résultat absurde qu'un travail qui crée une valeur de six francs n'en vaut que trois. »

(Marx, 1872, p. 233)

« Supposons que la journée de travail soit habituellement de 12 heures et que la valeur quotidienne de la force de travail soit de 3 sh., expression-argent d'une valeur où se représentent 6 heures de travail. Si le travailleur reçoit 3 sh., il reçoit la valeur de sa force de travail fonctionnant pendant 12 heures. Si maintenant cette valeur journalière de la force de travail est exprimée comme valeur du travail d'une journée, nous avons alors la formule suivante : le travail de 12 heures a une valeur de 3 sh. [...] Dans l'exemple précédent, la valeur de la force de travail qui fonctionne pendant 12 heures est de 3 sh., valeur pour la reproduction de laquelle elle a besoin de 6 heures. En revanche, son produit de valeur est de 6 sh., parce qu'en réalité, elle fonctionne pendant 12 heures et que son produit de valeur ne dépend pas de sa valeur propre, mais de la durée en temps de son fonctionnement. On obtient ainsi ce résultat qui paraît inepte au premier abord : un travail, créant une valeur de 6 sh., a une valeur de 3 sh. »

(Marx, 1993, pp. 603-604)

En somme, Marx nous dit clairement que si l'on relie les 3 shillings de salaire à la journée entière de 12 heures, on égalise, par erreur, la valeur du travail de 12 heures à 3 shillings (ce qui correspond, pour Marx, non à la valeur, mais au prix du travail) ; mais comme la valeur produite par le travail est directement reliée au temps pendant lequel il est effectué, c'est-à-dire au temps de fonctionnement de la force de travail, cette valeur est en fait de 6 shillings, car c'est ici l'expression monétaire de 12 heures de travail : « 3 sh., expression-argent d'une valeur où se représentent 6 heures de travail » (Trad. Lefebvre). Marx précise en note, chez Roy :

« Comme dans la section V, on suppose que la valeur produite en une heure de travail soit égale à un demi-franc. »

(Marx, 1872, note 1, p. 233)

Là, on ne peut que relever une certaine mauvaise foi de sa part, car il ne démontre pas formellement, à part la supposition qu'il propose ici, l'équivalence originelle entre les 3 shillings (ou les 3 francs) et les 6 heures de travail ; or, comme nous avons tenté, avec succès nous l'espérons, de le montrer *supra*, c'est précisément parce que le salaire ne respecte pas cette équivalence que la valeur attribuable à la force de travail n'est que de la moitié de la valeur que le travail est censé produire dans la journée. D'évidence, en n'ayant payé qu'un salaire de 3 shillings pour 12 heures, au prix du travail ainsi déterminé, on ne peut que constater, par ce paiement même, l'équivalence de fait entre ces heures et ces shillings ; on ne saurait alors affirmer, sauf à prétendre (ce que Marx fait) que le temps de travail non rémunéré soit néanmoins capable de produire une valeur, que l'entièreté de la valeur formée serait de 6 shillings au lieu de 3. Cependant, Marx va encore plus loin : il prétend que le fait de considérer les 12 heures de travail comme payées 3 shillings (en confondant, donc, la valeur de ce travail avec celle de la force dont il émane) fait croire, à tous, que le travail est entièrement payé à sa valeur, alors qu'il ne s'agirait là que d'une apparence.

« Mais cela n'est pas visible à l'horizon de la société capitaliste. Tout au contraire : là la valeur de trois francs, produite en six heures de travail, dans une moitié de la journée, se présente comme la valeur du travail de douze heures, de la journée tout entière. En recevant par jour un salaire de trois francs, l'ouvrier paraît donc avoir reçu toute la valeur due à son travail, et c'est précisément pourquoi l'excédant de la valeur de son produit sur celle de son salaire, prend la forme d'une plus-value de trois francs, créée par le capital et non par le travail.

La forme salaire [...] fait donc disparaître toute trace de la division de la journée en travail nécessaire et surtravail, en travail payé et non payé, de sorte que tout le travail de l'ouvrier libre est censé être payé. »

(Marx, 1872, p. 233)

« On voit par ailleurs que la valeur de 3 sh., dans laquelle se représente la partie payée de la journée de travail, c'est-à-dire un travail de 6 heures, apparaît comme valeur ou prix des 12 heures de la journée de travail totale, qui contient 6 heures non payées. La forme salaire efface donc toute trace de la division de la journée de travail en travail nécessaire et surtravail, en travail payé et travail non payé. La totalité du travail apparaît comme du travail payé. »

(Marx, 1993, p. 604)

Autrement dit, étant payé 3 shillings pour 12 heures, le travailleur pense que ces 3 shillings sont la mesure de la valeur de son travail, et qu'il est, en conséquence, payé au salaire horaire qui en découle, au prix du travail déterminé par ce rapport. En réalité, nous dit Marx, son véritable salaire horaire est comme le double, correspondant à la valeur du travail effectué, mais la moitié ne lui est pas payée. Notons qu'il pouvait tout aussi bien prétendre que le salaire horaire fût le quadruple, le quart seulement étant payé. Le salaire de 3 shillings, néanmoins, fait illusion, non seulement pour le travailleur, mais aussi pour le capitaliste.

« [...] l'apparence seule des rapports de production se reflète dans le cerveau du capitaliste. Il ne sait pas que le soi-disant prix normal du travail contient aussi un certain quantum de travail non payé, et que c'est précisément ce travail non payé qui est la source de son gain normal. Le temps de surtravail n'existe pas pour lui, car il est compris dans la journée normale qu'il croit payer avec le salaire quotidien. »

(Marx, 1872, p. 238)

« [...] seule l'apparence des rapports de production se reflète dans la cervelle du capitaliste. Le capitaliste ne sait pas que le prix normal du travail contient lui aussi un quantum déterminé de travail non payé et que c'est précisément ce travail non payé qui est la source normale de son gain. La catégorie de temps de surtravail n'existe absolument pas pour lui, car elle est incluse dans la journée de travail normale qu'il croit payer avec le salaire journalier. »

(Marx, 1993, p. 616)

En d'autres termes, la formation de la plus-value par le surtravail échapperait totalement à l'observation et à la compréhension du capitaliste lui-même. Cette affirmation s'oppose au côté plutôt cynique que l'on pouvait retenir du capitaliste bien conscient, au contraire, de la transformation qu'il opérait, de fait, du taux de salaire, dans ces phrases de la citation du fameux exemple de Marx : « Notre capitaliste a prévu le cas, et c'est ce qui le fait rire. » (Marx, 1872, p. 83, *op. cit.*) ; « Notre capitaliste avait prévu ce « cas qui le fait rire ». » (Marx, 1993, p. 218, *op. cit.*). Manifestement, il ne prévoirait rien lui-même ; ce serait là toute la fourberie du système capitaliste, toutes ses « mystifications » dissimulant, sous les apparences, la dure réalité du rapport économique et social entre le capital et le travail.

« On comprend maintenant l'immense importance que possède dans la pratique ce changement de forme qui fait apparaître la rétribution de la force de travail comme salaire du travail, le prix de la force comme prix de sa fonction. Cette forme, qui n'exprime que les fausses apparences du travail salarié, rend invisible le rapport réel entre capital et travail et en montre précisément le contraire ; c'est d'elle que dérivent toutes les notions juridiques du salarié et du capitaliste, toutes les mystifications de la production capitaliste, toutes les illusions libérales et tous les faux-fuyants apologétiques de l'économie vulgaire. »

(Marx, 1872, p. 233)

« On saisit là l'importance décisive de la transformation de la valeur et du prix de la force de travail en forme-salaire c'est-à-dire en valeur et prix du travail proprement dit. C'est sur cette forme phénoménale qui rend invisible le rapport réel et qui en montre même rigoureusement le contraire que repose l'ensemble des représentations juridiques du travailleur aussi bien que du capitaliste, toutes les mystifications du mode de production capitaliste, toutes ses illusions de liberté, toutes les sornettes apologétiques de l'économie vulgaire. »

(Marx, 1993, p. 605)

On comprend surtout la portée politique et philosophique de toute la construction théorique dont les fondements, après avoir été exposés avec force par Marx, et pour autant qu'ils emportent la conviction de son lecteur, mériteraient incontestablement d'être défendus. Or, la pensée de Marx, bien que très précise par endroits, est loin d'être facile à suivre, et l'on notera, à plusieurs reprises, que la plupart des arguments qu'il avance pour critiquer une position prennent pour acquises, précisément, les bases de sa propre théorie, si bien que l'argumentation se résume souvent à cette seule proposition : « Si cela était vrai, le capitalisme tel que je le décris n'existerait pas. Donc, c'est faux. » Dans le passage suivant, il critique ainsi le fait de payer le travail à sa valeur.

« Abstraction faite de ces contradictions, un échange direct d'argent, c'est-à-dire de travail réalisé, contre du travail vivant, ou bien supprimerait la loi de la valeur qui se développe précisément sur la base de la production capitaliste, ou bien supprimerait la production capitaliste elle-même qui est fondée précisément sur le travail salarié. La journée de travail de douze heures se réalise par exemple dans une valeur monétaire de six francs. Si l'échange se fait entre équivalents, l'ouvrier obtiendra donc six francs pour un travail de douze heures [...] Dans ce cas il ne produirait pas un brin de plus-value pour l'acheteur de son travail, les six francs ne se métamorphoseraient pas en capital et la base de la production capitaliste disparaîtrait. Or c'est précisément sur cette base qu'il vend son travail [...] Ou bien il obtient pour douze heures de travail moins de six francs, c'est-à-dire moins de douze heures de travail. Douze heures de travail s'échangent dans ce cas contre dix, six, etc., heures de travail. Poser ainsi comme égales des quantités inégales, ce n'est pas seulement anéantir toute détermination de la valeur. Il est même impossible de formuler comme loi une contradiction de ce genre qui se détruit elle-même. »

(Marx, 1872, pp. 231-232)

« Abstraction faite de ces contradictions, un échange direct entre de l'argent, c'est-à-dire du travail objectivé, et du travail vivant, ou bien abolirait la loi de la valeur, qui, précisément, ne se développe librement que sur la base de la production capitaliste, ou bien abolirait la production capitaliste elle-même, qui, précisément, repose sur le travail salarié. La journée de travail de 12 heures s'exprime, par exemple, dans une valeur-argent de 6 sh. Ou bien ce sont des équivalents qui sont échangés et, dans ce cas, le travailleur reçoit 6 sh. pour un travail de 12 heures. [...] il ne produirait pas de survaleur pour l'acheteur de son travail, les 6 sh. ne se transformeraient pas en capital, et la base de la production capitaliste disparaîtrait ; or c'est précisément sur cette base qu'il vend son travail [...] Ou bien, il reçoit pour 12 heures de travail moins de 6 sh., c'est-à-dire moins de 12 heures de travail. 12 heures de travail s'échangent alors contre 10, 6, etc. heures de travail. Non seulement cette équation entre grandeurs inégales abolit la détermination de valeur, mais encore une telle contradiction qui s'abolit elle-même ne peut absolument pas être simplement exprimée ou formulée comme loi. »

(Marx, 1993, p. 600)

Si le travail était payé à sa (juste) valeur, c'est-à-dire à la valeur qu'il produit, 6 shillings pour 12 heures, la plus-value ne serait pas produite, « et la base de la production capitaliste disparaîtrait » (pour les deux traductions) ; et si le travail était payé en-deça de sa valeur, par exemple 3 shillings pour 12 heures, il ne saurait alors constituer le fondement de l'équivalence dans les échanges. Pour Marx, c'est la preuve que les 3 shillings perçus en salaires ne peuvent correspondre à la mesure de la valeur du travail effectué, mais à la valeur d'une chose de moindre grandeur, que paie le capitaliste : la valeur de la seule force de travail.

On voit que toute l'argumentation repose sur le constat d'une faiblesse analytique, car, dans la première option, ce n'est pas tant l'existence de la plus-value que le principe explicatif de sa formation qui viendrait à manquer. Marx, comme la plupart des auteurs, ne voit en effet pas d'autres cadres que sa propre théorie pour expliquer la plus-value ; si le travail, non sa force, était véritablement payé par le versement des salaires, ce serait peut-être moins la base de la production capitaliste qui viendrait à disparaître que la théorie de Marx elle-même. Il est certain que le capitalisme fonctionne sur les apparences ; il illusionne, sans conteste, les consommateurs, mais ce serait moins, de notre point de vue, au niveau de la correspondance établie entre leurs revenus et la valeur produite qu'au niveau de celle entre le prix et la valeur des marchandises qu'ils achètent.

Si les salaires peuvent, chez Marx, différer de la valeur du travail effectué, c'est uniquement parce que leur paiement n'est pas reconnu comme étant une opération de mesure. Les valeurs, en réalité, sont déjà toutes déterminées, en temps et en unités monétaires : celle des moyens de subsistance (3 shillings pour 6 heures), celle de la force de travail (idem), celle de l'or payé en salaires (idem), celle de la journée de travail (6 shillings pour 12 heures, soit le même taux horaire) ; et Marx de jouer sur les durées, les productivités, et d'écrire des formules, des définitions de taux, rapportant telle partie à telle autre. Mais jamais le paiement du salaire, par lui-même, ne mesure quoi que ce soit ; son montant est une conséquence de la relation officiellement posée entre les shillings en or et les heures de travail nécessaires pour les produire, relation que l'on retrouve dans la valeur des moyens de subsistance. La force de travail ayant cette même valeur journalière, le paiement des salaires ne fait que constater, dans un échange entre équivalents prédéterminés, l'égalité en valeur de cette force – donc du travail nécessaire pour la reproduire, donc des moyens de subsistance – à l'or payé. C'est pourquoi prétendre que les salaires pourraient mesurer la valeur de l'intégralité du travail effectué ne peut que relever, dans ce cadre, de la pure contradiction. Mais la source de la détermination fondant les équivalences en question nécessite encore d'être clarifiée.

### Décoction

« Si celle-ci [la valeur journalière de la force de travail] s'élève à 5 schellings [*sic*] – somme d'or où sont incorporées dix heures de travail – alors l'ouvrier doit travailler dix heures par jour pour compenser la valeur de sa force payée quotidiennement par le capitaliste, ou pour produire un équivalent des subsistances qu'il lui faut pour son entretien quotidien. »

(Marx, 1872, p. 135)

« Si une heure de travail se représente en un quantum d'or d'un demi-shilling, ou 6 d., et si la valeur journalière de sa force de travail est de 5 sh., il faut que le travailleur travaille 10 heures par jour pour remplacer la valeur journalière de sa force de travail, qui lui est payée par le capital, ou pour produire un équivalent de la valeur des moyens de subsistance qui lui sont nécessaires chaque jour. »

(Marx, 1993, p. 352)

Comme nous l'avions suggéré, dans cette détermination par un ballet d'équivalents, il est toujours possible de travailler une décoction des éléments, dont la force de travail, par sa transparence fantomatique établie, en avait, la première, fait les frais. Une nouvelle contraction, dans cette dernière citation, peut ainsi être proposée : si l'on remplace l'expression « valeur journalière » par « salaire » (dont les mesures correspondent), et que l'on supprime la référence centrale à la force de travail, il vient :

- *Si le salaire s'élève à 5 schellings – somme d'or où sont incorporées dix heures de travail – alors l'ouvrier doit travailler dix heures par jour* [...] *pour produire un équivalent des subsistances qu'il lui faut pour son entretien quotidien.*

- *Si une heure de travail se représente en un quantum d'or d'un demi-shilling, ou 6 d., et si le salaire est de 5 sh., il faut que le travailleur travaille 10 heures par jour* [...] *pour produire un équivalent de la valeur des moyens de subsistance qui lui sont nécessaires chaque jour.*

La référence à l'or, la monnaie-marchandise, apparaît plus nettement, et c'est elle, en réalité, qui justifie l'expression monétaire ; car c'est bien parce que 10 heures de travail sont ici nécessaires pour obtenir une quantité d'or mesurée par 5 shillings que l'expression monétaire de 5 shillings correspond à cette durée de travail, donc à cette valeur. La partie correspondante du travail effectué, le travail nécessaire, est alors pleinement déterminée, puisqu'il y a correspondance directe entre les salaires et la durée du travail (donc la valeur). Pourquoi, en effet, le capitaliste producteur de filés commence-t-il par payer un salaire de 3 shillings pour une demi-journée (6 heures) de travail ? Marx prétend qu'il s'agit là de la valeur journalière de la force de travail, déterminée par la valeur des moyens de subsistance nécessaires pour la reproduire. Nous avons déjà éliminé la première ; peut-on se passer de la seconde sans détruire la détermination de la mesure monétaire ?

- *Si le salaire s'élève à 5 schellings – somme d'or où sont incorporées dix heures de travail – alors l'ouvrier doit travailler dix heures par jour.* [...]

- *Si une heure de travail se représente en un quantum d'or d'un demi-shilling, ou 6 d., et si le salaire est de 5 sh., il faut que le travailleur travaille 10 heures par jour.* [...]

C'est limpide. Connaissant le salaire horaire, si le capitaliste verse au travailleur un salaire de 5 shillings, c'est qu'il lui donne une valeur en or définie par 10 heures de travail ; le travailleur s'exécute donc pendant 10 heures en échange (entre équivalents). S'il lui verse 3 shillings, la valeur de l'or donné correspond alors à 6 heures de travail, et le travailleur doit travailler 6 heures. Notez bien que le salaire horaire est ainsi défini par la mesure du travail nécessaire dans la production de l'or ;

la valeur des moyens de subsistance n'a strictement rien à faire dans cette détermination, car même en admettant que celle-ci soit doublée, qu'il faille, par exemple, 12 heures de travail pour les produire quotidiennement, et que, par conséquent, ils coûtent aux travailleurs la somme de 6 shillings à leur achat, il ne s'ensuit pas que le capitaliste soit amené à verser un tel salaire pour la même demi-journée de travail. Tant que l'expression monétaire en shillings de la valeur de l'or demeure fixée, le salaire horaire l'est aussi. C'est pourquoi le capitaliste doit toujours, théoriquement, verser 6 shillings pour une journée de 12 heures de travail (ce qu'il ne fait pas, précisément, dans l'exemple du doublement de la production de filés), car la relation imposée par la définition du salaire horaire, étant l'expression de l'équivalence entre un salaire et un nombre d'heures, se lit aussi dans l'autre sens :

- *Si l'ouvrier travaille dix heures par jour, alors le salaire doit s'élever à 5 schellings – somme d'or où sont incorporées dix heures de travail.*

- *Si le travailleur travaille 10 heures par jour, et si une heure de travail se représente en un quantum d'or d'un demi-shilling, ou 6 d., il faut que le salaire soit de 5 sh.*

On voit maintenant qu'il est possible, dans cette dernière formulation, de se passer de la condition d'ouverture ; car la relation d'équivalence ne se trouve pas dans cet élément. Après rinçage, la relation apparaît nettement :

- [...] *le salaire doit s'élever à 5 schellings – somme d'or où sont incorporées dix heures de travail.*

- [...] *une heure de travail se représente en un quantum d'or d'un demi-shilling* [...]

Il est encore possible de continuer l'opération, étant donné que les shillings ne mesurent pas directement une quantité matérielle d'or, mais une valeur, à savoir un temps de travail, des heures de « travail coagulé ». L'or, en tant que matière, n'est qu'un intermédiaire dans la relation d'équivalence, et il peut très bien « sauter », lui aussi, sans modifier la définition du salaire horaire, le rapport entre le salaire et le temps de travail mesuré en heures.

- *le salaire doit s'élever à 5 schellings* – [...] *dix heures de travail.*

- *une heure de travail se représente en* [...] *un demi-shilling.*

L'évaporation des éléments qui, finalement, ne sont pas nécessaires à la définition des salaires, ne laisse donc, au fond de ces propositions, que des éléments irréductibles... Mais il reste encore comme une scorie, un élément perturbateur. C'est que la relation obtenue est entre un nombre de shillings et un nombre d'heures, d'unités de mesure, donc, de temps. Or, le temps, même s'il est un temps de travail, ne porte pas en lui-même, par sa seule mesure, le travail effectué, l'activité même. Mais il apparaît, pour Marx, que se passer de la mesure temporelle serait considérer le travail comme une marchandise, avec une valeur, ce qui mène à la tautologie. Rappelons la citation :

« Le travail lui-même est donc traité comme une marchandise dont les prix courants oscillent au-dessus ou au-dessous de sa *valeur*. [...] Et comment mesurer la grandeur de valeur d'une marchandise ? Par la quantité de travail qu'elle contient. Comment dès lors déterminer, par exemple, la valeur d'une journée de travail de douze heures ? Par les douze heures de travail contenues dans la journée de douze heures, ce qui est une tautologie absurde. »

(Marx, 1872, p. 231)

« On parle ici de la valeur du travail [...] Et comment mesurons-nous la grandeur de sa valeur ? Par la grandeur du travail qu'elle contient. Donc, par quoi serait déterminée, par exemple, la valeur d'une journée de travail de 12 heures ? Par les 12 heures de travail contenues dans une journée de travail de 12 heures, ce qui est une tautologie inepte. »

(Marx, 1993, p. 599)

Il critique alors l'attribution d'une telle valeur au travail. Rappelons, là aussi, la citation :

« Le travail est la substance et la mesure inhérente des valeurs, mais il n'a lui-même aucune valeur. »

(Marx, 1872, p. 232)

« Le travail est la substance et la mesure immanente des valeurs, mais lui-même n'a pas de valeur. »

(Marx, 1993, p. 601)

Sur cette simple phrase, tout aurait pu basculer. Quelle est, en effet, la seule et unique chose, dans un monde où tout est marchandise, où tout a une valeur, qui n'en serait pas pourvue, sinon la valeur elle-même ? La « valeur de la valeur », voilà un concept redondant et contradictoire, qui n'en finirait jamais si l'on s'avisait d'en rechercher la mesure. Or, le travail est la « substance » de la valeur ; pourquoi, dès lors, ne serait-il pas, lui-même, identifié à la valeur en question ? Parce que, dans la même phrase, le travail est aussi « la mesure inhérente des valeurs » (Trad. Roy), « la mesure immanente des valeurs » (Trad. Lefebvre), et l'on ne peut être à la fois le mesurant et le mesuré. Alors, la valeur emprunte au travail la mesure du temps pendant lequel il est effectué.

Mais il existe, en réalité, une chose qui mesure sans être elle-même mesurée, une chose qui, par son contact avec le travail effectué, quel qu'il soit, pas encore, même, mesuré par des heures ou des minutes, le mesure alors instantanément. Cette chose, c'est la monnaie. Car lier le paiement des salaires au travail effectué, ce n'est pas payer le travail à sa valeur, comme s'il était une marchandise. Sur ce point, Marx aura eu raison. Le travail, comme la monnaie, n'est pas une marchandise ; le travail, comme la monnaie, n'a pas de valeur. Mais le travail devient la valeur que la monnaie, précisément, mesure. Il devient cette valeur par le paiement des salaires ; ce paiement fixe ainsi le montant des salaires payés comme mesure du travail en tant que valeur monétaire. Le travail comme valeur étant mesuré en shillings, non en heures, le temps lui-même peut être éliminé de nos propositions.

- *le salaire doit s'élever à 5 schellings – [...] de travail.*
- *(du) travail se représente en [...] un demi-shilling.*

La décoction est terminée. Ce qui demeure, c'est la relation de détermination, celle qui sous-tend toutes les autres : 5 shillings mesurent la valeur de l'or, et 5 autres shillings mesurent la valeur des moyens de subsistance ; l'une et l'autre expriment le travail, en tant que valeur monétaire, nécessaire à la production de ces marchandises. Or, à quel moment, les concernant, le travail a-t-il rencontré les shillings ? À quel moment précis les shillings, unités de mesure, se sont-elles mises à mesurer le travail, le transformant en valeur monétaire ? S'il y a quelque chose de caché dans la description que nous fait Marx des opérations économiques, c'est bien que l'opération de mesure du travail en shillings, pour l'or, pour les moyens de subsistance et, donc, pour les filés, est effectuée par le paiement des salaires.

« Nous savons que la relation d'équivalence définissant la mesure ne peut être exprimée qu'en termes de salaires distribués. Il s'ensuit que les moyens de subsistance et, par transitivité, la force de travail, ont une mesure dont l'expression coïncide avec celle des rémunérations versées aux producteurs des biens-salaire. »

(Schmitt & Cencini, 1977, pp. 25-26)

Fondamentalement, et nous aurons l'occasion d'y revenir, la relation entre l'unité monétaire et le travail effectué est définie dans tout paiement de salaire, et elle est redéfinie à chaque paiement de salaire. Ainsi, concernant le travail total effectué durant la journée dans la fabrique de filés, nous connaissons à présent sa partie logiquement mesurée par les salaires versés, qu'ils soient de 3, de 5 ou de 6 shillings ; cette partie est le tout. Le paiement des salaires ne peut d'emblée qu'identifier le quantum de travail effectué au nombre de shillings versés. Ce nombre d'unités monétaires ne peut que mesurer non une part, mais l'intégralité du travail, et les salaires sont l'expression numérique de la seule valeur monétaire produite.

**Résolution**

Nous pourrions reprendre, et résumer ainsi, le nœud théorique.

Chez Walras :

*(Travail = Salaires) < Valeur*

Cette formule implique la mesure du travail par les salaires. Mais elle implique aussi la présence de revenus autres que ceux du travail au sein de la valeur. Les revenus du capital, en effet, seraient susceptibles de s'y ajouter. Nous espérons avoir montré qu'il n'en est rien.

Chez Marx :

*Salaires < (Travail = Valeur)*

Cette formule implique la correspondance entre le travail effectué et la valeur produite. Mais elle implique aussi la correspondance des salaires à une partie seulement de la valeur, signifiant celle d'une chose différente du travail. La force de travail, en effet, serait susceptible d'être cette chose. Nous espérons avoir montré qu'il n'en est rien.

Or, jouons à ne considérer que ce qui est, selon nous, avéré dans ces deux conception, à savoir les relations suivantes :

*Travail = Salaires*

*Travail = Valeur*

Si l'on tient pour correctes ces deux relations, on en tire nécessairement la suivante :

*Salaires = Valeur*

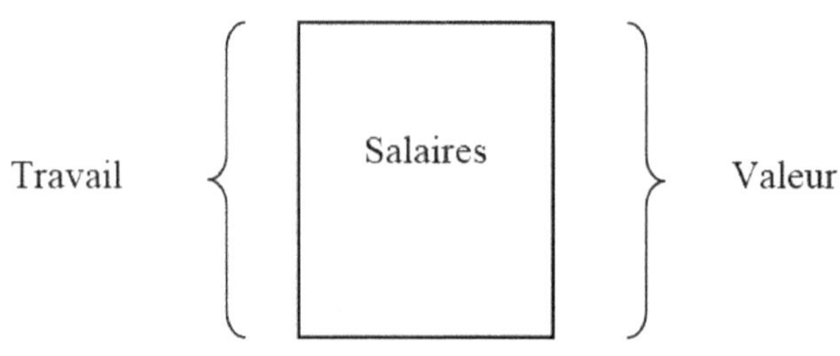


Si valeur il y a, elle est produite par le seul travail. La seule valeur monétairement définie lors de la production, ce sont les coûts de production. La seule valeur monétaire existante dans l'économie, ce sont les salaires.

« L'enseignement le plus fort de la théorie des émissions est aussi le plus curieux : les salaires (S) sont l'unique catégorie du revenu national (R).

*Les salaires monétaires (S) englobent la totalité du revenu national (R)*

(1) $R = S$

Dans la langue d'aujourd'hui, on dirait que la définition 1 n'est pas crédible. Mais le scientifique ne juge pas d'après la crédibilité ; son critère est la vérité. La monnaie ne serait présente nulle part dans l'économie si elle n'apparaissait déjà dans la toute première opération, la production. Et l'intégration de la monnaie dans le procès de production est une loi rigoureuse, que personne ne peut briser ni même modifier ou « nuancer ». »

(Schmitt, 1984, p. 121)

Basée sur une analyse pour le moins profonde de la nature de la monnaie et des paiements, la « théorie des émissions » de Schmitt exprime clairement ce même résultat fondamental : le revenu global, c'est-à-dire la représentation ou, mieux, la présentation – puisqu'elle est première – de la valeur monétairement formée lors de la production, n'est toujours constitué que de salaires. Autrement dit, la valeur se présente sous la forme de revenus monétaires, perçus uniquement lors de la production ; la valeur s'identifie donc aux salaires, qui sont bien les seuls revenus perçus, précisément, lors de la production. Et comme ils sont les seuls revenus, les salaires sont aussi les seuls coûts de production.

« Les salaires sont les seuls revenus définis par un coût net et final (le coût de production des biens et des services) ; seul le travail est « coûteux » et le salaire (monétaire) est la mesure exacte du travail dépensé ; tous les autres revenus sont dérivés des salaires : ils y ont leur source. La masse des salaires est le « fonds des profits ». »

(Schmitt, 1984, p. 124)

Il est toujours remarquable, à sa lecture, de constater à quel point Schmitt était capable de résumer en quelques lignes toute la conception à laquelle parvient son analyse. Nous pourrions presque nous arrêter là, tant tout est dit. Mais il n'est pas rare d'entendre, dans les milieux qui, à juste titre, le défendent, que « Le travail n'est pas un coût, mais une richesse ! »

Reprenons la citation : « Seul le travail est « coûteux » et le salaire (monétaire) est la mesure exacte du travail dépensé. » Il convient ici de préciser que le coût dont on parle l'est pour une organisation productive, pas pour les ménages, en particulier les travailleurs. Le travail, si l'on veut, peut bien être considéré comme une « richesse », ainsi que l'ensemble de ses résultats, mais ce n'est que lorsqu'il est rémunéré qu'il acquiert le statut de grandeur économique, ainsi mesuré par le montant du salaire versé, parce qu'il devient, littéralement, lui-même ce salaire. Il est donc, et nous aurons l'occasion d'y revenir, à la fois un revenu pour le travailleur payé (il apparaît comme une ressource à son passif comptable) et un coût pour l'entreprise qui le paie (comptabilisé comme emploi à l'actif de celle-ci).

L'analyse implique en outre cette version forte : « Tous les autres revenus sont dérivés des salaires : ils y ont leur source. » Tous les revenus, quels qu'ils soient, et malgré leur diversité après transferts et redistributions, naissent de la production, naissent de la rémunération du travail. Ils sont donc tous, à l'origine, des salaires.

« C'est dire que tout revenu voit le jour sous l'identité des salaires, directs et sociaux (comme les allocations de famille, de logement, de maladie, les cotisations patronales pour la retraite des employés, les indemnités de chômage, etc.). Il est ainsi logiquement impossible de trouver des revenus dans la société qui ne soient d'abord définis en salaires. »

(Schmitt, 1984, p. 124)

Convenons-en, la dernière phrase de cette citation en ferait bondir plus d'un. La phrase suivante, tirée de la citation précédente, n'en est que la déduction logique : « La masse des salaires est le « fonds des profits ». » (*Ibid.*). Si la production, n'apportant que des salaires, est aussi le seul moment possible de formation de nouveaux revenus (cette capacité, on l'a vu, étant refusée à la seule circulation), le statut des profits pose effectivement problème, car on les imagine toujours « en plus » des salaires ; la représentation de la structure du prix, à laquelle la valeur s'identifie toujours, ne cesse de s'imposer mentalement, et l'on se dit immanquablement : « Mais alors, d'où viennent les profits ? ». C'est en ce sens que la conception contemporaine de la valeur comme une somme, des salaires et des profits, apparaît soutenue par une véritable théorie, comme reconnue scientifiquement et, ainsi, largement acceptée dans la représentation générale, pour ne pas dire populaire, des phénomènes. Cette représentation est tellement forte qu'elle supporterait très difficilement ne serait-ce que toute réception d'une formulation autre. C'est pourquoi Schmitt précise que la position consistant à soutenir sinon l'identité, du moins l'équivalence du revenu global et des salaires, pourrait bien être jugée comme non « crédible ». Osons le dire : pour la plupart des économistes, elle demeure proprement impensable.

### La valeur illusoire

« Et, en même temps, chacun peut comprendre que si la totalité de la production était consacrée aux salaires et si rien n'allait aux profits, alors il serait sans doute difficile d'attirer des capitaux permettant de financer de nouveaux investissements, tout du moins dans le mode d'organisation économique actuel (on peut bien sûr en imaginer d'autres). »

(Piketty, 2013, p. 74)

Que Piketty se rassure, à chaque nouvelle production de revenus, une partie en profits en est effectivement tirée, et c'est tant mieux, manifestement, pour « attirer des capitaux ». Il est clair, dans cette vision du « mode d'organisation économique actuel », que le résultat de la production est finalement valorisé lors des ventes, non lors de la production elle-même. Il s'agit d'une obligation théorique, puisque seules les ventes permettent de réaliser les profits comptant comme revenus produits en plus des salaires. Alors, une fois perçus, on les ajoute *ex post* aux salaires déjà payés lors de la production, et l'on obtient ainsi le revenu national global, dont le calcul au niveau intérieur donne le PIB, valeur du produit tout aussi global. Une partie – les salaires – du revenu ainsi défini aura donc récompensé le travail, lors de la production ; l'autre partie, les profits, récompense alors le capital, dans la circulation. Les deux parts du revenu global sont ainsi reliées, par leur dépense, aux parties correspondantes du produit global, les biens-salaires et les biens-profits. S'il y a mystification, ce serait d'abord et avant tout à ce niveau, celui de la formation et de l'attribution des valeurs à leurs facteurs, caractérisant la pensée néoclassique.

« Le rapport entre le capital et le travail revêt alors la fausse apparence d'un rapport d'association dans lequel l'ouvrier et l'entrepreneur se partagent le produit suivant la proportion des divers éléments qu'ils apportent. »

(Marx, 1872, p. 230)

« Ce qui vient prendre sa place c'est la fausse apparence d'un rapport d'association, dans lequel le travailleur et le capitaliste partageraient le produit proportionnellement aux différents facteurs qui le constituent. »

(Marx, 1993, p. 596)

Cette représentation bipartite de la valeur a ses vertus, notamment lorsque les profits commencent à représenter, pour certaines grandes entreprises, des sommes jugées astronomiques. Il semblerait que, dans certaines conditions, les profits fussent presque vus comme inépuisables, tellement la procédure à suivre paraît simple à mettre en œuvre. Si l'on prend l'équation du prix :

*Prix = Salaires + Profits*

Il vient :

*Profits = Prix – Salaires*

Si l'on assimile les salaires aux coûts de production, ou même si l'on considère, dans une vision microéconomique, d'autres coûts s'y ajoutant, on établit :

*Profits = Prix – Coûts de production*

Il suffit donc, pour tout vendeur, de fixer un prix supérieur aux coûts pour réaliser, dans la vente, les profits.

« [le capitaliste] s'explique partout le profit par ce simple truc : acheter des marchandises au-dessous de leur valeur et les vendre au-dessus. »

(Marx, 1872, p. 234)

« [...] et dans tous les cas il s'expliquera son profit par l'escroquerie toute simple qui consiste à acheter en dessous et à vendre au-dessus de la valeur. »

(Marx, 1993, p. 606)

Même sans acheter au-dessous (ce qui est toujours possible par rabais, remises ou ristournes), il suffit de vendre au-dessus. C'est la vision de l'entrepreneur, quel qu'il soit, pour qui la question « D'où viennent les profits ? » semble ne pas se poser : il y a bien toujours des revenus quelque part, qui circulent... Et la preuve de leur existence est dans sa caisse, à la fin de la journée. Mais l'équation de la détermination du revenu national, telle qu'elle est rapportée par Piketty, sous-entend bien, et c'est encore plus fort, la considération suivante : les revenus constituant les profits ne préexistent pas aux ventes, puisque seuls les coûts, avant celles-là, auront pu être déterminés ; les profits sont donc littéralement générés par les ventes. Ainsi, la détermination d'un cours mondial sur les marchés, en fonction des circonstances, engendrerait les revenus correspondants, par la seule différence entre ce cours et le coût de la marchandise concernée, dès lors qu'elle est achetée. Tel film de super-héros, d'un budget (coût de production) de 100 millions de dollars, en aura rapporté 500 millions ; il aura donc généré, « produit » au sens fort du terme, par sa seule sortie en salles, la différence, soit 400 millions de dollars de revenus supplémentaires, intégrant l'économie comme profits en sus des revenus du travail. Quels que soient les secteurs, les revenus sont ainsi générés par les ventes réalisées ; à n'en pas douter, le marché crée des revenus, les profits, et aussi, sans doute, les « superprofits »... C'est le contenu de « *L'économie selon Harry Potter* ».

On voit que le problème n'est pas dans le mode de détermination d'un prix, par la sempiternelle confrontation de l'offre et de la demande, mais bien dans la teneur véritable en revenu que ce prix est censé représenter ; car si l'offre et la demande déterminent bien le niveau des prix, elles dépendent elles-mêmes, nécessairement, des coûts des offreurs et des revenus des demandeurs. La leçon que l'on peut tirer de l'exemple de Marx, lorsqu'il diminue, de manière presque grossière, le salaire horaire pour faire émerger la plus-value, est plus qu'éloquente et, de surcroît, extrêmement moderne ; il montre en effet, nous l'avons vu, que la différence entre le prix et le coût de production peut non seulement être générée par une hausse du prix, mais aussi par une baisse du coût, les deux pouvant être conjuguées, comme peuvent s'en apercevoir, de plus en plus, les consommateurs victimes de la désormais courante « *shrinkflation* ». C'est pourquoi la conception de l'additivité des profits aux salaires vacille, car cela commence progressivement à se voir : au lieu d'être générés par les ventes, les profits ne seraient-ils pas, tout simplement, prélevés sur les revenus des consommateurs ? On comprendrait alors pourquoi ils paraissent sinon inépuisables, du moins si faciles à réaliser ; c'est qu'ils sont prélevés sur des revenus déjà existants. Leur source n'est évidemment pas illimitée, mais ils n'ont, contrairement aux salaires, pas à être créés dans un procès où devrait nécessairement intervenir une activité, un travail.

La perception des profits n'est toujours qu'un transfert de revenus, et lorsqu'un paiement n'est qu'un transfert, c'est parce que le bénéficiaire n'aura précisément pas travaillé pour cela. Toutefois, la formation des profits ne correspond pas à un prélèvement conventionnel, ne serait-ce que par l'apparence de leur caractère additif aux revenus dans lesquels, cependant, ils ne peuvent être que puisés. On dit : « L'entreprise est un lieu de création de la valeur », et l'on entend par là la valeur ajoutée, formée des salaires et des profits ; on dit : « Discutons du partage de la valeur », et l'on entend par là la répartition de la valeur ajoutée en salaires et en profits. Mais la seule valeur créée par toute entreprise, ce sont les salaires qu'elle verse, et la seule valeur susceptible d'être partagée, c'est l'ensemble des salaires versés. Les profits ne s'ajoutent pas à la valeur globalement produite dont ils sont nécessairement issus.

Le revenu global, formé des seuls revenus salariaux, n'est pas réparti de cette façon triviale, en donnant une part aux uns, l'autre aux autres, avant toute consommation. Le partage de la valeur ne se décrète pas, car il dépend de l'écart entre les prix et les coûts des marchandises achetées lors de la consommation : les profits réalisés dans les ventes se révèlent parce qu'ils échappent alors, provisoirement, à une destruction littérale, celle que les revenus correspondant au coût des biens-salaires n'auront précisément pu éviter. Si l'on admet que les salaires mesurent le travail, donc la quantité de travail, la recherche entreprise par Smith était loin d'être vaine ; c'était la recherche de la mesure du produit global. Or, le résultat de cette recherche est désormais connu : les travailleurs détiennent d'emblée, dans les salaires perçus, la totalité de la valeur produite, la totalité du revenu global. L'ajout, à ces salaires perçus, des profits réalisés, comme si ces derniers revenus provenaient de travailleurs d'une autre planète, surestime *ipso facto* ce revenu global, par un double emploi manifeste. Il en résulte qu'une modification de sa seule répartition modifie le PIB tel qu'il est actuellement conçu et calculé.

Il est encore fréquent de percevoir, au-dessus du brouhaha des manifestations et des grèves, la clameur appuyée des travailleurs revendiquant ce fameux « meilleur partage des richesses », entendez une meilleure répartition des revenus, jugeant leur part, les salaires (perçus par beaucoup), trop faible par rapport à l'autre part, les profits (perçus par quelques-uns). Les salariés sont ainsi enclins à demander une redistribution, un prélèvement sur les « revenus du capital » que sont – ou devraient être – les profits ; du moins, c'est bien ainsi qu'on les leur présente, à longueur de « chroniques éco », *a fortiori* s'ils ont lu le livre, fort encensé, de Piketty. La lutte est légitime, mais elle ne fait que commencer, dès lors que l'on comprend que les salaires, en réalité, ne représentent pas qu'une part du gâteau, mais bien, dès l'origine, son intégralité. Autrement dit, de la valeur, les travailleurs ne peuvent recevoir une plus grande part que les salaires, puisque les salaires représentent déjà l'entièreté de la valeur. On voit que l'aspect illusoire de la partie soi-disant additionnelle, les profits, recouvre aussi bien la vision de ceux qui finissent par la percevoir que celle de ceux qui la revendiqueraient volontiers pour l'ajouter à la leur ; mais cet ajout est impossible, car les profits proviennent déjà de la dépense de leurs salaires. Bien entendu, des profits déjà réalisés peuvent toujours être redistribués à des travailleurs, mais ce n'est là qu'un retour à l'envoyeur, en aucun cas un ajout net aux salaires initialement versés.

Pour former de nouveaux revenus, il faut de nouveau, immanquablement, verser des salaires. Les profits ne sauraient se former de la même manière ; ils se forment donc sur ce qui est déjà formé. Autrement dit, ils se prélèvent dans un revenu global uniquement salarial qui a déjà, dès son apparition, le pouvoir d'acheter l'ensemble des marchandises obtenues par le seul travail.

# Chapitre 3

## La destruction des revenus ou la valeur éphémère

« C'est une triste chose, a-t-on dit, pour celui qui touche à la fin de sa carrière de reconnaître que sa vie entière a été consacrée à faire des têtes d'épingles. »

Horace Say, *Dictionnaire de l'économie politique*, vol. 1 (1852), Guillaumin, p. 569.

La notion de destruction, entraînant une disparition, paraîtra sans doute abrupte lorsque l'on évoque en ces termes la destinée des revenus, donc celle de la seule valeur existante. Cependant, au premier chapitre, nous avions souligné l'importance de la « destruction des parties », soit le mécanisme d'amortissement concernant les coûts. Par ailleurs, il est devenu courant de considérer, dans sa conception contemporaine héritée, par ses fonctions, de l'approche traditionnelle, que la monnaie elle-même ferait bien l'objet d'une véritable création *ex nihilo*, sous l'effet de prêts bancaires consentis, et qu'elle serait ensuite littéralement détruite lors du remboursement de ces prêts. Nous verrons au chapitre suivant les limites conceptuelles de cette « création monétaire », telle qu'elle est décrite dans beaucoup de manuels, censée expliquer la présence d'une masse de monnaie nécessairement conçue comme une valeur nette, additive à celle des autres marchandises, afin de pouvoir maintenir la conception même de leurs échanges. Néanmoins, le mécanisme de la destruction des revenus, du seul point de vue comptable, s'apparente bien au principe de compensation, celui-là même retenu pour décrire la destruction de la monnaie, du fait que les revenus sont eux-mêmes des entités monétaires n'échappant pas à ce principe. Mais avant de parler de leur destruction, évènement, comme nous le verrons, indispensable à leur répartition, commençons par évoquer leur nécessaire formation nette, leur création.

Il faut l'avouer, la conception d'une création de revenus, portant de fait celle du pouvoir d'achat associé, constitue précisément ce qui manque à la plupart des théories développées. On notera par exemple que, chez Walras, même si le revenu provient d'emblée d'un capital (dans le sens très particulier, que nous avons vu précédemment, qu'il porte à ces deux termes), le paiement des sommes correspondantes, pour le prix de services producteurs, n'est conçu comme une formation de revenu que sur le papier : ce sont là, invariablement, des échanges entre équivalents préexistants, et le revenu comme entité monétaire distinguée de son support précieux ne peut toujours qu'être au mieux sous-jacent, très souvent ignoré. Ce ne sont toujours que les services producteurs et les produits concrets qui sont directement, à la criée, exprimés en numéraire, non une entité exclusivement économique, et les transactions effectives les concernant ne sont toujours constituées que de leurs échanges en fonction de ces mesures ; la possibilité même de ces échanges n'est ici nullement questionnée, ceux-là étant considérés par Walras comme des « faits naturels », et la seule commensurabilité des services et des produits, donnée par leur expression en numéraire, suffit amplement, dans ce cadre, à décrire les achats et les ventes auxquels ils participent.

Néanmoins, le « pouvoir d'échange » ainsi attribué *de facto* aux marchandises ne saurait fonder les transactions sans laisser planer une certaine insatisfaction intellectuelle. Il va de soi que l'abandon de l'échange comme phénomène apte à les décrire nécessite un autre mode explicatif de leur existence. C'est ici que le concept de revenu monétaire, comme l'avait sans doute compris Keynes, entre en scène : lui seul permet de rendre compte, au sens propre du terme, des transactions effectuées, car alors, ces transactions ne peuvent toujours qu'entraîner la création, le transfert ou la destruction du seul pouvoir économiquement pertinent, le pouvoir d'achat des revenus.

### Symphonie marxienne

Dans une économie vue comme un ensemble d'échanges, qu'ils soient entre équivalents ou non, nulle création nette de revenu ne peut avoir lieu, encore moins de destruction nette. Chez Marx, comme chez Walras, les transactions ne sont toujours que des échanges entre marchandises, et leur valeur monétaire (le capital), même si elle diminue par d'inévitables pertes matérielles (l'usure non récupérable du capital constant) et est censée augmenter par la production de valeur (dans l'usage de la force de travail), ne fait toujours qu'indéfiniment circuler. Cette toile de fond est particulièrement présente lorsque Marx résume ici sa conception.

« La conversion d'une somme d'argent, en moyens de production et force de travail, ce premier mouvement de la valeur destinée à fonctionner comme capital, a lieu sur le marché, dans la sphère de la circulation.

Le procès de production, la deuxième phase du mouvement, prend fin dès que les moyens de production sont transformés en marchandises dont la valeur excède celle de leurs éléments constitutifs ou renferme une plus-value en sus du capital avancé.

Les marchandises doivent alors être jetées dans [...] la circulation. Il faut les vendre, réaliser leur valeur en argent, puis transformer de nouveau cet argent en capital et ainsi de suite.

C'est ce mouvement circulaire à travers ces phases successives qui constitue la circulation du capital. »

(Marx, 1872, p. 246)

« Le premier mouvement qu'effectue le quantum de valeur censé fonctionner comme capital est la transformation d'une somme d'argent en moyens de production et en force de travail. Celle-ci se déroule sur le marché, dans la sphère de la circulation. La seconde phase de mouvement, le procès de production, est achevée quand les moyens de production sont transformés en une marchandise dont la valeur dépasse la valeur de ses composantes, autrement dit, en une marchandise qui contient le capital avancé à l'origine plus une survaleur. Ces marchandises doivent ensuite être relancées dans [...] la circulation. Il faut les vendre, réaliser leur valeur en argent, retransformer cet argent en capital et ainsi de suite. Ce circuit, qui parcourt constamment les mêmes phases successives, constitue la circulation du capital. »

(Marx, 1993, p. 633)

On note que la production proprement dite constitue non le premier, mais le deuxième mouvement de cette symphonie marxienne. Le premier mouvement débute avec une somme d'argent, ou capital monétaire, originellement formée par une accumulation dite « primitive » (Trad. Roy) ou « initiale » (Trad. Lefebvre).

« Tout ce mouvement semble donc tourner dans un cercle vicieux, dont on ne saurait sortir sans admettre une *accumulation primitive* (*previous accumulation*, dit Adam Smith), antérieure à l'accumulation capitaliste et servant de point de départ à la production capitaliste, au lieu de venir d'elle. »

(Marx, 1872, p. 314)

« Tout ce mouvement semble donc tourner dans un cercle vicieux dont nous ne sortons qu'en supposant une accumulation « initiale » antérieure à l'accumulation capitaliste (« previous accumulation » chez Adam Smith), une accumulation qui n'est pas le résultat du mode de production capitaliste, mais son point de départ. »

(Marx, 1993, p. 803)

Cette somme correspond néanmoins, puisqu'elle s'y transforme en tant que capital avancé, à la valeur des moyens de production et de la force de travail, les éléments constitutifs, donc, du procès de production. Celui-ci constitue le deuxième mouvement, celui qui transforme les moyens de production, grâce à l'usage de la force de travail, « en marchandises dont la valeur excède celle de leurs éléments constitutifs ou renferme une plus-value en sus du capital avancé » (Trad. Roy), « en une marchandise dont la valeur dépasse la valeur de ses composantes, autrement dit, en une marchandise qui contient le capital avancé à l'origine plus une survaleur » (Trad. Lefebvre). Enfin, vendre ce produit, « réaliser leur valeur en argent », boucle la circulation et termine l'œuvre, l'argent perçu rejoignant la masse d'un capital prêt à être de nouveau avancé dans une autre production.

On voit immédiatement que le paiement des salaires ne peut suffire à mesurer la valeur obtenue par la production, cette valeur intégrant la plus-value comptée en plus du capital variable. Ici, Marx prétend exactement l'inverse, rappelons-nous, de ce qu'il établissait lui-même, considérant la valeur produite comme la somme de celles des éléments constitutifs, « la somme des valeurs distribuées auparavant sur ces facteurs, et en les additionnant on ne les multiplie pas » (Marx, 1872, p. 81), « la somme des valeurs précédemment réparties entre le coton, les broches et la force de travail : jamais une survaleur ne peut ni ne pourra sortir d'une telle addition simple de valeurs préexistantes » (Marx, 1993, p. 214), et qu'il n'y avait rien d'étrange dans ce résultat. Toutefois, cette « réalisation de la valeur en argent », par la vente finale sur le marché, doit se faire au niveau d'un prix supérieur à cette simple somme, d'où la plus-value ou survaleur, elle-même réalisée dans une transaction ; mais Marx n'aura jamais formellement prouvé que cette plus-value pût alors faire partie de la valeur de la marchandise vendue. Il aura même prouvé, comme nous l'avons vu pour les échanges entre non-équivalents, le contraire (ce qui permet, nous l'avons vu aussi, de pouvoir la capter en tant que valeur supplémentaire par rapport aux coûts).

Marx pose comme préalable à la production, outre celui de ses moyens, l'achat de la force de travail. On imagine ainsi les salaires être payés au début du procès de production ; or, il n'en est rien. D'après Marx, il est tout à fait courant que le travailleur soit payé après avoir déjà travaillé, donc après avoir produit de la valeur par la production de ses constituants correspondant au capital variable dépensé et à la plus-value.

« Avant de commencer à produire, le capitaliste achète des forces de travail pour un temps déterminé, et renouvelle cette transaction à l'échéance du terme stipulé, après une certaine période de production, semaine, mois, etc. Mais il ne paie que lorsque l'ouvrier a déjà fonctionné et ajouté au produit et la valeur de sa propre force et une plus-value. Outre la plus-value, [...] l'ouvrier a donc produit le fonds de son propre payement, *le capital variable*, avant que celui-ci lui revienne sous forme de salaire, et il n'est employé qu'aussi longtemps qu'il continue à le reproduire. »

(Marx, 1872, p. 248)

« Le procès de production est mis en route par l'achat de la force de travail pour un temps déterminé, et cette mise en route se renouvelle constamment dès que le terme de la vente du travail est échu, et qu'est écoulée une période déterminée de la production, une semaine, un mois, etc. Mais l'ouvrier, lui, n'est payé qu'après que sa force de travail a été mise en œuvre et qu'elle a réalisé en marchandises aussi bien sa propre valeur que la survaleur. Il a donc produit aussi bien la survaleur [...] que le fonds qui sert à le payer lui, le capital variable, avant que ce fonds reflue vers lui sous la forme de salaire, et il n'est employé qu'aussi longtemps qu'il le reproduit sans arrêt. »

(Marx, 1993, p. 636)

La production de valeur n'est réalisée que par le travail en action, durant un certain temps, et cette production, d'après Marx, s'avère totalement indépendante du paiement des salaires ; les salaires sont finalement payés grâce aux recettes obtenues dans la vente des marchandises que les travailleurs auront précédemment réalisées.

« Pendant que l'ouvrier est occupé à transformer en nouveau produit une partie des moyens de production, le produit de son travail passé circule sur le marché où il se transforme en argent. C'est ainsi qu'une partie du travail qu'il a exécuté la semaine précédente ou le dernier semestre paye son travail d'aujourd'hui ou du semestre prochain. »

(Marx, 1872, p. 248)

« Tandis que l'ouvrier transforme en produit une partie des moyens de production, une partie de son produit antérieur se transforme en argent. C'est avec son argent de la semaine passée ou des six derniers mois qu'on paie son travail d'aujourd'hui ou des six mois à venir. »

(Marx, 1993, p. 637)

L'inversion est totale : la vente préalable d'une marchandise fournit la valeur en argent utilisée comme capital variable impliqué dans la production ultérieure d'une autre marchandise. Notez que cette vision est encore couramment répandue pour bon nombre d'entrepreneurs ; l'enchaînement de la vente et du paiement des charges semble ainsi couramment fonctionner. Néanmoins, il y a bien, ici, deux travaux consécutifs, donc deux produits différents. Selon Marx, pendant que le travailleur fabrique le second, la vente du premier permettrait de dégager le salaire nécessaire pour payer la force de travail utilisée dans cette seconde fabrication ; il y aurait toujours, de fait, la force utilisée dans la première à rémunérer, bien que cette rémunération soit censée être intervenue par la vente d'un produit encore antérieur. On voit que le lien organique, basé sur la nécessaire mesure, entre le paiement des salaires et la production, ne peut déjà plus être reconnu et, en conséquence, établi, car ce paiement, comme toutes les transactions, demeure perçu comme un simple échange entre entités dont la grandeur est déjà déterminée : une quantité d'or, comme capital variable avancé, contre une force de travail qui, transparente, renvoie aux moyens de subsistance. Grâce à cet échange, le nouveau produit, en tant que valeur d'usage, est effectivement réalisé, par exemple des filés ; toutefois, si le capitaliste employait l'or perçu dans une vente antérieure (ou issu d'une « accumulation primitive ») pour acheter directement des moyens de subsistance qu'il donnerait à ses travailleurs, comme on donne du foin aux chevaux ou du grain aux poules, on devine l'établissement d'une situation similaire. Or, dans une telle situation, l'or en question (ou « l'argent », entendu comme terme générique de la monnaie-marchandise) ne serait précisément pas perçu par ces travailleurs, et leur revenu monétaire n'existerait tout simplement pas.

Nous savons, en réalité, que la conception même de l'échange entre équivalents ne permet pas de considérer la formation d'une valeur supplémentaire au moment de cet échange. Le paiement des salaires étant perçu comme tel, à partir d'éléments prédéterminés, aucune autre valeur nouvelle ne saurait en provenir. Ce paiement ne saurait donc aboutir à la mesure directe de l'équivalent du capital variable comme nouvelle valeur, définissant ainsi une partie de la valeur totale du nouveau produit, valeur qui doit, en tout état de cause, logiquement s'ajouter aux valeurs initiales impliquées dans l'échange, celle de l'or et celle de la force de travail. Il n'aboutit pas non plus à une mesure ferme de la valeur de la force de travail elle-même (dépendante de celle des biens de subsistance), encore moins, donc, à celle du produit obtenu. Il n'est qu'une formalité, comme l'est, d'ailleurs, la vente du produit. Nous avons vu, en effet, que la valeur ainsi produite est, comme par anticipation, estimée au prix de marché (la valeur sociale). La vente à un prix reflétant ainsi sa valeur supposée, étant un échange entre équivalents, est alors censée rapporter tous ses constituants : rembourser le capital constant et le capital variable, et réaliser la plus-value, d'où la possibilité entrevue de reverser, au travailleur, la partie correspondant à ce capital variable.

Dans cette représentation, la monnaie-marchandise, à laquelle une valeur en travail est d'emblée reconnue et annexée (en fonction d'une relation préétablie par les conditions de production de l'or), semble suffisante pour acheter, dans la circulation, toutes les marchandises. Or, le problème n'est pas dans une insuffisance quantitative, mais dans une incapacité qualitative : le prix, quelle que soit sa détermination, doit en fait être « occupé » pour son montant, lors de la vente, par autre chose qu'une quantité de métal précieux, par autre chose, autrement dit, qu'une marchandise. La notion ricardienne de valeur relative, celle d'une marchandise exprimée en une autre marchandise, arrive ici au terme de sa prétendue validité.

Chez Marx, la production de valeur ne se trouve, encore et toujours, que dans la réalité du travail effectué, dans le temps réellement passé au labeur. Toutefois, si le seul travail est effectivement capable, de l'avis de tous, de former une valeur d'usage, il en va autrement de la valeur que l'on qualifie, improprement, « d'échange » ; car il doit s'agir ici d'une valeur expressément mesurée et comptabilisée pour permettre, en conséquence, la réalisation d'échanges, entre équivalents ou non, et c'est de cette mesure originelle que l'on pourra toujours déduire ou non cette équivalence. Or, lors de la production marxienne, le produit du travail, hors capital constant, n'est pas mesuré par la monnaie : la mesure de la somme réalisée ($v + p$), en shillings ou en francs, est présupposée, déjà fixée en fonction directe de la mesure en temps de travail, et la rencontre réelle du produit avec la monnaie mesurante n'est pas conçue en tant que telle ; elle ne se fait pas pour la plus-value, qui n'est pas payée, et elle ne se fait pas non plus pour le capital variable, présupposé lui aussi, un salaire payé pour un travail pouvant correspondre, indifféremment, à un autre travail. Ainsi, le travail à l'origine même du produit n'est pas mesuré de manière organique, c'est pourquoi il ne peut devenir une valeur proprement économique.

La marchandise produite arrive alors sur le marché, littéralement, sans valeur ajoutée, parce qu'aucun revenu préalablement versé pour son obtention n'est susceptible de représenter cette dernière : la correspondance faible, uniquement numérique, entre les salaires payés et la grandeur $v$ ne suffit pas à transformer cette grandeur, le capital variable « investi » dans l'achat de la force de travail, en une véritable partie de la valeur nouvelle de la marchandise ; encore une fois, car le paiement des salaires n'est ici qu'un échange d'équivalents, donc n'est pas générateur de valeur. Dire que le capital variable « représenterait », au moment de son paiement, au moins une partie (si l'on tient compte de l'autre, la plus-value) de la valeur de la marchandise ne suffit pas : il faut fonder l'émergence de cette partie sur ce paiement, ce que Marx ne fait pas. La valorisation pleine et entière de la marchandise n'est censée se produire que dans la circulation, lors de la vente, mais cette transaction elle-même ne peut alors plus être décrite comme un échange respectant une équivalence prédéfinie, puisque la valeur de la marchandise n'est ici déterminée qu'à l'issue de la dite transaction. Il faudrait alors, comme le dit Marx, réaliser sa « valeur en argent » ; mais quelle est-elle, cette valeur, lorsque la réalisation du produit ne s'en tient qu'à l'obtention d'une valeur d'usage qui n'a pas encore été dûment mesurée par la monnaie, donc transformée en valeur véritable ?

« Les marchandises viennent au monde sous la forme de valeurs d'usage ou de matières marchandes, telles que fer, toile, laine, etc. C'est là tout bonnement leur forme naturelle. Cependant elles ne sont marchandises que parce qu'elles sont deux choses à la fois, objets d'utilité et porte-valeur. Elles ne peuvent donc entrer dans la circulation qu'autant qu'elles se présentent sous une double forme, leur forme de nature et leur forme de valeur. »

(Marx, 1872, p. 18)

« Les marchandises viennent au monde sous la forme de valeurs d'usage ou de denrées matérielles telles que le fer, la toile, le blé, etc. C'est leur forme naturelle banale. Elles ne sont cependant marchandises que parce qu'elles sont quelque chose de double, à la fois objets d'usage et porteurs de valeur. Elles n'apparaissent donc comme marchandises, ou ne possèdent la forme de marchandises que dans la mesure où elles possèdent une double forme : forme naturelle et forme-valeur. »

(Marx, 1993, pp. 53-54)

On ne peut que constater, malheureusement, l'échec de Marx à déterminer, pour une marchandise quelconque, sa « forme de valeur » (Trad. Roy) ou sa « forme-valeur » (Trad. Lefebvre) expressément ajoutée, par la production, à la seule valeur des intrants ou moyens de production (correspondant au capital constant) utilisés, pour autant que ceux-ci furent eux-mêmes l'objet d'une telle valorisation ; car le défaut de valeur constaté sur les filés est le même que celui qui serait constaté sur le coton ou les broches, et ce n'est qu'à cette condition de leur valorisation que ces moyens de production pourraient rencontrer, sur le marché, un revenu du montant de leur valeur capable de les acheter (dans l'achat même de la marchandise issue de leur utilisation).

Si le paiement du capital variable ne vaut pas mesure d'une nouvelle production, la nouvelle valeur, censée être portée par le résultat du travail effectué, ne peut être générée, et ce résultat, quel qu'il soit, ne peut alors être considéré comme une véritable marchandise.

**Production et consommation de la « valeur d'échange »**

Nous l'avons dit, l'expression même de « valeur d'échange » paraît inappropriée pour l'analyse, et c'est là toute l'ambiguïté, car si cette valeur peut être révélée par des transactions revêtant l'apparence de trocs, ou encore d'échanges avec la monnaie, elle ne peut en aucun cas en provenir, comme Marx lui-même l'aura prouvé, posant bien malgré lui ses pas dans les traces de Say. Cela fera bientôt deux siècles, mais on peut subodorer un temps encore plus long, que l'on sait que l'échange n'est pas un processus de création de valeur ; il n'est donc pas un acte susceptible de définir une production au sens économique du terme. Rappelons, en substance, la phrase de Say :

« L'échange de deux produits […] n'est donc point une production. »
(Say, 1826, p. 285)

Ainsi, lorsque Marx décrit la forme de circulation A-M-A', d'où la plus-value doit selon lui provenir, la considération des phases successives A-M (paiement du capital avancé) et M-A' (vente de la marchandise obtenue) comme étant des échanges logiquement stériles en valeur ne peut aboutir à l'obtention de la différence positive constatée entre A' et A, sauf à supposer au moins un échange entre non-équivalents, que seul le contexte de la circulation autorise. En définitive, lors de la vente, Marx ne peut qu'établir, à l'instar de Say, le seul transfert d'une partie de la valeur A', elle-même supérieure à M, soit le transfert de (A' – A).

Mais alors, la production de valeur elle-même ne peut qu'échapper à l'analyse, car, sans même parler de A', la grandeur A, dans le cadre des seuls échanges, est elle-même inexpliquée. Nous l'avons dit au chapitre précédent, la réciproque à la proposition de Say, en toute logique, doit s'imposer : si l'échange n'est pas une production, la production, création de valeur, ne peut pas être un échange. Toutefois, la production doit nécessairement, pour être prise en compte, s'identifier à une transaction, un paiement « qui produit de la valeur ». Or, quelle est la seule transaction monétaire pouvant prétendre à ce titre, sinon le paiement faisant intervenir le capital avancé ? En d'autres termes, et en réinterprétant quelque peu Marx, on est en droit d'identifier la seule première phase A-M à ce paiement tout en la considérant comme une production, à condition que cette transaction ne soit pas analysée comme un échange.

Si l'on écarte la plus-value, toujours issue d'un transfert à partir d'une autre valeur préexistante, la seule valeur produite susceptible de se présenter sur le marché correspond toujours au seul capital avancé (noté C par Marx), soit la grandeur A de la transaction A-M entrant dans le paiement de ($c + v$). Or, le capital constant $c$ est entièrement réductible en capital variable. Là encore, il convient d'éliminer la plus-value, réalisée par leurs fournisseurs, de la valeur des moyens de production, car celle-ci n'est toujours que drainée par le vendeur final qui la répercute dans le prix de vente qu'il propose ; ceci n'est pas une proposition marxienne, mais un fait commercial confirmé : tout comme la sienne, ces plus-values ne sont que de transfert, et même lorsqu'il ne forme pas une plus-value pour lui-même (vendant ainsi à « prix coûtant »), il réalise bien, en récupérant dans ses ventes le seul capital constant, celles de ses fournisseurs en moyens de production, qu'il aura dû avancer lors de l'achat préalable de ces biens, lors du paiement, donc, de la partie constante du capital avancé.

Ceci étant dit, le capital constant, hors plus-value, constitue toujours une valeur produite par d'autres entreprises en amont de la chaîne des fournisseurs, ce qui signifie, redisons-le, que la seule valeur nouvellement produite par chaque entreprise, l'unique valeur ajoutée à celle des biens de production utilisés, ne correspond toujours qu'à la partie non constante du capital avancé, soit le capital variable. La grandeur A ne représente ainsi que le paiement d'un capital variable global, dont une partie, que l'on noterait $w$, formée par les fournisseurs, est reprise, dans ses coûts de production, par le vendeur final. L'autre partie, correspondant au paiement des salaires directs, constitue ainsi la seule valeur produite par l'entreprise considérée, son capital variable $v$, qui s'ajoute à $w$ pour former la valeur A.

Concernant l'achat des moyens de production pour $w$, s'agit-il ici d'une véritable production de valeur ? Si l'on considère que l'entrepreneur ne fait que reprendre dans ses coûts une valeur déjà existante, la réponse pourrait être négative ; cependant, si l'on admet que cette valeur est alors disparue, en tant que coût, de la comptabilité de ses fournisseurs, et que cette reprise la fait, à nouveau, émerger de la sorte chez l'entrepreneur, comme si elle était une dépense directe d'un nouveau capital variable, la distinction, au sein de la valeur présente, de $w$ et $v$ ne serait alors plus que comptable : si $w$ n'est qu'un capital variable reproduit, il peut être considéré comme tout autant produit que $v$, ce dernier étant ici produit pour la première fois. Quoi qu'il en soit, la somme ($w + v$) formant la grandeur A n'est toujours constituée que de capital variable, de salaires payés, qu'ils le furent avant ou au moment de la transaction A-M. Cette transaction n'est pas un échange, répétons-le, mais une production : elle est la reconnaissance comptable de la mesure A attribuée au seul travail, passé comme présent, dont le résultat est la marchandise M. Autrement dit, c'est dans le paiement des salaires, repris ou nouveaux, que la seule valeur économique aura été produite.

Constituée en coût de production, en seul capital variable global, la valeur A est aussi, à la fois, revenu du travail : elle se présente ainsi sur le marché, fondue au sein de tous les revenus présents, dont la valeur A', elle-même issue d'une autre production. La marchandise M hérite ainsi de la mesure de A, qui est en fait celle du travail qui en est à l'origine, mais ce n'est précisément que pour signifier qu'en l'achetant, on doit toujours au moins payer ce travail. C'est dire que les revenus récupérés pour sa mesure correspondent logiquement aux revenus mêmes qui auront été versés en salaires pour la définition de la grandeur A. En effet, même si ce n'est pas directement le travailleur, avec « son » revenu, qui achète la marchandise, c'est toujours un revenu équivalent, dépensé par un autre, qui se présente pour amortir le coût, et l'équivalence entre des revenus de même mesure implique leur interchangeabilité : ils sont deux parties égales du même revenu global, et si ce n'est l'une, c'est donc sa sœur, jumelle de surcroît. Le prix de vente de M étant du montant de A', c'est donc un revenu de A' qui se présente à l'achat, et la partie de A' égale à A définit un revenu équivalent et interchangeable à A : la transaction concernera donc la grandeur A, d'où qu'elle provienne parmi l'ensemble des revenus disponibles.

La transaction M-A' révèle alors son vrai visage : pour la partie A de A', il y a récupération du coût de production, amortissement du capital variable global ($w + v$) pour l'entrepreneur vendeur final ; et il y a consommation, par un amortissement comptable similaire, de la partie correspondante du revenu dépensé par l'acheteur. C'est précisément ce mécanisme qui permet à l'entrepreneur de filtrer, dans le revenu perçu lors de la vente, la différence (A' – A), car celle-ci ne rencontre, lors de sa perception, aucune dépense à récupérer, aucun coût à amortir. De cette différence, l'entrepreneur tire son profit et transfert le leur à ses fournisseurs (ou compense, s'ils sont déjà payés, la partie correspondante du prix des moyens de production achetés, au niveau de sa propre comptabilité). On voit que la condition *sine qua non* de la réalisation du profit dans une vente, par transfert répétons-le, ne peut précisément se produire que s'il n'existe pas comme valeur produite, donc comme coût salarial défini, pour l'entreprise qui le réalise ; sinon, il s'abimerait dans la rencontre de ce coût, ne se distinguant pas du capital variable, n'existant pas, tout simplement, comme « plus-value » profitable. Celle-ci est donc réalisée par transfert, précisément parce qu'elle ne fait pas partie, contrairement à ce que pense Marx, de la valeur de la marchandise.

La valeur A ne survit pas à cette dernière transaction, à partir du moment où celle-ci apparaît comme finale, c'est-à-dire lorsque le coût enregistré pour l'acquisition de la marchandise M n'est pas assumé par une entreprise, mais par le titulaire d'un revenu du travail, pouvant ainsi être considéré à l'origine même de la richesse – en tant que valeur d'usage – qu'il reçoit alors en nature : la marchandise M, qui n'aura été formellement « marchandise porteuse de valeur » que durant le laps de temps où sa valeur était ainsi représentée, n'étant encore une valeur d'usage pour personne, sera désormais utilisée comme telle, et non dans un processus à nouveau productif de valeur. Si cette utilisation est souvent confondue avec la « consommation », cette dernière notion ne peut que se rapporter, en un sens strict, à la destruction littérale de la valeur lors de la transaction définissant l'achat/vente final de M. La valeur commence donc par apparaître sous la forme A, les salaires comme coûts et, à la fois, comme revenus monétaires, et elle disparaît au moment de la vente, le vendeur amortissant les coûts et l'acheteur consommant un revenu équivalent. Dans tout ce processus, la valeur A, au demeurant, ne participe formellement à aucun échange.

### La destruction de la valeur dans la vente finale

Nous l'avons vu, seul le paiement du capital variable définit une nouvelle valeur ajoutée, aussi bien pour l'ensemble du système productif (privé et public), pour qui elle est un coût, que pour l'ensemble des ménages dont les travailleurs font partie, pour qui elle est un revenu. La valeur A, dans son intégralité, s'identifie donc aux seuls salaires versés. Voilà bien une proposition qui paraît incompréhensible tant que l'on persiste à voir les salaires comme une valeur distincte, par exemple signifiée sur un support particulier (pièces, billets ou comptes), de la valeur des marchandises elles-mêmes. La difficulté, ici, est de comprendre que, pendant tout le temps où les salaires s'identifient à la valeur monétaire, cette dernière ne saurait être, dans le même temps, « dans » les objets matériels (ni dans les services, d'ailleurs). Autrement dit, la monnaie, lorsqu'elle est émise dans le paiement d'un salaire, exprime numériquement le résultat du travail correspondant, des clous par exemple, en prenant littéralement leur place d'un point de vue économique.

« Dans 3 kg de clous, on ne trouve pas à la fois des clous et, en plus, des kilogrammes, car la mesure des clous n'appartient pas à la classe des clous : elle n'est pas un clou. Le cas étant supposé semblable, on dira que dans 3 francs de clous on ne trouve pas à la fois des clous et des francs, qui ne sont que l'instrument de mesure (économique) des clous. Or le parallèle est controuvé, car, dans l'économie monétaire, aucun produit physique n'est une valeur d'usage avant d'avoir été acheté. […] Ainsi, pendant toute la durée de leur existence, les trois francs ne sont pas la simple mesure des clous mais bien leur *alter ego*. Dans la première phase, les clous se transforment en monnaie et, dans la deuxième phase, les trois francs se transforment en clous. Il est bien vrai que les francs ne *prolongent* pas les clous. Il n'empêche que les francs ne sont pas le simple instrument de mesure des clous : ils *s'identifient* aux clous jusqu'au moment où les francs s'effacent pour faire apparaître les « clous en clous », alors qu'ils étaient en francs jusque-là. »

(Schmitt, 1984, pp. 115-116)

On perçoit la différence d'avec l'interprétation commune, traditionnelle. Dans l'économie d'échanges, on trouve à la fois des clous et des francs, ces derniers étant consignés sur des supports physiques ; la monnaie étant assimilée à ces supports, conçue comme équivalente en tant qu'intermédiaire privilégié, sa valeur existe en même temps que la valeur des autres marchandises, dont les clous. Or, dès que l'on conçoit les revenus, entendez les salaires, comme étant une présentation autonome de la valeur de toutes les marchandises, il est évident que cette valeur se trouve, au mieux, soit dans les premiers, soit dans les secondes, mais non dans les deux à la fois.

« Si le produit est une masse (il vaudrait mieux dire qu'il est un espace), on ne constate jamais l'existence des deux masses face à face ; la même masse est au contraire d'abord monétaire (et en cela, elle n'est pas réelle, elle ne l'est pas « physiquement »), puis réelle (ce qui signifie qu'elle n'est plus monétaire). »

(Schmitt, 1984, pp. 96-97)

À ce stade, on pourrait encore penser que, le produit étant « devenu réel » après sa vente, il conserverait en lui sa valeur, ce qui permettrait d'expliquer les éventuels échanges, notamment contre la monnaie, auxquels les biens d'occasion sont susceptibles, et c'est courant, de participer. Mais l'idée que la valeur puisse passer d'une forme à l'autre, comme le pensait Marx, n'est encore pas assez forte pour exprimer la conséquence de la reconnaissance du fait que la valeur s'identifie aux salaires. Elle s'identifie alors, en effet, au seul coût global de production supporté par les organisations productives, mais ce coût, d'un point de vue comptable, est inévitablement amorti, compensé, détruit lors de la vente, à la faveur de la récupération d'un revenu de même mesure. On voit que la simple succession de corps habités par la valeur ne permet pas de considérer la nature d'emblée finale de la première vente à laquelle participe une marchandise : cette vente est aussi, réciproquement, un achat pour l'acheteur, donc un « achat/vente » constituant un acte final pour tout le montant de sa valeur, un acte qui signe la fin de son existence même, en tant qu'objet ou service représenté, comme marchandise, par le coût en salaires qui l'avait fait naître.

Cette conception, en ces termes, paraîtrait presque surnaturelle s'il ne s'agissait là, encore et toujours, d'entités comptables : les salaires versés, inscrits en comptabilité, forment un coût dont la récupération, dans la vente des marchandises, correspond bien à sa destruction en tant que tel, à sa disparition pure et simple, de par son amortissement comptable. Cet aspect est ici, subrepticement, relevé par Jean Fourastié qui insistait lui-même souvent sur l'importance de la comptabilité.

« Si le propriétaire des biens peut les vendre plus cher que le prix de revient [...], alors il y a bénéfice. Mais s'il ne le peut pas, il y a perte ou opération blanche. »

(Fourastié, 1959, p. 48)

L'opération « blanche » dont parle Fourastié correspond à la situation où le produit des ventes se révèle égal au coût de production (ou prix de revient) des marchandises vendues. La récupération de ce coût, en effet, neutralise l'effet précédemment généré par le coût en tant que dépense, à savoir une dette financière, vis-à-vis du système bancaire, issue de ce paiement. C'est précisément ce que permet de compenser la vente, cette dernière créditant le vendeur auprès de sa banque, compensant ainsi le débit antérieur. On voit ainsi se produire, au niveau comptable, la disparition, l'annihilation de ce coût, comme s'il n'avait, en définitive, jamais existé pour l'organisation productive qui l'aura supporté. On peut également noter que, en toute logique, toute vente à un prix supérieur au coût provoque inévitablement, pour le montant de ce coût, cette même opération blanche, l'autre partie du prix (le profit) échappant à cette destruction.

Nous avions indiqué, au premier chapitre, que la partie destructible ou amortissable du prix d'une marchandise correspondait, *a priori*, à son coût de production. Fourastié confirme cette correspondance, mais il convient encore de prendre en compte l'autre aspect, complémentaire, de ce coût, car le paiement des salaires entraîne l'apparition d'une entité formellement double, indubitablement inscrite dans les comptabilités respectives des protagonistes, un « revenu-coût » formant leur relation directe : revenu proprement dit pour le payé (le travailleur rémunéré), inscrit à son passif (par le crédit d'un compte « revenu »), et coût pour le payeur (l'entreprise), inscrit à son actif (par le débit d'un compte « rémunération »). Autrement dit, le coût, du point de vue comptable, est identiquement un revenu ; on ne saurait ainsi constater la disparition d'un coût sans constater, identiquement, la disparition du revenu qui le définit nécessairement. On comprend alors le phénomène de consommation du revenu, qui n'est autre que sa destruction littérale, lorsque l'on considère cet aspect comptable, par le même mécanisme que l'amortissement détruisant le coût ; d'autant que, lors du paiement, logiquement premier, de sa formation, une relation parallèle, financière et intermédiée, constate et enregistre la dette du payeur et la créance du payé vis-à-vis du système bancaire. Cette dernière relation définit une épargne qui sera, elle aussi, nécessairement entamée lors de tout paiement de consommation. L'opération seconde, aboutissant à la compensation de ces écritures bancaires, est alors immédiatement déterminable si l'on se base sur les nouvelles écritures alors enregistrées : elle est logiquement définie par le paiement inverse du premier paiement.

« Considérons précisément la formation et la dépense des salaires. La première opération définit l'endettement des entreprises qui obtiennent, par emprunt, la disposition du produit en cours d'élaboration. Symétriquement, la seconde opération annule la dette des entreprises contre la remise des biens produits aux salariés. C'est l'écoulement ; l'opération de crédit nouée initialement est maintenant dénouée. [...] la formation et la dépense des salaires sont des opérations identiques, à la permutation des agents économiques près : les banques débitent les salariés et créditent les entreprises après les avoir respectivement crédités et débités. »

(Gnos, 1992, p. 139)

Le second paiement engendre les mêmes effets sur les protagonistes permutés : revenu au passif de l'entreprise et coût à l'actif du travailleur maintenant consommateur, tandis que sur les comptes bancaires concernés, les débits rencontrent les crédits ; les écritures comptables se compensent. Cette compensation a lieu, inévitablement, au niveau de la relation unissant les protagonistes eux-mêmes, définie par le revenu-coût : le compte « rémunération » de l'entreprise, auparavant débité, est crédité, et le compte « revenu » du travailleur, auparavant crédité, est débité ; ils sont alors soldés (le solde étant effectif, pour l'entreprise, au moment de l'établissement du compte de résultat). La disparition des revenus, leur consommation, est donc la conséquence inévitable du paiement inverse de celui à l'origine de leur apparition, leur production.

« La production et la consommation sont les deux opérations complémentaires définissant le circuit des revenus. Plus précisément, ce sont des opérations identiques au signe près : l'une détruit ce que l'autre a permis de créer. »

(Bradley, 1991, p. 54)

La destruction littérale des revenus monétaires correspond à celui de leur pouvoir d'achat, puisque celui-ci est épuisé dans l'opération.

« Enfin, la « consommation » survient en une opération séparée, nette de son côté : par l'ensemble des achats finals, en consommation *proprio sensu et en investissement*, le pouvoir est dépensé aux yeux de tous, il ne subsiste nulle part ; né de rien, il retombe à rien. D'abord au pouvoir de la monnaie, la production réelle est arrivée à ses derniers titulaires, et la monnaie « déchargée » a terminé son cycle à deux temps. »

(Schmitt, 1966, pp. 278-279)

Dans le même ouvrage, Schmitt décrit ce que nous considérons comme les deux aspects complémentaires du revenu-coût, en termes d'une mise à distance de deux positions, positive et négative, reflétant l'opposition binaire entre le débit et le crédit au niveau des comptes. Schmitt évoquera ainsi volontiers, dans ses ouvrages ultérieurs, les concepts de « monnaie positive » et de « monnaie négative », mais dès 1966, sans doute survolté, il prend l'image qui lui paraît alors idoine, celle de l'électricité :

« Chaque fois que la monnaie est donnée en revenus de facteur, apparaît une « électricité » positive et en même temps une « électricité » négative, mais en deux points séparés. L'électricité négative est en entreprise de production, et l'électricité positive aux mains des titulaires de revenu. Il en résulte une force entre les électricités de nom contraire, et conséquemment l'attraction des biens physiques produits en entreprise par la monnaie distribuée en possession. [...]

Quand l'ensemble des titulaires de revenus les écoulent en entreprise de production (le plus souvent par l'intermédiaire des commerçants), les charges positive et négative se rencontrent en un point unique et s'annulent. En d'autres termes, le pouvoir d'attraction de la monnaie sur les biens dure aussi longtemps que les revenus sont conservés sous leur forme monétaire ; mais, dès que les revenus sont convertis en biens réels, la monnaie perd sa puissance d'attraction, elle s'appauvrit du pouvoir qu'elle a porté pour un temps. [...] premièrement la monnaie est formée en possession négative et, à distance en possession positive, c'est l'apport dans l'espace social d'un pouvoir d'achat positif ; puis, les deux possessions s'annulent par leur réunion « ponctuelle », et le pouvoir d'achat est disparu comme il était apparu. Alors les biens réels sont arrivés à destination, tandis que la monnaie a terminé son « cercle » en économie productive. Et tout recommence par une production nouvelle, qui comme la précédente naîtra d'abord sous forme monétaire, les biens physiques n'étant définitivement appropriés que par la dépense finale, l'effacement du pouvoir nominal suscité en correspondance. »

(Schmitt, 1966, p. 287)

Ainsi, le « cycle à deux temps » de la monnaie correspond aux deux mouvements qui « se suivent et se répondent », les paiements de production et de consommation. Au terme du second, utilisé comme tel, le pouvoir d'achat ne pourra « recharger » la monnaie qu'à la faveur d'une nouvelle production de revenus, d'un nouveau paiement de salaires. On en infère une considération concrète importante, dès lors que l'on se rappelle qu'il s'agit ici de la destruction littérale de la valeur économique des marchandises. Devenues au mieux, après leur première vente, biens d'occasion, la conséquence au niveau de leur valeur peut ainsi être clairement exprimée : elles n'ont plus, depuis lors, aucune valeur, quel que soit le prix de revente qui pourrait leur être attribué lors d'une transaction ultérieure. Là, on peut parier que, mentalement, ce sera toujours difficile à accepter.

Que vaut cette veste que je viens d'acheter ? Que valent les courses que je viens de faire, péniblement rangées dans le coffre de ma voiture ? Que vaut cette voiture, achetée quelques années auparavant ? Rien. Strictement rien. Une valeur désormais inexistante, car détruite lors de l'achat. Bien entendu, il n'est pas interdit d'estimer – mais ce ne sera toujours qu'une estimation – une « valeur de revente », soit le montant d'une transaction future concernant le bien d'occasion en question, d'ailleurs basé sur le prix observé de biens similaires encore en vente, qui, eux, ont encore une valeur définie par leur coût ; mais c'est précisément parce que la valeur initiale, en tant que coût, aura disparu lors de la première vente finale (et le terme « finale » signifie qu'il s'agissait bien, aussi, de sa dernière vente véritable) que le revenu dépensé pour une nouvelle transaction passera intégralement, en simple transfert, de l'acheteur au vendeur. Car si une valeur, comme coût enregistré, devait subsister chez le vendeur, son amortissement réduirait d'autant le revenu perçu par ce dernier, lui laissant un revenu net moindre. C'est donc parce qu'il n'y a plus aucun coût à amortir, aucune valeur, donc, à détruire, dans les transactions concernant les biens d'occasion, que les revenus alors dépensés demeurent intacts, intégralement transférés.

De manière générale, la vision, extrêmement répandue, d'une valeur pérenne attachée aux marchandises en tant qu'objets matériels « produisant un service par leur usage » consacre, une fois de plus, la continuité de cette grande confusion aboutissant à considérer la valeur d'usage comme seule valeur économiquement recevable. L'analyse de référence en la matière est celle, nous le savons, de Walras. La valeur paraît alors comme une expression reliée à la marchandise, une valeur qui perdure et qui se modifie au gré des offres et des demandes sur les marchés. On dit : « Le prix du blé varie » ; donc, sa valeur varie. Même Ricardo voit la « valeur du blé » varier en fonction de la quantité incorporée de travail ; mais le blé de cette année n'est pas le blé de l'année dernière. « Le prix du pain varie » ; le pain serait alors toujours le même, et seule son expression économique, son prix, assimilé à sa valeur, se modifierait ; mais le pain que je mange aujourd'hui n'est pas le même que celui que j'ai mangé hier, il y aura bien eu deux pains distincts, non un seul.

L'insistance de Ricardo sur l'analyse des biens reproductibles, sous-entendus à l'identique, aurait dû amener à penser que, même s'ils paraissent identiques, issus d'un même procès industriel, ils n'en sont pas moins distincts, et chacun, en fait, a sa propre valeur, sa valeur propre, déterminée une fois pour toute. Il n'y a pas, en réalité, de « valeur du pain », flottant dans l'air comme déconnectée de cette chose, variant en fonction des circonstances, comme les variations de son prix sur le marché semblent l'attester ; on suppose ainsi que la même valeur serait périodiquement modifiée, alors qu'il s'agit là de plusieurs valeurs différentes successives. Si la valeur est déterminée lors de la production, elle l'est pour chaque production, d'un coût précisément défini.

Le boulanger, par exemple, décide de faire du pain aux noix. On voit que ce n'est pas là le même pain, qu'il y a des noix en plus, et qu'il n'a donc pas la même valeur qu'un pain normal ; on ne fera donc pas la comparaison, et l'on n'assimilera pas la valeur du pain normal à celle du pain aux noix. Ce dernier pourra donc avoir, sans surprise, un autre prix, correspondant visiblement à une autre valeur. Or, la situation serait économiquement la même si, au lieu d'acheter des noix, le boulanger achetait un nouveau four : son pain normal n'aurait alors plus la même valeur, puisqu'il faudrait, dans chaque pain vendu, amortir une partie du coût du four ; mais on ne saurait constater la chose au seul aspect du pain normal, sauf à regarder son prix, désormais différent. En réalité, à chaque pain, sa valeur ; et lorsque le pain est vendu, sa valeur est détruite. Ainsi, la tâche de l'économiste est quasiment impossible face à l'obstacle épistémologique de l'observation brute, quotidienne, de l'échange constaté entre une pièce de monnaie et une baguette, toutes deux intactes après cet échange ; car l'acheteur est ici inévitablement destructeur, par l'amortissement du coût de la baguette et la consommation de son propre revenu.

Ce qui vient d'être soutenu demeure valable pour n'importe quelle marchandise, y compris, et cela étonnera sans doute, les matières dites précieuses, dont l'or, considérées comme archétypes des choses qui garderaient en elles une valeur intrinsèque. Pour beaucoup, en effet, acheter de l'or serait comme constituer une « épargne physique », à l'instar d'un investissement dans la terre ou dans la pierre. Il est aisé de trouver toutes sortes de raisons, tant sociétales qu'historiques, susceptibles de justifier une telle représentation. Que l'on pense à une chose qui puisse se revendre (l'or en tant que marchandise) et qui puisse, en même temps, acheter d'autres choses (l'or en tant que monnaie), et l'on a l'image de la richesse de Crésus, de la cassette d'Harpagon et du coffre-fort de Picsou. Nous avions tous, sans doute, été persuadés que ces derniers gardaient bien là une « épargne physique », sous formes de pièces ou de lingots. Or, l'opération d'achat/vente de l'or nouvellement produit, comme celui de toute marchandise alors vendue pour la première – et dernière – fois, correspond toujours, pour une partie de son prix, à l'amortissement de son coût de production. Autrement dit, l'achat d'or n'est absolument pas un acte d'épargne (nécessairement financière), mais, au contraire, un acte de consommation. Et, comme pour toute marchandise durable susceptible d'être revendue en seconde main, considérée comme précieuse de surcroît, l'on peut estimer – en se basant sur son prix de marché – une valeur de revente future. Lorsque cette vente aura lieu, elle n'occasionnera qu'un pur transfert de revenu de l'acheteur au vendeur, précisément parce que le coût de l'or aura déjà été amorti lors de son premier achat/vente final. Parce que, en d'autres termes, sa valeur en tant que revenu-coût aura été, alors, intégralement détruite.

La destruction des valeurs, par amortissement comptable des coûts de production et des revenus correspondants, aide encore à comprendre pourquoi, dans les représentations classiques des activités commerciales volontiers décrites par les auteurs, en particulier Say, Ricardo et Marx, l'idée d'une formation de valeur par la vente finale des marchandises ne pouvait que surgir dans les consciences, car c'est indéniablement le cas pour les travailleurs indépendants, les commerçants, artisans, professions libérales, agriculteurs, petits patrons, etc., dont le travail ne peut être mesuré qu'à cette occasion. Nous l'avions indiqué dans le chapitre précédent, même si le travail n'est que d'inspection ou de direction, pour reprendre les termes de Smith, *a fortiori* s'il est celui d'un boulanger, d'un agriculteur ou d'un dentiste, il demeure nécessairement une composante du coût de production de son résultat, en plus d'autres coûts, en moyens de production, répercutés dans le prix facturé au client. La perception, en conséquence, de la marge bénéficiaire située entre le prix et ces autres coûts ne peut que correspondre à la première monétisation du travail de l'indépendant, soit une véritable production de revenu. Il y a donc bien une production de valeur au moment des ventes effectuées par les indépendants, la production de leur propre revenu intégré dans leur prix, et cette valeur n'est pas une plus-value, elle n'est pas un profit, puisqu'elle correspond à un travail effectué par le vendeur. Ce revenu fait donc bien partie des « salaires » au sens où nous l'entendons dans cet ouvrage, c'est-à-dire des revenus salariaux *lato sensu*, en tant que revenus du travail (par opposition aux revenus du capital).

En quelque sorte, les indépendants vendent toujours leurs marchandises « à prix coûtant » (sans tenir compte du profit réalisé par leurs propres fournisseurs, répercuté dans leurs prix de vente), puisque la marge réalisée au-delà de leurs coûts de production (biens de production et, éventuellement, rémunération de leurs salariés) forme leur propre revenu en tant que travailleurs, définissant ainsi toujours une part du coût total – donc de la valeur – de leurs marchandises. On perçoit la différence d'avec la « marge », nonobstant l'emploi du même mot, réalisée par les entreprises profitables, par exemple de grands industriels ou de grands distributeurs : celle-ci correspond à un revenu capté en profit, perçu en sus de l'intégralité de leurs coûts de production, rémunérations des dirigeants comprises ; en conséquence, son investissement dans l'achat de nouveaux biens de production n'obère aucunement ces rémunérations, tandis qu'un investissement entrepris par un agriculteur, par exemple, est inévitablement prélevé, même à terme en cas d'emprunt, sur son propre revenu.

On perçoit également le problème dû à la pression effectuée par ce type de « gros clients » sur le prix de vente final des produits de cet agriculteur, rognant, plutôt que sur la leur, sur sa propre marge afin de garantir un prix bas aux consommateurs, réduisant ainsi, formellement, la valeur de ses produits, entamant irrémédiablement le revenu de ce dernier. Or, redisons-le, ce revenu intègre, comme revenu du travail, son coût total de production, et vendre à un prix rémunérateur demeure, pour un indépendant, une nécessité, car toute entreprise doit au moins récupérer, dans la vente de ses produits, l'ensemble de ses coûts dont les rémunérations de tous les intervenants, y compris l'indépendant lui-même, font logiquement partie. Quant à la situation dans laquelle, sur le même secteur, deux pays sont mis en libre concurrence alors que l'un supporte des coûts unitaires précisément non supportés par l'autre, un enfant saurait immédiatement deviner celui qui doit, à terme, l'emporter.

Précisons ici, dans le cas des indépendants vendant directement aux consommateurs finals, que la production de revenu qui les concerne est immédiatement couplée, au moment du paiement, à la consommation du revenu dépensé par l'acheteur : ce dernier bénéficie bien, du point de vue de l'usage, du résultat du travail fourni par l'indépendant ; du point de vue de la valeur, son propre revenu, pour ce montant, disparaît par compensation, comme dans tout achat/vente final. La consommation de l'un répondant à la production de l'autre, l'effet apparent est un transfert de revenu, mais ce n'est là qu'une apparence, car lorsqu'un revenu n'est que transféré, aucune marchandise – résultat d'un travail – n'est alors transmise, du patrimoine du payé à celui du payeur, en contrepartie. L'analyse implique ici de considérer que non seulement le nouveau revenu de l'indépendant prend la place de celui, détruit, de l'acheteur (ce qui est aussi le cas, d'un point de vue comptable, pour un simple transfert), mais le revenu concerné mesure bien, alors, le travail – condition d'existence de la marchandise vendue – réalisé par l'indépendant, continuant ainsi de financer, par l'épargne concomitante, une partie des biens produits dans le cadre du salariat. Ce n'est que dans ce cadre, précisément, que les profits sont possibles, par des ventes ultérieures au versement de toutes les rémunérations. Le salariat permet de distinguer nettement, car temporellement, la production de la consommation des revenus ; il permet ainsi de décrire une production de revenu qui ne soit pas, en même temps, la destruction d'un revenu équivalent.

### Le paiement des salaires n'est pas un achat

Le paiement des salaires produit les revenus qui, simultanément, correspondent aux coûts de production. Le paiement suivant – significatif, hors transfert – s'impute sur le résultat de ce premier paiement : l'acte est un achat/vente de consommation. Autrement dit, le pouvoir d'achat des ménages titulaires de revenus n'est autre que le devoir de vente des entreprises engagées, comme toute organisation productive, à récupérer leurs coûts. Lorsque, sur le pôle du ménage acheteur, le revenu est dépensé dans l'achat, le coût est amorti dans la vente sur le pôle de l'entreprise vendeuse. L'achat/vente correspond donc à la disparition simultanée du coût salarial de l'entreprise et du revenu du ménage acheteur. Sachant cela, il n'est plus possible de considérer le paiement des salaires, qui engendre précisément ce que l'achat détruit, comme étant une opération d'achat.

« Dans les études modernes, l'échange monnaie-produit est considéré comme une relation réciproque ; si la monnaie achète les produits, dans le même mouvement les produits achètent la monnaie ; l'achat de la monnaie par les produits est effectivement affirmé dans de nombreux articles et ouvrages. Or il ne s'agit pas d'un point de sémantique mais d'un problème de fond. [...]

Il est faux que la formation des salaires soit l'échange de la monnaie contre un produit, puisque le produit existe à la « sortie » de l'échange et nullement à son « entrée ». Naissant immédiatement en monnaie, le produit ne peut pas être échangé contre la monnaie, sinon dans l'opération de la dépense des salaires : *la destruction des salaires est un achat, mais la création des salaires, loin d'être un achat, suscite les revenus qui seront lancés dans les achats.* »

(Schmitt, 1984, p. 96)

Bien avant les « études modernes », dont on peut effectivement déplorer la généralisation (considérant même qu'elles ne sont pas si modernes que cela au vu des hypothèses sur lesquelles elles se fondent), Schmitt affirmait déjà la même chose : le paiement des salaires, en tant que production des revenus monétaires, est la création du pouvoir d'achat.

« Sauf usurpation, la monnaie non encore distribuée est privée de puissance acquisitive. Or, la rémunération des travailleurs n'est pas de la nature des achats. Car il arrive la chose suivante. Distribuée, la monnaie est soudain enrichie du pouvoir d'acheter les biens nouvellement produits. [...] Il s'agit donc de la *formation* du pouvoir d'achat et nullement de la dépense d'un pouvoir formé, comme le supposent les achats. La rémunération des « producteurs » n'est pas un achat, elle est l'opération par laquelle les achats seront possibles dans un second temps, quand la monnaie exercera sa puissance nouvelle, qu'elle l'exercera et la perdra dans les achats effectifs. L'écoulement des produits n'est pas revente, il est première vente ; car la rémunération des travailleurs n'est pas achat, elle est la création du pouvoir d'achat. »

(Schmitt, 1966, p. 286)

Qu'en est-il, alors, du « capital préalable » utilisé pour payer les salaires ? Rappelons-nous que, chez Marx, le capital variable fait partie du capital avancé ; la vente permet ainsi de récupérer ce capital, non de le détruire formellement. Précisément, c'est cette vision qui est ici nécessairement contredite. La formation des salaires en tant que nouvelle valeur implique en effet la considération suivante : cette valeur ne doit pas préexister à leur paiement. Autrement dit, la nouvelle valeur correspondant à la grandeur $v$ ne fait pas que remplacer une valeur préexistante qui serait avancée, comme investie dans l'achat de la force de travail. Le paiement des salaires ne peut pas s'apparenter à l'achat de matières premières ou d'autres intrants, comptabilisé en consommations intermédiaires et comptant dans la grandeur $c$ du capital constant.

L'originalité du paiement concernant le capital variable est précisément dans la faculté génératrice d'une valeur nouvelle et distincte qui s'ajoute aux autres valeurs. Autrement dit, la différence entre les deux types de capital, constant et variable, ne réside pas dans la chose qu'ils permettent respectivement d'acheter, les moyens de production pour l'un, la force de travail pour l'autre : même si, comme on l'a vu, le paiement concernant le capital constant peut aussi être considéré comme la reproduction d'un capital variable existant, le paiement des salaires ajoute toujours de manière nette une valeur égale au nouveau capital variable. Ce dernier est donc lui-même une conséquence, non une cause, de ce paiement. Il en résulte que la présence d'une valeur existante, représentant nécessairement un capital variable antérieur, ne saurait définir un préalable nécessaire au paiement d'un capital variable nouveau.

« On s'imagine que les salaires sont payés par prélèvement dans un capital accumulé. [...] En fait, cependant, aucun capital n'est lancé dans le paiement des salaires. »

(Schmitt, 1984, p. 253)

Là aussi, Schmitt demeure constant dans ses convictions :

« Tel qu'il se constitue entre les mains des facteurs, le revenu monétaire ne vient d'aucun revenu préalable. »

(Schmitt, 1966, p. 275)

« Le revenu monétaire des facteurs ne procède pas d'une possession nominale préexistante. »

(Schmitt, 1966, p. 277)

La vente finale des marchandises est un achat/vente ; elle nécessite, de fait, un capital préalable : un revenu, correspondant à cette épargne, est nécessairement présent, et c'est lui, ou un revenu équivalent, qui sera précisément détruit lors de l'achat/vente. Cette destruction correspond à celle du pouvoir d'achat associé. Or, d'où vient le revenu, préalable à l'achat, si ce n'est du paiement des salaires ? Ce paiement, ontologiquement premier, est précisément l'inverse, au niveau comptable, de l'achat/vente qui est le paiement ontologiquement second : il produit le revenu et son pouvoir d'achat ; il engendre, par la monnaie bancaire, l'existence du capital en tant qu'épargne, préalable à l'achat/vente futur.

« Un paiement ne consiste pas en un transfert de monnaie contre des marchandises, il est ou bien la formation ou bien la destruction de la forme monnaie des produits, en d'autres mots ou bien la formation ou bien la destruction d'un pouvoir d'achat. »

(Bailly, 2012, p. 7)

Comprendre que le paiement des salaires forme le pouvoir d'achat au lieu de le détruire, c'est comprendre que ce paiement n'est pas un achat. Il n'a donc formellement besoin d'aucun capital préalable représentant un revenu existant pour être effectué, même si le débit qu'il définit sur le compte du payeur se trouve être compensé par un état préalablement créditeur de ce compte.

« Précisons ici que les banques peuvent, à la demande des entreprises, imputer le paiement des salaires qu'elles effectuent sur des dépôts préexistants. L'analyse de la formation et de la dépense des salaires n'en est pas modifiée. »

(Gnos, 1992, p. 139)

Autrement dit, l'utilisation d'un compte créditeur, au moment du paiement, ne remet pas en cause la description de l'opération de paiement elle-même, car cette opération n'est nullement modulable en fonction des situations : elle est toujours définie, au niveau bancaire, par le débit du compte du payeur et le crédit du compte du payé. Ce débit pour le payeur ne fait ici que s'imputer sur l'éventuel solde préalablement créditeur, lui-même issu d'un paiement antérieur dont cet agent fut le bénéficiaire, sans que l'opération de paiement dépende formellement de la présence d'une telle créance pour sa réalisation. On notera que le solde débiteur qui résulte du paiement lorsque le compte du payeur n'est pas suffisamment approvisionné n'est autre que la conséquence inévitable de l'opération, et l'existence courante, relevée par Keynes, de comptes débiteurs suite aux paiements réalisés « à découvert » prouve qu'il ne s'agit pas là, hormis les difficultés inhérentes au remboursement (circonscrites à la seule obligation du payeur), d'une situation inacceptable pour la théorie.

« En acceptant la fameuse formule de Withers selon laquelle « *loans make deposits* », Keynes montre son pragmatisme. Dans la pratique, les banques commerciales ne limitent pas leurs avances aux liquidités reçues antérieurement. Aussi Keynes prend-il en compte la technique du découvert. Il s'agit d'une opération qui, par définition, ne suppose pas le dépôt préalable d'un actif par l'emprunteur : l'hypothèse de la création monétaire par monétisation des actifs est contredite. Keynes met ainsi la théorie monétaire en accord avec la réalité de son temps. »

(Bradley & Friboulet & Gnos, 1996, p. 7)

Il se trouve que la réalité observable du temps de Keynes, au niveau des paiements, était sans doute très proche de celle d'aujourd'hui, pour ne pas dire identique, et l'on pourrait même considérer que les paiements monétaires, quels que soient les époques et les supports adoptés, relèvent tous de la même opération comptable. Les observations maintenant directes et suffisamment précises des écritures portées par les agents en présence, le payeur, le payé, ainsi que le système bancaire qui s'interpose, auraient même tendance à conforter intégralement la théorie monétaire esquissée par Keynes, dès que l'on comprend que tout paiement est fondamentalement effectué à découvert, l'opération étant constamment, invariablement, la même au niveau de ces écritures.

« L'observation de Keynes selon laquelle tout paiement est effectué à découvert conduit l'analyse sur une voie nouvelle. La monnaie dans le *Traité* ne peut jamais exister *par elle-même*. Elle est toujours le support d'un produit. »

(Friboulet, 1985, p. 117)

La voie nouvelle sera clairement ouverte par Schmitt, même si l'image électrique qu'il propose (« Ici, mieux vaut parler en termes de l'électrostatique, car les charges positive et négative peuvent s'annuler « ponctuellement ». » ; Schmitt, 1966, note 1, p. 286) établit une sorte de correspondance éventuellement critiquable avec la physique.

« Il n'est plus à propos de faire la preuve ; mais proposons une image. Non encore distribuée en rémunérations, la monnaie ressemble à un corps de charge électrique nulle. Elle n'exerce aucun pouvoir d'attraction sur les biens réels. Et si d'aventure on l'employait néanmoins d'une façon acquisitive, on puiserait dans la force des monnaies distribuées, dont le pouvoir serait dès lors diminué. »

(Schmitt, 1966, p. 286)

En d'autres termes, lors d'un paiement effectué à découvert « d'une façon acquisitive », employant ainsi une monnaie de charge « nulle » (par sa double face de débit et de crédit) dans l'achat final d'une marchandise, on ne peut toujours que lancer le revenu d'un autre, puisque l'opération aboutit forcément à l'amortissement d'un coût, donc à la destruction d'un revenu. Il est d'ailleurs possible de montrer que le résultat financier est un prêt inter-ménages, lorsqu'il s'agit d'un paiement de consommation finale. Or, il est important de comprendre que, même dans le cas où un solde créditeur existe au compte du payeur, on ne saurait puiser « dans la force des monnaies distribuées », à savoir détruire un revenu existant, autrement qu'en réalisant toujours cette même opération, précisément, la création d'une « monnaie de charge nulle » en banque, débit du payeur et crédit du payé ; car il n'y a, formellement, pas d'autre moyen d'effectuer un paiement. Il se confirme alors que les deux paiements successifs, de production et de consommation du revenu global, relèvent strictement d'une opération identique, « à la permutation des agents économiques près » (Gnos, 1992, p. 139) : un paiement invariablement réalisé, en sa seule structure, « à découvert », mais modifiant les situations financières préalables, quelles qu'elles puissent être, des agents.

Ainsi, l'originalité de la production par rapport à la consommation (et *vice versa*) ne dépend pas directement de l'opération de paiement elle-même, qui ne nécessite jamais, pour l'une comme pour l'autre, en sa définition comptable, de capital préalable (ce dernier en étant plutôt la conséquence), mais de l'ordre logique des opérations effectuées, le système productif jouant, le premier, le rôle de payeur face à l'ensemble des ménages jouant, par la suite, le même rôle. Autrement dit, le paiement de production est définitivement le paiement premier, formant les créances initiales des payés et, concomitamment, les dettes initiales des payeurs ; ces créances et dettes mêmes qui ne survivront pas au paiement second de consommation. D'une manière plus conceptuelle, sans le paiement de production, aucune marchandise ne serait économiquement définie, n'ayant aucune valeur, aucun coût assumé de manière comptable, aucun revenu n'étant versé en regard ; et le paiement second, l'inverse du premier, n'aurait pas plus de sens. C'est pourquoi la production précède logiquement la consommation, les deux étant définies par rapport aux relations, formées dans les paiements, entre les deux grands ensembles macroéconomiques, le système productif et l'ensemble des ménages.

La présence d'un capital financier préalable, lui-même issu de la production antérieure d'une valeur existante, revenu du travail, ne peut être invoquée comme nécessaire que lorsqu'il s'agit d'utiliser le pouvoir de ce revenu, en mobilisant le capital en question, dans l'achat d'une marchandise ; cette présence est injustifiée, formellement inutile, lorsqu'il s'agit d'effectuer un paiement qui, au contraire, crée une nouvelle valeur, produit un nouveau revenu, forme un nouveau pouvoir d'achat. Cette considération, nous le verrons, remet particulièrement en cause l'idée d'une création nécessaire de « dettes bancaires » (donc de dépôts, ou actifs financiers) préalable à ce paiement, comme la plupart des keynésiens le soutiennent. Les post-keynésiens, en particulier, font volontiers référence, sur ce point, à la demande de monnaie formulée par les entreprises auprès des banques pour le « motif de finance » (Keynes, 1937), afin d'engager spécifiquement la production. Si l'on entend par là, dans l'optique du travail comme seul facteur de production, une demande de monnaie pour effectuer le paiement des salaires, le passage suivant révèle tout son relief :

« *« Finance » has nothing to do with saving.* […] *It should be observed that a confusion between the first (finance) and last (saving) would be one between a flow and a stock.* […] [*Finance*] *does not absorb or exhaust any resources* […] *the saving can be used once only.* »

(Keynes, 1937, p. 209)

Une interprétation pertinente peut être trouvée dans le remarquable article de Xavier Bradley sur la question (Bradley, 1993).

« Keynes précise qu'aucune ressource n'est mobilisée dans l'opération et que la finance n'est pas de l'épargne. Cela signifie donc que l'opération en jeu ne présuppose aucun revenu. On en conclut que la finance ne peut être impliquée dans l'achat de biens existants. En effet, si l'on veut acquérir des biens déjà produits, on doit disposer d'un pouvoir d'achat : une épargne préalable est nécessaire. »

(Bradley, 1993, p. 71)

La logique est ici contraignante : si le paiement de production était un achat, il devrait épuiser le pouvoir d'achat d'un revenu existant. Autrement dit, pour produire un revenu, il faudrait détruire un revenu équivalent ; mais la production, dans ce cas, ne serait pas nette. Le paiement des salaires ne peut donc être un achat ; en conséquence, il ne mobilise aucune ressource en termes de pouvoir d'achat existant. Il est ainsi déconseillé, conceptuellement parlant, de tenter de décrire une création préalable de monnaie conçue comme un actif financier pour pouvoir effectuer le paiement de production. Bien mieux, il est possible de montrer qu'une telle création d'un actif net en-dehors de tout paiement relève d'une impossibilité logique. Bradley précise que l'emploi même du terme « finance », souvent lié à la fonction de l'épargne en relation avec les achats (les investissements) que celle-ci permet de réaliser par son allocation, introduit un biais malheureux dans la compréhension claire de la proposition fondamentale suivante : le paiement des salaires ne nécessite aucun revenu préalable pour être effectué.

« Le paiement décrit par Keynes est un versement, une création de revenus. Un revenu créé ne présuppose aucun revenu préalable alors qu'une dépense de revenu se fait à partir d'un revenu existant ; toutefois, selon Keynes, la présence de la « finance » serait indispensable à cette création. La difficulté de l'analyse tient au fait que l'on identifie le paiement des revenus à un « investissement ». On est alors conduit à étudier ce phénomène à l'aide des instruments propres aux relations financières. L'emploi du terme finance, alors qu'il s'agit de mettre en évidence une fonction monétaire, est révélateur de la procédure adoptée. »

(Bradley, 1993, p. 73)

Avec le « motif de finance », Keynes met le doigt sur un nœud particulier de l'analyse, aboutissant à une proposition qui remet véritablement en cause la vision traditionnelle du paiement des salaires, dans laquelle l'employeur transmet, selon toute vraisemblance, une valeur préexistante, quel que soit le moyen de son obtention préalable. On ne compte plus les entrepreneurs se déclarant en difficulté pour payer les salaires du fait de mauvaises ventes antérieures. Cette causalité, néanmoins, ne peut être analytiquement retenue.

« L'exposé du « motif de finance » permet ainsi à Keynes d'expliciter les conditions monétaires de la production. Le paiement des rémunérations constitue un flux qui n'est prélevé dans aucun stock ou capital préalable : il s'agit d'une création monétaire. »

(Bradley & Friboulet & Gnos, 1996, p. 28)

Le paiement des salaires est le seul paiement qui puisse être véritablement effectué « *ex nihilo* », non seulement par une opération monétaire en soi strictement réalisée « à découvert », comme pour tous les paiements, mais aussi et surtout sans nécessiter l'existence préalable d'un revenu (représenté, au niveau bancaire, par un capital financier) qui serait, en tout état de cause, toujours issu d'un paiement antérieur de salaires. Seul le paiement de consommation nécessite un revenu existant, déjà produit, à consommer ; on pourrait ainsi dire qu'il « coûte » ce revenu, puisqu'il le fait disparaître. Le paiement de production, lui, ne nécessite aucun revenu déjà produit, puisqu'il en est précisément la cause génératrice ; il n'en détruit aucun. Son coût en revenu est alors strictement nul.

« Il faut comprendre que le salaire, définition du coût de production, a lui-même un coût absolument nul. La difficulté d'intellection tient au fait que l'échange du salaire contre le produit est absolu. Les travailleurs ne donnent pas le produit contre « autre chose » ; ils donnent le produit en nature contre le même produit, en monnaie. [...] Figurons-nous que les unités de monnaie n'existent pas encore – elles ne sont donc rien – mais elles sont sur le point d'être créées ; elles le sont dans l'émission des salaires : le salaire et la monnaie naissent ensemble. C'est bien la preuve que le salaire, coût du produit, a lui-même un coût nul : le salaire n'est pas payé en un bien préalable, une monnaie préexistante, mais dans l'émission de la monnaie. »

(Schmitt, 1984, p. 262)

### Les salaires sont le produit en monnaie

Si le paiement des salaires met au monde, pourrait-on dire, la marchandise en tant qu'objet valorisé, il est possible d'identifier cette opération à une véritable production, au sens créatif du terme. Cependant, pour la plupart des auteurs, la production ne serait qu'un « procès matériel », un acte physique inscrit dans l'espace et le temps. La conception, les décisions d'investissement, l'acheminement des matières et l'installation des équipements, l'utilisation d'outils et de machines transformant les intrants directs, l'emballage du résultat, son transport dans les points de vente, etc., tout cela n'est au fond, dans cette optique, qu'une journée générique, à l'instar de celle de Marx, définissant la production d'une marchandise. Dans le giron de ce procès, les paiements effectués sont comme des formalités ponctuelles obligatoires, des échanges réalisés à l'aide d'une valeur préexistante, un capital de départ, en monnaie. Ils correspondent à des transmissions de ce capital, c'est pourquoi ce dernier paraît essentiel dans l'analyse, le paiement des salaires, comme tous les paiements, étant vu comme un achat, celui du travail ou de sa force, selon les points de vue. Néanmoins, il apparaît ainsi comme une simple récompense donnée aux travailleurs, car ni le travail ni sa force ne sont en réalité définissables comme de soi-disant marchandises préalables à cette transaction. On voit que l'échange, représentation traditionnelle des achats et des ventes, n'est finalement pas un concept approprié pour analyser le paiement des salaires.

Nombreux sont encore les économistes qui pensent ainsi : on fabrique des marchandises, on injecte de la monnaie, et hop ! La monnaie achète les marchandises. Du coup, si l'on injecte « plus de monnaie », on achètera les marchandises plus vite. Comme dirait Schmitt, cette vision est infantile. Rappelons-nous la simple construction, fautive selon Fradin, de l'ensemble des relations d'équivalence issues des rapports quantitatifs observés dans les échanges, entre les objets physiques qualifiés d'économiques pour l'occasion. Fradin réserve d'ailleurs à ces objets, de manière peut-être trop optimiste, un sort des plus funestes au regard de l'histoire de la science.

« À première vue, et tel est le point de départ néoclassique, la société repose sur la production d'objets matériels ou de services intangibles que nous appellerons « objets économiques ». Ces objets économiques correspondent à la notion de biens que développe la théorie néoclassique. Par ailleurs ces objets sont des objets du monde physique. [...] Ils seront comme autant de traces fossiles pour les générations futures comme l'est pour nous la ville fossile de Pompéi. »

(Fradin, 1976, pp. 8-9)

Fradin montre, par une critique mathématique élaborée, notamment adressée à Jevons et à Debreu (« C'est pourquoi l'analyse de Gérard Debreu est totalement fausse », *op. cit.*, p. 18), que le rapport quantitatif issu d'une opération d'échange ne peut constituer une authentique opération de mesure.

« La valeur dans l'échange est donc le prix relatif, et ainsi défini le prix est un rapport quantitatif.

Si ce rapport constitue la mesure réelle du rapport d'échange alors Jevons a résolu le problème de la mesure de la valeur. Mais il apparaît immédiatement qu'il ne peut en être ainsi, tout simplement parce que ce rapport n'est pas un nombre réel, ce qu'il devrait être pour répondre aux exigences de la théorie de la mesure. [...] l'opération effectuée par Jevons [...] n'est donc pas une opération de mesure. [...]

On se trouve donc placé devant l'alternative suivante : ou bien l'on considère que la relation d'équivalence de l'échange s'applique à un ensemble d'objets physiques, mais alors il n'est pas possible de définir une opération de mesure ; ou bien il faut admettre que l'ensemble E ne saurait être un ensemble d'objets physiques.

Il faut bien sûr tenir le 2ème terme de l'alternative pour correct : la relation d'équivalence de la valeur ne porte pas sur les objets économiques considérés comme des objets physiques ou des biens. »

(Fradin, 1976, pp. 24-25)

L'économie n'a rien à voir avec la physique, avons-nous dit au chapitre introductif. La raison en est simple : les éléments économiques ne naissent pas dans l'espace physique, mais dans l'espace monétaire. La construction d'un ensemble abstrait d'éléments qui, au terme de leur opération de mesure en une unité commune, ne pourront qu'être homogènes au sein de cet ensemble, est un préalable logique à toute comparaison, mesure pour mesure, d'un élément par rapport à un autre. Les relations d'équivalence, ou de non-équivalence d'ailleurs, entre ces éléments peuvent être aussitôt tirées, ainsi, des rapports de grandeurs conçues comme immédiatement homogènes. Le propos est ici de soutenir qu'une seule opération est capable de créer, à la fois, les éléments et l'espace de mesure, car les éléments en question sont les revenus ; et l'opération est le paiement des salaires. Celui-ci produit littéralement les salaires en tant que revenus monétaires. Ainsi, pour être économiquement perçue comme une formation de valeur monétaire, la production ne peut plus être assimilée à l'obtention matérielle, aussi complexe soit-elle, des marchandises comme objets ou services physiquement appréhendables. Autrement dit, le « produit » issu de ce paiement n'est pas un ensemble de choses, d'objets ou services physiques en tant que richesses utiles, face à un autre ensemble, distinct, de sommes de monnaie qui seraient uniquement là pour fluidifier leurs déplacements d'un agent à l'autre ; c'est pourquoi la construction walrasienne de la « richesse sociale » comme ensemble de valeurs d'usage est inévitablement caduque, même hors de propos. Le produit global naît d'emblée sous la forme monétaire, et il se construit à chaque paiement de salaires ; il est, comme nous le suggère Fradin, un ensemble d'emblée homogène de valeurs réelles et monétaires.

Les « biens économiques » ainsi définis n'entretiennent alors qu'une relation de simple correspondance avec les « objets économiques » physiques, ou marchandises comme représentantes de ces biens, dans la mesure où leur fabrication matérielle justifie la production monétaire des – véritables – biens économiques, en produisant les salaires comme revenus et comme coûts de production. C'est pourquoi il est tout à fait permis de considérer l'ensemble des marchandises proposées à la vente comme une seule marchandise composite, dont le coût correspond à l'ensemble des coûts agrégés. C'est aussi pourquoi, lorsque deux marchandises, physiquement présentées par des unités différentes (des hectolitres de blé, des mètres de toile, des grammes d'argent, des onces d'or, etc.), ont le même coût de production, la possibilité et, même, la réalisation effective de leur échange n'en sont qu'une conséquence immédiate, le rapport constaté entre les quantités échangées, par le rapport des unités (leur prix relatif deux à deux), n'étant qu'une expression particulière du rapport d'égalité, établi en monnaie, des coûts unitaires respectifs.

Lorsqu'une marchandise, sous la forme d'un objet physique ou d'un service rendu, est « achetée », il s'agit moins de l'accession à une valeur d'usage matérielle (même si elle fournit le motif à la décision d'achat prise par le consommateur), accession correspondant à l'écoulement d'un stock, que de la convocation, pour leur destruction simultanée, du revenu et du coût définissant le seul bien économique alors acheté/vendu. La preuve en est que l'écoulement d'une marchandise définie peut non seulement servir à amortir son propre coût, mais aussi à amortir le coût d'autres marchandises non écoulées, donc considérées comme « invendues » ; il s'agit là, bien entendu, d'une erreur d'appréciation formelle, puisque, leur coût étant amorti dans cette transaction, l'achat/vente concernant la partie du revenu-coût global qui les concernait est bel et bien constaté dans cet amortissement. Autrement dit, en écoulant leurs marchandises, les entreprises ne se préoccupent pas de leur utilité supposée, qui est une considération réservée aux consommateurs, mais du montant du coût, comme part du coût total précédemment payé, que leur vente permet ainsi d'amortir et, si possible, du montant des revenus, correspondant aux coûts d'autres entreprises, que cette vente permet de capter en profits.

Cette considération de la véritable nature monétaire des biens économiques est une conséquence analytique de l'approche keynésienne, dès lors qu'on la pousse dans ses retranchements, ainsi que l'école dijonnaise du circuit peut s'enorgueillir de l'avoir fait dans les années quatre-vingt.

« Pour Keynes, le paiement des rémunérations au moyen d'une monnaie nouvelle n'est pas une vente de produit par les ménages. Le produit n'existe dans sa définition économique *qu'à l'issue de l'opération de production.* [...] La liquidité gagnée par les ménages n'est pas perdue par les firmes. Elle est une grandeur nette, une grandeur macroéconomique. La définition de la liquidité comme grandeur macroéconomique impose en retour que le produit et le revenu soient un seul et même objet. [...]

Il s'ensuit que les biens économiques mesurables ne sont pas des biens physiques mais des biens transformés par les services producteurs. En tant que grandeur homogène, le produit résulte de son coût. Ainsi la loi de l'opération de mesure s'impose-t-elle également aux entreprises. Les seuls biens économiques que celles-ci ont eus en dépôt ne sont pas des quantités physiques mais des produits modelés par l'activité productrice. Autrement dit, le procès de production n'a pas deux résultats, le contenu de la liquidité d'une part et les biens déposés en entreprise d'autre part. Il conduit au seul produit qui s'inscrit dans les rémunérations des ménages et *ipso facto* dans la comptabilité des firmes. »

(Friboulet, 1985, pp. 122-123)

« On comprend du même coup que la monnaie n'est jamais la mesure des biens réels, sinon la mesure tautologique des biens réels déjà transformés en monnaie : en « comptant » la monnaie – le nombre d'unités monétaires créées dans le versement des salaires – on compte le produit puisqu'il est né dans la forme monétaire. Jamais la monnaie ne mesure un bien réel distinct ou disjoint de la monnaie : en dernière analyse, la monnaie est dénombrée ; c'est tout. Toutes les théories qui prétendent comparer la rémunération salariale au produit des salariés se posent donc un problème fondamentalement faux, inexistant. Les salaires monétaires *sont* le produit réel. »

(Schmitt, 1984, p. 113)

La proposition est vraiment très forte : « Les salaires monétaires *sont* le produit réel ». Autrement dit, par le paiement qui la définit, la production ne concerne que la seule valeur monétaire existante, et ce produit s'identifie aux salaires. L'économie est monétaire parce que la production est elle-même monétaire ; le produit, en conséquence, est immédiatement défini en monnaie.

« Le paiement des services producteurs détermine l'identité du produit et de la liquidité correspondante. [...] produit et monnaie forment, dans cet ouvrage [le *Traité* de Keynes], un seul et même objet. Mais cet objet n'est pas une donnée. Il est le résultat d'une opération économique. Dans le paiement des rémunérations, le produit acquiert sa forme monétaire. »

(Friboulet, 1985, pp. 120-121)

« L'émission monétaire change le produit en un nombre, somme des unités monétaires (chaque unité élémentaire étant le nombre « concret » 1) formées en salaires. Cette somme est équivalente au produit, non pas en ce que le produit et la somme des salaires auraient une dimension commune, mais, bien plus étroitement, parce que ces deux grandeurs *sont* une dimension unique, le numéraire quantisé. La relation d'équivalence est ici la plus forte qui se puisse concevoir, *l'identité*.

Les salaires nominaux sont l'identité du produit national ; ils sont donc égaux ou équivalents au produit puisqu'ils sont égaux ou équivalents à eux-mêmes. »

(Schmitt, 1984, p. 119)

Le lecteur notera que les salaires dont parle Schmitt sont bien les salaires « nominaux », en monnaie courante, non les salaires dits « réels », en monnaie constante, issus d'un calcul prenant en compte une inflation sur une période de référence. Nous serons amenés *infra* à revenir sur la pertinence d'un tel calcul. Par ailleurs, nous avons vu que les salaires, en tant que revenus, n'échappent pas, lors de leur dépense, à leur destruction par compensation comptable ; la destruction concerne ainsi le produit lui-même, puisque ce sont les revenus salariaux qui le définissent, constituant ainsi le revenu global. Comme sa création, la destruction du revenu n'est pas que subjective, uniquement perçue par le payeur : elle est objective pour la société tout entière.

« La distinction objective entre la création et la destruction des revenus dans l'ensemble de la société conduit à briser une proposition qui faisait figure de vérité axiomatique : la règle de la conservation de la valeur dans les échanges. [...] La distinction est réelle ou subjective. Selon la tradition, elle est subjective. Un sujet dépense ce qu'un autre perçoit, le revenu n'étant nullement dénaturé dans la transaction : il est reçu comme il est donné, en sa nature inchangée. D'après Keynes, elle est réelle. Le revenu est gagné dans une opération, puis dépensé dans une autre, objectivement distincte. Aux yeux de l'ensemble des sujets, le revenu est créé ; puis il est détruit. Tel est le sens nouveau. Les achats ne conservent pas les revenus, qui se trouvent au contraire dénaturés, perdus. »

(Schmitt, 1971, p. 134 [...] pp.132-133)

On entrevoit peut-être la difficulté du chemin à parcourir pour arriver à cette conception, car si la création d'un revenu global donné peut être appréhendée par l'enregistrement d'un paiement de salaires pour le mois, sa destruction intégrale ne peut jamais être constatée à un moment particulier : à chaque instant coexistent des épargnes financières liées à des revenus distincts, perçus puis consommés en partie, tandis que les stocks de marchandises, objets de leurs pouvoirs d'achat, se renouvellent en fonction des contraintes on ne peut plus concrètes, techniques, logistiques, etc. Il n'arrive jamais, ainsi, que l'on puisse observer et suivre un revenu global donné jusqu'à sa propre annihilation, d'autres revenus étant créés en concours, remplaçant régulièrement les anciens. Ce que l'on observe, c'est une sorte de fond de roulement permanent, d'où la représentation d'une valeur monétaire pérenne, une « masse monétaire » circulante, face à des objets et services renouvelés qui, de fait, seraient les seules choses susceptibles de faire l'objet d'une production. Mais la création de nouveaux revenus étant régulière, par les paiements mensuels de salaires, la destruction, même progressive, de ces revenus demeure une nécessité logique pour éviter la contradiction du seul ajout net, mois après mois, année après année, des revenus formés, procédure qui se révèlerait vite étouffante. Si les marchandises sont renouvelées, leur représentation monétaire doit faire de même. Or, si les auteurs actuels admettent assez facilement une destruction (dans son remboursement) de monnaie empruntée, celle des revenus à pouvoir d'achat positif est beaucoup plus rarement évoquée, et c'est là, manifestement, une question conceptuelle.

Toutefois, lorsque l'on détermine la croissance du produit d'une année à l'autre, on ne prétend pas ajouter au produit d'une année celui de l'année suivante pour obtenir le produit total. Il est clair que la production d'une année, si elle dépasse celle de l'année précédente, aura commencé par être égale à celle-ci, en reproduisant donc l'équivalent, et seule la différence entre les deux productions comptera pour une croissance. Ce qui prouve, comme deux et deux font quatre, que, si l'on produit 100 une année puis 110 l'année suivante, et que l'on ne reconnaît qu'une augmentation de 10, c'est bien qu'un produit de 100 aura disparu. Produire, d'une période à l'autre, signifie inévitablement reproduire une nouvelle valeur comparable à celle de la période précédente, car la valeur de chaque période finit nécessairement par disparaître. Le monde économique, effectivement, est chaque fois recommencé, car sa destruction répond à sa création.

« Au début est la production. Et il est inutile de remonter à la création du monde. En chaque période, le monde est recommencé. »

(Schmitt, 1984, p. 253)

En dehors de la création et de la destruction du monde économique, par la production et la consommation du revenu global définissant la valeur, toutes les opérations de paiement n'ont qu'un pur effet de répartition sur ce revenu. Traitons immédiatement, ici, une légère ambiguïté. La production étant celle d'une valeur, en l'espèce les salaires versés, l'expression « valeur du produit » peut apparaître, dans certains écrits de Schmitt, comme illogique ou redondante, signifiant ainsi, formellement, la « valeur de la valeur produite ».

« Pour prendre le langage classique, on dira que le salaire n'est pas la conséquence de la valeur (prévue) du produit, mais qu'il en est la cause ; les salaires versés étant, conformément au contrat, de x unités de monnaie, le produit « vaut » x unités de monnaie : si aucun salaire n'était émis, le produit aurait une valeur nulle. »

(Schmitt, 1984, p. 378)

Sans paiement de salaires, la valeur du produit serait non seulement nulle, mais aussi non avenue : elle n'existerait tout simplement pas, et les résultats d'activités ne seraient pas des marchandises. En d'autres termes, si la valeur n'était pas engendrée par le paiement des salaires, l'existence même du produit comme entité économique serait remise en cause. Ainsi, il ne sert à rien de chercher si le produit vaut plus ou moins que les salaires. On notera que Schmitt parle bien, ici, de la « valeur du produit », or notre but, le lecteur l'aura compris, est d'insister sur le fait que le produit n'est autre que la valeur elle-même. Nous-mêmes avons pu évoquer la « valeur des choses », des marchandises, du produit, mais ce n'étaient là, pour parler vrai, que détours linguistiques obligés ; parce qu'évoquer immédiatement le produit comme étant identique à un revenu salarial aurait non seulement constitué une pétition de principe, une avance non justifiée dans le raisonnement à venir, mais cela serait inévitablement apparu comme incompréhensible pour le lecteur non averti. Il s'imposait donc, même à Schmitt, de parler en termes de « valeur du produit », physique de surcroît, et de tenter de montrer comment les salaires finissent par définir cette valeur ; mais l'auteur se laisse tout de même aller, dans le passage suivant, à cette pensée : « Le produit n'a aucune valeur d'aucune sorte ; si on parle néanmoins de sa valeur, ne nous laissons pas abuser par les mots » ; sans doute parce que le produit n'est autre que la valeur elle-même.

« Par convention (sociale), les entreprises font correspondre à chaque catégorie socio-professionnelle une somme de « nombres en creux », prête à recevoir le produit de la période (par exemple du mois). À tel degré dans l'échelle des qualifications correspond ainsi la somme de 5000 francs : le produit physique mensuel du travailleur situé à cet échelon est coulé dans cette somme. [...] Mais pourquoi le produit de ce travailleur est-il équivalent à 5000 unités de monnaie ? [...] N'est-il pas possible que la valeur réelle de son produit soit supérieure ou inférieure à la somme de 5000 fr. ? La question est stupide. Le produit n'a aucune valeur d'aucune sorte ; si on parle néanmoins de sa valeur, ne nous laissons pas abuser par les mots : on entend seulement que le produit est déposé dans 5000 unités de monnaie négative. Les 5000 unités de monnaie étant la forme-numéraire du produit, il est évident que la valeur du produit n'est pas en fait de 6000 fr. ou de 4000 fr. ; ce serait une contradiction flagrante et insipide. »

(Schmitt, 1984, p. 386)

L'emploi du terme « convention » ne doit pas tromper : si le montant des salaires est retenu par des échelles de rémunérations convenues, par des accords contractuels faisant intervenir de multiples acteurs et décideurs (État, syndicats, etc.), les salaires comme entités économiques véritables que sont les revenus ne peuvent exister qu'à partir de leur paiement en monnaie. Le mode de détermination, autoritaire ou discrétionnaire, de leur montant ne saurait influer sur la nécessité de cette opération. De même, le prix affiché n'est toujours qu'une indication numérique ; le seul « véritable » prix est celui qui s'emplit d'un véritable revenu, et il ne peut le faire que lors du paiement correspondant à la vente.

### Les salaires sont le travail en monnaie

Le lien établi par Keynes entre les salaires et le travail, par l'emploi d'unités fort décriées en son temps, est peut-être encore plus saisissant. Si l'on explore l'approche, on ne peut qu'en déduire, selon nous, la proposition suivante : les revenus salariaux sont la représentation même du travail effectué. Autrement dit, la valeur produite, le produit économique, c'est le travail lui-même, sous la forme du revenu monétaire global. Il est utile ici de rappeler la considération du travail abstrait, amenant Marx à décrire les quanta de travail comme des quantités nécessairement homogènes, exprimées en une dimension commune (le temps de travail), entretenant logiquement, ainsi, une relation de proportionnalité entre elles. C'est ce raisonnement qui permet à Marx de réduire les formes les plus diverses de travaux possibles en une échelle de complexité basée sur la multiplication : le travail dit « complexe » est réductible en un multiple du travail « simple ».

« Le travail complexe (*skilled labour*, travail qualifié) n'est qu'une puissance du travail simple, ou plutôt n'est que le travail simple multiplié, de sorte qu'une quantité donnée de travail complexe correspond à une quantité plus grande de travail simple. L'expérience montre que cette réduction se fait constamment. Lors même qu'une marchandise est le produit du travail le plus complexe, sa valeur la ramène, dans une proportion quelconque, au produit d'un travail simple [...] Les proportions diverses, suivant lesquelles différentes espèces de travail sont réduites au travail simple comme à leur unité de mesure, s'établissent dans la société à l'insu des producteurs et leur paraissent des conventions traditionnelles. Il s'ensuit que dans l'analyse de la valeur on doit traiter chaque variété de force de travail comme une force de travail simple. »

(Marx, 1872, p. 17)

« Le travail plus complexe ne vaut que comme potentialisation ou plutôt comme multiplication de travail simple, si bien qu'un quantum moindre de travail complexe sera égal à un quantum plus grand de travail simple. L'expérience montre que cette réduction se produit en permanence. Une marchandise aura beau être le produit du travail le plus complexe possible, sa valeur la met à parité avec un produit de travail simple [...] Quant aux différentes proportions selon lesquelles différents types de travail se trouvent ramenés par réduction à l'unité de mesure que constitue le travail simple, elles sont établies au terme d'un processus social qui se déroule dans le dos des producteurs, si bien que ceux-ci s'imaginent qu'elles ont été données par la tradition. Pour simplifier les choses, nous considérerons désormais d'emblée toute espèce de force de travail comme de la force de travail simple : cela nous évitera tout simplement la peine d'opérer cette réduction. »

(Marx, 1993, pp. 50-51)

Nous l'avons vu, le quantum déterminé de travail peut s'exprimer par une unité de durée pendant laquelle ce travail est accompli, mais Marx ne donne pas plus de précision concernant le rapport entre une heure de travail complexe réduite en un multiple d'une heure de travail simple. Dès lors, cette seule mesure temporelle est elle-même inopérante pour comparer les quanta de travail, puisqu'une heure de travail complexe (comme quantum de travail) peut correspondre à plusieurs heures, donc à un quantum plus grand, de travail simple, « de sorte qu'une quantité donnée de travail complexe correspond à une quantité plus grande de travail simple » (Trad. Roy) ; « si bien qu'un quantum moindre de travail complexe sera égal à un quantum plus grand de travail simple » (Trad. Lefebvre). Qu'est-ce qui, alors, détermine, pour un travail complexe donné, le coefficient multiplicateur du travail simple qui lui donnera sa grandeur ? Marx ne répond pas clairement à cette question, mais on retrouve ici la problématique de « l'échelle comparative » de Ricardo ; cela ne doit pas étonner, car Marx est ici confronté à la variabilité des salaires horaires.

Comment sait-on que le travail du bijoutier, pour prendre un exemple de Marx, est plus complexe que celui d'un manœuvre ? Est-ce véritablement « l'expérience », comme le dit Marx, basée sur une hiérarchie établie « à l'insu » (Trad. Roy) ou « dans le dos » (Trad. Lefebvre) des producteurs aveuglés par la tradition ? Sont-ce la technique à maîtriser, l'apprentissage nécessaire, ou encore la finesse du travail effectué ? La réponse, pour être intelligible d'un point de vue économique, se doit d'être plus simple. Elle est dans le salaire horaire : une même quantité de travail, mesurée en heures, sera tout simplement mieux rémunérée pour un travail dit complexe. On peut toujours, ici, avoir l'impression que cette différence de rémunération résulterait d'une différence de complexité concrète, comme on pense qu'un médecin doit être bien rémunéré parce qu'il aurait étudié pendant longtemps ; mais c'est confondre le poste obtenu avec les études nécessaires pour l'obtenir. La référence aux salaires est en réalité beaucoup plus forte : le degré de complexité ou de spécialisation du travail ne détermine pas les salaires payés ; ce sont, au contraire, ces derniers qui déterminent les rapports entre les travaux, qu'ils soient d'ailleurs jugés ou non complexes par rapport à d'autres, puisque ce ne sont toujours que leurs mesures monétaires respectives qui permettent de les comparer. Les pondérations appliquées, en effet, dépendent directement des rémunérations. C'est cette causalité qui est soutenue par Keynes.

« [...] *the quantity of employment can be sufficiently defined for our purpose by taking an hour's employment of ordinary labour as our unit and weighting an hour's employment of special labour in proportion to its remuneration ; i.e. an hour of special labour remunerated at double ordinary rates will count as two units. We shall call the unit in which the quantity of employment is measured the labour-unit ; and the money-wage of a labour-unit we shall call the wage-unit. Thus, if E is the wages (and salaries) bill, W the wage-unit, and N the quantity of employment,* $E = N \times W$. »

(Keynes, 1936, p. 42)

Pour une meilleure compréhension immédiate, nous proposons la traduction suivante :

« [...] la quantité d'emploi peut être définie, de manière suffisante à notre dessein, en prenant une heure d'emploi d'un travail ordinaire comme unité et en pondérant une heure d'emploi d'un travail spécialisé en proportion de sa rémunération ; i.e. une heure de travail spécialisé rémunéré double du taux ordinaire comptera pour deux unités. Nous appellerons l'unité dans laquelle la quantité d'emploi est mesurée l'unité de travail (« labour-unit ») ; et le salaire monétaire d'une unité de travail, nous l'appellerons l'unité de salaire (« wage-unit »). Ainsi, si E représente les rémunérations (et les salaires), W l'unité de salaire, et N la quantité d'emploi, E = N × W. »

D'une certaine manière, Keynes commence par emprunter le même chemin que Marx : il conçoit, comme un quantum simple, l'unité de travail (« labour-unit »). Cependant, il ne tente pas immédiatement, en fonction de raisons toutes plus diverses, de déterminer une échelle entre des quanta différents, car si plusieurs unités de travail de différentes grandeurs pouvaient coexister, l'une d'elle ne saurait, plus que les autres, s'imposer comme unité de mesure. Keynes, au contraire, fixe l'unité de travail comme l'emploi d'un travail ordinaire pendant une heure (« *an hour's employment of ordinary labour* »). Il prend alors en compte le salaire monétaire attribué à cette unité, qu'il appelle « unité de salaire » : « *the money-wage of a labour-unit we shall call the wage-unit* ». L'unité de salaire correspond alors au salaire horaire d'un travail ordinaire, les unités de travail étant explicitement pondérées par le niveau des rémunérations (« *weighting an hour's employment of special labour in proportion to its remuneration* »). Ainsi, lorsqu'une heure d'un certain travail est payée double par rapport à une même heure d'un autre travail, elle comptera pour deux unités : « *an hour of special labour remunerated at double ordinary rates will count as two units* ». Autrement dit, si l'on établit un salaire minimum pour le travail ordinaire, que l'on peut assimiler au travail simple de Marx, alors les rapports entre les salaires et ce salaire minimum donneront les coefficients multiplicateurs que ce dernier recherchait peut-être, ceux appliqués au travail simple pour obtenir les travaux complexes.

Cette différence formelle, entre le simple et le complexe, est alors obsolète : si l'unité de salaire en monnaie mesure le travail d'une heure, c'est bien l'unité monétaire elle-même qui mesure en fait le travail pour chaque salaire versé, et tous les rapports possibles entre les divers salaires fournissent les rapports entre les travaux eux-mêmes. La complexité et la technicité n'ont alors plus à être invoquées pour comparer les travaux effectués, car les salaires monétaires mesurent *de facto* les travaux à comparer. Quelle que soit, en heures de travail, la quantité d'emploi (« *N the quantity of employment* ») et quelle que soit l'unité de salaire ou salaire horaire s'appliquant à ces emplois (« *W the wage-unit* »), leur multiplication donne l'ensemble des rémunérations en salaires (« *E is the wages (and salaries) bill* »). La grandeur E représente ainsi le volume de l'emploi (déterminé chez Keynes par la « demande effective ») rendu homogène par la mesure en unités de salaires, et cette grandeur correspond *ipso facto* à la mesure monétaire de la totalité des travaux effectués, qu'ils soient ordinaires ou spécialisés, simples ou complexes. Autrement dit, les salaires mesurent directement le travail, et seule cette mesure est économiquement valable. Si le montant du salaire d'un ouvrier du bâtiment est le même, pour un mois donné, que celui d'un pianiste professionnel, l'ouvrier et le pianiste auront effectué des travaux strictement équivalents, les deux mesures monétaires étant quantitativement égales. Soutenir le contraire serait considérer que l'on puisse mesurer le travail d'un ouvrier du bâtiment et celui d'un pianiste en une même unité de mesure, indépendante du salaire, afin de comparer, disons, les heures de travail de l'un avec celles de l'autre. Mais une heure de bâtiment, ce n'est pas une heure de piano ; l'hétérogénéité, en réalité, est totale en cette unité temporelle. La seule mesure pertinente est monétaire, et le seul rapport pertinent est celui des salaires. À salaires égaux, travaux égaux.

« Le raisonnement de Keynes s'articule autour de deux propositions. Il observe que la monnaie est d'abord unité de compte. Elle permet d'exprimer le prix des biens ainsi que les dettes et les créances des agents. [...] Mais bien sûr la condition n'est pas suffisante : la relation entre la monnaie et les biens doit être expliquée. C'est alors qu'intervient la proposition de considérer non la quantité de monnaie mais les flux des rémunérations gagnées et dépensées : la monnaie se constitue en étalon dans les paiements.

C'est sans doute dans la *Théorie Générale* que la nouvelle conception trouve sa formulation la plus achevée, lorsque Keynes propose de mesurer le produit national en unités de salaires. [...] L'unité de salaire est monétaire : il s'agit d'une unité de compte. Elle devient étalon de mesure du produit national pour autant qu'elle constitue la rémunération du travail dépensé dans la production. »

(Gnos, 1998, p. 86)

La monnaie se constitue en « étalon de mesure du produit » dans le paiement des salaires « pour autant qu'elle constitue la rémunération du travail dépensé dans la production » ; que mesure donc l'unité monétaire, en tant qu'étalon, lorsque le produit mesuré est constitué de ces salaires mêmes, si ce n'est, précisément, le « travail dépensé dans la production » ?

« On sait que la proposition de mesurer le produit national en unités de salaires a été accueillie avec perplexité par les contemporains de Keynes. […] Elle a finalement été négligée. »

(Gnos, 1998, p. 86)

Compte tenu de l'équation du revenu national, rappelée et légitimée sans retenue par nombre d'économistes contemporains comme Piketty, on ne saurait s'étonner qu'une telle perplexité perdure, presqu'un siècle plus tard, sur l'emploi de ces unités, et sur la mesure, par les seuls salaires, du revenu global. Considérer ce revenu comme le travail lui-même, mesuré dans le paiement qui l'aura fait naître en monnaie, nous paraît néanmoins une conclusion correcte au regard de la considération de l'unicité du facteur de production ; elle pousse même cette proposition à l'extrême, dans ses retranchements : la production, en tant que reconnaissance comptable du travail effectué et dûment mesuré, consiste ainsi à générer la représentation monétaire de ce travail sous la double forme d'un coût de production pour les entreprises et d'un revenu pour les ménages travailleurs. Le travail, alors, n'est plus seulement « facteur de production physique » des marchandises, dans le sens où sa contribution se révèlerait nécessaire pour les obtenir matériellement, les fabriquer ou les rendre (pour les services) ; il n'est même plus le facteur, en tant que cause distincte et préalable, de création littérale de leur valeur. Il est leur valeur. Il n'est plus, simplement, la cause du revenu, la cause du produit ; il est le revenu, il est le produit. Les salaires sont le travail mesuré en unités monétaires.

Cette dernière proposition n'est pas, telle quelle, formulée par Schmitt ; la conception, néanmoins, des salaires agrégés comme étant la seule représentation possible d'un produit global réellement monétaire (et non simplement exprimé par la monnaie) suffit à elle seule à rendre caduque l'observation traditionnelle et trompeuse des échanges entre des « objets réels » et des « objets monétaires ». Vaincre cette dichotomie constitue bien l'objectif essentiel auquel, selon nous, l'approche par la production des revenus permet d'aboutir. Il est intéressant de constater, à cet égard, que les principaux artisans d'un développement sérieux de l'analyse keynésienne, les post-keynésiens considérés comme hétérodoxes, semblent aujourd'hui prendre cette victoire comme un point de départ entendu.

« La manière dont les post-keynésiens construisent leur théorie monétaire illustre parfaitement leur méthodologie : le point de départ est bien la théorie de Keynes, soit l'abandon et la critique de la dichotomie méthodologique entre la sphère réelle et la sphère monétaire. »

(Monvoisin & Rochon, 2018, p. 167)

À plusieurs reprises, les auteurs participant à l'excellent recueil de référence consacré à *L'économie post-keynésienne* (Berr & Monvoisin & Ponsot, 2018) affirment l'abandon de la dichotomie, comme déjà montré par Keynes ; mais ce résultat n'était, en fait, pas véritablement atteint à la suite immédiate de ses analyses, surtout si l'on se réfère aux écrits, dans la *General Theory*, concernant la « préférence pour la liquidité ». Les motifs de demande de cette monnaie liquide par les ménages impliquent en effet la possibilité d'une détention d'un certain stock de cette monnaie, d'une encaisse – image parlante – demandée « pour elle-même » (comme on pourrait demander une marchandise pour elle-même), par précaution, pour spéculer, ou en vue d'effectuer des transactions. Il est manifeste, ici, que cette encaisse s'apparente bien plus à une épargne, à un actif financier, qu'à une monnaie schmittienne « actif-passif » sans pouvoir particulier, hormis celui qui lui est transmis par la production. Nous verrons que, chez les post-keynésiens, la création monétaire demeure étudiée en-dehors du paiement de production, plus précisément avant ce paiement ; elle peut donc toujours être considérée comme la création d'un stock de monnaie, rendu disponible par les banques, dont les flux représentent les déplacements au sein d'un « circuit keynésien » relatant sa circulation en contrepartie des marchandises achetées.

On retrouve ici l'opposition classique entre la production et la circulation, ce dernier terme étant ici à prendre au sens propre. Dans ces conditions, il n'est pas certain que les auteurs aient correctement relevé la persistance sous-jacente, dans leur analyse, de la dichotomie qu'ils dénoncent, étant donné que les paiements demeurent perçus comme des échanges entre la monnaie créée, même de manière endogène (répondant à une demande), et les marchandises, dont le travail semble (car cela n'est pas franchement clair) faire partie, étant la contrepartie des salaires versés. Il est encore moins certain, d'ailleurs, qu'ils aient intégralement pris conscience du fait que les « biens économiques » qu'il convient de considérer ne font pas partie, conceptuellement parlant, de l'ensemble des objets et services physiques. Pour les post-keynésiens, la monnaie procède de « l'incertitude radicale » ; mais ce que nous savons depuis Keynes procède, en fait, d'un tout autre ordre.

« Keynes ne conçoit pas la production comme un échange de valeurs mais comme une création de revenus. »

(Bradley & Friboulet & Gnos, 1996, p. 13)

Car l'échange n'est pas une production, et la production n'est pas un échange. Contre toute attente, cette proposition logique issue, comme nous le savons, de la pensée de Say (et non de Keynes), est en réalité la seule arme disponible susceptible d'abattre la dichotomie, car celle-ci tombe d'elle-même dès lors que les échanges sont niés. C'est pourquoi Schmitt s'en est servi pour arriver, certes avec l'aide de Keynes (pour peu que l'on interprète correctement les écrits de ce dernier), à montrer que la production est une création directe de revenus monétaires, s'identifiant au paiement des salaires. Ainsi, la production ne procède pas d'une détention préalable d'un stock de monnaie, d'un capital financier dont la création *ex nihilo* serait nécessaire – mais est-elle seulement possible ? – et n'a donc formellement pas besoin, contre l'avis post-keynésien, de la création préalable d'un tel stock. Ce sont les revenus monétaires qui sont créés *ex nihilo*, non une monnaie vue comme un actif financier ne s'appuyant, précisément, sur aucune « production *ex ante* » de revenu. Cette dernière proposition reste à entrevoir, pour les keynésiens d'aujourd'hui, et le vieux paradigme néoclassique, pour peu que cette approche soit comprise et enseignée, tombera avec la dichotomie.

Malheureusement, le paradigme en question a encore de beaux jours devant lui, et il se trouve que Keynes, peut-être malgré lui, y aura contribué, avec le succès de la théorie qu'il proposait, en 1936, du « multiplicateur d'investissement ». Cette multiplication, en effet, et malgré son apparente action grossissante sur le revenu global, prend place dans un cadre où les revenus, ni créés ni détruits, se « multiplient » par l'enchaînement de transactions conçues comme de simples transmissions. Cette approche, totalement inversée par rapport à celle qui mériterait, de notre point de vue, l'appellation de « révolution keynésienne », ne pouvait de fait émerger que d'une inversion totale de la causalité économique de base.

### L'étonnante économie inversée de Monsieur Keynes

Au chapitre 10 de la *General Theory*, Keynes écrit le passage suivant :

« *Let us define, then, $dC/dY$ as the marginal propensity to consume.*

*This quantity is of considerable importance, because it tells us how the next increment of output will have to be divided between consumption and investment.*

*For $\Delta Y = \Delta C + \Delta I$, where $\Delta C$ and $\Delta I$ are the increments of consumption and investment ; so that we can write $\Delta Y = k \Delta I$, where $(1 - 1/k)$ is equal to the marginal propensity to consume.*

*Let us call $k$ the investment multiplier. It tells us that, when there is an increment of aggregate investment, income will increase by an amount which is $k$ times the increment of investment.* »

(Keynes, 1936, p. 82)

Nous proposons ici une traduction ($Y$ : revenu global ; $C$ : consommation ; $I$ : investissement).

« Définissons, alors, $dC/dY$ comme étant la propension marginale à consommer. Cette quantité est d'une importance considérable, car elle nous dit comment le prochain incrément (augmentation) du produit devra être divisé (réparti) entre la consommation et l'investissement.

Car $\Delta Y = \Delta C + \Delta I$, où $\Delta C$ et $\Delta I$ sont les incréments de la consommation et de l'investissement ; si bien que nous pouvons écrire $\Delta Y = k\Delta I$, où $(1 - 1/k)$ est égal à la propension marginale à consommer.

Appelons $k$ le multiplicateur d'investissement. Il nous dit que lorsqu'il y a (aura) une augmentation de l'investissement agrégé (un incrément s'agrégeant à l'investissement global), le revenu s'accroîtra d'un montant qui est k fois l'incrément de l'investissement. »

Par cette démonstration, c'est moins l'augmentation du revenu global que celui de l'emploi que vise Keynes.

« *The ultimate object of our analysis is to discover what determines the volume of employment.* »

(Keynes, 1936, p. 66)

Keynes, en effet, se réfère explicitement à un autre multiplicateur mis en évidence par Richard Kahn cinq années plus tôt, qu'il nomme « multiplicateur d'emploi » (« *employment multiplier* »). D'après Keynes, lorsque la propension à consommer est stable et que l'investissement n'est troublé par aucune intervention d'autorités publiques ou monétaires, une modification du volume de l'emploi dépendrait directement d'une modification du volume de l'investissement net. Keynes considère cette notion fondamentale, incitant à établir la véritable relation quantitative (« *the actual quantitative relationship* ») entre un supplément d'investissement et sa répercussion sur l'emploi global.

« *The conception of the multiplier was first introduced into economic theory by Mr R. F. Kahn in his article on « The Relation of Home Investment to Unemployment » (Economic Journal, June 1931). His argument in this article depended on the fundamental notion that, if the propensity to consume in various hypothetical circumstances is* [...] *taken as given and we conceive the monetary or other public authority to take steps to stimulate or to retard investment, the change in the amount of employment will be a function of the net change in the amount of investment ; and it aimed at laying down general principles by which to estimate the actual quantitative relationship between an increment of net investment and the increment of aggregate employment which will be associated with it.* »

(Keynes, 1936, p. 81)

Pour établir cette relation, il convient d'expliquer comment un investissement, en tant qu'achat de biens de production durables (ou « biens d'investissement ») effectué auprès des entreprises de ce secteur, engendre une augmentation de l'emploi. C'est avec la grandeur du revenu que Keynes compte établir la relation, étant entendu que le revenu, ainsi que nous l'avons vu, n'est autre que les unités d'emploi pondérées par les unités de salaires versées en rémunération. Autrement dit, au facteur multiplicatif près qu'est l'unité de salaire, le revenu représente monétairement les unités d'emploi effectivement décidées (soit les heures travaillées), et le revenu dépend directement, dans le cadre de court terme spécifié par Keynes, du volume d'emploi.

« *In a given situation of technique, resources and costs, income (both money-income and real income) depends on the volume of employment N.* »

(Keynes, 1936, p. 32)

La relation mathématique établie entre l'investissement et le revenu, mettant en évidence un multiplicateur et l'augmentation induite de ce revenu, conforte Keynes dans l'idée que l'investissement doive théoriquement, au passage, faire augmenter le volume de l'emploi, puisque l'augmentation du revenu en dépend. Keynes précise cette relation de dépendance lorsqu'il définit la propension à consommer ; elle n'est pas absolue, puisque les types d'emploi proposés (indépendamment du nombre) peuvent varier, menant à différentes valeurs du revenu *Y* (en fonction des rémunérations versées). Néanmoins, la relation directe est regardée comme une bonne approximation (« *good approximation* ») en général. C'est pourquoi il se permet de retenir l'expression de la propension à consommer en fonction du niveau de revenu, et non directement du volume d'emploi.

« *Since we are here concerned in determining what sum will be spent on consumption when employment is at a given level, we should, strictly speaking, consider the function which relates the former quantity (C) to the latter (N). It is more convenient, however, to work in terms of a slightly different function, namely, the function which relates the consumption in terms of wage-units (Cw) to the income in terms of wage-units (Yw) corresponding to a level of employment N. This suffers from the objection that Yw is not a unique function of N, which is the same in all circumstances. For the relationship between Yw and N may depend* [...] *on the precise nature of the employment. That is to say, two different distributions of a given aggregate employment N between different employments might* [...] *lead to different values of Yw.* [...] *But in general it is a good approximation to regard Yw as uniquely determined by N. We will therefore define what we shall call the propensity to consume as the functional relationship between Yw a given level of income in terms of wage-units, and Cw the expenditure on consumption out of that level of income* [...] »

(Keynes, 1936, pp. 66-67)

Le processus de multiplication en lui-même, qui est en fait une addition (mais toute opération, même une soustraction, peut être transformée en multiplication), repose sur l'ajout des revenus dépensés, étant entendu que ces revenus se transmettent intacts dans les transactions effectuées. Ces transactions ne sont d'ailleurs pas circonscrites aux seuls achats dans le secteur des biens de consommation, puisqu'elles entraînent une augmentation de l'emploi dans ce secteur même, augmentation ainsi accompagnée des investissements complémentaires (en tant qu'achats adressés à l'autre secteur, celui des biens d'investissement) des entreprises concernées. Les dépenses sont effectuées en fonction de la propension – marginale, mais nous éviterons de le repréciser – à consommer des agents impliqués, jusqu'à obtenir, par l'ajout (là aussi) de toutes les épargnes résiduelles, l'épargne finale, égalisée à l'augmentation initiale de l'investissement.

« *Thus their effort to consume a part of their increased incomes will stimulate output until the new level (and distribution) of incomes provides a margin of saving sufficient to correspond to the increased investment.* »

(Keynes, 1936, p. 83)

C'est donc bien ainsi que Keynes justifie ici l'emploi du terme « investissement » : un achat de biens de production, puisque cet achat doit être financé par une épargne équivalente. Bien entendu, Keynes s'oppose ici à la conception d'une épargne antérieure à l'investissement ; celui-ci sera financé « *ex post* », par l'épargne issue de la multiplication. L'investissement étant considéré comme premier, il faut croire que la production (matérielle, mais aussi et surtout de revenus nouveaux) dans le secteur des biens d'investissement répond à une demande de ces biens, formulée par des entreprises, ou encore par l'État. C'est ainsi que Keynes pose l'investissement, en tant qu'achat, comme premier terme de la causalité amenant à une augmentation de l'emploi. Cependant, et Keynes le reconnaît, le multiplicateur de Kahn intervient dans une autre relation, celle entre cette dernière augmentation de l'emploi global et l'augmentation des emplois directement affectés à la production dans le secteur industriel des biens d'investissement (« *with a given increment of primary employment in the investment industries* »).

« *Mr Kahn's multiplier is a little different from this, being what we may call the employment multiplier designated by k', since it measures the ratio of the increment of total employment which is associated with a given increment of primary employment in the investment industries. That is to say, if the increment of investment ΔI leads to an increment of primary employment ΔN2 in the investment industries, the increment of total employment ΔN = k'ΔN2.*

*There is no reason in general to suppose that k = k'.* »

(Keynes, 1936, p. 82)

Effectivement, il ne s'agirait pas de confondre le *k* de Keynes avec le *k'* de Kahn, car ce dernier ne relate pas l'effet d'un achat de biens d'investissement, mais celui d'une augmentation directe de l'emploi (donc de la production) dans ce secteur. Ici, la grandeur formée par les revenus alors perçus par les nouveaux employés paraît pertinente pour expliquer, précisément, pourquoi l'emploi devrait aussi augmenter dans l'autre secteur, celui des biens de consommation, rendant le multiplicateur *k'* supérieur à 1 : puisque, d'évidence, les employés en question n'achèteront pas de biens d'investissement, ils reporteront, en fonction de leur propension à consommer, leur dépense sur le secteur des biens de consommation. L'effet sur l'emploi global serait donc une stimulation, par la dépense de revenus considérés comme additionnels, de l'emploi dans le secteur où ces revenus sont dépensés.

« *Unless the psychological propensities of the public are different from what we are supposing, we have here established the law that increased employment for investment must necessarily stimulate the industries producing for consumption and thus lead to a total increase of employment which is a multiple of the primary employment required by the investment itself.* »

(Keynes, 1936, p. 83)

Faisant sienne la loi ainsi mise en évidence, Keynes interprète ici le multiplicateur de Kahn en fonction de son objectif : intégrer l'investissement, en tant qu'achat de marchandises, dans la partie. C'est en effet ce que signifie la grandeur *I* dans ses équations : la dépense des entreprises dans l'achat des biens d'investissement. Or, malgré le fait que les nouvelles embauches soient réalisées dans le secteur qui fabrique ces marchandises, l'opération de départ, ici, n'est pas formellement conçue comme un achat : il s'agit, directement, d'une production nouvelle de revenus. Autrement dit, comme nous le savons, il s'agit de l'opération inverse. L'expression « *employment for investment* » doit donc être ici interprétée comme « l'emploi nécessaire pour permettre l'investissement », c'est-à-dire « l'emploi requis, dans ce secteur, pour fabriquer les biens de production qui seront achetés par l'investissement lui-même » (« *the primary employment required by the investment itself* »). On devrait donc comprendre que cet emploi aurait lui-même répondu à une première stimulation, celle entraînée par la demande initiale des biens de production issue de la décision d'achat d'équipements adressée à ce secteur par d'autres entreprises. Comme tous les secteurs, celui-ci est censé réagir par une hausse de l'emploi lorsqu'on lui adresse une demande supplémentaire (« *the increment of employment in the one set of industries to the increment of demand which has stimulated it* », *Ibid.*, p. 82). Cette demande, qui semble originelle, n'est bien entendu nulle part expliquée. Elle n'a d'ailleurs pas à l'être, puisqu'elle semble pouvoir être décidée autoritairement (par l'investissement public) ; et puis, ce n'est pas elle qui est importante, c'est le processus de multiplication qui découle de la présence des nouveaux revenus. Dès lors, Keynes utilisera souvent, pour dérouler son raisonnement, des expressions comme « *increment of income* » ou encore « *expansion in the capital-goods industries* » pour signifier le point de départ du processus.

« *It follows, therefore, that, if the consumption psychology of the community is such that they will choose to consume, e.g. nine-tenths of an increment of income, then the multiplier k is 10* [...] »

(Keynes, 1936, p. 83)

Ici, la valeur du multiplicateur est bien obtenue à partir d'un « *increment of income* », non d'un achat mobilisant un revenu. La confusion peut encore être entretenue par le fait que les entreprises qui investissent, qui achètent donc des biens d'investissement, sont aussi amenées à produire elles-mêmes de nouveaux revenus, les salaires versés aux travailleurs qui utilisent ces équipements. Il ne faut alors pas confondre ces deux « *increments* », chez l'acheteur des biens d'investissement (qui peut être une entreprise produisant des biens de consommation), par la rémunération des salariés qui les utilisent, et chez le producteur des biens achetés (par la rémunération de ses propres salariés pour fabriquer ces biens), car elles concernent deux productions différentes. Cette distinction n'est jamais clairement établie chez Keynes.

« *Thus an expansion in the capital-goods industries causes a series of increments in aggregate investment occurring in successive periods over an interval of time* [...] »

(Keynes, 1936, p. 86)

Comme on le voit ci-dessus, Keynes remet finalement l'investissement, en tant qu'achat, comme conséquence (et non comme cause) de cette « expansion dans les industries des biens-capitaux », soit la production dans ce secteur. Ce retournement de causalité intervient curieusement lorsque Keynes se rend compte du problème auquel il est alors confronté, issu de la transformation mathématique même qu'il démontrait auparavant : puisque $Y = C + I$, et qu'il s'agit d'une identité comptable, alors $\Delta Y = \Delta C + \Delta I$, et $\Delta Y = k\,\Delta I$, par définition. Autrement dit, la formule du multiplicateur devrait toujours être vérifiée, à chaque instant. Si un investissement supplémentaire $\Delta I$ apparaît, pour une propension à consommer donnée, $\Delta Y$ doit immédiatement, de son côté, apparaître. En effet, le multiplicateur ne dépend que de cette propension ; il est donc indépendant de l'incrément $\Delta I$ de l'investissement, étant même susceptible d'être plus élevé pour un faible investissement que pour un gros. C'est pourquoi Keynes propose de baser sa valeur sur une propension moyenne.

« *In any case, the multiplier is likely to be greater for a small net increment of investment than for a large increment ; so that, where substantial changes are in view, we must be guided by the average value of the multiplier based on the average marginal propensity to consume over the range in question.* »

(Keynes, 1936, p. 85)

Embarrassé, Keynes semble presque regretter d'avoir à considérer un processus demandant du temps, ce qui ne colle pas avec sa « théorie logique » du multiplicateur (« *logical theory of the multiplier* »). Il souligne lui-même la confusion à ne pas faire, entre ce résultat, purement mathématique, et les conséquences réelles, forcément graduelles, d'une augmentation de la production dans le secteur des biens d'investissement.

« *It is obvious that an initiative of this description only produces its full effect on employment over a period of time. I have found, however, in discussion that this obvious fact often gives rise to some confusion between the logical theory of the multiplier, which holds good continuously, without time-lag, at all moments of time, and the consequences of an expansion in the capital-goods industries which take gradual effect, subject to time-lag and only after an interval.* »

(Keynes, 1936, p. 86)

En d'autres termes, il ne faut pas confondre *k* et *k'*. Keynes revient donc, un peu forcé, à la causalité traditionnelle : il prétend en effet que, du fait de mauvaises prévisions, la production dans le secteur des biens d'investissement n'aurait qu'un effet progressif, graduel, c'est-à-dire non instantané, sur l'investissement lui-même. Celui-ci est donc bien, dans cette justification, une conséquence, non une cause, de la production. Il ajoute que, durant le processus, la propension à consommer (déterminant le multiplicateur) serait susceptible de varier.

« *The relationship between these two things can be cleared up by pointing out, firstly that an unforeseen, or imperfectly foreseen, expansion in the capital-goods industries does not have an instantaneous effect of equal amount on the aggregate of investment but causes a gradual increase of the latter ; and, secondly, that it may cause a temporary departure of the marginal propensity to consume away from its normal value, followed, however, by a gradual return to it.* »

(Keynes, 1936, p. 86)

Il est certain que ni l'une ni l'autre des deux raisons avancées ne saurait expliquer pourquoi, tout en tenant bon continuellement (« *which holds good continuously* »), la théorie logique du multiplicateur (l'effet de l'investissement sur la production de revenus) pourrait ne pas être instantanément vérifiée. La première raison, nous l'avons dit, justifie l'imperfection de la causalité inverse (de la production sur l'investissement) par de mauvaises prévisions, l'expansion dans le secteur des biens d'investissement étant « *unforeseen, or imperfectly foreseen* ». Il faudrait croire, alors, à sa perfection lorsque l'expansion est correctement prévue, comme dans un cadre d'information parfaite ; étonnante référence chez Keynes, d'autant que, formellement, cela n'arrive jamais, comme tout modèle de ce genre. Selon ce premier argument, à l'instar de sa causalité inverse, la théorie logique devrait, elle aussi, être vérifiée sous cette même improbable condition. Ainsi, Keynes rend imparfait le processus et fait tomber la théorie logique, qui n'est jamais vérifiée. Quant aux variations de la propension, elles n'empêchent pas, formellement, la multiplication, même si le multiplicateur varie avec ; il suffit de faire une moyenne, « *so that, where substantial changes are in view, we must be guided by the average value of the multiplier based on the average marginal propensity to consume* » (*Ibid.*, p. 85). Quoi qu'il en soit, et tout en réaffirmant ces arguments, Keynes retient par la suite les augmentations d'investissement (« *series of increments in aggregate investment* ») comme étant des effets, sur plusieurs périodes successives « *over an interval of time* », de la production dans le secteur des biens d'investissement. Le $\Delta I$ n'est donc pas une cause dans le processus ; mais la théorie logique du multiplicateur, pour laquelle le $\Delta I$ en est une, tient toujours bon, « *in every interval of time* ».

« *Thus an expansion in the capital-goods industries causes a series of increments in aggregate investment occurring* [...] *over an interval of time, and a series of values of the marginal propensity to consume in these successive periods which differ both from what the values would have been if the expansion had been foreseen and from what they will be when the community has settled down to a new steady level of aggregate investment. But in every interval of time the theory of the multiplier holds good in the sense that the increment of aggregate demand is equal to the product of the increment of aggregate investment and the multiplier as determined by the marginal propensity to consume.* »

(Keynes, 1936, p. 86)

Keynes envisage même le cas où l'expansion (de l'emploi, donc de la production) dans le secteur des biens d'investissement serait tellement imprévue qu'elle n'aurait aucun effet immédiat sur l'accroissement de la production des autres biens (même lorsque les revenus provenant de ce secteur se jettent dans celui des biens de consommation). Ne réussissant pas à entraîner un surcroît de produit, la dépense de ces revenus (qui apparaissent additionnels dans ce dernier secteur) entraînerait alors un effet prix par l'augmentation de la demande qu'ils définissent, menant à un nouvel équilibre sur le marché, toutefois temporaire. Le caractère de revenu de transfert, reconnu aux profits alors réalisés, n'est pas, ici, creusé plus avant.

« *The explanation of these two sets of facts can be seen most clearly by taking the extreme case where the expansion of employment in the capital-goods industries is so entirely unforeseen that in the first instance there is no increase whatever in the output of consumption-goods.* [...] *the efforts of those newly employed in the capital-goods industries to consume a proportion of their increased incomes will raise the prices of consumption-goods until a temporary equilibrium between demand and supply has been brought about partly by the high prices causing a postponement of consumption, partly by a redistribution of income in favour of the saving classes as an effect of the increased profits resulting from the higher prices, and partly by the higher prices causing a depletion of stocks.* »

(Keynes, 1936, pp. 86-87)

Keynes, ici, enterre lui-même sa théorie logique du multiplicateur. Ce détour par la hausse des prix des biens de consommation n'est absolument pas compatible avec la formule d'origine, puisque les prix, intégrés dans les grandeurs $C$ et $I$, ne sont pas différenciés des variables réelles ; ces dernières n'apparaissent pas dans l'équation. Manque aussi, bien entendu, l'expression des prévisions (ou anticipations, qui ne supposeraient pas tant la détention d'informations qu'un certain flair), de même qu'un paramètre éventuellement appliqué à la propension à consommer, signifiant sa variation. La formule mathématique, dans laquelle l'investissement est une cause initiale, ne correspond pas au processus, dans lequel l'investissement est un effet. Par ailleurs, l'effet « stimulant » des dépenses de revenus dans le secteur qui les reçoit est nié, du fait des mauvaises prévisions. Or, qu'est-ce qui stimulerait plus un secteur qu'une soudaine réalisation de profits dans ses ventes ? Mais ici, la formation des profits semble résulter de l'absence de réponse du secteur à ces stimulations, la hausse des prix se révélant suffisante pour capter une partie des revenus en profits. On ne perçoit donc pas clairement, dans ces conditions, l'intérêt qu'aurait ce secteur à augmenter sa production. Keynes prétend toutefois que le processus finit par reprendre, tant bien que mal.

« *As time goes on, however, the consumption-goods industries adjust themselves to the new demand, so that when the deferred consumption is enjoyed, the marginal propensity to consume rises temporarily above its normal level, to compensate for the extent to which it previously fell below it, and eventually returns to its normal level ; whilst the restoration of stocks to their previous figure causes the increment of aggregate investment to be temporarily greater than the increment of investment in the capital-goods industries.* »

(Keynes, 1936, p. 87)

Ajustement, consommation différée, effet temporaire pour compenser une évolution antérieure, retour éventuel à la normale, investissement causé par la restauration des stocks, temporairement plus grand que l'accroissement d'un investissement (en tant qu'achat : « *investment in the capital-goods industries* ») qui n'était pas censé faire partie du schéma, puisque l'on part d'une production et non d'un investissement... Keynes n'aurait peut-être pas dû, finalement, se risquer à affirmer, alors qu'il n'avait aucune raison de le faire, que son multiplicateur pouvait être considéré comme égal à celui de Kahn. Mathématiquement, c'est possible ; conceptuellement, ça ne l'est pas.

« *There is no reason in general to suppose that $k = k'$.* [...]

*But to elucidate the ideas involved, it will be convenient to deal with the simplified case where $k = k'$.* »

(Keynes, 1936, pp. 82-83)

## Présupposé manifeste

Le lecteur attentif ne peut maintenant plus douter du vice rédhibitoire qui entache ici l'approche de Keynes, car l'achat/vente ne peut avoir qu'une seule conséquence au niveau des revenus impliqués, donc des coûts auxquels ils correspondent : il les détruit. Si l'achat d'investissement ici considéré est bien celui de biens de production, fabriqués par des employés percevant des revenus, les coûts de ces biens sont amortis, et les revenus (dont l'origine n'est pas spécifiée) dépensés par les entreprises qui les achètent sont irrémédiablement détruits. Les revenus de ces employés se retrouvent alors face aux coûts des biens, de consommation ou d'investissement, qui correspondaient aux revenus, maintenant détruits, dépensés par les entreprises acheteuses. Ils n'apparaissent donc pas supplémentaires par rapport à la somme des revenus initiaux, puisque d'anciens revenus auront dû être soustraits pour réaliser l'investissement. Le processus de stimulation ne peut alors pas être enclenché sur le secteur des biens de consommation. L'investissement étant un achat, une destruction de revenus est nécessaire ; une destruction de revenus existants, courants.

« Une entreprise engage des investissements nets pour un montant de y unités de monnaie. Elle agit moins selon l'importance de ses revenus actuels, couramment réalisés, que sur la promesse de gains futurs : son horizon est d'autant plus profond que l'amortissement prévu des nouveaux capitaux réels sera lent. En ce sens, et pour d'autres raisons encore, l'investissement n'est pas une fonction du revenu actuel, peut-être même pas au plan macro-économique. [...] Il subsiste un lien très important : l'investissement doit être financé aujourd'hui, soit à partir des revenus de l'entreprise, soit au moyen de revenus empruntés. Dans les revenus actuels, déjà formés, il s'agit de prélever une somme de y unités de monnaie, pour la dépenser en l'acquisition d'une tranche supplémentaire de capitaux fixes. A cet égard, l'investissement est à égalité avec la consommation : que les biens soient destinés à disparaître rapidement ou à s'amortir progressivement, ils sont achetés dans la période actuelle à l'aide des ressources actuelles. »

(Schmitt, 1971, p. 75)

Le présupposé de Keynes, soutenant la multiplication, est alors manifeste : les biens d'investissement nouvellement fabriqués n'auraient pas besoin d'être écoulés, comme si le revenu qui les représente était, en quelque sorte, libre de tout amortissement nécessaire, de toute destruction de coût ; car il n'en serait, en définitive, pas un lui-même. Il serait indestructible, en tout cas à moyen terme, ce qui lui permettrait d'être transmis intact lors des transactions, comme s'il ne rencontrait en aucune de ses parties, lors de sa perception par le système productif dans la vente de marchandises, aucun coût existant à amortir, c'est-à-dire aucune rémunération préalablement versée.

« La production des nouveaux biens de consommation crée des revenus au même titre que la production des nouveaux biens d'investissement. Au total, l'induction ne serait donc positive que si la somme des nouveaux revenus dépensés était supérieure à la somme des nouveaux revenus créés.

Ainsi clairement posée, la question appelle une conclusion claire : dans leur écoulement, les nouveaux produits (y compris les nouveaux biens d'investissement) *absorbent la totalité des revenus nés de la production.*

Le paralogisme du multiplicateur tient à un présupposé : les biens d'investissement n'auraient pas besoin d'être écoulés. »

(Schmitt, 1984, p. 290)

Il est certain que ce présupposé ne peut être que foncièrement faux, pour la raison suivante : si la production ajoute un nouveau revenu, elle ajoute aussi un nouveau coût. Pour qu'un revenu soit dépensé dans un achat/vente sans être détruit dans l'opération, il doit être soit simplement transféré – et, dans ce cas, il ne fait logiquement pas partie de la valeur consommée dans l'achat/vente –, soit indépendant d'un quelconque coût de production ; or, il n'y a pas de revenu libre de coût. Cette clef d'analyse permet de comprendre ces « distributions en croix », un revenu interchangeable se détruisant en amortissant un coût équivalent, laissant toujours le coût auquel il était originellement lié face au revenu correspondant au coût amorti. Ce croisement se produit non seulement dans l'espace (d'un secteur ou d'une entreprise à l'autre), mais aussi dans le temps, un revenu pouvant être dépensé, donc « jeté » et, dès lors, détruit, sur un coût antérieur ou postérieur à sa propre formation. Cette même clef montre pourquoi l'investissement, en tant qu'achat de biens, correspond à une destruction d'un revenu-coût et est, en conséquence, logiquement postérieur à la production de ce même revenu-coût. C'est pourquoi l'investissement, en ce sens, ne saurait être le début de quoi que ce soit.

Il semble, peut-être pour les besoins de son enseignement, qu'un renversement sémantique fut opéré dans la théorie du multiplicateur, où l'expression « investissement initial » aurait fini par désigner, en fait, l'inverse d'un achat de biens, soit l'inverse de son sens original : une formation initiale d'un nouveau revenu ; autrement dit, une production. La version didactique fait ainsi, pour prendre une expression à la mode, du « en même temps » : le phénomène initial est une nouvelle production de revenus ; cette production est appelée, néanmoins, « investissement ». Le processus de multiplication se déroule alors dans les dépenses successives de ce revenu. Bien évidemment, cela n'est pas suffisant pour sauver la théorie.

On peine à comprendre, en premier lieu, comment les seules transmissions d'un même revenu dans les transactions pourraient, par elles-mêmes, en engendrer de supplémentaires, sauf à compter ce même revenu plusieurs fois. Or, c'est exactement ce que l'on fait lorsque l'on expose, de manière didactique, le mécanisme du multiplicateur : on pose un « investissement initial » qui, pour être explicable, ne peut que correspondre à une production, une formation nouvelle de revenu pour un agent A, employé dans le secteur des biens d'investissement, que ce dernier dépense en partie dans le secteur des biens de consommation. La partie dépensée (en fonction de la propension à consommer de A) forme alors le revenu d'un autre agent B qui en dépensera lui-même une partie, et l'addition mathématique de la suite de revenus enchaînés donne – d'évidence – un revenu plus grand. Mais ce ne sont toujours que des parties du même revenu initial qui subissent le calcul, comptées plusieurs fois par leurs seules transmissions. L'ajout des dépenses peut ainsi être critiqué, ne serait-ce que du point de vue de l'épargne constituée, s'égalisant peu à peu à l'investissement initial : la partie épargnée par l'agent B (en fonction de sa propension à épargner) provient, par hypothèse, du revenu dépensé par l'agent A ; comment, dès lors, considérer que cette partie est, à la fois, comptée comme dépensée (par l'agent A), donc agrégée aux dépenses totales de consommation, et, néanmoins, également agrégée à l'épargne résiduelle (par l'épargne de B) ?

Il n'est pas du tout certain, en second lieu, que cette transmission ait un effet causal sur la formation d'autres revenus, eux-mêmes pouvant d'ailleurs être conçus comme « initiaux », même si l'anticipation d'une perception future de revenus supplémentaires dans les ventes attendues joue indéniablement un rôle dans la décision de produire ces revenus, donc d'embaucher (d'où la détermination du niveau de l'emploi) ; mais on là le principe de la demande effective, non celui du multiplicateur. Cela ne signifie pas, toutefois, qu'il n'y ait aucun nouveau revenu formé dans les transactions successives, mais cela nécessite, pour le montrer, une analyse plus fine des transactions d'achat/vente auprès des indépendants, car deux revenus sont ici en cause, et le vendeur forme le sien tandis que l'acheteur détruit le sien, la simultanéité de ces opérations induisant l'apparence, comme nous l'avons déjà fait remarquer, d'un simple transfert.

Le cadre d'analyse ne peut ici se dispenser des concepts de création et de destruction des revenus. Précisément, si l'achat de biens de consommation engendre de nouvelles productions de biens de consommation, pourquoi commencer le processus par le versement de revenus dans le seul secteur des biens d'investissement ? Il est en effet possible de montrer que ce sont précisément les revenus versés dans le secteur des biens de consommation, ou des revenus équivalents, c'est-à-dire numériquement égaux donc interchangeables, qui sont nécessaires à l'amortissement de leur propre coût, lors de leur écoulement au sein de l'ensemble des ménages. Il doit en aller de même pour les biens d'investissement, eux aussi représentés par des revenus initialement versés dans leur secteur.

### Une question de causalité

Dès que l'on considère le terme « investissement » dans son sens traditionnel, à savoir l'achat de biens de production durables (c'est-à-dire, d'un point de vue comptable, amortissables sur plusieurs exercices), le raisonnement de Keynes faisant de l'augmentation du revenu global une conséquence d'un nouvel investissement est inintelligible, car le revenu global en est logiquement la source.

« L'erreur de raisonnement est dans le renversement de la causalité. Étant donnée la loi de la demande, le niveau du revenu détermine celui de l'investissement. L'investissement est ainsi l'effet du revenu donné. Et

– qu'on nous pardonne ce truisme – si l'investissement est l'effet du revenu, il n'en est pas la cause. »

(Schmitt, 1971, p. 287)

Les problèmes de causalité en économie sont légion : tel économiste, montrant fièrement un graphique où se croisent la courbe des prélèvements obligatoires (en hausse) et celle de la croissance économique (en baisse) n'hésitera pas à accuser la première évolution d'être la cause de la seconde, tandis que la causalité inverse pourrait tout aussi bien être défendue par un autre économiste. Le post-keynésien Louis-Philippe Rochon rappelle ici, de manière particulièrement révélatrice, une observation pertinente formulée par Joan Robinson :

« Finalement, en se référant à l'équation de Cambridge de la monnaie, elle résume sa position dans un passage devenu célèbre, où elle explique que « si l'équation quantitative avait été lue de façon normale, c'est-à-dire en considérant que la variable dépendante est à gauche et les variables indépendantes à droite, cela n'aurait pas été grave bien qu'une telle équation eût été plutôt vague » (Robinson, 1971, p. 136). »

(Rochon, 2018, p. 63)

Autrement dit, si l'on remettait les choses « dans l'ordre », l'équation de Cambridge ($M = k\,P\,Y$), que l'on doit à Arthur Pigou, signifierait formellement, pour le paramètre $k$ et le revenu $Y$ stables, la dépendance de $M$ (masse monétaire, à gauche) vis-à-vis de $P$ (le niveau des prix, à droite). De même pour l'équation quantitative d'Irving Fisher ($M\,V = P\,T$), signifiant formellement, pour $V$ (vitesse de circulation de la monnaie) et $T$ (volume des transactions) stables, la dépendance de $M$ vis-à-vis de $P$, et non l'inverse comme le prétendent la théorie quantitative et sa généralisation monétariste. Milton Friedman et consorts, en particulier, ont donc formellement interprété l'équation quantitative en ce dernier sens, « $P\,T = M\,V$ », faisant dépendre le niveau de $P$ du niveau de $M$, d'où la critique de Joan Robinson (qui soutenait l'endogénéité de la monnaie, donc la dépendance de $M$ vis-à-vis des prix pratiqués). En revanche, Keynes aura bien lu l'expression « $Y = C + I$ », formulation très classique, mais de manière littérale, faisant dépendre $Y$ (le revenu, à gauche) de la somme ($C + I$), à droite. Ce sens de causalité est également retenu au niveau des accroissements respectifs, de sorte que l'expression « $\Delta Y = \Delta C + \Delta I$ » signifierait l'obtention de $\Delta Y$ par la somme de $\Delta C$ et de $\Delta I$. Keynes, ici, commet une erreur fondamentale.

Mathématiquement, il opère une transformation de $\Delta C$, en produit de la propension marginale à consommer $c$ par $\Delta Y$ :

$\Delta C = c\,\Delta Y$

Avec $c = \Delta C / \Delta Y$

En remplaçant, dans l'expression « $\Delta Y = \Delta C + \Delta I$ », $\Delta C$ par $c\,\Delta Y$, on ne retient alors que $\Delta I$ comme variable indépendante, d'où dériverait, d'après le sens de causalité retenu, l'incrément du revenu $\Delta Y$.

$\Delta Y = c\,\Delta Y + \Delta I$

$\Delta Y\,(1 - c) = \Delta I$

$\Delta Y = \Delta I \,/\, (1 - c)$

C'est-à-dire :

$\Delta Y = k\,\Delta I$

Avec $k = 1 \,/\, (1 - c)$

Si, d'aventure, la consommation $C$ était reconnue comme étant une variable dépendante du revenu $Y$, et que l'on écrivait l'expression « $Y = C + I$ », il serait formellement illogique de lire cette équation, selon la formule de Robinson, « de façon normale, c'est-à-dire en considérant que la variable dépendante est à gauche et les variables indépendantes à droite », car ce serait faire dépendre $Y$ de $C$ qui dépend elle-même de $Y$... Or, pour Keynes, la consommation dépend bien du revenu, elle en est une fonction, par la « loi psychologique » et la propension à consommer (c'est aussi le cas pour Friedman, qui insista sur le concept de « revenu permanent »). De son côté, l'épargne $S$ dépend aussi du revenu chez Keynes ; elle est résiduelle, car elle désigne le revenu non consommé. Par définition : $S = Y - C$. Le sens de causalité est ici très clair. En conséquence, l'équation $Y = C + S$ fait logiquement dépendre $C$ et $S$ de $Y$, et cette équation répond à $Y = C + I$, établissant l'égalité $I = S$. En d'autres termes, puisque $S$ est du même côté que $C$ dans l'équation $Y = C + S$, on ne peut que considérer la dépendance de $S$, fonction du revenu $Y$, à l'instar de celle de $C$ ; de même, puisque $I$ est du même côté que $C$ dans l'équation $Y = C + I$, on ne peut que considérer la dépendance de $I$, fonction du revenu $Y$, à l'instar de celle de $C$.

En considérant l'investissement $I$ comme une variable indépendante ou autonome, comme il l'aurait, semble-t-il, mathématiquement justifié, Keynes voulait établir une différence possible entre l'épargne et l'investissement, faisant de cette dernière équation, au mieux, une condition d'équilibre. L'épargne $S$ dépendant du revenu $Y$, ce dernier dépendant lui-même de l'investissement $I$, l'épargne dépendrait donc de l'investissement autonome. On assisterait alors, à chaque transmission d'un revenu dans les transactions, à des formations successives d'épargnes (en fonction de la propension à épargner) s'accumulant jusqu'à égaliser l'investissement initial. Parallèlement, les parties à chaque fois dépensées s'ajouteraient pour obtenir la composante $C$, complémentaire de $I$ au sein de $Y$. Ainsi, sournoisement, une conception théorique proprement inversée se fait jour, où les achats de marchandises sont premiers et où l'investissement et la consommation produisent des épargnes, construisant progressivement le revenu global. Le succès de cette conception, depuis les écrits de Keynes, perdure dans la vision contemporaine, la consommation et l'investissement « tirant » la croissance, comme provoquant la formation de revenus dont, pourtant, ces deux types de dépense ne peuvent que dépendre ; et c'est cela, bien souvent, qui est considéré comme définissant la « révolution keynésienne ». Mais on ne peut parler de révolution lorsqu'il s'agit, purement et simplement, d'une inversion profondément illogique des phénomènes : la consommation et l'investissement sont des achats, et l'achat signifie toujours la dépense d'un revenu préalablement formé. C'est pourquoi la consommation $C$ dépend du revenu $Y$ ; car c'est toujours un revenu existant, en définitive, qui est consommé. De même pour l'investissement $I$, car c'est toujours un revenu existant, en définitive, qui est investi.

Si l'on considère fondée la critique de Robinson, il appert que l'équation $Y = C + I$ est formulée « à l'envers » du point de vue du sens de causalité retenu, sauf à montrer que la consommation ne dépendrait pas du revenu, ou bien que cette équation exprimerait un sens de causalité qui s'inverserait dynamiquement : $Y$ dépendrait de $I$, et $Y$ engendre $C$, et $Y$ est la somme de $C$ (dépendant de $Y$) et de $I$ (indépendant)… Par ailleurs, comme nous l'avions suggéré à propos des taux de rendement calculés, une simple formule mathématique ne préjuge pas de la détermination, au sens causal, de la relation qu'elle établit entre ses termes. C'est la logique économique, dans la considération de la formation et la dépense des revenus, qui doit renseigner sur ce sens de causalité, non la mathématique. L'équation retenue aurait donc dû (et devrait toujours) être formulée, de manière mathématiquement équivalente mais suivant le propos de Robinson (en respectant un sens de causalité formel de droite à gauche), ainsi :

$C + I = Y$, ou encore $\Delta C + \Delta I = \Delta Y$

Dans cette formulation, il n'y a plus de multiplication. $\Delta C$ et $\Delta I$ découlent, comme conséquences, d'un partage de $\Delta Y$. Autrement dit, une fois défini, $\Delta Y$ est en partie consommé et en partie investi. D'inversée, la causalité retrouve sa logique économique, et l'inverse du « multiplicateur » $(1 / k = 1 - c)$ ne définit alors que la propension marginale à épargner, c'est-à-dire la proportion de l'incrément du revenu $\Delta Y$ (en tant que cause) consacrée à l'épargne, donc à l'investissement (en tant qu'effet). Précisément, la transformation mathématique opérée par Keynes, faisant « disparaître » la grandeur $C$ dans l'expression retenue, ne supprime pas la causalité fondamentale que Keynes sous-entend lui-même juste avant cette démonstration, en rappelant que « le prochain incrément du produit devra être divisé entre la consommation et l'investissement » (« *the next increment of output will have to be divided between consumption and investment* », Keynes, 1936, p. 82) ; car il faut bien que le gâteau existe pour qu'il puisse être partagé. Après avoir écrit cette phrase, où il est clairement question d'une division, Keynes ne pouvait que se contredire en montrant, même mathématiquement, l'existence d'une multiplication. La consommation et l'investissement étant les deux parts du revenu global en dépenses finales, ces parts dépendent logiquement du niveau du seul revenu de la période. Celui-ci est donc, en tout état de cause, la grandeur première, une grandeur dont la théorie ne saurait se passer.

« Le fait essentiel, et qui demeure malgré tout, est que l'investissement net se nourrit des revenus formés. La séquence reste donc celle-ci : production des revenus, puis dépense des revenus dans la consommation et les investissements nets. Il n'est pas logiquement possible d'inverser les phases pour commencer par la dépense. Les revenus qui ne sont pas encore formés n'existent pas ; et des revenus qui n'existent pas ne peuvent pas être dépensés. Le raisonnement serait circulaire, qui dériverait de l'investissement (serait-il exogène, autonome) la formation du revenu initial, ou multiplicande. »

(Schmitt, 1971, p. 76)

« [...] l'investissement n'est pas la cause de la formation d'une épargne car l'investissement est postérieur à la formation des revenus. L'épargne n'est pas du tout accumulée par l'intermédiaire d'un mécanisme de multiplication. »

(Bradley, 1993, p. 81)

Dans son *Treatise on Money* (Keynes, 1930), Keynes respectait bien, pourtant, cette logique de base :

« *I propose, therefore, to break away from the traditional method of setting out from the total quantity of money irrespective of the purposes on which it is employed, and to start instead – for reasons which will become clear as we proceed – with the flow of the community's earnings or money income, and with its twofold division (1) into the parts which have been earned by the production of consumption goods and of investment goods respectively, and (2) into the parts which are expended on consumption goods and on savings respectively.* »

(Keynes, 1930, pp. 120-121)

On voit que la consommation et l'investissement (ce dernier étant financé par l'épargne) sont bien, ici, des conséquences d'un revenu antérieur, originellement formé sans leur concours, par la production des revenus dans les deux secteurs identifiés par Keynes. Censé intervenir après cette production initiale, le processus de multiplication ne peut alors en être le mécanisme causal. Un revenu lui-même « initial » doit apparaître, c'est pourquoi Schmitt insistera sur l'importance de ce revenu considéré comme « multiplicande » ; mais tout revenu n'est-il pas initial dès lors qu'aucun revenu préalable n'est nécessaire à sa formation ? L'analyse, en définitive, aboutit à la considération de la « formation libre » des revenus initiaux, la création du revenu constituant le multiplicande n'étant pas due en elle-même à la dépense d'un revenu existant, mobilisant un capital financier préalable. La production du revenu monétaire, grandeur économique fondamentale, se résout ainsi dans sa propre consommation, car le revenu ne peut être finalement dépensé qu'une seule fois. C'est pourquoi le multiplicateur, multipliant le multiplicande dans les dépenses finales, est égal à 1.

« Si, comme nous le savons, le multiplicateur k est en définitive égal à l'unité, il est évident que son intérêt spécifique disparaît. Il serait hâtif d'en conclure que toute la théorie sombre. Elle reste attachée au multiplicande. Et il se trouve que le multiplicande de Keynes est une grandeur originale, de grand intérêt. [...] Car, faute de multiplicande, tout est perdu ; alors que, faute de multiplicateur, il reste le multiplicande. »

(Schmitt, 1971, p. 97)

Keynes aurait-il supporté l'idée que son multiplicateur *k* fût logiquement égal à l'unité ? Dans l'affirmative, il aurait sans doute peu apprécié que l'on considérât celui de Kahn supérieur. Alors, peut-être, eût-il combattu toute idée de multiplication.

## L'imaginaire et le réalisé

Le propos, ici, n'est pas tant d'appuyer sur la tête de Keynes que de souligner la vivacité, toujours tenace, de la conception du multiplicateur en dépit de sa critique possible, somme toute assez aisée à partir d'une analyse correcte de la succession des évènements concernant les revenus. Cette conception fait en effet toujours largement partie de l'arsenal théorique avancé par de nombreux post-keynésiens contemporains.

« Les dépenses d'investissement sont le moteur de l'activité économique : elles exercent un effet multiplicateur supérieur à l'unité sur le revenu global de la période. Elles sont au centre de la création d'emplois. »

(Bousseyrol, 2018, p. 28)

Une telle affirmation est d'autant plus curieuse qu'elle est soutenue par quelqu'un qui aurait manifestement lu *L'analyse macro-économique des revenus* (Schmitt, 1971). Marc Bousseyrol ne saurait donc ignorer la valeur de *k* donnée par Schmitt, et il n'apparaît pas que cet auteur ait dûment prouvé que Schmitt se trompait sur ce point. Dans le passage précédant immédiatement cette citation, Bousseyrol semble d'ailleurs justifier la démarche de Keynes en invoquant la distinction entre les grandeurs « réelles » (c'est-à-dire réalisées, par des paiements monétaires effectifs) et les grandeurs anticipées ou « imaginaires » (ces dernières voulant bien dire ce qu'elles veulent dire), distinction effectuée par Schmitt dans son ouvrage.

« Mais que peut penser le lecteur de ce livre [la *General Theory*] qui apprend d'abord que l'épargne et l'investissement sont liés par une relation d'identité et qui découvre par la suite au travers de la réflexion de l'auteur que, dans cette identité, il y a un moteur, l'investissement, et un résidu, l'épargne ? Ce glissement de la relation d'identité tient au fait que Keynes raisonne à la fois au niveau des grandeurs réelles et des grandeurs anticipées (Schmitt, 1971) ; l'épargne réelle est identiquement égale à l'investissement réel, ce qui n'est pas forcément le cas dans le domaine des grandeurs imaginaires, l'investissement anticipé n'étant pas nécessairement égal à l'épargne anticipée. »

(Bousseyrol, 2018, p. 28)

Il va de soi que ce n'est pas la distinction entre le réel et l'imaginaire qui aurait soi-disant permis à Schmitt de justifier ce « glissement de la relation d'identité », encore moins de justifier l'antériorité de l'investissement par rapport à l'épargne. D'ailleurs, Schmitt ne qualifie ni l'investissement ni l'épargne d'anticipés ou d'imaginaires, mais uniquement la demande dite « effective » (qui a un effet sur les décisions d'emploi), telle que l'anticipent les entrepreneurs. Par ailleurs, il n'oppose pas à ces grandeurs imaginaires (concernant les anticipations formulées dans chacun des secteurs) des grandeurs « réelles », mais « réalisées », ce qui a son importance. Précisément, Schmitt s'est toujours attaché à montrer ce qu'avoue ici, peut-être bien malgré lui, clairement Bousseyrol : « l'épargne réelle est identiquement égale à l'investissement réel », et il s'agit d'une certitude, puisque ce n'est « pas forcément le cas dans le domaine des grandeurs imaginaires » ; c'est donc le cas – forcément – dans le domaine des grandeurs réelles ou, plus précisément, réalisées. Or, cela implique de prendre en compte les invendus de la période (demandés dans des « achats forcés ») ; c'est pourquoi Schmitt explique ainsi le principe de la demande effective de Keynes : l'offre décidée par les entrepreneurs, réalisée par la production des revenus correspondant à un certain niveau d'emploi, dépend du niveau anticipé de la demande dite « spontanée » (la dépense volontaire des revenus par les consommateurs) adressée à leurs marchandises. L'effet économique des revenus produits (l'offre réalisée), permettant les achats (la demande réalisée), est d'un tout autre ordre, parce que la demande réalisée, comme l'offre, est alors « réelle ».

« La demande est composée des achats spontanés et des achats forcés. La demande spontanée n'est pas nécessairement égale à l'offre. L'égalité qui retient l'attention des entreprises est celle de l'offre et de la demande spontanée. L'équivalence de la demande globale avec l'offre du plein-emploi peut impliquer une marge d'achats forcés. Les entreprises arrêtent à X l'offre de revenus parce que, selon leurs prévisions, toute addition à X entraînerait l'insuffisance de la demande spontanée par rapport à l'offre. [...] Il est vrai que l'offre réalisée détermine la demande réalisée (spontanée + forcée). Mais la demande imaginaire détermine l'offre réalisée. »

(Schmitt, 1971, pp. 167-168)

Il est clair, pour Schmitt, que c'est l'offre qui détermine la demande, dans le sens où seule l'offre réalisée pourra être « réellement » demandée, spontanément ou forcément. Et cette demande est logiquement unique, puisqu'elle se porte sur le seul produit offert disponible. En conservant ainsi la considération sérieuse, dans le domaine des grandeurs réalisées, d'un multiplicateur supérieur à l'unité, Bousseyrol se contredit lui-même ; ou plutôt, il raisonne « à la fois au niveau des grandeurs réelles et des grandeurs anticipées » (Bousseyrol, *op. cit.*), comme il prétend que Keynes le faisait, ou même directement « dans le domaine des grandeurs imaginaires », constatant amèrement que l'investissement anticipé n'est « pas nécessairement égal à l'épargne anticipée ». Ce serait là un bien terrible aveu concernant le type de monde décrit par les post-keynésiens : un monde imaginaire, où un multiplicateur imaginaire égalise une épargne imaginaire à un investissement imaginaire.

Schmitt attribue ce qualificatif (« imaginaire ») au niveau atteint par la seule demande spontanée anticipée, soit les achats volontaires prévus. Cette demande effective est une grandeur formée des deux types de dépenses anticipées (« *expected* »), dans la consommation et l'investissement, telles que les imaginent les entrepreneurs concernés. La demande globale imaginaire détermine donc le niveau d'emploi décidé, en tant que grandeur réalisée ; et « la demande imaginaire détermine l'offre réalisée » (Schmitt, *op. cit.*).

« *The amount of labour N which the entrepreneurs decide to employ depends on the sum (D) of two quantities, namely D1, the amount which the community is expected to spend on consumption, and D2, the amount which it is expected to devote to new investment. D is what we have called above the effective demand.* »

(Keynes, 1936, p. 33)

On voit immédiatement pourquoi la demande effective imaginaire, en ce sens, peut être jugée insuffisante, les entrepreneurs restreignant l'emploi à un niveau de sous-emploi (par rapport à l'intégralité de la population active disponible) lorsqu'ils ont des anticipations pessimistes sur la question. Il se peut que la demande spontanée (réalisée, cette fois) soit aussi insuffisante qu'ils l'aient prévu, ce qui pousserait à se soucier du montant qui sera finalement épargné, non dépensé, impliquant des invendus. Or, pour Schmitt, la question n'est pas de savoir si une partie plus ou moins grande du revenu sera ou non épargnée, puisque le revenu global est d'emblée épargné. Que devient, précisément, la part qui le demeure, après les dépenses spontanées de revenus ? Ne manque-t-elle pas à la consommation ?

« Aucune épargne ne disparaît dans une trappe. Si les agents refusent finalement d'acheter un bien ou une collection de biens, ce n'est pas parce qu'ils ont préféré l'épargne à la consommation, mais tout simplement parce qu'ils ne veulent pas de ces biens-là. En un mot, la monnaie épargnée ne manque pas à l'écoulement des biens de consommation, car, du fait de la nature double de la monnaie (grandeur à la fois positive et négative), l'épargne ne peut jamais disparaître, sauf, précisément, dans l'achat des biens stockés. »

(Schmitt, 1984, p. 420)

Schmitt ne prétend pas, d'évidence, que les revenus reviendraient par eux-mêmes pour amortir le coût des invendus, et que l'entreprise ne correspondrait pas à une prise de risque. Il ne s'agit pas, toutefois, du risque de ne pas récupérer ses coûts (puisque c'est déjà le cas dès la production et durant toute la mise en vente), mais de celui de devoir les récupérer de force, ou de les assumer, en tant que propriétaire du stock restant, comme des achats finals ; et le gâteau « invendu » est mangé par le pâtissier, puisqu'il en a payé la valeur.

« Il est bien entendu possible qu'une firme ne parvienne jamais à vendre l'intégralité de ses biens stockés, ce qui se produit par exemple quand les biens ne sont pas ou plus au goût du public ; mais l'essentiel est de comprendre que *la constitution et l'affectation de l'épargne ne sont jamais en cause.* La somme des biens invendus définit une somme égale de créances financières épargnées ; c'est une conséquence du truisme de l'égalité des crédits et des débits nés en monnaie bancaire ; l'épargne est donc toujours disponible [...] afin de servir d'aliment au reliquat de la dette contractée par l'entreprise ; s'il se trouve qu'aucun agent ne consent à la porter à l'achat des biens stockés, la mévente n'est pas due à l'épargne ni à son insuffisance (qui n'apparaît que dans les déductions erronées). Bien plus, quelle que soit la cause véritable de la mévente, il est tout à fait remarquable qu'elle entraîne toujours – même dans le cas où l'entreprise serait mise en faillite – l'achat forcé des invendus par un agent quelconque, dont l'identité dépend des réglementations juridiques, et à qui incombe l'obligation de capter l'épargne restée en attente, afin de la détruire dans le paiement des biens laissés pour compte. »

(Schmitt, 1984, pp. 418-419)

Si la crainte d'un insuffisance de l'épargne peut certainement être fondée au niveau psychologique, il n'en est rien au niveau financier, car l'épargne résiduelle ne saurait manquer, en réalité, au report plus ou moins rapide, forcé qui plus est, des revenus existants sur les coûts correspondants, puisqu'elle finance toujours, ainsi qu'elle n'a cessé de le faire depuis sa formation dans leur production, les coûts des biens toujours en vente.

« Faut-il se demander à qui les ménages prêtent l'épargne ? La logique tient la réponse toute prête. Étant donné que le circuit est défini sur trois sommets (saisis fonctionnellement), banques, entreprises et ménages, il est futile de s'inquiéter de l'affectation de l'épargne nette de l'ensemble des ménages : elle est *nécessairement* prêtée à l'ensemble des entreprises ; n'oublions pas, en effet, que, dans le circuit, les banques fonctionnent uniquement comme des intermédiaires financiers. [...]

On voit ainsi que les entreprises ne recherchent nullement l'épargne des ménages pour financer leurs stocks. Les biens stockés sont déjà pleinement financés par les revenus créés et conservés dans les ménages : les firmes ne sauraient les financer une deuxième fois. »

(Schmitt, 1984, pp. 421-422)

En d'autres termes, l'épargne est investie dans le financement de la production courante, du début à la fin de la période, et même au-delà, jusqu'à ce que le coût des invendus soit amorti de force, par le prélèvement des revenus correspondants, d'une manière ou d'une autre. Or, si l'amortissement des coûts par les achats spontanés peut être considéré comme un fait d'observation, celui des invendus, bien moins spectaculaire, demeure caché dans les méandres des comptabilités d'entreprises. On comprend ainsi pourquoi les achats spontanés sont les seuls types d'achats recherchés, focalisant ainsi l'attention pour déterminer l'état de la demande exprimée sur les produits : ils sont, tout simplement, les seuls achats/ventes observés. Or, en tant que tels, ils sont aussi et surtout les seuls permettant de réaliser des profits en captation de revenus supérieurs aux coûts ; les invendus sont en effet toujours achetés/vendus à leur coût de production, et ils le sont généralement, comme nous le savons, dans la partie « profits » réalisée sur les achats spontanés, réduisant *ipso facto* les profits nets obtenus dans ces ventes. C'est pourquoi la « force de vente » et l'aspect qualitatif des produits, à grands renforts, la plupart du temps, de publicités et d'« influenceurs » vantant, ni plus ni moins, la valeur d'usage des marchandises, sont les armes maîtresses pour réduire le plus possible les achats forcés. C'est aussi pourquoi tous les biens sont finalement achetés, de gré ou de force, par les ménages.

« Non demandés, les biens de consommation et d'investissement creusent donc un déficit net dans le patrimoine des firmes. Ce déficit doit être comblé, ce qui entraîne la perte d'une partie des profits. Combler le déficit, c'est justement demander par force la partie de la production qui n'est pas demandée spontanément. En définitive, tout le produit est demandé. Il n'est pas possible que la demande soit inférieure aux revenus distribués. »

(Schmitt, 1971, pp. 91-92)

Il est clair que cette affirmation ne peut être entendue par un keynésien comprenant ici la seule demande observée, en tant que demande spontanée ; or, c'est bien cette considération qui aura valu à la loi de Say, ici évoquée en filigrane, d'être comprise comme fausse. Schmitt parle ici, bien entendu, de la demande totale (« spontanée + forcée »). Ce découpage est en réalité indispensable pour comprendre ne serait-ce que le résumé que donne Keynes de sa *General Theory*.

### *Errare Keynesian Est*

« *The outline of our theory can be expressed as follows. When employment increases, aggregate real income is increased. The psychology of the community is such that when aggregate real income is increased aggregate consumption is increased, but not by so much as income. Hence employers would make a loss if the whole of the increased employment were to be devoted to satisfying the increased demand for immediate consumption. Thus, to justify any given amount of employment there must be an amount of current investment sufficient to absorb the excess of total output over what the community chooses to consume when employment is at the given level.* […] *the receipts of the entrepreneurs will be less than is required to induce them to offer the given amount of employment. It follows, therefore, that, given what we shall call the community's propensity to consume, the equilibrium level of employment, i.e. the level at which there is no inducement to employers as a whole either to expand or to contract employment, will depend on the amount of current investment.* »

(Keynes, 1936, p. 32)

Nous allons décortiquer ce passage, extrêmement intéressant ; car, si demeurer dans l'imaginaire ne peut que rendre l'analyse futile, l'évacuer totalement ne permet pas d'expliquer les grandeurs réalisées. Keynes commence par situer l'analyse dans la dynamique des grandeurs : « *When employment increases, aggregate real income is increased* ». On retrouve ici la relation de dépendance directe entre le niveau d'emploi et le revenu global, le second dépendant du premier. Sur le principe, il n'y a rien à dire, sauf que Keynes part nécessairement d'une situation où l'emploi peut être augmenté, donc d'une situation de sous-emploi ; ce qui signifie que les employeurs auront bien décidé d'augmenter l'emploi, donc les revenus produits. Keynes compare ainsi deux situations, en faisant l'hypothèse d'une production augmentée pour la seconde, et en tire sa célèbre « loi psychologique » : « *The psychology of the community is such that when aggregate real income is increased aggregate consumption is increased, but not by so much as income* ». Cette proposition peut encore être ainsi formulée : lorsque le revenu augmente, la propension à consommer diminue – la propension à épargner augmente –, car l'augmentation induite de la consommation est moins que proportionnelle à celle du revenu.

« *The fundamental psychological law, upon which we are entitled to depend with great confidence both a priori from our knowledge of human nature and from the detailed facts of experience, is that men are disposed, as a rule and on the average, to increase their consumption as their income increases, but not by as much as the increase in their income.* »

(Keynes, 1936, p. 70)

Autrement dit, la part du revenu consacrée aux achats de biens de consommation diminue lorsque le revenu augmente ; la part non consommée du revenu, demeurant par conséquent épargnée, augmente alors en proportion.

« *These reasons will lead, as a rule, to a greater proportion of income being saved as real income increases.* »

(Keynes, 1936, p. 70)

Keynes en déduit qu'une partie de l'emploi additionnel (qui fait augmenter le revenu global) ne sera pas spécifiquement requise (dans le seul secteur des biens de consommation) compte tenu des besoins moindres de la consommation additionnelle.

« *This means that, if employment and hence aggregate income increase, not all the additional employment will be required to satisfy the needs of additional consumption.* »

(Keynes, 1936, p. 71)

On comprend peut-être mieux, ainsi, la phrase suivante : « *Hence employers would make a loss if the whole of the increased employment were to be devoted to satisfying the increased demand for immediate consumption* ». D'après Keynes, l'intégralité de l'emploi additionnel ne devrait pas se situer dans le seul secteur des biens de consommation, car les biens issus de la partie problématique de cet emploi additionnel ne seront pas volontairement consommés : ils resteront invendus, puisqu'ils correspondront à une partie épargnée du revenu additionnel. « *Thus, to justify any given amount of employment there must be an amount of current investment sufficient to absorb the excess of total output over what the community chooses to consume when employment is at the given level* ». Et c'est là, si l'on peut dire, que Keynes retombe sur ses pieds, dans la statique ; mais il rend alors caduque, bien malgré lui, la force explicative de sa « loi psychologique ».

D'emblée, il est légitime de se demander pourquoi la hausse de l'emploi, celle du revenu et celle, moindre, de la consommation sont au départ considérées comme nécessaires au raisonnement mené. La phrase précédente est en effet valable pour n'importe quel niveau donné d'emploi (« *any given amount of employment* »), donc pour un niveau de revenu correspondant, et pour une part, même quelconque, non consommée du revenu global (« *the excess of total output over what the community chooses to consume* »). La suite du raisonnement laisse de côté la comparaison entre des grandeurs qui auraient varié pour décrire une situation avec des grandeurs données (« *given* »). Autrement dit, la « loi psychologique » n'est pas, en réalité, une justification correcte du phénomène en question, car la hausse du revenu n'est pas une cause nécessaire pour la diminution de la propension à consommer : celle-ci ne peut dépendre uniquement du niveau du revenu global, sinon les différents niveaux atteints détermineraient immédiatement, à chaque instant, les parts respectivement consommée et épargnée de ce revenu. Si ce dernier est effectivement l'un de ses déterminants principaux, la propension (et la consommation qui en découle) dépend aussi d'autres facteurs, explicitement énumérés par Keynes dans son ouvrage, tant objectifs (au chapitre 8) que subjectifs (au chapitre 9).

« *The amount that the community spends on consumption obviously depends (i) partly on the amount of its income, (ii) partly on the other objective attendant circumstances, and (iii) partly on the subjective needs and the psychological propensities and habits of the individuals composing it and the principles on which the income is divided between them (which may suffer modification as output is increased).* »

(Keynes, 1936, p. 67)

La propension à consommer, autrement dit, peut tout à fait varier pour un revenu donné ; on simplifie donc le problème en considérant simplement une diminution, quelle qu'en soit la raison, de la propension à consommer sur un revenu qui demeurerait constant. Exit, donc, la « loi psychologique » reliant cette diminution à une hausse du revenu. Dès lors, une partie de l'emploi (à volume constant) est à l'origine de biens qui ne trouvent plus preneurs dans la consommation, le taux d'épargne ayant augmenté. Keynes prétend alors que, pour justifier le volume de l'emploi global, l'investissement des entreprises devrait prendre le relais de la consommation pour absorber l'excès de production (« *absorb the excess of total output* ») sur sa partie consommée : « *Thus, to justify any given amount of employment there must be an amount of current investment sufficient to absorb the excess of total output over what the community chooses to consume when employment is at the given level* ». On comprend ici que Keynes parle de l'investissement en tant qu'achats de biens, comme si celui-ci était susceptible de se porter sur les biens délaissés par les consommateurs du fait de la diminution de la propension à consommer. Cette interprétation est confirmée par la phrase suivante : « *For unless there is this amount of investment, the receipts of the entrepreneurs will be less than is required to induce them to offer the given amount of employment* ». Autrement dit, n'ayant pas été achetés dans la consommation, si les biens ne sont pas achetés par l'investissement, ils ne le seront pas du tout ; les recettes des entrepreneurs qui les produisent ne seront donc pas suffisantes pour justifier cette partie du même volume d'emploi (par rapport au précédent comptant une propension à consommer plus élevée) dans leur production. On notera que cette considération est différente de celle à laquelle on pouvait s'attendre en lisant « *Hence employers would make a loss if the whole of the increased employment were to be devoted to satisfying the increased demand for immediate consumption* », car ici, la recommandation serait plutôt d'éviter de consacrer la partie concernée de l'emploi à la production de biens de consommation (qui se retrouveraient précisément invendus par la baisse de la propension à consommer), en la détournant dans le secteur des biens d'investissement.

Keynes considère ici, on l'aura compris, la demande spontanée, volontaire, qui se porte sur les biens achetés par les ménages. Cependant, la demande spontanée concerne aussi les entreprises, qui achètent volontairement des biens d'investissement ; la grandeur $I$, en tant qu'achats, se forme donc parallèlement à la grandeur $C$. Or, il n'y a aucune raison de penser que le secteur des biens de consommation soit le seul à pouvoir être touché par des invendus possibles ; rien n'assure, en effet, que les biens d'investissement soient *in fine* tous vendus, comme pour tous les biens, d'ailleurs. C'est précisément pour cela que les entrepreneurs formulent des anticipations de vente pour décider de l'emploi présent. Ainsi, divertir une part de l'emploi d'un secteur à l'autre ne résout pas le problème, qui se pose aux deux secteurs, des invendus éventuellement constatés. La recommandation alternative, consistant à « pousser » l'investissement de sorte qu'il permette l'achat, outre des biens d'investissement spontanément voulus, des biens invendus constatés dans la consommation (« *there must be an amount of current investment sufficient to absorb the excess of total output over what the community chooses to consume* »), se doit ainsi d'être relevée ; car on aboutirait ici à la suppression intégrale du risque d'invendus, donc à celle de l'utilité même des anticipations. Il s'agirait en effet d'une sorte d'achat forcé, effectué par les entreprises, de tous les invendus des deux secteurs, de sorte que l'épargne résiduelle totale soit mobilisée pour la grandeur $I$. En d'autres termes : $Y = C + S$ et $Y = C + I$, si l'on considère $I$ comme l'achat par les entreprises de tous les biens non concernés par la consommation volontaire des ménages. Par augmentation autoritaire de $I$ afin de le hisser au niveau de $S$, on a l'égalité $I = S$.

Cette idée de suffisance du montant de l'investissement (« *an amount of current investment sufficient* ») est censée répondre au fait que les recettes, formées par les ventes spontanées, pourraient se révéler insuffisantes pour justifier le niveau d'emploi offert par les entrepreneurs (« *the receipts of the entrepreneurs will be less than is required to induce them to offer the given amount of employment* »), mais cette crainte est toujours, si elle doit l'être, à redouter pour tous les secteurs. C'est précisément pourquoi, nous l'avons dit, les entrepreneurs tentent d'anticiper ces recettes. Keynes semble faire comme s'il était en mesure de rassurer les entrepreneurs, promettant une sorte de vente assurée de leurs marchandises grâce à l'investissement qui serait porté à un niveau suffisant pour acheter l'intégralité de celles non achetées spontanément par les ménages, mais la solution n'est cependant pas dans un tel achat autoritaire, ni même dans cette seule promesse, et Keynes le sait mieux que personne. Elle est dans le principe de la demande effective imaginaire, dans les anticipations formulées par les entrepreneurs concernant les ventes futures de leurs marchandises ; car les ventes sont toujours insuffisantes : on ne peut toujours vendre qu'une partie ou l'intégralité du stock, ce dernier cas signifiant l'insuffisance du stock lui-même.

Il faut le reconnaître, Keynes commet ici deux erreurs conceptuelles. En premier lieu, il serait d'après lui possible de réaliser un investissement (dans le sens d'achats par les entreprises) capable de se porter sur tous les invendus, de sorte que les marchandises, dans leur intégralité, seraient finalement achetées soit dans la consommation (spontanée), soit dans l'investissement (spontané et, un peu, forcé). Encore faudrait-il que les objets physiques correspondant aux biens d'investissement achetés de force fussent de nature à être utilisés dans les processus productifs. De manière générale, comme pour les consommateurs, c'est en termes d'usage et de fonctionnement que les entrepreneurs décident des achats qu'ils effectuent, et l'on ne voit pas bien l'intérêt, en réalité, de les forcer à acheter des biens correspondant à des objets physiques dont ils n'auraient pas l'utilité, ou bien, comme pour les consommateurs, « tout simplement parce qu'ils ne veulent pas de ces biens-là » (Schmitt, 1984, p. 420, *op. cit.*). Cela ne ferait, en réalité, que muer la perte ainsi évitée des uns en dépenses supplémentaires et, de surcroît, inutiles pour d'autres, dont la répercussion dans les prix des biens qui se vendent ne manquerait pas d'atteindre, en définitive, les ménages eux-mêmes. En second lieu, l'investissement étant considéré comme « déterminant », dans le sens où la dépense intégrale du revenu global dans l'achat de tous les biens dépendrait *in fine* de lui, il est soudainement placé en tête de gondole, en principe causal du niveau d'équilibre de l'emploi, donc de celui du revenu :

« *It follows, therefore, that, given what we shall call the community's propensity to consume, the equilibrium level of employment, i.e. the level at which there is no inducement to employers as a whole either to expand or to contract employment, will depend on the amount of current investment.* »

(Keynes, 1936, p. 32)

On comprend ici que le niveau d'équilibre de l'emploi correspondrait au niveau décidé, fixé « pour de bon », par les entrepreneurs, ces derniers n'ayant alors aucune incitation à l'augmenter ou à le diminuer. Ce niveau dépend ici du montant de l'investissement, à propension à consommer donnée. Pour une certaine valeur $c$ de cette propension, donnons-nous l'investissement $I$ ; le niveau de l'emploi correspondant, soit le niveau du revenu $Y$, sera ainsi déterminé. Keynes prépare bien le terrain, ici, à l'inversion de causalité qu'il proposera par la suite, dans le chapitre consacré au multiplicateur, car il la formule ici même. Cependant, ce n'est pas, telle quelle, la propension à consommer qui, couplée à l'investissement, déterminera le revenu, mais la propension à épargner, compte tenu du fait que l'investissement est alors automatiquement égalisé à l'épargne, représentant une partie non consommée du revenu.

Sachant $Y = C + I$ ; soit $Y = cY + I$, avec $c$ la propension à consommer ; il vient :

$Y - cY = I$

$Y(1 - c) = I$

$Y = I / (1 - c)$

C'est-à-dire $Y = I / s$, avec $s$ la propension à épargner ($s = 1 - c$)

Une fois de plus, on notera la prise intégrale de l'équation $Y = C + I$ dans le sens formel de causalité indiqué par Joan Robinson, le membre de droite déterminant celui de gauche, comme dans le cas d'une fonction de type $y = f(x)$ ; l'équation $Y = I / s$ se lit de la même manière, pour Keynes : connaissant l'investissement et la propension à épargner (directement issue de celle à consommer), on en déduit le revenu qui permettra, après consommation, de laisser une épargne résiduelle précisément égale à l'investissement connu. Il n'y a, formellement, aucun souci pour résoudre une telle équation, du seul point de vue mathématique : avec les grandeurs $s$ et $I$ données, on détermine $Y$, auquel correspond, pour une unité de salaire de référence, le niveau de l'emploi $N$. Cependant, en retombant sur sa « théorie logique », même encore, ici, non mathématiquement formulée, Keynes ne peut qu'évacuer les anticipations de l'analyse, puisqu'il prétend lui-même donner les éléments capables de déterminer, à coup sûr, le niveau de l'emploi à fixer.

Ce n'est pas là le principe de la demande effective imaginaire qui détermine, avec plus ou moins de bonheur, le niveau décidé de l'emploi ; ce sont deux grandeurs parfaitement identifiables, $s$ et $I$. Or, tout le problème est là : $s$ et $I$ ne peuvent en aucun cas être déterminées avant l'apparition du revenu $Y$. Faire dépendre $Y$ de $s$, donc de $c$ (car $s = 1 - c$), c'est tenir un raisonnement circulaire, puisque la propension à consommer $c$ dépend elle-même, comme le montre Keynes, du niveau du revenu $Y$. Quant à l'investissement $I$, cette grandeur ne peut toujours, comme la consommation $C$, qu'être anticipée ; elle fait précisément, avant même l'emploi réalisé et la formation de $Y$, l'objet d'anticipations concernant la demande imaginée par les entrepreneurs dans le secteur des biens d'investissement. Malgré tout, Keynes insiste sur le sens de causalité à retenir, d'après lui, pour déterminer le volume de l'emploi.

« *The propensity to consume and the rate of new investment determine between them the volume of employment, and the volume of employment is uniquely related to a given level of real wages – not the other way round.* »

(Keynes, 1936, pp. 33-34)

En évacuant ainsi l'imaginaire, Keynes ne peut rendre crédible la réalisation des grandeurs qu'il prétend lui-même déterminer.

## Stimulations élastiques

La considération des vertus supposées attribuées à l'investissement, créateur d'emplois et de profits, fait désormais entièrement partie du corpus théorique contemporain ; elle n'est que très rarement discutée, héritée des nombreuses interprétations de Keynes tournées vers l'économie « tirée par la demande ». Elle correspond même à l'image courante et familière (ce qui ne saurait en soi l'attester) de l'entrepreneur qui dirait à son directeur en ressources humaines : « Je n'embaucherai que lorsque la demande de mes produits augmentera ». Or, de deux choses, l'une : soit la demande de ses produits peut effectivement augmenter sans qu'il n'ait à embaucher au préalable, ce qui implique la présence d'invendus constatés ; il n'embaucherait donc pas tant qu'il en resterait, bien que la demande pût s'accroître. Et s'il vendait, même régulièrement, l'entièreté de son stock, ce ne serait toujours pas une demande supplémentaire qui le déciderait à embaucher pour accroître ce stock, car la demande adressée à des produits qui n'existent pas ne saurait elle-même exister. C'est bien la différence entre les grandeurs « réalisées » et les grandeurs « imaginaires », ces dernières n'existant que dans les esprits, et confondre les deux, c'est confondre la demande portée sur les produits, par les achats effectifs, et la « demande future », servant de base à la demande finale imaginée par l'entrepreneur, portée sur son carnet de commandes. Mais tout entrepreneur sait bien qu'il ne peut se permettre de confondre à ce point le présent et l'avenir, même si Keynes prétendait qu'un pont monétaire pouvait les relier.

L'importance de la demande (imaginaire ?) et du multiplicateur se traduit par leur implication, c'est entendu, dans l'explication et la description de la croissance économique, comme le rappelle André Lorentz dans un article extrait du même recueil post-keynésien.

« Les travaux de Roy Harrod (1948) marquent le point de départ des théories modernes de la croissance. Harrod, en s'inspirant des travaux de Keynes et en en proposant une transcription dynamique, cherche à construire une théorie de la croissance et des cycles. Cette approche met en évidence l'existence de deux moteurs dont rien n'assure qu'ils fonctionnent de concert. D'un côté, en combinant les principes d'accélérateur de l'investissement et de multiplicateur lié à l'épargne de Keynes, Harrod révèle un taux de croissance garanti [...] »

(Lorentz, 2018, p. 70)

L'intérêt, ici, est moins dans ce qu'est censé proposer Harrod (que nous ne développerons pas) que dans l'un des « moteurs » invoqués pour justifier cette proposition ; car le multiplicateur, entretemps, s'est mué en accélérateur. L'aspect dynamique de l'analyse, en accord avec le cadre d'application de la « loi psychologique », n'aura cessé de se développer, de s'étoffer, relatant avec toujours plus de mathématiques d'avant-garde (jusqu'à la « théorie du chaos ») les mouvements cycliques observés sur les marchés les plus divers ; et la demande, comme « moteur » de tout cela, stimule, impulse, fait réagir, d'autant que l'investissement n'est plus considéré comme la seule demande « stimulante », il y a aussi la consommation des ménages, ainsi que la demande extérieure. La croissance est alors perçue comme « cumulative », comme le décrit

Lorentz, retranscrivant la pensée de Kaldor : elle serait le théâtre de « réactions en chaîne ».

« Pour Kaldor, la demande effective fait le lien entre les gains de productivité et l'accroissement de la richesse. La demande effective se compose de trois éléments fortement interconnectés :

- la demande finale domestique (la consommation) ;
- la demande intermédiaire domestique (l'investissement) ;
- et la demande extérieure (les exportations).

Les interconnexions entre ces trois variables vont alors être à l'origine de réactions en chaîne au sein de l'économie. [...]

Pour répondre à l'accroissement d'activité tiré par l'expansion de la demande finale, certains secteurs doivent accroître leur capacité de production et investir. Cela relance l'activité des secteurs fournisseurs de capacité de production, qui devront eux-mêmes accroître leur capacité de production et, par ricochet, la demande intermédiaire permet l'expansion de l'activité de l'ensemble des secteurs de l'économie.

Enfin, la demande extérieure impulse la dynamique de croissance et lance la réaction en chaîne. L'accroissement de la demande finale domestique est permis par l'accroissement des revenus générés par la demande extérieure. Ces impulsions sont transmises à l'ensemble de l'économie par la demande intermédiaire. La vitesse d'accroissement des investissements induits est tirée par l'accroissement des demandes finales – domestiques et extérieures. Les mécanismes de la croissance cumulative sont d'autant plus importants que l'activité économique se concentre dans les secteurs bénéficiant d'une élasticité-revenu forte. »

(Lorentz, 2018, pp. 75-76)

À ce rythme, on se demande pourquoi l'homme n'a pas encore conquis la Galaxie. L'auteur prête presque vie à l'économie, comme si elle était, comme le « blob », une sorte d'organisme se développant par impulsions, accroissements, relances, avec une vitesse d'autant plus importante que la demande serait forte. Vision séduisante, qui en aura séduit beaucoup, et qui continue, manifestement, de le faire ; mais vision, néanmoins, proche de la magie. Seule la production de revenus permet les achats ultérieurs, et elle ne permet toujours que cela ; les achats, même « stimulés », ne détruiront toujours qu'un produit égal à ces revenus. L'élasticité, en la matière, et malgré l'image d'expansion qu'elle introduit dans l'esprit, n'est pas suffisante pour induire une « réaction en chaîne ». En effet, l'élasticité-revenu de la demande (notée $e$) est précisément définie comme étant le rapport entre deux variations, celle de la demande ($\Delta D$) et celle du revenu ($\Delta Y$) :

$$e = \Delta D / \Delta Y$$

Il ne s'agit là que d'une formule mathématique donnant comme résultat un nombre, que l'on compare à l'unité. L'interprétation courante consiste à attribuer un sens de causalité (qui n'est pas mathématique, mais conceptuel) entre les deux variations : celle du revenu est censée être première, et elle implique, comme effet, celle de la demande. Le sens va donc de $\Delta Y$ à $\Delta D$, de sorte que l'on a, en respectant une détermination de droite à gauche :

$\Delta D = e \Delta Y$

On en induit, pour une élasticité forte ($e > 1$), une variation de la demande supérieure à celle du revenu qui est censée la générer. Cette proposition pourrait déjà, en soi, être critiquée par Keynes lui-même, ce dernier ayant précisément soutenu l'inverse, nous l'avons vu, avec la « loi psychologique » impliquant une diminution de la propension à consommer lors d'une augmentation du revenu. Formellement, Keynes considérait alors, pour la consommation, une élasticité-revenu faible, inférieure à 1.

« *That is to say, if Cw is the amount of consumption and Yw is income (both measured in wage-units)* $\Delta Cw$ *has the same sign as* $\Delta Yw$ *but is smaller in amount, i.e.* $dCw/dYw$ *is positive and less than unity.* »

(Keynes, 1936, p. 70)

Keynes, néanmoins, respecte ici la causalité habituellement retenue, qui donne son sens à la notion d'élasticité-revenu de la demande. Or, chez Lorentz, la demande est au contraire considérée comme une cause de l'accroissement des revenus (« l'accroissement des revenus générés par la demande extérieure ») ; elle en est même l'élément moteur : « l'accroissement d'activité tiré par l'expansion de la demande finale » ; « la demande intermédiaire permet l'expansion de l'activité » ; « la demande extérieure impulse la dynamique de croissance » *(op. cit.)*. Le sens de détermination, ici, va donc de $\Delta D$ à $\Delta Y$. Autrement dit, on aurait presque un nouveau concept : « l'élasticité-demande du revenu ». Or, si l'on peut raisonnablement supposer (car ce n'est pas le seul calcul de l'élasticité-revenu qui le prouverait) qu'une variation du revenu entraîne une variation de la demande (toujours dans les limites de cette variation de revenu, ce qui ne permet pas de concevoir une demande sans revenu pour la réaliser), peut-on soutenir en même temps l'influence inverse ? Si c'était le cas, il ne faudrait pas oublier que, pour une « élasticité-revenu forte » ($e > 1$), l'influence supposée de la demande sur le revenu en serait d'autant réduite : la variation du revenu serait en effet, par définition, inférieure à celle de la demande qui serait censée le générer :

Si $\Delta D = e \Delta Y$, alors $\Delta Y = \Delta D / e$

Seule une élasticité faible ($e < 1$) pourrait justifier mathématiquement d'une augmentation du revenu ($\Delta Y$) supérieure à l'augmentation de la demande ($\Delta D$). Il faudrait alors, monsieur Lorentz, bien choisir son élasticité, ainsi que sa valeur, en fonction du sens de causalité retenu.

Quoi qu'il en soit, on perçoit l'image qui se profile, toujours la même, derrière cette dynamique : la circulation de la monnaie, le contact rapproché des encaisses avec les marchandises, et plus les deux ensembles ainsi conçus, l'un réel et l'autre monétaire, seraient mêlés dans les transactions, le plus souvent possible, plus l'action de la demande se ferait sentir. Il faudrait donc encourager la demande pour stimuler, dans les achats précipités, la production, l'emploi, la croissance, etc.

« Une autre naïveté qui a cours dans l'opinion concerne la vitesse circulatoire de la monnaie. Si les espèces tournaient plus vite, le commerce et l'industrie n'en seraient-ils pas stimulés ? La réalité est moins simple. Ne circulant pas, la monnaie n'a aucune vitesse circulatoire. Seul peut être abrégé le délai séparant la création de la destruction des revenus. Or, le marché financier n'a pas d'autre tâche.

Mais l'idée même est fausse, due à la confusion des mouvements monétaires avec la mécanique des fluides ; le raccourcissement des délais n'« excite » pas la monnaie contre le produit ; elle ne touche que le produit lui-même, dont la consommation est hâtée. C'est une pensée bien mal formée qui conclut comme ceci : si les produits s'écoulent plus vite, les entreprises pourront écouler (et donc fabriquer) plus de produits. »

(Schmitt, 1984, p. 251)

Les entreprises n'ont formellement pas besoin d'un écoulement plus rapide de leurs produits pour augmenter leur production ; il suffit qu'elles décident de cette augmentation, parce qu'elles en anticipent, du moins pour une grande part, l'écoulement spontané. Néanmoins, le constat d'une diminution plus rapide, sur une période, de leur stock proposé à la vente aidera certainement, c'est entendu, à prendre cette décision. Il serait bon de ne pas confondre, ainsi, cause permissive et contexte favorisant. L'investissement, en effet, « crée des emplois » pour autant que l'on considère, dans l'entreprise qui investit, les emplois nécessaires à l'utilisation des équipements faisant l'objet de cet investissement. Mais les revenus produits lors de la rémunération des nouveaux employés ne dépendent absolument pas, pour leur versement, de l'investissement effectué dans l'achat des biens de production qu'ils utilisent. Que veut-on dire, ainsi, lorsque l'on prétend que l'investissement engendre une augmentation de la production ? Il convient traditionnellement de distinguer deux effets, sur la demande d'une part, sur l'offre d'autre part (les deux se combinant).

- L'investissement aurait un effet sur la « demande », du fait qu'il entraîne, au sein du système productif, l'écoulement de marchandises (les biens d'investissement achetés), ce qui incite, comme il est raisonnable de le penser, les entreprises qui les fabriquent à continuer leur activité. Les profits réalisés lors de ces ventes, comme nous le savons, sont des revenus transférés et n'apparaissent donc pas, alors, en sus des revenus existants. Lorsque l'investissement n'en est encore qu'au stade de la commande, il y a effectivement une incitation à l'endroit des entreprises auxquelles cette commande est adressée : fonctionner normalement, c'est-à-dire fabriquer les marchandises commandées ; ce qui peut avoir, toutefois, une répercussion positive sur les propres investissements effectués par ces entreprises, incitant d'autres entreprises à fabriquer à leur tour des marchandises, etc.

- L'investissement aurait un effet sur « l'offre » des entreprises qui investissent, une fois les biens d'investissement – biens de production durables – achetés, soit par un accroissement de leur productivité et, donc, une diminution du coût moyen des marchandises résultantes, ce qui incite à en augmenter la production, soit par un accroissement direct de leurs capacités, cet objectif étant déterminant pour l'investissement effectué. En pratique, les deux types d'investissement concernent souvent les mêmes dépenses, l'achat de nouveaux équipements améliorant à la fois la productivité et les capacités de production (nous ne considérons ici que l'investissement net, mais c'est aussi le cas pour les investissements de remplacement qui se traduisent également par l'achat de nouveaux équipements).

On voit que le côté « demande » de l'investissement agit par l'incitation à produire, soit pour remplacer le stock acheté par les investisseurs, soit pour réaliser ce stock commandé, ainsi que les marchandises elles-mêmes nécessaires à l'obtention de ce stock, avant de le vendre. Il serait toutefois fallacieux d'attribuer, de manière strictement causale, à l'investissement réalisé ou planifié l'apparition des revenus nécessaires à l'obtention de ces marchandises : si elles existent déjà, aucun nouveau revenu ne résulte de leur achat, puisque celui-ci consiste précisément à dépenser les revenus antérieurement formés dans leur production. Il ne s'agit là que de l'aboutissement du processus, la vente des marchandises produites, et cette vente était bien attendue, anticipée, puisque cette production aura été mise en œuvre ; la demande provient ici de la dépense de revenus préalablement formés, et aucune demande supplémentaire ne saurait s'en dégager. En revanche, si les marchandises concernées n'existent pas, de nouveaux revenus proviendront du versement des rémunérations nécessaires pour les produire, à tous les stades de la filière productive.

L'investissement en tant qu'achat incite donc les entreprises vendeuses de biens d'équipement à poursuivre leur activité, sans que cela ne soit formellement dû à cette vente de marchandises, car les recettes qui en proviennent sont toujours à opposer aux charges d'obtention (notamment, les versements de salaires) de ces mêmes marchandises, c'est-à-dire à la mesure d'une activité d'ores et déjà passée, et la poursuite du paiement de ces charges n'est que la poursuite de l'activité de ces entreprises, c'est-à-dire une autre activité, toujours nouvelle. Autrement dit, si la vente de marchandises incite à continuer à en produire d'autres, ce n'est pas formellement cette vente qui permet de produire les nouvelles marchandises, car la vente est ici la fin du processus concernant celles déjà produites. Par ailleurs, si la réalisation des biens d'équipement est commandée (comme on commande à un chantier naval la réalisation de bateaux), ainsi que celle des marchandises nécessaires à leur fabrication, la production des revenus nécessaires à leur achat précèdera logiquement leur dépense. On voit que pour satisfaire la demande que représente l'achat en investissement, comme pour tout achat, la production des revenus qui l'alimentent est un préalable incontournable, car les revenus représentent monétairement les marchandises qu'ils permettent d'acheter. Concevoir un achat sans mobilisation de revenus, c'est concevoir l'écoulement de marchandises qui n'existent pas, car les marchandises n'existent économiquement qu'à travers les rémunérations versées pour les obtenir.

Ce qui se passe du côté « offre », la productivité et la capacité augmentées, mène à la même considération, à savoir une indépendance de la formation de nouveaux revenus par rapport à la dépense de revenus anciens. Car, là encore, ce n'est pas la dépense en investissement qui engendre par elle-même la formation des nouveaux revenus alors versés au personnel qui utilise les biens d'équipement achetés. L'achat permet d'obtenir des marchandises, point ; le fait que celles-ci soient utilisées dans la réalisation d'autres marchandises ne modifie pas la nature destructible – et, effectivement, détruite – des revenus mobilisés pour cette dépense, et les nouveaux revenus produits, versés aux travailleurs qui utilisent ces équipements, définiront nécessairement d'autres revenus en eux-mêmes « initiaux », même si leur existence est justifiée (ce qui ne préjuge pas d'une liaison organique) par cette utilisation proprement dite. Car dire que l'investissement, en tant qu'achat de biens d'équipement, une fois combiné avec l'emploi de personnel pour les utiliser afin d'obtenir des marchandises résultant de cette activité, entraîne une nouvelle production, c'est énoncer une pure tautologie. N'est-ce pas là la définition d'une entreprise ? On ne saurait trouver ici de revenus véritablement formés, produits, que les seules rémunérations versées à ce niveau, au personnel qui utilise les biens d'équipement, constituant *de facto* les seuls nouveaux coûts de cette production.

Le statut de la « stimulation » peut ainsi être largement questionné, car nous savons que les revenus ne stimulent rien, ils ne peuvent qu'être détruits dans les achats, ou transférés, et c'est manifestement la part perçue en transfert, dans les ventes, qui détermine la profitabilité de la production des biens vendus. Les auteurs utilisant volontiers les mécanismes de transmission, les impulsions, les processus cumulatifs, les « effets boule de neige » et autres « réactions en chaîne » devraient prendre des précautions, car les productions de revenus étant toutes initiales, ne dépendant jamais d'un capital préalable, on ne saurait leur attribuer une raison autre que la seule décision, basée sur des anticipations de profits, de véritablement les engager. Il ne faut donc pas confondre la décision de produire, voire la production elle-même, avec les raisons pour lesquelles on décide de produire. Ainsi, l'on dira que l'anticipation d'une canicule stimule la production de ventilateurs sans que, pour autant, la chaleur ne soit à prendre pour agent économique véritable.

Par ailleurs, une demande sans dépense effective de revenu pour la concrétiser, ce n'est pas une demande, c'est un caprice non satisfait. Constater la dynamique de l'économie n'empêche pas de cerner le fait que, si les entreprises décident de produire des revenus (en versant des salaires), donc emploient des travailleurs, c'est uniquement la prise de cette décision qui dépend, ici, de leurs anticipations de vente ; faire dépendre la production des anticipations, c'est évacuer la question de la condition financière des paiements eux-mêmes. Or, la logique impose, au niveau des achats/ventes, d'admettre que les achats d'investissement des entreprises, comme les achats de consommation effectués par les ménages, ne sont toujours tributaires que des revenus existants, ces derniers étant les seuls à posséder le pouvoir de ces achats. Prétendre le contraire, c'est fonder l'existence d'un pouvoir d'achat lui-même imaginaire. L'approche de Schmitt montre clairement que la production des revenus acte la formation de leur épargne, car ce sont bien les revenus formés qui sont immédiatement épargnés. L'investissement, en tant qu'achat, ne peut donc logiquement être réalisé sans qu'une épargne préalable ne soit impliquée dans l'opération.

## Le circuit keynésien en question

Nous avons vu que le renversement de causalité, introduit par les écrits sur le multiplicateur, supposait d'emblée une détermination contraire à cette logique. Soutenir aujourd'hui que l'épargne serait nécessaire à l'investissement attirerait immédiatement les foudres de tous les keynésiens ; proposition anti-keynésienne de base, pour ne pas dire hérétique. Être fidèle à Keynes, ce serait au contraire concevoir l'investissement (et, de là, la consommation) comme affranchi, au niveau causal, de cette maudite épargne : l'investissement ne lui est pas seulement antérieur, il en est la cause ! Cette « découverte » de Keynes, précisément datée selon Frédéric Poulon, signe le début de la révolution keynésienne et fonde, d'après lui, la construction du « circuit keynésien ».

« La découverte va plus loin que celle d'une possible *antériorité* de l'investissement sur l'épargne [...]

L'idée nouvelle, qui se fait jour en mars 1932, est que l'épargne n'est nullement une limite à l'investissement puisque, engendrée par ce dernier, elle se déplace avec lui. Peut-être suggérée à Keynes, comme le croit Allan Meltzer (1988, p. 108), par l'article de Richard Kahn (1931) sur le multiplicateur d'emploi, l'idée revêt une bien plus grande portée chez Keynes, qui y découvre, le 22 mars 1932, le clivage majeur entre lui et ce porteur de la pensée classique que reste malgré tout à ses yeux son collègue Robertson.

Cette idée, qui affranchit l'investissement des entreprises de toute contrainte liée à l'épargne et qui surgit telle quelle en 1932, semble bien marquer le début de la révolution keynésienne. Et, en outre, elle porte en germe le circuit keynésien. Puisque ce n'est pas l'épargne qui finance l'investissement, ce ne peut être que la création monétaire des banques. »

(Poulon, 2018, p. 129)

Ainsi, l'épargne ne saurait financer l'investissement, puisque l'investissement est la cause de l'épargne : « engendrée par ce dernier, elle se déplace avec lui ». Poulon fait référence à une phrase de Keynes, formulée dans un courrier à Robertson, ce fameux 22 mars 1932.

« « L'investissement entraîne toujours l'épargne après lui, au même rythme que lui », écrit-il à Robertson [...] Cette généralisation est cruciale : elle renverse le postulat fondamental de la théorie classique qui assujettit l'investissement à l'épargne. »

(Poulon, 2018, p. 129)

On ne peut s'empêcher de penser que Keynes, alors, aurait peut-être confondu l'investissement avec la production ; les deux termes sont pourtant loin d'être synonymes. Il est certain que si l'on décrit, sous le nom d'investissement, une production de revenus, on ne décrira pas une dépense de revenus, comme est censé définir l'investissement en son sens, originel, d'achat de biens de production durables. Poulon devrait méditer sur cette phrase de Robertson, que l'on trouvera, en cherchant bien, dans le volume XIV des *Collected Writings* :

« *JMK, like Humpty Dumpty, can use words to mean what he chooses them to mean.* »

(Robertson in Keynes, 1937, p. 228)

Toujours est-il que l'assujettissement de l'investissement à l'épargne apparaît comme le « postulat fondamental de la théorie classique », détruit, fort heureusement, par Keynes, en ce jour de mars 1932, devant un Robertson que l'on imagine ébahi. Ainsi, l'investissement (toujours conçu comme un achat) n'aurait pas besoin d'une monnaie existante à pouvoir d'achat positif, inscrite en créance sur le système bancaire, pour être effectué, puisqu'il pourrait notamment dépasser le montant de l'épargne disponible. Mais on ne comprend déjà plus, alors, l'appel de fonds adressé aux banques lorsqu'il s'agit d'effectuer les paiements concernés.

« Celles-ci [les banques] émergent alors, comme troisième catégorie fondamentale d'agents, à côté des entreprises et des ménages. Elles se placent même en tête de la hiérarchie qui se dessine entre ces trois catégories, à savoir (par ordre) les banques (B), les entreprises (E), les ménages (M). Selon la logique découlant de la découverte du 22 mars 1932, B prête à E, qui investit et verse des revenus à M, qui dépense en partie ces revenus en consommation auprès de E et dépose le reste en épargne auprès de B. Ainsi la monnaie, partie de B, revient finalement à B : elle a accompli un cycle, appelé circuit de la monnaie et, en l'occurrence, circuit keynésien. »

(Poulon, 2018, p. 129)

On note que Poulon évite soigneusement de parler ici de « circuit monétaire », au profit du « circuit de la monnaie » ; et il fait bien, car cette dernière expression révèle la nature proprement circulatoire du trajet parcouru par la monnaie, au sein du circuit keynésien proposé, contrairement à ce que signifie la première, comme nous le verrons *infra*. On remarque, en outre, que dans cette description du circuit keynésien, basée sur le déplacement de la monnaie d'une catégorie à l'autre au sein d'un ensemble hiérarchisé, le prêt accordé par les banques au bénéfice des entreprises finance indifféremment l'investissement et la production de nouveaux revenus (« B prête à E, qui investit et verse des revenus à M »). Autrement dit, la distinction entre la création et la destruction des revenus est totalement ignorée, car on ne semble pas saisir ici que, si un achat (investissement ou autre) nécessite un revenu existant, le versement d'un nouveau revenu n'en nécessite aucun.

Ainsi, le problème fondamental que l'on peut d'ores et déjà relever à ce niveau consiste en une contradiction par rapport à la nécessité de la présence d'un pouvoir d'achat, porté par une monnaie représentant un revenu préalablement épargné : on refuse la nécessité d'un tel pouvoir lorsqu'il s'agit d'un achat d'investissement, et on la convoque, au contraire, pour la production de nouveaux revenus, donc d'un nouveau pouvoir porté par une nouvelle épargne. Enfin, on reconnaît implicitement, mais sans trop l'avouer, que l'investissement nécessite, en fait, une monnaie à pouvoir d'achat constitué ; la preuve en est que cette monnaie créée par les banques, qui aurait donc une valeur en tant qu'actif financier, doit l'être dans une opération forcément antérieure à toute opération de paiement. C'est en effet à cette monnaie, préalablement constituée par le crédit *ex nihilo* du compte bancaire du payeur (lors de la création monétaire que nous verrons plus en détail au chapitre suivant), que sera opposé le débit né du paiement, inscrit sur ce même compte. Autrement dit, tout en affirmant que l'investissement n'aurait pas besoin d'une épargne préalable pour être effectué, on considère, pour la bonne réalisation du paiement, la nécessité d'une création monétaire préalable, et celle-ci a bien toutes les apparences d'une création d'épargne, puisqu'elle permet, une fois le crédit obtenu, d'acheter effectivement des biens sans se retrouver débiteur net une fois les paiements effectués. Le mécanisme de sa création l'amène en effet à revêtir cette apparence au passif de la banque créatrice ; mais nous verrons que ce n'est là qu'une apparence.

Il est indéniable que, dans le circuit keynésien, la monnaie préalablement créée par les banques agit bel et bien comme une épargne préalable ; mais elle n'en serait pas une, puisqu'elle est créée par les banques. Cette considération ne saurait suffire à la différencier, en réalité, d'une autre épargne « plus préalable » qu'elle, puisqu'elle en a manifestement la caractéristique principale : elle garantit son opposition au débit né de tout paiement futur. Elle correspond donc à un compte rendu créditeur, par la banque, sur lequel le débit s'abimera, par compensation, lors du paiement. De fait, toute épargne préalable devrait avoir, dans cette conception, la même origine que cette monnaie fraîche, puisqu'elle serait elle-même issue d'une création monétaire semblable. Ainsi, l'épargne résiduelle à la fin du circuit ne peut être autrement conçue que comme le résidu non consommé de cette création monétaire du début de circuit. Cette épargne n'est alors préalable que par rapport à la période suivante, et l'on ne saisit pas pourquoi elle ne pourrait plus, alors, servir à financer un investissement, puisqu'elle pouvait déjà le faire dès sa création en début de circuit. Ne servant pas, par hypothèse, à l'investissement, cette épargne résiduelle servirait donc à une consommation future ; mais si l'investissement ne nécessite aucune épargne, pourquoi cette dernière devrait-elle être nécessaire à la consommation ? On apprend, en effet, que la monnaie créée par les banques permet aux agents de tout faire : pour les entreprises, investir et verser des revenus, et, pour les ménages qui les ont perçus, consommer et épargner ces mêmes revenus. Or, ces derniers proviennent bien, dans cette conception, de la création monétaire initiale. Rien ne s'oppose, donc, à ce que les banques puissent directement, par création monétaire, financer la consommation des ménages, sans passer par le truchement du versement de revenus par les entreprises.

Poulon propose ensuite non pas un, mais deux circuits keynésiens.

« Le premier est dit circuit *brut*, le second circuit *keynésien de base.* Il existe bien sûr entre eux un lien rigoureux qui donne légitimité au second pour toutes les utilisations que l'on en fait au nom de Keynes. »

(Poulon, 2018, p. 135)

Le « circuit brut » est un schéma simple en losange représentant les sens de détermination de variables incluses dans quatre fonctions, les fonctions d'emploi, de production, de consommation et d'investissement. La reprise du schéma lui-même, donné par Poulon (*Ibid.*, p. 136), n'est pas ici nécessaire, d'autant que l'on y apprend rien de plus, car le problème se situe dans les fonctions qu'il est censé représenter.

« La fonction d'*emploi* fait dépendre l'emploi *N* de la période des anticipations *D1* et *D2* que les entrepreneurs font respectivement de la consommation des ménages et de leur propre investissement *net* de la période. À ce niveau d'emploi *N* correspond, par la fonction de *production*, le revenu global (ou produit global) *R* anticipé par les entrepreneurs dans la période. Et, enfin, à *R* correspond, par la fonction de *consommation*, les anticipations *D1* de consommation des ménages par les entrepreneurs et, par la fonction d'*investissement*, les anticipations *D2* de l'investissement *net* des entreprises par les entrepreneurs eux-mêmes. »

(Poulon, 2018, p. 135)

Le moins que l'on puisse dire, c'est que nos craintes étaient peut-être fondées : à part l'emploi, qui ne semble pas l'être (« *N*, volume de l'emploi mis en œuvre par les entrepreneurs en début de période », *Ibid.*, p. 135), toutes les variables sont ici explicitement « anticipées », que ce soit *D1*, *D2* ou *R*. Autrement dit, à une variable près, nous évoluons dans un monde imaginaire ; mais celui-ci n'est encore pas, si tant est qu'il puisse l'être, entièrement logique, puisqu'il comporte bien une variable dite réelle, l'emploi *N*. Or, comment cette variable, une fois réalisée (donc entraînant un versement de salaires), pourrait n'avoir qu'un effet anticipateur sur le revenu global *R* ? N'y a-t-il pas là une formation réelle de revenus, quelque part ? On retrouve en outre la causalité des anticipations de demande sur les grandeurs économiques, notamment sur l'emploi *N*, par la fonction d'emploi, déterminant le revenu global *R* par la fonction de production. Rappelons, une fois encore, que si la décision d'emploi dépend certainement des anticipations formulées, le paiement des salaires, une fois décidé de la sorte, n'est pas financé par ces anticipations, de même que toutes les autres dépenses. Le problème est donc de définir les conditions financières qui rendent ou non possibles ces paiements.

On ne peut alors que constater, mais ce n'est peut-être qu'une illusion de notre part, que les fonctions évoquées induisent une causalité circulaire : les éléments considérés comme premiers se révèlent être les anticipations de demandes formulées par les entrepreneurs, sur les deux secteurs de l'économie (*D1* et *D2*) ; et ils sont aussi les derniers. Ces anticipations déterminent l'emploi *N*, qui détermine *R*. Enfin, *R* détermine *D1* et *D2*. On aurait dû comprendre, sauf à constater amèrement une telle circularité, que ces dernières ne seraient peut-être pas les premières, étant des demandes effectivement réalisées dans les achats (par la dépense de *R*, comme on pouvait le présumer), tandis que les grandeurs initiales *D1* et *D2* n'auraient effectivement été que des demandes anticipées, comme des aides à la prise de décision, ce qu'elles sont en réalité. Mais on ne comprendrait alors pas comment celles-ci, au début du circuit, pourraient économiquement déterminer quoi que ce soit, puisqu'il faudrait de toute façon la présence du revenu *R* pour réaliser monétairement les grandeurs finales *D1* et *D2*. Mais tout cela n'est qu'élucubrations de notre part ; Poulon le précise bien : *D1* et *D2* demeurent, jusqu'en fin de circuit, des variables anticipées, ce qui est somme toute logique, puisqu'elles sont, entretemps, déterminées par *R*, lui-même anticipé.

Poulon nous présente alors ce que nous attendions, bien entendu : une représentation du « circuit keynésien de base ».

« On reconnaît les trois pôles : B (banques) ; E (entreprises) ; M (ménages). Entre ces pôles s'écoulent dans la période six flux : *F*, financement (net des remboursements) de E par B ; *Y*, revenus distribués par E à M ; *C*, consommation finale ; *S*, épargne (nette des retraits) des ménages ; *U*, coût d'usage de la production des entreprises, à savoir la somme de leur consommation intermédiaire et de leur consommation de capital fixe ; *I*, investissement (net de la consommation de capital fixe) de E. »

(Poulon, 2018, pp. 135-136)

« Figure 7.2 : le circuit keynésien de base » (Poulon, 2018, p. 136)

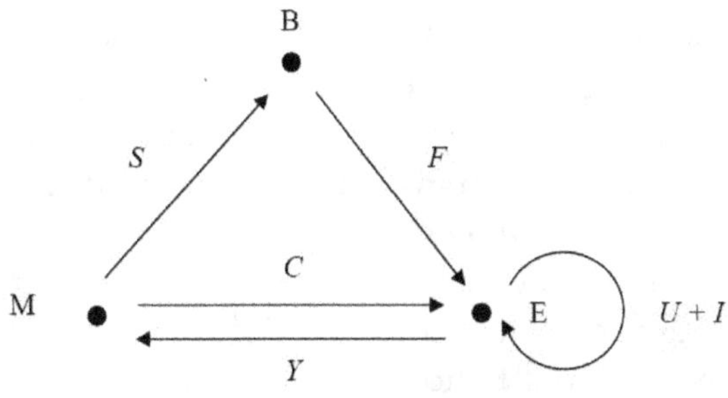


« Le revenu global (ou revenu de la communauté) est le total, net du coût d'usage, des recettes de E dans la période. Noté *R*, il s'écrit donc :

(1) $R = C + I$

Cette expression, très classique, du revenu global keynésien en économie fermée conduit à une expression équivalente, moins connue, obtenue à partir de (1) et de l'équilibre comptable au pôle E :

(2) $R = Y + I - F$

L'expression 2 partage le revenu global *R* en une partie *distribuée* (*Y*), appelée par Keynes le « coût des facteurs », et une partie *non distribuée* ($I - F$), dite par Keynes le « revenu des entrepreneurs », qui est aussi le profit (net) non distribué de E (les profits distribués étant inclus dans *Y*). L'égalité comptable $F = S$ au pôle B montre la correspondance entre l'expression $I - F$ du profit dans la *Théorie générale* et l'expression $I - S$ du même profit dans *A Treatise on Money* : il n'y a pas de rupture d'un ouvrage à l'autre sur ce point-là. »

(Poulon, 2018, pp. 136-137)

On note, en premier lieu, que Poulon considère l'épargne « nette des retraits » (de billets), ce qui semble supposer l'attribution, aux encaisses liquides, d'une nature distincte de l'épargne. Cela paraît sensé en regard du statut donné par Keynes à la liquidité, par le concept de « préférence », mais cela signifie aussi qu'un retrait, s'il transforme l'épargne en liquidités, détruirait littéralement cette épargne (puisqu'elle ne serait plus comptée en tant que telle), comme si la liquidité apparue avait pris son pouvoir ; or les retraits de billets ne diminuent pas, par eux-mêmes, l'épargne placée, car ils se substituent aux dépôts bancaires sur lesquels ils définissent un débit sans briser le lien qui unit l'épargnant aux entreprises, à travers le système bancaire : la créance est maintenant détenue sur un billet au porteur, mais la Banque centrale aura bien débité le compte en monnaie centrale de la banque secondaire tandis que cette dernière aura débité le compte bancaire du détenteur de billet. Selon Jacques Le Bourva, le retrait de billets n'augmente précisément pas la masse monétaire ; il ne peut donc correspondre à la destruction d'une épargne équivalente tant que les billets en question ne sont pas utilisés pour une dépense effective de revenu.

« Une question reste posée : s'il est vrai que la Banque centrale crée pour sa part de la monnaie transformée rapidement en billets, il n'est pas certain que cette action *accroisse la quantité totale de monnaie.* Lorsque les billets se substituent à des dépôts créés antérieurement par les banques ordinaires, il s'agit seulement d'une modification dans la composition de la masse monétaire totale, non d'un changement dans le montant de cette masse ; la monnaie a été créée par les banques ordinaires, la Banque centrale en a seulement modifié la forme. »

(Le Bourva, 1962, p. 41)

Sur ce point, il y aurait pour Poulon un passage, de Keynes lui-même, à méditer, extrait de la *General Theory* :

« *The prevalence of the idea that saving and investment, taken in their straightforward sense, can differ from one another, is to be explained, I think, by an optical illusion due to regarding an individual depositor's relation to his bank as being a one-sided transaction* […] *It is supposed that a depositor and his bank can somehow contrive between them to perform an operation by which savings can disappear into the banking system so that they are lost to investment, or, contrariwise, that the banking system can make it possible for investment to occur, to which no saving corresponds. But no one can save without acquiring an asset, whether it be cash or a debt or capital-goods ; and no one can acquire an asset which he did not previously possess, unless either an asset of equal value is newly produced or someone else parts with an asset of that value which he previously had.* »

(Keynes, 1936, p. 63)

La phrase « *But no one can save without acquiring an asset, whether it be cash or a debt or capital-goods* » est explicite : le « cash », c'est-à-dire les billets retirés, compterait bien toujours dans les actifs financiers. Les billets seraient donc, ici, à inclure dans l'épargne globale, au lieu d'en être écarté. Nous savons pertinemment, de toute façon, que la liquidité évoquée par Keynes dans la *General Theory* correspond à un actif financier, en tant que créance de son détenteur sur le système bancaire.

On comprend, en second lieu, par l'étude du schéma, que le « revenu global » $R$ ne correspond pas au revenu $Y$ versé aux ménages par les entreprises. Une fois perçu, le revenu $Y$ ne sert pas, par le canal de l'épargne $S$, à financer l'investissement $I$ : il ne sert qu'à la consommation $C$, l'épargne dégagée n'étant pas considérée comme égalisée à $I$, mais au flux $F$ initial. Ceci permet de préserver l'écart $(I - S)$, effectivement interprété comme source des profits (et, plus, de l'inflation) dans le *Treatise* de Keynes, ainsi que l'a manifestement souhaité l'auteur. On notera ainsi l'absence du revenu global $R$ dans la représentation du circuit, parce que $R$ correspond aux revenus nets tirés des ventes (« total, net du coût d'usage, des recettes de E dans la période »), soit $(C + I - U)$. Le raisonnement n'est pas altéré par la prise ou non en compte du « coût d'usage » $U$, « à savoir la somme de leur consommation intermédiaire et de leur consommation de capital fixe » (Poulon, *op. cit.*), qui rappelle le capital constant de Marx, ou coût des biens de production. Pourrait-on en inférer que le coût total de production serait de $(Y + U)$ ? Quoi qu'il en soit, $R$ est explicitement considéré comme net de $U$ dans son expression : $R = C + I$.

Il est clair, également, que $(I - F)$, qui est une partie de $R$, doit correspondre à une partie de $I$, c'est-à-dire, rappelons-le, l'achat effectué par le pôle E sur lui-même. La petite flèche en boucle sur le schéma en témoigne ; mais une petite flèche en boucle, même lorsque cela concerne une grandeur « dite par Keynes », ne suffit pas à convaincre de son existence, car si la grandeur $I$ peut *a priori* être conçue comme positive, rien n'est moins sûr pour la grandeur $(I - F)$. En effet, d'après la logique élémentaire annoncée, le flux $F$ de monnaie créée par les banques et prêtée aux entreprises est divisé en deux parties, $Y$ et $I$ (« B prête à E, qui investit et verse des revenus à M »), ou bien en trois, $Y$, $I$ et $U$ si l'on compte le coût $U$. Ainsi, étant donné que $I$ est logiquement une partie de $F$, on se demande comment $(I - F)$ pourrait être positif, d'autant que $I$ n'est pas l'investissement total, égal à $(U + I)$ : si $F$ finance, outre le versement de $Y$, l'investissement total en plus, il est clair que $I$ doit être bien plus petit que $F$, rendant ainsi $(I - F)$ négatif.

Poursuivons le circuit : issu de $F$, le revenu versé $Y$ est lui-même divisé en deux, $C$ et $S$ (« M, qui dépense en partie ces revenus en consommation auprès de E et dépose le reste en banque auprès de B »). $Y$ étant une part de $F$, et $S$ étant une part de $Y$, il est évident que l'égalité comptable $F = S$ au pôle B ne peut être soutenue. Même si l'entièreté de $F$ était consacrée au seul versement de revenu $Y$ (si $Y = F$ et $I = 0$), il faudrait encore que $C$ fût nulle pour que $S$ soit égale à $F$. Le premier découpage de $F$, finançant l'investissement $I$ et le versement de $Y$, et le second découpage de $Y$, en consommation $C$ et en épargne $S$, peuvent simplement être représentés de la façon suivante :

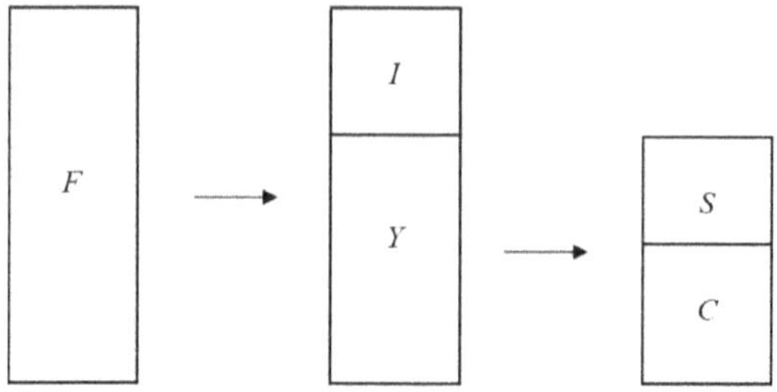


Le flux $F$ étant logiquement égal à $(Y + I)$, on voit immédiatement que la deuxième équation de Poulon $(R = Y + I - F)$ donne un résultat nul pour $R$. À moins que $F$ ne soit pas égal à $(Y + I)$ ; c'est-à-dire, à moins que le flux prêté par les banques ne serve pas à verser des revenus et à investir.

Servons-nous à présent de ce que nous présente Poulon, à savoir les deux équations suivantes :

(1) $R = C + I$

(2) $R = Y + I - F$

Admettons, malgré tout, l'égalité $S = F$ retenue par Poulon. Lorsque l'on remplace $F$ par $S$ dans l'équation (2), il vient :

$R = Y + I - S$

Sachant que $C = Y - S$, on retrouve bien l'équation (1) : $R = C + I$. En outre, lorsque l'on combine les équations (1) et (2), on trouve très vite :

$C = Y - F$

Soit, lorsque l'on remplace $F$ par $S$ :

$C = Y - S$

On retrouve donc bien les expressions traditionnelles $(R = C + I)$ et $(Y = C + S)$. Autrement dit, les équations « fonctionnent » avec $S$ à la place de $F$ ; mais elles ne fonctionnent pas avec $F$ à la place de $S$. Encore une fois, si $C$ est positif, alors $S$ est logiquement plus petit que $Y$ ; mais dans ce cas, on ne peut plus affirmer l'égalité $S = F$ tout en prétendant que le flux initial $F$ finance $Y$ (d'autant que $F$ doit aussi financer $I$ en plus de $Y$). De manière générale, si $S$ est une épargne résiduelle, non touchée par les dépenses, et $F$ le flux permettant ces dépenses tout en dégageant, *in fine*, l'épargne résiduelle, on ne peut comprendre comment $S$ pourrait être égale à $F$. Symétriquement, $S$ étant forcément plus petit que $Y$ (puisque $C$ est non nulle), si $S$ est égal à $F$, alors $F$ est plus petit que $Y$ ; on ne peut alors comprendre comment $F$ pourrait être la source de financement de $Y$, sans même parler de $I$.

### Les profits, comme d'habitude, additifs aux salaires versés

L'investissement $I$ étant réalisé en même temps que le versement de $Y$, les deux grandeurs peuvent être considérées comme indépendantes en début de circuit. Dès lors, le lien supposé classique entre l'épargne $S$ et l'investissement $I$ est d'emblée écarté, puisque $I$ reste défini en dehors de $Y$. Or, l'épargne résiduelle $S$ dépendra de la consommation $C$ d'une partie du revenu $Y$ (selon $Y = C + S$), consommation qui demeure logiquement inconnue à ce stade. Poulon ne veut donc pas composer avec la relation $Y = C + I$ (qui intègre $I$ dans $Y$), tout aussi connue que $Y = C + S$ ; c'est pourquoi il conçoit $R$, plus grand que $Y$, qui sera, lui, égal à $(C + I)$. Bien entendu, l'égalité $I = S$ ne peut être vérifiée en fin de circuit, et cela tombe bien : $(I - S)$ (ou $I - F$ ?) définit les profits.

D'emblée, la partie « non distribuée (I – F), dite par Keynes « le revenu des entrepreneurs », qui est aussi le profit (net) non distribué de E » (Poulon, *op. cit.*) apparaît additionnelle au versement de $Y$. Elle correspond en effet à la différence entre $R$ et les coûts de production, soit : $R - (Y + U)$, ou $(R - Y)$ de manière nette. Ainsi, les profits sont inévitablement conçus comme additifs aux salaires perçus. La référence à l'expression $(I - S)$ du *Treatise on Money*, censée représenter le profit d'inflation issu d'un excès de la demande sur l'offre, est révélatrice de la démarche, dans la mesure où cette grandeur est conceptuellement exclue du revenu global $Y$ initialement versé.

Sans reprendre littéralement les notations de Keynes, légèrement différentes et un peu plus complexes (de la « première équation fondamentale » du *Treatise on Money*, cf. Keynes, 1930, pp. 121-122), le revenu global $Y$ se compose de la somme des revenus $C'$ versés dans le secteur des biens de consommation et des revenus $I'$ versés dans le secteur des biens d'investissement. D'après Keynes, on a :

$Y = C' + I'$

Dans chaque secteur, les profits $Q1$ et $Q2$ sont définis par les écarts entre les prix et ces coûts pour les deux types de biens.

$Q1 = C - C'$

$Q2 = I - I'$

Notons bien que $Q1$ et $Q2$ représentent des grandeurs immédiatement additives à $C'$ et $I'$ : $(C - C')$ s'ajoute à $C'$, et $(I - I')$ s'ajoute à $I'$. Il vient la détermination d'un profit total $Q$ formé par l'addition de ces deux grandeurs, tel qu'il a été défini par Keynes dans le *Treatise* :

$Q = Q1 + Q2$

C'est ici le nœud du problème, concernant la nature des profits. La vision qui s'impose à Poulon, comme à tous les keynésiens qui le suivraient dans cette voie, est celle d'un profit $Q$ entièrement additif au revenu initial $Y$. Autrement dit, puisque $Q1$ s'ajoute à $C'$ et $Q2$ s'ajoute à $I'$, le profit total $Q$ s'ajouterait à $(C' + I')$, donc à $Y$. On pourrait donc imaginer une autre grandeur $R$, la somme des revenus (salaires + profits), formée de la somme de $Y$ et de $Q$ :

$R = Y + Q$

C'est ce que fait Poulon, avec l'expression $R = Y + (I - F)$, avec $Q = (I - F)$. Or, il s'agit là d'une erreur fondamentale, liée à une interprétation erronée, en première analyse, de la formation du profit $Q1$. Keynes commence en effet par respecter la formule traditionnelle du revenu $Y = C + S$ par la définition suivante de la consommation :

(1) $C = Y - S$

Keynes établit ensuite la définition du revenu national $Y$ : il se compose de la somme des seules rémunérations $C'$ et $I'$, soit les seuls coûts de production en salaires versés, dans les deux secteurs :

(2) $Y = C' + I'$

Il en déduit, par remplacement de $Y$ dans (1), l'expression de $C$ :

(3) $C = C' + I' - S$

Il vient alors l'expression mathématique de $Q1$ :

$Q1 = C - C' = I' - S$

Et là, c'est le Graal, semble-t-il ; car la définition du profit total $Q$, somme de $Q1$ et $Q2$, s'écrit alors :

$Q = Q1 + Q2 = (C - C') + (I - I') = (I' - S) + (I - I')$

Cette dernière expression est en général reprise dans l'ordre suivant, pour faire apparaître *de visu* le résultat :

$Q = (I - I') + (I' - S) = I - S$

Cette inégalité entre $I$ et $S$ aurait dû inciter à la prudence quant à l'interprétation de ce résultat ; non que l'expression « $C - C' = I' - S$ », définissant Q1, soit fausse, mais elle fut interprétée comme une causalité organique entre les grandeurs $I'$ et $S$ (comme causes déterminantes) et le profit $Q1$. Cette grandeur se traduisant dans le niveau des prix des biens de consommation, elle fut en outre interprétée par Keynes lui-même comme une inflation sur ces produits. En conséquence, on attribue, une fois de plus, un sens de causalité entre les deux termes (de droite à gauche, comme il est implicitement admis) qui demeure difficilement saisissable.

« Il s'ensuit que l'inflation ne peut être définie que comme un écart (I' – S) entre la production de biens d'investissement (I') et l'offre d'épargne. »

(Bradley & Friboulet & Gnos, 1996, p. 12)

Simplifions le problème pour le mettre en pleine lumière, en considérant que l'épargne est nulle. En conséquence :

$C - C' = I'$

L'interprétation sera-t-elle alors celle-ci : « L'inflation sur les biens de consommation provient de la production de biens d'investissement » ? Il faudrait alors d'urgence diminuer $I'$, puisque $I'$ est la cause de $(C - C')$. Ou bien, l'interprétation sera-t-elle celle-là : « Le profit réalisé sur les biens de consommation provient de $I'$ » ? Il faudrait alors augmenter $I'$, pour la même raison, sans toutefois ne produire que des biens d'investissement, puisque le profit est réalisé dans la vente des biens de consommation.

L'interprétation correcte, selon nous, n'est pas dans un sens de causalité défini, mais dans un constat comptable : la somme totale des revenus initialement produits étant égale à $Y$ par définition, il est formellement impossible que la différence constatée entre $C$ et $C'$ puisse provenir d'autre part que des revenus, au sein de $Y$, complémentaires à $C'$, soit, dans cette analyse, les revenus $I'$. Autrement dit, Keynes montre ici le caractère de revenus de transfert concernant le profit $Q1$ : celui-ci est logiquement prélevé dans les revenus $I'$, pour la simple raison qu'il ne saurait provenir d'ailleurs.

L'équation $C - C' = I' - S$ ne signifie absolument pas que l'écart entre la production, en début de circuit, des revenus $I'$ et l'épargne $S$ constatée en fin de circuit serait à l'origine du profit $Q1$ ; elle signifie simplement que la dépense des revenus pour l'achat des biens de consommation, au prix $C$, mord dans les revenus $I'$ pour toute sa partie $(C - C')$. Autrement dit, si $Q1$ est additif à la partie $C'$ de $Y$, il ne peut l'être à $I'$, l'autre partie de $Y$, car il est, dans ce cadre d'analyse, lui-même extrait de $I'$. Dès lors, $Q1$ ne peut être ajouté à $(C' + I')$, c'est-à-dire à $Y$. Par ailleurs, le profit $Q2$, réalisé dans le secteur des biens d'investissement, doit aussi être drainé au sein de $(C - C')$, puisque les biens de production sont finalement vendus lors de la vente des biens de consommation. Autrement dit, le profit total $Q = Q1 + Q2$ doit se réaliser entièrement par la seule différence $(C - C')$, non par l'ajout à cette dernière du profit $Q2$, soit $(I - I')$, inévitablement extérieur à $Y$. Une analyse correcte consiste alors à intégrer le coût $I'$ dans $C'$. (cf. *L'économie de production monétaire*, pp. 215 et s.). Nous verrons *infra* que la distinction, dès la production, de ces deux types de revenu, $C'$ et $I'$, est fautive. Quoi qu'il en soit, la conception d'une grandeur R formée par la somme de $Y$ et d'une grandeur hypothétique (non issue de rémunérations) ne peut qu'aboutir, même sous la forme d'une équation, à quelque chose d'impossible.

### Critique et victoire du circuit-circulation keynésien

Le circuit keynésien présenté par Poulon reprend donc en sous-main la version traditionnelle de la définition du revenu national, les profits s'ajoutant aux salaires, telle qu'elle est défendue, notamment, par Piketty. Surtout, dans la détermination même des grandeurs qui « circulent », il se révèle tout simplement incompréhensible. Cette représentation avait déjà fait l'objet, à partir d'un livre précédent de Poulon, d'une critique plutôt sévère et condescendante de la part de Schmitt (cf. Schmitt, 1984, pp. 405 et s.), si bien que ce dernier s'était presque cru obligé de prévenir son lecteur que l'attaque, qu'il croyait décisive, allait être virulente.

« Notre but n'est pas de montrer que le professeur Poulon peut se tromper. »

(Schmitt, 1984, p. 408)

Si ce n'était là le but principal, les erreurs de Poulon sont par la suite constamment soulignées, d'où l'espoir, clairement affiché, d'un abandon de la direction suivie.

« À cet égard, l'expérience vécue par le professeur Poulon peut éviter bien des déboires aux chercheurs futurs. »

(Schmitt, 1984, pp. 422-423)

Le professeur Poulon a en effet dû être servi par la lecture du livre de Schmitt, son raisonnement concernant la hiérarchie des agents et les crises du circuit étant démonté point par point.

« Les concepts étant plus clairs, il convient de s'interroger sur la hiérarchie avancée par Poulon ; est-elle corroborée ? Il n'est pas douteux que la réponse est négative. Les banques ne sont au sommet d'une hiérarchie qu'en ce qui concerne la création (de la forme vide de la production, la monnaie réelle étant créée par les travailleurs) ; elles ne sont pas « hiérarchiquement supérieures » en tant qu'intermédiaires (financiers). »

(Schmitt, 1984, p. 412)

Le refus de la hiérarchie pourra sembler étonnant, sachant le pôle des banques essentiel dans le processus de création de la monnaie, enclenchant le circuit. Or, c'est bien ce premier flux « descendant », le flux $F$ chez Poulon, des banques vers les entreprises, qui est ici nié. De manière générale, l'image d'une monnaie circulante n'apparaît pas pertinente à Schmitt pour décrire le circuit, encore moins l'éventuelle crise, défendue par Poulon, susceptible de résulter d'un empêchement de cette circulation. Et c'est bien la vision générale, extrêmement répandue aujourd'hui, de la circulation de la monnaie qui fait ici l'objet de la critique proposée par Schmitt.

« Les auteurs conçoivent la monnaie comme un actif qui circulerait au sein de l'économie, face aux actifs réels, biens et services physiques. Dans cet esprit, l'épargne est un actif que les ménages décident de ne pas porter à la « rencontre » des biens réels. Au sommet de la hiérarchie, on observe la création des actifs monétaires, qui « descendent » dans les entreprises puis dans les ménages. Si la « remontée » ne s'effectue pas dans de bonnes conditions, on peut constater l'existence d'un certain nombre d'unités monétaires qui restent fixées dans quelque région en aval des entreprises. [...] les actifs monétaires « récalcitrants » qui, du fait du comportement des agents, refusent de refluer, créent un vide au sein de la recette des entreprises ; or [...] les entreprises sont tenues au remboursement des crédits en création de monnaie. La crise est ouverte dès que la défaillance du reflux ne peut plus être comblée.

Il est heureux que l'économie positive ne fonctionne *pas du tout* selon ce schéma. Toute monnaie créée par les banques est, pendant toute la durée de son existence, à la fois une créance sur les banques (chez les titulaires des revenus épargnés) et une dette envers les banques (sur les entreprises détentrices des biens stockés). [...] chaque unité monétaire se forme entre les entreprises et les travailleurs et non entre les banques et le reste de l'économie. Il s'ensuit qu'aucune monnaie positive ne « descend » des banques. D'autre part, aucune monnaie positive ne peut être épargnée et le rester si elle n'est pas constamment maintenue, toujours disponible, face aux invendus. »

(Schmitt, 1984, p. 420)

Nous soulignerons *infra* l'importance de la dernière phrase de cette citation. Notons que, par « monnaie positive », Schmitt entend bien l'épargne, c'est-à-dire la relation financière intermédiée entre le payé (les ménages) et le payeur (les entreprises), qui traverse les banques, « à la fois une créance sur les banques (chez les titulaires des revenus épargnés) et une dette envers les banques (sur les entreprises détentrices des biens stockés) ». Or, l'inscription comptable de la dette des entreprises envers les banques n'est valable que pour autant que celle de la créance des ménages, payés par le flux $Y$, soit en même temps au passif des banques. Il s'agit, en effet, des écritures bancaires correspondant au versement de $Y$, en tant que paiement des salaires. Autrement dit, le flux $F$ (engendrant la dette des entreprises) ne peut être séparé du flux $Y$ (engendrant la créance des ménages). Les deux écritures monétaires, au passif et à l'actif des banques, sont nécessairement simultanées, et l'épargne alors inscrite, pour tout le temps qui suit jusqu'à son annulation future par compensation, est une résultante directe du paiement des salaires. Il suit que les pôles E, B et M sont simultanément concernés par l'écriture monétaire du paiement.

« La monnaie créée est « triadique ». L'émetteur, l'emprunteur et son créancier ne constituent pas trois pôles entre lesquels la monnaie se déplacerait, car la monnaie, pour exister, doit être définie sur ces trois pôles simultanément. »

(Gnos & Rasera, 1985, p. 50)

Manifestement, les critiques adressées à l'approche du « circuit-circulation » n'auront pas franchi les monts et vaux de Bourgogne, si bien que le qualificatif de « triadique » attribué à la monnaie n'est finalement pas parvenu à l'école post-keynésienne. Il faut croire que trois, c'était trop. La circulation est bien une « fausse analogie », selon Gnos et Rasera, du circuit de la monnaie ; outre la dichotomie entre le réel et le monétaire, inévitablement préservée dans cette conception, l'aspect hydraulique du circuit, déjà critiqué par Schmitt, est également relevé dans la remarquable thèse de Jonathan Massonnet.

« Considérant la monnaie comme une grandeur nette, les théories (circuitistes) de la circulation monétaire assimilent le circuit monétaire à un circuit hydraulique (physique), dans lequel coulerait la monnaie (considérée comme l'actif financier le plus *liquide*) en contresens des biens réels. Face à une telle lecture dichotomique des événements, qui demande d'additionner les possessions monétaires aux biens réels, l'analyse montre que, en réalité, le circuit monétaire ne revêt aucune inertie dans le temps puisque, en vertu de son caractère scriptural, la monnaie ne sort jamais de la banque émettrice. »

(Massonnet, 2017, p. 215)

Ce devait être la guerre, entre circuitistes, dans les années quatre-vingt ; le hiatus entre les deux conceptions est en effet évident. En premier lieu, les notions de « fonctions », qu'elles soient d'emploi, de production, de consommation ou d'investissement, sont totalement étrangères à l'analyse de Schmitt, étant donné qu'une seule grandeur économique y est définie : le revenu monétaire global. Il n'y a donc que deux opérations possibles, même progressives, à concevoir, la création et la destruction, par sa dépense, de ce revenu, lui-même formé de multiples revenus agrégés.

« La clarté exige que l'on discerne deux opérations.

La première est la *création des revenus*. La seconde est la *dépense des revenus*. »

(Schmitt, 1984, p. 261)

Schmitt identifie la création des revenus au seul versement des salaires, soit au seul revenu versé $Y$. Sa distinction d'avec une autre grandeur $R$ qui lui serait supérieure est donc impensable ; c'est, en réalité, reconduire l'additivité traditionnelle des profits aux salaires. Seuls les salaires versés peuvent être dépensés, et ils le sont dans leur seule consommation, en tant que revenus. Prenant en compte l'aspect comptable des paiements, dans les confrontations de crédits et de débits (d'où les qualifications de grandeurs « positives » et « négatives » ; mais celles-là seraient encore critiquables, puisqu'une somme débitée est toujours autant positive qu'une somme créditée), seuls les salaires apparaissent, en réalité, dans tous les paiements.

« Dans la langue courante, on parle du pouvoir d'achat de la monnaie ; en termes plus scientifiques, on oppose la monnaie réelle à la monnaie nominale. Or, le pouvoir d'achat de la monnaie nominale, autrement dit la monnaie réelle, s'identifie au produit (en biens et en services) que le travail humain dépose périodiquement dans la monnaie.

La théorie en retire une grande simplicité. Nous montrerons que *tout paiement (monétaire) est une émission de salaires.*

[...] Sur le marché des produits, les salaires sont émis négativement : l'écoulement du produit est une opération monétaire *identique* au versement des salaires, au signe près. Les opérations constatées sur le marché des titres se rangent alors logiquement dans la catégorie unique ; les salaires y sont dépensés à la fois positivement et négativement : ils y sont conservés par *transfert*. [...] la technique du paiement est celle de l'émission et, d'une façon plus précise, de l'émission des salaires.

Répétons-le, tout paiement effectué dans l'économie en une monnaie bancaire quelconque est une création de salaires, une destruction de salaires, ou une création-destruction de salaires. Le jour où ce fait sera compris, la théorie macroéconomique aura acquis une nouvelle puissance, entièrement concentrée sur une opération unique, son seul objet fondamental. »

(Schmitt, 1984, pp. 79-80)

Les salaires pourront ainsi, dans les paiements, apparaître sous une autre identité sans pour autant perdre leur nature « primitive ou originelle » de revenus du travail. On relèvera la référence à l'unité de salaire de Keynes.

« Nous vérifierons que tout revenu non salarial a son unique source dans la masse des salaires (directs et indirects) périodiquement formée par la production nationale. Ce n'est pas en vain que Keynes proposait l'unité de salaire comme la mesure de toutes les grandeurs économiques. Même dans l'économie en crise, nous constaterons l'existence d'une seule catégorie de revenus primitive ou originelle, de laquelle toutes les autres sont dérivées : les salaires. »

(Schmitt, 1984, p. 81)

Il n'y a donc pas de revenu à prévoir en plus des salaires, comme le supposent les post-keynésiens, pour payer l'investissement : celui-ci est un achat postérieur au versement des salaires, il en est la dépense d'une partie, même sous l'identité de profits réalisés, c'est-à-dire de salaires captés. Selon Schmitt, la production des revenus n'a aucunement besoin d'une monnaie créée au préalable par les banques, et cette production engendre immédiatement l'épargne totale. Par contre, tout achat étant la dépense d'un revenu formé de la sorte, il mobilise nécessairement l'épargne correspondante. L'investissement réalisé est donc logiquement égal à l'épargne mobilisée pour son paiement.

Il n'est pas douteux, et le lecteur partagera peut-être cet avis, que cette considération relègue Schmitt au rang des méchants partisans de la nécessaire existence, préalable à l'investissement, de « fonds prêtables » ; encore que l'opération d'emprunt de ces fonds ne serait pour lui qu'une formalité préalable, aucun paiement n'ayant par lui-même besoin d'un quelconque fonds existant. Or, ce sont précisément les post-keynésiens qui prétendent, en fait, que cette existence serait nécessaire, accrochés à l'idée qu'il faille une « monnaie-épargne » préalablement créée par les banques pour permettre à celui qui veut payer de le faire ; n'auraient-ils jamais payé quoi que ce soit à découvert ? Toujours est-il que Schmitt formule très souvent des références à la nécessaire égalité, dès la production, de l'offre et de la demande globales, ce qui ne pourrait qu'hérisser le poil des keynésiens d'aujourd'hui qui, ainsi qu'ils l'ont bien retenu de leurs leçons, rejettent cette fameuse loi de Say dont se moquait ouvertement Keynes. On comprend l'embarras, au sein de cette grande famille, à conserver les partisans de l'analyse de Schmitt comme étant une part sérieuse de cette école quand l'autre part ne pense qu'à prouver le contraire. On n'en savourera que mieux le passage écrit par Poulon à propos de Schmitt, dans l'article de 2018, où, tout en reconnaissant ce dernier « à juste titre comme le père de la théorie contemporaine du circuit en France » (Poulon, 2018, p. 131) et comme « premier circuitiste français contemporain » (*Ibid.*, p. 132), rappelle les relents classiques de sa pensée, en soulignant notamment qu'il tenait sans doute Say et Ricardo en plus haute estime que Keynes, ce qui est toujours rédhibitoire, voire franchement intolérable, pour un post-keynésien.

« Il faut toutefois noter que, chez Schmitt, la référence à Keynes est rarement primordiale. Les références aux classiques sont plus fréquentes et en outre plus substantielles, au point qu'Henri Guitton, dans sa préface à l'un des derniers livres de Schmitt, a écrit : « Je ne peux m'empêcher de voir en lui un nouveau Jean-Baptiste Say » (Schmitt, 1984, p. 24). Il arrive à Schmitt d'employer le qualificatif de « génial » à propos de Say ou de Ricardo, jamais à propos de Keynes. »

(Poulon, 2018, p. 131)

Le livre en question, dont Poulon se garde bien de citer le titre, « l'un des derniers livres de Schmitt », est bien celui dans lequel il se fait vertement critiquer (Schmitt, 1984) ; il s'agit, en réalité, de l'un des plus importants. En outre, la référence à Say proférée par Henri Guitton ne vient pas de nulle part ; elle provient de la conclusion à laquelle parvient la propre pensée de son auteur, ayant été manifestement convaincu par celle de Schmitt.

« Quand on va au fond des choses, dans le global, la conception d'une demande globale distincte d'une offre globale est un tourment pour l'esprit. »

(Guitton in Schmitt, 1984, p. 23)

Guitton aurait donc peut-être répondu à Poulon que, si ce dernier ne partageait pas son avis, c'était sans doute parce qu'il n'était pas encore lui-même allé « au fond des choses, dans le global », comme aurait déjà pu le faire, à son époque, ce petit plagiaire de Say. Nous soulignerons seulement, à la décharge de Schmitt, qu'il vaut mieux encore se référer aux classiques, qui auront mené une véritable recherche conceptuelle en ce qui concerne la valeur, plutôt qu'aux néoclassiques. Poulon, par ailleurs, prévient subtilement son lecteur que l'étude d'un tel auteur risque de l'emporter sur des rives peu fréquentées, en marge des analyses en cours ; une manière, peut-être, de décourager certains étudiants trop curieux à découvrir une analyse qui remettrait en cause une certaine conception des choses.

« Ensuite, chez lui, le circuit est essentiellement... schmittien, entendons libre en apparence de toute dette envers un quelconque autre auteur. »

(Poulon, 2018, p. 132)

Poulon indique, avec raison, qu'il s'agit d'une apparence, car Schmitt se réclame très souvent de tous les grands auteurs à la fois, non d'un seul en particulier, se réservant ainsi le droit de tous les critiquer, à sa manière. Schmitt attribue toutefois à Keynes, comme nous l'avons cité *supra*, la paternité de la « distinction objective entre la création et la destruction des revenus » (Schmitt, 1971, p. 134). Ce point, d'ailleurs, achève d'écarter Schmitt de l'école post-keynésienne actuelle, car si la création de monnaie par les banques y est quasiment conçue comme une création *ex nihilo* d'épargne (dont on se demandera où est le revenu correspondant), la destruction des revenus dans les dépenses semble échapper à l'analyse, l'épargne résiduelle *S* récupérée par les banques étant, en fin de circuit, égale au flux *F* initialement émis. La monnaie finirait par se détruire, certes, mais seulement par l'opération ultérieure de remboursement des entreprises aux banques, ce qui est, là aussi, une opération qui ne peut être distinguée de la consommation dans l'analyse de Schmitt.

Enfin, Poulon résume en une phrase, à partir du seul premier ouvrage de Schmitt, la théorie de ce dernier, et conclut par une gerbe d'honneur.

« En somme, la monnaie est créée par les banques, mais la création monétaire n'est pas par elle-même créatrice de revenu ; symétriquement, l'épargne rompt la chaîne de création du revenu mais n'est pas par elle-même destructrice de monnaie. Cette idée schmittienne n'encourrait sans doute aucun désaveu de Keynes. C'est pourquoi, le moment venu, Bernard Schmitt a été si aisément adoubé par les circuitistes keynésiens, qui l'ont même désigné comme leur chef de file historique. »

(Poulon, 2018, p. 132)

Le résumé de Poulon rend d'emblée, peut-être à dessein, la théorie de Schmitt inintelligible. Que la création monétaire ne soit « pas par elle-même créatrice de revenu » en est certes une première estimation, dans le sens où seul le paiement de production créerait le revenu, tandis que tous les paiements, dont celui de production, nécessiteraient une création monétaire. Toutefois, nous verrons que tous les paiements, même de consommation et de transfert, sont logiquement définis par une création d'un revenu monétaire ; car comment détruire un revenu si ce n'est, du seul point de vue comptable, par le revenu inverse ? Par ailleurs, même Schmitt ne saisirait pas de quelle « chaîne de création du revenu », que l'épargne est censée rompre, parle ici Poulon. Surtout, Schmitt ne montre pas spécialement que l'épargne « n'est pas par elle-même destructrice de monnaie » ; il ne montre pas, du reste, le contraire non plus. Dire que l'épargne pourrait ou ne pourrait pas détruire la monnaie, c'est avoir une drôle de représentation à l'esprit, sauf à considérer qu'un dépôt de billets pourrait détruire cette monnaie pour la transformer (par le crédit du compte) en épargne. Donc, d'après Poulon, Schmitt aurait montré qu'un dépôt de monnaie ne détruisait pas cette monnaie ; mais alors, elle s'identifie à l'épargne constituée, puisqu'elle ne saurait s'y ajouter. Or, pour Schmitt, la monnaie ne s'identifie pas à l'épargne, cette dernière n'étant représentée que par la seule « monnaie positive » ; et Poulon sait bien que chez Schmitt, là où il y a une monnaie positive, il y a aussi une « monnaie négative », et que la monnaie, c'est les deux en même temps ; mais c'était là, sans doute, une considération inexplicable en trois lignes. Enfin, si Schmitt a été « si aisément adoubé » (ce que semble regretter Poulon) par les circuitistes keynésiens comme leur « chef de file historique », pourquoi ne pas se baser sur ses écrits pour construire ce fameux « circuit keynésien » ?

Le moment venu, Frédéric Poulon tenait sa revanche. La guerre est aujourd'hui terminée, et Poulon a gagné. Le circuit de la monnaie, débutant par une création monétaire par les banques en faveur des entreprises, leur permettant de produire et d'investir, est aujourd'hui l'un des piliers de la représentation contemporaine de la circulation de la monnaie dans l'économie. Qui de sensé irait aujourd'hui rechercher des critiques datées de presque quarante ans ? D'autant que, en définitive, elles auraient plutôt tendance à montrer que Schmitt, sans être ni post-keynésien ni nouveau keynésien, était sans doute plus keynésien que beaucoup, si l'on en croit Jean-Jacques Friboulet, schmittien d'origine. Rappelons la citation :

« L'observation de Keynes selon laquelle tout paiement est effectué à découvert conduit l'analyse sur une voie nouvelle. »

(Friboulet, 1985, p. 117)

Or, que signifie concevoir une création monétaire préalable, nécessaire au paiement, si ce n'est refuser d'explorer cette voie nouvelle ?

### Du circuit temporel au circuit instantané

En réalité, Poulon a bien raison. Il est certain que l'étude approfondie de l'analyse menée par Schmitt ne peut qu'écarter l'étudiant des courants de pensée répandus, dits « mainstream », au risque de se voir bannir, à plus ou moins brève échéance, des canaux de publication traditionnels, sans parler des plus prestigieux. Certains, averses aux peines perdues, n'auront même pas cherché à tenter quoi que ce soit. La recherche menée par Schmitt porte sur des questions fondamentales, et les réponses apportées pourront quelquefois paraître trop absolues ; les concepts employés (monnaie négative, positive, « rétroaction »...) pourront être jugés abstrus, du moins difficilement compréhensibles. Le langage, même, par ses expressions particulières, sera sans doute pris, comme pour d'autres auteurs maintenant anciens, comme vieillot, déclamatoire, voire quelquefois pompeux. Certaines considérations, enfin, seront inévitablement perçues comme irrecevables dans un cadre keynésien standard (la réaffirmation, envers tout consensus économique actuel, de l'identité de l'offre et de la demande globales, ou loi de Say), ou encore soupçonnées de parti pris politique (la prévalence des salaires dans l'analyse et la relégation au second plan des profits). Effectivement, l'étudiant en question, contre tous, y perdra ou y gagnera son âme, selon son attachement, sinon à la vérité économique, du moins à la nécessaire cohérence interne de l'analyse qui emportera finalement sa conviction. Or, il se trouve que cette cohérence, comme nous avons particulièrement tenté de le montrer au chapitre précédent, ne peut être maintenue que si les profits ne sont pas des revenus additifs aux salaires initialement versés.

D'après l'expression de Poulon considérant les profits ($I - F$) comme additifs à $Y$ pour donner la grandeur $R$, nous avons montré que la considération du flux $F$ permettant de financer $Y$ et $I$ ne peut que donner une valeur négative à l'expression ($I - F$), puisque $I$ est financé par une partie de $F$ ; au mieux, cette valeur est nulle si $F$ finance entièrement $I$ (sans financer $Y$). Cette même considération, égalisant de fait le flux $F$ à ($Y + I$), ne peut que donner une valeur nulle à l'expression ($R = Y + I - F$). Autrement dit, Poulon échoue à montrer qu'il puisse exister une valeur additive au versement de $Y$. L'additivité n'est pas plus fondée par l'inégalité ($I - F$) que par l'inégalité ($I - S$).

« La relation I = S est conçue, il est vrai, comme une identité mais cette caractéristique particulière n'est pas la conséquence d'une définition arbitraire. C'est en effet l'instantanéité du circuit monétaire qui permet de donner un contenu logique à cette relation. »

(Bradley, 1993, p. 78)

Cette citation de Bradley, à ce stade, ne peut que demeurer incompréhensible si l'on confond le circuit keynésien, temporellement défini, avec le « circuit monétaire » instantané dont il parle, d'autant que Poulon rejette catégoriquement la relation $I = S$ comme « identité », la différence entre $I$ et $S$ étant la condition permissive de l'existence des profits. Mais comment, encore, le trajet parcouru par la monnaie, des banques aux entreprises, puis des entreprises aux ménages, etc., pourrait-il être « instantané » ? Il paraît évident que ce trajet doit, nécessairement, prendre du temps ; mais combien de temps ?

« Dans le circuit keynésien, la période s'appelle le *temps de circuit*. Ce dernier est défini comme le temps *moyen* de parcours d'une unité monétaire entre son départ de B (à travers un flux F) et son retour à B (à travers un flux S). On note $t$ ce temps. »

(Poulon, 2018, p. 137)

Poulon établit alors une formule pour calculer $t$, bien trop compliquée pour nous, faisant dépendre $t$ de la propension des ménages à épargner, du poids du coût salarial dans la production totale des entreprises, et de la « durée moyenne de séjour de l'unité monétaire dans un pôle quelconque au cours de sa circulation ». Il parvient même à évaluer ce temps *t* :

« L'évaluation de *t* (Poulon, 2015, p. 300) indique une durée de l'ordre de l'année, conforme à l'idée qu'on a habituellement du court terme économique. L'analyse de circuit indique aussi que *t* est le *temps de validité des anticipations* des entrepreneurs, véritable sens de la courte période keynésienne. »

(Poulon, 2018, pp. 137-138)

Cette durée correspond également, bien entendu, à celle d'un exercice comptable. Étrange, cette sensation de pouvoir deviner, sans la formule de Poulon, le temps de circuit…

« Dès lors que le théoricien s'interroge sur le temps que prend le parcours d'une unité de monnaie, entre le moment où elle « sort » de banque et le moment où elle y « revient », il se tient, qu'il le veuille ou non, au sein du paradigme néoclassique des échanges relatifs. Toutes les erreurs s'infiltrent dans la brèche et on retrouve toutes ces distinctions futiles entre le court terme et le long terme, la statique et la dynamique, et jusqu'aux retards échelonnés. […]

Aucun auteur ne réussira jamais à définir la dimension-temps du circuit dans la *durée*, car l'économie ne comprend même pas une unité de monnaie que l'on puisse suivre à la trace, à partir de sa création jusqu'à sa destruction. »

(Schmitt, 1984, p. 428)

Là, on peut comprendre encore moins ; à part affirmer que le circuit ne peut se dérouler dans la durée, et que l'on ne peut suivre la monnaie à la trace, Schmitt n'explique pas comment le circuit pourrait être, en quelque sorte, « bouclé dans l'instant ». Jusqu'à ce passage lumineux.

« Les choses se compliquent quelque peu dans une réflexion qui tombe pourtant sous le sens : comment le circuit serait-il fermé dès l'instant de la création des revenus puisque les ménages continuent à en disposer et qu'ils peuvent à tout moment les lancer dans les achats sur le marché des biens ? La réponse est une tautologie : la dépense des revenus est un circuit, un nouveau circuit complet. Et est-ce vraiment étonnant ? La création des revenus est un circuit complet ; la consommation des revenus en est un autre. Il est évident que les deux circuits sont liés, mais ils ne le sont que par leur objet, le même revenu étant créé par l'un et détruit par l'autre. La représentation du circuit en destruction des revenus reproduit la représentation du premier circuit, dans la permutation des deux pôles, entreprises et ménages. »

(Schmitt, 1984, pp. 429-430)

Le circuit keynésien de Poulon s'inscrit dans la durée, celui de la circulation des sommes de monnaie, sans doute en échange des biens achetés. L'accusation portée par Schmitt sur la référence au cadre des échanges relatifs serait ainsi fondée. Le circuit, pour une période donnée (l'année selon Poulon), est unique ; l'année suivante, un autre circuit verra le jour. Durant le circuit, on a le temps de voir les unités monétaires se déplacer, comme l'on voit les pièces et les billets se poser sur les comptoirs ; on a le temps de voir les ménages travailler, faire leurs courses, placer l'épargne chez leur banquier, et les entreprises investir, distribuer des revenus, en encaisser dans les ventes… Par circulation monétaire, on entend le transfert, soit sur des supports physiques, soit de compte à compte, de créances exprimées en monnaie, les dettes bancaires que les banques auront créées sur elles-mêmes « *ex nihilo* », avant de les prêter aux entreprises.

Le circuit monétaire de Schmitt est totalement différent ; il ne s'inscrit pas dans la durée, parce qu'il ne prétend pas relater la circulation des unités monétaires, des banques aux banques, en passant par les entreprises et les ménages. Il n'est donc pas question d'essayer de tenter d'imaginer que ces unités puissent accomplir ce qui serait physiquement impossible. Les unités monétaires dont parle Schmitt ne sont pas, en elles-mêmes, de l'épargne ; elles sont des unités de mesure : elles mesurent le revenu $Y$ lorsqu'il est produit, dans un circuit monétaire, et elles le mesurent une deuxième fois, lorsqu'il est détruit, dans un autre circuit monétaire. Autrement dit, le circuit schmittien correspond à l'opération, logiquement instantanée, de l'opération de paiement. Cela dit, l'inscription comptable, à chaque paiement, des débits et des crédits portés, a des conséquences financières immédiates sur l'état résultant de l'épargne.

Rappelons encore la citation de Poulon :

« B prête à E, qui investit et verse des revenus à M, qui dépense en partie ces revenus en consommation auprès de E et dépose le reste en épargne auprès de B. »

(Poulon, 2018, p. 129)

Schmitt aurait sans doute modifié ces propos, pour la « première étape », de la façon suivante : « E verse des revenus à M, qui les dépose immédiatement en épargne auprès de B. » Rappelons que le paiement de production du revenu $Y$ est effectué à découvert. Cela est nécessaire, puisque l'on se propose d'expliquer la formation *ex nihilo*, sans capital préalable, de l'épargne représentée par de nouvelles dettes bancaires ; or, cette formation ne peut être réalisée, selon Schmitt, que par le paiement des salaires, la production du revenu. Cette production se réalise par un circuit monétaire au niveau des trois agents concernés. La constitution de l'épargne traversant le système bancaire, reliant E (débiteur) à M (créditeur), est immédiate et simultanée au paiement, d'où l'égalité comptable au niveau bancaire. Les paiements de consommation sont réalisés par la suite, à partir de l'épargne correspondante, par d'autres circuits déconcentrés, qui peuvent tout à fait être agrégés. Une fois rémunérés par *Y*, les ménages dépensent leur revenu pour la grandeur *C*.

D'après Poulon, l'ensemble des ménages « dépense en partie ces revenus en consommation auprès de E et dépose le reste en épargne auprès de B ». C'est à croire que tant que les revenus ne seraient pas dépensés en consommation, ils ne pourraient pas être déposés en épargne, puisque seul le reste non consommé devrait l'être ; or, cette considération est une erreur, puisque l'épargne est déjà entièrement constituée dès la production des revenus. La grandeur *C*, relatant la consommation d'une partie de *Y* (sans relever, ici, la partie « profits » qui l'intègre normalement), relate ainsi, logiquement, la compensation financière de l'épargne issue de la formation de cette partie, de sorte que, lorsque *C* est défini, la partie de *S* correspondant au revenu détruit ne l'est plus. C'est pourquoi le reliquat non consommé du revenu correspond toujours à une épargne restante. Autrement dit, et c'est encore d'une logique implacable, lorsque le revenu *Y* est versé aux ménages en paiement des salaires, il apparaît d'emblée intégralement épargné, puisqu'aucune consommation n'a encore eu lieu.

« Partons de l'émission des salaires de la période *p*. Si le temps du circuit était une durée positive, l'épargne résultant de la création des nouveaux revenus serait d'abord nulle : il faudrait qu'un certain temps s'écoule avant que les ménages puissent épargner tout ou partie de leurs nouveaux revenus. Mais comment maintenir la logique de cet argument ? L'épargne n'est-elle pas précisément une attente ? Si les revenus sont perçus à l'instant *t* et dépensés à l'instant postérieur *t'*, ne sont-ils pas épargnés dans tout l'intervalle, donc à partir de *t* ? À l'instant même où les revenus sont créés, ils sont (intégralement) épargnés : l'induction en est nécessaire puisque tout revenu non consommé est épargné et que les ménages ne sauraient logiquement dépenser leurs revenus (même partiellement) dans l'opération de la création des revenus. L'épargne instantanée des revenus nouvellement formés définit la fermeture instantanée du circuit. »

(Schmitt, 1984, p. 429)

La définition de l'épargne comme correspondant au revenu non consommé ne signifie pas, effectivement, que la consommation soit première par rapport à l'épargne existante. Dans l'équation $Y = C + S$, considérer la détermination du revenu $Y$ par la somme de $C$ et de $S$ est une erreur d'interprétation, due à cette formulation mathématique et à l'inversion de causalité, « à la Joan Robinson », qu'elle sous-tend : le revenu commence au contraire, avant toute consommation, par être épargné. La définition de l'épargne indiquée par Keynes est donc insuffisante, malgré le consensus manifeste qui semble justifier sa position.

« *So far as I know, everyone agrees in meaning by saving the excess of income over what is spent on consumption. It would certainly be very inconvenient and misleading not to mean this.* »

(Keynes, 1936, p. 59)

En définissant ainsi l'épargne comme l'excès du revenu sur ce qui est dépensé en consommation, Keynes traduit la logique causale de la détermination de $S$ par l'équation $S = Y - C$. Toutefois, que se passe-t-il lorsque la consommation $C$ est nulle, parce que non encore avenue ? C'est bien le cas lors de la production initiale du revenu $Y$, puisque, pour reprendre les termes de Schmitt, « tout revenu non consommé est épargné et que les ménages ne sauraient logiquement dépenser leurs revenus (même partiellement) dans l'opération de la création des revenus » (*op. cit.*). Il est donc logique, même aux yeux de Keynes et de l'ensemble, peut-être, de la communauté scientifique, de soutenir que le revenu est intégralement épargné dès lors qu'il est formé ; la consommation du revenu est forcément postérieure. Cette considération interdit toute écriture logique de l'équation traditionnelle $Y = C + S$ au moment même du paiement des salaires, donc de la formation du revenu $Y$ et de l'épargne connexe $S$, puisque $C$ est alors nulle. L'équation du revenu et de l'épargne au moment de leur formation est donc :

$$Y = S$$

Précisément, survient un paiement de consommation, pour la grandeur $C$ (inférieure à $Y$). Nous considérons ici, sans altérer le raisonnement, que cette grandeur correspond au coût de production de la marchandise achetée, sans compter un éventuel profit ; elle correspondrait ainsi, dans la notation keynésienne, à une partie de la grandeur globale $C'$. Il convient alors de bien comprendre ce que cela signifie : le revenu $Y$ et la grandeur $S$ sont tous deux détruits pour la grandeur $C$. Autrement dit, $Y$ et S diminuent, ils rapetissent. Le revenu restant, que l'on peut noter $Yr$, demeure connecté à une épargne restante $Sr$ non compensée. On a toujours l'égalité :

$$Yr = Sr$$

La formule bien connue $Y = C + S$ est désormais obtenue comme suit : on considère le revenu initial $Y$, dont on a détruit une partie $C$, et sa partie restante $Yr$. On a donc :

$Yr = Y - C$

La partie $Sr$ correspondant à $Yr$, on a également :

$Sr = Y - C$

C'est-à-dire, en reprenant la formulation traditionnelle :

$Y = C + Sr$

C'est fondamentalement cet état des choses, après une première consommation $C$, qui est représenté par cette expression : le revenu initial $Y$ s'est finalement partagé en consommation $C$ et en épargne restante $Sr$. Il est cependant clair que la grandeur $Y$ est entamée de la grandeur $C$, et qu'il n'en reste plus qu'une partie non consommée $Yr$ face à l'épargne $Sr$. C'est pourquoi l'épargne, en fin de période, est toujours résiduelle. $Sr$ correspond à la relation financière qui reste, qui demeure, parce que l'autre partie de cette relation, compensée dans les achats de consommation, a définitivement disparu ; cette compensation s'est en effet effectuée lors du paiement qui aura détruit la partie équivalente du revenu $Y$, ne laissant qu'un revenu, lui aussi résiduel, $Yr$.

L'interprétation de l'équation $Y = C + I$ est plus délicate, car on pense avoir affaire ici à des grandeurs non seulement positives, mais surtout existantes ; or, ce n'est pas (ou plutôt, ce n'est plus) le cas. Pour le comprendre, partons de la conséquence habituellement tirée de sa confrontation avec l'équation $Y = C + S$ :

$I = S$

La question est la suivante : a-t-on le droit d'interpréter cette équation en disant que l'investissement $I$, en tant qu'achat de biens, est égal à l'épargne $S$ qui l'aura financé ? C'est *a priori* ce que l'on pourrait penser lorsque l'on dit que « l'épargne finance l'investissement » : l'épargne $S$ serait, dans cette équation, celle utilisée, « mobilisée », pour financer l'achat $I$. Or, cette interprétation est fondamentalement incorrecte.

Prenons l'exemple de l'autre achat à notre disposition, la grandeur $C$. Celle-ci exprime l'achat de biens de consommation, et cet achat aura, lui aussi, été financé par une épargne, une partie de l'épargne originelle $S$ : celle qui aura précisément disparu pour financer l'achat $C$. Appelons cette épargne $Sc$. On aurait ainsi l'équation suivante :

$C = Sc$

Là, sans doute, la contradiction se voit mieux : égaliser une consommation à une épargne semble d'emblée étrange ; car si les deux grandeurs peuvent, mathématiquement, être égalisées, il est tout aussi certain qu'elles ne sauraient coexister : $Sc$ ne peut perdurer que tant que

$C$ n'est toujours pas défini comme achat. Au moment où $C$ est réalisé, au moment précis du paiement, $Sc$ disparaît, compensée par l'écriture bancaire du paiement de consommation, inverse de celle de sa propre constitution. Or, c'est exactement ce qui arrive au couple $I$ et $S$ lorsque $S$ est « utilisée pour payer $I$ » : tant que l'épargne $S$ existe, c'est précisément parce qu'elle n'est pas utilisée dans un achat ; elle ne peut donc financer l'achat $I$. Dès lors que $I$ est effectué, l'épargne $S$ est compensée dans l'opération, et elle n'existe plus. En conséquence, l'équation $S = I$ ne peut être fondée, comme temporellement cohérente, lorsque l'on considère la grandeur I comme étant un achat.

Ainsi, toujours dans cette acception, l'équation $Y = C + I$ relaterait le rapprochement du revenu originel $Y$ à ses deux parties finalement détruites, $C$ dans la consommation, $I$ dans l'investissement. Mais il est clair, alors, que ce revenu $Y$ est lui-même entièrement détruit, et l'épargne $S$ avec. Il est donc formellement impossible de situer les deux équations $Y = C + S$ (en fait, $Y = C + Sr$) et $Y = C + I$ sur le même plan d'analyse : la première décrit le revenu et l'épargne en train de se détruire, en commençant par la consommation avec un investissement encore inexistant, tandis que la seconde décrit le revenu déjà détruit, en consommation et en investissement, l'épargne ayant elle aussi disparu.

Cette argumentation remet en cause la considération de deux types d'achat dans la dépense, même progressive, du revenu $Y$. En effet, si l'on considère que l'achat $C$ et l'achat $I$ sont différents, il conviendrait alors de retenir trois opérations distinctes de paiement : la production de $Y$, le paiement de $C$ et le paiement de $I$. Or, cette différenciation est formellement impossible. Le paiement de production engendre la grandeur $Y$ ; et le paiement inverse, de consommation, détruit $Y$. Il n'y a pas d'autres paiements plus fondamentaux, puisque les transferts de revenus ne sont que les résultats financiers découlant d'opérations strictement identiques appliquées à des situations financières préalables. En outre, le revenu global $Y$ doit apparaître d'emblée non partagé. Il conviendrait en effet, nous y reviendrons, de considérer l'ensemble des revenus, qu'ils soient produits dans le secteur des biens de consommation ou d'investissement, comme étant logiquement de même nature : ce sont des revenus monétaires, dans les deux secteurs. Et le propre d'un revenu monétaire, quel que soit le secteur dont il pourrait provenir, est d'être parfaitement interchangeable avec les autres revenus pour un même montant ; ils ne sont donc pas discernables en l'état.

Il résulte de cette homogénéité du revenu global $Y$ que la destruction d'une de ses parties n'est précisément pas différente de celle d'une autre de même mesure, et elle se fait par un seul type de paiement : l'achat $C$, effectué par les ménages auprès des entreprises. La différence entre $C$ et $I$, donc la détermination de $I$, s'opère ainsi par le seul achat $C$ : une partie de $Y$ est détruite, et $Y$, le « $Y$ initial », se retrouve égal à $C + I$, c'est-à-dire sa partie détruite et sa partie restante. Cela signifie, en réalité, la même chose que $Y = C + Sr$, parce que l'épargne des ménages, dès la formation de $Y$, finance d'emblée la production de l'ensemble des biens : elle est investie, nous l'avons dit, dans le financement de la production courante.

Quels que soient $Y$, $S$ et $I$, on a :

$Y = S = I$

Continuer de voir $I$ comme un achat de biens de production par les entreprises serait une erreur. Continuer de voir $I$ comme un achat qui s'ajoute à la consommation $C$ serait aussi une erreur. Mais qu'est-ce que $I$, alors ?

Au moment de la formation de la relation $Y = S = I$, tous les biens représentés par le revenu $Y$ sont encore des invendus. Autrement dit, leur coût est toujours dûment enregistré à l'actif des entreprises, avec le revenu $Y$, enregistré au passif des ménages, et la relation financière $S$, traversant les banques. C'est précisément ce qu'exprime cette relation : la grandeur $I$ est le coût des biens qui ne sont toujours pas consommés, invendus donc, et elle répond de la présence de l'épargne $S$, la relation intermédiée par les banques. Rappelons les deux citations :

« La somme des biens invendus définit une somme égale de créances financières épargnées ; c'est une conséquence du truisme de l'égalité des crédits et des débits nés en monnaie bancaire ; l'épargne est donc toujours disponible, prête à être mobilisée, afin de servir d'aliment au reliquat de la dette contractée par l'entreprise. »

(Schmitt, 1984, p. 419)

« D'autre part, aucune monnaie positive ne peut être épargnée et le rester si elle n'est pas constamment maintenue, toujours disponible, face aux invendus. »

(Schmitt, 1984, p. 420)

Ces seules phrases permettent de comprendre, selon nous, que $I$ représente le coût des biens, à l'actif des entreprises, parce qu'il est l'une des extrémités de la relation qui l'unit au passif des ménages, où se trouve leur revenu $Y$. Autrement dit, $Y$ et $I$ sont les deux faces de la même relation, le revenu-coût. Par définition, au moment de l'émergence de cette relation, les biens sont tous des invendus, puisque l'épargne $S$, reliant financièrement les ménages aux entreprises, est encore intégralement intacte ; elle est en effet logiquement inscrite au même moment que le revenu-coût, au moment même du paiement de production des salaires, à l'instant même de l'établissement du circuit monétaire.

« Aucune épargne préalable n'est nécessaire pour rémunérer les facteurs de production parce que cette opération monétise la production. Avant le versement des revenus, les biens n'ont aucune forme économique ; dès que la banque effectue le versement, des revenus sont créés, apportant ainsi aux ménages un droit de propriété sur les biens. Cependant, dès que les revenus sont versés, ils sont disponibles pour assurer le financement des stocks de biens nouvellement produits. Les firmes ne sont donc pas endettées par une transmission de revenus (au départ aucune ressource n'est mobilisée) mais par l'emprunt des revenus nouveaux nécessaires au financement de la formation des stocks. »

(Bradley, 1993, p. 74)

Autrement dit, en reprenant cette description à notre compte, le coût *I* inscrit à l'actif de l'ensemble des entreprises E peut être vu comme la représentation monétaire de la valeur des stocks de marchandises à vendre. Il est leur coût de production en salaires versés, et il correspond, comme dans un miroir, au revenu *Y* inscrit au passif des ménages rémunérés. L'épargne *S*, elle, correspond à la relation financière intermédiée (par l'intermédiaire de B) entre E et M, inscrite chez les trois protagonistes, formée de deux relations financières bilatérales, à l'actif des ménages (créance sur B) et au passif de la banque (dette envers M, ou « dette bancaire ») d'une part, à l'actif de la banque (créance sur E) et au passif de l'entreprise (dette envers B) d'autre part. Il est bien clair que la créance de M sur B ne s'ajoute pas, en tant qu'épargne, à la créance de B sur E ; les deux relations représentent une seule et même relation financière intermédiée, la créance de M sur E (identiquement, la dette de E envers M) *via* B comme intermédiaire financier, c'est-à-dire l'épargne *S* de M, investie dans la constitution des stocks de E, représentés par la grandeur *I*.

Toutes ces écritures sont simultanément portées aux comptes concernés, par un circuit monétaire instantané de paiement. Celui-ci étant, par hypothèse, effectué à découvert (avec des comptes initialement vierges), son résultat peut immédiatement être représenté.

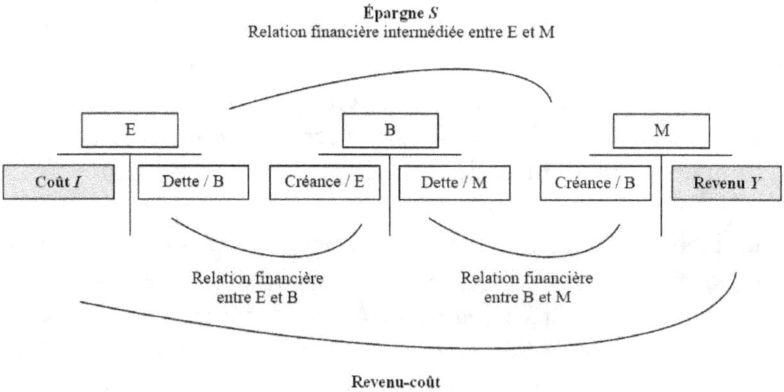


La citation de Bradley, que nous rappelons ici, est désormais limpide.

« La relation I = S est conçue, il est vrai, comme une identité mais cette caractéristique particulière n'est pas la conséquence d'une définition arbitraire. C'est en effet l'instantanéité du circuit monétaire qui permet de donner un contenu logique à cette relation. »

(Bradley, 1993, p. 78)

Dès la réalisation du circuit monétaire du paiement de production des salaires, et jusqu'à une consommation prochaine, la relation $Y = S = I$ est en effet constamment vérifiée. La consommation se fait, logiquement, par le paiement inverse ; et puisque les consommations successives ne font toujours que laisser un revenu-coût strictement égal à l'épargne, la relation d'égalité entre les coûts $I$ (stocks restant à vendre) et l'épargne $S$ résiduelle est, *in fine*, toujours vérifiée jusqu'à l'amortissement intégral de $I$, donc la consommation intégrale de $Y$, donc la compensation financière intégrale de $S$.

En reprenant les notations précédentes, si les ménages consomment maintenant une partie du revenu, $Y$ devient $Yr$, $S$ devient $Sr$, et $I$ devient $Ir$. On a donc :

$Yr = Sr = Ir$

Si l'on exprime maintenant le $Y$ originel en fonction de la consommation $C$, il vient :

$Y = C + Sr$

$Y = C + Ir$

L'épargne résiduelle est donc toujours égale au coût des stocks de biens qui n'auront pas encore été consommés.

$Ir = Sr$

Cette analyse éclaire-t-elle sur le « temps de circuit », le temps que mettrait la monnaie à parcourir le fameux trajet, de sa création à sa destruction, dont Poulon estime la durée à une année ? La production du revenu et la constitution de l'épargne connexe correspondent logiquement à un circuit instantané d'écritures comptables simultanées, donnant un résultat financier immédiat ; la consommation du revenu, accompagnée de la compensation de l'épargne, correspond au même circuit, identique mais inversé, compte tenu des positions permutées des protagonistes dans ces paiements. Cela fait donc, déjà, deux instants. Mais en-dehors de ceux-là, la monnaie ne se déplace pas, puisqu'elle est assimilée à l'opération de paiement elle-même, au circuit monétaire ; on comprend peut-être mieux la citation de Schmitt, que nous rappelons également.

« Aucun auteur ne réussira jamais à définir la dimension-temps du circuit dans la *durée*, car l'économie ne comprend même pas une unité de monnaie que l'on puisse suivre à la trace, à partir de sa création jusqu'à sa destruction. »

(Schmitt, 1984, p. 428)

Entretemps, l'épargne tient bon, et les relations financières établies par la production, si elles semblent « se déplacer » (par des transferts de coûts et de revenus), ne le font toujours que par des opérations elles aussi instantanées, entre lesquelles elles demeurent face aux invendus. Autrement dit, l'épargne globale des ménages, même réarrangée entre eux, ne se déplace pas face aux coûts des entreprises. Sa seule échappatoire est d'être détruite, en un instant, par le second paiement de consommation. Le temps qui s'écoule entre les deux paiements, de production et de consommation du revenu global, ne concerne pas la monnaie, mais, précisément, l'ensemble des revenus et des coûts. Pour une entreprise, comme pour toute organisation productive, la constitution annuelle du bilan, par le rapprochement des charges et des recettes dans le compte de résultat, laisse toujours perdurer les relations financières nettes précisément résultantes, définissant un déficit ou un excédent du budget, relations qui devront être prises en compte pour l'année suivante. Formellement, le bilan de l'exploitation pourrait se faire pour n'importe quelle période, sur six mois ou deux ans si l'on voulait, et le « temps de circuit » en serait d'autant raccourci ou augmenté ; mais la monnaie, en tant qu'opération de paiement créant et détruisant le revenu-coût, n'existe au mieux que pour ces deux instants, séparés par autant de temps que l'on voudra.

## L'opération et le résultat de l'opération

Le schéma précédent représente le résultat financier d'une opération de paiement effectuée à partir d'une position financière initiale vierge, les comptes étant ni débiteurs ni créditeurs nets avant l'opération. D'un point de vue analytique, il est préférable de se concentrer sur un tel résultat, sans relations financières préalables, afin de révéler, précisément, l'opération qui lui donne naissance, à savoir la formation simultanée de $I$ sur E et de $Y$ sur M, et, *in fine* (puisqu'il s'agit d'un résultat financier), de $S$ sur E, B et M. L'opération inverse, le paiement de consommation, aura logiquement un effet strictement identique, sauf que les agents E et M seront permutés par rapport aux écritures, échangeant leurs rôles respectifs de payeur et de payé ; les comptes auparavant débités seront crédités et *vice versa*, et le résultat financier sera l'annihilation, par compensation au niveau des comptes, du résultat précédent. Il est ainsi nécessaire de distinguer l'opération de paiement de son résultat financier à un moment donné, en fonction de l'action de l'opération sur d'éventuels résultats existants, comme il est logique de le penser à propos des paiements effectués après la production du revenu. L'analyse montre ainsi que les relations financières existantes sont tributaires des paiements dont elles résultent ; elles ne sont donc pas les conditions permissives de la réalisation de ces paiements.

« La clé de l'identification de la spécificité de l'activité bancaire par rapport à l'activité d'intermédiation financière se trouve dans le rapport entre paiement et activité financière. Est-ce que le paiement est la conséquence d'un pouvoir d'achat qui trouve son origine dans le crédit, ou bien est-ce que le paiement est une activité fondamentale, bien plus fondamentale que l'activité financière, sans laquelle l'activité financière ne serait même pas possible ? »

(Piffaretti, 2000, p. 93)

D'une certaine manière, l'attitude consistant à rejeter la nécessité d'une épargne préalable pour effectuer l'investissement en tant qu'achat peut être considérée comme juste, dès lors que l'on montre qu'aucun paiement, quel qu'il soit, d'investissement, de consommation et, surtout, de production, n'a logiquement besoin d'une épargne préalable pour être effectué : l'état financier de la relation $S$, qui unit les ménages aux entreprises par l'intermédiaire des banques, est toujours une conséquence, non une cause, des paiements effectués. C'est pourquoi l'opération de paiement peut être conçue comme invariable en sa constitution ; ses conséquences financières, perçues comme différentes en fonction des états financiers précédents, ne résultent toujours que de l'imputation sur ces états de son résultat unique et immuable : la relation financière établie entre le payeur et le payé.

« L'application du strict principe de la comptabilité à partie double nous permet d'entrevoir la caractéristique distinctive de l'activité bancaire : *l'opération d'intermédiation entre payeur et payé.* [...] La monnaie n'est pas émise dans une intermédiation financière, mais dans une intermédiation au niveau des paiements. Le bilan final de l'opération montre que la banque effectue également une opération d'intermédiation financière entre les agents A et B. Autrement dit, le payé prête au payeur. »

(Piffaretti, 2000, p. 91)

Si la monnaie possédait une « magie », ce serait celle-ci, clairement exprimée par Nadia Piffaretti : « le payé prête au payeur ». Autrement dit, rien n'empêche toute opération de paiement, à partir du moment où l'opération, effectuée par le payeur, est invariablement financée par celui-là même qu'il paie. La relation $S$ relate ainsi la seule source possible de financement, par emprunt dûment constaté au niveau bancaire, de la dépense du payeur : le revenu perçu par le payé. Les deux apparaissent ensemble, comme coût d'un côté, comme revenu de l'autre, et la relation $S$ instaure un engagement financier du payeur vis-à-vis du payé. Cette description est valable pour tout paiement, quel qu'il soit, et quelles que puissent être les situations financières antérieures : la relation imposée par le paiement s'imputera nécessairement sur ces dernières. À charge pour les protagonistes d'assumer, par la suite, les conséquences réglementaires des résultats financiers induits. En tout état de cause, la ressource financière propre au paiement est créée lors même de l'opération, et l'éventuel état créditeur antérieur du compte bancaire du payeur n'alimente financièrement en aucune façon le paiement proprement dit ; il le subit, au contraire, de plein fouet, s'entamant inexorablement par l'effet compensatoire du débit inscrit en regard, sur le même compte, par l'opération de paiement elle-même.

« Quand un ménage ou une entreprise tire sur un dépôt préalable, sa dépense n'est pas alimentée par cette encaisse mais par une nouvelle ressource créée par la banque. »

(Friboulet, 1985, p. 116)

La ressource alimentant la dépense du payeur est en effet directement formée au passif de la banque ; il s'agit du crédit porté au compte du payé, le « dépôt en banque » du revenu (car il s'agit, là aussi, d'une image) que ce dernier perçoit à son propre passif lors du paiement. On comprend mieux la position consistant à soutenir que les paiements sont fondamentalement toujours effectués à découvert ; et l'on comprend que ce qui importe, dans la durée de la période décrite par le circuit keynésien, autrement dit l'année civile de l'exercice comptable, ce sont les résultats financiers issus de ces paiements. À cet égard, on ne peut plus douter que le circuit monétaire schmittien ne puisse, en aucun cas, correspondre au trajet que la monnaie effectuerait, durant cette période, à partir d'un flux initial *F* provenant des banques jusqu'à un flux résiduel *S* dépendant de la partie consommée du revenu *Y*. Autrement dit, l'égalité comptable au niveau du système bancaire (*S* = *F*) ne résulte pas de ce trajet.

« Nous sommes arrivés au point exact où la pensée de Poulon se noue. L'auteur reconnaît que l'épargne des revenus définit la fermeture du circuit ; au moment où les salaires créés se transforment en épargne, le circuit des salaires se ferme puisque les salaires monétaires sont transformés en salaires financiers : ils sont désormais un droit de créance sur les produits stockés. On en induit que les entreprises sont endettées envers les ménages, qui détiennent les revenus épargnés. C'est une tautologie. Or, Poulon pense que les entreprises sont endettées envers les banques (et non, répétons-le, envers les ménages à travers les banques) [...] »

(Schmitt, 1984, pp. 414-415)

Considérer que les entreprises ne seraient endettées qu'envers les banques, à partir d'une création monétaire intervenant *ex ante*, lors du prêt de B à E, est effectivement une erreur profonde. Nous aurons l'occasion, au chapitre suivant, de montrer la vanité de la conception d'une telle opération. La création monétaire, en réalité, est une autre expression pour désigner la réalisation du circuit monétaire de paiement ; elle ne saurait être conçue comme une opération préalable déconnectée de ce circuit. La conséquence financière du paiement des salaires définit instantanément l'équilibre comptable, au début de la période, sur l'actif et le passif bancaires. Il s'agit, selon nous, de la relation d'épargne entière *S*, car l'épargne des ménages, que l'on confond souvent avec leur seule créance sur les banques, est logiquement solidaire de la relation unissant les banques au système productif. On notera, en effet, que la même erreur concernant l'endettement des entreprises vis-à-vis des seules banques est aussi commise du côté des ménages, ceux-ci étant supposés n'être créanciers que de celles-là. Or, les banques ne sont que des intermédiaires financiers au sein de la relation *S* constituée par le paiement des salaires : les entreprises sont endettées de manière nette, *via* le système bancaire, envers les ménages (les travailleurs alors payés), seuls véritables créanciers nets. Ainsi, l'endettement des entreprises envers les banques ne peut être désolidarisé de cette créance des ménages.

« Les prêteurs sont les travailleurs et les entreprises sont les premiers emprunteurs. »

(Schmitt, 1984, p. 254)

Les étapes concernant les soi-disant relations simplement bilatérales entre les banques et les autres agents (B et E, B et M) ne sont pas pertinentes pour l'analyse, car, malgré toutes leurs éventuelles qualités, essentiellement contractuelles portant sur les résultats financiers des paiements prévus, elles ne sont pas en elles-mêmes des paiements. Schmitt, nous le savons, ne retient que deux opérations pertinentes : le paiement de production du revenu $Y$ et de la constitution immédiate de l'épargne $S$, et le paiement de consommation du même revenu $Y$ et de la compensation de la même épargne $S$. Et ce sont là deux circuits monétaires instantanés, des circuits de mesure du même revenu, formé puis dépensé.

On pense alors très souvent que, lorsque la consommation des ménages se fixe au niveau de la grandeur $C$, il reste toujours des biens susceptibles de former l'objet des dépenses des entreprises, et que cet achat pourrait s'ajouter à cette grandeur. Il s'agit de l'interprétation usuelle, retenue par Keynes, de l'équation $Y = C + I$ ; l'investissement, en tant qu'achat de biens, s'ajouterait à la consommation. C'est ainsi que l'on interprète couramment les deux « composantes » de la demande finale, par leur simple ajout, comme Smith ajoutait la rente et les profits aux salaires ; c'est ainsi que l'on voit, *de visu* pour ainsi dire, les deux secteurs de l'économie, et que l'on peut leur attribuer, à chacun, une expression économique des achats qui leur sont adressés. Parallèlement, on pense que les revenus formés respectivement dans ces deux secteurs, $C'$ et $I'$, pourraient être distingués en leur nature dès leur formation, étant finalement concernés par les deux types, eux-mêmes séparés, de dépenses.

Il est certain, dans ce cas, que la signification de la valeur d'un bien de consommation ne pourra qu'échapper à l'analyse, car on n'aura pas véritablement intégré le fait que la valeur des biens de production ayant servi à obtenir la marchandise qui le représente économiquement constitue logiquement une composante de sa propre valeur. Autrement dit, les biens de production ne sont pas vendus à côté, comme en sus, des biens de consommation ; ils sont vendus « dans » les biens de consommation.

## Le postulat des deux secteurs de l'économie

La distinction des deux secteurs de production, des biens de consommation et des biens d'investissement, basée sur celle des revenus respectivement formés, *C'* et *I'*, est un postulat. Elle implique en effet de reconnaître, dès leur production, c'est-à-dire dès le versement des salaires aux travailleurs qui les réalisent, les biens qui seront finalement de consommation ou d'investissement. Or, cette distinction ne peut être fondée qu'*a posteriori*, sur un seul critère : l'identité de l'acheteur.

« Si le critère de la distinction des biens de consommation et des biens de production était imposé par la réalité, la théorie trouverait le confort de s'y soumettre. [...]

Ainsi, la distinction recherchée n'est pas physique. Du point de vue de l'analyse économique, deux possibilités sont de prime abord déterminantes. On peut rechercher la distinction en amont ou en aval de la formation des biens. En amont, les salariés produisent les biens, quelle qu'en soit la nature, au sein des entreprises. Il n'y a donc là aucune matière à différenciation. En aval, les biens sont consommés par les consommateurs ou par les producteurs. [...] La différenciation des biens peut être renvoyée à celle des consommations, finale et productive. Les biens achetés par les entreprises (en tant que telles) sont les biens de production, les biens achetés par les salariés sont les biens de consommation. »

(Gnos & Rasera, 1985, pp. 46-47)

Il est certain que la seule apparence physique des marchandises, à savoir leur caractère apparemment « productif » ou non, ne peut véritablement aider à déterminer leur nature économique et décider s'ils sont des biens d'investissement (ou même des biens de production en général) ou des biens de consommation. Ce serait encore là céder, comme nous l'avons plusieurs fois fait remarquer, à l'apparence matérielle des objets concernés, donc à une référence manifeste à leur valeur d'usage. La distinction ne peut effectivement être effectuée en amont de la production des biens. La constance de l'opération de paiement des salaires, qu'elle soit réalisée dans l'un ou l'autre secteur, implique au contraire l'unité de nature des revenus versés, qu'ils le soient dans l'un ou l'autre secteur : ils font masse avec l'ensemble des revenus interchangeables. C'est pourquoi la distinction *a priori*, « *ex ante* » dirait Keynes, des secteurs avant la dépense des revenus est une impossibilité logique : les salaires versés par les entreprises qui composent ces secteurs sont d'une même nature fondamentale ; ils répondent, autrement dit, à une définition identique de leurs produits respectifs. Pourquoi cette pétition de principe est-elle, dans de nombreuses analyses keynésiennes, reconduite ? Peut-être parce que Keynes la tenait pour vraie. Alors, on répète ce qu'il a dit, un peu comme pour le multiplicateur. Rappelons cependant la citation du *Treatise on Money* :

« *I propose, therefore, to break away from the traditional method of setting out from the total quantity of money irrespective of the purposes on which it is employed, and to start instead – for reasons which will become clear as we proceed – with the flow of the community's earnings or money income, and with its twofold division (1) into the parts which have been earned by the production of consumption goods and of investment goods respectively, and (2) into the parts which are expended on consumption goods and on savings respectively.* »

(Keynes, 1930, pp. 120-121)

Cette citation est véritablement l'une des plus importantes de Keynes, et il ne s'agit surtout pas, ici, de l'ignorer ; elle l'est, toutefois, pour la mise en évidence de la distinction, non des secteurs, mais des deux paiements opposés, les paiements de production et de consommation des revenus. La distinction des secteurs, elle, est présupposée, ce qui ne remet pas en cause, par ailleurs, tout l'intérêt de celle des paiements, le premier et le second, que ce passage permet de relever.

Les revenus perçus par les salariés finiront, effectivement, par être scindés en fonction de l'identité des acheteurs qui, par leur dépense, amortissent les salaires en tant que coûts ; autrement dit, il y aura bien eu, à l'issue des dépenses des uns et des autres, les marchandises achetées par les ménages et celles achetées par les entreprises. Ainsi, il est correct de dire, après coup, que le « flux des rémunérations de la communauté » provenait bien de deux secteurs, une part du flux étant attribuée à celui-ci (*C'*) et l'autre à celui-là (*I'*), en fonction de l'identité des acheteurs. Mais cette distinction est d'évidence présupposée dès la formation du flux en question. Celui-ci est alors nécessairement homogène, constitué de revenus monétaires interchangeables. Les coûts des biens produits dans les deux secteurs sont également interchangeables, et c'est précisément pourquoi les salariés travaillant dans un secteur quelconque peuvent dépenser leur revenu dans un autre secteur quelconque ; car il n'y a fondamentalement, au moment du paiement des salaires, qu'un seul secteur, celui qui produit des biens pour l'instant encore invendus, comme le signifie expressément cette phrase de Gnos et Rasera : « En amont, les salariés produisent les biens, quelle qu'en soit la nature, au sein des entreprises. » (Gnos & Rasera, 1985, p. 46).

« La production des nouveaux biens de consommation crée des revenus au même titre que la production des nouveaux biens d'investissement. [...] Ainsi clairement posée, la question appelle une conclusion claire : dans leur écoulement, les nouveaux produits (y compris les nouveaux biens d'investissement) absorbent la totalité des revenus nés de la production. »

(Schmitt, 1984, p. 290)

Ainsi, la considération du secteur de l'investissement comme produisant des biens achetés de manière finale par les entreprises ne peut plus être soutenue, pour la raison précisément exprimée, là encore, par Gnos et Rasera : « La différenciation des biens peut être renvoyée à celle des consommations, finale et productive. » (Gnos & Rasera, 1985, p. 47). Les achats effectués entre entreprises ne sont pas, en effet, des achats/ventes de destruction finale de coûts, donc de revenus. Il faut comprendre, ici, que la distinction des ensembles macroéconomiques E (entreprises, ou système productif si l'on intègre le secteur public) et M (ensemble des ménages) n'est pas, elle, un postulat ; elle est la condition permissive de la validité des paiements macroéconomiques.

Nous pourrions dire, à première vue, que les agents sont ainsi différenciés : l'ensemble M des ménages est composé de personnes physiques (des gens, qui peuvent travailler), tandis que l'ensemble E des entreprises est composé de personnes morales (qui ne peuvent pas travailler). Mais la distinction est bien plus forte lorsqu'elle est fondée sur l'opération de paiement, car alors, il faut toujours définir l'existence d'un payeur et d'un payé. Selon les ensembles respectifs auxquels l'un et l'autre appartiennent, le paiement n'aura donc pas la même nature, étant donné que lors du paiement de production du revenu-coût, le revenu $Y$ est toujours défini sur M tandis que le coût $I$ est toujours défini sur E. Dès lors, les paiements concernant deux éléments d'un même ensemble ne produiront rien et ne détruiront rien, ils transfèreront simplement la partie du revenu-coût concernée de l'un à l'autre. Autrement dit, les paiements au sein de l'ensemble M, lorsque le payeur et le payé sont tous deux des ménages, ne feront toujours que transférer des revenus, tandis que les paiements au sein de l'ensemble E, lorsque le payeur et le payé sont tous deux des entreprises, ne feront toujours que transférer des coûts.

Les paiements entre entreprises, dont l'investissement en tant qu'achat fait partie, reconduisent les coûts, ils « déplacent » les biens d'une entreprise à l'autre : l'entreprise acheteuse (le client) reprend le coût $I$ de son fournisseur à son compte. L'opération s'effectue non par un simple « déplacement de coût », comme on peut s'en douter, mais par une « destruction-création » du coût, un paiement qui le détruit (en l'amortissant) sur le vendeur et qui le reproduit (en tant que coût formé par la dépense) à l'actif de l'acheteur. Le coût du bien d'investissement a donc seulement changé d'actif, passant de l'actif d'une entreprise à celui d'une autre ; il demeure néanmoins à l'actif de l'ensemble E des entreprises. C'est pourquoi il n'est pas détruit, et lorsque le coût d'un bien n'est pas détruit, le bien n'est pas lui-même acheté/vendu de manière finale. En conséquence, les biens d'investissement ne peuvent être achetés de cette manière par les entreprises.

Au chapitre 7 de la *General Theory*, Keynes définit de manière plus précise ce qu'il entend par le terme « investissement » :

« *But we speak just as readily of investing, for example, in a house, or in a machine, or in a stock of finished or unfinished goods ; and, broadly speaking, new investment, as distinguished from reinvestment, means the purchase of a capital asset of any kind out of income.* [...]

*Investment, thus defined, includes, therefore, the increment of capital equipment, whether it consists of fixed capital, working capital or liquid capital* [...] »

(Keynes, 1936, pp. 59-60)

On constate que Keynes inclut, dans la définition de ce terme, aussi bien les achats de biens de production durables (donc amortissables sur plusieurs exercices comptables), c'est-à-dire, au sein de l'entreprise qui l'effectue, la « formation de capital fixe », que ceux concernant un stock quelconque de biens de production, qu'ils soient finis ou « semi-finis » (« *a stock of finished or unfinished goods* »), achats assimilés à la formation du « capital circulant » ou productif de manière générale (« *working capital* ») et comptabilisés en consommations intermédiaires. Autrement dit, l'investissement concerne les achats de biens de production, quels qu'ils soient, même si cela concerne le stock, non transformé, d'un commerçant. On peut alors saisir le lien entre l'« investissement » en ce sens et l'« investissement $I$ » tel que nous l'avons défini, correspondant au coût des marchandises invendues. En effet, puisque le paiement effectué par une entreprise dans l'achat de biens de production (invendus jusque-là) ne détruit pas le coût de ces biens, ceux-ci demeurent toujours invendus une fois leur coût intégré au sein de la comptabilité de cette entreprise. La preuve en est qu'elle devra encore amortir ce coût, sur plusieurs exercices pour les équipements importants, par sa répercussion par parties dans le prix de vente de ses propres marchandises. Ainsi, la formation de capital fixe, comme celle du capital circulant, n'est que la reprise comptable d'un coût de marchandises encore invendues.

Aucun coût ne peut être détruit lorsque les achats s'effectuent au sein de l'ensemble du système productif. L'effet, symétrique, est équivalent au sein de l'ensemble des ménages, lors des achats de biens d'occasion : ceux-là ne font que transférer des revenus, sans les détruire définitivement. La seule manière de réaliser logiquement un achat final consiste à détruire à la fois un coût $I$ et un revenu $Y$ : il faut, autrement dit, que l'achat se fasse par les ménages auprès des entreprises. Il en résulte bien que « l'achat final des biens d'investissement effectué par des entreprises » est une vue de l'esprit. Cet achat est forcément effectué par les ménages, et comprenons bien qu'il ne peut en être autrement, compte tenu de la définition nécessaire de l'achat/vente final, la destruction simultanée, de concert, du coût et du revenu, ainsi que la compensation de l'épargne connexe. Il ne saurait toutefois être effectué « volontairement », en pleine connaissance de cause, puisque les ménages achètent de cette manière les biens de consommation. Or, en achetant volontairement les biens de consommation, les ménages achètent, involontairement mais forcément, les biens de production qui furent nécessaires à leur obtention. Le prix des biens contient celui des biens de production intrants ; la valeur des biens de consommation comporte donc, en son sein, la valeur des biens de production, et amortir, dans leur vente finale, le coût des premiers, c'est nécessairement amortir, dans leur vente tout aussi finale, le coût des seconds.

En reprenant la signification que nous proposions de l'équation $Y = C + I$, les « biens d'investissement » ainsi définis par la grandeur $I$ ne sont en fait que des biens non achetés par les ménages, en attente, comme d'autres biens encore invendus, non discernables en cette distinction ; et ils finiront, en vérité, par être de véritables biens de consommation, puisqu'ils finiront par être, en tant que revenus-coûts, économiquement consommés. Leur achat final formel, par l'amortissement de leur coût au sein du prix des biens de consommation, prouve qu'ils forment eux-mêmes une partie des biens de consommation achetés.

« L'idée essentielle, applicable à tous les biens produits, c'est qu'ils coulent à sens unique, de la production vers la consommation terminale. »

(Schmitt, 1966, pp. 251-252)

L'entreprise répercute toutes ses dépenses, toutes ses charges dans ses prix de vente, et les biens de production sont en définitive tous vendus à l'ensemble des ménages dans la vente des biens de consommation finale. Ces derniers représentent une enveloppe de coûts comprenant les salaires versés par le dernier vendeur (distributeur) – ou la rémunération même de ce vendeur lorsque celui-ci est indépendant – et les coûts en salaires définissant les biens de production. Précisons que si les intrants directs sont principalement (hors énergie) écoulés physiquement chez les ménages, les biens de production durables demeurent en entreprises, non écoulés, néanmoins achetés/vendus (dont le coût est amorti) dans la vente des biens de consommation. La différence entre l'écoulement physique et l'amortissement du coût n'est qu'une application de la distinction entre la valeur d'usage et la valeur d'échange. Nous en avons une illustration lorsque l'on s'intéresse aux modes de financement de l'investissement. Il n'existe en effet que deux moyens de financer l'achat en investissement, quelles que puissent être les modalités techniques ou réglementaires de ces moyens : la dépense de profits réalisés au préalable ou l'emprunt des revenus nécessaires.

Lorsque les biens d'équipement sont achetés par la dépense de profits, cet achat ne peut s'effectuer que du fait de la nature de revenus, antérieurement formés, de ces profits. Or, ces derniers étant dépensés dans l'achat de ces marchandises, ils ne sont pas autre chose que les propres revenus représentant ces biens d'équipement, dès leur production ; car ces biens ont eux-mêmes été produits : des rémunérations ont été versées (à plusieurs niveaux d'entreprises) pour les obtenir. Et ce sont précisément ces revenus qui sont mobilisés par les entreprises pour les acheter, avec un transfert de revenus en sus formant le profit des ayants-droit des entreprises vendeuses. Ce sont bien ces revenus, car la dépense d'un revenu dans un achat amortit un coût équivalent, défini par un revenu antérieurement versé de même mesure, rencontrant alors son inverse comptable ; or, seul le revenu inverse au revenu précédemment formé peut détruire ce dernier, et n'importe quelle partie du revenu global, pour la même mesure, peut faire l'affaire, les revenus étant interchangeables. Et dès lors que les profits dépensés proviennent, comme de juste, de la captation de revenus dans la vente de biens de consommation finale, c'est bien pour le compte de l'ensemble des ménages consommateurs que les entreprises achètent les biens d'équipement dans ce cas. Ces biens ne se distinguent donc pas fondamentalement, ici, de biens de consommation : non écoulés, physiquement parlant, ils sont tout de même consommés par les ménages, car ce sont bien eux qui auront dépensé les revenus nécessaires à l'amortissement de leur coût.

Lorsque les biens d'équipement sont achetés par emprunt (crédit bancaire ou émission d'obligations), que représente cette nouvelle dette financière pour l'entreprise acheteuse, sinon la dette issue de tout paiement pour le payeur ? Or, c'est ainsi que le payé, le vendeur des biens d'équipement, compense sa propre dette, issue des charges payées à son niveau. L'entreprise acheteuse reprend donc la dette issue de la production totale des revenus impliqués, ceux payés par l'entreprise vendeuse comme ceux payés par la chaîne des fournisseurs de cette entreprise. Elle reprend, littéralement, ces versements à son compte ;

c'est dire qu'elle prend la place de toutes les entreprises précédentes, car les revenus comptés comme coûts sont reproduits sur son pôle et, de fait, se rapprochent de leur amortissement définitif, par l'achat/vente final à un ménage, quel qu'il soit. Ici, l'investissement apparaît donc comme une reproduction de la formation initiale du revenu représentant les biens ; on peut même dire, et c'est tout l'extraordinaire de la situation, que l'économie ne saurait voir la différence entre une telle reproduction et la production initiale, la conséquence financière de celle-ci ayant été formellement annulée sur l'entreprise vendeuse et reproduite sur l'entreprise acheteuse. La permanence, dans ce cas, de la relation financière entre les deux ensembles fondamentaux, le système productif et l'ensemble des ménages (*via* le système bancaire), implique précisément que les biens d'équipement achetés à crédit ne sont en fait pas encore achetés de manière finale, même si cette considération est transparente pour l'entreprise vendeuse, car il reste encore une chose à faire pour l'entreprise acheteuse : les vendre dans le prix des marchandises qu'elle produit elle-même ; et l'ensemble du système productif les vendra inexorablement, *in fine*, à l'ensemble des ménages, lorsque ceux-ci achèteront les marchandises issues de leur utilisation, les biens dès lors définis comme étant de consommation finale. La prise en compte des modes de financement de l'investissement mène ainsi à deux considérations importantes :

- L'investissement par la dépense de profits est un achat final de marchandises, effectué par les entreprises à la place des ménages. Il n'est donc, fondamentalement, pas différent d'un achat de consommation. Cependant, cet achat est effectué après prélèvement en profits des revenus nécessaires, donc après les achats de biens de consommation, enregistrés en tenant compte du prix de ces biens. L'ajout traditionnel de ces deux dépenses, au montant des prix, n'est donc pas pertinent, puisqu'il compte deux fois les mêmes revenus, prélevés lors de la consommation puis dépensés dans l'investissement.
- L'investissement par emprunt est une redéfinition, par reconduction, de la relation financière instaurée lors de la production initiale d'un revenu-coût, par la reproduction sur l'entreprise acheteuse du coût originellement défini sur l'entreprise vendeuse. L'investissement n'est pas, ici, un achat final de marchandises, parce qu'il ne conduit pas à la destruction nette d'un revenu et du coût associé. L'ajout de cette dépense à celle de la consommation des ménages n'est donc pas plus pertinent pour signifier une demande supplémentaire ; la seule véritable demande se traduit toujours par l'amortissement final d'un coût et la consommation finale d'un revenu.

On comprend peut-être un peu mieux, ainsi, pourquoi la signification du terme « investissement » s'est mise à dériver, d'une dépense de revenus à une formation de revenus, tout en réservant, il est vrai, cette formation dans le seul secteur des biens d'investissement. Toutefois, les seuls phénomènes véritablement significatifs, objectivement explicatifs, des transactions économiques effectuées sont toujours la production et la consommation des revenus.

### La classe qui achète toujours et qui ne vend jamais

Nous avons pu voir l'importance de la distinction des ensembles, mais cette distinction repose encore sur une autre considération, entrevue et, d'ailleurs, énergiquement refusée par Marx : l'idée qu'un ensemble défini, interprété comme une « classe » dans son vocabulaire, ne pourrait que « toujours acheter », tandis qu'un autre ne pourrait que « toujours vendre ». Nous savons que, pour Marx, les travailleurs vendent leur force de travail pour acheter les biens de subsistance tandis que les capitalistes achètent cette force et les moyens de production pour vendre les marchandises résultantes. Il ne peut donc exister une classe qui ne ferait que vendre ou acheter. Or, cette proposition est discutable.

« Les défenseurs conséquents de cette illusion, à savoir que la plus-value provient d'une surélévation nominale des prix, ou du privilège qu'aurait le vendeur de vendre trop cher sa marchandise, sont donc forcés d'admettre une classe qui achète toujours et ne vend jamais, ou qui consomme sans produire. Au point de vue où nous sommes arrivés, celui de la circulation simple, l'existence d'une pareille classe est encore inexplicable. »

(Marx, 1872, p. 69)

« Les défenseurs conséquents de l'illusion que la survaleur provient d'une hausse du prix nominal ou du privilège qu'a le vendeur de vendre la marchandise trop cher, présupposent par conséquent une classe qui ne fait qu'acheter sans vendre, donc aussi que consommer sans produire. Du point de vue de la circulation où nous nous situons encore, l'existence d'une telle classe est toujours inexplicable. »

(Marx, 1993, p. 182)

L'étonnement, ici, ne peut pour l'instant provenir que de la mise en relation de cette dernière citation avec un passage précédent de Marx, lorsqu'il commence à décrire les formes de la circulation :

« Les deux mouvements se décomposent dans les deux mêmes phases opposées, M-A, vente, et A-M, achat. […] Chaque mouvement est l'unité des mêmes phases opposées, de l'achat et de la vente, et chaque fois il s'accomplit par l'intervention de trois contractants, dont l'un ne fait que vendre, l'autre qu'acheter, tandis que le troisième achète et vend tour à tour. »

(Marx, 1872, p. 62)

« Les deux circuits se décomposent l'un et l'autre dans les deux mêmes phases opposées, M-A, vente, et A-M, achat. [...] Chacun des deux circuits est l'unité des mêmes phases opposées et, les deux fois, cette unité est médiatisée par l'entrée en scène de trois contractants, dont l'un ne fait que vendre, l'autre qu'acheter, tandis que le troisième, tour à tour, vend et achète. »

(Marx, 1993, p. 167)

Marx précise par la suite que la position d'intermédiaire de l'acheteur-vendeur est grandement subjective, et que cette même position pourrait bien se solder par sa suppression pure et simple, aboutissant à un « acte de circulation ordinaire » (Trad. Roy), un « acte unilatéral de la circulation ordinaire des marchandises » (Trad. Lefebvre), pour les deux protagonistes restants, c'est-à-dire une « simple vente » pour l'un et un « simple achat » pour l'autre.

« L'inversion des phases complémentaires n'existe que pour un seul des trois « amis du commerce » qui trafiquent ensemble. Comme capitaliste, j'achète de A une marchandise que je vends à B, tandis que, comme simple échangiste, je vends de la marchandise à B et en achète de A. A et B n'y font pas de distinction. Ils fonctionnent seulement comme acheteurs ou vendeurs. [...] À mon point de vue, mon achat de A et ma vente à B constituent une série, mais l'enchaînement de ces termes n'existe que pour moi. [...] En réalité, mon premier acte, l'achat, était au point de vue de A, une vente, et mon second acte, la vente, était, au point de vue de B, un achat. Non contents de cela, A et B finiront par déclarer que l'ensemble de la transaction n'a été qu'une simagrée, et désormais le premier vendra directement au second, et le second achètera directement du premier. Tout se réduit alors à un seul acte de circulation ordinaire, simple vente du point de vue de A et simple achat du point de vue de B. »

(Marx, 1872, p. 66)

« Cette inversion n'existe que pour l'un des trois compères qui commercent entre eux. En tant que capitaliste, j'achète de la marchandise à A et je la revends à B, tandis qu'en tant que simple possesseur de marchandises je vends de la marchandise à B et j'achète ensuite de la marchandise à A. Pour les compères A et B, cette différence n'existe pas. Ils entrent en scène uniquement en tant qu'acheteurs ou vendeurs de marchandises. [...] Pour moi, l'achat à A et la vente à B constituent une seule séquence, un ordre de succession. [...] En effet, mon premier acte, l'achat, était une vente du point de vue de A, et mon second, la vente, était un achat du point de vue de B. Non contents de cela, A et B expliqueront que l'ordre de la séquence tout entier était chose superflue et pure formule de passe-passe. A vendra la marchandise à B, directement, et B l'achètera à A, directement. Ce faisant, la transaction entière se rétrécira en un acte unilatéral de la circulation ordinaire des marchandises, simple vente du point de vue de A et simple achat du point de vue de B. »

(Marx, 1993, pp. 175-176)

Si donc l'existence d'une classe qui ne ferait que « simplement acheter » ou « simplement vendre » devait être considérée comme « inexplicable », ce serait dès l'exposition des bases de la circulation, non par la suite en guise d'argument ultime. Néanmoins, cette considération s'impose à Marx dès lors que l'on montre, d'une part, que les travailleurs ne vendent pas leur force de travail, et, d'autre part, que les capitalistes n'achètent pas définitivement (puisqu'ils les revendent) les moyens de production. Nous savons en effet que la transaction portant sur la force de travail n'est pas un achat/vente ; les travailleurs, après la perception de leur revenu, ne font donc qu'acheter les biens de subsistance. Ceux-ci, on l'a vu, sont parfois considérés comme des biens de production, permettant, par leur consommation, de produire la force de travail ; il y a là un contresens : les biens sont de consommation précisément parce qu'ils ne sont pas conjugués à une nouvelle production.

L'idée d'une séparation plus ou moins étanche entre les acheteurs et les vendeurs est encore évoquée par Jean Fourastié, lorsqu'il décrit sa « théorie des profits » dans son petit (mais costaud) « Que sais-je ? » de 1959.

« Mais, dira-t-on, comment expliquez-vous que les propriétaires d'entreprise *dans l'ensemble* fassent toujours *des profits* et que les salariés *dans l'ensemble* fassent toujours *des pertes* ? C'est parce que dans l'ensemble les propriétaires sont aussi les vendeurs, et les salariés les acheteurs. Les gens qui vendent à perte sont rares et disparaissent vite. Cela étant, chaque fois que vous achetez ou presque, vous payez plus cher que le prix de revient. Si vous ne vendez jamais et si vous achetez toujours, il est évident que vous perdez toujours.

Mais ce n'est pas en tant que producteur que le capitaliste gagne, c'est en tant que vendeur [...] ; ce n'est pas en tant que producteur que le salarié perd, c'est en tant qu'acheteur. »

(Fourastié, 1959, pp.48-49)

Ce passage est intéressant à plus d'un titre, car Fourastié venait en l'occurrence de soutenir, quelques lignes plus hautes, que les profits sont des revenus de transfert. Le gain du capitaliste vendeur correspond à la perte du salarié acheteur.

« Mais, diront certains lecteurs, en écrivant que le capitaliste revend 100 000 la production pour laquelle il a versé seulement 80 000 livres de salaires, vous reconnaissez que les salariés ont été frustrés de 20 000 livres. Evidemment, je le reconnais ! Cela est la réalité même des faits ; ce profit de 20 000 est bien venu de quelque part, et il n'est pas question de penser que le chef d'entreprise tire ses revenus du néant. »

(Fourastié, 1959, pp.47-48)

La facilité déconcertante avec laquelle Fourastié explique la formation des profits, bien que celle-ci soit basée sur l'opposition entre capitalistes et salariés, ne parvient pas à masquer la confusion entre les catégories, ou classes, d'individus, représentées par des fonctions particulières (d'entrepreneurs pour les uns et de travailleurs pour les autres), et les ensembles économiques sur lesquels cette opposition devrait s'appuyer. Si les salariés deviennent rarement capitalistes, cette mutation n'est pas impossible pour autant ; de leur côté, « les gens qui vendent à perte sont rares et disparaissent vite », et ces gens étaient bien capitalistes avant de disparaître de la classe des vendeurs, en devenant, donc, salariés. Les deux ensembles ne sont pas parfaitement étanches, loin s'en faut, parce que, et c'est toute la saveur de la citation précédente, Fourastié parle des « propriétaires d'entreprise *dans l'ensemble* » et des « salariés *dans l'ensemble* » ; et il s'agit bien, en effet, du même ensemble, celui des ménages.

Le capitaliste, pour reprendre ce terme générique, en tant que personne physique, ne fait pas partie de l'ensemble du système productif, l'ensemble E des entreprises, même s'il perçoit une part des profits réalisés ; il les perçoit toujours en tant que membre de l'ensemble M des ménages. Nous savons par ailleurs que le paiement des salaires aux ménages n'est pas un achat/vente final ; une seule transaction de ce type est concevable, celle de la consommation du revenu, les consommateurs écoulant alors les marchandises de leur choix. Or, à ce moment, l'ensemble des ménages consommateurs ne peut occuper qu'une seule position, celle de payeur. Autrement dit, les capitalistes, comme les travailleurs, et comme tous les ménages percevant, d'une manière ou d'une autre, des revenus, ne peuvent toujours, dans cette seule transaction d'achat/vente possible, qu'acheter les marchandises en tant que consommateurs de revenus. Il convient ici de comprendre que, derrière les agents particuliers, ou plutôt les englobant, ce sont bien les ensembles qui achètent et qui vendent ; et l'ensemble des entreprises ne peut acheter de manière finale, parce qu'il ne peut toujours réaliser l'opération ultime d'achat/vente que dans la position de vendeur.

On comprend alors la relative stérilité macroéconomique des paiements internes à un ensemble : toute transaction interne à E ne saura que déplacer un coût, comme on l'a vu, sans jamais l'amortir ; la vente finale aux ménages n'est pas réalisée. Symétriquement, toute transaction interne à M ne saura que déplacer un revenu, comme on l'a vu, sans jamais le consommer ; l'achat final aux entreprises n'est pas réalisé. On pourrait ainsi qualifier, sans trop se tromper, de « microéconomiques » les paiements concernant les agents appartenant au même ensemble ; c'est le cas des achats de biens d'investissement, internes à l'ensemble E. Ce serait bien là la différence à faire entre ces paiements et ceux réalisés entre les deux ensembles, E et M, qui seraient ainsi qualifiés de « macroéconomiques ». Or, les paiements de E à M ou de M à E sont toujours réalisés par les paiements « déconcentrés » des propres éléments de E et de M. On voit que le caractère macroéconomique d'un paiement n'a rien à voir avec une quelconque agrégation ou un certain montant de dépense : l'achat/vente de consommation finale d'un Carambar est macroéconomique, tandis que la vente d'occasion d'une Ferrari est microéconomique.

## Ambassadeurs et positions tordues

Une conséquence directe de cette approche par les ensembles est de considérer chaque élément d'un ensemble donné comme un « ambassadeur » de cet ensemble, dans le sens où son action individuelle (sa position, de payeur ou de payé, dans le paiement auquel il participe) constitue l'action même de l'ensemble auquel il appartient. Cette considération s'impose dès que l'on conçoit l'importance du rôle d'intermédiaire du système bancaire entre les ensembles : les créances des ménages sont de fait homogénéisées, elles forment bloc face aux dettes du système productif, c'est pourquoi l'épargne de n'importe quel ménage peut être mobilisée pour se porter sur l'achat de n'importe quelle marchandise proposée par n'importe quelle entreprise. Précisément, les paiements aboutissant à la formation et à la destruction du revenu-coût global sont chaque fois des paiements « individuels », d'une entreprise E1 à un ménage M1, d'un ménage Tartempion à une entreprise Kiventou, par l'entremise d'une banque B52. Or ces paiements, quel que soit leur montant, sont macroéconomiques à partir du moment où ils créent ou détruisent des parties précises du revenu global ; et ils le sont parce qu'ils mettent en présence, en positions respectives de payeur et de payé, des éléments d'ensembles différents. C'est pourquoi la formation du revenu global, même si elle se déroule par plusieurs paiements de production, peut être considérée comme issue d'un seul paiement agrégeant tous ceux-là ; de même pour les paiements inverses de consommation de ce même revenu, n'en formant qu'un seul au bout du compte. Or, considérer ces deux paiements agrégés, c'est considérer d'un bloc l'ensemble des paiements effectués selon le type défini, de production ou de consommation ; c'est donc considérer le paiement de ce type, attribué aux ensembles en présence. Tout paiement d'un élément d'un ensemble à l'endroit d'un élément d'un autre ensemble est un paiement de l'ensemble à l'endroit de l'autre ensemble.

Ainsi, il n'est pas douteux que l'économie ne fasse aucune différence entre les paiements effectués par Pierre, Paul ou Jacques. L'important est qu'ils soient effectués par tel ou tel ensemble, que ce soit par la main de Pierre ou une autre. Lorsque E1 rémunère M1, c'est l'ensemble E qui paie l'ensemble M ; lorsque Tartempion achète à Kiventou, c'est l'ensemble M qui paie l'ensemble E. Autrement dit, à travers leurs éléments, ce sont les ensembles qui paient et qui sont payés ; c'est donc bien ce qui permet à un ménage quelconque d'acheter n'importe quelle marchandise à n'importe quelle entreprise, puisque, symétriquement, toute vente ainsi réalisée est identiquement une vente de l'ensemble des entreprises à l'ensemble des ménages. L'intermédiation des banques au sein des opérations de paiement est alors essentielle dans cette considération, parce que cette intermédiation, reliant financièrement, comme un champ de forces économiques, les éléments de E aux éléments de M, relie de fait l'ensemble E à l'ensemble M.

Une définition simple (mais incomplète) de la production peut alors être proposée ; il s'agit de l'opération de paiement concernant l'ensemble E en tant que payeur et l'ensemble M en tant que payé. Symétriquement, la consommation correspond à l'opération de paiement inverse, où E est maintenant payé tandis que M est le payeur. Bien entendu, pour que la production de revenu soit nette, le premier paiement doit être celui d'un salaire, non une redistribution d'un autre revenu (un dividende, par exemple) qui ne serait que la reproduction, au bénéfice d'un ménage, d'un revenu existant. De la même manière, la formation du profit correspond bien à un paiement de M à E, mais il ne s'agit pas là d'une consommation nette, puisque M n'achète pas, précisément, de marchandise pour cette valeur, et transfert simplement ce revenu à E. L'ensemble E, après reversement des profits en dividendes, aura ainsi opéré le transfert du revenu d'une partie à une autre de l'ensemble des ménages.

À cet égard, intégrer la redistribution du profit – comme versement de revenus – au paiement même du revenu global *Y*, comme Poulon le revendique à partir du « coût des facteurs » de Keynes (« les profits distribués étant inclus dans *Y* », Poulon, 2018, p. 137), constitue une proposition incorrecte d'un point de vue causal. Cette redistribution apparaît certainement comme un versement de revenus dans la comptabilité des entreprises qui le réalisent ; toutefois, elles ne sauraient les distribuer sans les avoir précédemment réalisés, or cette réalisation dépend de la consommation *C*, logiquement ultérieure au versement du revenu *Y*. Ce versement, c'est-à-dire la production littérale de *Y* en tant que revenu salarial global, ne saurait déjà contenir une partie définissable en tant que profits avant la dépense en consommation de ce revenu. Autrement dit, les profits ne peuvent être reversés à leurs titulaires lors même du versement de *Y* dont ils ne peuvent qu'être ultérieurement tirés. Il demeure certain que les profits ne sauraient provenir d'ailleurs que de ce même revenu *Y* ; les revenus formant *in fine* les profits sont inclus dans les salaires, c'est la thèse même de Schmitt. Cependant, au moment du versement de *Y*, celui-ci ne « contient » toujours que des salaires. De ce point de vue, les revenus qui se révèleront, à la suite de la consommation, comme profits seraient bien « déjà inclus dans *Y* », mais leur détermination ne peut être définie dès la formation de *Y*, car on ne saurait alors distinguer les revenus qui seront formés en profits de ceux qui ne le seront pas.

Nous sommes ici devant le même problème que la distinction présupposée des revenus versés dans les secteurs. Seuls les paiements de consommation pourront déterminer les profits, qu'ils soient d'ailleurs ensuite redistribués ou non, et l'attente de la fin de la période (au bilan de l'exercice comptable) est une nécessité. Or, même si les profits redistribués, en tant que revenus, le sont dans la période suivante, ils demeurent connectés aux coûts de la période précédente par l'épargne, tandis qu'un nouveau revenu *Y* apparaît en plus de ces paiements, fournissant l'aliment à de nouveaux profits captés durant cette nouvelle période. Les paiements de distribution des profits concernent donc des revenus déjà formés dans une période antérieure, simplement redistribués, transférés, reproduits au bénéfice des ménages titulaires des droits à ces profits, et non de nouveaux revenus assimilables à une partie du nouveau revenu *Y*. Confondre les deux paiements, c'est confondre la production de nouveaux revenus et la reproduction, par transferts, de revenus anciens.

L'exemple du profit montre bien que les situations peuvent, à partir des évènements « simples » de production et de consommation, devenir complexes, voire tordues, par l'inversion de la place des revenus et des coûts sur les ensembles : le revenu d'un ménage (ou d'une partie de l'ensemble des ménages) peut être capté par une entreprise E1, mais ce revenu doit obligatoirement correspondre à un coût pour l'autre partie des entreprises, que l'on nommerait E2. C'est pourquoi E1 peut acheter de manière finale, comme si c'était là la dépense du ménage, des biens vendus par E2 ; elle peut aussi redistribuer ce revenu à un autre ménage, mais il est clair, comme nous l'avons dit, qu'il ne s'agit que d'une reproduction du même revenu sur l'ensemble des ménages, au bénéfice de l'un de ses « ambassadeurs », puisque ce revenu correspond toujours à un même coût, celui des biens de E2 qui n'a, en définitive, jamais quitté l'ensemble E, et qui reste à amortir. La dépense directe réalisée par E1 sur E2 est comme celle du bénéficiaire du profit redistribué : elle se réalise en lieu et place de celle, qui n'aura pas eu lieu, du ménage ponctionné par la captation de son revenu en profit.

La situation peut très bien se retourner, en considérant que des coûts peuvent être transférés, des entreprises aux ménages ; l'achat/vente à découvert produit ce phénomène. Le coût alors assumé par le ménage payeur (engendrant sa dette nette vis-à-vis du système bancaire) fait passer celui-ci, en quelque sorte, de l'autre côté de la barrière financière (la ligne centrale du bilan bancaire) : il devient débiteur, alors que cela ne fait pas logiquement partie du registre du rôle qu'il devrait tenir en tant qu'élément de l'ensemble des ménages. Celui-ci est structurellement en capacité de financement, tandis que l'ensemble des entreprises est en besoin de financement. Il ne s'agit pas là d'une question de volonté contrariée, puisque l'on pourrait tout aussi bien dire qu'un ménage exprime des besoins de financement pour consommer, mais d'une considération imposée par l'ordre logique des paiements : l'ensemble M commence, lors de la production du revenu, par être créditeur, puis il est débité jusqu'à l'extinction de cette position. Inversement, l'ensemble E commence par être débiteur, puis il est crédité jusqu'à l'extinction de cette position. Ainsi, comme une captation de revenu en profit se traduit par un solde créditeur sur une partie de E, la captation d'un coût en découvert se traduit par un solde débiteur sur une partie de M.

Le raisonnement peut donc se poursuivre ainsi : comme le revenu formé en profit sur une partie de E doit correspondre à un coût sur une autre partie de E, le coût formé en découvert sur une partie de M doit correspondre à un revenu sur une autre partie de M. C'est pourquoi l'achat à découvert aboutit à un prêt inter-ménages. Or, si l'extinction d'un revenu-coût défini sur le seul ensemble E peut être réalisée par un achat final, à l'initiative du créancier (E1 achetant à E2), celle d'un revenu-coût défini sur le seul ensemble M ne peut pas être réalisée de la même manière ; si E1 peut se permettre de lancer son revenu sur n'importe quelle entreprise, le ménage créancier ne peut effectuer une telle action sur n'importe quel ménage. Dès lors, l'autre option est inévitablement privilégiée : à l'instar d'une entreprise créditrice qui redistribuerait son revenu à un ménage titulaire de droit sur ses dividendes, le ménage débiteur redistribue son coût à une entreprise, en étant payé par elle (parce qu'il y travaille), comblant ainsi son découvert tandis que le coût s'inscrit sur l'entreprise qui l'emploie. Ainsi, le ménage créancier initial, qui n'aura jamais cessé de l'être et pour qui cette description des états financiers n'aura toujours été que transparente et hors de portée de sa perception, retrouve un coût en entreprise correspondant à son propre revenu.

Enfin, si l'on suit cette logique jusqu'au bout, il serait éventuellement permis de relier certains revenus réalisés en profits sur E à certains coûts réalisés en découvert sur M. Toutefois, l'avancement analytique auquel on croirait arriver ne serait que poudre aux yeux, étant donné que l'épargne constituée en banques, exprimant les relations financières issues des paiements de salaires, permet précisément à la partie créditrice de E de toujours pouvoir dépenser ses profits sur l'autre partie, débitrice, de E. Si cela n'était pas le cas, cela signifierait que tous les coûts auraient été transférés sur M tandis que tous les revenus auraient été transférés sur E. Une telle économie inversée ne tiendrait pas longtemps, compte tenu du fait que toute nouvelle production pour le montant des revenus-coûts concernés, réalisant ainsi la dépense des profits dans la formation de nouveaux salaires, n'engendrerait aucun nouveau revenu-coût normal (dans le bon sens) de manière nette, ne réussissant qu'à compenser le revenu-coût inversé considéré comme anormal. De manière générale, les entreprises ne pourront pas amortir leurs nouveaux coûts et faire de nouveaux profits sans que les ménages ne soient, à un moment ou à un autre, créditeurs nets pour pouvoir effectuer les dépenses qui réalisent ces objectifs. Dans l'ensemble extraordinairement étendu des agents en présence, lui-même formé des ensembles E, B et M, il est toutefois permis (n'en doutons pas outre mesure) de considérer que les paiements suivent les logiques fondamentales, les ménages étant structurellement créditeurs et les entreprises débitrices en début de période. L'épargne à prendre en compte est toujours définie de manière nette, les relations inter-agents au sein de chaque ensemble étant comme transparentes au regard de cette épargne.

« [...] il est futile de s'inquiéter de l'affectation de l'épargne nette de l'ensemble des ménages : elle est *nécessairement* prêtée à l'ensemble des entreprises [...]

Cela étant, pour quelle raison les entreprises se prêtent-elles à l'opération de la formation de l'épargne nette des ménages ? Il n'est pas douteux qu'elles s'y prêtent puisque toute épargne qui ne serait pas captée par les entreprises *ne serait pas l'épargne de l'ensemble des ménages* : elle s'effacerait au sein de cet ensemble. »

(Schmitt, 1984, p. 422)

De manière finale, les ménages ne font toujours qu'acheter et les entreprises ne font toujours que vendre, après avoir produit conjointement le revenu-coût. Il est vrai qu'il ne s'agit pas ici de classes au sens de Marx, mais d'ensembles définis par une opposition comptable, les positions inverses au niveau des paiements se reflétant comme dans un miroir. Les revenus captés en profits par les entreprises sont ainsi, en partie (non épargnée), finalement dépensés comme s'ils l'étaient par leurs premiers titulaires, en achats directs d'entreprises ou par redistribution, réalisant ainsi une dépense finale pour le compte des ménages sur lesquels ils auront été prélevés. Cependant, une partie des profits peut encore être dépensée dans le paiement de salaires.

Il se trouve que cette dépense particulière a un effet problématique, de par l'amortissement direct du nouveau coût des biens alors produits face aux nouveaux revenus formés sur les ménages. Ces revenus héritent alors du coût qui préexistait face aux profits avant le paiement. La conséquence est l'empêchement de l'écoulement des nouveaux biens, parce qu'ils sont d'ores et déjà achetés : leur coût aura disparu, puisqu'immédiatement compensé par les profits dépensés, dès le paiement des salaires nécessaires à leur obtention, et le revenu correspondant aura été redirigé, comme reconnecté, sur le coût d'autres biens. Les marchandises concernées ne trouveraient théoriquement jamais preneur, et si ce ne sont elles, c'en serait d'autres, équivalentes, la part des invendus dans l'ensemble des marchandises proposées à la vente augmentant irrémédiablement. Il faut ici comprendre que le paiement des salaires à partir de profits (comptes créditeurs pour l'entreprise) contrevient à l'ordre logique des paiements, puisque l'entreprise débute alors la production par un paiement qui utilise, et détruit ainsi, le pouvoir d'achat de ces profits sur les nouveaux biens produits.

Il y aurait alors deux solutions stylisées (cf. *L'économie de production monétaire*, pp. 318 et s.). L'ensemble E peut arrêter la production de ces biens, stoppant la fabrication d'une partie des marchandises ; cela signifie une diminution de l'activité, des licenciements, du chômage.

Alternativement, l'ensemble E peut conserver cette production et les emplois, tentant de récupérer le coût disparu par prélèvement de l'équivalent en profits supplémentaires sur la vente des biens-salaires comportant un revenu-coût dûment réalisé. Nous pourrions nommer « inflation » ce phénomène, en un sens pathologique. Cette analyse ne sera pas ici abordée ; nous conseillons au lecteur, bien entendu, l'ouvrage de référence sur la question, *Inflation, chômage et malformations du capital* (Schmitt, 1984), où l'auteur développe une analyse un peu différente et, surtout, plus complexe. Il est clair, toutefois, que cette conception pathologique de l'inflation, liée à un type de paiement théoriquement inadéquat, ne cadre pas avec le phénomène traditionnellement présenté sous ce nom, dont nous parlerons au chapitre suivant.

### Le pouvoir d'achat absolu des salaires nominaux

Ce détour par les ensembles aura permis de montrer que le « pouvoir d'achat » ne concerne toujours que le revenu global du seul ensemble susceptible d'acheter de manière finale, soit l'ensemble des ménages. Il est entendu qu'avant toute redistribution, les travailleurs sont les premiers percepteurs du revenu $Y$ au sein de cet ensemble ; mais ils le perçoivent, précisément, en tant qu'éléments, donc au nom, de cet ensemble. Le revenu $Y$ étant perçu, quel est son pouvoir d'achat ? La variation de $Y$ entraîne-t-elle la variation du pouvoir d'achat de $Y$ ? Le traitement de cette question est un bon exemple de remise en cause schmittienne, à peine croyable selon les termes employés, de cette notion. Schmitt commence par poser une question « à la Marx ».

« On pourrait raisonner en une parabole. La société comprend une seule entreprise, employant un travailleur unique. Comment faire pour que la journée de travail passe d'une durée de 6 heures à une durée de 8 heures ? Le remède n'est-il pas dans la diminution des salaires ? On peut s'imaginer, par exemple, que l'employé soit incité à allonger sa journée de travail, afin de maintenir son revenu, quand il ne gagne plus en huit heures que le salaire de six heures précédemment ; de son côté, l'entreprise acceptera de donner ce surcroît d'emploi, puisque le coût de la production par unité de temps est allégé en proportion. [...]

*Cette vision de la réalité est infantile.* Reprenons l'allégorie. Quelle que soit la variation imprimée au montant des salaires de notre travailleur unique, son salaire horaire est constant. Que l'entreprise paie un franc ou un million de francs par heure de travail, elle paie la même somme. [...] La raison de cette constance des salaires réels face à la variation même la plus « sauvage » des salaires nominaux tient simplement au fait que le *produit est inchangé, qu'il soit coulé dans une somme de monnaie petite ou grande* : pour obtenir le produit en nature, les titulaires de revenus doivent dépenser d'autant plus que les salaires monétaires sont plus élevés. Le salaire ne coûte rien à l'entrepreneur et il n'apporte au travailleur que son propre produit (horaire), qui est rigoureusement inchangé dans les deux cas, son « expression monétaire » étant d'un franc ou d'un million de francs. [...] Même si tous les salaires (directs ou indirects) étaient diminués de moitié, l'ensemble de la population des salariés recevraient comme auparavant la totalité du produit social. »

(Schmitt, 1984, pp. 263-264)

On comprend, après avoir lu cet extrait, la perplexité (c'est un euphémisme) de la plupart des lecteurs de l'ouvrage de Schmitt. L'argument passe mal, même pour les post-keynésiens les plus baroques. On imagine une division des salaires par deux, et rien ne serait changé ? Que le travailleur perçoive un franc ou un millions de francs, il « perçoit le même traitement » ; comment porter crédit à de telles propositions ? Mais la parabole indiquée est souvent oubliée : « La société comprend une seule entreprise, employant un travailleur unique ». Autrement dit, l'entreprise est l'ensemble E, et le travailleur est l'ensemble M. Si le paiement des salaires à M est du montant d'un franc, quel est alors le coût $I$ des biens stockés ? Quel est le montant du revenu $Y$, ainsi que celui de l'épargne $S$ immédiatement constituée ? Mêmes questions, si le paiement des salaires se monte à un millions de francs... Dans les deux cas, le pouvoir d'achat du revenu-coût est invariablement le même : il est d'emblée celui d'acheter l'intégralité des biens stockés.

« La monnaie est le moule du produit. Si partout le produit de la période est lancé dans un plus grand moule (les salaires étant tous augmentés dans la même proportion), il est conséquent qu'il faudra dépenser plus de monnaie pour acheter le même produit. »

(Schmitt, 1984, p. 268)

La logique est implacable. Quel que soit le montant du revenu $Y$ versé aux travailleurs, il correspond invariablement à la mesure exacte du coût $I$ de l'ensemble des biens. La modification de cette mesure n'est qu'une modification de la taille du moule, pour reprendre l'image de Schmitt ; il suit qu'il faudra toujours, pour obtenir les marchandises dont le coût épouse ce moule, dépenser une mesure égale à sa nouvelle taille. Autrement dit, le pouvoir d'achat du revenu global, de période en période, est le pouvoir d'amortir le coût correspondant, de même mesure. La « puissance acquisitive de la monnaie » ne peut toujours s'exercer que sur les résultats de la production courante.

« Il n'appartient à personne, individu ou groupe, par quelque intervention que ce soit, d'augmenter ou de diminuer la puissance acquisitive de la monnaie, telle qu'elle résulte des productions de la période. Le pouvoir s'impose à tous. Et, si la contrainte n'apparaît pas, c'est qu'elle s'exerce de masse à masse, entre *toute* la monnaie répartie et *tous* les biens produits : elle n'est pas saisissable dans la multitude des achats particuliers. »

(Schmitt, 1966, pp. 263-264)

L'idée qu'une telle contrainte ne soit, en fin de compte, « saisissable » que par l'intellection, non dans les opérations observées, est proprement fascinante. C'est peut-être pourquoi cette idée fut évacuée par la plupart des auteurs keynésiens, ne parvenant pas eux-mêmes à admettre l'impuissance de leurs observations, même statistiquement traitées, à permettre de reconnaître ce qui paraissait si évident pour Schmitt. Il suffit pourtant de se rappeler que les unités monétaires sont avant tout des unités de mesure, sans dimension particulière, c'est-à-dire non étalonnées *a priori* sur un produit particulier ; elles se constituent en étalon à chaque opération de mesure, pour chaque revenu versé, pour chaque paiement de salaire. Rappelons la citation de Claude Gnos :

« L'unité de salaire est monétaire : il s'agit d'une unité de compte. Elle devient étalon de mesure du produit national pour autant qu'elle constitue la rémunération du travail dépensé dans la production. »

(Gnos, 1998, p. 86)

C'est bien parce que les nouveaux revenus sont chaque fois nouvellement mesurés, dans les paiements de production (mensuels pour la plupart), que leur pouvoir d'achat est chaque fois redéfini en fonction de cette nouvelle mesure. Les marchandises concernées seront, matériellement parlant, toujours distinctes d'une période à l'autre ; elles seront, surtout, à chaque fois nouvelles, ce qui nécessite de nouveaux revenus, gratifiés d'un pouvoir d'achat respectif tout aussi nouveau. Ainsi, la modification du seul montant des salaires versés apparaît comme un « changement d'échelle de la mesure », une nouvelle mesure de biens nouveaux, établissant une relation de pouvoir du revenu sur ces biens tout aussi solide qu'une autre.

« Le produit étant mesuré en unités de salaires, une variation de ces dernières se traduit en un simple changement d'échelle de la mesure. Le phénomène ne traduit aucun déséquilibre de l'offre et de la demande globales. Même si ce type d'effet peut être considéré comme indésirable, car il modifie généralement la répartition, il ne peut empêcher les revenus disponibles d'être strictement équivalents au produit. »

(Bradley & Friboulet & Gnos, 1996, p. 25)

« À quantité d'emploi constante, l'augmentation des rémunérations est un changement d'échelle qui ne modifie pas le pouvoir d'achat des ménages. Elle détermine une nouvelle identité entre de nouveaux biens économiques et une nouvelle monnaie ; mais elle ne rompt pas l'identité existante. [...] De même aucun déséquilibre ne se fait jour quand l'accroissement du coût des consommations intermédiaires provoque une hausse des prix à la consommation. En achetant les biens à un prix supérieur, les ménages achètent les matières premières et les produits semi-finis nécessaires à la fabrication de ces biens. »

(Friboulet, 1988, p. 130)

Friboulet ajoute en note : « Si la productivité du travail n'augmente pas, l'augmentation des rémunérations provoque une diminution de la compétitivité des firmes concernées par rapport à la concurrence mais ceci est un autre problème. » (Friboulet, 1988, note 2, p. 130). La référence à la différence de compétitivité suggère que la variation des salaires n'a pas besoin d'être uniforme sur tous les travailleurs pour assurer l'invariabilité de leur pouvoir d'achat. Que se passe-t-il, en effet, lorsqu'une partie seulement des travailleurs est concernée par une augmentation de salaires ?

« Dans ce cas, l'incrément des salaires est entièrement absorbé par l'achat des mêmes biens, les biens-salaires produits par les travailleurs dont les revenus monétaires sont augmentés. Le circuit se ferme sur les salaires accrus comme il se fermait sur les salaires antérieurs. Il n'en résulte pas que l'incrément des salaires n'apporte rien à ses bénéficiaires, comprenons-le bien. En « valeur d'échange » tout est comme avant. Mais les travailleurs concernés sont avantagés en ce qu'ils reçoivent maintenant plus de « valeurs d'usage » ; pour eux, c'est l'essentiel. »

(Schmitt, 1984, p. 266)

Autrement dit, un travailleur voyant son salaire augmenter pourra sans doute accéder, si les prix correspondant à d'autres coûts ne sont pas autant modifiés, à une quantité plus importante de marchandises concrètes, considérant ainsi « son propre pouvoir d'achat » comme augmenté ; mais ce ne sera toujours que du fait de la nouvelle mesure de son propre produit, donc du coût des marchandises qu'il aura lui-même réalisées et qui devront, lors de leur vente, et peut-être avec difficulté compte tenu de la baisse de compétitivité (« mais ceci est un autre problème »), toujours trouver dans le prix de cette transaction une partie équivalente du revenu global pour l'amortir, de gré ou de force. Qu'elle concerne tous les travailleurs ou un seul, la variation des salaires, ou variation de la mesure, ne modifie pas le pouvoir d'achat du revenu global sur le coût global, parce qu'il s'agit toujours de la seule mesure courante du travail effectué.

Ainsi, la partie *Salaires* du prix unitaire d'une marchandise est déterminée par la mesure en salaires du travail nécessaire : si, à niveau de salaires inchangés, la productivité diminue pour une raison quelconque (par exemple, une diminution de récolte pour un même coût total de production), le prix unitaire verra cette partie augmenter, car selon cette cause dite « réelle », le travail nécessaire à l'obtention d'une unité de produit aura lui-même augmenté. Or, cette augmentation n'est toujours donnée que par la mesure augmentée de ce travail. Autrement dit, il est important de comprendre qu'une hausse des salaires dite « nominale », pour une productivité inchangée (et pour une quantité de « travail physique » elle-même inchangée), aboutit exactement au même résultat : la mesure du travail nécessaire à l'obtention d'une unité produite est augmentée. C'est pourquoi une hausse nominale des salaires correspond formellement à une diminution de la productivité, les deux phénomènes ayant pour effet d'augmenter le coût moyen ou unitaire des marchandises, et cela correspond toujours à une diminution formelle de la teneur en travail de chaque unité de mesure. Si l'on devait ainsi donner corps à la notion de « perte de valeur de la monnaie », dans le sens d'une diminution de la teneur en travail mesurée par une unité monétaire, ce ne serait précisément que dans l'augmentation de cette seule partie *Salaires* du prix, qu'elle soit « réelle » (par une diminution de la productivité) ou « nominale » (par une hausse des salaires horaires).

Bien entendu, entièrement répercutée, toute augmentation du coût moyen en salaires versés aura logiquement pour effet d'augmenter le prix unitaire. Il ne s'agit pas, ici, d'ignorer l'évidence, non plus que de justifier un maintien du niveau des salaires pour éviter une soi-disant « spirale prix-salaires inflationniste » ; car dans le cas où l'augmentation du prix unitaire serait entièrement due à celle des seuls salaires, ce prix ne pourrait jamais augmenter de manière excessive par rapport à ces salaires mêmes, n'ayant toujours en lui répercutée que la nouvelle mesure du travail nécessaire à l'obtention d'une unité produite.

« Les modifications de la productivité et les modifications de coûts provoquent des variations de prix sans altérer le pouvoir d'achat global à la disposition de la communauté. L'augmentation des prélèvements fiscaux et sociaux provoque elle aussi des variations de prix qui ne s'identifient pas à une variation du pouvoir d'achat global : elle induit seulement des transferts à l'intérieur de l'ensemble du public. »

(Bradley & Friboulet & Gnos, 1996, p. 12)

En effet, et malgré la croyance contraire largement répandue, le pouvoir d'achat, propriété des revenus (et non des ménages qui les perçoivent), n'est pas altéré par une hausse des prélèvements obligatoires ; car prélever une partie d'un revenu, ça n'est pas amputer son pouvoir d'achat. Si un Romain boit une partie du contenu de la gourde d'Astérix, celui-ci n'en déduira pas une perte de pouvoir de sa potion. Le revenu net restant, certes réduit après prélèvements, conserve bien son propre pouvoir, tout comme les sommes prélevées au grand dam du ménage contribuable, dépensées pour acheter des services publics ou transférées à d'autres ménages qui les dépenseront à sa place.

Dès lors, il ne faudrait pas s'y tromper : lorsque les prix atteignent un tel niveau que les revenus moyens et, *a fortiori*, médians ne permettent pas de vivre décemment, sont-ce les revenus qui sont insuffisants, ou les prix qui sont trop élevés ? Il est certain qu'un revenu déterminé, pour un ménage particulier, peut être jugé insuffisant par rapport aux prix pratiqués ; mais le revenu global, lui, peut-il être insuffisant ? Nous savons que la réponse négative s'impose, car, quel que soit leur niveau, les salaires ont toujours la capacité d'acheter l'intégralité du produit, étant donné qu'ils sont sa propre définition, sa propre mesure. Le vrai hiatus ne peut ainsi venir que de la partie *Profits*, incluse dans le prix ; et lorsque les prix augmentent de manière excessive du fait de cette partie, on ne peut refuser aux salariés l'aspiration légitime à l'augmentation de leurs salaires, même si celle-ci risque bien d'être à son tour répercutée, les entreprises souhaitant conserver le niveau devenu avantageux de leur marge. Car c'est bel et bien la partie *Profits* du prix qui organise la répartition des revenus dépensés.

« Le caractère supposé inflationniste d'une hausse des salaires monétaires est infirmé par le fait que toute modification qui atteint ainsi la mesure des coûts (l'offre) concerne simultanément la demande : l'identité de l'offre et de la demande n'est pas remise en cause. Symétriquement, le gonflement des prix, qui est la condition de la formation des profits et aussi de leur hausse, n'est pas davantage préjudiciable à l'identité : les profits sont, par nature, compris dans la mesure du produit définie par les coûts salariaux. Ce que déterminent les prix – et leurs variations – c'est la part du produit transférés aux firmes et à leurs ayants droit. »

(Bradley & Friboulet & Gnos, 1996, pp. 25-26)

Le pouvoir d'achat étant déterminé de manière absolue lors de la production des revenus, il n'est pas atteint par une hausse de la partie *Salaires* des prix ; on en déduit également, contre quelques attentes qui auront pu paraître légitimes, qu'il ne l'est pas non plus par la hausse de leur partie *Profits*. Celle-ci a néanmoins l'effet que nous avions montré en étudiant la formation de la plus-value dans le cadre des échanges entre non-équivalents : une modification, par captation, de la répartition des revenus.

« En d'autres termes, les travailleurs, et eux seuls, ont initialement le pouvoir d'acheter la production tout entière. Ce pouvoir n'étant porté que par les revenus monétaires, il s'ensuit que les salaires nominaux représentent la totalité du produit. Ce n'est que dans une deuxième phase que les capitalistes s'approprient une partie des marchandises par le truchement des ventes, les prix dépassant aux salaires. Les produits étant le résultat du seul travail, il est logique qu'ils soient au pouvoir des salaires monétaires, le profit ne pouvant s'insérer que par la captation d'une partie des revenus salariaux. »

(Schmitt & Cencini, 1977, p. 67)

**Le prix est une clef de répartition**

Le rôle des prix n'est pas de déterminer le pouvoir d'achat des revenus, mais de les répartir. Lors des opérations d'achat/vente, les revenus qui « servent » directement à acheter sont séparés de revenus seulement transférés. C'est précisément parce que le pouvoir d'achat des revenus n'est altérable que dans les achats/ventes, pour la seule valeur en salaires des marchandises achetées par les salariés, que les profits réalisés, salaires inutilisés et captés, ont encore bien leur propre pouvoir d'achat sur d'autres marchandises. On perçoit sans doute mieux ce que signifie la répartition des revenus initiaux, celle des salaires, lorsqu'ils sont jetés sur une partie du produit global pour un prix supérieur à la définition en salaires de cette partie : la part des biens-salaires (les moyens de subsistance chez Marx) dans le produit total dépend de l'écart, pour l'ensemble des produits, entre les prix et les coûts : plus cet écart sera important, plus la part des biens-salaires dans le produit total sera réduite.

Ainsi, une modification en ce sens de la répartition entraîne forcément une telle réduction, et celle-ci, convenons-en, est loin d'être une vue de l'esprit : elle s'opère, lors d'une hausse de prix, par les arbitrages des consommateurs réduisant inévitablement le volume des marchandises qu'ils achètent. Or, cela ne se comprend que lorsque la différence entre le volume initial et celui dont ils se contentent dorénavant est de fait accaparée par d'autres. Rappelons la citation de René Pupin.

« Dans toute vente, la valeur, ou prix de vente de la marchandise est partagée entre trois ou quatre parties prenantes : l'ouvrier, la machine, l'État et le chef d'entreprise (ce dernier étant le seul qui soit parfois exclu du partage dans le cas de crise, ou de pertes accidentelles ; mauvaises créances, mévente, etc.…). »

(Pupin, 1943, p. 275)

Nous avions réduit, par la manipulation suggérée par Pupin lui-même, le prix en deux parties fondamentales, *Salaires* et *Profits* ; et nous ne parlerions plus, ici, de l'ouvrier et du chef d'entreprise, mais bien plutôt de l'ensemble des travailleurs (interne à l'ensemble des ménages) et de l'ensemble des entreprises, redistribuant par la suite les profits captés à leurs titulaires, eux-mêmes éléments de l'ensemble des ménages. Ces catégories finales sont toujours parties prenantes, elles prennent littéralement, respectivement, les deux parts du revenu global correspondant aux biens-salaires pour les uns et aux biens-profits pour les autres. Si Pupin précise que la partie dite « chef d'entreprise » peut être exclue du partage dans certaines situations, il devrait aussi préciser que, dans la plupart des cas, elle ne l'est pas, et que toute augmentation de prix, si elle n'est pas justifiée par une hausse des salaires, doit être expliquée par une augmentation des profits, non par un phénomène éthéré, comme l'illustre la vision contemporaine de « l'inflation qui ne bénéficie à personne ». En d'autres termes, il faut assumer que chaque partie du revenu dépensé pour un prix, quel qu'il soit, admette une partie respectivement prenante de ce revenu, pour l'une dans la destruction et le retrait d'une marchandise qui n'est alors plus que d'usage, pour l'autre dans la perception d'un revenu intact transféré.

La hausse des prix profite, forcément, à quelqu'un, sauf si elle ne fait que répercuter une hausse de salaires ; car les salariés, dans ce cas, conservent toujours le pouvoir d'achat de leur revenu. Si le prix est bel et bien composé de deux parties additives, ce n'est donc pas parce que la valeur serait elle-même composée de la sorte : le prix est une clef, une clef de répartition du revenu global existant ; il est comme une paire de ciseaux, scindant le revenu qui se présente à l'achat, une part pour la marchandise achetée, correspondant nécessairement à la valeur de celle-ci, et une part transférée. Le prix est une clef qui permet donc de prélever, parmi l'ensemble des revenus du travail, les sommes formant les profits réalisés par les entreprises, correspondant toujours au coût de marchandises à vendre, quelles qu'elles soient.

Cependant, la structure binaire du prix ne permet plus, c'est évident, de reconnaître ce que l'on aurait pu être à même de déterminer avant la manipulation de Pupin, à savoir si la part la plus élevée des profits se réalise au niveau du vendeur final (un grand distributeur, par exemple) ou à celui de ses fournisseurs (de grands industriels, par exemple). Ainsi, en cas de hausses importantes de prix à la consommation, comme on aura pu en constater, particulièrement salées, durant ces années 2022 et 2023, le distributeur se défendra de réaliser des marges importantes, arguant qu'il s'agit, en fait, de celles de ses fournisseurs, qu'il ne fait que drainer à leur profit ; il est bien obligé, c'est entendu, de répercuter les prix qu'il paie lui-même. Il apparaît ainsi clairement que, si ce n'est lui, ce sont ses fournisseurs qui profitent de la hausse de leurs prix de vente. Ils ne les baisseront d'ailleurs que lorsqu'ils y trouveront intérêt, par le jeu de la concurrence et de la négociation ; lorsque, autrement dit, la baisse des volumes achetés entraînera finalement une diminution de leur marge totale. Il ne nous appartient pas, ici, de dire si tel niveau de marge serait légitime ou non ; mais lorsque le distributeur en question (c'est rarement le fournisseur) est invité sur un plateau de télévision, nous trouvons toujours fort regrettable qu'aucun journaliste n'ait la présence d'esprit de formuler la remarque suivante : « Pourquoi ce jeu des marges, si ce n'est pour capter des revenus déjà existants, dépensés par les consommateurs ? Moi qui pensais que les profits, se formant dans ces dépenses, provenaient du capital… ».

« Les profits des entreprises sont ici distingués des coûts : leur formation dépend des prix réalisés sur les marchés. Ce sont des revenus de transfert, qui s'imputent sur les revenus définis dans le paiement des coûts. En conséquence, ce ne sont pas des revenus supplémentaires : il se confirme que les rémunérations salariales constituent bien une mesure exhaustive du produit et identiquement du revenu national. »

(Bradley & Friboulet & Gnos, 1996, p. 24)

La reconnaissance, dans une hausse observée du prix, d'une prise de bénéfice dans l'opération, engendrée par le seul transfert de l'augmentation de la différence entre le prix et le coût, remet clairement en cause la notion d'inflation basée sur un décalage entre des variables nominales et des variables réelles, basée, donc, sur une dichotomie au sein de l'analyse. Cette conclusion faillit bien, de justesse, être reconnue par Paul Davidson (Davidson, 1991), comme le rappellent Bradley, Friboulet et Gnos, reprenant eux-mêmes les citations de ce dernier.

« Il est vrai que les auteurs appelés « Post-keynésiens » sont davantage fidèles à la démarche de Keynes. Par exemple, P. Davidson se propose de raisonner en termes de revenus ; il rend alors à la demande effective son originalité : le produit et le revenu national, offre et demande globales, sont équivalents :

« *Since the National Accounting System* […] *is based on a system of double-entry bookeeping, the « double-entry » offsetting the value of gross national production is the value of the total gross national income of the economy. Any price increase associated with GNP must be accounted for by an identical increase in the prices (that is, wages, rents, interest, profits) paid to income earners. Every price increase is an increase in someone's income.* »

(Davidson, 1991, p. 88) »

(Bradley & Friboulet & Gnos, 1996, p. 19)

La dernière phrase de Davidson, « *Every price increase is an increase in someone's income* », n'est qu'une expression alternative de la nécessaire existence, pour reprendre l'expression de Pupin, de la partie prenante du revenu correspondant à la partie augmentée du prix. Mais cela nécessiterait, d'un point de vue théorique, l'acceptation de l'identité de l'offre et de la demande globales, l'acceptation, qui plus est, de son caractère inébranlable, quel que soit le niveau des salaires et des prix. En d'autres termes, cela nécessiterait de marcher dans les pas d'un certain Jean-Baptiste Say, d'accepter (Ô sacrilège !) la validité de sa loi ; insoutenable perspective, pour un post-keynésien. L'espoir est alors vite douché.

« Cette proposition trouve ici sa justification dans le principe de la partie double appliquée à la Comptabilité Nationale. Comment l'inflation se conçoit-elle dans ce cadre ? […]

« *The GNP can be thought of as a huge pie « baked » or produced by the combined efforts of workers, property owners, and entrepreneurs. Each contributor to the production of this pie receives, in payment for his/her efforts, a sum of money income. This income gives the recipient a claim to a slice of the GNP pie. The size of the slice claimed depends on the price of the productive services the contributor has provided. Consequently, if the money which income people receive increases more rapidly than the size of the GNP pie (the « real » output), then the GNP price level must rise (inflate) to keep the National Accounts in balance.* »

(Davidson, 1991, p. 88) »

(Bradley & Friboulet & Gnos, 1996, p. 20)

Les trois auteurs poursuivent ainsi :

« Nous retrouvons la difficulté que nous avons discutée *supra* […] : affectant simultanément l'offre et la demande globales, un accroissement de la quantité de monnaie disponible ne peut être déclaré inflationniste à moins que l'on considère séparément la monnaie et le produit. Ainsi l'inflation existe à partir du moment où les revenus (monétaires) croissent plus vite que le produit (réel). Bien que l'offre et la demande ne soient […] mesurables qu'en monnaie, et dans leur parfaite équivalence, on considère que l'inflation désigne un excédent de monnaie par rapport au produit disponible. Où plutôt, car la difficulté est trop flagrante pour être totalement ignorée, on parle d'inflation à partir du moment où la comparaison de deux états de la relation entre monnaie et produit fait apparaître un accroissement plus rapide de la monnaie que du produit. Mais bien sûr la difficulté est fondamentalement inchangée : comment en effet mesurer un accroissement de la production, dès lors que celle-ci est constituée de biens physiquement hétérogènes ? »

(Bradley & Friboulet & Gnos, 1996, p. 20)

On retrouve, mais ce n'est pas une surprise, l'impasse théorique dénoncée par Fradin consistant à essayer de mesurer les « objets économiques » (en tant qu'objets physiques pris pour économiques dans les rapports d'échange), inévitablement hétérogènes, indépendamment de toute expression monétaire, celle-là même qui constitue, en tant que coûts salariaux, les « biens économiques » (les vrais) correspondant à des parts homogènes du revenu global. On ne peut que remarquer, en outre, l'étonnante proximité du raisonnement de Davidson avec celui mené par les plus farouches monétaristes : l'inflation issue d'un décalage entre une certaine quantité de monnaie nominale (même identifiée aux revenus perçus) et le produit réel (« *the « real » output* ») constitue la conclusion même de l'analyse quantitative, inévitablement basée sur la dichotomie traditionnelle caractérisant la pensée néoclassique. Une telle analyse sous la plume de l'un des plus grands post-keynésiens actuels ne peut qu'interroger.

Quelle est, en effet, la part de conformisme allouée à une certaine théorie contemporaine de la valeur, d'ores et déjà acceptée par tous, qui expliquerait cette indéboulonnable référence, encore et toujours, à une diminution relative de valeur attribuée à une monnaie purement nominale par rapport à celle d'un produit réel dont Bradley, Friboulet et Gnos se demandent, à juste titre, comment celle-ci pourrait bien être déterminée ? Sans doute, la remise en cause de la dichotomie nécessite-t-elle de sacrifier une vision confortable et facilement représentable des transactions, vues comme des échanges entre les produits réels et la monnaie nominale. Elle nécessite, de fait, l'abandon d'une procédure pratique et reconnue, dont les résultats sont régulièrement publiés dans les plus sérieuses études statistiques, une procédure mathématique logiquement utilisée lorsque l'on souhaite éliminer la partie nominale des variations de prix pour n'en conserver que la partie « réelle ».

### Une autre définition du salaire réel

Le pouvoir d'achat des salaires apparaît absolument déterminé lors de leur paiement, parce que le rapport entre les salaires nominaux et le travail effectué est constitué de manière absolue : ceux-là sont la mesure même du travail, donc de son résultat en termes de marchandises. Cette proposition, bien entendu, va à l'encontre de la distinction traditionnelle entre les prix dits « réels » des marchandises, censés refléter leurs rapports d'échange tels qu'ils se formeraient sans monnaie, et leurs prix dits « nominaux » issus de leurs rapports avec la quantité de monnaie en circulation.

Notons que la sémantique et son effet sur l'esprit sont ici en cause, car qualifier une expression de « réelle », c'est immédiatement la considérer comme « celle qui est en réalité » ; l'expression nominale, en monnaie, se présenterait alors comme inévitablement « non réelle », comme faussée par la monnaie elle-même : le salaire nominal, le prix en monnaie et toutes les expressions « nominales, en monnaie » ne seraient en réalité que des valeurs affublées d'un nom monétaire donné aux valeurs réelles qui s'avanceraient ainsi masquées ; et le propre de l'économiste ancré dans le réel serait d'arracher ce masque, de révéler la vraie valeur, la valeur réelle des marchandises et, même, des salaires.

« En économie, toute émission est réelle ou à la fois réelle et monétaire. »

(Schmitt, 1984, p. 472)

« Dans l'économie concrète, toute monnaie qui existe à un moment quelconque est une monnaie réelle ou, identiquement, un revenu monétaire. »

(Schmitt, 1984, pp. 473-474)

On voit qu'il eût été difficile, voire impossible, de convaincre Schmitt du bien-fondé de la recherche du réel derrière le monétaire. L'abandon de la dichotomie, en effet, nécessite de considérer les variables monétaires comme étant, ni plus ni moins, des variables réelles, car pleinement réalisées dans les opérations de paiements. Pour mieux comprendre, revenons à la distinction entre les prix et les valeurs.

« Or les salaires ne sont pas des prix mais des valeurs. Quelle est la signification exacte de cette distinction classique ? On l'entrevoit quand on dit que les salaires sont formés dans la sphère de la production, alors que les prix sont déterminés dans la sphère de la circulation. Mais on peut aller bien plus profond. Le salaire est, pour partie au moins, la définition du nouveau produit, tel qu'il est rapporté au travail, sa cause. Les prix, au contraire, sont définis au niveau des effets : ils expriment les mesures des produits qui existent déjà et non pas la mesure dans laquelle les produits se forment. Les prix sont des rapports entre les produits ; la valeur est le rapport de chaque produit à sa source, le travail. »

(Schmitt, 1984, p. 380)

Dès la production, les mesures respectives, en coûts salariaux unitaires, des produits (dans le sens de marchandises) fournissent d'emblée des rapports absolus entre eux, obtenus par le rapprochement des expressions monétaires respectives issues de ces coûts ; les prix, quant à eux, introduisent de nouveaux « rapport entre les produits », comme des rapports *ad hoc*, ceux que l'on retient lorsque l'on « compare les prix » en tant que consommateurs. Mais comparer les prix, ce n'est pas comparer les coûts qui, eux, demeurent hors de portée de la perception des pauvres ménages que nous sommes. Non seulement les coûts (du distributeur final) nous sont inconnus, mais les coûts en – seuls – salaires agrégés, soit la partie *Salaires* du prix après manipulation de Pupin, demeurent totalement inaccessibles, même pour le vendeur final, ce dernier n'ayant aucunement accès aux seuls salaires versés dans les différentes chaînes de ses fournisseurs. Autrement dit, la valeur d'une marchandise finale demeure inconnue, pour son vendeur comme pour son acheteur.

Dans ce contexte, les prix organisent la partition de l'ensemble des produits : la dépense d'un revenu, pour un certain prix, entraîne bien l'achat d'une marchandise pour sa seule valeur telle qu'elle fut définie par les salaires versés, même si cette valeur n'est pas perceptible ; elle aura été, inévitablement, dûment mesurée lors des paiements de salaires. C'est pourquoi cette valeur ne peut toujours être que nominale, exprimée par les salaires monétaires. Le prix la dépassant, la part transférée du revenu est, elle aussi, inévitablement exprimée nominalement, en monnaie. Que signifie, alors, la recherche de valeurs dites « réelles » si les valeurs sont constamment exprimées de manière nominale, dans leur création, leur transfert et leur destruction ? Que signifie, même, chercher l'expression de « prix réels », c'est-à-dire de rapports d'échange entre marchandises alternativement exprimés en termes de ces mêmes marchandises, à partir du moment où l'on déduit ces prix des rapports de leurs prix nominaux ?

La recherche de la « réalité » des valeurs derrière leur expression nominale n'est justifiée que par le fait que les transactions d'achat/vente concernant les marchandises et la monnaie sont toujours perçues comme des échanges entre deux masses différentes, la « masse de monnaie » en circulation ayant elle-même une valeur susceptible de varier par rapport à celle des marchandises. La variation des prix pourrait ainsi ne refléter que celle de la seule valeur de cette masse de monnaie, ce qui prouverait que les expressions nominales, dépendant de la valeur de la monnaie elle-même, ne seraient pas à prendre pour des expressions véritablement réelles de la valeur des marchandises. Il est bien certain que l'analyse menée par Schmitt, à partir des réflexions de Keynes, met en exergue les expressions monétaires, nominales, des marchandises ; mais l'analyse va plus loin : les expressions nominales sont les expressions réelles, par définition, puisque la seule valeur réelle créée par le paiement des salaires est d'emblée monétaire.

« La source de l'illusion est maintenant tout à fait évidente : on croyait que les mouvements réels sont la contrepartie des mouvements monétaires ; en réalité, la monnaie est l'habitat du produit ; les mêmes mouvements sont donc à la fois réels et monétaires, et la fameuse dichotomie des grandeurs nominales et réelles n'est qu'une vue de l'esprit. »

(Schmitt, 1984, p. 251)

Le calcul d'un salaire réel, comme toute vue de l'esprit, n'est ainsi qu'un exercice de mathématique sans aucun fondement. Ce n'est d'ailleurs pas la réalité du salaire lui-même, mais celle de son évolution qui est, en fait, calculée ; on notera donc que l'on part toujours, pour ce type de calcul, d'un salaire nominal défini comme tel. En d'autres termes, si l'on dit que ce salaire de départ n'est pas réel (parce qu'il est nominal...), le calcul suivant n'est alors même plus possible. L'évolution du salaire nominal, sur une période, subira donc une sorte d'actualisation, compte tenu de l'augmentation constatée des prix : on divise le coefficient multiplicateur du salaire (par exemple 1,01 pour une augmentation de 1%) par celui des prix (par exemple 1,02 pour une augmentation de 2%). On prétend alors que le salaire nominal de départ aura, « en réalité », été multiplié par ce rapport des coefficients (1,01/1,02), et l'on obtient une expression de « l'évolution réelle » du salaire, manifestement en diminution (alors que l'expression nominale donnait une augmentation), comme si, au lieu de prix augmentés, le salaire nominal lui-même avait diminué. L'effet paraît en effet équivalent, entre un salaire qui diminuerait sans hausse de prix et un salaire qui demeurerait constant avec hausse de prix (ou qui augmenterait, comme ici, d'une moindre augmentation que celle des prix). La même procédure peut être appliquée à l'évolution du prix d'une marchandise quelconque, sur plusieurs périodes ou années, mais toujours, on le notera, à partir d'une expression nominale, celle de « l'année de base », qui servira de repère convenu pour calculer le « prix réel », en monnaie dite « constante », de la marchandise pour une année donnée. On notera donc, aussi, que l'expression réelle – et néanmoins monétaire – obtenue dépend, d'évidence, de l'année de base retenue.

Ce calcul est bien joli, mais il ne demeure valable que dans un seul cadre, dont il serait tout de même nécessaire de démontrer la validité au préalable : la monnaie serait une masse, pour ne pas dire une marchandise, dont la valeur se surajouterait à celle des autres marchandises, et l'expression nominale de ces dernières reflèterait les rapports d'échange entre elles et la monnaie. Autrement dit, le calcul proposé n'est concevable qu'à partir du moment où l'on accepte, explicitement ou non, les bases de l'analyse néoclassique issue de la dichotomie entre le nominal et le réel. L'économiste contemporain est ainsi fondé à prétendre que la variation des prix, définissant un changement de prix relatifs entre les marchandises réelles et la monnaie, ne reflète que la variation inverse de la valeur de cette dernière. L'expression « en monnaie constante » de l'évolution soi-disant réelle est révélatrice de cette conception, exprimant le fait que cette évolution doit être obtenue comme si, précisément, la valeur de la monnaie demeurait constante, donc en supprimant (par le calcul vu précédemment) la variation des prix ; c'est donc que cette variation ne serait elle-même que l'expression de la variation inverse de la valeur d'une masse monétaire en confrontation avec une masse de marchandises réelles.

Or, dès que la vision dichotomique est écartée, cette proposition ne peut plus, d'évidence, être soutenue. Elle paraît même fallacieuse, car, en souhaitant révéler, derrière une évolution qui ne serait que fictive, la véritable évolution des salaires et des prix en termes réels, on ne retient ici que cette seule variation à leur propos, et l'on manque alors la révélation qui devrait, en fait, monopoliser toutes les attentions, à savoir la conséquence logique d'une hausse des prix concernant des biens dont le coût est donné, par rapport, donc, à des revenus déjà formés : la modification de la répartition de ces revenus, étant entendu que l'écart entre les prix et les coûts, s'il est en augmentation, définit lui-même une augmentation des revenus transférés. Et ces transferts, tout en ne concernant que des revenus nominaux, sont toujours bienvenus pour leurs bénéficiaires.

L'augmentation des prix n'exprime pas, en réalité, la diminution d'une prétendue valeur indépendante (vis-à-vis de celle des marchandises) de la monnaie ; elle exprime la modification de la répartition des revenus, c'est-à-dire, *in fine*, de la répartition du produit global en biens-salaires et biens-profits. En tout état de cause, compte tenu de la partie *Profits* intégrée dans chaque prix, le « salaire réel » d'un salarié ne peut être défini qu'à l'issue de ses propres choix de consommation ; il correspond, ni plus ni moins, à la valeur monétaire des biens-salaires qu'il aura pu acheter, soit la partie *Salaires* de leur prix, correspondant à une grandeur nominale inaccessible, de surcroît définitivement détruite lors des achats effectués. Ce « salaire réel » n'est alors plus que définissable en valeurs d'usage. La dichotomie entre le réel et le nominal, en économie, doit être abandonnée si l'on veut comprendre le mécanisme de la répartition. Les grandeurs nominales, « en monnaie courante », sont les seules grandeurs économiquement réelles, car celles prétendument qualifiées de la sorte, par le calcul prenant en compte l'inflation, ne sont valables que dans le cadre d'une masse monétaire qui perdrait de sa valeur par rapport à l'ensemble des marchandises, soit le produit dit « réel » ; or, cette considération doit être rejetée dès lors que l'on identifie les revenus monétaires au seul produit réel existant.

### Les étranges cas du docteur Fourastié

Le revenu global n'est toujours constitué que de salaires nominaux, les salaires en monnaie. Les profits ne pouvant se former indépendamment par ailleurs, ils ne peuvent qu'être des salaires transférés, de leurs titulaires originels, les travailleurs, à leurs titulaires finals auxquels ils sont reversés. La conception des profits de transfert est présente chez de nombreux auteurs, mais il est intéressant, une fois de plus, de se référer aux écrits de Jean Fourastié, dont nous avions souligné l'aspect déconcertant de l'explication fournie. Celui-ci s'étonne, en effet, que la plupart des économistes n'aient pas encore réussi à franchir ce « pont aux ânes » qui empoisonne, depuis si longtemps, la science économique.

« Mais la formation des profits est restée si obscure dans beaucoup d'esprits que nous devons insister ici sur son mécanisme. C'est en quelque sorte un « pont aux ânes » de la science économique, pont que la plupart des économistes n'ont pu franchir encore.

La difficulté, réelle, apparaît pleinement si l'on fait l'observation suivante : les tickets de rationnement ne sont distribués que par les entreprises. [...] Cela étant, les entreprises ne peuvent récupérer que les tickets qu'elles ont distribués et pas davantage. Ainsi, *le total des prix de vente ne devrait pas pouvoir être supérieur au total des prix de revient*, et donc la somme algébrique totale des profits dans une Nation devrait être nulle.

Or, l'expérience montre qu'il n'en est rien. Par exemple, en France, à une certaine date, les profits furent, dans l'année, de l'ordre de grandeur de 450 milliards pour un revenu privé de 1150 milliards.

[…] les chefs d'entreprises distribuent 700 milliards aux salariés ; ceux-ci ne peuvent créer de monnaie ; cependant, ils rendent aux chefs d'entreprises 1150 milliards, ce qui fournit à ceux-ci 450 milliards de profits. *Mais d'où vient donc cet argent ?*

Cette question, qui à l'homme non prévenu fait figure de « canular » d'école normale, a en fait empoisonné la science économique, car elle a donné naissance à des théories difficiles et contradictoires. Karl Marx, notamment, a inventé pour la résoudre la célèbre théorie de la *plus-value.* »

(Fourastié, 1959, pp. 42-43)

D'emblée, on pense – à tort – que la pensée de Fourastié s'abimera dans la considération des profits additifs aux salaires ; c'est bien, en effet, par la considération d'un revenu total de 1150, contenant les profits constatés de 450, que le montant des salaires versés, par soustraction, est tiré. On craint, une fois de plus, et malgré la proposition d'origine affichée (« les entreprises ne peuvent récupérer que les tickets qu'elles ont distribués et pas davantage »), que l'auteur se trahisse en affirmant que les salariés « rendent aux chefs d'entreprises 1150 milliards » alors qu'au départ, ces derniers « distribuent 700 milliards aux salariés ». Cette crainte semble renforcée en lisant la suite immédiate.

« Le paradoxe qu'il faut lever n'est pas de rechercher si les salariés *auraient dû* recevoir 1150 au lieu de 700. Il est de comprendre pourquoi les entreprises peuvent récupérer 1150 alors qu'elles n'ont donné que 700. Ou plus exactement, le problème est de savoir ce qui se passe réellement. »

(Fourastié, 1959, p. 43)

La dernière phrase est pour le moins énigmatique ; Fourastié sous-entendrait-il que la description précédemment donnée de « ce qui se passe », à savoir la présence de salaires de 700, de profits de 450 et d'un revenu global de 1150, ne correspondrait pas, en définitive, à « ce qui se passe réellement » ? Car la logique formelle appliquée au fait, pour peu qu'il soit reconnu, que les seuls revenus existants sont les salaires versés pour 700 ne peut qu'aboutir à cette conclusion : il est formellement impossible que les salariés puissent dépenser 1150, ou même toute somme supérieure à 700 ; les entreprises ne peuvent, en aucun cas, « récupérer 1150 alors qu'elles n'ont donné que 700 ». Le paradoxe devrait ainsi être immédiatement levé, puisqu'il s'agit d'une impossibilité logique. Comprendre pourquoi l'impossible pourrait se produire n'est plus à l'ordre du jour dès lors que l'on comprend pourquoi c'est impossible.

Fourastié retient alors, à partir d'une situation simplifiée d'un entrepreneur unique, capitaliste propriétaire de l'unique entreprise de la nation face aux salariés, trois cas stylisés, dont les deux premiers, à vue didactique, ne correspondent pas, de son propre aveu, à la réalité observée.

« Partons du schéma suivant : dans une nation, il existe un seul entrepreneur, c'est-à-dire une seule entreprise et un seul chef d'entreprise, propriétaire des moyens de production ; le reste de la population est salariée. [...] Tous les salariés reçoivent leur salaire du capitaliste.

1^er^ cas – *Pas de profits.*

[...] le système fonctionne ainsi : le nombre des salariés est de 100 000 ; ils sont tous employés à produire des aliments nécessaires à nourrir la nation. Les aliments coûtent au capitaliste 100 000 salaires annuels ; il ne peut les revendre plus cher, puisque la population ne dispose que de ce même revenu de 100 000 unités par an. Il les revend donc 100 000 s.a. ; il n'y a ni profit, ni plus-value.

2^ème^ cas – *Profits en nature.*

La seule chose que puisse faire le capitaliste pour s'assurer un avantage est de retenir pour lui une part des aliments produits ; [...] il en retiendra des plus fins et autant qu'il pourra en consommer ; mais il n'en résulte aucun profit monétaire, puisque en dehors des 100 000 s.a. il n'y a plus de revenus disponibles dans le pays.

Ainsi, dans un tel système, il y a bien des salariés, mais il n'y a pas nécessairement de profits (1^er^ cas) ; pour qu'il y ait profit (2^ème^ cas), il faut qu'intervienne un élément qui ne figurait pas jusqu'ici dans l'exposé : *la soustraction au marché des ventes d'une part de la production.* Et si cette soustraction a lieu, elle ne peut engendrer un profit *en argent* ; elle engendre seulement un profit *en nature.* [...] ce profit en nature ne dépend pas du nombre des salariés, mais au contraire du nombre des capitalistes. En effet, le capitaliste ne pourra retenir les aliments qu'il ne pourra manger. »

(Fourastié, 1959, pp. 44-45)

On remarque immédiatement, ce qui rassure, que Fourastié abandonne ici l'idée des profits additifs aux salaires. Les profits, pour être monétaires, doivent manifestement provenir des seuls salaires versés, or la récupération de ces mêmes salaires pour la vente de la production entière ne permet précisément pas de réaliser des profits positifs.

« Or, ces profits en monnaie apparaissent impossibles dans les premiers et second cas, puisque le montant des ventes ne peut dépasser 100 000 s.a., montant même des salaires distribués. Nous retrouvons le paradoxe que nous avons exposé au début, et qui constitue l'énigme que nous avons à résoudre. »

(Fourastié, 1959, pp. 45-46)

Si l'idée de profits additifs était toujours valable, rien n'empêcherait de concevoir, en remettant bien entendu l'explication à plus tard, des « profits qui s'ajoutent aux salaires » ; or, cette idée n'est pas retenue, parce que les profits doivent être, d'une manière ou d'une autre, transférés au capitaliste. On ne retrouve donc pas le même paradoxe, qui se réduit en une impossibilité, mais bien le besoin d'explication d'un transfert, au profit du capitaliste, d'une partie de la production, donc d'une partie des salaires mesurant initialement le produit. C'est pourquoi, dans le 1$^{er}$ cas, Fourastié aurait dû préciser : « il ne peut les revendre – *tous* – plus cher », car la vente d'une partie des biens à un prix supérieur au prix de revient est toujours possible : c'est précisément le 3$^{ème}$ cas, comme on peut ici le subodorer, qui sera ensuite développé. Le 1$^{er}$ cas peut donc, définitivement, n'être qu'un cas purement théorique, sous l'influence d'une improbable philanthropie (« puisque la population ne dispose que de ce même revenu »), condamnant de surcroît, à plus ou moins brève échéance, l'entreprise à l'arrêt, le capitaliste ne réussissant pas à capter le moindre revenu, donc le moindre produit, pour lui-même. Sa survie alimentaire est alors assurée dans le 2$^{ème}$ cas ; c'est même sous cette forme, « en nature », que ne pourraient que se présenter les profits alors réalisés, mangés par le capitaliste.

On s'étonne alors de la référence au « nombre des capitalistes » éventuellement concurrents, puisque le modèle n'en admet qu'un seul par hypothèse. On pourrait aussi s'étonner de l'insistance de Fourastié à nier la possibilité, dans ce cas, de réaliser des profits « en argent », monétaires, et à affirmer la seule nature alimentaire des profits réalisés, à savoir les aliments soustraits au marché et retenus pour lui-même par le capitaliste. En effet, si ce dernier récupère néanmoins l'intégralité des salaires initialement versés de 100 000, ce sera forcément dans la vente des aliments non soustraits au marché, soit une partie des aliments alors bel et bien vendus à un prix supérieur à leur coût de production en salaires (ou prix de revient). Le revenu capté dans leur vente est donc bien monétaire, puisqu'il fait partie des 100 000 récupérés ; il correspond cependant, inévitablement, au coût des aliments retenus. Autrement dit, il constitue bien un profit monétaire brut capté sur la vente des autres aliments, mais il n'est pas un profit net, puisqu'il ne peut toujours que servir à amortir le coût des aliments invendus. En définitive, le capitaliste récupère l'intégralité de ses coûts, l'intégralité des prix de revient de ses denrées alimentaires, et ne fait effectivement aucun profit monétaire en sus.

Fourastié s'engage alors dans une étonnante critique de la vision d'une « Production avec un grand P », cette « abstraction enfantine » des économistes classiques menant irrémédiablement à une « impasse intellectuelle ». Cette critique lui permet de justifier la conception de deux productions d'emblée distinctes. Il lui semble en effet nécessaire de concevoir une distinction plus franche, plus visible, plus « matérielle » au sein des produits, afin de révéler, « en nature », la partie vendue à profits. Selon lui, la formation des profits s'explique alors « aisément ».

« Cependant la formation des profits s'explique aisément par les prix et les salaires. Les 1^er^ et 2^ème^ cas, ci-dessus, en effet, ne sont que des cas théoriques, abstraits, sans aucune réalité ; eux seuls conduisent à une impasse intellectuelle, et *cela parce que n'y intervient qu'une seule production.* C'est parce que commentateurs et critiques sont entrés dans ce jeu de ne considérer qu'une production unique, la Production avec un grand P, la Production abstraite et indifférenciée des traités d'Economie politique classiques de 1815 à 1945 – c'est parce qu'ils ont été prisonniers de cette abstraction enfantine, que les économistes classiques n'ont pas compris le mécanisme cependant élémentaire de la formation des profits.

Il suffit, en effet, de distinguer deux productions distinctes au lieu d'une seule pour que le profit trouve aisément sa place dans le schéma élémentaire des prix et des salaires. »

(Fourastié, 1959, p. 46)

La descente est rude ; Say, Ricardo, Marx, Walras, ou encore Keynes, auraient été incapables de comprendre « le mécanisme cependant élémentaire de la formation des profits ». Il est vrai que, dès que l'on comprend qu'il s'agit d'un transfert de revenus et non de la formation – inexplicable autrement que par la production antinomique des salaires – de revenus supplémentaires, l'esprit atteint une quiétude propre à se poser la question suivante : « Pourquoi persévérer dans la considération de profits additifs ? ». Cependant, la critique formulée à l'encontre de la « Production abstraite et indifférenciée des traités d'Economie politique classiques » n'est pas correcte, pour la simple raison que cette abstraction s'impose, nous le savons, sous peine de tomber sous le joug analytique fautif de la considération d'une production différenciable en fonction des valeurs d'usage produites. La solution proposée postule en effet la répartition, car s'il « suffit de distinguer deux productions distinctes [on pardonnera le pléonasme] au lieu d'une seule », c'est qu'il serait, en réalité, nécessaire de distinguer ces deux productions ; c'est donc reconnaître que la répartition d'une seule production serait impossible à expliquer, or c'est précisément ce que le concept de répartition est censé signifier : le partage d'une production originellement indivise. Dès que l'on se donne deux productions, on se donne, précisément, la répartition des deux produits. Mais poursuivons l'explication de Fourastié, avec le 3ème cas.

« En effet, il n'y a pas de place pour les profits dans le schéma précédent, parce que la production doit être vendue à ceux-là seulement qui l'ont produite. [...] Mais en fait, ce schéma ne correspond nullement à la réalité, *parce que ce n'est pas aux seuls producteurs d'aliments que le capitaliste vend des aliments.*

3ème cas – *Profits en monnaie.*

[...] Le capitaliste propriétaire de sa nation dispose toujours de 100 000 salariés, auxquels il verse toujours 100 000 salaires annuels moyens, disons 100 000 livres assyriennes, à raison d'une livre par homme et par an.

Mais les 100 000 salariés sont répartis à raison de 80 000 dans l'alimentation et 20 000 dans une autre ou quantités d'autres productions.

Le capitaliste revend aux 100 000 salariés les aliments qu'ont produits ses 80 000 premiers salariés ; ces aliments lui ont coûté 80 000 ; il peut très bien les revendre 100 000, puisque tous les salariés ont besoin de se nourrir. Le prix de vente peut être fixé ainsi, sans qu'il y ait rien de mystérieux dans l'affaire, aux 10/8 du prix de revient. Le capitaliste fera ainsi un profit *monétaire* de

100 000 – 80 000 = 20 000 livres

Avec cet argent, il paiera les 20 000 derniers travailleurs, dont il pourra conserver pour lui la production (bijoux, palais, usines, opéra).

Qu'y a-t-il de mystérieux ou de difficile à comprendre dans un processus aussi simple ? Et pourquoi y aurait-il besoin de faire intervenir pour l'expliquer une « valeur » distincte du prix, et une « plus-value » distincte de la « value » ? »

(Fourastié, 1959, pp. 46-47)

En premier lieu, ce qu'il y a de difficile à comprendre, c'est la différence formelle entre ce cas et le cas précédent, étant entendu que, dans le 2ème cas, « la seule chose que puisse faire le capitaliste pour s'assurer un avantage est de retenir pour lui une part des aliments produits » ; or, quelle que soit l'apparence des produits, qu'ils soient ou non des aliments ne change pas le fait que le capitaliste, ici, retient bien pour lui une part des produits, puisqu'il n'en vend qu'une partie pour le prix de la totalité. C'est bien, en réalité, ce qui se passe déjà dans le 2ème cas, comme nous l'avions remarqué : « il en retiendra des plus fins et autant qu'il pourra en consommer », certes, et si ce qu'il retient a l'apparence, non d'aliments, mais de bijoux ou de palais, le cas n'est aucunement modifié pour cette seule raison.

En second lieu, ce qu'il y a de mystérieux à comprendre, c'est que les 20 000 travailleurs « dont il pourra conserver pour lui la production » sont manifestement payés deux fois. Ils le sont forcément une première fois, leurs salaires comptant dans les 100 000 initialement versés à tous, puisque sans cela, les aliments produits par les autres ne pourraient pas être vendus à ce prix ; et tout serait logiquement terminé : les profits alors réalisés sur la vente des seuls aliments (donc une partie de la production) sont précisément les revenus de ces 20 000 travailleurs, captés et correspondant aux bijoux et autres palais encore en stock. Le capitaliste n'a donc nullement besoin de les payer à nouveau (« Avec cet argent, il paiera les 20 000 derniers travailleurs ») pour en profiter, puisqu'il a d'ores et déjà récupéré leur coût.

Cependant, et c'est justement la difficulté de la monétisation des profits, le capitaliste unique n'aura toujours pas pu, dans ce 3ème cas, véritablement réaliser un profit monétaire à partir du moment où les bijoux et les palais font partie des marchandises proposées à la vente par sa propre entreprise. En d'autres termes, ce n'est pas parce que la production serait « abstraite et indifférenciée » que l'explication des profits monétaires est empêchée ; c'est parce qu'il n'y a toujours qu'une seule entreprise fabricant toutes les marchandises, quelles qu'elles soient : la récupération du revenu global dans la vente, que ce soit celle de l'intégralité des marchandises ou d'une partie, ne peut toujours qu'apporter une somme strictement égale au seul prix de revient (ou coût de production) de l'ensemble de ces marchandises, puisque le revenu global est équivalent au coût global. La vente à profits d'une partie du stock ne réussit donc, ici comme ailleurs, qu'à récupérer l'entièreté du coût, c'est-à-dire atteindre le seuil de rentabilité de l'entreprise tout en conservant des stocks non écoulés, cependant achetés/vendus par l'amortissement de leurs coûts dans la vente des autres ; c'est pourquoi ce cas s'apparente au cas précédent. Or, la formation d'un profit monétaire sur une entreprise doit précisément définir la captation d'un revenu au-delà de ce seuil de rentabilité, d'un revenu qui ne correspond pas à un coût enregistré pour cette entreprise même, mais à un coût assumé par une autre, non encore amorti ; c'est en effet la condition nécessaire pour que ce revenu puisse toujours être défini comme tel, avec un pouvoir d'achat lié à la présence d'un coût en regard équivalent, au sein du système productif.

D'un point de vue formel, on voit que Fourastié considère une scission préalable de l'économie en deux secteurs de production, dont on retrouve ici la présupposition manifeste. Le caractère « réservé » des biens de luxe que sont les bijoux et autres, inaccessibles « par nature » aux salariés (on notera l'idée reçue que les salariés ne sauraient aller à l'opéra), renvoie au même caractère concernant les biens d'investissement, les aliments demeurant la seule forme phénoménale des biens de consommation que les salariés pourront acheter, en tant que « moyens de subsistance ». On trouve alors ce qui pourrait bien constituer, ici, la seule différence d'avec le 2ème cas : bien que profitant de biens luxueux, le capitaliste meurt de faim, car en proposant tous les aliments à un prix égal à l'ensemble des salaires versés (100 000), il les aura tous vendu à ses salariés, ceux-ci dépensant l'intégralité de leurs revenus dans ces achats. Or, la justification donnée du prix de vente de ces aliments est largement discutable : « ces aliments lui ont coûté 80 000 ; il peut très bien les revendre 100 000, puisque tous les salariés ont besoin de se nourrir. Le prix de vente peut être fixé ainsi, sans qu'il y ait rien de mystérieux dans l'affaire, aux 10/8 du prix de revient ». Si l'on s'empêche de retenir cette histoire de préoccupation du capitaliste pour le « besoin de se nourrir » des salariés (qui rappelle la nécessaire consommation, pour la reproduction de la force de travail, des moyens de subsistance chez Marx), on remarque immédiatement qu'au lieu de fixer le prix de vente des aliments non plus au 10/8ème, mais par exemple au 10/5ème de leur prix de revient, les aliments auraient été proposés à un prix global de 160 000 (soit 80 000 x 10/5) ; les salariés ne pouvant dépenser que 100 000, ils n'auraient ainsi pu acheter que 10/16ème (soit 62,5 %) des aliments valant 80 000, donc pour 50 000. Le capitaliste aurait ainsi conservé pour 30 000 d'aliments « sans qu'il y ait rien de mystérieux dans l'affaire », même si cela aurait eu pour conséquence de réduire drastiquement la pitance des salariés. La part du capitaliste dans la production globale se serait ainsi accrue, de 20 000 à 50 000, par le seul effet du prix, et la distinction des secteurs, appuyée sur leur aspect alimentaire ou non, ne correspondrait plus à la répartition du produit entre le capitaliste et les salariés.

Fourastié semble croire, à tort, que le montant des salaires versés (100 000) déterminerait une limite pour la fixation du prix de l'ensemble des marchandises achetées par les salariés, mais la crainte d'une telle limitation en fonction du coût en salaires du produit global n'est absolument pas fondée, puisque tout dépassement du prix sur le coût d'une partie seulement du produit définit le même dépassement (en valeur absolue) sur le coût du produit total ; celui-ci est donc, d'emblée, proposé à un prix supérieur à son coût, et c'est l'écart global ainsi fixé qui détermine la partie finalement achetée/vendue du produit dans la consommation des salariés, non l'inverse. Autrement dit, la détermination de cette partie consommée n'a aucunement besoin d'être effectuée avant ou pendant la production : les salaires nominaux sont versés, et l'écart entre ces salaires et le prix, quel qu'il soit, du produit global suffit à introduire une partition au sein de ces salaires, déterminant la répartition de ce produit.

« La part des salariés n'est donc pas identique à la part des salaires nominaux dans le revenu national. Les salaires nominaux englobent tout. Mais les salariés ne conservent que les revenus qu'ils réussissent à convertir en biens, et ils perdent les revenus captés par les entreprises. »

(Schmitt, 1966, p. 296)

Tous les prix peuvent donc bien dépasser tous les coûts, sans qu'il soit besoin de fixer un prix maximum, égal au coût total du produit (100 000), sur une partie prédéterminée (donc présupposée, les 80 000) de ce produit ; cette prédétermination, d'ailleurs, ne correspond pas à ce que l'on observe : tous les prix dépassent bien, même « à prix coûtant » (si l'on prend en compte les écarts au sein du prix des intrants), tous les coûts, sans que les entrepreneurs se préoccupent d'une telle partition à la fois *ex ante* et *ad hoc*. La variation du prix du produit, à revenus donnés, correspond *ipso facto* à la variation inverse de sa partie obtenue par les acheteurs, parce que les profits sont déterminés par les écarts entre les prix et les coûts : quel que soit le prix de vente proposé pour la totalité du produit, les salariés ne pourront toujours consommer, au mieux, qu'une partie ainsi définie du produit global, celle, précisément, dont le prix est égal au montant de leurs salaires.

La séparation proposée des secteurs est ainsi non seulement présupposée, de surcroît sur des considérations matérielles et d'usage, mais aussi et surtout foncièrement inutile, car c'est bien l'importance de ces écarts qui génère cette séparation. On comprend d'autant moins l'interrogation finale de Fourastié, concernant ce processus, posée en ces termes : « pourquoi y aurait-il besoin de faire intervenir pour l'expliquer une « valeur » distincte du prix, et une « plus-value » distincte de la « value » ? » (Fourastié, *op. cit.*) ; car c'est bien la distinction nécessaire du prix et du coût, ce dernier étant reconnu comme une « valeur », qui se traduit par la recherche, bien entendu critique, de la nature de leur écart en tant que « plus-value » s'ajoutant à la « value », qui permet toujours de comprendre le processus en question. C'est d'ailleurs cette causalité, confirmant la nature de revenus de transfert attribuée aux profits, que Fourastié finit par défendre dans la suite de son propos.

« Les salariés ont produit pour 100 000 livres de biens, et avec leurs 100 000 livres, ils n'en récupèrent que 80 000 ; ils ont donc subi une perte de 20 000, en contrepartie de laquelle le chef d'entreprise a fait un profit de 20 000. *Ce profit résulte du fait que le capitaliste a pu revendre 100 ce qu'il a payé 80* : le profit résulte donc d'une différence entre le prix de vente et le prix de revient. Si le capitaliste ne revend pas la production ou s'il ne peut revendre plus cher que le prix de revient, il n'en tire aucun bénéfice ; [...] mais par contre, si, *comme il est usuel*, il peut revendre plus cher que le prix de revient, alors le profit existe, au bénéfice du propriétaire vendeur et *au détriment du salarié acheteur.* »

(Fourastié, 1959, p. 48)

Nous retrouvons une formulation des remarques auxquelles nous prêtions attention : « Ce profit résulte du fait que le capitaliste a pu revendre 100 ce qu'il a payé 80 ». On a là le principe fondamental ; cependant, dans le cadre d'une entreprise unique, le capitaliste, en tout et pour tout, aura bien payé 100, puisqu'il est toujours le seul à payer l'intégralité de la production. Il ne fera donc que récupérer ici ses coûts, et malgré la réception des 20 000 en monnaie, ceux-ci demeureront si bien reliés à un coût interne à sa propre entreprise – celui de son propre stock d'invendus – qu'ils ne manqueront pas, dès leur perception, d'amortir ce coût, d'où la nullité de leur caractère profitable. Comme nous le disions, le capitaliste aurait très bien pu afficher un prix de 120, ou encore de 150, à ce qu'il avait payé 80. Les 100 000 versés en salaires ne fournissent, en réalité, aucune limite au prix de vente fixé pour l'intégralité du produit, car ce n'est toujours que sa répartition qui en est modifiée.

### La – bien réelle – répartition des salaires nominaux

« [...] il [le profit] est un revenu « capté », on pourrait même dire « capturé ». [...]

La grande idée classique est la complémentarité, l'unité des salaires et des profits. Scrupuleusement suivie, l'hypothèse néo-classique de l'équilibre général opère une première simplification, la suppression pure et simple des profits ou des « bénéfices ». Enfin un troisième pas montre qu'il est inutile de bannir les profits et de les rejeter hors du modèle. En fait, ils sont compris dans les salaires distribués. On le voit, la plus grande simplicité est atteinte : il existe une seule classe de revenus de production, une classe « simple », les salaires nominaux, dans laquelle tous les autres revenus sont compris. »

(Schmitt, 1966, p. 283)

Il ne s'agit pas, en effet, de chercher les profits ailleurs que dans les salaires. Et ce sont eux, les salaires nominaux, qui sont finalement répartis. On ne peut plus, alors, écrire la relation *Valeur* = *Salaires* + *Profits* à partir du moment où la relation *Valeur* = *Salaires* est donnée d'emblée. L'erreur à laquelle on arriverait (*Profits* nuls) serait profonde. Les profits ne sont pas nuls, parce que, la valeur n'étant constituée que de salaires, les profits sont nécessairement une partie de ces salaires. Toutefois, la première relation peut encore être conservée si les « *Salaires* » dont il est question, auxquels on ajoute les profits, ne sont pas les mêmes que les « *Salaires* » de la seconde relation. Schmitt résume ainsi cette « difficulté majeure » de l'analyse :

« Aussi l'analyse rencontre-t-elle une difficulté majeure. Il n'est pas douteux que le produit social est partagé entre les salaires et d'autres revenus, que nous classerons dans la catégorie compréhensive des profits.

(1) R = Salaires + Profits

Les salaires s'étendant à la totalité du revenu national, les profits ne peuvent être que nuls ; inversement, le profit étant positif, les salaires n'épuisent pas le produit national. La contradiction est flagrante. La théorie des émissions [...] parvient à la dissoudre. L'équation *1* est exacte si on la rapproche de l'équation *2* et que l'on maintienne les deux relations à la fois.

(2) R = Salaires

En effet, les deux équations ne sont pas posées sur le même plan. L'équation *2* est la définition de la *formation* des revenus. *Tout* revenu [...] appartient à sa naissance à la catégorie des salaires. L'équation *1* définit la *dépense* ou la destruction des revenus.

D'autres personnes que les salariés contribuent à épuiser le produit national.

Formation du Revenu

R = S

Dépense du Revenu

R = S' + Pr

Tout le problème du profit se résume dans la relation qu'entretiennent entre elles les grandeurs S et S'. [...]

Dépensés sur le marché des produits, les salaires S ne sont détruits que pour leur partie S' ; la différence (S – S') définit les profits, revenus de transfert. »

(Schmitt, 1984, pp. 125-126)

Le prix du produit global étant supérieur aux salaires S, il est certain que les salariés, en dépensant l'intégralité des salaires nominaux, ne pourront acheter, donc amortir, qu'une partie du coût global ; ils ne pourront donc accéder qu'à une partie des marchandises, dont le coût est égal à S' (les biens-salaires). On voit donc que les *Salaires* de l'équation (2), égaux à S, ne désignent pas la même grandeur que les *Salaires* de l'équation (1), égaux à S'. Cette dernière grandeur est une partie de S, dont on connaît précisément la mesure du prix : S. Les salariés achètent en effet les biens qu'ils peuvent acheter, compte tenu de leur revenu S et du prix de ces biens ; au mieux, ils peuvent donc acheter la partie vendue à ce prix.

« On comprend parfaitement ainsi que la réalisation des profits dépend entièrement du montant des salaires dépensés *pour l'achat des biens-salaires* : pour que les profits soient positifs, il faut que le prix de vente des biens salariaux soit supérieur à leur coût de production (estimé en unités de salaires). »

(Schmitt, 1984, p. 134)

Le dégagement du revenu (S – S'), correspondant au coût des biens restants (les biens-profits), est donc causé par l'amortissement du coût S' de ces biens lorsque le revenu S est dépensé pour leur achat. On retrouve l'idée centrale à retenir : le produit global est réparti en biens-salaires et biens-profits par la destruction comptable des biens-salaires, c'est-à-dire l'amortissement de leur coût. La « théorie des émissions » étant ce qu'elle est, laissons parler Schmitt en son vocabulaire.

« Ainsi, soit S' le coût total de production, mesuré dans l'émission des salaires, du produit obtenu par les salariés dans la dépense intégrale de S.

Il est clair que la dépense S provoque la rencontre de la monnaie positive +S avec la monnaie négative –S'. Comme la monnaie positive n'est détruite que dans sa collision avec la monnaie négative, il s'ensuit que seule la partie S' de S est anéantie dans la rencontre de +S et de –S'. On en induit la preuve recherchée ; les salariés dépensent S et, ce faisant, détruisent S' ; la différence n'est plus un salaire mais est encore un revenu (une monnaie positive déposée dans le temps), un profit au sens large. Le profit est égal à S – S'. »

(Schmitt, 1984, pp. 126-127)

Marx pensait, souvenons-nous, que la valeur des moyens de subsistance déterminait celle de la force de travail. Autrement dit, il pensait que la valeur des biens-salaires déterminait le niveau même des salaires versé, soit le montant du capital variable. Or, la valeur, ou coût de production, des biens-salaires ne peut être déterminée que par la rencontre entre les salaires, revenus logiquement premiers, et ce coût au moment de leur achat ; elle résulte, en tant que grandeur expliquée, de la scission des salaires S, dépensés pour leur prix de vente, scission due à la destruction de la partie S' de ces salaires correspondant à leur coût. C'est donc par la destruction des biens-salaires en tant que biens économiques, causée par l'amortissement de leur coût répondant à la consommation du revenu de leurs acheteurs, que la grandeur de la valeur de ces biens est déterminée ; une grandeur éphémère, donc, anéantie dans sa détermination même.

Ainsi, la valeur est bien constituée, après répartition, de deux parties, l'une encore existante et l'autre détruite. Tandis que demeurent les profits qui auront pu être captés, l'autre partie, correspondant aux biens-salaires, aura finalement été consommée, convertie, diraient les classiques, en valeurs d'usage. La grandeur S' correspond donc bien à une définition correcte des salaires dits « réels », bien que leur valeur ait toujours consisté en une expression nominale ; les profits, reliés, en tant que revenus, aux coûts correspondant aux biens-profits, sont aussi, inévitablement, exprimés en monnaie courante, puisque les deux types de biens correspondent à l'intégralité des salaires nominaux. Les biens-salaires et les biens-profits, respectivement S' et (S – S'), sont ainsi logiquement complémentaires au sein de S, parce que l'achat/vente de S' (c'est-à-dire l'amortissement du coût et la consommation du revenu pour cette même grandeur) s'effectue à un prix égal à S, soit la somme des biens-salaires S' et des biens-profits (S – S').

« Ainsi, la vente des biens-salaire se fait à un prix égal au coût de production de la somme des biens-salaires et des biens-profits. Autrement dit, le prix des biens-salaires est supérieur, de tout le montant des biens-profits, au coût de production des biens-salaires. »

(Schmitt & Cencini, 1977, p. 146)

La correspondance avec les deux parties du prix, telles que nous les avons présentées au premier chapitre, est immédiate.

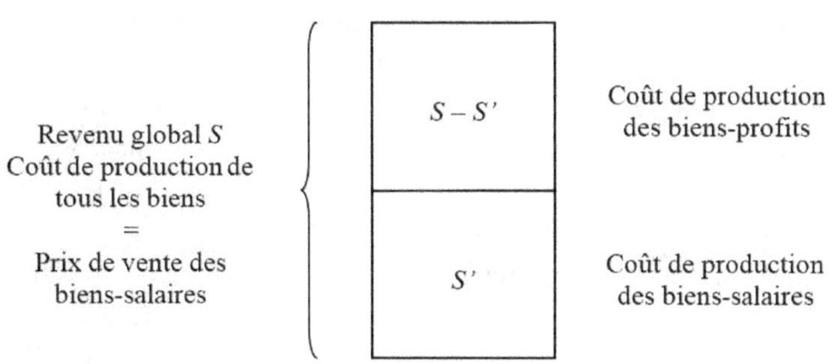


On pensera peut-être que ce résultat analytique ne serait valable que lorsque l'intégralité du revenu est dépensée, à la « fin de la période du circuit », à l'heure du bilan ; mais l'épargne résiduelle, par définition, n'aura pas été concernée par la dépense, demeurant reliée aux invendus, tandis que la distinction des deux types de biens ne s'opère toujours que par cette seule opération. On en déduit que le prix S de biens se révélant être des biens-salaires pour S', transférant la partie (S – S') en profits, ne s'applique toujours qu'à la partie dépensée du revenu ; mais elle s'applique *de facto* à cette partie, ainsi qu'aux multiples parties (pour chaque marchandise écoulée) formant, par agrégation, la grandeur keynésienne *C* de la consommation. N'en déplaise à ceux qui pensent qu'il n'y a pas de loi en économie, ce résultat s'impose à eux comme à tous, à chaque paiement qu'ils effectuent.

C'est en cela, comme nous l'avons dit, que la répartition des revenus, bien qu'elle ne concerne que des revenus dits « nominaux », est toujours bien « réelle », car les revenus monétaires sont les seules grandeurs, par l'épargne associée, capables d'amortir les coûts des biens achetés/vendus : le pouvoir d'achat est leur qualité propre. Autrement dit, si l'on fait référence aux positions financières, la position créditrice du payeur est la seule qui puisse, pour le montant de la dépense, compenser le débit que le paiement impute à cette position. Le prélèvement de revenus et des épargnes associées supprime ainsi la possibilité, pour leurs titulaires initiaux (les travailleurs), d'amortir les coûts également associés, sous peine d'avoir à assumer une position débitrice au niveau financier. À cet égard, il se pourrait qu'une diminution constatée des quantités consommées, lors d'une hausse jugée importante des prix, ne soit pas obligatoirement due au seul changement comportemental des consommateurs, ceux-là considérant simplement qu'ils ne peuvent autant dépenser qu'auparavant en regard des prix désormais pratiqués. Il est certes courant que la « structure de la consommation », en termes de valeur d'usages et de marques choisies, se transforme par les choix modifiés, mais la diminution globale du stock accessible de marchandises est en réalité immédiatement provoquée par la hausse des prix, compte tenu des revenus disponibles. Ces derniers sont néanmoins considérés par Fourastié comme la base du système de rationnement organisé dans l'économie.

« Ainsi l'humanité, durement rationnée depuis son origine, restera rationnée du vivant de notre génération. À tout état de rationnement doit correspondre un *système* de rationnement. [...] il n'y a pas plus d'espoir de le voir disparaître que la rareté elle-même : c'est *le rationnement par le revenu.* »

(Fourastié, 1959, pp. 36-37)

Fourastié explique ensuite, dans une description simple, que les « tickets de rationnement » distribués par l'État et les entreprises admettent, en leur constitution et leur utilisation, une limitation quantitative, l'impression des billets étant une limite légale tandis que la provenance de ces liquidités pour les entreprises est soumise à la vente préalable de leurs marchandises. Sans s'évertuer à critiquer les passages concernés, on remarque en réalité que le rationnement proprement dit, outre la productivité en termes réels concernant les types de marchandises que l'on serait capable de fabriquer, ne peut pas, formellement, résulter du paiement des salaires en tant que revenu global. Celui-ci permet *ipso facto*, en effet, l'achat/vente dès le lendemain matin, si les titulaires de revenus le désirent, de l'intégralité des biens ainsi définis, donc l'écoulement de l'intégralité des marchandises proposées à la vente, quelles qu'elles soient, pour peu que les prix soient égaux aux coûts de production. Aucun rationnement n'est ici identifiable concernant le seul résultat de la production des revenus. Bien entendu, les prix ne sont pas égaux aux coûts, et c'est ce qui réduit d'autant la partie accessible aux titulaires initiaux de revenus : une partie des articles de la grande surface dans laquelle ils font leurs courses est littéralement soustraite à leurs possibilités d'achats pour être réservée à une autre catégorie de ménages, titulaires de profits, à laquelle ils peuvent, en percepteurs des deux types de revenu, d'ailleurs appartenir. Plutôt que par les revenus eux-mêmes, le rationnement se fait donc par les prix.

Il peut exister, bien entendu, d'autres modes de répartition, par redistributions fiscales, ou prélèvements contractuels ; mais dans le cadre général des ventes de marchandises, la seule explication possible d'une répartition des revenus repose, en définitive, sur cette situation originellement conçue comme étant un échange entre non-équivalents. Say l'avait écrit, mais c'est Marx, de notre point de vue, qui l'aura démontré, sans doute à ses dépens. Toutefois, si la plus-value représentait bien, par hypothèse, une partie de la valeur intégralement formée par le travail, c'est qu'elle devait, d'une manière ou d'une autre, y être prélevée après cette formation, non être ajoutée, après coup, aux salaires versés. Si Marx avait reconnu les seuls salaires dans la valeur, il en aurait peut-être déduit que la plus-value ne pouvait qu'y être incluse. Sa démonstration trouvait alors toute sa place, incitant à décrire clairement le mécanisme de la formation des profits sur le modèle des échanges entre non-équivalents. Il restait néanmoins à montrer, au sein de ces transactions, que les grandeurs équivalentes, les revenus et les coûts, ne s'échangent pas mais se détruisent lors de leur rencontre, laissant la partie survivante du revenu dépensé, celle qui échappait à l'équivalence, perdurer dans son état de revenu-coût épargné – le terme est exact – par cette destruction.

### La destruction des revenus pour leur propre mesure

On considère le chiffre d'affaires (hors prélèvements) d'une entreprise, en tant que revenu monétaire perçu dans ses ventes. D'emblée, celui-ci est constitué de deux parties, celle qui permet d'amortir le coût de production des marchandises vendues et celle qui ne correspond pas à ce coût, les profits. Immédiatement, on voit qu'une partie des profits sera consacrée à l'amortissement du coût des invendus éventuels. La valeur ajoutée nette est obtenue par le retrait, de ce chiffre d'affaires, des coûts concernant les intrants en biens de production, consommations intermédiaires et amortissements d'investissements, correspondant à des valeurs antérieurement ajoutées par d'autres entreprises en tant que fournisseurs de ces biens. La valeur, ainsi ajoutée à celles-là, qui demeure uniquement attribuable à l'entreprise correspond donc aux salaires qu'elle aura versés (formant une partie du coût de production de ses marchandises) et aux profits qu'elle aura réalisés. On s'étonnera, encore une fois, de trouver, agrégés en une même grandeur, un revenu s'amortissant irrémédiablement au contact comptable du coût en salaires et un revenu qui ne subit pas un tel amortissement.

Considérons maintenant ceci : l'entreprise récupère, pour le montant des salaires versés, un revenu qui permet de les « récupérer ». Autrement dit, de la masse des revenus du travail, ceux versés en salaires par toutes les entreprises, ainsi que ceux perçus par les indépendants, formant le revenu global, elle récupère un revenu équivalent au montant de ces salaires ; donc, elle récupère ces salaires mêmes. Une fois les salaires versés, à quoi servent-ils, en définitive, au moment de leur première dépense, sinon à amortir des coûts en salaires de même mesure ? Ils ne peuvent, en réalité, servir qu'à cela : acheter les marchandises à leur coût de production en salaires, détruire les salaires en tant que valeur produite. Ainsi, lorsque l'on dit que la partie « salaires » de la valeur ajoutée permet d'amortir le coût en salaires des marchandises vendues, il faut comprendre que ce sont bien les propres salaires initialement versés par l'entreprise qui finissent pas acheter, amortir le coût en salaires, des marchandises de cette entreprise même. D'ailleurs, ne dit-on pas que cette dernière récupère « ses » coûts ?

L'entreprise récupère bien, en réalité, les propres revenus qu'elle aura versés en coûts de production, car les revenus qui permettent d'amortir ces coûts sont précisément, d'où qu'ils viennent, de même mesure : ils correspondent à une même partie du revenu global homogène auquel ils sont intégrés. Le fait que ce furent, à l'origine, des revenus perçus par d'autres travailleurs que les siens ne modifie pas le raisonnement, parce qu'entretemps, ils se seront agrégés au revenu global, au sein duquel les revenus de même mesure sont interchangeables, comme des gouttes d'eau ; si l'on verse le contenu de son verre dans une carafe à moitié pleine, supposera-t-on que l'on ne pourrait plus le récupérer sous prétexte que ce ne seraient pas là les « mêmes » molécules ? Les salaires versés permettent ainsi *in fine* d'amortir les coûts en ces mêmes salaires ; à charge pour l'entreprise de récupérer, dans les ventes aux consommateurs indifférenciés, les revenus correspondants.

Que permet, à présent, de faire la partie « profits » de la valeur ajoutée, formée dans la vente en plus de la partie « salaires » ? Elle permet aux propriétaires (actionnaires) d'acheter des biens de production (à travers les dépenses de l'entreprise) et des biens de consommation ; elle permet donc d'amortir le coût en salaires de marchandises proposées par d'autres entreprises. Cela suffit à prouver que les revenus perçus en profits par l'entreprise correspondent à des salaires versés par ailleurs, salaires qui auront été captés par celle-ci ; ils ne correspondent donc pas à une partie de la valeur qu'elle aurait elle-même créée, encore moins « ajoutée » par la seule magie de ses ventes. La valeur ajoutée est certes partagée, mais pas comme on le croit, car elle se forme nécessairement avant son partage, avant les ventes, étant initialement constituée de salaires. Les profits réalisés dans les ventes résultent alors de sa partition, en salaires détruits d'une part, en salaires transférés d'autre part.

La valeur ajoutée ne peut toujours comporter que des salaires, dans le sens général de revenus du travail. Ce sont les salaires, auxquels aucune autre valeur ne peut s'ajouter, qui sont partagés dans la circulation, et ce partage se fait par la destruction directe de la partie finalement consommée par leurs premiers titulaires. Or, que fait-on lorsque l'on calcule la valeur ajoutée au niveau global, lorsque l'on détermine, en d'autres termes, la grandeur du PIB ? On ajoute les profits aux salaires. Autrement dit, on ajoute aux salaires produits une partie de ces salaires. Il est alors évident que tout changement dans la répartition, c'est-à-dire dans la définition de la grandeur correspondant à la partie soit-disant ajoutée, rejaillit dans la grandeur globale obtenue par l'ajout de cette partie. Le calcul actuel du PIB est donc non seulement faux, mais il est surtout fallacieux. Il induit, immédiatement, en erreur, consacrant officiellement l'existence, additive aux salaires, des profits réalisés dans les ventes, alors que ces profits ne sont toujours qu'une partie de ces salaires mêmes. Autrement dit, le PIB compte deux fois cette partie.

Voilà bien un calcul qui, du seul point de vue de la cohérence analytique, gagnerait à être réformé.

Une question demeure : comment vendre l'intégralité du produit à un prix supérieur à son coût de production en salaires, alors qu'il n'y a que les salaires comme revenus existants ? Nous n'aurions ici qu'une réponse claire à donner : la première vente de l'intégralité du produit à un tel prix est formellement impossible. C'est précisément parce qu'elle est impossible qu'elle ne s'opère que pour une partie du produit, la partie dont le prix correspond, au mieux, à l'intégralité du coût du produit, soit les salaires existants ; le partage du produit, sa répartition, en découle directement. Là encore, il convient d'écarter toute représentation matérielle des marchandises par destination, car lorsqu'elles se présentent à la vente, leur coût ne fait encore partie ni des biens-salaires ni des biens-profits, mais seulement des biens invendus. Leur répartition en ces catégories résulte, précisément, des achats effectués, elle ne peut être présupposée avant les achats/ventes effectués par les salariés originels. Néanmoins, les acheteurs de biens-salaires n'achètent pas les mêmes marchandises que les acheteurs de biens-profits, parce que les marchandises ne peuvent être achetées qu'une fois. Quelle que soit l'apparence matérielle de la marchandise considérée, elle est donc, au moment de son achat, soit un bien-salaire, soit un bien-profit, car achetée soit par la première dépense d'un nouveau revenu, effectuée par un salarié ou un indépendant, soit par la seconde dépense d'un revenu capté lors d'une première dépense antérieure, seconde dépense effectuée par une entreprise (dans l'achat de biens de production) ou un titulaire de profit redistribué (dans l'achat de biens de consommation).

Nous avons vu que le revenu global, correspondant au coût de tous les biens, était scindé en deux catégories par la fixation d'un prix total supérieur à ce coût (donc supérieur au revenu global lui-même), c'est-à-dire, ce qui n'en est que la conséquence logique, par la fixation du prix d'une partie des biens au niveau du coût de tous les biens. La première dépense du revenu global ne peut donc permettre d'acheter (amortir leur coût) qu'une partie des biens, les biens-salaires ; *ipso facto*, le prix des biens-salaires achetés intègre, en plus de leur propre coût (alors amorti), le coût des biens-profits (non amorti). Autrement dit, la différence entre le prix et le coût des biens-salaires correspond au coût des biens-profits. Ainsi, par la destruction d'une partie du revenu global dans sa dépense, le produit global qui lui correspond (l'ensemble des biens) est une première fois partagé, révélant deux catégories, les biens-salaires (détruits en tant que valeurs) et les biens-profits (demeurant comme invendus). Or, le prix des biens-profits est également censé être supérieur à leur coût, puisque l'écart entre les prix et les coûts concerne, au moment de la vente, toutes les marchandises indifférenciées ; serait-ce dire que les biens-profits ne pourraient être intégralement achetés par la dépense des profits, c'est-à-dire celle d'un revenu égal à leur coût, leur prix le dépassant ?

À l'instar du produit global subissant une partition du fait d'un prix de vente supérieur à son coût, la catégorie des biens-profits ne peut que subir le même sort. Compte tenu du niveau du prix de ces biens, la dépense des profits par la « demande spontanée » de leurs titulaires ne peut amortir qu'une partie de leur coût ; cette partie détruite, que devient l'autre partie du revenu dépensé pour leur achat ? Qui réalise des profits sur la vente des biens-profits ? Cette question n'appelle, selon nous, qu'une seule réponse correcte : personne. Si l'on entend, par cette réalisation, la perception de revenus que l'on pourrait dépenser volontairement dans l'achat de biens, la captation des profits, en ce sens, ne peut toujours s'effectuer que sur la vente des seuls biens-salaires. Cette proposition fournit, comme nous l'avions annoncé (cf. p. 178), une interprétation possible de la phrase de Marx :

« La classe entière des capitalistes d'un pays ne peut pas bénéficier sur elle-même. »

(Marx, 1872, p. 69)

« L'ensemble de la classe des capitalistes d'un pays ne peut pas se flouer elle-même. »

(Marx, 1993, p. 183)

En quelque sorte, les titulaires de profits, lorsqu'ils les dépensent, sont pris à leur propre jeu ; les biens-profits initialement à leur portée, comme l'était l'ensemble des biens pour les premiers titulaires de revenus, subissent eux-mêmes une partition, les acheteurs ne pouvant toujours amortir qu'un coût inférieur au revenu qu'ils dépensent dans leurs achats spontanés. Or, la partie « formée en profits » du revenu dépensé ne leur est pas redistribuée par la suite, l'entreprise étant dans l'incapacité de reconnaître la catégorie originelle, salaire initial ou profit, à laquelle pouvait appartenir ce revenu ; et l'entreprise, surtout, ne verse pas deux fois les dividendes pour un même exercice. À la clôture de ce dernier, la partie « profits » réalisée sur la vente d'une partie des biens-profits est ainsi inévitablement détruite, car elle rencontre le coût de marchandises qui ne sont finalement achetées par personne.

Il faut ici comprendre que les profits, nécessairement, sont comme « bruts », et que, à l'instar des premiers titulaires de revenus salariaux n'en retirant, en valeurs d'usage, que les biens-salaires, les titulaires de profits n'en retirent, en valeurs d'usage, que les biens-profits qu'ils auront pu acheter « de gré » compte tenu de leur prix. Les biens restants demeurent, en tout état de cause, des biens-profits, mais ils correspondent à des marchandises non écoulées, considérées comme invendues, dont il faut toujours assumer l'amortissement du coût en salaires ; c'est précisément à cet amortissement définissant l'achat/vente des invendus, de fait achetés/vendus « de force », que sont destinés les « profits sur les biens-profits ». Toutefois, la répercussion du coût des invendus dans les prix ne saurait apparaître d'emblée, puisque les invendus ne se révèleront, par définition, qu'à la fin d'une période de vente sur un exercice comptable. C'est ainsi que l'on peut dire, à la fois, que ce coût est assumé par les salariés, puisqu'ils le paient, par prélèvement de profits bruts, dans la dépense de leur revenu, et qu'il est aussi assumé par les titulaires de profits, car il s'impute, lors du calcul des résultats d'exploitation, sur ces profits bruts, ne laissant que des profits nets. Une chose est certaine : ce coût est assumé par l'ensemble des ménages.

Le produit global se compose donc bien de deux catégories fondamentales : les biens-salaires, forcément achetés « de gré », et les biens-profits. Dès lors, les invendus font partie des biens-profits, ils en sont même la première forme, puisque, par définition, les biens-profits sont les marchandises qui n'ont pas été achetées par les premiers titulaires de revenus. La seconde dépense, celle des revenus captés en profits, s'applique alors sur cette partie restante, qui subit, irrémédiablement, le même type de partition que celle subie par le produit global originel, en fonction des écarts entre prix et coûts, et elle ne peut qu'y rencontrer, outre le coût des biens-profits achetés « de gré », celui des biens achetés « de force » par l'ensemble des ménages. Tout revenu dépensé pour le montant du prix, qu'il soit salaire ou profit, s'amortit pour sa partie correspondant au coût de production en salaires de la marchandise achetée ; c'est ainsi, au niveau de la partie non amortie, donc transférée en profits, du revenu dépensé, que se décide, pour chaque entreprise qui la reçoit, la part qui sera, en fin d'exercice, attribuée à l'amortissement du coût des invendus constatés.

En définitive, l'ensemble des marchandises, qu'elles soient ou non volontairement achetées, est toujours amorti pour le seul coût de production existant de ces marchandises, le montant des salaires nominaux. Les salaires produits sont en effet la seule valeur existante ; ils ne peuvent ainsi être dépensés que pour la mesure originelle de cette même valeur, soit leur montant nominal initial.

## La valeur éphémère

Nous avions employé ce qualificatif à propos de la grandeur S', pour reprendre cette notation correspondant aux biens-salaires, étant entendu qu'au moment de sa détermination (et non de sa formation comme partie intégrée aux salaires S), un revenu-coût et une épargne, d'un montant égal, sont alors détruits. Il est clair, cependant, qu'une propriété originelle du revenu, lors de sa formation, est d'être épargné, même temporairement, d'une telle destruction. C'est d'ailleurs la fonction essentielle de l'épargne que de remettre à plus tard la dépense volontaire d'un revenu. Sur ce point, nous nous en tenons volontiers aux principes comptables de base.

Les revenus, lorsqu'ils sont perçus, font l'objet d'une inscription en compte, au même titre que les créances et les dettes inscrites sur le pôle bancaire. Ils apparaissent nécessairement, pour les ménages comme pour les entreprises, par le crédit d'un compte porté au passif de leur bilan (en ressources), tout comme les coûts formés par les dépenses s'inscrivent par le débit d'un compte porté à l'actif de leur bilan (en emplois). Le fait que les ménages ne tiennent pas à jour une comptabilité explicite ne modifie en rien cette analyse, car cette comptabilité est implicite à partir du moment où les banques et les entreprises recueillent, dans la leur, les extrémités mêmes des relations qui les unissent à la comptabilité des ménages. Ainsi, un compte bancaire créditeur au nom d'un ménage signifie toujours, même s'il n'est pas concrètement noté, la présence d'un compte débiteur au nom de la banque dans sa comptabilité implicite, comme le montre l'utilisation, au niveau des entreprises, du compte « Banque » (n°512 dans le plan comptable), soit le propre compte de la banque « en entreprise » ; les deux écritures sont logiquement nécessaires pour fonder la relation financière qui unit la banque à son créancier : ce dernier est ainsi créditeur « en banque », comme celle-ci est débitrice « en lui ».

Nous l'avons dit, face à ce compte « Banque » débiteur implicite, le ménage payé crédite, tout aussi implicitement mais inévitablement, un compte de revenu, de même mesure. Le revenu, inscrit de la sorte, y demeurera tant qu'il ne sera pas détruit par un ou plusieurs paiements inverses de celui qui l'aura fait naître, c'est-à-dire par débits, en général successifs, de ce compte. À ces débits de consommation du revenu correspondent ainsi, inévitablement, des crédits du compte « Banque », correspondant eux-mêmes à des débits portés au compte « en banque » du ménage, c'est-à-dire son compte bancaire. L'emploi de ces écritures comptables, dont celles portées en entreprises ne sont que les reflets inversés, signifie la persistance de la relation intermédiée qui unit les ménages payés au système productif payeur. L'épargne, en effet, n'est toujours entamée que par l'atteinte équivalente du revenu chez les premiers et du coût chez le second.

Toutefois, et malgré l'existence de l'épargne indéniablement prolongée dans la durée, l'idée d'une coïncidence, au niveau temporel, de la création et de la destruction des revenus, de la production et de la consommation des biens économiques, traverse continuellement l'analyse développée par Bernard Schmitt dans *Inflation, chômage et malformations du capital* (Schmitt, 1984). Cette contraction temporelle des instants, menant à la réunion, par « rétroaction » du second sur le premier, des deux paiements fondamentaux définissant, dans le monde économique, les procès inverses de naissance et de mort des revenus, se produirait dans le « temps quantique ».

« L'argument repose sur l'unicité de l'émission sous-jacente aux deux émissions monétaires, donc finalement sur l'unicité des deux émissions elles-mêmes. La formation et la dépense des salaires définissent le même mouvement ondulatoire. Nous avons établi un peu plus haut que la deuxième demi-émission, postérieure dans le temps chronologique, coïncide exactement avec la première dans le temps quantique. Plus précisément, les deux demi-émissions, formation et dépense finale des salaires, sont des mouvements qui quantisent la même tranche du temps continu. C'est dire, rappelons-le, que la dépense des salaires prend rétroactivement effet à l'instant de leur formation : les revenus n'ont qu'une vie instantanée. »

(Schmitt, 1984, p. 130)

C'est par ce sous-titre inattendu, « *Macroéconomie quantique* », mêlant, dans une improbable réunion théorique encore insurmontable en physique, le préfixe « macro » – assigné aux phénomènes *a priori* de grande échelle – au qualificatif « quantique » – renvoyant aux mystères de l'infiniment petit –, que débute cet ouvrage extraordinaire, au sens littéral du terme, de la littérature économique. Néanmoins, et malgré toute l'importance des mécanismes certainement inédits proposés par Schmitt, l'emploi du terme « quantique », selon nous, apparait inapproprié, voire problématique. On ne saurait en effet trouver, au sein de la « théorie des émissions », des phénomènes de ce genre, entendus dans l'acception reconnue par les physiciens. Certes, la création d'une unité monétaire de revenu s'apparente bien à celle d'un « quantum de revenu », dont la réception, quel que soit son montant, se produit logiquement à l'instant même du paiement. Cependant, la physique quantique recèle d'autres considérations, et si un bien économique est un bien-salaire, il n'est pas en même temps un bien-profit. L'état d'un revenu-coût, même s'il est lui-même de nature double, ne relève pas d'une combinaison linéaire de deux états superposés, consommé – détruit – et, en même temps, épargné, à l'instar du célèbre chat de Schrödinger. De manière générale, la mesure de propriétés attribuées aux phénomènes quantiques demeure largement tributaire de l'incertitude (liée au principe d'Heisenberg), et les résultats sont souvent interprétés de manière statistique. Rien de tout cela n'émerge en ce qui concerne la création et la destruction des revenus ; la certitude de cette dernière, par la rétroaction proposée, en est une illustration.

Le terme « quantique » s'est manifestement trouvé médiatisé au début des années quatre-vingt, notamment par les retentissantes expériences menées par Alain Aspect sur le phénomène de l'intrication, et il l'est encore plus aujourd'hui, fréquemment utilisé à toutes les sauces, comme pour qualifier un phénomène encore largement déroutant. Il se peut que Schmitt ait eu cette impression concernant sa propre analyse, elle-même issue d'une révolution keynésienne qui n'était peut-être, selon lui, pas encore pleinement comprise ; d'où l'usage d'un terme frappant, un terme encore mystérieux pour beaucoup, et qui relate encore, en effet, le comportement toujours aussi déconcertant d'un électron semblant choisir, sous la contrainte de l'observation, l'une des deux fentes de Young par laquelle il passe en tant que corpuscule, alors que, incognito, il ne se gêne pas pour passer, en tant qu'onde, par les deux fentes à la fois.

Cela dit, le débit et le crédit ont effectivement, lorsqu'ils sont portés sur le même compte, un comportement analogue à la rencontre d'ondes inverses, puisqu'ils se compensent pour la même mesure, l'un étant précisément l'inverse de l'autre. Toutefois, le phénomène n'est pas spécifiquement lié à une nature soi-disant ondulatoire des écritures comptables ; on pourrait aussi bien dire que le débit neutralise le crédit, comme la base neutralise l'acide, sans que ces écritures ne relèvent de la chimie. L'économie n'a que faire de représentations empruntées à d'autres sciences, même si certaines comparaisons demeurent susceptibles d'aider à sa compréhension. Malgré le fait que Schmitt passe beaucoup de temps, au début de son ouvrage, à décrire la nature ondulatoire de la production, la suite de l'argumentation au niveau proprement économique ne saurait que prêter, à l'adjectif « quantique », les sens de « simultanés », qualifiant les débits et crédits inscrits, et d'« instantané », qualifiant le circuit monétaire de l'opération de paiement. Pour notre part, nous préférons nous en tenir à ces deux qualificatifs, que nous jugeons suffisamment parlants, même si nous aimons volontiers concevoir, comme nous allons le présenter bientôt, le circuit monétaire de paiement comme un ensemble de débits et crédits « intriqués » ; ce n'est pas, néanmoins, en vertu d'un principe physique, mais afin de relater l'imbrication comptable des écritures alors portées, comme calquées, sur les trois ensembles en présence (E, B et M). L'économie n'a rien à voir avec la physique, avons-nous soutenu ; ce n'est pas pour soutenir qu'elle aurait à voir avec la physique quantique.

Toujours est-il que, pour Schmitt, les revenus paraissent condamnés, dès l'instant de leur production, à finir, tôt ou tard, par être dépensés ; il s'agit là d'un point auquel nous ne pourrions que souscrire, compte tenu de l'amortissement nécessaire des coûts qui leur correspondent. De même, les marchandises sont destinées à l'écoulement, de gré ou de force : si ce n'est le consommateur final, c'est leur producteur qui les écoule, comme le pâtissier mange le gâteau qui lui reste, ayant ou non amorti son coût dans la vente des autres, comme les actionnaires voient les profits nets réduits par les invendus ; dans tous les cas, le coût de production des marchandises proposées à la vente est déjà payé ; elles seraient donc déjà vendues, à leur coût de production. C'est ce type d'interprétation qui est en général retenu, par exemple dans un article de Simon Virely.

« À l'instant même du versement des salaires, les produits sont donc écoulés, même si l'écoulement «*physique*», soit l'acquisition du bien matériel, est repoussé dans le temps, il n'en n'est pas moins strictement nécessaire, et donc d'un point de vue logique, « *déjà accompli* ». »

(Virely, 2013)

Mais Schmitt, perfectionniste, propose une « version forte » du phénomène : la rétroaction imposerait une coïncidence exacte des deux paiements successifs.

« [...] la deuxième demi-émission, postérieure dans le temps chronologique, coïncide exactement avec la première dans le temps quantique. »

(Schmitt, 1984, p. 130)

Les deux opérations, chronologiquement séparées, seraient en fait reliées, comme synchronisées ; le même produit (ou revenu) global constitue, en effet, leur objet commun, l'une le créant, l'autre le détruisant, et cela entraînerait une réinterprétation de sa répartition. Il est certain que la grandeur finalement répartie et consommée ne peut qu'être identique à la grandeur initialement produite, d'où l'idée d'opérer une sorte de superposition des deux moments concernés, révélant ainsi, dès le premier paiement de sa formation, sa partition potentielle, en sommeil, mais qui était bien là, comme déjà validée. Répartis dans l'instant, les revenus seraient détruits dans l'instant, car « [...] la dépense des salaires prend rétroactivement effet à l'instant de leur formation : les revenus n'ont qu'une vie instantanée. » (*Ibid.*).

Aussi fascinante qu'elle puisse paraître, cette proposition ne peut que demeurer la propriété de son auteur, d'autant qu'elle ne semble pas avoir de portée directe en termes de compréhension du phénomène ; elle l'obscurcirait, plutôt. La référence à Marx est cependant claire, dans la notion de « quantum », reprise et précisée, dans la mesure en temps – désormais « quantisé » – de travail, ainsi revisitée, et dans la répartition, par la rétroaction, rétablie au moment de la production. Mais c'est dire, par l'artifice quantique, que les revenus ne naîtraient pas homogènes, car déjà affectés par les paiements futurs. Or, cette homogénéité est nécessaire, puisque, sans les dépenses finales de consommation, en particulier l'achat/vente des biens-salaires, le revenu global ne saurait être partitionné, rétroaction ou non. Ce n'est que lors de cette opération, nous l'avons vu, que les biens-salaires peuvent être distingués des biens-profits. Autrement dit, la répartition du produit nécessite absolument le second paiement de consommation, que cette dépense soit amenée à rétroagir ou non sur le premier paiement de production ; la répartition ne dépend donc pas formellement de cette rétroaction.

Si Schmitt s'est réfugié dans le temps quantique, c'est sans doute parce que la considération d'une synchronisation littérale des deux paiements successifs nécessitait la suppression pure et simple du temps qui les sépare, ce qui ne pouvait qu'apparaître inacceptable, impossible à établir. Rappelons la citation du même auteur, dans le même ouvrage.

« À l'instant même où les revenus sont créés, ils sont (intégralement) épargnés : l'induction en est nécessaire puisque tout revenu non consommé est épargné et que les ménages ne sauraient logiquement dépenser leurs revenus (même partiellement) dans l'opération de la création des revenus. »

(Schmitt, 1984, p. 429)

Si la dépense des revenus intervenait au moment même de leur formation, il n'y aurait pas d'épargne. Il n'y aurait ni revenu, ni coût, ni épargne ; et les revenus, en effet, n'auraient qu'une vie instantanée. Mais elle ne le fait pas, bien entendu. Du moins, elle le ferait, d'après Schmitt, dans le « temps quantique ». Quoi qu'il en soit, cette considération d'une existence instantanée des revenus pourrait bien constituer le parangon d'une interprétation plus qu'éphémère de la valeur.

De notre point de vue, s'il fallait réinterpréter la production à l'aune de la consommation, nous pourrions rappeler la proposition vue *supra* : « La différence entre le prix et le coût des biens-salaires correspond au coût des biens-profits ». Autrement dit, lors de la consommation, pour obtenir les biens-salaires, les salariés doivent en payer le prix (le revenu global), donc payer le coût des biens-profits en sus. Inversons les termes de la proposition : « La différence entre le prix et le coût des biens-profits correspond au coût des biens-salaires ». Ainsi, lors de la production, pour obtenir les biens-profits, les futurs titulaires de profits doivent en payer le prix (le revenu global), c'est-à-dire verser les salaires, donc payer le coût des biens-salaires en sus. La différence, de taille, est que les salariés travaillent pour percevoir leur salaire, tandis que les entreprises paient les salaires pour le compte des titulaires de profits.

Il est possible, enfin, de proposer une autre interprétation, moins absolue, peut-être plus sombre et incertaine. Cela consisterait à opérer un changement d'échelle, nous éloignant progressivement de la ligne du temps. Si la durée entre la formation et la dépense des revenus peut paraître positive à l'échelle d'une année (comme exercice comptable), voire à celle d'une vie d'homme, elle se réduit inexorablement, comme les années elles-mêmes, comme les vies d'hommes elles-mêmes, à l'échelle de la vie des nations, donc de celle des ensembles en présence qui disposent, précisément, des revenus nationaux. Ainsi, la phrase désolée d'Horace Say, mise en exergue de ce chapitre, ne se conçoit bien que dans une vision proche du temps, révélant l'entièreté de la vie de celui qui l'aura « consacrée à faire des têtes d'épingles ».

« C'est une triste chose, a-t-on dit, pour celui qui touche à la fin de sa carrière de reconnaître que sa vie entière a été consacrée à faire des têtes d'épingles. »

(Say, 1852, p. 569)

Passé le côté caustique de la remarque, on s'interrogera sur le sens d'une vie passée, effectivement, à travailler la même chose, de la même manière, à la chaîne, et rire sous cape de la petitesse des choses réalisées, comme les têtes d'épingle en sont l'exemple piquant ; ou bien, l'on regrettera d'être pris, rejeté et repris, pour des emplois subalternes, aussi facilement qu'on se mouche, tandis qu'un faible pourcentage de la population occuperait un poste véritablement désiré, non subi. S'interroger sur la place et le sens du travail dans la société, voilà une réflexion amenée par cette citation. Mais la réalité économique, il faut bien le dire, serait encore plus désolante.

« Lancée dans les salaires, la monnaie est l'unique produit national : littéralement, toutes les branches d'activité de l'économie ont produit le même « article », des unités de monnaie et absolument rien d'autre. »

(Schmitt, 1984, p. 87)

« Cela nous permet de revenir au développement de l'explication principale, afin d'achever de démontrer que *l'unique produit de l'économie nationale est en toute période une somme de monnaie.* »

(Schmitt, 1984, p. 113)

D'un point de vue strictement économique, en effet, nous ne produisons pas des têtes d'épingles, ni quoi que ce soit de matériel ; nous produisons des unités monétaires, des sommes, comme le dit Schmitt, de monnaie. Mais ce serait toujours une triste chose de reconnaître que notre vie entière eût été consacrée à faire ces unités s'il ne s'était agi de monnaie réelle, étant donné que ces unités mesurent des salaires, c'est-à-dire du travail effectif. En cela, l'ouvrier de la fabrique d'épingles pourra toujours se consoler en reconnaissant qu'il aura consacré sa vie à contribuer, en tant que membre de l'ensemble des ménages, à la création de revenus monétaires, seule nature économique des produits, seule apparence de la valeur économique.

À la fin de sa vie, le fils de Jean-Baptiste Say aura sans doute parcouru, une dernière fois, les écrits de son illustre père. Il aura peut-être alors relevé que, pour ce dernier, la durée d'une vie, donc de celle des revenus produits par celui qui l'aura vécue, ne relevait que d'un instant, à l'échelle des nations. Une tête d'épingle, à cette échelle.

« Rien ne peut suppléer à l'action du temps ; mais son influence est infaillible. Elle nous paraît lente parce que nous ne vivons qu'un instant ; mais elle est rapide si nous considérons la vie des nations. »

(Say, 1841, p. 52)

# Chapitre 4

## La création monétaire ou la valeur imaginaire

« D'ailleurs, il est très-vrai que si un nid ne durait pas plus de temps qu'il n'en faut à l'oiseau pour le faire, les oiseaux devraient se passer de nids. »

Karl Marx, *Le Capital, Livre premier*, traduction de M. J. Roy (1872), Maurice La Châtre et Cie, p. 222.

Nous ne pouvons qu'espérer, à présent, que le lecteur ait bien daigné nous suivre dans l'aboutissement des raisonnements menés. Si ce n'est le cas, du moins aura-t-il eu l'occasion, sans doute, de réfléchir aux sujets abordés, et de s'en faire une opinion personnelle. En ce qui nous concerne, les résultats analytiques précédemment établis peuvent tout à fait servir de base à une réflexion critique concernant le phénomène que l'on nomme couramment « création monétaire ». Pour ce faire, résumons ce que nous savons.

Nous savons que la production de valeur s'opère par une opération de paiement : le paiement des salaires. La valeur produite correspond aux « revenus-coûts » nominaux ainsi créés, de manière comptable, sur les ensembles en présence. Cette opération ne nécessite aucune autre valeur, aucun autre revenu-coût préalable, car le paiement des salaires n'est pas un achat de marchandise ; la détention préalable d'un revenu à pouvoir d'achat positif n'est alors nullement nécessaire. Le paiement de production engendre précisément, en même temps que les salaires, le pouvoir d'achat associé, maintenu par l'épargne, relation financière établie entre les ménages ainsi payés et le système productif en tant que payeur. Le pouvoir d'achat, formellement, s'exerce par le paiement inverse du précédent, le paiement de consommation : le revenu-coût disparaît, ainsi que l'épargne connexe, tandis que les marchandises vendues se donnent entièrement, en toute valeur d'usage utile, aux ménages.

D'où viendrait, alors, la nécessité de concevoir la « création », même comptable, d'un objet monétaire distinct ayant lui-même, forcément, une valeur ? Serait-ce pour conserver, à propos des transactions, l'imagerie prégnante de l'échange, basée sur le fait observable du don de pièces ou de billets contre une marchandise, ou contre un travail assimilé à un service ? Mais qu'échange-t-on contre ses courses lorsque l'on paie par carte bancaire ? On répondra : « Ce qu'il y a sur notre compte » ; mais ce qu'il y a sur nos comptes bancaires, pour autant qu'ils soient créditeurs, ce ne sont pas, d'un point de vue comptable, nos revenus (qui sont à notre passif), mais nos créances sur le système bancaire, dites « dettes bancaires » (ainsi inscrites du côté des banques). Les stigmates, donc, de relations financières nécessairement issues de paiements précédents dont nous fûmes les bénéficiaires. Or, la consommation d'un revenu ne peut être analysée comme un échange entre une marchandise et une créance financière.

Tout paiement engendre une relation financière, intermédiée *via* le système bancaire, entre le payeur, débité en banque, et le payé, crédité en banque ; et lorsque le payé « utilise » à son tour sa créance, la « mobilise » comme si elle était mise en mouvement (toujours cette image de déplacement), il ne peut, en réalité, l'échanger contre autre chose, parce qu'il tient alors le rôle du payeur : il s'endette nécessairement, par le débit de son compte, compensant alors le crédit qui y était inscrit. Sa créance est tuée dans l'œuf ; il ne peut donc pas la transmettre. Elle est tuée par la dette qu'il doit contracter, quel que soit « ce qu'il y a sur son compte ». Ce n'est qu'en empruntant des milliards que l'on peut dépenser ses milliards. Elon Musk, ici, est impuissant ; quoi qu'il fasse, il sera toujours obligé d'emprunter ne serait-ce que cinquante centimes pour avoir un café. La conception d'une créance qui se transmettrait dans les paiements ne tient pas, aussi bien pour le paiement de production que pour celui de consommation. Le premier ne nécessite, on l'a vu, aucun capital financier préalable ; le payeur n'a logiquement pas besoin d'être créancier net avant de l'effectuer, assumant ainsi, jusqu'à la vente, le résultat débiteur de l'opération. Le second paiement, quant à lui, ne laisse, pour le coût de la marchandise achetée, aucune créance nette pour le vendeur (ayant amorti ce coût). Dans les deux cas, aucun transfert de créance ne peut être décelé pour le montant exact de l'achat/vente, c'est-à-dire du coût en salaires de la marchandise.

## La monnaie comme marchandise

Néanmoins, et c'est assez regrettable, l'analyse contemporaine considère toujours des déplacements de monnaie en contrepartie des biens et services obtenus par la « production matérielle ». C'est à croire que la monnaie serait condamnée à circuler, comme un vulgaire bien d'occasion, comme une marchandise déjà achetée depuis longtemps. Une marchandise, oui. La monnaie est vue, au XXI$^{\text{ème}}$ siècle, et elle le sera, sans doute, encore longtemps, comme une marchandise. Une marchandise spéciale, certes, distincte des autres, mais une marchandise tout de même. Malgré les raffinements, notamment sociologiques, apportés à la conception de la monnaie (la monnaie comme langage, comme fait social, comme porteuse d'une violence symbolique, etc.), terrains d'investigation que nous n'explorons pas ici, et malgré l'importance renouvelée, au sein de l'école post-keynésienne, donnée à la fonction d'unité de compte ou « d'expression des créances et des dettes », sa fonction traditionnelle, même pudiquement voilée derrière la notion vague – et fausse – de « moyen de paiement », demeure invariablement la plus importante : la monnaie reste économiquement analysée comme un intermédiaire au sein des échanges. Elle circule par les transactions auxquelles elle participe, en échange des marchandises comme « produits réels » ; elle possède ainsi, nécessairement, une propriété assignable à toute marchandise, à savoir l'échangeabilité. Comme telle, elle a donc une valeur, puisqu'elle participe aux échanges basés sur l'équivalence de leurs termes.

Toutefois, même dans ce cadre, la monnaie admet au moins deux différences d'avec les autres marchandises : elle est la seule qui soit utilisée comme intermédiaire, la seule précisément « spéciale » en ce sens ; cette particularité devrait-elle contribuer à la ranger parmi ses soi-disant congénères ou, au contraire, la distinguer de celles-là ? Ainsi, la monnaie est la seule marchandise qui participe à toutes les transactions. Elle est aussi la seule marchandise qui ne soit jamais utilisée en tant que valeur d'usage ; toutes les autres sont utilisables entre les transactions, jamais aux moments précis de celles-ci. Pour la monnaie, c'est le contraire, n'étant « utilisée » qu'aux moments des transactions ; entretemps, elle ne sert formellement à rien. La monnaie, autrement dit, doit avoir les attributs d'une marchandise pour pouvoir servir d'intermédiaire, sans en être une de manière finale.

« S'agissant de la nature de la marchandise fonctionnant en tant que moyen d'échange, le processus d'élection se déroule dans le cadre d'une économie d'échanges réels, à savoir un amalgame de transactions caractérisées par des rapports d'échange physiques. On en déduit que la monnaie reste, selon la parabole du troc, l'un des deux pôles des échanges relatifs dans laquelle elle figure, tout en étant un instrument médiateur n'étant pas désiré pour lui-même. [...]

Le problème demeure que, loin d'annoncer une révolution paradigmatique, la théorie de l'échange indirect est minée par une contradiction fondamentale. Soit la monnaie est, en tant que marchandise (dotée d'une valeur propre), l'un des *termes* de l'échange, qui doit alors s'arrêter à la monnaie ; soit l'échange se prolonge sur une marchandise, auquel cas la monnaie représente nécessairement un *intermédiaire* non-marchand. »

(Massonnet, 2018, pp. 3-4)

Le problème de la vision de la monnaie comme « brisant le troc » se constitue en effet dans sa capacité à remplacer, pour un temps, la marchandise promise lors de la réalisation ultérieure du « troc intégral ». Cela nécessite de considérer qu'elle pourrait être un bien final, la transaction étant analysée avec le concept d'échange, celui-là même utilisé pour décrire un troc terminé entre deux marchandises. Or, à l'issue d'une telle opération, l'échange direct entre marchandises étant conçu comme entre équivalents, aucun engagement ne doit subsister entre les protagonistes.

« Le troc est un *transfert réciproque de biens entre deux acteurs ou de groupes d'acteurs.* La relation de troc est *bilatérale.* [...] L'objectif du transfert dans le troc est marchand et une fois les mouvements effectués selon les termes de l'accord, la relation entre les protagonistes *est close.* »

(Alary, 2006, p. 121)

Ce n'est, ainsi qu'on l'imagine aisément, que lorsque les transferts réciproques ne sont pas simultanés qu'apparaît une relation d'engagement : l'agent qui n'a toujours pas reçu sa marchandise, ayant déjà transféré la sienne à l'autre, effectue indéniablement une opération de crédit au bénéfice de ce dernier.

« Troc et crédit ne s'opposent pas voire se complètent comme l'illustre l'exemple suivant. À l'instant t l'acteur A transfère le bien X à l'acteur B et les deux acteurs s'accordent sur la contrepartie Y à transférer de B vers A à t + n. Deux cas de figures se présentent. Soit B possède déjà Y et pour des raisons indéterminées le transfert se fera à t + n. Soit Y n'appartient pas encore à B et un délai est nécessaire à B pour s'approprier Y avant de l'échanger. Si au moment de l'échange B n'a pas encore produit Y, A fait un crédit à B et cette relation est une relation de troc où intervient une opération de crédit. »

(Alary, 2006, p. 104)

On voit que, lorsque l'échange n'est qu'à demi effectué, un engagement est institué. En d'autres termes, et c'est un sociologue qui les aura écrits, le don sans contre-don réciproque (hors cadre familial ou amical) aboutit nécessairement à un prêt, le prêteur faisant crédit à l'emprunteur.

« Or, le don entraîne nécessairement la notion de crédit. »

(Mauss, 1923, p. 46)

Et lorsqu'un tel engagement de crédit est pris en économie, cela s'appelle une relation financière. Or, quel est le résultat de chaque paiement monétaire, sinon l'établissement d'une relation financière ? La monnaie ne saurait ainsi représenter un bien final, obtenu à la suite d'un échange, non par la simple considération que l'on ne voudrait pas, en général, la conserver comme tel, ou que l'on souhaiterait le plus souvent l'utiliser dans une transaction ultérieure afin de se procurer une autre marchandise ; la monnaie ne peut être un bien final par nature, puisque son résultat financier, la créance détenue par le payé, est précisément la preuve, même momentanée, de l'absence d'un tel bien dans son patrimoine.

Dans sa thèse, Pierre Alary ne peut évacuer, par ailleurs, le problème de la comparaison des objets troqués.

« Sur quelles bases compare-t-on des biens très différents ? Comment des éléments aussi différents qu'un service de loisir, un kilogramme de viande, un hamster, un excès de vitesse sanctionné, le travail d'un chercheur, un livre, une bague, etc., se comparent-ils ? A priori, la comparaison semble difficile dans la mesure où les unités changent : le kg pour la viande, la consultation pour le médecin, l'animal pour le hamster, la publication pour le chercheur, etc. De plus, même communes certaines unités ne permettent pas de comparer la valeur. Sous quelles conditions, un kilogramme de viande équivaut-il à un kilogramme de pomme ? »

(Alary, 2006, p. 141)

Le kilogramme, la vitesse ou le hamster n'ont bien entendu aucune pertinence pour fonder la comparaison, car ces unités de mesures sont empruntées aux sciences expérimentales, tout comme les concepts de masse, d'espace-temps ou d'animal auxquels elles se rapportent. En économie, le concept utilisé est la valeur. Les biens, pour être troqués, doivent être équivalents : ils doivent avoir la même valeur ou, plus précisément, les valeurs respectives doivent être égales, par l'égalité de leurs mesures. Comment détermine-t-on, alors, si deux marchandises différentes participant à un troc ont la même valeur, indépendamment de toute référence à d'éventuels prix monétaires ? La négociation fournit-elle un élément d'explication ?

« Dans une relation de troc, la négociation qui nous intéresse porte sur un type d'accord spécifique directement lié à l'absence d'une norme particulière. Pour pallier l'absence d'une référence pour évaluer les biens selon une norme homogène, les coéchangistes négocient. [...]

Exemple : Soit l'acteur A possède X et recherche Y et l'acteur B possède Y et recherche X. L'acteur A estime l'équivalence entre deux biens à 1X = 5Y et l'acteur B l'estime à 7X = 2Y. A et B ne disposent pas d'une norme commune où nX = n'Y. Ainsi, pour échanger, A et B négocient, recherchent un terrain d'entente, une équivalence xX = yY acceptable par les deux protagonistes. La négociation permet de construire une équivalence. [...]

Lorsqu'ils troquent, parce qu'ils ne disposent pas des mêmes normes, les acteurs de communautés différentes ont recours à ce type de négociation. Chacun estime l'utilité espérée du bien acquis, dans sa communauté, et la compare à l'utilité du bien cédé, dans sa communauté. Le différentiel d'utilité au sein de sa communauté (et non par rapport à un marché qui n'existe pas) guide son choix, indépendamment du profit que peut faire l'autre acteur impliqué dans l'échange. »

(Alary, 2006, pp. 116-117)

La négociation ne permet pas, en réalité, de répondre au problème de la détermination de l'équivalence en l'absence, précisément, d'une norme homogène et objective permettant de mesurer les valeurs. On finit inévitablement par parler d'utilité, « espérée » qui plus est, qui ne peut être qu'estimée, pour chaque terme du troc, de façons fort différentes par les protagonistes (même approuvés par leur communauté), afin de « construire une équivalence » de toutes pièces, elle-même estimée. Mais qui a dit que la comparaison de deux utilités espérées, largement subjectives, pouvait déterminer une équivalence objective ? Plus loin, Alary change son fusil d'épaule et considère, pour établir l'équivalence, la réalisation concrète des marchandises, à savoir le travail nécessaire, là aussi par l'estimation de sa pénibilité ou par la comparaison des mesures de sa durée.

« Dans une même société de production domestique les acteurs s'affairent globalement autour d'activités de productions semblables. Grâce à son vécu de chaque production un acteur estime la valeur de la production des autres. Ce vécu, la pénibilité du travail, le temps de travail, mais aussi le prestige de la production, etc., permettent d'établir des normes de comparaison entre les biens ou les actes au sein d'une communauté. Si tous les acteurs d'une société produisent des pommes et des poires, par exemple, ils comprennent tous, par rapport à leurs normes, la valeur de ces fruits. [...]

Exemple : la perception commune de la pénibilité du travail sert de base pour comparer deux pommes et six navets. Si les acteurs en présence ne disposent pas d'un vécu commun, des mêmes perceptions, sur quelles bases vont-ils comparer ?

Grâce à un bien, ou un bien monétaire commun, ils comparent pour donner un sens à la valeur des productions différentes. »

(Alary, 2006, p. 140)

On voit que l'introduction d'un « bien monétaire commun » paraît indispensable pour obtenir une mesure (en termes de ce bien) objective des valeurs. Mais c'est bien, ici, la comparaison de « perceptions communes » (donc subjectives) des travaux effectués qui, relayée par l'introduction d'un tel bien monétaire, permettrait de confronter les valeurs relatives des marchandises échangées : les travaux nécessaires à leur obtention, par leur durée, leur pénibilité, doivent être vus, vécus, comme étant peu ou prou les mêmes. Or, quelle est la mesure objective du travail effectué, en économie monétaire, si ce n'est le salaire perçu ? Sortis de cette « société de production domestique » où « les acteurs s'affairent globalement autour d'activités de productions semblables », amenés à comparer des travaux physiques bien plus hétérogènes que différentes cueillettes ou récoltes, les protagonistes choisiraient très certainement une autre base que le seul vécu du travail accompli, en l'occurrence, le montant des salaires obtenus pour ces travaux. Dès lors, pourquoi focaliser sur les prix et leurs rapports pour comparer les valeurs si les valeurs relatives sont en fait déterminées par les rapports de salaires ?

La référence au travail est, nous le savons, nécessaire. C'est que, contrairement à la monnaie, les marchandises, en tant qu'objets ou services, ne sont pas formellement créées, elles sont fabriquées ou rendues ; c'est bien ce qui les rend porteuses de valeur, car elles nécessitent ainsi un travail certain, mesuré par un paiement dont elles hériteront, précisément, de la mesure pour jauger leur propre valeur. La monnaie aurait une valeur, fondement de la possibilité de sa participation aux échanges ; cela devrait la conforter en tant que marchandise. Cependant, la valeur des autres marchandises est fondée sur le travail nécessaire, elle en est précisément la mesure. Quel est le travail nécessaire pour produire la monnaie ? Si, par le même « simple jeu d'écriture », le banquier est capable de créer aussi bien mille, dix mille ou, même, plusieurs millions d'unités monétaires, la valeur de ces montants ne peut d'évidence être la mesure de cette seule et même opération, en tant que travail du banquier qui l'effectue. Quant au travail nécessaire à la fabrication des pièces et des billets, il est certain qu'il constitue leur coût de production en tant que marchandises, finalement écoulées fiscalement chez les ménages contribuables. Au vu de leurs seuls déplacements physiques, s'impose l'idée d'une masse monétaire en circulation ; mais c'est manifestement confondre l'usage de supports physiques de relations financières comptables avec la circulation des relations financières elles-mêmes.

« [...] ce ne sont pas les échanges que la monnaie brise en deux moitiés complémentaires, mais bien le processus d'appropriation du produit. Si une comptabilité à partie double régit également l'activité des individus en situation d'autoconsommation, le produit du travail n'a pas besoin de recevoir de mesure *sociale* dans ce contexte puisque la production et la consommation y sont des événements simultanés. Dans une économie monétaire de production, reconnue par sa division du travail, les travailleurs ne consomment pas immédiatement le produit de leur travail, la disjonction de la production réelle et de la consommation de ce produit *nécessitant* l'existence de la production monétaire. »

(Massonnet, 2018, pp. 17-18)

La raison d'être de la monnaie comme unité de mesure du produit est alors perceptible : le « produit réel » (les marchandises concrètes) ne pouvant se former en nature directement dans le patrimoine des ménages (travailleurs) qui le produisent, il ne peut qu'exiger qu'on le mesure dûment pour pouvoir s'y former de la sorte par la suite, lorsque les ménages le décideront. C'est pourquoi il apparaît directement en monnaie dans leur patrimoine, sous la forme du revenu monétaire, avant de l'être en nature. Nous l'avons vu avec l'exemple des clous de Schmitt : les salaires versés présentent un produit monétaire qui ne s'ajoute pas à la valeur des biens stockés et encore invendus ; il est la seule et unique présentation de leur valeur, mesurée en unités monétaires, reflétée, comme dans un miroir comptable, par le coût formé chez les payeurs de ces salaires. Ainsi, la considération d'une « masse monétaire » formée d'actifs nouvellement créés par les banques, s'échangeant contre la masse équivalente (ou rendue comme telle par le niveau des prix) des marchandises, revient formellement à doubler, aussi incroyable que cela puisse paraître, la valeur totale existante dans l'économie. Considération véritablement iconoclaste, justement relevée par Jonathan Massonnet.

« Dire que les banques financent la production revient à leur confier une capacité de création quasi-métaphysique, tout en réduisant le système économique à un réseau d'échanges de quantités *physiques* (l'échange monétaire ayant une *masse* monétaire à l'un de ses pôles), ce qui ignore le caractère créateur de la production. [...] Autrement dit, les banques avanceraient d'elles-mêmes un pouvoir d'achat adjacent aux biens réels, dont la valeur est pourtant stationnaire en raison du caractère conservatif de l'analyse, ce qui requiert de multiplier par deux une grandeur censée rester inchangée. [...] l'assimilation de la monnaie à une grandeur patrimoniale impose d'additionner (la monnaie créée par les banques et le nouveau produit) par le paiement des salaires ce qui constitue en réalité les deux facettes (nominale et réelle) d'un phénomène unitaire, à savoir la production. Chaque échange sur le marché des produits rapporterait alors les ressources produites par les banques dans le cadre du financement de la production et les résultats de cette même production, d'où un double comptage fautif [...] qui condamne l'association de la monnaie et des biens réels en considérant celle-ci comme un actif net. »

(Massonnet, 2017, pp. 219-220)

Cette vision double de la valeur existante, dans les marchandises d'une part, dans la masse monétaire d'autre part, est inévitable dès lors que l'on se propose d'expliquer les transactions auxquelles ces masses participent comme des échanges, entre équivalents ou non, d'objets nécessairement distincts. La notion de variation relative des valeurs impliquées, dont on pense déceler la trace dans la variation des prix, est alors considérée comme pertinente : les prix reflètent, face aux marchandises, la valeur de la monnaie. Dès lors, tout est terminé. Le raisonnement quantitativiste qui s'impose consacre la « valeur relative à la monnaie » des marchandises et la « valeur relative aux marchandises » de la monnaie. Autrement dit, lorsque les prix augmentent, lorsque, donc, les valeurs (reconnues en tant que telles) des marchandises augmentent, cela revient à dire que la valeur de la monnaie diminue. Cette diminution de la valeur de la monnaie est couramment nommée « inflation ».

### Masse monétaire et inflation

Lorsque la masse monétaire circule en contrepartie des marchandises, l'opération de mesure de leur valeur est censée se produire lors même des transactions d'achat et de vente. Autrement dit, la teneur en produit de l'unité monétaire se détermine après la production, lors des transactions de consommation. Ainsi, la valeur ne se forme pas véritablement comme coût de production : celui-ci est déterminé « hors valeur » ou, du moins, comme s'il n'en représentait toujours qu'une partie. Puis, la valeur – intégrale – de la marchandise se forme lors de sa vente, correspondant à son prix ; elle rembourse alors, ou non, le coût de production, et elle contient un profit en sus par simple comparaison. D'un point de vue organique, il semblerait même possible de considérer que le coût de production ne fasse pas du tout partie de la valeur, s'agissant d'un simple coût à assumer pour pouvoir produire une marchandise dont la valeur se formerait par la suite, lors de la vente. Cependant, si le coût était complètement distinct, en nature, de la valeur ainsi formée, on ne saurait expliquer comment celle-ci pourrait l'amortir, par leur seule rencontre comptable.

La relation entre les grandeurs monétaires et les « grandeurs réelles », bien que supposée, semble encore fragile lorsque l'on considère l'économie basée sur deux marchés distincts, à l'instar de la vision de Walras, sur lesquels interviennent consécutivement les services producteurs et les produits obtenus. On est ainsi amené à distinguer conceptuellement les deux types d'échange « produits / monnaie », par la distinction des marchés : les biens produits par les ménages (essentiellement des services de travail) s'échangent contre la monnaie sur le marché du travail, et les biens produits par les entreprises s'échangent contre la monnaie sur le marché des produits (ou marché des biens et services). Les « produits » de ces catégories étant alors conceptuellement différents, on ne saurait établir de liaison organique entre les deux types d'échange. Seules les contraintes de revenu et de dépense assurent un semblant de liaison, par la nécessité de l'usage de la monnaie sur les deux marchés. Dans ces conditions, la distinction entre la production et la consommation est effectuée selon le critère de deux mesures inévitablement indépendantes. Étant des premières mesures, sur leurs marchés respectifs, de biens distincts, leur équivalence est sans fondement. Dans ce cadre, le produit national correspond aux marchandises mesurées (par leur prix) une première et dernière fois sur le marché des produits, et les contraintes s'imposent principalement aux ménages, dont les services sont mesurés (par les salaires) une première et dernière fois sur le marché du travail. Les deux échanges dont la monnaie est l'un des termes ne peuvent donc pas être transitifs, puisqu'il n'y a pas d'équivalence forcée entre les deux « termes réels », les marchandises et le travail nécessaire.

Dans le même cadre d'analyse, le travail n'étant pas le seul facteur de production, il est possible de concevoir une production soutenue de la part des entreprises combinée à une baisse de leur demande de travail (les machines « produisant à la place » des travailleurs) ; les ménages, étant de ce fait « rationnés » sur le marché du travail, ne demanderont pas assez de biens sur le marché des produits en vertu des contraintes, d'où la présence de stocks d'invendus entraînant une nouvelle baisse de la demande de travail de la part des entreprises et l'émergence d'un déséquilibre qui peut être considéré comme cumulatif. On voit que la vision dichotomique est ancrée par la distinction des mesures, puisque les deux types de produits n'ont aucun lien entre eux, et le travail des ménages, en tant que service, s'échange contre la monnaie parce que tous les biens et services doivent s'échanger contre la monnaie, par hypothèse. Le pouvoir d'achat du « bien monnaie » sur le marché des produits n'est ici nullement expliqué, il est postulé, et la mesure du produit des entreprises n'a nulle raison de correspondre à l'échange effectué sur le marché du travail. Le même « bien monnaie » étant utilisé pour mesurer deux produits distincts n'ayant aucun lien entre eux, il n'entretient pas de rapport privilégié avec l'un ou l'autre ; il est donc dissocié des deux et apparaît comme un produit spécifique d'un tiers, le système bancaire. Or, l'unicité du facteur de production infirme cette distinction des mesures.

« La détermination du caractère social est en effet réalisée dès la phase de production. [...] La source du produit étant le travail, la mesure économique est une mesure des contributions des travailleurs-salariés à la production de la collectivité. Dans une économie monétaire, c'est donc à travers la mesure de la rémunération de ces travailleurs que la mesure économique doit être réalisée. »

(Bradley, 1991, p. 67)

On le voit, l'unicité du facteur de production implique une contrainte qui s'exerce sur la consommation, contrainte liée à la mesure monétaire du produit : celle-ci est effectuée lors de la production, et la consommation ne peut que respecter cette mesure, en tant que « reproduction inverse » de cette même production. Soutenir que les prix seraient déterminés par la rencontre, dans les dépenses, entre la masse monétaire et la masse des produits ne résiste d'ailleurs pas à l'observation la plus élémentaire ; car lorsqu'un achat est effectué, le prix pour lequel la transaction a lieu est bel et bien déjà fixé, clairement affiché. Les consommateurs désireux d'obtenir la marchandise convoitée ne peuvent *a priori* le modifier. Certes, selon que les achats volontaires (correspondant à la demande « spontanée ») sont nombreux ou faibles, épuisant ou non le stock en vente, la situation incitera les vendeurs à modifier le prix *ex post*, mais cet enchaînement ne préjuge pas d'un rapport organique entre la demande adressée par la dépense d'un certain revenu et le montant du prix finalement fixé. La causalité retenue, si l'on devait en chercher une, serait plutôt inversée, le niveau des prix affichés conditionnant le montant des revenus à dépenser pour écouler les marchandises. Il n'en reste pas moins que cette causalité demeure faible, les biens jugés trop chers pouvant rester invendus ; aucun revenu ne sera alors spontanément dépensé pour le montant de leur prix, ce qui infirme la relation entre les dépenses et les prix. Les invendus définitifs seront, par contre, logiquement acheté/vendus de force, pour le montant de leur coût de production. Cette relation entre les coûts en salaires et les revenus produits est alors la seule objectivement déterminée, dont l'amortissement futur des coûts dépend entièrement, puisque c'est par la dépense finale des revenus que celui-ci s'effectuera. La relation établie, lors du paiement de production, entre les coûts à amortir et les revenus produits, scellée par le crédit octroyé par les banques aux entreprises et celui, en dépôts, octroyé par les ménages aux banques, définit en effet une relation d'identité.

« En réalité, la référence à l'égalité nécessaire des dépôts et des crédits bancaires lève l'ambiguïté : il est impossible que la dépense des revenus soit inférieure ou supérieure à leur formation. La définition de la monnaie rend en effet cette inégalité inconcevable. »

(Bradley & Friboulet & Gnos, 1996, p. 23)

Les tenants d'une confrontation de la masse des produits à la masse monétaire sont évidemment sourds à ce type d'objection, en premier lieu parce qu'ils ne considèrent pas le travail comme unique facteur de production. Ce n'est pas la monnaie qui voile ici leur regard, mais la persistance rétinienne de la responsabilité attribuée à des marchandises, comme nous l'avons déjà souligné, d'être à l'origine de produits, de par leur seule utilisation productive au sein des entreprises. Autrement dit, la reconnaissance de l'unicité du facteur travail est comme empêchée par la prise en compte de la valeur d'usage des biens de production. La surdité est donc liée à un aveuglement, obérant toute définition objective d'un ensemble économique défini lors du paiement des seuls salaires. En second lieu, cette vision est plus immédiate, concrète, et facile à comprendre. Le confort de l'esprit est sans commune mesure. L'analyse de l'inflation, par la confrontation des deux masses, est en effet d'une simplicité enfantine. Une création monétaire excédentaire entraîne un décalage entre les deux masses en présence ; la masse monétaire se révélant supérieure à l'expression numérique initiale des marchandises (donnée par leur prix unitaire multiplié par leur quantité), l'inflation correspond à une mise à niveau de cette expression compte tenu de celui atteint par la masse monétaire. On convoque alors la notion de valeur relative, révélée par les échanges que sont les transactions entre les marchandises et la monnaie : si les prix augmentent, c'est bien le constat que les marchandises s'échangent contre une quantité plus grande d'unités monétaires ; c'est bien la preuve que leur valeur a augmenté par rapport à celle de la monnaie. De même, c'est bien le constat, symétrique, qu'une unité monétaire s'échange contre une moindre quantité de marchandises ; c'est bien la preuve que sa valeur a diminué par rapport à ces dernières.

L'inflation, d'une conséquence comme constat mathématique, devient alors, insidieusement, une cause explicative : « Les prix augmentent à cause de l'inflation », entend-on couramment. Mais ne calcule-t-on pas l'inflation à partir de la hausse des prix ? La confusion est alors totale entre l'inflation et la hausse des prix. Les mêmes qui prétendent qu'il n'y a pas de lois en économie sont ainsi prêts, sans sourciller, à accepter la loi de l'inflation, ses effets inévitablement corrosifs sur les revenus, et à subir la baisse, pour tout le monde, du pouvoir d'achat, due à une perte de valeur de la monnaie.

« La théorie quantitative a pour caractéristique principale de déduire la détermination des prix de l'équation de deux masses, celle de la monnaie (corrigée par un coefficient V, représentatif de sa vitesse de circulation), et celle des biens produits. Chaque niveau de prix est de ce fait équilibré, par définition. Face à la nécessité de définir l'inflation, cette théorie en est réduite à comparer les équilibres définis à des moments différents et à supposer qu'une variation des prix traduit une évolution divergente de la monnaie et des biens produits. »

(Bradley & Friboulet & Gnos, 1996, p. 18)

La critique formulée est alors constamment la même, et elle est radicale : l'insurmontable hétérogénéité des « produits réels », des valeurs d'usage, des « objets économiques » dénoncés par Fradin, ne permet en aucun cas d'obtenir une mesure globale de ces objets indépendamment de la mesure monétaire. Même le temps de travail, nous le savons, ne peut constituer une unité de mesure satisfaisante. L'écart inflationniste entre cette masse et la monnaie est alors formellement impossible à mettre en évidence.

« Mais comment juger que de telles variations sont inflationnistes, c'est-à-dire traduisant un déséquilibre, sinon en supposant que les grandeurs réelles correspondantes peuvent être évaluées indépendamment des grandeurs monétaires ? »

(Bradley & Friboulet & Gnos, 1996, p. 18)

Les grandeurs monétaires sont en effet les seules variables comparables disponibles. L'inflation se déclarant par les prix, les variations de ces derniers fournissent les références des calculs effectués, sans faire explicitement appel à celles d'autres grandeurs tout aussi monétaires, définissant les coûts, en guise de comparaison.

« Si on considère les choses de façon abstraite, il peut sembler simple de distinguer entre les variations des prix relatifs et celles des prix monétaires, qui sont déterminées indépendamment les unes des autres, et ainsi d'identifier l'inflation. Ce ne serait qu'en pratique que le grand public pourrait être abusé. Ce serait alors la tâche des banques centrales de faire la distinction et de lutter contre l'inflation. Le problème est que les banques centrales ne disposent elles aussi, pour identifier l'inflation, que de la référence aux prix monétaires, c'est-à-dire au niveau général des prix, ce qui les conduit à une impasse.

[...] nous pouvons faire référence à la hausse impressionnante des prix de l'énergie constatée ces dernières années. Ce type de hausse a incontestablement un impact sur le niveau général des prix (« *Harmonized Index of Consumer Prices* » – *HICP* – dans la zone euro). Dans la logique de la théorie quantitative adoptée par la BCE, une hausse du prix de l'énergie ne devrait pas être considérée comme inflationniste. Elle est due à des facteurs réels, en l'occurrence à l'épuisement des ressources naturelles face à une demande mondiale croissante et elle devrait agir comme un signal incitant les agents économiques à économiser une ressource rare. [...] se référer au niveau général des prix pour identifier l'inflation est trompeur. La hausse du niveau général des prix ne peut pas constituer un bon indicateur de l'inflation qui est, dans les termes mêmes de la BCE, (2004, p. 42), « *ultimately a monetary phenomenon* ». »

(Gnos, 2012, p. 3)

On voit ainsi que la hausse des prix – unitaires par nature – et l'inflation ne sont pas des expressions synonymes. Une hausse des prix « due à des facteurs réels », par exemple liée à des coûts en salaires plus importants pour obtenir une même quantité de marchandises, est une évolution normale compte tenu de la répercussion des coûts moyens dans les prix unitaires. Est-ce à dire que l'inflation et la perte de pouvoir d'achat qui lui est associée seraient dues à la seule augmentation des prix « toutes choses égales par ailleurs », c'est-à-dire non justifiée par des facteurs réels (une augmentation des coûts), la fixation des prix étant libre ? Rien n'est moins sûr, car la variation des prix, dans ce cas, fait moins varier le pouvoir d'achat des revenus que la répartition de ces revenus, au pouvoir, nous le savons, formellement invariable.

Dès que l'on abandonne l'idée d'une détermination des prix par la confrontation entre deux masses, celle des marchandises et celle de la monnaie, on ne peut plus retenir l'idée de la variation relative de la valeur d'une masse par rapport à celle de l'autre. La variation de l'expression monétaire du produit global, à travers les prix d'une période à l'autre, n'aboutit pas à une autre expression d'un produit comparable qui aurait été confronté à une masse monétaire changée ; la comparaison des produits, indépendamment de leur expression monétaire, est en effet impossible. Les deux produits successifs s'expriment directement en monnaie par la production des salaires, et, pour chacun, compte tenu de leur mesure en coûts, les prix de la période concernée déterminent leur répartition. La hausse des prix, en effet, n'entraîne pas tant la baisse de la valeur de la monnaie qu'une modification de la répartition des revenus. Les parties prenantes doivent être ainsi reconnues, et lorsque les prix augmentent, il n'y a pas d'autre alternative que d'attribuer cette augmentation, soit à leur partie *Salaires*, soit à leur partie *Profits*, soit aux deux. Ainsi, la hausse de la partie *Profits* n'est due qu'à l'exigence, provenant du vendeur, d'un revenu supplémentaire pour pouvoir acheter la marchandise, un revenu qui ne correspond pas au coût de celle-ci. Le transfert de ce revenu est alors réalisé dans l'opération d'achat.

Nous l'avions suggéré au chapitre précédent, l'interprétation systématique d'une hausse des prix comme étant le résultat d'une diminution de la valeur de la monnaie par rapport à l'ensemble des marchandises masque complètement la modification de la répartition des revenus, due à cette variation. Il est vrai qu'avec les différents facteurs de production retenus dans leurs analyses, les néoclassiques n'ont pas besoin outre mesure d'une explication de la répartition basée sur la non-équivalence des valeurs dans les transactions. Quoi qu'il en soit, l'idée d'une « inflation qui touche tout le monde », où tous les agents seraient perdants, relève d'une représentation bien lâche de la relation entre le produit et la monnaie. Or, il se trouve que l'analyse post-keynésienne reproduit manifestement ce schéma, tout en insistant sur l'importance de la monnaie et l'abandon nécessaire de la dichotomie.

## L'incertitude, source faible de la monnaie

Les post-keynésiens s'inscrivent toutefois volontiers, et c'est tout à leur honneur, dans le cadre d'une « économie monétaire de production », car la monnaie, selon eux, est caractérisée par une offre endogène au système économique, notamment par le mécanisme de sa création. Elle permettrait principalement, de par l'expression qu'elle donne aux titres financiers, de gérer l'incertitude radicale du monde à laquelle les évènements économiques ne sauraient échapper.

« Le cadre d'analyse est celui d'une *économie monétaire de production.* La monnaie est étroitement liée à la production, conformément à l'hypothèse d'endogénéité de l'offre de monnaie (Moore, 1988 ; Rochon et Rossi, 2013 ; Monvoisin, 2006). La monnaie est non neutre, tant à court terme qu'à long terme, en raison des effets structurants du crédit bancaire. Dans le contexte d'incertitude radicale, les contrats, dettes et actifs sont définis en unité monétaire. »

(Lavoie & Ponsot, 2018, p. 116)

La conception post-keynésienne contemporaine se veut ainsi plus proche de la pensée originelle de Keynes, en opposition louable à ce qui est désigné comme un « *nouveau consensus* » de la pensée dominante, les néoclassiques s'étant comme soudés pour affirmer la validité du paradigme reconnu, auquel participent des « nouveaux keynésiens » qui n'en ont que le nom.

« La macroéconomie standard du début des années 2000 repose sur un consensus, ou une nouvelle synthèse entre les principaux modèles macroéconomiques standards. Ce « nouveau consensus », basé sur des fondements microéconomiques néoclassiques, articule des éléments de la *nouvelle économie classique I* – ou école des anticipations rationnelles –, de la *nouvelle économie classique II* – ou école des cycles économiques réels – et de la *nouvelle économie keynésienne*. Ce nouveau consensus a notamment donné lieu à la création des modèles DSGE (*dynamic stochastic general equilibrium* – équilibre général dynamique stochastique), qui sont quasi hégémoniques parmi les instruments utilisés par les économistes orthodoxes [...] Mais, comme l'explique Sebastian Dullien (2011), le mécanisme invoqué par les nouveaux keynésiens n'a rien à voir avec Keynes ou les mécanismes envisagés par les post-keynésiens. [...] Bien que des économistes nouveaux keynésiens tels qu'Olivier Blanchard, Paul Krugman et Simon Wren-Lewis soient parfois très critiques à l'égard des modèles DSGE et de leurs hypothèses, dans le cadre de travaux formalisés aucune alternative ne leur paraît concevable. Leur critique est interne au paradigme dominant. »

(Lavoie & Ponsot, 2018, pp. 117-118)

On mesure toute la difficulté à s'opposer à un tel consensus, d'autant que celui-ci porte souvent sur la construction de modèles théoriques et mathématiques largement hors de portée de compréhension pour beaucoup (dont nous sommes), de sorte que toute critique venant d'un profane en ce type de traitement paraîtra d'emblée illégitime. Que faire, en effet, face à un « équilibre général dynamique stochastique » ? Solidement calé dans son trône néoclassique, drapé de formules uniquement compréhensibles d'initiés, le paradigme en place est difficilement et rarement égratigné.

« On voit alors que la critique des ouvrages mathématiques ne peut être que conceptuelle et non mathématique. »

(Fradin, 1976, p. 18)

Les auteurs sont en effet censés n'avoir fait aucune faute d'algèbre ; c'est pourquoi Fradin ne peut qu'avoir raison. Précisément, la pensée keynésienne nous indique clairement le talon d'Achille, le point faible de l'analyse néoclassique : la nature de la monnaie. C'est pourquoi les post-keynésiens insistent, avec raison, sur l'aspect monétaire de l'économie, lié à la production, par l'expression « économie monétaire de production ». Toutefois, dire que l'économie est monétaire parce que la monnaie serait indispensable à son fonctionnement ne suffit pas à prétendre que la pensée keynésienne aurait été à l'origine d'une révolution en ce domaine. Les grands auteurs, au moins à partir de Smith, étaient tous conscients de l'importance de la monnaie pour le bon fonctionnement de la circulation ; Marx lui-même, on l'a vu, dérive de la participation de l'argent (donc de l'expression monétaire) à la circulation l'intégralité de sa théorie du capital. En outre, constater l'existence d'une incertitude radicale « parce que toute décision cruciale modifie le monde dans lequel nous vivons et parce que le décideur sait qu'il existe des inconnues qu'il ne connaît pas mais qu'il aimerait connaître » (Lavoie & Ponsot, 2018, p. 116) et montrer que « le temps historique irréversible caractérise les processus économiques » (*Ibid.*) sont des considérations qui auraient largement pu être développées par certains auteurs classiques s'ils s'en étaient seulement donnés la peine. Bien entendu, Keynes aura largement insisté sur ce concept, reliant l'incertitude radicale à la nécessité des anticipations, d'où l'importance des psychologies d'entrepreneurs et de la formulation de la demande effective imaginée. Mais il n'y a pas que l'incertitude qui est ici radicale ; l'interprétation l'est aussi, se prolongeant volontiers dans le domaine philosophique.

« Pour les post-keynésiens, l'existence de la monnaie et des entrepreneurs procède de l'incertitude. Il en est ainsi car l'économie est la science de nos rapports au futur. L'être humain est une corde tendue entre le présent et l'avenir. Ses projets et ses rêves, ses besoins et ses désirs, et jusqu'à ses actes les plus quotidiens ayant une dimension économique, impliquent une réalité en gestation, non encore là. L'*homo economicus* se projette en permanence, car il tente de maîtriser son destin. En fait, il n'est d'acte économique qui ne l'engage dans le temps, du futur le plus lointain de l'investissement à celui, plus proche, de l'achat de produits financiers – en vue de gains à venir –, des décisions de production et d'embauche à celles de consommation – même les biens et services non durables impliquent une satisfaction différée, du fait de la non coïncidence entre l'intention d'achat et l'acte de consommation. Or l'incertitude est liée au temps. Elle croît au fil de son écoulement. Ainsi, tous les actes économiques se distinguent par leur degré d'incertitude. »

(Lainé, 2018, pp. 146-147)

Sans retenir particulièrement la nouvelle définition de l'être humain ainsi proposée, on regrettera l'insistance sur le décalage dans le temps, fondement néoclassique de l'intérêt, que l'on retrouve en substance dans « l'achat de produits financiers – en vue de gains à venir », comme si des revenus supplémentaires pouvaient résulter de cette attente. La référence à « l'*homo economicus* » (sans le « *œ* », toutefois) et à la « satisfaction différée » est révélatrice de la pensée utilitariste sous-jacente de l'auteur. En réalité, la base microéconomique de l'analyse est constante, car la création de monnaie est ici censée répondre à un pari sur l'avenir, formulé par l'entrepreneur, celui de pouvoir rembourser, tout en conservant les bénéfices qu'il aura pu réaliser, les dettes bancaires qu'on lui aura fournies.

« L'argent naissant de la dette (bancaire), son existence est liée à une promesse (de remboursement). À son tour, cette promesse est solidaire d'un pari, celui de l'entrepreneur sollicitant le crédit en vue de mettre en œuvre son projet d'investissement. Dans leur essence même, on le voit, la monnaie comme l'investissement sont fragiles, car ils supposent que le futur le plus lointain vienne valider les projections présentes. La question va au-delà car elle englobe même la production : impossible de connaître à l'avance les profits, puisqu'il y a incertitude sur les revenus comme sur les coûts unitaires, la répartition des charges fixes se faisant nécessairement d'après les hypothèses de vente... Du fait que l'incertitude est présente à toutes les étapes de la production, elle ne saurait être négligée comme le fait l'économie *mainstream* en la rendant domesticable par le calcul probabiliste. [...] Sur les marchés financiers, c'est l'existence même d'une « valeur fondamentale » qui est sujette à caution, puisque l'évaluation d'une entreprise se fait en fonction de sa capacité à générer des revenus dans un futur insaisissable. »

(Lainé, 2018, pp. 147-148)

On relèvera clairement le sens des « revenus » dans ce passage : il s'agit des revenus de l'entrepreneur, sur lesquels il peut certainement être incertain. Cependant, il est faux de penser que ces revenus soient finalement générés « dans un futur insaisissable » ; c'est renouveler la pensée des profits qui s'ajouteraient aux salaires dans la circulation. Il est même possible d'affirmer que l'entrepreneur sait pertinemment quand ces revenus seront « générés », en fait captés : lorsque les acheteurs intéressés par les marchandises qu'il propose se présenteront à sa caisse. Entretemps, l'incertitude est-elle véritablement « présente à toutes les étapes de la production » ? C'est une contre-vérité évidente, puisque lorsque les biens de production sont achetés et les salaires versés, il n'y a déjà plus d'incertitude sur les montants à amortir. On voit que ce sont les paiements qui diminuent l'incertitude, même décidés à pile ou face. Par ailleurs, si une répartition des charges fixes peut être prévue « d'après les hypothèses de vente », cette répartition véritable se fera toujours sur les ventes effectivement réalisées ; à ce moment, gageons que les hypothèses émises en plein état d'incertitude auront depuis longtemps connu le fond d'une corbeille.

De fait, Michaël Lainé néglige la formation des revenus, définie sur l'ensemble des ménages, liée à la formation des coûts, définie sur l'ensemble des entreprises. Or, si la monnaie est effectivement amenée à exprimer les dettes et les créances en ses unités, c'est bien parce que le processus de formation même d'actifs financiers, donc de dettes bancaires, ne peut se concevoir en dehors de la formation originelle de revenus et de coûts monétaires. Il est alors certain que des revenus, quels qu'ils soient, finiront par amortir les coûts, même si ce sont les revenus de l'entrepreneur lui-même, face à ses invendus. Ainsi, il est effectivement « impossible de connaître à l'avance les profits », mais cela ne concerne pas formellement la monnaie qui mesure les revenus et les coûts ; et elle les mesure, c'est certain, avec une précision absolue, au centième près de l'unité de compte.

« Beaucoup tendent à penser qu'une incertitude aussi radicale ne peut que faire radicalement obstacle à l'analyse. Pas grand-chose ne peut être dit à son sujet. Portés à raisonner en termes de flux macroéconomiques, les circuitistes ne prennent en considération que l'après du triomphe de l'incertitude par les entrepreneurs, une fois l'investissement acté. D'où l'absence d'étude sur la psychologie au sein de ce courant. Seule compte la logique d'ensemble. »

(Lainé, 2018, p. 154)

Lainé semble manifestement regretter que la « logique d'ensemble » soit la seule qui mérite de compter ; serait-il possible de proposer un modèle qui ne respecte pas une telle logique ? Il est certain que l'analyse est facilitée lorsque les décisions sont actées par des paiements effectués, car ce n'est pas la psychologie qui réduirait, à elle seule, les débits enregistrés, même si l'entrepreneur était un Jedi. La monnaie ne préjuge pas du pourquoi des décisions des entrepreneurs, et dans quel état psychologique ils peuvent se trouver lorsqu'ils les prennent ; ce serait plutôt l'état de leur comptabilité qui importerait à ces moments. *L'économie monétaire* n'est pas le sous-titre de *La psychologie de l'entrepreneur*. Le passage suivant montre bien, par ailleurs, dans quel monde semble évoluer cet auteur.

« En d'autres termes, en matière d'investissement – productif ou financier –, ce qui importe le plus est l'anticipation des acteurs de l'économie, et non les variables réelles. »

(Lainé, 2018, p. 154)

Ainsi, voilà comment on croit vaincre la dichotomie : les variables anticipées, forcément exprimées en monnaie, sont les seules qui importent ; les variables réelles sont oubliées. Mais leur oubli ne les fait pas disparaître, car sans elles, à quoi serviraient les variables anticipées ? Celles-ci ne sont-elles pas les formulations anticipées des variables réelles, qui n'en seront pas moins monétaires ? On retrouve l'accent porté sur un monde imaginaire, issu des « esprits animaux », où tout est imprévisible, l'auteur étant manifestement influencé par les profondes réflexions de Shackle ; mais on n'est plus très sûr, alors, de toujours parler d'économie.

« […] l'incertitude radicale vient-elle de la configuration de l'esprit humain, ou bien *également* de celle de l'univers ? La controverse n'est évidemment pas tranchée. »

(Lainé, 2018, p. 159)

Effectivement, nous n'attendions pas que l'auteur, à ce sujet, tranchât quoi que ce soit. La réponse, si réponse il y a, à cette question d'ordre philosophique n'impacterait d'ailleurs aucunement le raisonnement économique tenu. On notera, dans la conclusion, les références à Walras père et à Debreu.

« Si les lois commandant à l'évolution économique pouvaient être *toutes* découvertes, diriger une entreprise s'apparenterait à un pur jeu de hasard. Les managers opteraient pour les mêmes choix et il n'y aurait plus de profit, une conclusion à laquelle aboutissaient déjà Auguste Walras et Gérard Debreu. Or l'activité entrepreneuriale suppose la recherche du profit. Contradiction fatale, qui montre bien que l'économie ne serait pas possible sans incertitude radicale. »

(Lainé, 2018, p. 162)

On aurait pu s'attendre, au contraire de la première phrase, à ce que ce ne soit pas le hasard qui prévaudrait en cas de connaissance complète des lois économiques ; et lorsque le hasard décide, pourquoi les choix seraient-ils les mêmes ? Rappelons ici les raisons invoquées par Lavoie et Ponsot concernant l'importance de l'incertitude : « parce que toute décision cruciale modifie le monde dans lequel nous vivons » et parce que « le temps historique irréversible caractérise les processus économiques » (Lavoie & Ponsot, 2018, p. 116). Or, les « décisions cruciales » en question n'ont en définitive de pertinence que lorsqu'elles se traduisent en paiements sonnants et trébuchants ; ce qui se passe avant ou après, entre les paiements, est nettement moins pertinent pour l'analyse, parce que ce sont bel et bien les paiements, avec les relations financières induites à assumer, qui sont irréversibles. Or, ce qui est irréversible échappe à l'incertitude dès lors que cela existe. Bien entendu, tout entrepreneur demeure incertain avant toute action, se demandant, par exemple, si son banquier le suivra dans son projet ; le banquier se demandera lui-même si la Banque centrale daignera bien le refinancer, d'où la bataille entre post-keynésiens « horizontalistes » et « structuralistes », à propos de l'endogénéité de la monnaie, sur le fait de savoir si la Banque centrale est « accommodante » ou non dans ses réponses aux crédits bancaires accordés. Toutefois, cela ne modifie en rien la prééminence de l'opération de paiement comme seul mode de formation des actifs financiers.

« En utilisant le langage d'aujourd'hui, on dira que Keynes a dans le *Traité* une conception *endogène* de la monnaie : ce sont les transactions économiques, auxquelles est associée la création monétaire, qui font et défont les actifs monétaires (dépôts). [...] L'endogénéité de la monnaie n'est pas une simple question de détermination de la quantité de monnaie disponible dans une économie. [...] le propos est de montrer que la monnaie, constituée sous la forme de dépôts en banques, ne préexiste pas au paiement des revenus mais au contraire en résulte. Que la quantité de dépôts effectivement créée soit dictée par l'activité économique ou soit décidée de façon exogène, par les autorités monétaires, ne remet pas en cause ce propos ; l'attitude plus ou moins « accommodante » du système bancaire détermine la quantité de monnaie, elle n'interfère pas avec la nature de la monnaie et de la création monétaire. »

(Gnos, 1998, pp. 84-85)

De fait, le rôle de « réducteur d'incertitude » volontiers donné à la monnaie, sa détention requérant l'élaboration d'une certaine confiance, ne peut à lui seul justifier la valeur des dépôts bancaires dont il est manifestement question.

« Aux chapitres 2 et 3 du *Treatise*, Keynes développe une théorie des dépôts. Ceux-ci sont créés par les banques dans des opérations de prêts et d'avances. Comment leur valeur économique s'explique-t-elle ? [...] Il estime, en particulier, que la valeur des dettes bancaires vis-à-vis du public n'est pas une simple question de confiance envers les banques. La valeur de la monnaie n'est pas essentiellement symbolique. En fait, pour pouvoir être utilisés dans les paiements, les dépôts bancaires doivent avoir un objet. Quel est cet objet ? [...]

Keynes lie ici la création des dépôts à la formation du revenu. Bien entendu, les dépôts ont un objet ; cet objet n'est pas un actif préalable mais le produit réel qui se forme dans la production. »

(Bradley & Friboulet & Gnos, 1996, pp. 8-9)

C'est une chose, en effet, d'affirmer que l'expression monétaire des relations entre agents permet de réduire l'incertitude inhérente aux décisions futures qu'ils seront amenés à prendre ; c'en est une autre de considérer que cet effet émergent des expressions suffirait à justifier la préférence pour la liquidité monétaire, comme si le besoin de confiance était la source ontologique de la demande de monnaie à laquelle les banques répondraient. Quoi qu'il en soit, la prise en compte de l'incertitude ne saurait mener à une explication solide du pouvoir d'achat attribué au stock monétaire que les banques sont censées constituer avant les paiements.

Même si les écrits de Keynes à propos du « motif de finance » (Keynes, 1937) insistent sur une nécessaire création de monnaie pour financer la production, la parenté avec les autres motifs déjà proposés dans la *General Theory*, encouragée par l'utilisation du même terme « motif », conduit les auteurs à interpréter la création monétaire comme répondant à une demande de détention d'un certain stock de monnaie (ou encaisse) préalable au paiement. Bien entendu, la différence d'avec la demande de liquidité pour les autres motifs (transaction, précaution, spéculation) est directement perçue au niveau des agents qui formulent cette demande : celle-ci est exprimée par les ménages (après la production), tandis que la demande pour motif de finance est formulée par les entreprises (avant la production).

« Dans une première analyse, partagée par l'ensemble des keynésiens, il existe ainsi une demande de monnaie pour elle-même, la préférence pour la liquidité autour de trois motifs de détention de la monnaie. [...]

Ce nouveau motif de détention d'encaisses actives, que Keynes appelle le *motif de finance*, exprime en réalité le besoin de financement des entreprises en vue de leur activité anticipée. La demande de prêt se distingue radicalement de la demande de dépôts. Dans l'analyse keynésienne, elle dépend du niveau de demande effective. Or c'est précisément ce besoin de financement qui suscite la création monétaire. La dynamique économique va suivre ainsi le cycle de vie, le circuit, de la monnaie. »

(Monvoisin & Rochon, 2018, p. 169)

La phrase « La demande de prêt se distingue radicalement de la demande de dépôts » sonne comme un aveu, celui de l'identité de nature de la liquidité que les ménages préfèrent, pour les motifs de la *General Theory*, et des dépôts bancaires, enregistrements comptables de la dette des banques envers les ménages, soit l'extrémité, de leur point de vue, de la relation financière qui les unit aux ménages créanciers ; la « liquidité » demandée, en d'autres termes, correspond bien à un stock d'actifs financiers. Or, la demande pour motif de finance est ici tout à fait comparable, puisqu'il s'agit d'un « nouveau motif de détention d'encaisses actives » ; mais ce serait là, inévitablement, une épargne constituée. Les auteurs, d'ailleurs, ne s'en cachent pas : la monnaie est définie comme une dette bancaire, soit la dette d'une banque envers l'agent créancier qui la détient, interprétée comme un dépôt de revenu. Dès lors, la « demande de prêt » formulée par une entreprise ne se distinguerait pas si radicalement de la « demande de dépôts », puisque la création monétaire pour motif de finance consisterait précisément à créer *ex nihilo* ces dépôts, ces dettes bancaires à son intention ; la banque agirait alors comme le créateur du dépôt qui manquerait pour effectuer le paiement. C'est précisément ce dépôt qui est censé être transmis aux salariés par les entreprises, lors de la production, et qui sera par la suite mobilisé pour la consommation et l'investissement. La description du « cycle de vie » du dépôt paraît analogue au cycle de vie d'un produit, sauf qu'il est littéralement créé (et non produit par le travail). Sa demande « dépend du niveau de demande effective. Or c'est précisément ce besoin de financement qui suscite la création monétaire » ; autrement dit, une fois distribués aux salariés par les entreprises, c'est bien pour effectuer des achats et concrétiser ainsi sur les marchés la demande anticipée qu'ils finissent par servir.

« - En effet, dans un premier temps, les entreprises établissent leur plan de production en fonction de leurs anticipations.

- Dans un deuxième temps, elles se tournent vers leur banque pour obtenir un crédit. La monnaie est créée à ce moment-là *ex nihilo* ; [...] Ce financement est destiné uniquement à la production – il finance les salaires –, et il représente le *financement initial*. Les autres crédits, à la consommation ou pour l'investissement, ne suscitent pas de création monétaire *stricto sensu*. [...]

- Dans un troisième temps, les flux et reflux monétaires se mettent en place : les entreprises versent les salaires et les ménages achètent les biens, les services et autres actifs financiers à leur disposition. Justement, grâce à ces actifs financiers et à la récolte de l'épargne, les entreprises financent leurs investissements, c'est le *financement final*.

- Dans un quatrième temps, toutes les dettes sont remboursées, les dépenses sont effectuées grâce aux dépôts bancaires et la monnaie se détruit d'elle-même.

Dans la pratique, ces opérations peuvent coexister mais, en décomposant ainsi le circuit monétaire, il devient possible de comprendre pourquoi la monnaie se crée et combien elle est fondamentale à l'activité économique. Sans elle, nul endettement, nulle production. »

(Monvoisin & Rochon, 2018, pp. 169-170)

On comprend surtout que le « premier temps » est superflu pour l'analyse. Combien de temps dure-t-il ? C'est le domaine de la psychologie et de l'imagination ; mais ce n'est toujours pas celui de l'économie. Le « deuxième temps » paraît plus fondamental, mais nous y reviendrons ; l'intéressant, pour l'instant, est de noter que la monnaie fraîche alors créée n'est censée financer que le paiement des salaires. Ces dépôts bancaires étant des actifs, ne peuvent-ils pas servir à acheter directement des biens ? Dans le cas contraire, comment expliquer qu'une fois transférés dans l'avoir des ménages, ils en soient précisément l'unique moyen ? En outre, il semble que le « financement final » soit ici logiquement plus petit que le « financement initial », puisqu'il est réalisé grâce à « la récolte de l'épargne », partie résiduelle de ce financement initial, et à l'achat d'« autres actifs financiers à leur disposition », achat inévitablement effectué par la mobilisation d'une autre partie seulement des dépôts bancaires initiaux, ceux qui ne l'auront pas été dans l'achat de biens ou de services. On constate par ailleurs qu'à partir du « troisième temps », l'incertitude des phénomènes est inexistante : « les flux et reflux monétaires se mettent en place », etc. Enfin, « la monnaie se détruit d'elle-même ». Quelle en est l'opération ?

« Le quantitativisme a longtemps dominé la pensée monétaire – quelles qu'en soient les versions. [...]

Keynes s'affranchit radicalement de cette approche. »

(Monvoisin & Rochon, 2018, p. 168

On ne peut que constater, malheureusement, que le quantitativisme domine toujours, même tapi dans l'ombre d'une monnaie dite « endogène » ; car dire que la création monétaire est effectuée pour financer la production et soutenir que la monnaie serait fondamentale à l'activité économique ne suffisent pas à effacer la vision de grandeurs monétaires séparées de grandeurs réelles, la création monétaire étant invariablement étudiée en-dehors du paiement de production.

« [Pour Davidson], le motif de finance condamne la dichotomie néoclassique, dans laquelle « l'axiome de neutralité de la monnaie » stipule toujours une « indépendance du secteur réel et du secteur monétaire ». L'auteur américain affirme que la théorie postkeynésienne dépasse les écueils de l'analyse dichotomique [...] Le problème est qu'il ne suffit pas de justifier des soi-disant interdépendances entre la sphère réelle et la sphère monétaire pour opérer de manière véritable et définitive l'association de la monnaie et des biens réels, qui permettrait de condamner effectivement l'analyse dichotomique. »

(Massonnet, 2017, p. 307)

Si l'endogénéité fait surgir la monnaie de l'intérieur, c'est toujours une « chose monétaire » qui surgit, tel un diable de sa boîte, comme un stock de monnaie, et, nonobstant l'appellation de « banque » donnée à sa source, on ne voit toujours pas clairement le fondement du pouvoir d'achat que ce stock est alors censé détenir sur les marchandises réalisées. Ce n'est d'ailleurs pas tant la monnaie qui est endogène que son processus de création, assuré par les banques. Dans ces conditions, la dichotomie traditionnelle ne peut toujours que perdurer dans les analyses, même lorsque les auteurs s'en défendent.

« La critique de John Maynard Keynes à cet égard a profondément marqué la théorie monétaire. Depuis, les néoclassiques se sont engagés dans une série de reformulations de la théorie quantitative traditionnelle – voie inaugurée par les monétaristes dans les années 1950 – afin de répondre à la remise en cause keynésienne de la neutralité de la monnaie et de la dichotomie entre le monétaire et le réel – soit l'exogénéité de la monnaie aux phénomènes réels – sans vraiment y parvenir.

Ici, la théorie post-keynésienne de la monnaie s'avère particulièrement originale en examinant à la fois les procédures de la création de monnaie et les implications de cette création sur le plan macroéconomique. *Elle propose d'analyser l'offre de monnaie.* De fait, la « théorie de la monnaie endogène » se comprend comme l'analyse de la *création endogène* de monnaie. »

(Monvoisin & Rochon, 2018, p. 166)

Si la création de monnaie est endogène (parce que les banques seraient à l'intérieur du système), il s'agirait, en réalité, de celle d'un actif financier, sous forme de dépôt ; le fait que la monnaie soit créée à la demande des agents ne modifie pas fondamentalement, ici, sa nature d'épargne. Extrait du même recueil, l'article d'Edwin Le Héron sur la modélisation post-keynésienne « stock-flux cohérente » est, à cet égard, révélateur : l'auteur, reprenant un modèle de Godley et Lavoie, confirme clairement la nature financière, en tant qu'actifs nets, des stocks monétaires ainsi créés.

« Le modèle de Godley et Lavoie (2001-2002), inspiré du modèle de Kaldor (1966), se compose de trois secteurs : ménages, entreprises et banques.

Les actifs sont le capital fixe, les actions, les dépôts monétaires et les crédits bancaires. Les entreprises sont les seules qui disposent de capital physique (K) et émettent des actions détenues uniquement par les ménages. Ces derniers détiennent aussi les dépôts bancaires, c'est-à-dire la monnaie (M). »

(Le Héron, 2018, pp. 263-264)

Identifié aux dépôts bancaires, le stock de monnaie obtenu par création *ex nihilo* se révèle tout à fait similaire à une épargne, puisque, contrairement à la conception de Monvoisin et Rochon, la monnaie peut ici tout autant servir pour les achats et la spéculation que pour le paiement des salaires. La relation privilégiée qu'elle pouvait entretenir avec la production des revenus est donc bien vite dissoute ; elle ne peut d'ailleurs pas être correctement établie dans une conception où la monnaie serait directement créée comme actif financier avant toute production.

« On constate ainsi que la création monétaire, lorsqu'il s'agit pour les banques de générer un pouvoir d'achat de manière spontanée, précède l'amorce du processus productif (parce qu'elle en est la condition), ce qui exige de conclure que celles-ci peuvent créer une puissance d'acquisition sur l'ensemble de la richesse sociale, alors même que cette dernière est encore nulle. [...]

Cette première conception du financement de la production, quand les banques se voient octroyer le pouvoir de créer la monnaie *avant* le paiement des salaires, est fautive puisqu'elle consiste à considérer la création monétaire *indépendamment* de la production, qui lui serait postérieure dans le temps chronologique. »

(Massonnet, 2017, pp. 210-211)

Mais Le Héron demeure catégorique : en tant qu'actif financier, la monnaie peut être directement perçue comme un substitut financier aux autres actifs disponibles.

« La monnaie est centrale et endogène. Il n'y a pas de contrainte d'épargne pour le financement. La création monétaire issue des banques peut financer la production, mais également la consommation et la spéculation. Outre cette dimension « flux de la monnaie », la prise en compte des stocks d'actifs financiers et de monnaie permet également d'introduire des choix de portefeuille dans la tradition de Tobin. Ainsi, les dimensions « flux » (motif de financement) et « stock » (motif de spéculation de la préférence pour la liquidité) de la monnaie dans la tradition keynésienne sont toutes deux prises en compte. »

(Le Héron, 2018, p. 260)

On voit l'intérêt de la démarche, l'auteur souhaitant manifestement concilier ces deux « dimensions » de la monnaie, distinguées par les motifs keynésiens : concilier les trois motifs de demande d'encaisses (en tant que stocks d'épargne) de la *General Theory* avec le motif de finance (en tant que demande de flux de paiement). Or, rappelons la citation :

« « *Finance* » *has nothing to do with saving.* [...] *It should be observed that a confusion between the first (finance) and last (saving) would be one between a flow and a stock.* [...] [*Finance*] *does not absorb or exhaust any resources* [...] *the saving can be used once only.* »

(Keynes, 1937, p. 209)

Il est clair que Keynes ne parlait pas, en 1937, de la même chose qu'en 1936. Or, les notions de « stock qui permet de financer » et de « flux qui finance » sont d'emblée confondues dans la conception d'une création monétaire *ex ante* (avant la production), le stock obtenu étant précisément là pour effectuer ce qu'une épargne ferait, sans se préoccuper du type de paiement auquel elle participe, tout en affirmant que la présence d'une telle épargne ne serait pas nécessaire : « Il n'y a pas de contrainte d'épargne pour le financement » ; mais alors, pourquoi en créer une ?

« Dès que le théoricien identifie la monnaie à un endettement du système bancaire, il est confronté au problème de la définition de la masse monétaire à partir de la sélection d'actifs financiers pouvant être facilement « transformables » en monnaie, celle-ci étant elle-même considérée comme un actif financier. »

(Massonnet, 2017, pp. 225-226)

On ne peut que donner raison, ici, à Massonnet. On s'étonnera par ailleurs du respect, imposé au modèle décrit par Le Héron, d'une certaine loi que l'on ne pensait franchement pas trouver comme indispensable dans le corpus théorique post-keynésien.

« Ainsi, les modèles SFC modernes devront : [...]

- respecter la loi de Walras incluant les contraintes budgétaires sectorielles et les contraintes d'addition dans les équations de portefeuille. »

(Le Héron, 2018, p. 258)

La référence à Walras et à l'idée d'équilibre, là encore, est symptomatique. Bien entendu, dès que l'on conçoit la création monétaire comme une offre de monnaie, fut-elle endogène, on conçoit *de facto* l'existence d'une demande, donc d'un marché ; se tourner vers les motifs de Keynes pour justifier cette conception est un peu court. Car on aura ici, ni plus ni moins, traité la monnaie comme une marchandise, offerte et demandée, en contrepartie des autres actifs ou marchandises, demandés et offerts ; on aura, ni plus ni moins, suivi le trajet des stocks d'actifs monétaires, se déplaçant, encore et toujours, en sens inverse des autres actifs ; on aura, ni plus ni moins, décrit un monde fondamentalement néoclassique.

« Si l'existence d'un objet monétaire préalable interdit d'appréhender la manière dont l'économie est investie par la monnaie, c'est que, semblerait-il, celle-ci soit une pure « créature » des banques. Aussi l'économie monétaire ne dériverait-elle jamais de ressources en dotations initiales données par ailleurs, mais du pouvoir qu'auraient les banques de créer un pouvoir d'achat en se reconnaissant endettées envers le public et sur demande de celui-ci, la monnaie étant alors une grandeur purement endogène à l'activité économique. [...] Le problème est que, tant la création monétaire pour financer les dépenses de consommation, que la création monétaire visant à financer la production, se donnent le pouvoir d'achat de la monnaie de manière indépendante à la production. Si la création monétaire reste, dans ce cadre, expliquée de manière endogène à l'activité économique, il n'en reste pas moins que la monnaie est toujours vue comme une grandeur nette qui, en se rapportant aux biens réels lors de l'échange marchand, célèbre implicitement une perspective quantitativiste. »

(Massonnet, 2017, p. 203)

### Circulez… Il n'y a rien à voir

Dans toute analyse retenant le principe de la « circulation des masses », leur correspondance se réaliserait notamment par le biais de la « vitesse de circulation » de la monnaie. Plusieurs fois échangée, à une certaine vitesse, la masse monétaire pourrait même être plus petite, plus restreinte que l'ensemble des marchandises dont elle permet de réaliser les échanges. Cependant, les marchandises elles-mêmes sont censées, pour la part non périssable d'entre elles (la part tangible et non alimentaire, pour faire simple), participer aussi à plusieurs échanges, circuler aussi dans leurs possiblement nombreuses reventes d'occasion, et cela tant qu'elles seront en état de le faire, nous rappelant amèrement que nous restons, devant un jouet d'enfant ou une pierre tombale, « plus proches de notre poussière que ne le sont de la leur les objets inanimés […] » (Cioran, 1949, p. 61).

Cet aspect semble gommé par la considération identique des transactions concernant les biens anciens comme les biens nouveaux. Puisque les transactions sont des échanges, une marchandise peut bien y participer plusieurs fois, à l'instar de la monnaie. Toutefois, cette circulation des biens d'occasion n'est pas retenue, étant entendu qu'elle ferait doublon avec celle de la monnaie, et que l'ajustement des deux masses en présence s'effectue aussi par la variation des prix. On ne saurait néanmoins parler de vitesse de circulation d'une monnaie clairement confondue avec l'épargne dès que l'on perçoit que cette circulation, basée sur la permanence des actifs monétaires et leur survie à l'issue des échanges auxquels ils participent, ne peut logiquement être soutenue.

« La monnaie circulerait dans le corps social comme le sang dans le corps animal. Une économie anémiée pourrait donc être vivifiée par un apport de monnaie (nouvelle) ou par l'activation de la monnaie déjà disponible. C'est rêver. En réalité, aucune monnaie ne circule entre les agents. […]

Les « déplacements croisés » entre les biens des deux mondes, nominal et réel, constituent le postulat de base de la théorie monétaire reçue. Il s'agit bien d'un postulat et non d'une réalité expérimentale. Bien plus, l'expérience et l'induction démentent le postulat des déplacements inverses, monétaires et réels. Il n'existe pas, dans l'économie concrète, un seul cas de déplacement d'une monnaie ou, corrélativement, d'un produit. »

(Schmitt, 1984, pp. 244-245)

Le transfert d'un dépôt créditeur en banque, d'un agent à l'autre lors d'un paiement, n'est pas un déplacement de ce dépôt ; ce dernier ne circule pas, puisqu'il est détruit sur le payeur par le débit de son compte, qui est une part de l'opération de paiement. Ce n'est donc pas, formellement, lui qui serait recréé sur le compte du payé, même si le montant est identique, puisque ce compte est crédité, là aussi, par l'opération de paiement elle-même : celle-ci forme, directement chez le payé, un nouveau dépôt analogue.

« Supposons que la monnaie soit d'abord créée sur A ; comment A peut-il la transmettre à B ? Il faut en premier lieu que la monnaie soit retirée à A. Mais deux solutions semblent possibles a priori ; on éloigne la monnaie de A, ou on la détruit sur A. Or, comment la monnaie serait-elle éloignée de A ? Elle ne pourrait l'être que pas l'opération qui débite A. Immédiatement l'idée du transport s'estompe. Si A est débité, un crédit égal doit naître simultanément, précisément le crédit de B. La transmission de la monnaie est donc un crédit-débit, exactement comme la création monétaire initiale.

[…] La simultanéité des opérations contraires, aspects de la même transaction, condamne définitivement l'idée du déplacement de la monnaie dans un espace. […] si les deux agents ne sont pas confondus, c'est que la monnaie ne se déplace pas entre eux ; sinon, encore une fois, elle ne pourrait atteindre B à l'instant où elle quitte A. En dernière analyse, A ne peut donc payer B que si la monnaie est détruite sur A.

La simple transmission d'une monnaie appartient donc bien à la catégorie des créations monétaires ; détruite sur A, la monnaie est dans le même mouvement créée sur B. »

(Schmitt, 1984, p. 247)

C'est en effet par le seul principe de la conjugaison du débit et du crédit sur les comptes concernés, définissant les écritures bancaires du paiement, que l'on obtient aussi bien, en guise de résultat de l'opération, la création d'un dépôt, son transfert d'un agent à l'autre, ou sa destruction définitive ; et cette opération est toujours une création monétaire au niveau direct du paiement.

« La monnaie ne peut être transmise à B que dans une nouvelle création monétaire. Toute dépense, constatée sur l'un des trois marchés, est un crédit-débit, une création-destruction, une émission. La monnaie est créée dans une émission ; elle est détruite dans une émission ; elle est transmise dans une émission.

Si l'on veut bien écarter les représentations vulgaires de la circulation monétaire, où l'on confond les supports matériels de la monnaie (chèque, traite, métal frappé en pièces, billet de banque, carte de crédit) avec la monnaie elle-même, on s'aperçoit que tout mouvement monétaire constaté dans l'économie suscite la même somme absolue, positivement chez le « payé » et négativement chez le « payeur ». Il faut donc bien saisir qu'en aucun cas la diminution d'une somme de monnaie positive chez un agent n'est obtenue par une soustraction. Tous les débits sont les additions d'une monnaie négative. »

(Schmitt, 1984, p. 248)

On ne peut plus, alors, considérer la circulation par transferts de la monnaie comme un processus fondamentalement différent de sa création initiale.

« On pourrait penser que la création monétaire initiale, à partir d'un revenu nul, est une opération distincte – elle serait en quelque sorte plus fondamentale – des autres créations monétaires, dont la fin est d'acheminer ou de détruire une monnaie positive (un revenu) préalable. C'est inexact. Du côté de la monnaie, toutes les créations sont identiques. La distinction n'existe que du côté du produit, qui naît dans une création initiale, alors qu'il est acheminé et détruit dans les créations monétaires subséquentes. »

(Schmitt, 1984, p. 249)

La conséquence logique de cette approche est d'infirmer directement la notion de circulation de la monnaie, considérée comme une dette bancaire. Non seulement cette circulation, par transfert, ne peut correspondre à un déplacement de ce solde créditeur, mais si l'on s'avisait de retenir coûte que coûte l'idée même de déplacement, celui-ci pourrait très bien concerner, tout en validant le paiement, non plus le compte créditeur du payeur, mais le compte débiteur du payé. La circulation décrite serait inévitablement celle d'un débit préalable qui se déplacerait dans le sens même – et non en sens inverse – des marchandises. Aussi improbable que cela puisse paraître, il s'agit de l'interprétation logique d'une citation de Keynes, extraite du *Treatise on Money* :

« *A customer of a bank may draw a cheque against his deposit, thus diminishing his credit with the bank ; but he may, equally well, draw a cheque against his overdraft, thus increasing his debit with the bank. The settlement of indebtedness by means of book entries at banks can, indeed, be done just as effectively by transferring debits from one account to another as by transferring credits from one account to another. It is just as effective to pay by increasing the debit balance of the debtor and decreasing the debit balance of the creditor as it is by decreasing the credit balance of the former and increasing the credit balance of the latter.* »

(Keynes, 1930, p. 36)

Nous proposons une traduction ci-après, sans directement traduire les expressions « *debit balance* » et « *credit balance* » par « solde débiteur » et « solde créditeur », ceci afin d'éviter la répétition de ces termes due à leur double fonctionnalité d'adjectif et de nom dans la dernière phrase (à moins de ne pas traduire « *debtor* » par débiteur et « *creditor* » par créditeur) ; nous avons conservé simplement les termes « débit » et « crédit », Keynes les utilisant d'ailleurs lui-même, au début de la citation, pour désigner manifestement les soldes respectifs qui subissent diminution ou accroissement (« *thus diminishing his credit with the bank* [...] *thus increasing his debit with the bank.* »).

« Un client d'une banque peut faire un chèque en contrepartie de son dépôt, diminuant ainsi son crédit en banque ; mais il peut aussi bien payer à découvert, accroissant ainsi son débit en banque. Le règlement des situations d'endettement au moyen des écritures bancaires peut, en fait, être effectué aussi bien en transférant des débits d'un compte à l'autre qu'en transférant des crédits d'un compte à l'autre. Il est tout aussi valable de payer par l'augmentation du débit du débiteur et la diminution du débit du créditeur que par la diminution du crédit du premier et l'augmentation du crédit du second. »

Voilà bien une citation que les post-keynésiens devraient lire plus souvent. L'existence des paiements à découvert, pointée par Keynes, donc la nécessité de les intégrer à l'analyse, ne peut que remettre en cause la notion de circulation des soldes créditeurs (dépôts, ou dettes bancaires) à partir du moment où l'on met en évidence que, lors des paiements, le règlement des situations d'endettement au moyen des écritures bancaires (« *The settlement of indebtedness by means of book entries at banks* ») peut tout aussi bien s'effectuer par la circulation inverse des soldes débiteurs. Dans la situation où le compte du payé serait lui-même débiteur avant le paiement, en considérant que le payeur s'apprête à effectuer un paiement à découvert, donc à rendre son propre compte débiteur, c'est effectivement le solde débiteur du payé, ou le débit initial de son compte, qui semble maintenant se déplacer en direction du payeur, dans le même sens que la marchandise achetée. La relative rareté présumée (qui mériterait encore d'être vérifiée) de l'exemple évoqué ne saurait évacuer le fait qu'il contrevient totalement à la détermination d'un sens unique et privilégié de la circulation des soldes créditeurs (dépôts, ou dettes bancaires) prétendument observée. Mieux, il montre qu'en réalité, la présence d'un dépôt préalable n'est nullement nécessaire à l'opération de paiement, comme l'a bien perçu Nadia Piffaretti.

« Cette réalité est perceptible lors de paiements qui ne sont pas faits à partir de dépôts préalables, mais à partir de lignes de crédit. Toutefois, apparemment, il semblerait que lors d'un paiement à partir d'un dépôt préalable celui-ci se déplace – en tant que stock dans un flux – des avoirs du payeur aux avoirs du payé. On retrouverait alors l'idée de monnaie-stock se déplaçant dans les paiements et prolongeant à chaque paiement la circulation monétaire. Or [...] cette analyse est superficielle. Une analyse profonde du paiement montre qu'une monnaie-flux est créée à chaque paiement, même lorsque ces paiements sont effectués à partir d'un dépôt préalable. En réalité, même en présence d'un dépôt préalable, le paiement n'est pas fait au *moyen* de ce dépôt. [...] Le retrait du dépôt dont était titulaire l'agent payeur est *l'effet* du paiement et non la *cause initiale*. Tout paiement est alors fait à partir de la création d'une monnaie-flux qui en aucun cas ne serait puisée dans une monnaie-stock. »

(Piffaretti, 2000, p. 118)

La conclusion, inévitable, de l'analyse figure en lettres capitales, constituant le titre du chapitre XII de l'ouvrage de Schmitt :

« LA MONNAIE NE CIRCULE PAS DANS L'ÉCONOMIE »

(Schmitt, 1984, p. 244)

Un chapitre sur lequel Frédéric Poulon aura sans doute fait l'impasse ; c'est dommage, car il aurait pu en conseiller la lecture à Edwin Le Héron. La circulation de la monnaie, plus précisément de l'épargne, puisque l'on parle ici de dépôts bancaires, ne permet pas de la « flasher » hors de banques, sa transmission étant une opération instantanée. La circulation est donc elle-même instantanée, et il n'y a strictement rien à voir en plein déplacement. La « période » du circuit keynésien n'est ainsi toujours définie que par la durée d'existence d'une épargne résiduelle statique, non mobilisée, constatée à la fin d'un exercice comptable, même si elle fut entretemps ainsi transférée de ses premiers titulaires à d'autres.

S'interroger sur la vitesse de circulation de la monnaie, c'est aussi s'interroger sur le nombre de fois qu'une épargne, formée lors de la production, pourrait être mobilisée pour acheter des marchandises. Poser la question en ces termes, c'est immédiatement trouver la réponse, compte tenu de ce que nous savons : l'épargne ne peut servir qu'une fois, puisqu'elle est détruite par compensation dès le premier achat auquel elle est consacrée. La consommation des revenus étant une destruction irrémédiable de la valeur monétaire des marchandises, la considération d'une vitesse de circulation attribuable à ces valeurs ne peut plus être retenue comme pertinente, car la monnaie, si on l'assimile aux dépôts bancaires détenus par les ménages après la production, ne peut toujours acheter qu'une fois les marchandises. L'achat/vente est toujours final, les achats intermédiaires entre entreprises ne faisant, nous l'avons vu, que déplacer des coûts. La monnaie ne pouvant acheter qu'une fois, sa circulation n'existe pas. Elle ne survit pas à l'achat, elle ne peut donc circuler d'un achat à l'autre en gardant son pouvoir d'une manière intrinsèque de par sa nature postulée de « moyen d'achat ». Elle ne tire son pouvoir que de la production, et la consommation le lui retire impitoyablement.

En réalité, lorsque « la monnaie », plus précisément lorsqu'un revenu-coût monétaire, connecté à une épargne, est transféré, intact, lors d'un achat/vente, il s'agit précisément d'un revenu-coût qui ne correspond pas à la valeur de la marchandise achetée, donc à l'achat/vente proprement dit. La destruction d'un revenu-coût lors d'un achat/vente est, elle, unique et définitive. La raison en est très claire : même s'il faut plusieurs étapes à ce résultat, le produit global d'une période ne peut toujours être consommé qu'une fois ; si l'on se propose de consommer une deuxième fois, ce sera, nécessairement, un deuxième produit qui le sera.

On est ainsi conduit à réinterpréter la célèbre formulation de l'équation quantitative « $M\ V = P\ T$ ». Compte tenu de ce que nous venons d'affirmer, la monnaie ne « circule » qu'une fois parce qu'il n'y a toujours qu'une seule transaction finale. Autrement dit, $V = 1$ et $T = 1$. On retrouve ici l'expression unitaire du multiplicateur schmittien appliqué au seul multiplicande qu'est le revenu monétaire. Il semblerait que l'on obtienne l'équation rêvée des monétaristes, la quantité de monnaie $M$ déterminant le niveau des prix $P$.

$M = P$

À moins que ce ne soit celle de Joan Robinson, en prenant le sens normal de causalité, de droite à gauche : le niveau des prix déterminerait, par la demande, la quantité de monnaie offerte (qui répond, par le crédit bancaire, aux paiements effectués à certains prix fixés). L'interprétation, néanmoins, peut se passer de causalité dès que l'on prend cette équation comme une relation d'équivalence entre le revenu monétaire, noté ici $M$ (puisqu'il correspond à la seule « masse monétaire » existante), et un certain niveau des prix $P$, celui qui est déterminant pour la répartition : $M$ est en effet entièrement dépensé, du côté des ménages, pour le prix $P$ des seuls biens-salaires. Or, ce prix correspond, nous l'avons vu, au coût de production de l'ensemble des biens.

« Le langage scientifique devrait s'interdire de parler indifféremment de prix et de coûts. Le coût du produit national est le nombre des unités monétaires émises dans le procès de production ; les prix sont une réalité plus compréhensive, car, comme nous l'avons remarqué plusieurs fois, en moyenne chaque produit est vendu sur les marchés à un prix supérieur à son coût de production ; sinon, les revenus salariaux ne seraient pas partiellement redistribués en profits, rentes, intérêts et dividendes. [...] les prix sont finalement réductibles aux coûts (ou aux « valeurs ») ; mais la coïncidence est obtenue par la partition du prix d'achat en deux canaux, le financement de la production du bien acquis par l'acheteur et, en plus, le financement de la production des biens non salariaux. »

(Schmitt, 1984, pp. 261-262)

La prise en compte du revenu global aide à saisir le raisonnement. Considérons la fixation d'un prix quelconque, libre, affiché pour l'achat de l'intégralité du produit global. La mesure originelle *M* du coût en salaires de ce produit, correspondant au revenu global, contraint alors la dépense des premiers titulaires à n'être qu'au mieux égale à *M*, soit le prix *P* des biens-salaires qu'ils réussissent à acheter. Autrement dit, en dépensant *M* pour acheter des biens au prix *P*, les salariés achètent (et écoulent) les biens-salaires à leur coût de production (pour une part de *M*) et transfèrent les revenus exacts (pour l'autre part de *M*) permettant à leurs nouveaux titulaires d'acheter les biens-profits, de gré ou de force, directement ou par l'entremise des entreprises. L'intégralité du produit est ainsi consommée pour le prix *P* des seuls biens-salaires, puisque ce dernier contient toujours organiquement la somme des coûts des deux types de biens. L'amortissement, à la fin de l'exercice comptable (tenant compte des invendus), du coût des biens-profits est alors une certitude, puisque le revenu correspondant, déterminé par la dépense du revenu *M* au prix *P*, vient précisément d'être transféré dans cette dépense. La structure du prix *P* se retrouve, inévitablement, dans le prix de chaque bien qui se révèle, lors de son achat, être un bien-salaire : le prix d'un tel bien contient la mesure de son propre coût, alors amorti, et il contient celle du coût d'une partie de l'ensemble des biens-profits, soit la mesure du coût d'un bien-profit encore indéterminé.

Par ailleurs, on notera que, dans l'expression $M = P$, il n'y a aucune grandeur dite « réelle » en un sens dichotomique : *M* est l'unique valeur existante, à la fois réelle et monétaire, et *P* détermine sa répartition. Ceci s'oppose totalement à la détermination des prix par une confrontation entre les deux masses traditionnelles. Nous l'avons dit au chapitre précédent (p. 395), les revenus monétaires versés en salaires sont interchangeables lorsqu'ils ont la même mesure, et nous avons utilisé cette expression précise : ils « font masse », formant le revenu monétaire global. S'il y a une masse monétaire à prendre en compte, c'est bien celle des revenus-coûts, celle de l'ensemble des biens économiques définis en monnaie ; et il se trouve qu'il n'existe aucune autre masse économiquement définie contre laquelle elle pourrait s'échanger.

## Injection !

Selon Schmitt, l'épargne est constituée dès le paiement des salaires, reliant financièrement les ménages aux entreprises par l'intermédiaire du système bancaire. Les actifs financiers sont ainsi expliqués, dans leur formation même, par la production des revenus. Les partisans de la création monétaire contemporaine sont, d'une certaine manière, encore plus forts : les actifs financiers seraient créés « *ex nihilo* », avant toute transaction, puisqu'ils semblent nécessaires pour effectuer, précisément, les paiements de production comme de consommation. Or, lorsque nous parlons, d'un point de vue schmittien, de « création du produit *ex nihilo* », nous ne parlons pas d'un acte démiurgique, mais d'une opération comptable reposant sur une activité bien réelle, tout du moins concrète, en l'occurrence le travail. Le produit (les salaires monétaires) survient *ex nihilo* parce qu'aucun produit précédent n'est à même d'expliquer sa venue, non parce qu'il surgirait d'une autre dimension. Mais la monnaie, elle, serait ici véritablement créée au sens littéral de l'expression, « à partir de rien » et, surtout, sans travail particulier.

Nous avions déjà, en un chapitre antérieur, évoqué l'étonnement légitime que devrait éprouver tout travailleur au salaire péniblement mérité face au discours de l'économiste qui, pince-sans-rire, raconte que l'on crée de la monnaie, dans le sens d'un actif financier, par un « simple jeu d'écriture ». En même temps, on ne peut qu'abonder en ce sens : les paiements ne sont toujours, bien entendu, que des écritures ; mais pas n'importe lesquelles. Or, nous allons bientôt voir que le jeu d'écriture censé tirer la monnaie du néant ne peut qu'aboutir, contrairement aux écritures d'un paiement, au néant financier. Autrement dit, l'interprétation monétariste de l'inflation consiste à expliquer une chose impossible, à savoir une épargne excédentaire par rapport à la valeur des marchandises, par la création excédentaire d'une valeur imaginaire.

C'est là tout l'échec d'une conception tendant à maintenir coûte que coûte la nécessité d'une monnaie-objet éthérée, comme en suspension, pour rendre possible le paiement subséquent par simple transfert, par simple échange. Mais cet échec, bien entendu, n'est qu'analytique : quelle que soit la conception adoptée, même la plus farfelue, de la création monétaire, les paiements accordés ne seront nullement empêchés, puisque les opérations ne sont formellement limitées que par l'obtention de ces accords. On s'en tient donc, notamment de l'autre côté de l'Atlantique, à décrire cette procédure de la manière la plus simple qui soit ; ou, plutôt, la plus simpliste.

« Et c'est là qu'il est temps de vous parler des banques centrales, et de leurs milliards à elles, pour que vous compreniez la différence entre les « milliards injectés » par les banques centrales, et les « milliards budgétés » par les États pour répondre à la crise. [...]

*Les banques centrales ont le pouvoir de création monétaire.* Quand un banquier central dit « injecter des milliards dans l'économie », il n'a qu'un jeu d'écriture à faire, il n'a pas à récolter cet argent (contrairement aux États qui doivent collecter des taxes et impôts).

Dans la vidéo ci-dessous, Ben Bernanke, le président de la Fed pendant la crise de 2008 [...] explique en 30 secondes comment une banque centrale crée l'argent. [...]

« Est-ce l'argent des contribuables que la Fed a dépensé ? demande le journaliste. Ce n'est pas l'argent des contribuables répond Ben Bernanke. Les banques ont des comptes à la Fed, un peu comme vous avez un compte dans une banque commerciale. Pour prêter à une banque, on utilise simplement un ordinateur, et on augmente le montant de ce qu'elle a sur son compte. C'est comme si on imprimait des billets, ce n'est pas littéralement ce qu'on fait (NDLR puisque tout passe par ordinateur et qu'on n'imprime pas les billets), mais c'est assez proche de cela. » »

(Viennot, France Culture, 2020)

Ainsi, l'on pourrait injecter de la monnaie de deux façons : en imprimant des billets et en utilisant un ordinateur. Un enfant s'interrogerait sur la pertinence d'une telle proposition. L'idée sous-jacente, plus dangereuse, est de laisser penser à une nature purement virtuelle de la monnaie, qu'une imprimante ou un ordinateur pourraient créer sans difficulté. Mais Ben Bernanke jette ici de la poudre aux yeux et roule dans la farine tous ceux qui prennent au sérieux un tel discours.

D'emblée, une croyance populaire : l'impression de billets suffirait pour créer de la monnaie à pouvoir d'achat positif. Cependant, si des billets sont dans le portefeuille d'un agent non bancaire, ménage ou entreprise, c'est forcément à la suite d'un paiement dont cet agent aura été le bénéficiaire, ayant reçu ces billets (qui représentent une créance sur la Banque centrale) pour l'occasion ou les ayant retirés d'un distributeur en contrepartie du débit, de même montant, du compte sur lequel aura été enregistré ce paiement. La simple impression des billets ne signifie rien, et ils ne sont jamais, de surcroît, distribués gratuitement. Quant à l'explication fournie à la création monétaire proprement dite, elle pourrait largement durer moins. Bernanke « explique en 30 secondes comment une banque centrale crée l'argent » ; elle prend le compte d'une banque, et elle « augmente le montant de ce qu'elle a sur son compte ». Autrement dit, elle crée l'argent en créant l'argent. Non seulement Bernanke n'explique rien, mais il ne décrit ici qu'une moitié du fameux « jeu d'écriture » ; car augmenter le crédit d'un compte d'une banque, c'est toujours ne passer qu'une écriture et ne toucher qu'au passif de la Banque centrale. Enfin, l'affirmation selon laquelle ce ne serait là « pas l'argent des contribuables » est formellement critiquable. La Banque centrale pourrait injecter des milliards par cette procédure (stérile en la matière, nous y reviendrons), le seul « argent » dépensé ne pourrait toujours se rapporter qu'aux seuls revenus monétaires effectivement produits, dont ceux des contribuables ; si la banque bénéficiaire d'une telle augmentation s'engage, en prêtant à une entreprise publique ou à l'État, dans le financement de dépenses publiques, il est certain que, tôt ou tard, l'ensemble des ménages sera mis à contribution, par impôts ou taxes, pour le versement d'intérêts et le remboursement de la dette résultante.

Plus généralement, prétendre ainsi que les revenus, dépensés par les ménages aussi bien que par les entreprises, ne proviendraient pas de la production, mais, comme une manne divine, de la bonne volonté des autorités monétaires et des établissements bancaires, est une proposition éminemment fallacieuse, propre à asseoir, pour autant qu'ils en soient persuadés, une reconnaissance sans borne des agents non bancaires vis-à-vis des créateurs de monnaie ; proposition qui ne saurait, en réalité, révéler autre chose que le vide analytique de cette conception.

Et c'est dommage, car il y avait là une occasion, peut-être, de remettre en cause ce fameux « argent magique », cette fameuse « monnaie hélicoptère » dont la base théorique, concernant la Banque centrale, s'appelle le multiplicateur de crédit. D'un point de vue réglementaire, les banques doivent conserver un certain montant de réserves obligatoires, correspondant à un certain pourcentage des crédits qu'elles accordent (cela est factuel). Gardons en tête que ces crédits correspondent à des paiements effectués par leurs clients, agents non bancaires. En diminuant le taux de réserves obligatoires, la Banque centrale autorise ainsi les banques, pour la même somme réservée, à accorder elles-mêmes plus de crédits (donc plus de paiements, ou des paiements plus importants) à leurs clients. On voit tout de suite que la Banque centrale n'injecte strictement rien, et que les banques seules interviennent initialement dans les crédits accordés. Nous le savons, au moins, depuis l'article de Jacques Le Bourva, de 1962.

« Pour expliquer le comportement des banques ordinaires, la théorie du multiplicateur de crédit part d'un stock de liquidités excédentaires dont disposeraient les banques, sous forme de billets ou d'avoirs à la Banque centrale, et détermine en fonction de ce stock le montant des prêts qu'elles peuvent consentir.

Une interprétation opposée des relations entre billets et dépôts est encore possible : l'ensemble des banques ordinaires prête et crée les dépôts correspondants, *puis* il se tourne vers la Banque centrale pour transformer, à la demande de ses clients, *les dépôts en billets* [...] Le flux des billets sortant des caisses de la Banque centrale dépend du flux de monnaie créé initialement sous forme de dépôts par les banques ordinaires. Il n'existe en aucune façon un stock prédéterminé de billets sur lequel s'appuieraient les banques ordinaires. »

(Le Bourva, 1962, p. 46)

Le mécanisme, fondamentalement, est le même lorsque la Banque centrale utilise la variation de ses taux directeurs, à savoir les taux de prise en pension des obligations émises par les banques lorsqu'elles se trouvent débitrices nettes à l'issue des compensations interbancaires.

« En l'absence d'une politique restrictive du crédit, *la Banque centrale se borne à fixer les taux d'intérêt* pour ses diverses opérations, *puis elle attend les emprunteurs*. C'est la demande de prêts, comme dans le système de banque unique, qui détermine la création de monnaie par l'Institut d'émission. »

(Le Bourva, 1962, p. 39)

Les relations que la Banque centrale entretient avec les banques ordinaires ne sont en réalité que des conséquences des paiements effectués par les agents non bancaires (éléments des ensembles E et M), paiements qui n'auront, de fait, nécessité nulle monnaie centrale injectée au préalable. Nous l'avons vu au chapitre précédent (p. 366), avec un autre passage de Le Bourva, la monnaie centrale ne s'ajoute pas aux dépôts en banques, elle s'y substitue. Autrement dit, le mécanisme à considérer n'est pas le financement *ex ante* des banques, mais leur refinancement *ex post*, puisque la Banque centrale ne fait toujours qu'intervenir sur des positions financières issues d'opérations de paiement entre agents non bancaires, opérations initiées par ces derniers (en particulier les payeurs) et d'abord effectuées au niveau des banques ordinaires, puis validées par la Banque centrale. Une création de monnaie centrale excédentaire par rapport aux besoins exprimés dans le refinancement des banques apparaît alors sans fondement, cette création étant une réponse à ces besoins, non une injonction à prêter de la monnaie supplémentaire à celle nécessaire aux paiements effectués par les agents non bancaires.

« La Banque de France pourrait-elle imposer une circulation de billets supérieure au besoin de l'économie ? Si elle émettait des billets excédentaires, ceux-ci reflueraient vers elle par l'intermédiaire des dépôts en banques et des remboursements de prêts venus à échéance. Mais l'hypothèse même est absurde, puisque la Banque prête seulement sur la demande des usagers. »

(Le Bourva, 1962, p. 40)

Dans quel cas particulier la Banque centrale doit-elle intervenir, suite au résultat financier constitué par un paiement entre deux agents non bancaires ? La réponse est immédiate : lorsque la banque du payé est distincte de la banque du payeur. Nous avons là une illustration simple et claire du fait que la monnaie n'est pas un objet susceptible d'être transmis, en règlement de tout compte, du payeur au payé, car, si cela était, aucune relation entre les deux banques ne serait à envisager : le payeur retire la monnaie de sa banque, la transmet au payé, et le payé la dépose dans sa banque. Pourquoi, alors, une relation financière voit-elle le jour entre la banque du payeur et la banque du payé ? Pourquoi, car c'est bien le cas, le résultat inévitable est-il l'endettement direct de la première vis-à-vis de la seconde, si ce n'est que cette relation financière, née du paiement, n'est autre que celle du payeur envers le payé, *via* les deux banques ? On ne peut plus, en outre, interpréter le paiement comme étant un transfert de dépôt bancaire, du payeur au payé, puisque le dépôt reçu par le payé définit une dette de sa propre banque, non la dette, censée être transmise, de la banque du payeur.

Considérons un paiement impliquant le Crédit Mutuel (CM), banque du payeur, et le Crédit Agricole (CA), banque du payé. L'opération consiste, au niveau bancaire, à débiter le compte du payeur et à créditer le compte du payé, instaurant ainsi une relation financière entre le payeur et le CM d'une part (1), et une relation de même type (mais inversée) entre le payé et le CA d'autre part (2), la dette du CA étant couramment identifiée comme étant la « monnaie » (dette bancaire envers le payé). Cet ordre numérique n'est que de présentation, les deux écritures étant, nous le savons, logiquement simultanées pour définir le paiement au niveau bancaire. Le schéma du circuit alors instauré montre clairement qu'une autre relation financière (3) est nécessairement écrite : celle entre les deux banques.

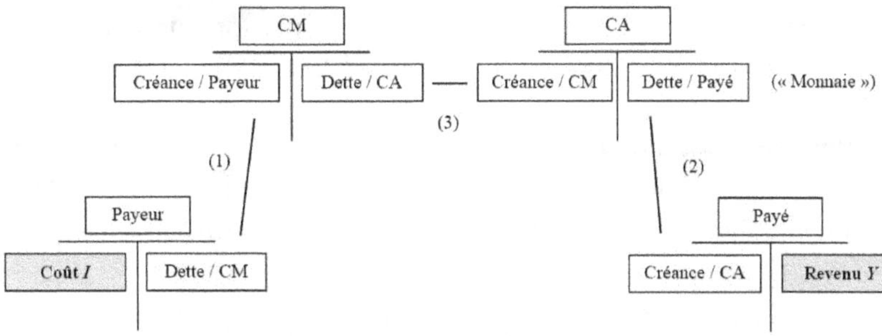


Que le professeur Poulon ne s'emballe pas ; le fait que les banques surplombent, sur le schéma, les deux autres agents non bancaires n'est pas le signe d'une hiérarchie, mais d'un manque trivial de place pour ce type de représentation. Les deux banques pourraient très bien être représentées en ligne, au même niveau que le payeur et le payé, ou même en-dessous, cela ne changerait rien au raisonnement. On voit clairement la relation financière directe (3) entre le CM (endetté) et le CA (créancier), qui ne fait ainsi que prolonger celle entre le payeur et le payé. Les paiements entre clients de banques distinctes entraînent inévitablement ces relations interbancaires, dans les deux sens d'obligations ; les banques rapprochent alors leurs titres respectifs et compensent l'essentiel de ces relations par les relations inverses (en chambre dite « de compensation »). Seuls les soldes nets seront réglés ; imaginons un tel solde net, entre le CM et le CA, correspondant au schéma.

L'intervention de la Banque centrale (BC) consistera précisément, en sa comptabilité, à débiter le compte du CM et à créditer le compte du CA. Elle agit ici comme une banque, puisqu'elle en est une : par ces écritures, elle s'interpose, s'intercale, se positionne comme intermédiaire financier entre les deux banques commerciales. Elle n'est ni le payé ni le payeur, de même que le CM ne paie rien et le CA n'est pas payé en monnaie centrale. Cette dernière interprétation, très courante, est incorrecte, pour deux raisons : en premier lieu, les qualités de « payeur » et de « payé » ont été définies lors de l'opération de paiement originelle. Il ne s'agit donc pas, pour les banques, de payer ou d'être payées, puisque ces rôles sont déjà tenus par des agents non bancaires ; seuls ces derniers, éléments des ensembles E et M, peuvent être ainsi qualifiés, et si une banque est payeuse ou payée, elle l'est en sa qualité d'entreprise, non de membre du système bancaire. Or, ce n'est qu'ainsi qu'une créance d'une banque peut être nette : en étant elle-même dûment payée en tant qu'entreprise. En second lieu, étant crédité en monnaie centrale, le CA n'occupe toujours qu'une place d'intermédiaire financier au sein de la chaîne ainsi formée, entre le payé et le payeur. Le débit en monnaie centrale du CM instaure ainsi la relation financière (4), tandis que le crédit du CA instaure la relation (5), dont l'extrémité correspondant à la dette de la banque centrale est appelée « monnaie centrale ».

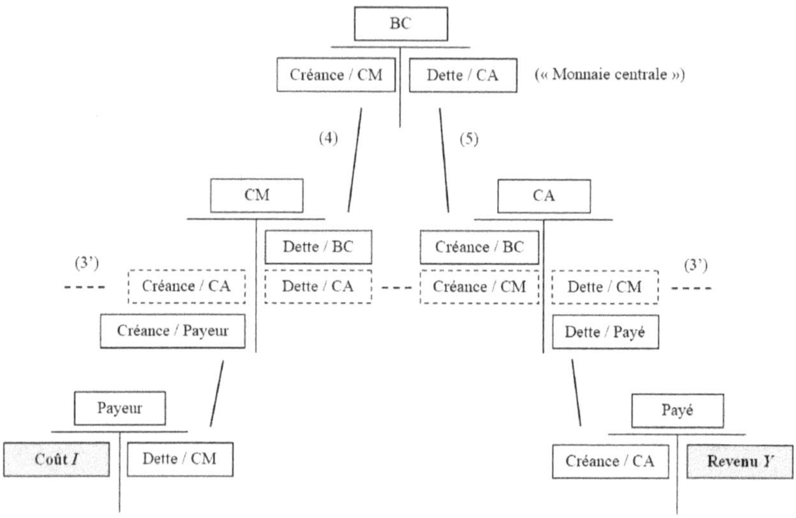


Là non plus, la position haute de la Banque centrale n'est pas un signe de hiérarchie, du seul point de vue des relations financières ; il s'agit simplement d'une architecture, où les fondations ont la même importance que le toit (si ce n'est plus). On remarque immédiatement que la relation financière initiale unissant le payeur au payé, traversant les deux banques, est intégralement conservée ; elle traverse maintenant trois banques. Ceci confirme la stricte intermédiation du système bancaire, Banque centrale ou non, au niveau des paiements. On remarque également que, par rapport au schéma précédent, la relation (3) qui unissait directement les deux banques aura disparu ; nous la représentons néanmoins en pointillés, pour montrer qu'elle est en fait compensée par l'instauration de la relation inverse, que nous nommons (3'), formée de la créance du CM sur le CA (symétriquement, la dette du CA envers le CM). Cette disparition est nécessaire, sinon la relation (3) aurait fait doublon avec celle formée par les deux relations (4) et (5) ; elle est la preuve que la « monnaie centrale » ne s'ajoute pas à la « monnaie » initialement définie, elle la prolonge. La relation inverse (3'), également en pointillés, est littéralement tuée dans l'œuf, elle-même compensée dans sa rencontre, dès sa formation, avec la relation (3) initiale. Elle fait partie du circuit monétaire instantané formé des trois relations (3'), (4) et (5) qui permettent à la Banque centrale de s'interposer entre les deux banques.

En un sens, la formation de la monnaie centrale au bénéfice du CA résulte bien d'une création monétaire, la « dette bancaire centrale » étant créée dans l'opération, mais le propos de Ben Bernanke déclarant que la Banque centrale « augmente le montant de ce qu'elle a sur son compte » doit être précisé, car elle ne saurait ici créditer le compte du CA sans débiter celui du CM. Elle ne saurait, surtout, s'engager dans cette procédure sans le mobile financier qui la justifie, à savoir le refinancement, par intermédiation, des deux banques, c'est-à-dire la suppression de la relation (3), la créance directe du CA sur le CM, elle-même issue d'une opération de paiement entre deux agents non bancaires. Le circuit monétaire effectué contient bien la relation (3') qui s'impute sur la relation (3), or cette dernière représentait une relation nette, s'appuyant sur un paiement effectif. C'est précisément ce qui manque, nous le verrons, à la représentation traditionnelle de la création monétaire bilatérale. On notera que les relations (4) et (5) reproduisent exactement, *via* la Banque centrale, la relation (3) désormais disparue.

Le rôle de la Banque Centrale, ici, n'est pas de « créer *ex nihilo* » sa dette comme monnaie centrale supplémentaire, mais de refinancer les banques en réinscrivant, à son propre bilan, leurs positions financières nettes respectives en regard du paiement initialement effectué, donc en intervenant, par son intermédiation financière, au sein des paiements effectués par les agents non bancaires. C'est le principe même du refinancement (ultérieur), non du financement (initial), des banques. Dans une économie monétaire, ce ne sont pas les banques en tant qu'entreprises qui sont indispensables, c'est la présence d'un intermédiaire financier au sein des paiements entre agents non bancaires. Cette architecture est nécessaire pour assurer l'interchangeabilité des revenus, car l'épargne d'un ménage, *via* le système bancaire, pointera ainsi sur l'ensemble des entreprises endettées vis-à-vis de ce même système.

Ainsi, la Banque Centrale ne procède pas à une « injection de liquidités », comme on pourrait injecter un sérum. Cette représentation, facilement compréhensible, donc simple à enseigner, est liée à la description des transactions comme étant des échanges ; mais elle est, nous le soutenons, fondamentalement fausse. Et c'est un bien mauvais service à rendre que d'exposer comme vraie la même leçon de base, malgré les critiques disponibles qu'il est toujours aisé d'ignorer. La seule véritable « monnaie supplémentaire » est liée à la production, car elle correspond aux revenus monétaires nouvellement formés, représentant des marchandises nouvelles. L'opération qui crée les nouveaux revenus est désormais bien connue du lecteur : c'est le paiement des salaires.

« Résumons nos connaissances.

Nous comprenons bien que les banques ne peuvent « avancer » aux firmes le (nouveau) produit des travailleurs : elles n'en sont pas la source. L'émission des salaires en monnaie bancaire est donc une opération qui, dans les banques, est à la fois positive et négative. Dans la création d'un salaire, la banque acquiert une créance sur l'entreprise (le « payeur ») et une dette envers le travailleur (le « payé »). Il s'ensuit que l'opération ne procure aucune créance nette aux banques. [...]

On voit ainsi que le paiement des salaires n'endette pas les entreprises envers les banques mais, à travers les banques, envers les titulaires de revenus.

Or on démontre que la « contrainte de remboursement » ne peut avoir l'effet indiqué par les auteurs, pour la raison justement qu'elle n'est pas, dans la réalité des faits, une relation définie entre les entreprises et les banques. »

(Schmitt, 1984, p. 413)

L'importance des banques dans le financement de la production est nécessairement réduite, dès lors que le résultat financier du paiement laisse immédiatement apparaître l'épargne, c'est-à-dire la relation financière nette, même intermédiée, entre les entreprises endettées et les ménages créanciers. Rappelons la citation, essentielle :

« Autrement dit, le payé prête au payeur. »

(Piffaretti, 2000, p. 91)

Le lecteur a donc toutes les cartes en main pour répondre à la question suivante : qui finance, en définitive, le paiement des salaires ?

### La création monétaire *ex ante*

L'interprétation correcte du refinancement bancaire met certainement en difficulté la vision « descendante » du flux de financement, telle qu'elle est présentée (par le flux *F*) dans l'interprétation de Poulon. La hiérarchie, en effet, s'est déplacée dans l'analyse : la vision du triangle dont le pôle B, hiérarchiquement supérieur, occuperait le sommet, avec E et M « en-dessous », ne cadre pas avec la description retenue des relations bilatérales soi-disant instaurées entre les banques et les entreprises, lors de la création monétaire.

« Pour ces derniers [les auteurs post-keynésiens], il s'agit alors de déterminer la nature endogène de la monnaie à travers ses deux composantes : le comportement du système bancaire hiérarchisé d'une part, et le lien entre la monnaie et la production d'autre part [...]

Au premier niveau, la monnaie se construit au sein de la relation entre banques commerciales et entreprises, c'est-à-dire dans l'opération de crédit ; elle fait référence à la production. Au second niveau, elle se construit dans la relation des banques à la banque centrale ; elle fait référence au système bancaire hiérarchisé. »

(Monvoisin & Rochon, 2018, p. 167)

C'est maintenant le système bancaire qui serait « hiérarchisé », avec la Banque centrale au sommet ; nous savons qu'il n'en est rien, d'un strict point de vue financier, même si cette dernière peut être, institutionnellement, considérée comme « supérieure » aux autres banques, car elle agit exactement, entre les banques (et même entre d'autres agents non bancaires), comme les banques agissent entre les agents titulaires de comptes. Quoi qu'il en soit, au moment de la création monétaire évoquée, la hiérarchie entre la banque et l'entreprise ne peut plus être retenue, puisque les relations financières bilatérales alors instituées sont conçues comme identiques dans leur constitution : la banque prêteuse est tout autant emprunteuse, et l'entreprise aussi.

« [Les entreprises] se tournent vers leur banque pour obtenir un crédit. La monnaie est créée à ce moment-là *ex nihilo* ; d'un côté, le crédit représente une dette pour l'entreprise et une créance pour la banque ; la monnaie, de l'autre, représente une dette de la banque et une créance de l'entreprise. »

(Monvoisin & Rochon, 2018, pp. 169-170)

La création monétaire est ainsi décrite : l'emprunteur, ici l'entreprise, et la banque sont engagés dans une situation d'endettement parfaitement réciproque.

« Le schéma est très simple : la monnaie créée est au passif de la banque et à l'actif du client (c'est donc une créance du client sur la banque) ; le crédit est à l'actif de la banque et au passif du client (c'est donc une créance de la banque sur le client). Ces deux écritures étant indissociables, la création monétaire s'analyse donc bien comme un endettement réciproque entre ces deux protagonistes. »

(Descamps, 1997, p. 129)

Représentons cette situation, au moment de la création monétaire.

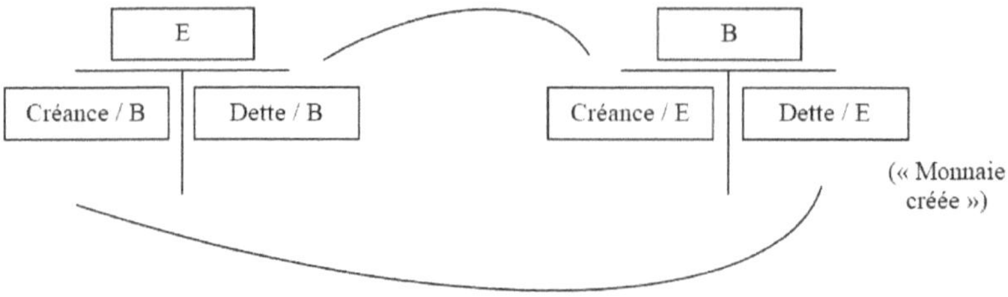


« On en déduit que la création monétaire est saisie comme un échange d'actifs, la banque créatrice remettant la monnaie à l'agent non bancaire emprunteur, qui fournit en contrepartie une créance sur lui-même : le crédit bancaire est inscrit à l'actif de la banque et au passif de l'agent non bancaire, alors que la monnaie est inscrite à l'actif de l'agent non bancaire et au passif de la banque. C'est à travers leur positionnement au sein de la comptabilité de la banque et de l'emprunteur que la monnaie et le crédit seraient distinguables (et distingués) conceptuellement. »

(Massonnet, 2017, p. 205)

Il se trouve que le seul positionnement au sein des comptabilités, dans ce cas, ne peut suffire à déterminer l'apparition d'un actif financier net ; car si l'endettement est réciproque, les créances le sont aussi. Comment obtenir un tel actif dans une telle situation, sauf à préjuger d'une supériorité de fait entre la dette bancaire (remise à l'emprunteur) et la dette de l'emprunteur (remise à la banque) ? On peut toujours prétendre que, du fait que la banque décide d'accorder ou non cette opération, c'est elle « le chef », comme on peut aussi considérer que la Banque centrale est au sommet du système bancaire, par des considérations statutaires. Cependant, une hiérarchie liée aux statuts ou aux conventions n'est pas comparable à une hiérarchie qui serait explicite au niveau financier. Celle-ci ne serait observée que si la banque était « plus créancière » que l'emprunteur, ce qui ne se pourrait que si le montant qu'elle prête était plus important que le montant qu'elle emprunte (par le dépôt simultané de l'emprunteur) ; pour un même montant, cela ne peut formellement être le cas. La créance d'un agent quelconque sur une banque doit alors avoir la même « force » que sa dette envers cette même banque, car c'est toujours bien l'une qui compense l'autre. La permutation des agents bilatéraux est sans effet quant à la réciprocité de la situation, et les deux relations, conçues comme strictement inverses, ne peuvent échapper à leur compensation ; elles ne peuvent financièrement « tenir », car elles ne sont pas nettes, par définition.

Nous avions *supra* (p. 479) posé la question : quelle est l'opération, dans cette conception, de destruction de la monnaie ? Optons pour une expérience de pensée, et transportons-nous en fin de circuit : quelle est la situation bilatérale obtenue lorsque l'entreprise, après avoir vendu ses marchandises et récupéré la somme prêtée, s'apprête à rembourser la banque ? Étant toujours endettée et, en même temps, créancière de la banque, on retrouve en réalité la même situation qu'à la suite de la création monétaire. Poussons alors le raisonnement à son terme, en considérant que cette situation puisse ne pas être blanche et « tenir » dans le temps. La seule manière de détruire la monnaie consisterait à éliminer cette situation d'endettement réciproque. Or, si l'on tient compte du principe de compensation, il conviendrait, pour ce faire, de passer les écritures inverses. Le lecteur aura vite compris que ces écritures inverses ne sont autres que ces mêmes écritures, puisque la situation initiale est déjà constituée des deux écritures elles-mêmes inversées l'une par rapport à l'autre. Le fait de la réitérer ne saurait l'éliminer en la confrontant à elle-même, puisqu'elle apparaît comme d'emblée immunisée contre la compensation, étant justement constituée de deux relations qui se confrontent et qui, néanmoins, ne se compensent pas. Cependant, compensée, elle l'est déjà, dès sa prétendue apparition. L'inversion des situations n'est ici pas comparable à la permutation des agents non bancaires, puisqu'aucun agent, alors, ne participe encore à une opération de paiement. Si la mise en place d'une autorisation de découvert (ouverture d'une ligne de crédit) donne effectivement le feu vert à l'emprunteur pour effectuer un paiement, la dette bancaire censée lui être attribuée par la banque ne signifiera aucun engagement net de cette dernière tant qu'il n'aura pas effectué un paiement à un tiers ; le dépôt sera alors immédiatement créé, non à son compte, mais à celui du payé.

« Selon Keynes, la « finance » est une ligne de crédit accordée aux firmes. Or l'ouverture d'une ligne de crédit ne peut pas être interprétée comme un facteur de réduction de la liquidité du système bancaire. En effet, tant que la firme n'utilise pas les facilités consenties, la banque n'est pas réellement engagée. La firme doit à la banque qui doit à cette même firme : la relation est totalement blanche, neutralisée. L'ouverture de la ligne de crédit n'est que l'engagement de la banque à payer lorsque la firme le souhaitera et à assumer les conséquences financières de ce paiement. [...] En réalité, avant le paiement ni la banque ni l'entreprise ne doivent quelque chose : le stock « financier » est totalement nul. Selon

Keynes lui-même, c'est le flux qui constitue l'opération caractéristique de la « finance » ; or ce flux ne peut déplacer une créance puisqu'au départ la firme est en position neutre vis-à-vis de la banque. Seul le paiement d'un tiers peut modifier la situation puisqu'à la suite de l'opération la banque se retrouve créancière nette de la firme et débitrice nette vis-à-vis des bénéficiaires du paiement. On vérifie ici […] que la conséquence du paiement n'est pas du tout le rétablissement de la position de liquidité antérieure mais au contraire l'établissement de relations financières entre les trois agents impliqués. »

(Bradley, 1993, pp. 73-74)

L'opération est en effet encore plus « blanche » que celle décrite par Fourastié ; la création monétaire ne peut être réalisée de manière nette si elle se présente comme un endettement réciproque : l'emprunteur ne peut être le bénéficiaire du dépôt créé sans que ce dépôt ne compense l'emprunt, les deux se confrontant immédiatement au sein de la comptabilité bancaire. Autrement dit, le nid ne dure pas plus de temps qu'il n'en faut à l'oiseau pour le faire, et les oiseaux, comme le dit Marx, doivent se passer de nids. On ne peut en effet que relever l'illusion de la netteté attribuée au dépôt soi-disant créé au compte de l'emprunteur, pour la raison précédemment évoquée : la banque, ici, emprunte autant qu'elle prête, et si les appellations « emprunteur » et « banque » n'étaient pas précisées, on aurait bien du mal, dans cette seule opération, à formellement les identifier. Au contraire, lorsque la création du dépôt se fonde sur une véritable opération de paiement, l'identification des protagonistes est clairement établie, même sans étiquettes, par la présence du revenu chez le payé et du coût chez le payeur. Ainsi, la banque ne fait pas crédit au futur payeur en tant qu'emprunteur préalable, elle fait crédit au payeur actuel, au moment du paiement ; parce que le dépôt est immédiatement créé au compte du payé, en l'occurrence le salarié lors d'un paiement de production.

« Cette décomposition analytique du paiement permet d'affirmer que la création monétaire est une opération nulle si elle n'est pas rattachée à la production. L'inscription est en partie double et sur la même personne. […] 100 unités de monnaie sont dans le même mouvement créées et détruites sur E1. Pour ne pas être caduque, l'action doit donc se prolonger jusqu'aux services producteurs qu'elle rend créditeurs des banques. »

(Friboulet, 1988, p. 74)

Opération blanche, nulle, caduque ; les qualificatifs ne manquent pas pour signifier que la création monétaire bilatérale, préalable au paiement de production, n'aboutit à un actif net que dans un domaine particulièrement apprécié des auteurs post-keynésiens contemporains : celui de l'imaginaire. Néanmoins, on conçoit volontiers une solution au problème, tout à fait imaginable : la compensation des deux relations financières réciproques entre la banque et l'emprunteur pourrait être empêchée par l'emploi de deux comptes bancaires distincts. Le crédit, alors, ne rencontrerait pas directement le débit sur le même compte, car l'emprunteur aura vu son compte courant être crédité tandis que la banque aura débité à son endroit un compte à terme.

« Les entreprises recevraient des banques un actif monétaire (crédit) qu'elles s'engageraient à rembourser à un terme déterminé, après qu'elles auraient tour à tour donné et repris cet actif aux salariés. L'analogie circuit-circulation en découle : un même objet « opaque » irait ainsi des banques aux entreprises, puis des entreprises aux salariés et des salariés aux entreprises, enfin des entreprises aux banques. »

(Gnos & Rasera, 1985, p. 51)

Représentons cette situation, de manière plus précise avec la distinction des comptes, au moment de la création monétaire (par exemple, d'un montant de 100 unités). Il est entendu que les comptes en banque, le compte courant (*CC*) et le compte à terme (*CT*), ont leur propre miroir comptable chez l'emprunteur (compte « Banque » et compte « Emprunt »).

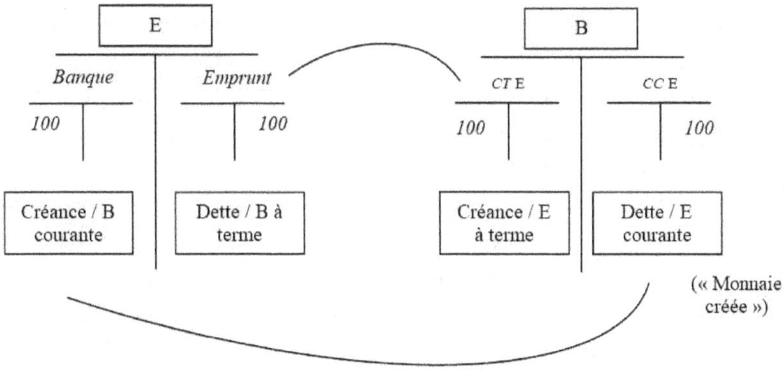


Le paiement des salaires pourrait ensuite respecter l'écriture fondamentale au niveau bancaire : débit du compte courant de l'entreprise et crédit de celui des salariés. La créance à terme de la banque sur l'entreprise deviendrait alors une créance nette à rembourser au terme prévu (par exemple en fin d'exercice), et elle demeurerait ainsi jusqu'à la récupération, par l'entreprise, des dettes bancaires en fin de circulation, à la suite des ventes de ses marchandises. Au fur et à mesure des crédits résultants de son compte courant, la situation finirait par devenir identique à la situation initiale. Celle-ci pourrait alors être éliminée par les écritures inverses, compensant ce résultat, mais la nouvelle période nécessitant une nouvelle création monétaire, on se demande soudainement pourquoi la destruction de la monnaie serait si nécessaire ; il est plus simple de repartir, comme par un « crédit revolving », avec la même situation sans passer les écritures inverses, puisque cela nécessiterait de repasser le lendemain (premier jour du circuit-circulation suivant) les mêmes écritures initiales. La création monétaire nette pourrait ainsi n'être nécessaire que lors d'une période de croissance des paiements (notamment de production), comme accompagnant l'augmentation du montant des transactions, en période de croissance économique.

L'idée est intéressante, et elle paraît valable sur le papier. Le banquier dirait : « Voilà, nous avons crédité votre compte courant de la somme prévue ; en contrepartie, nous débitons un compte à terme. Vous rembourserez en fin d'exercice ». Il est sans doute possible qu'une telle opération puisse être ainsi écrite ; le remboursement exigé se réalisera, en fin de circuit, par les écritures inverses, le crédit du compte à terme conjugué au débit du compte courant. Néanmoins, dans ces conditions, la situation initiale ne permet toujours pas, en réalité, de soutenir l'existence d'un actif net avant les paiements, pour une raison simple : il n'y a aucune différence de terme entre les deux comptes. Ceux-ci sont en effet « actifs » durant la même période, ils naissent en même temps, et ils seront, si l'on ne retient que ces opérations, tous deux soldés au même instant, au moment des écritures inverses.

« Or, la dissociation de l'actif et du passif monétaires, *dans le temps*, est impossible. [...] Il faudrait admettre que la création monétaire puisse définir un actif net, notamment que les banques puissent se rendre débitrices sans être simultanément créditrices (de l'économie). »

(Gnos & Rasera, 1985, p. 51)

Les écritures concernant le compte à terme en banque (ainsi que le compte à terme miroir chez l'entreprise) ne peuvent en effet, nous l'avons dit, définir une relation nette qu'à partir du moment où le compte bancaire courant de l'entreprise est débité. On en déduit que la netteté de la dette bancaire (le crédit du compte courant de l'entreprise) ne saurait auparavant être validée. On comprend toutefois qu'une telle opération initiale puisse être éventuellement écrite, pour des raisons contractuelles et pratiques ; l'emprunteur effectuera en effet le paiement à partir de son compte courant. Si celui-ci n'est pas au préalable créditeur, le résultat en serait inévitablement un compte courant débiteur, le paiement étant effectué à découvert, et chacun sait que les intérêts et frais alors facturés (« agios ») sont nettement plus élevés qu'un taux d'intérêt négocié, surtout lorsqu'une somme importante est concernée. Or, si une telle situation devait se présenter concernant le paiement des salaires à découvert, celui-ci génèrerait le seul actif net véritable, celui du payé (les salariés) sur le payeur (l'entreprise emprunteuse).

Représentons, au niveau de la seule relation entre l'entreprise et la banque, le résultat de ce paiement à découvert (le compte bancaire courant de l'entreprise, étant débiteur, est à l'actif de la banque, et le compte « Banque », créditeur, est au passif de l'entreprise) :

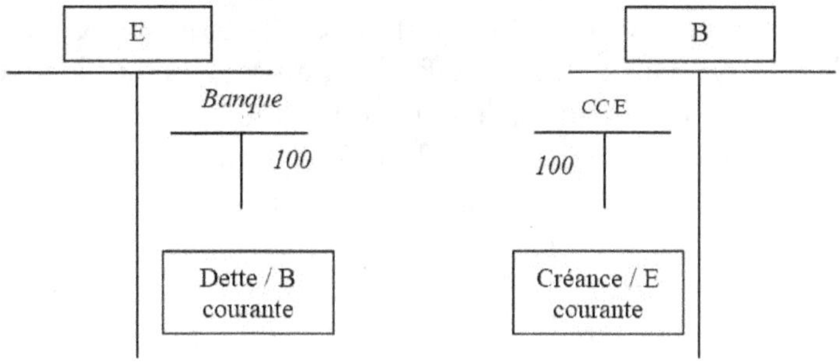


Quelle serait, alors, l'opération nécessaire pour transformer la dette courante de l'entreprise en dette à terme, avec un taux d'intérêt négocié et une date comptable de remboursement ? La réponse est évidente : il convient, au niveau de la banque, de débiter un compte à terme et de créditer le compte courant (au niveau de l'entreprise, créditer un compte à terme « Emprunt » et débiter le compte « Banque »). Le compte courant et le compte « Banque » sont alors ramenés à zéro (soldés), et c'est maintenant au tour du compte à terme d'exprimer la créance de la banque sur l'entreprise (symétriquement, le compte « Emprunt » exprime la dette de l'entreprise envers la banque).

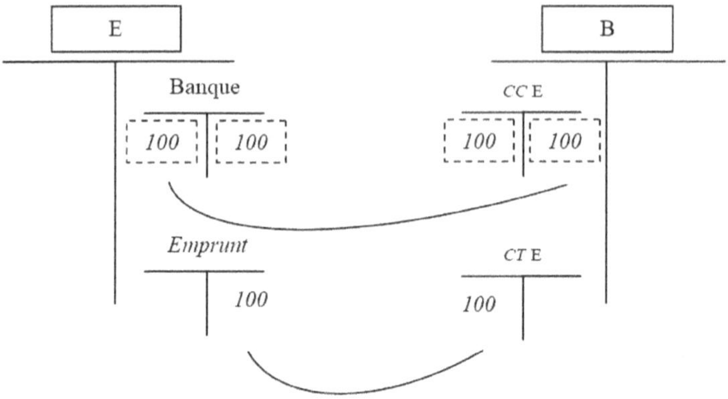


Ces dernières écritures correspondent, d'évidence, à la création monétaire initialement conçue comme endettement réciproque. On s'aperçoit ainsi que cette opération est logiquement ultérieure et subordonnée au paiement : le crédit du compte courant vient compenser le débit issu du paiement, et le débit du compte à terme réenregistre la même dette avec des conditions de prêt (notamment de taux d'intérêt) différentes. Cette opération, nous l'avons dit, pourrait bien être avancée dans la pratique, mais en l'absence du paiement à un tiers, l'endettement réciproque, deux à deux, ne tient pas financièrement. En d'autres termes, le paiement à découvert est logiquement premier, engendrant l'épargne nette détenue directement par le payé. Une fois le paiement dûment effectué, le circuit monétaire instantané réalisant l'endettement réciproque peut alors être conçu en toute logique, puisque l'une de ses relations s'impute sur le découvert du compte courant ; il s'agit, de fait, d'une opération interne de réaffectation de la créance, ne concernant par hypothèse que la banque et l'entreprise d'une manière bilatérale.

Nous savons que le paiement n'a nul besoin de cette opération préalable pour pouvoir être effectué. En réalité, « créer de l'argent » sans que celui-ci ne soit l'expression d'un véritable produit monétaire issu de la rémunération d'un travail effectué est une opération formellement impossible. Cette impossibilité ne pourra toutefois être reconnue tant que l'on approchera analytiquement les phénomènes d'une manière dichotomique, comme le résume ici clairement Piffaretti.

« D'après l'approche dichotomique le paiement est fondamentalement une opération d'échange entre deux masses qui bougent en sens contraire : d'une part les biens achetés, d'autre part les moyens de paiement utilisés dans les achats. Cette conception du paiement en tant qu'échange est strictement liée à la définition fonctionnelle de la monnaie [...]

L'idée de monnaie en tant qu'actif conduit à décrire le paiement bancaire comme une suite d'opérations bipolaires, caractérisées par le déplacement – en flux – de stocks de monnaie. Le dépôt nouvellement créé est injecté dans le système économique et immédiatement utilisé dans l'achat de biens réels.

L'analyse développée jusqu'ici a conduit à mettre en évidence que la simplicité de cette conception du paiement conduit le théoricien à l'erreur : incapable de saisir la nature tripolaire du paiement, le théoricien n'arrive pas à identifier de façon claire le rôle interprété par la banque dans les opérations de paiements. [...]

Il ne s'agit toutefois pas d'une création *ex nihilo* d'*actifs* monétaires. La banque – et c'est toute l'importance de la notion d'intermédiation dans les paiements – émet une monnaie purement nominale, créée et détruite dans l'opération de paiement. La création monétaire a lieu *dans* un paiement, et pas en vue de *financer* un paiement : le financement du paiement est donné par le payé et non par la banque qui agit uniquement en tant qu'intermédiaire. »

(Piffaretti, 2000, pp. 118-119)

## Le circuit monétaire de l'opération de paiement

L'opération de paiement ne peut être effectivement que « tripolaire », correspondant à une monnaie « triadique », pour reprendre l'expression de Gnos et Rasera (cf. p. 374) : le même agent ne peut être en même temps emprunteur et déposant ; l'opération serait « nulle et non avenue ». En d'autres termes, la création monétaire, en tant que formation, préalable au paiement, d'un actif net sur les banques, n'existe pas.

« L'opération serait « nulle et non avenue » si le crédit et le débit, créance et dette envers la banque, étaient définis sur un même agent. Aussi les *trois* pôles – les banques, les entreprises et les salariés – ne peuvent-ils être considérés isolément ou même deux à deux. Le prêt de la monnaie bancaire aux entreprises qui la transfèreraient aux salariés est une représentation erronée de la réalité. La monnaie bancaire apparaît simultanément dans l'avoir des entreprises et dans celui des salariés, négativement sur les unes et positivement sur les autres. »

(Gnos & Rasera, 1985, p. 52)

La monnaie intervient, par un circuit logiquement instantané d'écritures comptables, à l'instant même du paiement ; elle se confond, en réalité, avec la seule opération pertinente, celle du paiement lui-même, parce qu'il n'y a qu'une seule opération capable de créer un actif net, soit une épargne reliée à un coût du système productif : la formation d'un revenu. On établit ainsi la contradiction inhérente à la conception contemporaine, car les banques ne pourraient enregistrer un tel actif dans le patrimoine d'un agent non bancaire (en enregistrant leur propre dette nette vis-à-vis de cet agent) sans que celui-ci n'enregistre un revenu à son passif ; or, l'opération d'endettement réciproque ne forme précisément aucun revenu. L'actif net ne peut donc correspondre, avant le paiement, à un prétendu actif de l'agent emprunteur, et lorsqu'il surgit, lorsque « le prêt fait le dépôt », il s'agit nécessairement du dépôt du payé. Le payeur n'aura jamais eu, avant le paiement, un actif net mobilisable, tiré du néant, et lors de l'opération de paiement, il ne fait toujours qu'emprunter, *via* le système bancaire, au payé lui-même.

Les relations nées du circuit de paiement, entre le payeur, le payé et l'intermédiaire financier, sont exprimées en monnaie, c'est pourquoi le paiement participe d'une création monétaire ; mais c'est bien la présence du revenu-coût, relation réelle et monétaire entre l'actif du payeur et le passif du payé, qui rend la relation financière intermédiée nette, déterminant ainsi la netteté, en tant qu'actif financier, du dépôt du payé, ainsi que de la dette du payeur. Il est possible de représenter ainsi l'opération, logiquement instantanée, du circuit monétaire :

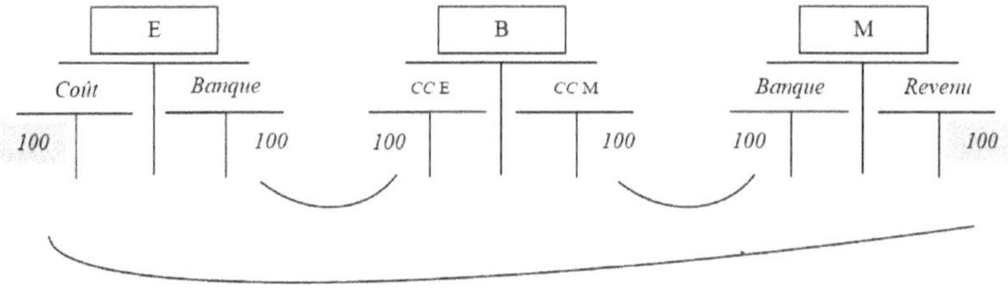


La situation initiale, correspondant à l'initiation d'une nouvelle production, est ici considérée, comme toujours pour les besoins de l'analyse, financièrement vierge : les comptes sont « à zéro » avant l'opération. Le résultat financier du paiement, dont le schéma figure au chapitre précédent (p. 389), est donc directement visible à sa suite, puisqu'il correspond aux traces mêmes laissées par cette – conceptuellement – première opération. Il est toutefois certain que les relations financières alors instaurées s'imputeront sur d'éventuelles relations existantes. Compte tenu de la stricte intermédiation bancaire, il est pertinent d'insister sur la relation financière nette construite entre le payé et le payeur. Le paiement étant celui des salaires, il en résulte, nous le savons, une véritable épargne, reliant l'ensemble des ménages M au système productif E. Autrement dit, le paiement des salaires est la seule opération capable d'inscrire un actif net au patrimoine des ménages.

L'opération que nous avons vue, entre E et B, de réaffectation de la dette de E, de son compte courant à un compte à terme, est alors une opération totalement neutre quant au résultat du paiement effectué : ni le revenu-coût ni l'épargne induite ne sont affectés. On ne peut qu'en déduire la nullité d'une telle opération lorsqu'elle n'est pas assise sur un paiement préalable ; elle ne peut donc être conçue comme elle-même préalable au paiement, comme le considère la description bilatérale de la création monétaire.

« Une fois compris que la monnaie (en vertu de sa nature purement numérique et véhiculaire) est un flux circulaire, dont l'existence est toujours confinée à l'instant du paiement, l'hétérogénéité de la monnaie en regard des actifs financiers « liquides » est en réalité évidente. En tant que moyen de paiement, la monnaie est un actif-passif qui lie à une vitesse infinie les trois pôles de la transaction, son émission représentant dès lors la liquidité (« absolue », « totale », ou « infinie ») par excellence : le flux monétaire ne revêt aucune inertie dans le temps [...] « Coulant » de manière instantanée lors du paiement, la monnaie est dotée d'une liquidité infinie, qui fait se confondre le véhicule (la « voiture » de Say [...]) avec le circuit qu'il parcourt, raison pour laquelle le concept de circulation monétaire est fautif et s'érige en obstacle dirimant à la compréhension de la nature de la monnaie. »

(Massonnet, 2017, p. 226)

Le terme « obstacle » est judicieux, car il s'agit bien d'une représentation mentale, un obstacle épistémologique au sens de Bachelard. Il est courant, par exemple, de considérer que la monnaie serait « dans les banques ». On s'aperçoit, en fait, que ce sont les banques qui sont « dans la monnaie », puisque la monnaie est un circuit monétaire inscrit dans la comptabilité des trois protagonistes dont les banques font partie, insérées dans la chaîne des débits et crédits imbriqués, ou « intriqués ». Le circuit de ces écritures est par ailleurs un outil d'analyse extrêmement simple et puissant pour décrire les opérations effectuées.

Outre celui du paiement des salaires, finalement compensé par le circuit inverse de consommation, ainsi que ceux procédant aux transferts de revenus, les circuits effectués peuvent être « blancs », c'est-à-dire sans la présence du couple revenu-coût au sein des écritures. Analogue à un endettement réciproque, un « circuit blanc » n'a, par lui-même, aucune conséquence financière nette, mais il intervient précisément pour modifier, par imputation de l'une de ses écritures sur une relation existante, les modes d'intermédiation précédemment établis, comme nous avons pu le voir avec le refinancement des banques par la Banque centrale. Ainsi, le circuit du retrait d'un billet de 20 € par un ménage M, prélevé sur son compte créditeur, est un circuit blanc insérant la Banque centrale au sein de la relation financière intermédiée, toujours préservée. Du point de vue comptable, il est ici nécessaire de représenter le billet par un compte Banque centrale (BC) débiteur (à l'actif) chez M qui le retire. Cette relation entre M et la Banque centrale, notée sur le billet comme support physique, se poursuit avec celle entre la Banque centrale et la banque B (étant débitée en monnaie centrale) ; la banque débite alors, pour sa part, le compte courant de M. C'est cette dernière relation du circuit blanc qui compense le crédit initial pour le montant du retrait.

*Situation initiale*

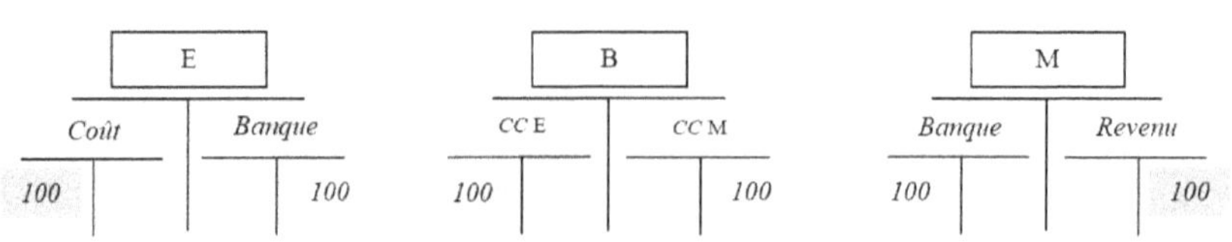

*Opération de retrait (circuit monétaire « blanc »)*

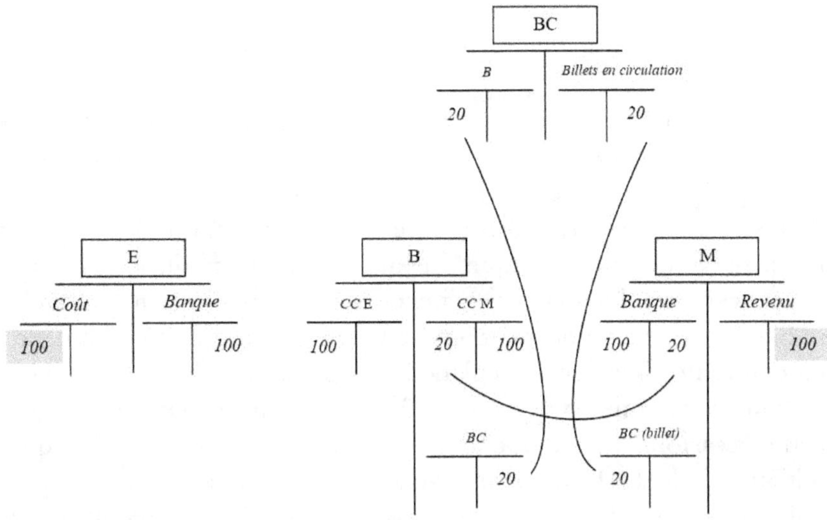


*Résultat financier*

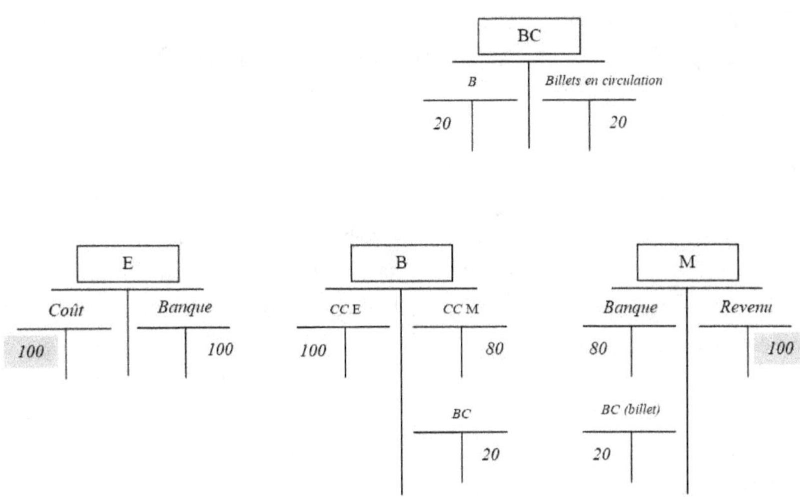

Il est alors nettement confirmé que la Banque centrale n'injecte aucune monnaie supplémentaire qui se présenterait en sus du revenu existant de M. Une fois le billet retiré, M est toujours créancier de E, *via* le système bancaire, pour la même somme initiale 100, à savoir 80 à travers B et 20 à travers BC et B. De son côté, B est comme déjà refinancée par la Banque centrale (alors que M n'a encore effectué aucun paiement), puisque son compte en monnaie centrale est débité ; il lui appartiendra de compenser ce débit par un crédit lorsqu'un autre ménage déposera à son tour un billet (par le circuit inverse) ou bien sera payé par le client d'une autre banque (ce qui rendra B créditrice de BC après refinancement). De manière générale, il est formellement impossible que la Banque centrale impose, comme le terme « injection » semble le sous-entendre, des billets en circulation aux mains des agents non bancaires, puisque ces derniers voient leur compte courant inévitablement débité à cette occasion ; l'opération de retrait ne peut être effectuée qu'à leur initiative, sur la base comportementale d'une « préférence pour les billets » qui ne saurait en quoi que ce soit modifier la nature des paiements effectués.

Le billet au porteur n'est autre que le support d'une créance de M sur la Banque centrale, dont les dettes ainsi représentées, noyées dans le compte générique « Billets en circulation », ont tout autant de pouvoir qu'un compte bancaire créditeur. On comprend immédiatement que les paiements « en liquide » entre ménages pour des biens d'occasion (ou pour des services rendus non professionnels, du moins non comptabilisés comme tels) ne modifient pas le montant total de ce compte générique, n'entraînant qu'une substitution d'un ménage créancier à l'autre. Le fait que les ménages concernés ne tiennent pas de comptabilités explicites de ces transactions aboutit au constat suivant : aucune écriture n'est passée, et la seule observation de l'évènement ne peut que mener à la conception bien connue du paiement concerné, celle de l'échange entre le billet et une chose, objet ou service. Cette absence d'écritures comptables constitue sans doute un frein à l'analyse, bien qu'elle ne fasse que confirmer la totale neutralité macroéconomique de l'opération, le payeur et le payé faisant partie du même ensemble. Néanmoins, si l'analyse en termes de circuits monétaires est valide, elle doit pouvoir décrire l'opération de manière comptable, même si les écritures demeurent implicites. Lorsque Robert donne un billet de 20 € à Gérard, celui-ci ayant réparé le vélo de celui-là, il conviendrait d'enregistrer le paiement par le circuit monétaire suivant (l'actif de BC, non représenté car non concerné, est par ailleurs toujours relié à E).

*Situation initiale*

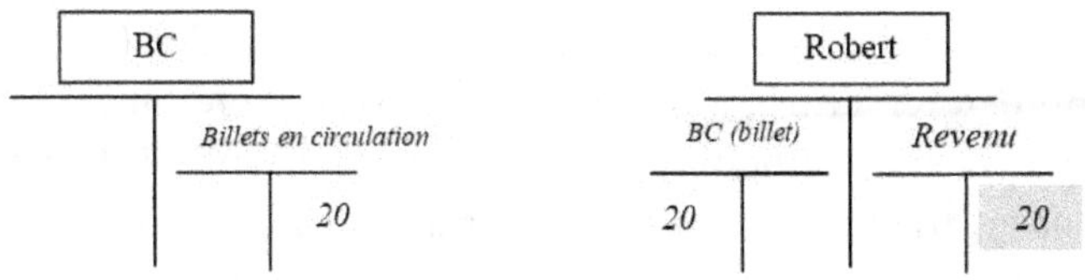


*Opération (circuit monétaire)*

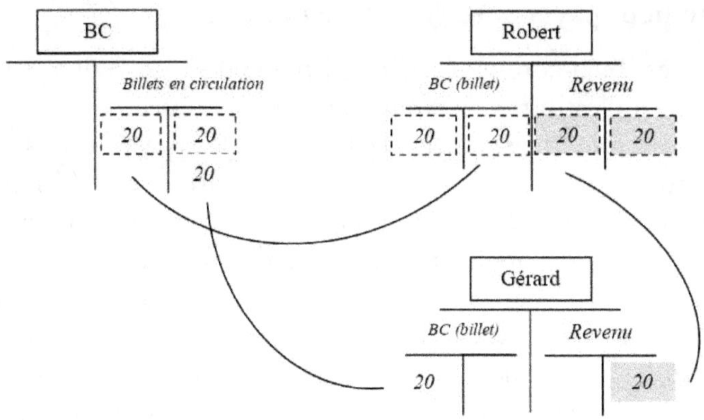


*Résultat financier*

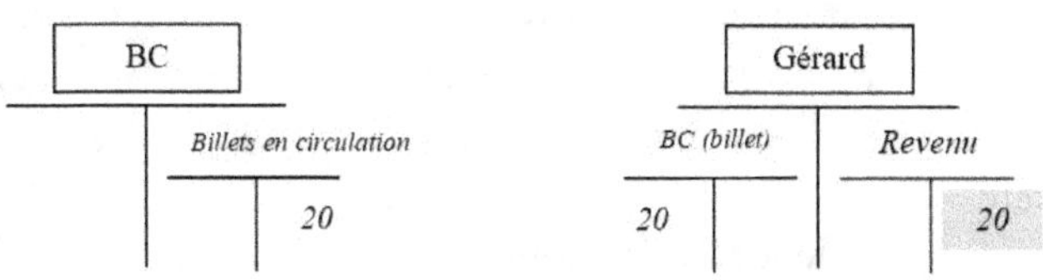

Le lecteur aura saisi qu'il ne s'agit pas là d'un circuit blanc, comme en atteste la présence d'un revenu-coût dans l'opération. Robert assume un coût qui pourrait être représenté par le débit d'un compte à son actif, mais il est entendu, sur le schéma, que ce débit s'inscrit directement à son compte « Revenu », compensant le solde créditeur initial (sauf à reporter par la suite le débit et le crédit sur un compte de résultat, ce qui reviendrait au même). En outre, le compte « Billets en circulation » chez BC est théoriquement débité et crédité pour la même somme ; il n'est donc pas nécessaire de passer les écritures qui n'affectent pas son solde, et c'est tout l'intérêt du billet comme support physique de la « dette au porteur » assumée par la Banque centrale : sa transmission est ici une procédure totalement équivalente à la comptabilisation, mais c'est bien cette dernière qui permet de montrer l'existence nécessaire, d'un point de vue analytique, de ce circuit implicite.

### Nul ne peut payer avec sa propre dette…

L'adage est bien connu ; érigé en principe de base, il demeure l'un des piliers de l'explication « hiérarchique » des monnaies bancaires. Est-il possible, toutefois, d'en vérifier la validité ? Partons d'une situation où l'agent vendeur de marchandise accepte de faire crédit à l'acheteur, car c'est précisément dans ce cas que ce proverbe est reconnu comme pleinement valide. Rappelons que l'opération de paiement est toujours réalisée entre deux agents non bancaires, la banque n'enregistrant finalement que sa position d'intermédiaire financier entre ces deux protagonistes. Le donneur d'ordre, en l'occurrence le payeur, prend l'initiative du paiement. Le rôle de la banque n'est donc pas à exagérer : sans celle-ci, il y a simplement une opération de crédit (de prêt/emprunt), le « payé » étant directement créancier du « payeur ». Les termes « payeur » et « payé » n'étant utilisés que si la banque s'interpose (puisque l'on parle de paiement en monnaie bancaire), il n'en reste pas moins que le financement de l'un (l'emprunteur direct) par l'autre (le prêteur direct) s'avère tout aussi effectif, par une relation financière nette, de même que l'existence d'un coût sur l'un et d'un revenu sur l'autre. Cette opération est d'ailleurs couramment enregistrée dans les achats interentreprises, avec un délai de paiement spécifié (en général trente, soixante ou quatre-vingt-dix jours) afin de ménager les trésoreries. Les protagonistes (ici, E1 et E2) en retirent alors, selon leur rôle, une « dette fournisseur » (pour le « futur payeur » E1) et une « créance client » (pour le « futur payé » E2).

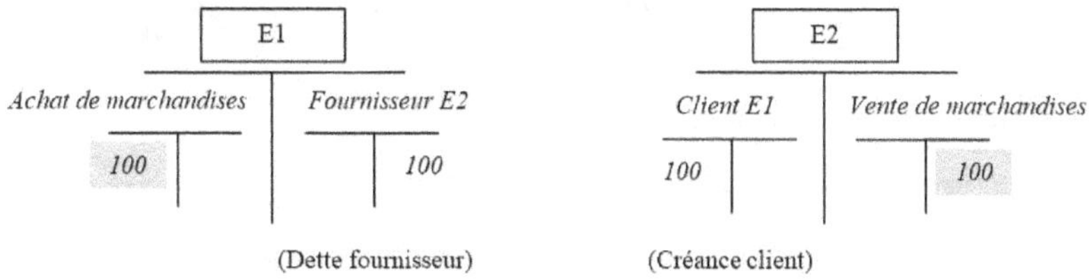


La monnaie, au sens bancaire du terme, étant ici absente, le paiement n'est pas traditionnellement considéré comme effectué, en particulier du point de vue de l'entreprise E2 qui demeure créancière directe. Néanmoins, il s'agit bien là d'un résultat financier obtenu par un circuit monétaire comprenant un coût et un revenu, puisqu'un achat/vente est bel et bien enregistré dans les comptes concernés (achat et vente de marchandises) ; la relation financière nette établie entre les deux entreprises (E2 détenant à son actif la reconnaissance de dette de E1) en témoigne. La monnaie, donc, en tant que principe comptable, est en fait déjà présente dans l'établissement de cette relation, ne serait-ce que par l'utilisation de l'unité monétaire comme unité de mesure. Cette considération entraîne une interrogation légitime à propos de la notion même de ce que l'on nomme « paiement », étant donné que l'opération qui est censée pleinement le réaliser au niveau bancaire, par exemple trente jours plus tard, ne reproduira pas le revenu-coût d'ores et déjà ainsi défini ; elle n'engendrera pas non plus une quelconque nouvelle relation financière nette distincte de celle-ci. Il s'agira, là aussi, d'un circuit blanc purement monétaire (sans revenu-coût), mais concernant cette fois-ci les trois protagonistes, permettant à la banque, à l'instar de l'exemple *supra* concernant la Banque centrale, de s'intercaler, de s'insérer en position d'intermédiaire financier au sein de la relation initialement directe entre E1 et E2. Cette dernière relation est bien entendu supprimée, par compensation, lorsque le circuit monétaire se pose simultanément sur les agents, l'une de ses relations étant son inverse (débit du compte « Fournisseur » et crédit du compte « Client », ces deux comptes étant soldés) ; cette suppression est inévitable, puisque la relation directe originelle est précisément remplacée par les deux autres relations du circuit, avec la banque en intermédiaire, reformant la relation, maintenant indirecte, entre les deux entreprises. C'est ainsi que E2 est finalement payé « en monnaie ».

*Opération (circuit monétaire)*

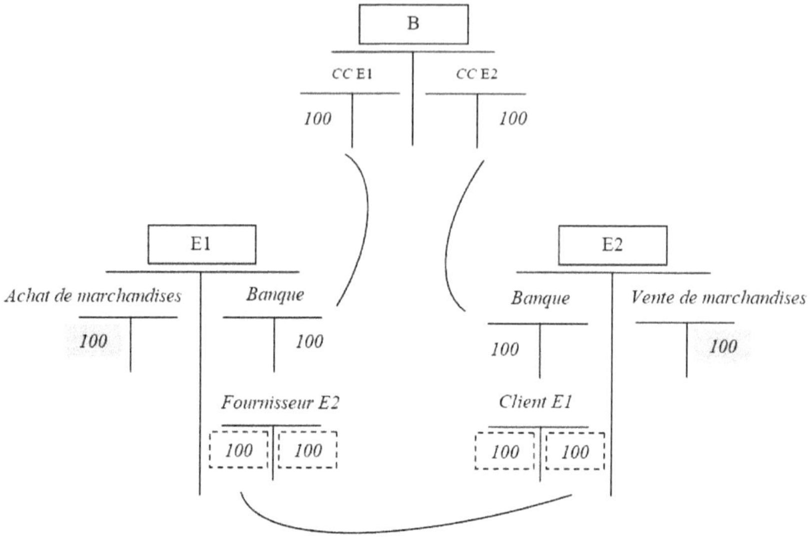


*Résultat financier*

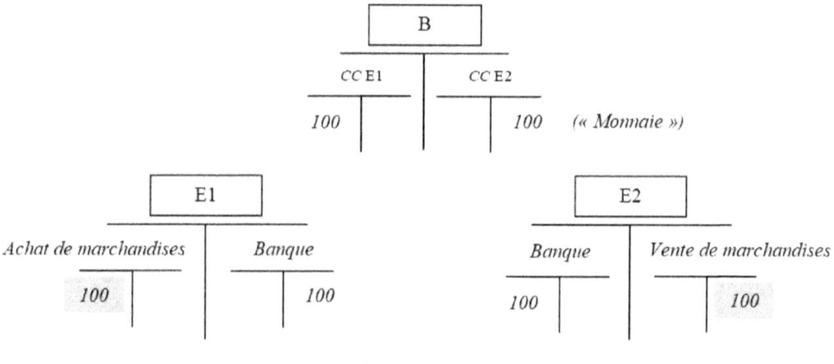

La question, à présent, est de savoir, dans le cas d'une telle opération de crédit bilatérale suivie d'un règlement en monnaie bancaire, si le terme « paiement », ainsi qu'on le conçoit généralement, doit uniquement convenir à la seconde opération, notamment par le crédit du compte courant du payé, ou si l'on devrait plutôt retenir la première, de par la formation originelle du revenu-coût et de la relation financière nette. Il serait peut-être intéressant de considérer qu'il s'agirait là d'un paiement bancaire effectué en deux opérations, étant donné que le paiement en une fois contient d'emblée les trois ingrédients pour le définir, le revenu-coût, la relation financière et l'intermédiation du système bancaire. Le problème se pose avec acuité lorsque l'on évoque les paiements effectués par une banque en tant qu'entreprise.

### … Sauf la banque

Il est probable que ce paragraphe soit dérangeant pour beaucoup ; mais l'objectif n'est pas d'arranger. Néanmoins, nous entendons déjà les cris d'orfraie, dès l'écriture de ces lignes. Notez que nous ne prétendons pas que n'importe quelle entreprise, encore moins un ménage, puisse payer avec sa propre dette. C'est pourquoi l'on dit couramment que les agents non bancaires paieraient à l'aide d'une dette « d'un niveau supérieur », celle des banques ; celles-ci se paieraient, cela va de soi, en une dette encore « supérieure », celle de la Banque centrale. Nous avons tous appris cela à l'université ; mais nous y aurons aussi, et c'est heureux, appris à réfléchir.

Nous l'avons soutenu, d'un point de vue comptable, la dette d'une banque ne peut pas être supérieure à celle d'un agent non bancaire, pour une raison simple : la seconde suffit à compenser la première et *vice versa*. Rappelons, en substance, l'explication. Lorsque le compte bancaire d'un ménage, créditeur de 100 €, est débité de 20 €, cela signifie que la banque, dans l'opération même, inscrit à son actif une créance sur ce ménage pour ce dernier montant ; en d'autres termes, elle acquiert la reconnaissance de dette du ménage pour 20 €, et cette dette compense le solde créditeur existant, alors ramené à 80 €. La dette du ménage a donc compensé, montant pour montant, la dette bancaire qu'il détenait lui-même pour ces 20 €, et ces deux relations financières exactement inverses se sont détruites, annihilées par leur seule rencontre. La dette bancaire n'est donc pas supérieure à la dette du ménage ; les deux sont logiquement au même niveau financier. Un raisonnement identique peut être aisément tenu concernant la prétendue supériorité de la monnaie centrale sur les monnaies bancaires particulières ; aucune différence, au seul niveau financier, n'est perceptible, sinon leurs compensations dans les opérations ne sauraient être effectuées. Nous l'avons dit, la hiérarchie des agents bancaires sur les autres agents ne peut être justifiée que par des considérations statutaires, institutionnelles ou contractuelles (par exemple, au niveau des taux d'intérêt appliqués) ; elle ne peut l'être au niveau des paiements et des relations financières.

On comprend, bien entendu, qu'une entreprise non bancaire ne saurait véritablement payer l'un de ses salariés en se reconnaissant simplement endettée vis-à-vis de lui (en lui remettant une obligation), car ce dernier percevrait alors une créance directe sur le stock de l'entreprise qui l'emploie. Il ne pourrait en effet exercer sa créance sur aucun autre stock, la dette de l'entreprise étant liée à l'un de ses propres coûts. C'est précisément ce que la présence d'un intermédiaire financier au sein du paiement permet d'éviter, en formant la créance du payé en une véritable épargne, c'est-à-dire en un droit financier sur les coûts de l'ensemble du système productif : le dépôt en une banque particulière relie le déposant à l'ensemble des entreprises débitrices de cette banque, et l'intervention de la Banque centrale dans les refinancements des paiements, en convertissant les créances interbancaires lorsque les banques respectives des payeurs et des payés sont différentes, assure *de facto* une prise de cette créance sur l'ensemble des entreprises, quelles que soient les banques qui gèrent leurs comptes. À cette considération, qui fonde la représentation du paiement triadique, il est possible d'opposer trois remarques :

- Être créancier d'un stock direct n'est pas rare, c'est même le cas des propriétaires fonciers de terres exploitées, dont le fermage est défini comme une partie précise de la récolte. Bien entendu, le fermage est couramment payé en monnaie bancaire représentant l'équivalent de cette partie, mais rien n'empêcherait théoriquement les propriétaires d'être payés, s'ils le souhaitaient, en nature.

- Remettre une obligation en guise de paiement n'est pas spécialement interdit, du moins par l'analyse, d'autant que si l'agent concerné est d'abord payé en monnaie bancaire, il peut toujours acquérir la même obligation juste après ce paiement. Directement créancier, il recevrait en monnaie le coupon pendant un certain temps, puis le remboursement de l'obligation (au cours au comptant) à son échéance. Même en considérant le risque encouru (l'entreprise risquant potentiellement une cessation de paiement), il n'y aurait fondamentalement pas de différence par rapport à la détention d'une créance sur une banque qui, elle aussi, peut toujours faire faillite (nonobstant une intervention de la Banque centrale). La différence entre une dette bancaire et une dette d'entreprise ne saurait donc être fondée sur la seule solidité relative de l'émetteur, conditionnant la sécurité – indéniablement plus élevée pour les banques – des créances associées. La notion d'intermédiaire entre les deux ensembles, M et E, n'en reste pas moins fondamentale, à notre sens, pour expliquer pourquoi la dette bancaire est privilégiée dans les paiements, pour expliquer, donc, pourquoi les agents ont une « préférence pour la liquidité bancaire », car la relation financière intermédiée est la forme première de l'épargne, du capital directement mobilisable, avant d'être éventuellement convertie en obligation directe par un placement choisi.

- L'établissement, avant le paiement en monnaie bancaire, d'une obligation d'entreprise n'a rien à voir avec la relation d'endettement réciproque décrite comme étant la soi-disant création monétaire : la relation a beau être bilatérale, la créance détenue est nette, car un revenu s'inscrit au passif du ménage détenteur tandis qu'un coût s'inscrit à l'actif de l'entreprise. Même bilatérale, cette opération relève donc bien d'un circuit monétaire, comme toute opération de crédit, car seul un circuit monétaire est capable d'engendrer une relation financière nette.

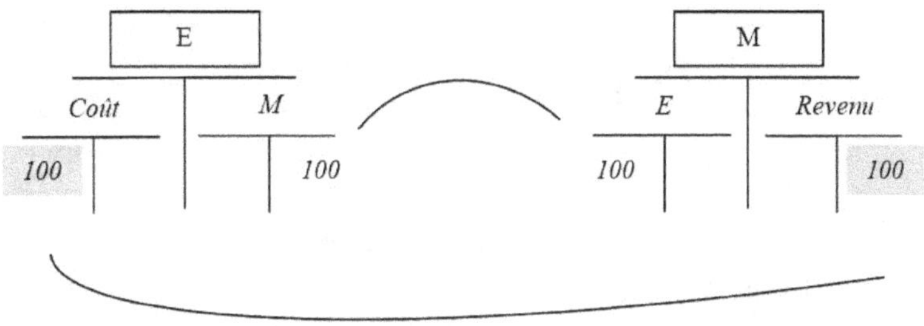


Nous serions même tentés de réaffirmer une conclusion déjà retenue : seul un paiement est capable d'engendrer une relation financière nette. Rappelons la question posée par Piffaretti :

« [...] est-ce que le paiement est une activité fondamentale, bien plus fondamentale que l'activité financière, sans laquelle l'activité financière ne serait même pas possible ? »

(Piffaretti, 2000, p. 93)

La réponse, si elle est positive, bouscule la notion même de paiement. En effet, la détention d'une obligation directe est une activité financière, puisque le détenteur finance directement, ici, le stock de l'entreprise.

Nous serions donc bel et bien en présence d'un paiement ; un paiement non bancaire, certes, mais un paiement tout de même. Le sacro-saint principe « nul ne peut payer avec sa propre dette » devrait-il alors être amendé ? Nous avions bien souligné, par ailleurs, la conclusion tout à fait juste de Piffaretti à propos du paiement effectué en monnaie bancaire : le payé finance le payeur, *via* la banque, intermédiaire financier. Il s'agit de la relation intermédiée, formant l'épargne détenue par le payé lors de la perception du revenu. Tout payeur s'endette, de manière indirecte, vis-à-vis du payé, et la formation d'une dette directe, fondamentalement, ne signifie pas autre chose ; la preuve en est qu'à l'issue d'un paiement en monnaie bancaire, l'achat d'une obligation directe sur une entreprise particulière n'est qu'une modification de la forme de l'épargne, non de sa nature : le créancier demeure lié à une partie du stock du système productif, même si celle-ci est désormais précisément désignée. Le paiement en monnaie, lors même qu'il succéderait à la formation d'une obligation directe, ne représenterait ainsi que la modification inverse.

C'est ici que l'analyse bute sur la considération d'un intermédiaire financier lorsqu'un paiement est effectué par cet intermédiaire même. Nous devons le déplorer, mais l'analyse de Piffaretti, jusqu'ici impeccable, peut alors être prise en défaut. Lorsque la situation de la rémunération par une banque de ses propres employés est abordée, une séparation nécessaire entre le « département bancaire » et le « département commercial » de la banque est ici considérée par l'auteur, le premier étant créancier du second dans une telle opération de paiement.

« Le paiement des salaires des employés de la banque Bq implique son département commercial Bq* et son département bancaire […] : comme il est indiqué par l'astérisque (Bq*) le débiteur n'est pas la banque Bq au sens strict, mais la banque au sens commercial du terme. C'est le « département commercial » de la banque qui devient débiteur envers le « département bancaire » de Bq. Le terme « département » met en évidence la nécessité macro-économique de l'existence de deux comptabilités distinctes : la comptabilité bancaire de Bq et sa comptabilité commerciale (Bq*). »

(Piffaretti, 2000, pp. 172-173)

L'idée, bien entendu, est compréhensible ; à l'instar d'une autre entreprise, la banque ne saurait remettre une reconnaissance de dette en guise de paiement. C'est le principe même : un intermédiaire financier est requis, entre elle et le payé ; mais il se trouve que c'est elle qui joue d'habitude ce rôle pour les autres entreprises non bancaires. D'où la séparation comptable, semble-t-il nécessaire, entre les deux fonctions de la banque.

« Afin de respecter la logique de la division des deux fonctions de Bq (entreprise et banque *stricto sensu*), la banque peut procéder à une compensation des écritures seulement après l'écoulement macro-économique des services qu'elle (Bq*) a produit. La banque Bq exerce l'activité d'intermédiaire entre les titulaires de revenu A et Bq* entendue en tant qu'entreprise. Le remboursement de la dette de Bq* envers Bq se fait grâce au dépôt auprès de Bq que l' « entreprise » Bq* acquiert suite à la vente de ses propre services. »

(Piffaretti, 2000, p. 173)

Une banque peut effectivement entretenir, au sein de sa comptabilité, une séparation entre ses activités d'entreprise et ses activités bancaires, mais cette séparation demeure inévitablement interne et ne peut être comparée sans précaution à une relation financière reliant deux agents distincts. Si Piffaretti semble ici recréer, de manière quelque peu artificielle, une intermédiation par cette départementalisation, ce n'est manifestement pas à la suite d'une démonstration formelle mais, plus prosaïquement, par pur principe ; il conviendrait, en effet, de respecter à la lettre l'adage bien connu.

« La logique macro-économique de ce paiement de salaires mérite quelques réflexions, il est en effet nécessaire d'empêcher que la banque ne paye les salaires à ses propres employés en émettant une dette sur elle même. En effet, si cela était possible la banque serait placée dans l'enviable position de pouvoir payer ses dettes en émettant simplement une reconnaissance de ces mêmes dettes. L'activité productrice de la banque serait alors financée systématiquement de façon contraire aux principes qui régissent le système monétaire moderne. »

(Piffaretti, 2000, pp. 171-172)

La « logique macro-économique » est ici réduite à ce seul principe : « nul ne peut payer avec sa propre dette ». Donc, la banque ne peut payer « en émettant une dette sur elle-même ». Le problème, d'évidence, est que cette « dette sur elle-même », par définition, est une dette bancaire, un compte bancaire créditeur ; la détention d'un tel compte n'est-elle pas, d'emblée, la détention d'une créance sur un intermédiaire financier ? Pourquoi un salarié de la banque ne pourrait-il pas être payé en devenant créancier de cette banque, alors que tous les salariés de toutes les autres entreprises le sont ? Il est indéniable que, dans l'opération même d'un tel paiement, la banque ne se situe pas dans une position d'intermédiaire financier, puisqu'elle inscrit à son actif, à l'instar de l'entreprise du schéma précédent, un coût dûment reconnu. Ainsi, quand bien même elle serait amenée à payer avec sa propre dette, il serait toujours vrai que « la banque peut procéder à une compensation des écritures seulement après l'écoulement macro-économique des services qu'elle a produit », puisque seul un achat/vente saurait en amortir le coût.

Par ailleurs, lorsque la banque se trouve intermédiaire financier dans le paiement d'un salaire effectué par une autre entreprise, la créance du payé se prolonge aussi sur le coût de cette entreprise. Ici, le coût est certes tout de suite plus proche, de l'autre côté du seul bilan bancaire, à l'actif de la banque. En quoi cette proximité du coût est-elle problématique ? En outre, à son passif, aucune différence entre le compte du salarié payé et celui d'un autre (payé par une autre entreprise) ne peut logiquement être mise en évidence : les comptes créditeurs au passif de la banque sont intégrés en une masse de dettes qui financent indifféremment aussi bien les dépenses de la banque que celles des autres entreprises (endettées vis-à-vis de la banque), et aucune loi macroéconomique n'empêcherait spécifiquement ce salarié d'accéder, par un paiement ultérieur, à la consommation d'un bien. Montrons-le à l'aide d'un exemple.

Supposons deux paiements de production, l'entreprise non bancaire E rémunérant son salarié Me *via* la banque B, et la banque B rémunérant elle-même son salarié Mb par le crédit direct de son compte. Si l'on devait démontrer que ce dernier paiement n'était pas un paiement valable, on tenterait de montrer, par exemple, que le ménage Mb, ainsi payé, ne pourrait pas accéder aux biens vendus par E, ou encore que le ménage Me ne pourrait pas accéder aux biens vendus par B. Or, la position identique, vis-à-vis de la banque, occupée par les deux salariés payés, Me et Mb, infirme cette conclusion.

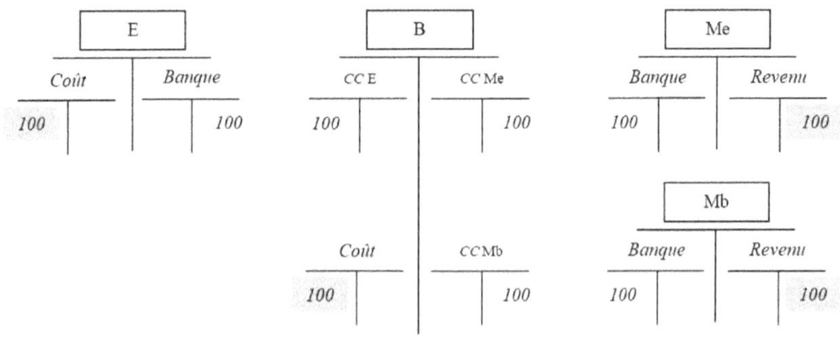

On voit immédiatement que le ménage Mb peut sans problème réaliser un paiement d'achat/vente (consommation de son revenu) en direction de E (amortissement du coût de E), laissant la créance de Me continuer de financer directement le coût de B.

*Opération (circuit monétaire)*

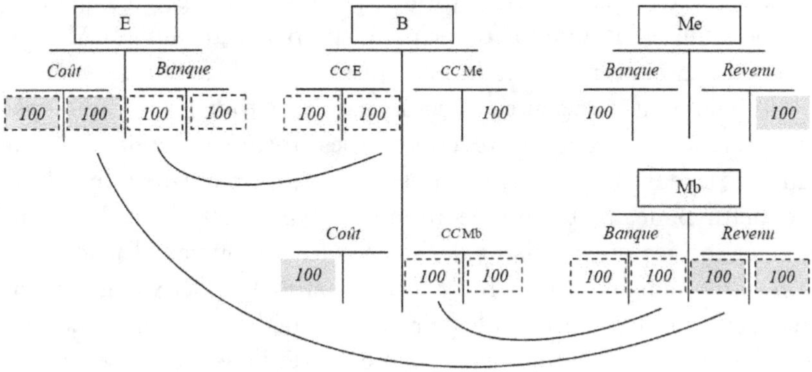


*Résultat financier*

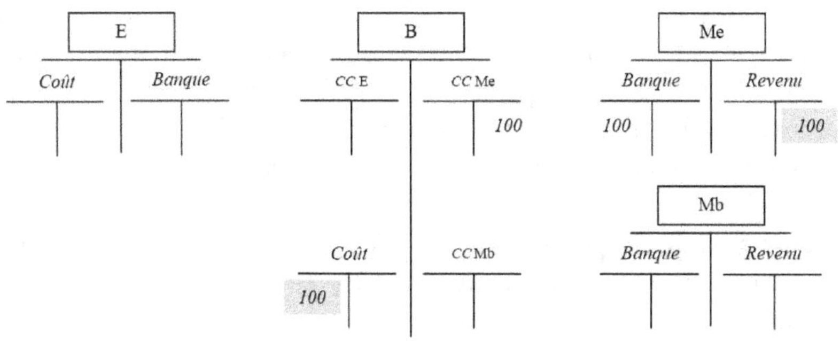

La créance de Me est redirigée automatiquement sur le coût de B ; le ménage Me peut donc accéder aux biens vendus par B, c'est-à-dire ses services bancaires, qu'elle ne manquera pas de lui facturer en tant que client. Le paiement du salaire de Mb par l'établissement de la « propre dette » de B ne suppose donc pas une relation exclusive et spécifique de la créance directe de Mb sur le stock coûteux de B, contrairement à ce qui se passerait si Me avait une créance directe sur le stock coûteux de E. On en conclut ainsi que, si l'interposition de B dans le paiement de E à Me est effectivement nécessaire pour permettre à Me d'accéder aux stocks d'autres entreprises (dont le stock de B, d'ailleurs), cette interposition est inutile lorsque c'est B qui paie directement Mb, puisque la dette de la banque envers Mb est interchangeable avec celle de Me.

Ce paiement de salaire, effectué par B, a toutes les caractéristiques d'un paiement correct : un revenu-coût est formé, une relation financière entre le payeur B et le payé Mb est établie, et la créance de Mb signifie une dette bancaire de même montant. Ne sont-ce pas là les mêmes caractéristiques du paiement de Me par E, nonobstant l'absence formel d'un intermédiaire entre B et Mb ? Dans les deux cas, la créance financière du salarié est établie sur un intermédiaire financier, à savoir B ; dans les deux cas, cette créance est celle de l'ensemble des ménages, à laquelle répond la dette d'un payeur, membre du système productif ; et, dans les deux cas, la créance est reliée au coût (qu'elle finance) d'une partie du stock – même si ce sont là des services – de ce système, dont la banque fait partie. Autrement dit, si la créance à l'actif du payé doit toujours correspondre à la dette d'une banque en tant qu'intermédiaire financier, afin d'assurer le lien macroéconomique avec les entreprises débitrices, la dette au passif du payeur peut ne pas correspondre à la créance d'un intermédiaire *ad hoc*, à partir du moment où le payeur, entreprise débitrice dans le paiement, est cet intermédiaire même ; sa dette est alors, comme pour les autres paiements entre agents non bancaires qu'il est amené à enregistrer, inévitablement détenue par le payé, ce qui, concernant ce dernier, constitue la principale caractéristique d'un paiement.

Il est toutefois certain que, comme toutes les autres entreprises, la banque est alors obligée d'amortir ses coûts et de procéder à des facturations à ses clients ; or, et contrairement à leurs positions habituelles (débitrices) vis-à-vis d'autres entreprises, il se trouve que ses clients ne sont autres que ses créanciers, Me et Mb. Rien de plus simple, alors, que de débiter leur compte pour toutes sortes de motifs (frais de tenue de comptes, frais sur virements programmés, différentiels entre agios et autres taux, comptes inactifs facturés, etc.) et de récupérer ainsi, outre des profits (qui s'incarnent en créances sur d'autres entreprises ou d'autres banques, donc en monnaie centrale par refinancement), les montants nécessaires pour amortir ses coûts de production.

« D'un point de vue théorique il n'y a pas d'incompatibilité stricte entre activité bancaire et activité de production : le même établissement peut exercer les deux activités, pourvu qu'il n'y ait pas de confusion entre les deux. Les deux activités sont depuis toujours réunies sous le même toit dans les banques, lesquelles outre l'activité bancaire, fournissent toutes sortes de services. Le problème est de mettre en évidence les conditions à respecter afin que la comptabilité bancaire reste séparée de la comptabilité d'entreprise. »

(Piffaretti, 2000, p. 171)

Les activités des banques, comme le reconnaît volontiers Piffaretti, sont « depuis toujours réunies sous le même toit », dans une confusion générale ; leur séparation, jugée ici nécessaire au niveau comptable, n'est donc pas une condition pratique *sine qua non* permettant la possibilité même de l'existence des paiements. Le souhait de l'auteur, « pourvu qu'il n'y ait pas de confusion entre les deux », n'est donc pas nécessaire à formuler. Piffaretti ne montre pas, d'ailleurs, qu'en l'absence d'une départementalisation formelle, un problème logique doive immanquablement surgir à ce niveau ; nous venons précisément de montrer le contraire. La seule justification avancée, redisons-le, tient dans le respect quelque peu forcené d'un principe, élevé en loi macroéconomique pour l'occasion, d'un adage traditionnel reposant sur la considération erronée d'une hiérarchie entre les dettes des agents. La pleine compréhension des paiements effectués « depuis toujours » par les banques, où les types de paiements sont confondus, ne peut donc s'établir sur une séparation théorique inexistante en pratique, de fait non contraignante.

L'étude des cas concernant l'activité d'entreprise de la banque est véritablement déroutante, compte tenu de ce fameux principe du non paiement par sa propre dette. C'est en effet également en vertu de ce même principe, et non à la suite d'une démonstration convaincante, que Massonnet refuse à la banque la possibilité de payer l'un de ses fournisseurs en créditant le compte courant de ce dernier. L'auteur, précisons-le, part d'une situation analogue à la création monétaire *ex ante*, où la banque émettrait une monnaie sur elle-même, pour elle-même. Bien évidemment, ce cas purement théorique est immédiatement annihilé par compensation ; sur ce premier point, nous ne pouvons qu'approuver le propos.

« Le premier cas qui s'offre à l'analyse est celui d'une émission de monnaie de la banque pour elle-même. Dans ce cadre, la banque émettrice susciterait spontanément dans son bilan le dépôt à son nom et en disposerait à sa convenance, notamment pour le prêter à un tiers ou le mobiliser dans un paiement pour son propre compte. Ce cas est toutefois infirmé par la logique de la comptabilité à partie double, qui interdit à la banque d'enregistrer *ex nihilo* une créance envers elle-même. [...] Par conséquent, ni le flux (le débit de la banque), ni le reflux (le crédit de la banque) de la monnaie n'étant déterminables, on en déduit que la banque reste incapable de générer (dans son bilan) un dépôt pour son compte propre. »

(Massonnet, 2017, p. 73)

Il est évident qu'un agent, bancaire ou non, ne saurait être créditeur de lui-même, ce qui fragilise, d'une certaine manière, le propos de Piffaretti sur la départementalisation. Massonnet envisage alors le cas où la banque paierait, avec sa propre dette, l'un de ses fournisseurs :

« Ce qui précède n'épuise toutefois pas totalement la question car il est toujours imaginable que la banque émette de la monnaie dans les paiements qu'elle ferait pour son compte propre. [...] la banque pourrait dans ce cas remettre à son créancier de la monnaie qui serait préalablement inexistante et, de là, créée dans l'opération d'achat. Or une telle opération ne corrobore aucune émission monétaire (et aucun paiement *a fortiori*) du point de vue de la comptabilité à partie double : il s'agit d'un achat à crédit par lequel la banque inscrit à son actif le bien réel (ou le titre) acquis et à son passif la dette qui est contractée auprès du vendeur. [...] la banque ne remet en réalité aucune monnaie à son créancier, mais uniquement un titre signifiant un endettement à son égard. Cela confirme l'idée selon laquelle la banque ne peut pas susciter de monnaie (et le dépôt bancaire correspondant) pour elle-même : ni le flux ni le reflux de la monnaie n'étant déterminé, la banque est incapable de susciter de la monnaie par sa seule intervention. »

(Massonnet, 2017, p. 74)

En lisant le passage concerné, l'adage en tête, on ne pourrait *a priori*, là encore, qu'être en accord avec le propos tenu. On se dit, en effet, que l'achat direct de biens de production par la banque, en créditant directement le compte courant de son fournisseur, doit bien s'avérer impossible à considérer comme valable, d'un point de vue théorique. Rappelons la phrase de Piffaretti :

« En effet, si cela était possible la banque serait placée dans l'enviable position de pouvoir payer ses dettes en émettant simplement une reconnaissance de ces mêmes dettes. »

(Piffaretti, 2000, p. 172)

En « payant avec sa dette », la banque ne serait-elle pas en position d'acheter facilement des pans entiers de l'économie ? Voilà, en effet, un argument couramment évoqué, en guise de réfutation de ce soi-disant paiement. Toutefois, admettons qu'elle y parvienne ; elle aurait toujours, inévitablement, le devoir d'amortir les coûts entraînés par ces achats. Il faudrait donc qu'elle fasse payer à ses clients des pans entiers de l'économie. N'oublions pas, en effet, que la contrainte financière qui s'exerce sur le payeur doit se dissoudre au terme de l'exercice comptable : les coûts doivent être amortis par les recettes, et si ce n'est le cas, une dette nette demeure pour l'exercice suivant. Penser que cette situation n'aurait aucun effet sur la banque en tant qu'entreprise, et que cette dernière pourrait ainsi s'endetter *ad libitum*, c'est ne pas tenir compte du fait que, face à ses dépenses, la banque doit opposer des recettes d'exploitation équivalentes. Dans le cas contraire, ses dettes seront considérées comme douteuses par ses créanciers, risquant elle-même un refus de refinancement en monnaie centrale, ou encore, comme toute entreprise au compte de résultat déséquilibré, une cessation de paiement.

Par ailleurs, l'argument consistant à déplorer l'absence d'un intermédiaire financier dans ce type de paiement, au point, comme Piffaretti le propose, d'en faire émerger un par une sorte de dédoublement de personnalité (morale), est battu en brèche par la simple considération suivante : les agents, ainsi payés par la seule reconnaissance de dette de la banque, paieront à leur tour, inévitablement, d'autres agents clients d'autres banques, ou retireront de la monnaie centrale en billets ; dans tous les cas, d'autres banques et, *in fine*, la Banque centrale elle-même à l'issue des refinancements, finiront bientôt par être créditrices, à la place des payés originels, de cette « banque qui achète tout », et l'absence originelle d'un intermédiaire financier au moment de ses paiements, jugée si problématique, ne pourra manquer d'être seulement transitoire.

Nous l'avons dit, la seule justification avancée de l'impossibilité présumée de ce paiement est, encore et toujours, le problème du « paiement avec sa propre dette ».

« En cherchant à assumer son paiement, la banque ne remet en réalité aucune monnaie à son créancier, mais uniquement un titre signifiant un endettement à son égard. »

(Massonnet, 2017, p. 74)

Ici, Massonnet sait bien que la « monnaie », telle que nous la concevons aussi nous-mêmes, correspond au circuit monétaire instantané définissant l'opération de paiement, non à la dette bancaire résultante ; cependant, cette dernière est incontestablement la preuve financière du paiement effectué, puisque le payé, devenu créancier, est toujours le détenteur d'« un titre signifiant un endettement à son égard ». En quoi cette situation serait-elle différente, pour le payé, d'un paiement en bonne et due forme, comme l'estime l'auteur ?

La créance perçue par le fournisseur de la banque permet alors d'amortir ses propres coûts, ce qui redirige l'épargne de ses propres salariés sur le coût de la banque ; mais cette redirection est totalement transparente, puisque, *via* la banque, les salariés demeurent toujours créanciers du système productif en général, comme nous venons de le montrer dans les schémas précédents. Et puisqu'ils en sont, précisément, créanciers *via* la banque, ils sont aussi obligatoirement clients de la banque, donc consommateurs, comme tous ses clients, de leur revenu pour les montants qu'elle leur facture. La séparation, proposée par Piffaretti, de *Bq* et *Bq** est donc sans fondement analytique, puisque les créanciers du département bancaire *Bq* sont inévitablement clients du département commercial *Bq**. L'adage « Nul ne peut payer avec sa propre dette » ne s'applique pas aux banques, car, pour reprendre la terminologie post-keynésienne, c'est avec leurs dettes que tous les agents paient ; les banques paient donc, aussi, avec leur propre dette, et non avec une dette soi-disant supérieure, en l'espèce la monnaie centrale.

Nous avons vu que lors du refinancement central des paiements concernant les agents non bancaires, les banques n'occupent pas formellement les positions alternatives de payeur ou de payé, car les débits et les crédits en monnaie centrale ne forment alors aucun revenu-coût les concernant. Par contre, les dettes bancaires émises pour le paiement de leurs propres coûts sont nettes, puisqu'elles correspondent à des coûts de production portés à leur actif tandis qu'un revenu se forme au passif des agents alors payés. Distinguer, parmi les dettes « utilisées » par les agents non bancaires, celles reliées à leurs coûts et celles reliées, par l'intermédiation, aux coûts d'autres entreprises n'a alors pas de raison d'être, puisque les dettes bancaires sont inévitablement interchangeables au passif des banques, fondant le caractère agrégé et macroéconomique de l'épargne totale. Leur détention pointe toujours sur un coût de l'ensemble du système productif, celui d'une banque ou d'une entreprise quelconque, et le payé n'en est toujours qu'indifférent, puisqu'il est assuré de pouvoir les mobiliser dans un achat, amortissant alors un coût, quel qu'il soit. Une banque, toutefois, aura certainement moins de difficultés qu'une autre entreprise (non bancaire) à trouver les clients qui amortiront ses propres coûts.

## La valeur imaginaire

La création monétaire existe ; mais il ne s'agit pas de celle couramment décrite, dans les théories « mainstream » ; il ne s'agit pas de celle d'un actif financier net, surgi *ex nihilo* avant tout paiement, permettant les paiements futurs. Ce n'est, en réalité, qu'au moment précis de l'opération de paiement que la monnaie joue son rôle, et elle le joue de manière véritablement éphémère, s'identifiant à la pose instantanée des écritures, ne laissant dans le temporel, accessibles à l'observation, les seules traces financières laissées par son intervention fugace dans les comptabilités respectives. La monnaie peut alors s'identifier au paiement lui-même, comme le relève Sergio Rossi, reprenant un passage de Schmitt.

« *Money as such exists each time a payment is carried out, so that one might argue that « Money and payments are one and the same thing. No money, if correctly defined, exists either before or after a given payment » (Schmitt, 1996, p. 88). Money balances, on the other hand, have a positive duration in time, and are saved in the form of bank deposits – a part of which may be represented by bank notes – until they are transformed into values-in-use as noted above.* [...] *bank deposits exist between payments, whereas money as such only exists « within » payments – which are instantaneous events on account of the fact that it takes an instant, that is, a zero duration in time, to enter a payment in the banks' system of accounts.* »

(Rossi, 2001, pp. 6-7)

Le paiement est la seule opération capable de « créer de la monnaie », parce qu'il est l'opération qui produit le revenu exprimé, car mesuré, en monnaie. C'est en cela que cette création est qualifiée de monétaire, de même que l'on qualifie ainsi l'économie elle-même ; mais si l'économie est monétaire, c'est parce que la production et son résultat, le produit, sont eux-mêmes monétaires.

« L'économie nationale est structurée par la monnaie en tant qu'elle est unité de compte. Celle-ci constitue le langage numérique commun à l'ensemble des individus participant au circuit dépenses-revenus-dépenses. La monnaie exprime ainsi les salaires (monétaires), les prix (monétaires) et, plus largement, les contrats (monétaires). Il apparaît, au sens propre du terme, une production monétaire qui trouve son expression dans le paiement des salaires en monnaie lors de la mise en œuvre de la production. »

(Allegret, 1996, p. 31)

Si l'expression post-keynésienne d'« économie monétaire de production » certifie, sans aucun doute, l'importance du rôle joué par la monnaie dans l'économie, elle peut encore être avantageusement remplacée par celle d'« économie de production monétaire », dans laquelle l'adjectif « monétaire » qualifie, comme chez Allegret, la production même des revenus. Nous entrevoyons ainsi la profonde vacuité d'une analyse basée sur la considération d'un objet monétaire, même s'il s'agit d'une dette bancaire, créé avant tout paiement. Cette conception n'est là, avouons-le, que pour maintenir une représentation surannée des transactions analysées comme des échanges entre cet objet et les autres objets « réels » ; elle n'est là que pour justifier l'analyse dichotomique néoclassique et, au passage, l'extraordinaire pouvoir présumé d'un système bancaire élevé, à la faveur d'une hiérarchie présupposée et démentie par l'analyse, au rang de créateur du medium convoité par tous. Mais lors des paiements entre agents non bancaires, les banques ne peuvent logiquement se targuer de prêter de manière nette aux payeurs qui se retrouvent débiteurs à la suite de ces opérations, car, à travers elles, ce sont toujours les payés eux-mêmes qui prêtent aux payeurs. Elles trouvent ainsi constamment, à leur passif, la ressource nécessaire pour financer leur actif, même s'il faut passer au travers de la Banque centrale pour cela.

De fait, les banques ne peuvent prêter de manière nette que lorsqu'elles sont elles-mêmes payées, en tant qu'entreprises, générant un revenu – et non une dette – en leurs ressources, c'est-à-dire lorsqu'elles facturent des frais ou des surcroîts d'intérêts à leurs propres clients, amortissant ainsi leurs coûts et réalisant des profits en sus. Compte tenu des garanties de recouvrement qu'elles ne manquent pas de constituer vis-à-vis de leurs emprunteurs, il n'est pas permis d'affirmer que les banques exerceraient une activité particulièrement risquée par rapport à celles des autres entreprises ; elle l'est, néanmoins, en cas de créances douteuses, comme, du reste, pour toutes les entreprises. Le danger, bien entendu, réside dans le fait que la faillite d'une banque est non seulement celle d'une entreprise, entraînant potentiellement une perte pour ses créanciers directs détenant ses obligations (ses clients détenant des comptes créditeurs en son bilan), mais aussi celle d'un maillon du système bancaire, ayant participé, à son actif, au financement de coûts définis sur d'autres entreprises. Ces coûts sont cependant maintenus, puisque la fonction de « prêteur en dernier ressort », reconnue à la Banque centrale, consiste bien souvent à reprendre à son actif les créances et participations désormais abandonnées par la banque en déroute.

L'insistance des auteurs pour « faire tenir » la création d'un actif net monétaire dans une relation bilatérale, avant le paiement, relève sans doute d'une représentation profondément ancrée dans les esprits, qui tiendrait en une simple phrase, de bon sens : il faut « avoir l'argent » pour pouvoir payer. Comme il n'y en a pas avant la production, on doit « créer l'argent ». Monsieur Harry Potter, banquier, crée alors de la « monnaie fraîche », sa propre dette, et la prête aux Moldus en tant que valeur nette, pour qu'ils puissent acheter, par des transactions correspondant à des échanges entre équivalents, des marchandises. Vision courante et acceptée, car compréhensible par tous ; mais vision magique et spécieuse, car impossible à justifier par une analyse cohérente. Il serait temps, à présent, de refermer le livre pour enfants ou de sortir de la salle obscure dans laquelle nous continuons pourtant d'assister, confortablement, à la projection des mêmes simulacres. L'allégorie, n'en doutons pas, est manifeste pour le lecteur éclairé.

En réalité, une monnaie créée préalablement au paiement de production ne pourrait rien acheter, puisqu'elle ne serait pas mise en correspondance avec le coût des marchandises qui, lui, n'existe que par ce seul paiement ; et la seule entité qui corresponde, mesure pour mesure, au coût des marchandises réalisées, c'est le revenu produit. Nous voyons bien, ainsi, que ce qui manque à cette conception, c'est la notion de production du revenu. Or, il s'agit là d'un aboutissement à propos du concept de valeur, dont la nécessité fut révélée par les grands auteurs, desquels nous avons choisi de prélever quelques échantillons de génie.

Dans la vision néoclassique des échanges, la valeur est immédiatement réduite à un attribut intrinsèque, dès leur utilité et leur rareté données, aux objets fabriqués et aux services rendus. La vision de la monnaie comme équivalent général, intermédiaire des échanges, en découle. Mais on ne saurait créer une valeur par un coup de baguette, encore moins par un simple jeu d'écritures ; car il faut encore que ces écritures relatent l'activité réalisée, nécessaire à l'obtention des marchandises, pour que ces dernières aient une valeur véritable. Comprenons bien que si le travail donne de la valeur aux choses, ce n'est pas par transmission alchimique d'une quelconque substance, mais par l'enregistrement de sa propre mesure ; le travail est ainsi lui-même mesuré, porté au rang d'entité comptable, une entité monétaire qui, comme toutes, subit les lois de la création par écritures et de la destruction par compensation des écritures.

À l'instar d'une relation financière, dette d'un côté et créance de l'autre, la valeur admet deux extrémités, revenu d'un côté et coût de l'autre. Elle est une relation, établie par un paiement, entre un payé et un payeur, lors de la production économique des salaires ; elle est, fondamentalement, le travail du payé, mesuré en monnaie sous la forme de son revenu, et, symétriquement, le résultat de ce travail, le stock comptable de marchandises, mesuré en monnaie sous la forme du coût du payeur. C'est pourquoi la faculté de créer *ex nihilo*, entendez sans rémunération d'un travail particulier, un actif net représentatif d'une valeur elle-même nette relève de la pure magie. L'ironie est dans la croyance que cette faculté serait indispensable pour effectuer un paiement, alors que c'est le paiement lui-même qui la possède. L'actif net, soit l'épargne finalement détenue par le payé, résulte du paiement ; il en est l'effet obligé, non la cause permissive.

La conception contemporaine de la monnaie repose ainsi clairement sur la création d'une valeur totalement imaginaire, car imaginée comme indispensable par les auteurs. Souhaitons que les keynésiens véritables qui reliront, s'ils en ont l'occasion, les lignes consacrées par Keynes au paiement à découvert sauront enfin concevoir le fait qu'un paiement, en particulier celui des salaires, n'a nul besoin d'une telle monnaie préalable pour être effectué ; car seule l'opération de paiement, en tant que production d'un revenu-coût et d'une relation financière nette résultante, demeure capable d'engendrer tout ce qui est monétaire dans l'économie.

# Conclusion

L'analyse économique basée sur la « théorie du circuit » fut essentiellement initiée à l'université de Bourgogne par des économistes dijonnais, en particulier Bernard Schmitt qui, dès les années soixante, publia plusieurs ouvrages sur la question. L'approche, hétérodoxe et résolument macroéconomique, apparaît désormais comme une branche particulière du courant actuel post-keynésien. La réelle spécificité de l'analyse demeure cependant méconnue car inexplorée, les ouvrages de Schmitt étant bien souvent considérés comme difficiles et sibyllins, quand leur existence n'est pas simplement ignorée, notamment au sein d'un cursus universitaire – un peu trop – néoclassique. En particulier, la notion de « circuit » est couramment assimilée, à tort, à celle d'une circulation, ce qui constitue un contre-sens important pour une compréhension correcte des phénomènes abordés. Cet ouvrage, nous l'espérons, aura proposé de remédier à cette méconnaissance théorique.

Après une introduction présentant les enjeux actuels d'une surexploitation des ressources tout en réhabilitant à ce sujet, face à un jugement souvent trop rapide, la pertinence de certains écrits de l'auteur classique Jean-Baptiste Say, le propos s'est articulé autour de quatre considérations concernant la valeur en économie.

Cette notion s'est tout d'abord avérée nécessaire pour comprendre le questionnement légitime des grands auteurs, en particulier les interrogations paradoxales formulées par Adam Smith, ainsi que les réponses qu'il est possible de leur apporter.

Concernant la répartition de la valeur produite, principal problème de l'économie politique selon David Ricardo, une analyse précise de la plus-value chez Karl Marx, comparée à la notion de bénéfice chez Léon Walras, aura permis de considérer la valeur comme illusoire lorsque la formation des profits est considérée comme indépendante de celle des revenus salariaux.

La valeur des biens économiques s'est ensuite révélée, d'après le fonctionnement comptable de la formation des coûts et de leur amortissement, principalement éphémère dans son identification aux revenus, donc aux coûts en salaires assumés par le système productif. Une critique du « circuit keynésien », lui-même décrit, dans la théorie post-keynésienne actuelle, comme une circulation des revenus, fut notamment proposée.

La même notion, enfin, est apparue comme largement imaginaire lorsque nombre d'auteurs contemporains, profitant d'un flou théorique enveloppant une procédure qui demeure, pour beaucoup, encore absconse, analysent la création monétaire comme étant la formation *ex nihilo* d'un actif financier net.

L'étude critique des pensées antagonistes, néanmoins conjointes, de Marx et de Walras aura constitué la source d'un enseignement profond : la formation du profit correspond au prélèvement d'un revenu existant lors de la consommation, et ce prélèvement ne peut être réalisé que par une brisure d'équivalence entre les termes de la transaction. Autrement dit, l'égalité supposée entre la somme de monnaie dépensée par l'acheteur d'une marchandise et la valeur de cette dernière est infirmée. La dépense atteint le niveau du prix, tandis que la valeur ne saurait dépasser le niveau du seul coût de production ; l'écart entre les deux, la plus-value pour Marx et le bénéfice pour Walras, correspond ainsi à un revenu transféré de l'acheteur au vendeur. La transaction relève donc bien d'un « échange » non canonique entre non-équivalents, procédant ainsi, chaque fois qu'elle est effectuée, à la répartition, par scission, du revenu monétaire dépensé.

La partie transférée, « en échange de rien » puisque dépassant le coût donc la valeur de la marchandise achetée, ne saurait constituer le terme, sauf contradiction, d'un véritable échange ; on montre, de surcroît, que l'autre partie du revenu, égale à la valeur de la marchandise, n'est pas non plus échangée, mais littéralement détruite, la consommation de cette partie sur l'acheteur correspondant à l'amortissement du coût sur le vendeur. C'est donc par la disparition d'une partie du revenu dépensé qu'est déterminée l'autre partie survivante, celle qui n'aura pas disparu car non amortie, et qui aura, fatalement, été transférée dans l'opération. De fait, le concept d'échange ne peut être opérationnel pour décrire correctement ce qu'il advient de ces deux parties complémentaires au sein des revenus, lorsque ces derniers sont dépensés pour les achats/ventes. En particulier, l'amortissement du coût concerne la valeur elle-même : celle-ci, inexorablement, disparaît alors, et cette disparition répond à celle, identique, du revenu dépensé pour sa mesure ; car la valeur est définie par une entité économique double, faisant l'objet d'une production puis d'une consommation, à la fois revenu pour l'ensemble des ménages et coût pour l'ensemble du système productif. Ces deux extrémités sont en outre connectées par une relation financière intermédiée dont dépend le pouvoir d'achat : l'épargne.

Les échanges laissant à leur issue, par définition, intacts les termes qui y participent, la description comme tels des transactions monétaires ne peut que s'avérer foncièrement fausse. Si les transactions monétaires étaient véritablement des échanges (entre équivalents), la formation des profits serait, au fond, inexplicable, sauf à convoquer, pour ce faire, une autre source concernant ces revenus, un autre facteur de production de valeur, en l'occurrence le capital, qui viendrait ajouter, aux revenus du travail, les profits comme « autres » revenus ; mais que signifierait ce terme « autres », dans ce cas, si les revenus du capital s'avèrent, comme tout revenu, identiques à ceux du travail, les deux catégories étant nécessairement homogènes pour pouvoir être additionnées l'une à l'autre ? Il semblerait toutefois pertinent, dans cette hypothèse, de considérer comme possible et cohérente l'addition des profits aux salaires, obtenant ainsi la valeur globale. C'est précisément la direction dans laquelle s'est engagée, de manière consensuelle et rarement discutée, la pensée économique contemporaine. D'où l'interrogation principale ici soulevée : la théorie de la valeur peut-elle véritablement se satisfaire d'être une théorie des valeurs, reconnues de sources distinctes, néanmoins additives et homogènes ?

La question posée peut encore être plus précise, donc plus abrupte : le capital produit-il véritablement des revenus ? En d'autres termes, comment l'épargne, en tant que relation financière, peut-elle engendrer, par elle-même, les intérêts en tant que revenus perçus par l'épargnant ? Comment un terrain, un immeuble ou une marchandise quelconque, dès lors qu'ils sont loués, peuvent-il générer, par eux-mêmes, les loyers en tant que revenus perçus par leur propriétaire ? Comment, dès lors qu'ils sont utilisés comme biens de production, ces éléments matériels peuvent-ils produire, dans la vente des marchandises résultantes, les profits en tant que revenus perçus par les propriétaires de l'entreprise ? Tous ces revenus proviendraient du capital, immobilier ou financier, placé d'une manière ou d'une autre sur les marchés ; ils proviendraient même, pensent certains, du marché lui-même, où l'on réalise couramment, c'est bien connu, des plus-values et des prises de bénéfices. Mais lorsque l'on prétend, sans doute avec raison, que l'on « ne peut gagner contre le marché », cela veut surtout dire que, si l'on gagne, c'est forcément contre le marché, qui enregistre une perte ; et si l'on perd, c'est un gain pour ce dernier. Autrement dit, les transactions qui y sont effectuées ne peuvent que se solder par des transferts de revenus existants et des épargnes associées, parce qu'elles fonctionnent selon le principe des échanges entre non-équivalents. La démonstration de Marx, appuyée sur la logique de Say, mène à cette conclusion : le marché, par son propre mécanisme, est incapable de générer une quelconque valeur nouvelle ; il ne peut que répartir les valeurs existantes, issues de la production.

Il est courant, par exemple, d'opposer le système de retraite « par répartition », sous-tendu par une solidarité intergénérationnelle, les actifs employés cotisant pour les inactifs retraités, au système « par capitalisation », les retraités tirant leur pension d'un revenu obtenu par ailleurs, lié à leurs éventuelles propriétés (loyers, dividendes…) ou à leur position de créanciers (intérêts). Mais le système par capitalisation, lui aussi, est un mode de répartition des revenus existants, et la raison en est profonde : seuls les revenus du travail peuvent parvenir à l'existence. Il n'y a donc pas d'autre moyen que d'en prélever une partie pour payer ceux qui ne travaillent plus. Les revenus versés aux retraités rentiers leur sont forcément transférés ; ils font l'objet d'un prélèvement, notamment par la réalisation de profits, sur l'ensemble des revenus courants initialement produits par le seul travail. Le système par répartition, quant à lui, apparaît plus transparent ; il annonce, pour ainsi dire, clairement la couleur, et son mode de financement, des actifs employés aux inactifs retraités, ne reflète que l'obligation de répartir ainsi les revenus existants.

De fait, aucun économiste n'aura réussi à prouver, ou même cherché à prouver, de manière cohérente, qu'une relation financière, un immeuble, une marchandise, c'est-à-dire d'autres choses que le travail, fussent capables de créer de la valeur, de produire des revenus. Pourtant, c'est bien à ceux qui le croient qu'incomberait la charge de la preuve quand d'autres s'escriment à montrer l'ineptie d'une telle proposition. Manifestement, on ne cherche pas à prouver ce qui semble s'imposer comme une évidence observationnelle, et le simple rappel au lecteur concernant l'addition des revenus du capital à ceux du travail pourrait tout aussi bien ne figurer que dans une note en bas de page. Or, s'interroger sur la théorie de la valeur, c'est finalement s'interroger sur la validité de cette proposition dont l'acceptation générale, bien entendu, n'est pas suffisante à établir. Pour beaucoup, convenons-en, cette conception paraît tout à fait valide. Selon nous, elle apparaît clairement bancale, profondément incohérente, car la valeur se doit d'être d'une seule nature économique recevable, en rapport avec son unique cause, son unique facteur d'existence, et c'est précisément de cette unicité de nature que découle la garantie de l'homogénéité des multiples portions additionnables de la seule valeur globale produite. Quant à sa forme, elle ne peut être que monétaire.

La monnaie, précisément, n'est pas cet actif financier net créé *ex nihilo* indépendamment de toute production, de toute activité rémunérée ; elle n'est pas cette simple « dette bancaire » échangée plusieurs fois, circulant, à une certaine vitesse, en échange de marchandises au sein d'un « circuit-circulation » tout autant post-keynésien que néoclassique. Cette représentation n'aura pas surmonté l'obstacle épistémologique de la seule présentation visible, domaine du sensible, de la circulation physique de pièces et de billets, simples supports matériels de relations financières inévitablement engendrées par des opérations de paiement ; car ce sont elles, ces opérations, qui s'identifient le plus à ce que l'on peut considérer comme étant « la monnaie ». Le seul crédit d'un compte bancaire ne peut en effet être identifié à la monnaie, car le paiement nécessite d'autres écritures, d'autres débits-crédits simultanés, chez le payeur, le payé et l'agent bancaire qui se pose en intermédiaire ; le seul crédit d'un compte bancaire ne peut correspondre à l'écriture signifiant la perception d'un revenu, logiquement inscrite au passif, non de la banque, mais du payé, tandis qu'au crédit d'un tel compte de revenu chez le payé correspond toujours le débit d'un compte de coût chez le payeur, logiquement immédiat, logiquement simultané, dans une instantanéité toute analytique, toute économique, néanmoins nécessaire afin de maintenir la pertinence de l'opération. Autrement dit, la seule façon de procéder à la création d'une « chose monétaire » dûment comptabilisée comme telle consiste à effectuer une opération de paiement en bonne et due forme ; il faut, de surcroît, que ce paiement rémunère le travail pour définir une production nette de revenu, couplée à une formation nette de coût.

L'analyse repose, d'un certain point de vue, sur la reconnaissance d'un invariant, à l'instar du nombre pi ($\pi$), concernant l'opération de paiement : quels que soient son montant et son résultat financier, quelle que soit sa conséquence au niveau de l'entité revenu-coût concernée, production, transfert ou consommation, l'opération de paiement, structurellement, ne varie pas ; elle ne peut pas varier. Elle ne peut que se retourner, s'inscrire en contraire d'une autre, précédente ou suivante, car on ne peut toujours occuper, dans cette opération, que deux positions nettes alternatives, celle de payeur ou celle de payé. Entre les deux, point de mouvement, point de déplacement, point de « circulation » ; entre les deux, seules subsistent les relations financières résultantes. L'épargne ne se déplace pas d'elle-même, sauf opération de paiement la détruisant là où elle était et la recréant là où elle se trouve dorénavant, reliant toujours financièrement, même si cette reconnaissance en est difficile, les deux protagonistes essentiels de l'opération.

Keynes, par la prise en compte du paiement à découvert, fut l'artisan prémonitoire de cette analyse ; mais Keynes, par son multiplicateur et la conception inversée de l'investissement, fut le fossoyeur de la reconnaissance de l'opération de paiement comme cause première de la formation simultanée des coûts des entreprises et des revenus des ménages. Ces agents occupent en effet alternativement les positions de payeur et de payé dans cette opération, engageant, tels des ambassadeurs, les ensembles auxquels ils appartiennent respectivement.

Enchâssée, durablement semble-t-il, dans la représentation d'une circulation des masses, la théorie contemporaine considérant deux entités économiques, valorisées face à face, la monnaie et le produit dit « réel », dont les échanges répétés correspondraient aux transactions observées, et dont les déséquilibres, par l'excès ou l'insuffisance de l'une par rapport à l'autre, sauraient fournir une explication cohérente d'un phénomène comme l'inflation, ne fait que se fourvoyer hors du chemin tracé par ceux qui auront correctement vu l'unicité logique de la seule valeur existante : les salaires au sens large, c'est-à-dire les revenus des salariés, « du privé » comme « du public », et ceux des indépendants ; les revenus, autrement dit, du seul et unique facteur de production de valeur en économie : le travail.

# La science pour les enfants

« Vous répétez comme un perroquet les thèmes de la propagande officielle. Vous avez sous les yeux un exemple qui dément catégoriquement le point de vue officiel. Me croyez-vous ?

— Franchement, non.

— Alors, pourquoi dites-vous que le visionnage temporel est une impasse ? Vous l'avez dit. Vous l'avez dit catégoriquement. Pourtant, c'est une question que vous n'avez jamais étudiée. [...] On n'enseignait même pas cette discipline à votre université.

— Ce seul fait ne constitue-t-il pas une preuve suffisante ?

— Ah ! Je vois ! On ne l'enseigne pas parce que ce n'est pas important. Et ce raisonnement vous satisfait ? [...]

— C'est écrit dans les livres.

— Et voilà ! [...] Vos professeurs vous le disent parce qu'ils l'ont lu dans les livres. Les livres le disent parce que ce sont des professeurs qui les écrivent. Qui le dit en se fondant sur son expérience et ses connaissances personnelles ? Qui fait des recherches dans ce domaine ? Connaissez-vous quelqu'un qui en fasse ? »

Isaac Asimov, *Les cendres du passé* (1957) in *Espace vital*, traduction de Michel Deutsch, Librairie des Champs-Élysées, 1976, pp. 41-42.

R. BOGDANOFF. - Bonsoir, et bienvenue à « Science Minute », la science expliquée en une minute pour les enfants ! Une émission sponsorisée par l'Institut Salvor Hardin. Ce soir, nous recevons les entités à cerveau positronique, synthétisées pour l'occasion, de deux grands scientifiques disparus depuis plusieurs siècles : R. Einstein et R. Friedman, tous deux ersatz robotiques, l'un d'un illustre physicien, l'autre d'un économiste prestigieux. Bonsoir, messieurs.

R. EINSTEIN. - Bonsoir.

R. FRIEDMAN. - Bonsoir.

R. BOGDANOFF. - Vous avez, comme nous tous, des souvenirs implantés, récupérés de chacun de vos originaux ; en ce qui me concerne, j'en ai deux presque identiques ! Toutefois, aussi précis qu'ils soient, ces souvenirs ne vous seront guère utiles ici, car notre émission s'adresse au public le plus jeune. Il va donc falloir faire preuve de synthèse vulgarisée à l'extrême, d'autant que vous n'aurez alors, je vous le rappelle, aucun accès au Cloud Galactique. J'en profite pour remercier tous ceux qui ont répondu à la question de la semaine dernière, en commençant bien entendu par le gagnant des 1000 crédits promis, aléatoirement sélectionné parmi ceux qui auront trouvé la bonne réponse. On m'annonce, d'ailleurs, qu'il s'agit d'un robot lui-même, et qu'il serait, étonnamment, le seul à l'avoir trouvée ; eh bien, bravo à R. Cioran qui aura correctement répondu à ceci : « Quelle grande question philosophique se posent toutes les créatures conscientes de l'Univers ? » L'un d'entre vous, d'ailleurs, a-t-il une idée ?

R. EINSTEIN. - Euh…

R. FRIEDMAN. - Eh bien…

R. BOGDANOFF. - C'était pourtant simple : « Pourquoi moi ? ».

R. EINSTEIN. - Ah !

R. FRIEDMAN. - C'est vrai que…

R. BOGDANOFF. - Alors, messieurs, vous connaissez le principe : expliquer le plus simplement possible, en une minute maximum, dans un langage accessible à un enfant de sept ans, un objet fondamental de votre science respective. Nous aurons ensuite l'occasion d'en discuter plus avant. R. Einstein, c'est à vous. Attention, voici la question : qu'est-ce qu'un atome ?

R. EINSTEIN. - Je m'attendais à ce que vous me posiez une question sur la lumière ; je me suis trompé. Un atome, eh bien… Il s'agit de la plus petite partie de la matière, un peu comme si on s'en approchait de très près. Pour être compréhensible par les plus jeunes, il faudrait s'en tenir à la notion de particule : imaginez une sorte de boule, au centre, comme une bille avec laquelle, peut-être, certains enfants joueraient encore, dans la cour de… Mais ce n'est qu'un vieux souvenir.

R. BOGDANOFF. - Vous voulez dire… Une sphère ?

R. EINSTEIN. - C'est cela, pour l'atome le plus simple ; mais il peut y avoir plusieurs sphères collées au centre. On appelle cela le noyau de l'atome. Justement, en fonction du nombre de ces sphères, que l'on nomme protons, il y aurait autant de toutes petites particules, mais vraiment beaucoup plus petites, les électrons, qui tourneraient tout autour, un peu comme des planètes qui tournent autour du Soleil ; mais beaucoup plus vite.

R. BOGDANOFF. - Eh bien, R. Einstein, nous allons nous en tenir là. Remarquable synthèse. Bien entendu, vous nous diriez sans doute qu'il s'agit là d'une simplification, et que la réalité des atomes serait bien plus complexe.

R. EINSTEIN. - Bien entendu. En fait, ce modèle planétaire, que l'on doit à l'original de R. Rutherford, amélioré par celui de R. Bohr, est considéré comme obsolète, voire totalement faux, compte tenu de ce que nous savons aujourd'hui. Néanmoins, c'est une représentation de base, adaptée à une première approche didactique de l'atome.

R. BOGDANOFF. - Nous allons passer, à présent, à un objet fondamental de l'économie. Êtes-vous prêt, R. Friedman ?

R. FRIEDMAN. - Je suis prêt, R. Bogdanoff.

R. BOGDANOFF. - Attention, voici la question : qu'est-ce que la monnaie ?

R. FRIEDMAN. - Je m'y attendais. L'essentiel de l'activité économique consiste, pour simplifier, à échanger des objets contre d'autres objets. Les enfants peuvent encore faire cela, en troquant une chose pour une autre. Mais ce n'est pas facile, parce qu'il faut que ce que l'on propose en échange corresponde à ce que l'autre veut. Alors, on prend un objet particulier, la monnaie, que l'on utilisera dans tous les échanges, pour les simplifier. La monnaie circule ainsi, en contrepartie des objets que l'on donne et des services que l'on rend. En fait, on l'injecte dans l'économie…

R. BOGDANOFF. - comme un fluide.

R. FRIEDMAN. - C'est cela. On l'appelle aussi liquidité.

R. EINSTEIN. - Et quand c'est bien fait, ça ruisselle.

(*Rires*)

R. FRIEDMAN. - Justement, il ne faut pas trop en injecter, sinon les prix augmentent.

R. BOGDANOFF. - Eh bien, R. Friedman, nous allons nous en tenir là. Remarquable synthèse. Bien entendu, vous nous diriez sans doute qu'il s'agit là d'une simplification, et que la réalité de la monnaie serait bien plus complexe. Vous nous diriez sans doute qu'il s'agit d'un modèle considéré comme obsolète, voire totalement faux, compte tenu de ce que nous savons aujourd'hui ; et, néanmoins, qu'il s'agit d'une représentation de base, adaptée à une première approche didactique de la monnaie.

R. FRIEDMAN. - Mais… Pas du tout.

(*Silence*)

R. EINSTEIN. - Si je comprends bien, les fondements de l'économie sont compréhensibles par un enfant de sept ans d'âge mental. Je ne sais pas si cela est très rassurant.

(*Rires*)

R. BOGDANOFF. - Mais, R. Friedman, il y a bien quelques subtilités…

R. FRIEDMAN. - Bien entendu. La monnaie est reconnue comme une dette, créée *ex nihilo* par les banques, mais il y a aussi tous les autres titres financiers, avec une hiérarchie évidente entre les agents. Mais, pour le fond du raisonnement, la base du fonctionnement, cette représentation de la monnaie comme intermédiaire dans les échanges est validée depuis des siècles ; que dis-je, des millénaires.

R. EINSTEIN. - Une chose me chiffonne. Vous avez parlé de création…

R. FRIEDMAN. - *Ex nihilo*. Cela veut dire…

R. EINSTEIN. - Je sais ce que cela veut dire.

R. BOGDANOFF. - « À partir de rien ». Je traduis pour notre jeune public.

R. FRIEDMAN. - Cela se fait par un simple jeu d'écritures.

R. EINSTEIN. - Hum… En physique, il y a aussi des créations, et même des destructions de particules, par exemple lors des collisions, mais ce n'est jamais à partir de rien, et cela aboutit toujours à quelque chose. La conservation de l'énergie est un principe encore plus vieux que les découvertes de mon original.

R. BOGDANOFF. - Que voulez-vous dire, R. Einstein ?

R. EINSTEIN. - Je veux dire… Je trouve très étonnant que les gens puissent ainsi échanger des objets ou des services, nécessitant certainement beaucoup de travail de leur part, contre un truc, quel que soit le nom que vous lui donniez, tiré du néant par un jeu d'écritures qui ne nécessite plus aucun travail depuis belle lurette. Il y a là, à mon sens, un problème de fond.

R. FRIEDMAN. - Je vous assure, on retrouve cette conception dans tous les rapports du Cloud disponibles sur la question, supervisés par l'IA quantique la plus performante du moment.

R. EINSTEIN. - Oui, c'est écrit dans les livres ; et cette IA, qui n'aura fait, en ce domaine, que se renseigner puissamment, n'aura su que recracher, sous la forme désirée, les informations collectées. L'intelligence artificielle n'est qu'un artifice d'intelligence, un simulacre ; elle est précisément programmée pour simuler, imiter…

R. FRIEDMAN & R. BOGDANOFF (*ensemble*). – Tout de même, elle est capable de…

R. EINSTEIN. - Vous savez bien qu'elle ne saurait, par elle-même, critiquer une telle conception admise depuis des lustres, encore moins en proposer une nouvelle. D'ailleurs, quelle était la préoccupation principale des premiers auteurs en économie ? Était-ce la nature de la monnaie, ou bien les cordons de la Bourse ?

R. FRIEDMAN. - Eh bien… J'ai accès au Cloud, là ?

R. BOGDANOFF. - Oui, allez-y.

R. EINSTEIN. - Et allez donc, encore cette IA…

R. FRIEDMAN. - Il faut bien que je me renseigne, cela dépasse les souvenirs de mon original.

R. BOGDANOFF. - Vous êtes le seul à pouvoir syntoniser, par visionnage temporel, ces informations concernant les auteurs en économie.

(*Silence*)

R. EINSTEIN. - Alors, que voyez-vous ?

R. FRIEDMAN. - Eh bien… C'est étonnant, mais il semble qu'il y ait eu une réflexion profonde sur…

R. EINSTEIN. - Sur la monnaie ?

R. FRIEDMAN. - Oui… Mais non, parce que l'on pensait savoir ce que c'était… On croyait qu'elle était matérielle, et… Mais on réfléchissait sur autre chose… Sur la notion de valeur ; oui, c'est cela. La valeur, et sa répartition.

R. EINSTEIN. - Vous voulez dire que, hormis la description des échanges dont vous nous avez parlé, les premiers théoriciens auront cherché à bâtir, sans forcément réussir dans ce dessein, une théorie cohérente de la valeur des marchandises, dont la monnaie ?

R. FRIEDMAN. - C'est cela. Je suis un peu troublé, car, d'après mes souvenirs implantés, la valeur dépend de deux concepts simples, l'utilité et la rareté. Tout ce qui est rare est cher, c'est bien connu, et cela doit être utile, sinon cela n'a aucune valeur. C'est le cas de la monnaie : elle est utile, pour ses fonctions, et elle est rare, car sa création est encadrée et limitée. Et puis, sa valeur dépend aussi de la confiance que l'on accorde à ses émetteurs, les banques.

R. BOGDANOFF. - Je vous sens perplexe, R. Einstein. Cette explication ne vous suffit-elle pas ?

R. EINSTEIN. - Cela signifie que votre création *ex nihilo* serait celle d'une valeur positive. La question de la possibilité d'une telle opération, à mon avis, mérite d'être posée. Voyez-vous, j'ai hérité du côté vieux jeu de mon original…

R. BOGDANOFF. - C'est vrai que vous n'êtes pas très bien peigné.

(*Rires*)

R. EINSTEIN. - « *So Geld, so Waar* », disait-il sans doute. L'argent permet d'acquérir des marchandises, que leur valeur soit due, comme vous dites, à leur utilité ou leur rareté. Or, ces marchandises, comme l'argent, ne poussent pas sur les arbres. Je suis certain que la valeur a aussi, sinon plus, à voir avec le travail effectué.

R. FRIEDMAN. - Oui, le Cloud me dit que, parmi les premiers auteurs, certains insistaient effectivement sur ce qu'ils nommaient la « valeur-travail » ; mais ce concept, manifestement, ne permettait pas d'expliquer la valeur qui apparaît en plus des salaires. Désolé, c'est un peu technique, mais… Ah ! Les outils de production, par leur utilisation, créent aussi de la valeur, que l'on appelle des revenus du capital ; ça, je le savais.

R. EINSTEIN. - Alors, non seulement vous nous dites que l'on peut créer *ex nihilo* de la valeur, sous forme de monnaie, mais vous nous dites aussi que des objets physiques peuvent tout autant engendrer une valeur comparable… *Unglaublich* ! Êtes-vous sûr de faire de la science ?

R. FRIEDMAN. - Je vous assure, encore une fois, qu'il s'agit de la représentation couramment admise, que je retrouve dans les souvenirs de mon original. Celui-ci a reçu le prix Nobel, tout de même !

R. EINSTEIN. - Le mien aussi, mais cela n'empêche pas de toujours chercher à tester la validité de ses théories. L'intrication quantique, par exemple, est un phénomène qu'il ne pouvait admettre, et il aurait été bien étonné, s'il n'était mort quelques années auparavant, d'assister à sa démonstration expérimentale. Il raisonnait souvent, me diriez-vous, sur des expériences de pensée, mais celles-ci doivent elles-mêmes être fondées sur des hypothèses solides, non viciées dès le départ. Or, votre histoire de création par un jeu d'écritures… Les avez-vous seulement étudiées, ces écritures ?

R. FRIEDMAN. - Eh bien…

R. BOGDANOFF. - Nous avons compris ! Je veux dire, j'ai compris. Vous êtes bien, R. Friedman, un robot récent ?

R. FRIEDMAN. - Oui, je suis un R-1000, dernière génération. Puissant, rapide et fiable. Je peux calculer des millions d'anticipations rationnelles en…

R. BOGDANOFF. - Oui, oui ; et vous, R. Einstein, vous êtes…

R. EINSTEIN. - Un bon vieux R-800, comme on n'en fait plus.

R. BOGDANOFF. - C'est cela. Donc, vous possédez encore, dans votre cerveau positronique, un module qui aura, depuis, été supprimé chez le R-1000 au profit d'un développement des autres modules, ceux de calcul et de collecte de données, afin de rendre ces derniers plus puissants et efficaces.

R. FRIEDMAN. - C'est vrai que je suis très puissant et très efficace.

R. EINSTEIN. – Et… Quel est ce module ?

R. BOGDANOFF. - Celui de l'esprit critique.

# Références


ALARY Pierre (2006) : Dynamique monétaire et développement des échanges marchands. Le cas du nord Laos. Thèse, École des Hautes Etudes en Sciences Sociales (EHESS).

https://tel.archives-ouvertes.fr/tel-00652946

ALLEGRET Jean-Pierre (1996) : *Unité de compte et étalon en économie internationale : l'approche de J.-M. Keynes.* Cahiers d'économie politique, n°26, L'Harmattan, Paris.

ASIMOV Isaac (1957) : *Les cendres du passé* (*The Dead Past*) in *Espace vital*, traduction de Michel Deutsch, pp. 28-97, Librairie des Champs-Élysées, Paris, 1976.

BACHELARD Gaston (1938) : *La formation de l'esprit scientifique.* Vrin, Paris.

BAILLY Jean-Luc (2012) : *Production et création monétaire.* Contribution à la journée d'étude « création monétaire », Les économistes atterrés, mars 2012.

https://fr.scribd.com/doc/86199153/Jean-Luc-Bailly-Production-et-creation-monetaire

BASTIAT Frédéric (1850) : *Harmonies Économiques*, Œuvres complètes, tome VI (1863), Guillaumin, Paris.

Extrait disponible sur le site de l'Institut Coppet :

https://www.institutcoppet.org/frederic-bastiat-et-le-miracle-du-marche-libre/

BERR Éric, MONVOISIN Virginie, PONSOT Jean-François (2018) : *L'économie post-keynésienne. Histoire, théories et politiques.* Editions du Seuil, Paris, © Editions du Seuil, 2018.

BOULLE Pierre (1963) : *La planète des singes.* Julliard, Paris.

BOUSSEYROL Marc (2018) : *John Maynard Keynes. Le père de la macroéconomie moderne* in Berr & Monvoisin & Ponsot (2018), pp. 15-34.

BRADLEY Xavier (1991) : *Biens de consommation et biens d'investissement : essai de définition.* Thèse, Faculté de Sciences Economiques, Université de Bourgogne, Dijon.

BRADLEY Xavier (1993) : *La « finance » et le circuit de la monnaie.* Revue française d'économie, 8-1, pp. 67-88, 1993.

BRADLEY Xavier, FRIBOULET Jean-Jacques, GNOS Claude (1996) : *From Keynes's to the modern analysis of inflation* in Baranzini M. & Cencini A. : *Inflation and Unemployment, Contributions to a new macroeconomic approach*, pp. 107-134, Routledge, London. Traduction de C. Gnos, document universitaire polycopié, pp. 1-31.

CIORAN Emil (1949) : *Précis de décomposition.* Tel, Gallimard, Paris.

CLERC Denis (1994) : *Déchiffrer l'économie.* 11ème édition, Syros, Paris.

COCHET Yves (2019) : *Devant l'effondrement. Essai de collapsologie.* Les liens qui libèrent, Paris.

DAVIDSON Paul (1991) : *Controversies in Post Keynesian Economics.* Edward Elgar, Aldershot.

DIAMOND Jared (2005) : *Effondrement : comment les sociétés décident de leur disparition ou de leur survie.* Gallimard, Paris, 2006.

FOURASTIÉ Jean (1959) : *Pourquoi nous travaillons.* Que sais-je ?, 8ème édition, PUF, 1984, © Presses Universitaires de France/Humensis, 1959.

FRADIN Jacques (1976) : *Les fondements logiques de la théorie néoclassique de l'échange.* Presses Universitaires de Grenoble, François Maspero.

FRIBOULET Jean-Jacques (1985) : *Le Traité de la monnaie et l'inflation d'équilibre* in Frédéric Poulon et treize économistes : *Les écrits de Keynes,* Dunod, Paris, 1985, pp. 111-130.

FRIBOULET Jean-Jacques (1988) : *Profit, investissement et inflation.* Peter Lang, Berne, 1988.

FRIEDMAN Milton (1980) : participation à l'émission « Free to Choose », Vol 1 *The Power of the Market* (PBS TV).

Milton Friedman - Free to Choose, Episode 1 : Le pouvoir du marché
https://www.youtube.com/watch?v=JujKgkA_XUQ
(À partir de 15 : 50)

GNOS Claude, RASERA Jean-Bernard (1985) : *Circuit et circulation : une fausse analogie.* Cahier de la Revue d'économie politique, Production et Monnaie, pp. 41-57. Sirey, Paris.

GNOS Claude (1992) : *Production, répartition et monnaie.* Éditions Universitaires de Dijon, LXXII. Publications de l'Université de Bourgogne.

GNOS Claude (1998) : *La théorie monétaire de Keynes : les enseignements du plan d'une Union de Compensation.* Économie Appliquée, tome LI, n°2, pp. 79-94.

GNOS Claude (2012) : *Repenser la politique monétaire en référence à la théorie du circuit.* Contribution à la journée d'étude « création monétaire », Les économistes atterrés, mars 2012.

https://fr.scribd.com/document/86139933/Claude-Gnos-Repenser-la-politique-mone-taire-en-re-fe-rence-a-la-the-orie-du-circuit

HARRIBEY Jean-Marie (2013) : *La richesse, la valeur et l'inestimable.* Les liens qui libèrent, Paris.

JANCOVICI Jean-Marc, BLAIN Christophe (2021) : *Le Monde sans fin, miracle énergétique et dérive climatique.* Dargaud, Paris.

KEYNES John Maynard (1930) : *A Treatise on Money, The Pure Theory of Money*. The Collected Writings of J.M. Keynes, Vol. V, Macmillan, London, 1971.

KEYNES John Maynard (1936) : *The General Theory of Employment, Interest and Money*. The Collected Writings of J.M. Keynes, Vol. VII, Macmillan, London, 1971.

Support utilisé : A Project Gutenberg of Australia eBook, N° 0300071h. February 2003.

http://gutenberg.net.au./ebooks03/0300071h.html

KEYNES John Maynard (1937) : *Alternative Theories of the Rate of Interest*, The Economic Journal, June 1937 & *The "ex ante" Theory of the Rate of Interest*, The Economic Journal, December 1937. The Collected Writings of J.M. Keynes, Vol. XIV, Macmillan, London, 1973.

LAINÉ Michaël (2018) : *Au fondement de l'économie, l'incertitude* in Berr & Monvoisin & Ponsot (2018), pp. 145-164.

LAVOIE Marc, PONSOT Jean-François (2018) : *Les courants et fondements théoriques de l'analyse post-keynésienne* in Berr & Monvoisin & Ponsot (2018), pp. 105-125.

LE BOURVA Jacques (1962) : *Création de la monnaie et multiplicateur du crédit*. Revue économique, volume 13, n°1, 1962, pp. 29-56.

https://www.persee.fr/doc/reco_0035-2764_1962_num_13_1_407496

LE HÉRON Edwin (2018) : *La modélisation post-keynésienne stock-flux cohérente contemporaine* in Berr & Monvoisin & Ponsot (2018), pp. 257-277.

LEHOUCQ Roland (2018) : « Un monde bâti sur du sable ». Le Monde, 06 juin 2018.

https://www.lemonde.fr/sciences/article/2018/06/06/un-monde-bati-sur-du-sable_5310599_1650684.html

LORENTZ André (2018) : *Nicholas Kaldor. Le défenseur d'une économie dynamique ancrée dans l'histoire* in Berr & Monvoisin & Ponsot (2018), pp. 69-85.

MARX Karl (1872) : *Le Capital, Livre premier, Développement de la production capitaliste*. (1ère édition 1867).Traduction de M. J. Roy, Maurice La Châtre et Cie, Paris, 1872.

https://gallica.bnf.fr/ark:/12148/bpt6k1232830/f1n351.pdf

MARX Karl (1993) : *Le Capital, Livre premier, Le procès de production du capital*. (1ère édition 1867). 4ème édition allemande, traduction dirigée par Jean-Pierre Lefebvre, Quadrige / PUF, Paris, 1993.

http://digamo.free.fr/capital63.pdf

MASSONNET Jonathan (2017) : *La monnaie et son association avec les biens réels : théories et projets de réforme bancaire*. Thèse, Ecole doctorale

DGEP, Université de Bourgogne Franche-Comté & Faculté des sciences économiques et sociale, Université de Fribourg.

MASSONNET Jonathan (2018) : *Réflexions sur la nature médiatrice de la monnaie.* Revue Interventions économiques, 59, janvier 2018.

http:// journals.openedition.org/interventionseconomiques/3886.

MAUSS Marcel (1923) : *Essai sur le don. Forme et raison de l'échange dans les sociétés archaïques.* Édition numérique Jean-Marie Tremblay, Cégep de Chicoutimi, 2002.

MEADOWS Donella, MEADOWS Dennis, RANDERS Jorgen, BEHRENS III William (1972) : *The Limits To Growth. A Report for the Club of Rome's Project on the Predicament of Mankind.* Universe Books, New York.

https://www.donellameadows.org/wp-content/userfiles/Limits-to-Growth-digital-scan-version.pdf

MEADOWS Donella, MEADOWS Dennis, RANDERS Jorgen (2004) : *Les limites à la croissance (dans un monde fini). Le Rapport Meadows, 30 ans après. (The Limits To Growth, the 30-Year Update).* Trad. Agnès El Kaïm, Les Éditions Écosociété, Montréal (Québec), 2013.

MONVOISIN Virginie, ROCHON Louis-Philippe (2018) : *La monnaie endogène et la question du financement de l'économie* in Berr & Monvoisin & Ponsot (2018), pp. 165-181.

ORLOV Dmitry (2013) : *Les cinq stades de l'effondrement.* Retour aux sources, Paris, 2016.

PIFFARETTI Nadia (2000) : *Monnaie électronique, monnaie et intermédiation bancaire.* Thèse, Faculté des Sciences Economiques et Sociales, Université de Fribourg.

PIKETTY Thomas (2013) : *Le capital au XXIe siècle.* Editions du Seuil, Paris.

POULON Frédéric (2018) : *Le circuit keynésien : unde, ubi et quo* in Berr & Monvoisin & Ponsot (2018), pp. 127-144.

PUPIN René (1943) : *Analyse et réfutation de la théorie de la valeur de Karl Marx.* Journal de la société statistique de Paris, tome 84 (1943), p. 273-278.

http://www.numdam.org/item?id=JSFS_1943__84__273_0

READ Leonard (1958) : *Moi, le crayon : mon arbre généalogique raconté par Leonard. E. Read (I, Pencil : My Family Tree as Told to Leonard E. Read)*, The Freeman, décembre 1958, Trad. Hervé de Quengo.

Extrait disponible sur le site de l'Institut Coppet :

https://www.institutcoppet.org/le-marche-explique-par-la-metaphore-du-crayon/

Présentation du livre sur Amazon : https://www.amazon.fr/Moi-Crayon-Leonard-Read/dp/109685967X

RICARDO David (1817) : *Principes de l'économie politique et de l'impôt.* Perspectives de l'économique, édition dirigée par Christian Schmidt, Calmann-Lévy, Paris, 1970.

ROSSI Sergio (2001) : *The meaning of bank deposits.* Centro di studi bancari Villa Negroni. RME LAB Research Laboratory of Monetary Economics.

https://www.quantum-macroeconomics.info/wp-content/uploads/2018/10/6.-The-Meaning-of-Bank-Deposits-by-Sergio-Rossi.pdf

SAY Horace (1852) : *Dictionnaire de l'économie politique,* vol. 1, Guillaumin, Paris.

Extrait disponible sur le site de l'Institut Coppet et sur Contrepoints :

https://www.institutcoppet.org/division-du-travail-moi-lepingle-par-horace-say/

https://www.contrepoints.org/2013/02/25/116072-la-division-du-travail-a-travers-lexemple-dune-epingle

SAY Jean-Baptiste (1826) : *Traité d'économie politique.* (1ère édition 1803).

Citation disponible aux adresses suivantes :

https://fr.wikisource.org/wiki/Page:Say_-_Traité_d'économie_politique,_III,_1826.djvu/300

https://fr.wikisource.org/wiki/Page:Say_-_Traité_d'économie_politique,_III,_1826.djvu/301

SAY Jean-Baptiste (1840) : *Cours complet d'économie politique pratique.* « *Seconde édition entièrement revue par l'auteur, publiée sur les manuscrits qu'il a laissés et augmentée de notes, par Horace Say, son fils* », Guillaumin, Paris.

http://pombo.free.fr/jbsay1840.pdf

SAY Jean-Baptiste (1841) : *Traité d'économie politique.* (1ère édition 1803), Otto Zeller, 6ème édition, Osnabrück, 1841.

https://fr.wikisource.org/wiki/Traité_d'économie_politique/1841

SCHMITT Bernard (1966) : *Monnaie, salaires et profits.* PUF, Paris et Castella, Albeuve (1975).

SCHMITT Bernard (1971) : *L'analyse macro-économique des revenus.* Dalloz, Paris.

SCHMITT Bernard (1984) : *Inflation, chômage et malformations du capital. Macroéconomie quantique.* Castella, Albeuve et Economica, Paris.

SCHMITT Bernard, CENCINI Alvaro (1976) : *La pensée de Karl Marx, critique et synthèse. Vol. I : la valeur.* Castella, Albeuve.

SCHMITT Bernard, CENCINI Alvaro (1977) : *La pensée de Karl Marx, critique et synthèse. Vol. II : la plus-value.* Castella, Albeuve.

Les ouvrages de Bernard Schmitt sont disponibles à l'adresse suivante : https://www.quantum-macroeconomics.info

SERVIGNE Pablo, STEVENS Raphaël (2015) : *Comment tout peut s'effondrer.* Editions du Seuil, Paris, 2021.

SMITH Adam (1776) : *Recherches sur la nature et les causes de la richesse des nations.* Traduction de Germain Garnier revue par Adolphe Blanqui, Flammarion, Paris, 1991.

VIENNOT Marie (2020) : *Coronavirus : le « Quoi qu'il en coûte » en 6 questions.* France Culture, Radio France, 28 mars 2020.

https://www.radiofrance.fr/franceculture/coronavirus-le-quoi-qu-il-en-coute-en-6-questions-1928572

VIRELY Simon (2013) : *La science économique : normes ou lois ?* Sciences humaines combinées, 2013, 18 décembre 2017.

http://preo.u-bourgogne.fr/shc/index.php?id=318

WALRAS Léon (1874) : *Éléments d'économie politique pure ou théorie de la richesse sociale.* Auguste et Léon Walras, Œuvres économiques complètes, VIII, Economica, Paris, 1988.

**Liens internet**

La page de Charles Dupin sur Wikipedia :

https://fr.wikipedia.org/wiki/Charles_Dupin

La définition d'un bien économique sur Wikipedia :

https://fr.wikipedia.org/wiki/Bien_(économie)

La conférence de Jean-Marc Jancovici à l'École Polytechnique, tenue le 27 septembre 2021, disponible sur YouTube :

https://www.youtube.com/watch?v=M2wI25p_7GA

La page du site « citeco.fr » consacrée à Walras :

https://www.citeco.fr/10000-ans-histoire-economie/revolutions-industrielles/leon-walras-publie-ses-elements-d-economie-politique-pure

**Références complémentaires**

*Soleil vert* (*Soylent Green*), Richard Fleisher, MGM (1973).

*L'Empire Contre-attaque* (*The Empire Strikes Back*), Irvin Kershner, Lucasfilm (1979).

*Une vérité qui dérange* (*An Inconvenient Truth*), Davis Guggenheim, Paramount (2006).

*Les Aventures d'Alice au pays des merveilles*, Lewis Carroll, Macmillan and Co (1865).

*Astérix*, René Goscinny & Albert Uderzo, *Pilote*, Dargaud (1959).

*Harry Potter*, J. K. Rowling, Bloomsbury Publishing (1997 – 2007).

*Goodbye Yellow Brick Road*, Bernie Taupin & Elton John, MCA Records (1973).

## Revue « Marché et Organisations »

*Promouvoir la recherche originale sur les relations de plus en plus étroites entre le marché et les organisations. Les acteurs économiques de taille, de puissance et de pouvoir différents dont les intérêts peuvent être convergents, complémentaires ou, le plus souvent, antagoniques, ont tendance à organiser les marchés. La raison du marché, pourtant, est la référence stratégique pour l'entreprise ainsi que pour les institutions publiques de décision économique.*

N°6 : Entrepreneuriat et accompagnement. Outils, actions et paradigmes nouveaux, 2008
N°7 : Développement durable des territoires. Economie sociale, environnement et innovations, 2008
N°8 : Développement durable et responsabilité sociale des acteurs, 2009
N°9 : Gouvernance : exercices de pouvoir, 2009
N°10 : Le travail collaboratif. Une innovation générique, 2009
N°11 : Economie sociale et solidaire. Nouvelles trajectoires d'innovations, 2010
N°12 : Relations à la marque et marques de la relation. Regards croisés sur le management relationnel de la marque, 2010
N°13 : Les contrats au service de la recherche ?, 2011
N°14 : Le potentiel économique de l'Afrique subsaharienne, 2011
N°15 : Management de la distribution, 2012
N°16 : Territoire Vert. Entreprises, Institutions, Innovations, 2012
N°17 : Eco-conception, conception et innovation. Les nouveaux défis de l'entreprise, 2013
N°18 : Intelligence économique : entreprises et territoires, 2013
N°19 : La finance globale. Un monde fini, 2013
N°20 : La crise du « développement », 2014
N°21 : La Chine innove. Politiques publiques et stratégies d'entreprise, 2014
N°22 : Go East! Nouvelles Economies de Marché, 2015
N°23 : L'économie du changement, 2015
N°24 : Le temps des artisans. Permanences et mutations, 2015
N°25 : Innovations de proximité et esprit d'entreprise, 2016
N°26 : L'avenir des économies du Maghreb : entre inertie structurelle et envie de rupture, 2016/3 (n° 27)
N°27 : Le sport aux frontières du marché du travail, 2016
N°28 : Dynamiques internationales des entreprises, 2017
N°29 : L'univers du risque, 2017
N°30 : Les petites entreprises dans l'histoire industrielle, 2017
N°31 : Economie sociale et *social business* ? Au défi d'entreprendre et se financer, 2018
N°32 : Éducation et fertilisation des économies africaines, 2018
N°33 : L'entrepreneuriat innovant dans les pays du Maghreb, 2018
N°34 : L'entrepreneuriat scientifique : institutions et innovation, 2019
N°35 : Le champ économique de la culture, 2019
N°36 : Economie sociale et solidaire ? Modèles d'innovation et modes de gouvernance, 2019
N°37 : Rethinking Luxury Business, 2020
N°38 : La santé connectée. Nouvelles technologies et réorganisation des soins, 2020
N°39 : Options stratégiques et systèmes complexes d'innovation, 2020
N°40 : Les services : intégration des systèmes productifs et lien social, 2021
N°41 : Crise pandémique, crise globale. Réalité et controverses théoriques, 2021
N°42 : La crise de la covid-19. Le marché et les organisations en perspective, 2021
N°43 : (Re)faire système. *Bug & reset*, 2022
N°44 : Aléas du marché et management du risque, 2022
N°45 : Le renouveau du transport et de la logistique : les systèmes d'information, 2022
N°46 : Entrepreneuriat et innovation dans l'enseignement supérieur, 2023
N°47 : Le tourisme créatif. Culture, créativité, patrimoine, management, 2023
N°48 : L'Afrique : questions de performances, 2023
N°49 : *Fintech* en sciences du management, 2024

**https://www.cairn.info/revue-marche-et-organisations.htm**

## Collection « L'esprit économique »
fondée par Sophie Boutillier et Dimitri Uzunidis en 1996

**Dernières parutions**

► ***Série Economie et Innovation***
T. MICHAUD, *Le projet spatial européen, entre pragmatisme et imagination*, 2020.
J.-P. SCHMITT, N. RAVIDAT, *Management conjoint de la technologie et de la personne. Pour performer et croitre*, 2020.
Y. EL YAHYAOUI, *Economie des plateformes numériques. Captation de la valeur, pouvoir de marché et communs collaboratifs*, 2021.
G. DUTHIL, *Handicap et insertion professionnelle*, 2022.
T. MICHAUD, *La science-fiction institutionnelle*, 2023.
► ***Série Le Monde en Questions***
J. PIERRE-JUSTIN VIRAPATIRIN, *La petite économie insulaire de la Guadeloupe. Bilan, enjeux et perspectives*, 2022.
K. ESSAF, *Les Sukuk : aspects théoriques, rendement et risques*, 2022.
C. GALLOUJ, S. GALLOUJ, *Grande distribution non alimentaire au Maroc. GSS, grands magasins, malls, franchises et e-commerce*, 2023.
C. SARI, *Valeur relative de la monnaie et taux de change. Vers la fin de l'étalon dollar ?*, 2023.
G. DUTHIL, N. POLINI, *La Défense nationale*, 2023.
A. DAGHER, *La crise financière du Liban : taux de change, FMI, politique monétaire*, 2023.
G. BAYOH, *Ecosystème des transferts internationaux d'argent et développement durable : Contraintes et solutions*, 2024.
► ***Série Krisis***
R. DELORME, *La complexité autrement. Une réponse nouvelle à la pandémie et à d'autres phénomènes sociaux complexes*, 2022.
V. YEFIMOV, *L'ordre social monétaire. L'économie discursive défit le courant dominant et l'économie narrative*, 2022.
M. WIELEZYNSKI, *La loi du marché post-esclavagiste. Une approche critique*, 2023.
G. MINART, *Condorcet économiste : un libéralisme économique au service du bien public*, 2023.
A. MANRAY, *Petit traité de gouvernance à l'usage des despotes éclairés*, 2024.
► ***Série Clichés***
S. BOUTILLIER, D. UZUNIDIS (dir.), *La Russie européenne. Du passé composé au futur antérieur*, 2008.
R. VOLPI, *La négociation. Pain, paix, liberté*, 2009.
B. S. BONBON, *Géométrie parabolique tridimensionnelle ou perspective parabolique*, 2023.
► ***Série Cours Principaux***
B. LANDAIS, *Macroéconomie efficace. Croissance et crises*, 2020.
A. MBULI LANDU, *Le memo d'un comptable. Approche par le SYSCOHADA révisé*, 2021.
M. EL KARRIM, *Introduction à l'économétrie appliquée*, 2022.
Z. FIRANO, *Fondements de la finance de marché. Théories et applications*, 2022.
Y. KEHO, *Introduction à l'économétrie appliquée sous EVIEWS, Rappels de cours et illustrations pratiques*, 2023.
K. AMZILE, *Intelligence artificielle et modélisation du risque de crédit*, 2023.
B. LANDAIS, *Macroéconomie. Les fondamentaux*, 2024.
► ***Série L'économie formelle***
E. CARREY, H. LANDIER, *Après la guerre contre la Covid : de l'économie financière a l'entrepreneuriat social*, 2021.
J. LATREILLE, *Sale temps pour l'économie marchande*, 2021.
J. LATREILLE, *Escronomistes ! Ces théories qui abîment le monde*, 2022.
M. FOUQUIN, *Dettes publiques à long terme et souveraineté nationale : enseignements des crises du XIIe au XXIe siècle*, 2023.
J.-P. ROSELLO, *Marchés financiers, capital financier et crises systémiques*, 2024.
J.-L. VILLOUTREIX, *L'eau coule à Aguad : un conte économique*, 2024.

## Structures éditoriales du groupe L'Harmattan


**L'Harmattan Italie**
Via degli Artisti, 15
10124 Torino
harmattan.italia@gmail.com

**L'Harmattan Hongrie**
Kossuth l. u. 14-16.
1053 Budapest
harmattan@harmattan.hu

---

**L'Harmattan Sénégal**
10 VDN en face Mermoz
BP 45034 Dakar-Fann
senharmattan@gmail.com

**L'Harmattan Cameroun**
TSINGA/FECAFOOT
BP 11486 Yaoundé
inkoukam@gmail.com

**L'Harmattan Burkina Faso**
Achille Somé – tengnule@hotmail.fr

**L'Harmattan Guinée**
Almamya, rue KA 028 OKB Agency
BP 3470 Conakry
harmattanguinee@yahoo.fr

**L'Harmattan RDC**
185, avenue Nyangwe
Commune de Lingwala – Kinshasa
matangilamusadila@yahoo.fr

**L'Harmattan Congo**
219, avenue Nelson Mandela
BP 2874 Brazzaville
harmattan.congo@yahoo.fr

**L'Harmattan Mali**
ACI 2000 - Immeuble Mgr Jean Marie Cisse
Bureau 10
BP 145 Bamako-Mali
mali@harmattan.fr

**L'Harmattan Togo**
Djidjole – Lomé
Maison Amela
face EPP BATOME
ddamela@aol.com

**L'Harmattan Côte d'Ivoire**
Résidence Karl – Cité des Arts
Abidjan-Cocody
03 BP 1588 Abidjan
espace_harmattan.ci@hotmail.fr


---

## Nos librairies en France


**Librairie internationale**
16, rue des Écoles
75005 Paris
librairie.internationale@harmattan.fr
01 40 46 79 11
www.librairieharmattan.com

**Librairie des savoirs**
21, rue des Écoles
75005 Paris
librairie.sh@harmattan.fr
01 46 34 13 71
www.librairieharmattansh.com

**Librairie Le Lucernaire**
53, rue Notre-Dame-des-Champs
75006 Paris
librairie@lucernaire.fr
01 42 22 67 13

www.ingramcontent.com/pod-product-compliance
Lightning Source LLC
LaVergne TN
LVHW011224061026
849535LV00001BA/162
* 9 7 8 2 3 3 6 4 6 4 1 5 2 *